ROLAND KALTENEGGER

GENERALOBERST DIETL
DER HELD VON NARVIK

EINE BIOGRAPHIE

UNIVERSITAS

Bildnachweis: Foto Stein (1), Archivbild aus dem Narvik-Buch von Fritz Otto Busch (2), Archivbild aud dem Narvik-Buch von Karl Springenschmid (3), Archiv Kaltenegger (4, 5, 7, 8, 10–19, 21, 22, 24–29), Bundesarchiv Koblenz (6), Archiv Steffel (9), Archiv Bernklau (20, 23)

Schutzumschlag: Christel Aumann, München, unter Verwendung
eines Gemäldes von Josef Hengge aus dem Jahr 1941 (Archiv Kaltenegger)
Satz: Fotosatz Völkl, Germering
Druck: Jos. C. Huber KG, Dießen
Binden: R. Oldenbourg, München
Printed in Germany
ISBN: 3-8004-1221-7

Meinem Vaterland

das von Hitler und seinen Paladinen verspielt
und von den Siegermächten geteilt wurde,
das dennoch in dieser historischen Epoche
eines gewaltigen politischen Umbruchs
wieder kraftvoll zueinander strebt.

Inhalt

Vorwort

Generaloberst Dietl –
Ein deutsches Soldatenschicksal?

»Wer über mi schreibt,
den derschlag i!«

Eduard Dietl

»Bitte, schreiben's net über mi,
schreiben's über meine Jager
und meine Matrosen!
Schaun's, was die leisten!
Ohne die hätt i schon längst
in Gefangenschaft gehn müssen.«

Eduard Dietl

1. Die Symbolfigur der deutschen Gebirgstruppe

»General Dietel* erzählt mir noch lange von Narvik«[2], schrieb Joseph Goebbels, Hitlers geschliffener Propagandaminister, der sich in keinster Weise von Dietls Ausspruch über die »Schreiber«, denen »er ein böses Ende voraussagte«[3], beeindrucken ließ, am 21. Juli 1940, an dem Tag, an dem Dietl mit seinem Führer und Obersten Befehlshaber in Berlin seinen 50. Geburtstag feierte, in sein berühmtes Tagebuch und fuhr dann fort: »Wir werden diesen Heldenkampf für das ganze deutsche Volk herausstellen und heroisieren.«[4]

Dietl, der von seinen Gebirgsjägern wie ein charismatischer Guru verehrt wurde, hatte seinen legendären Ruhm weniger seinen taktischen Finessen als einer einzigen Waffentat zu verdanken: dem »ordinären Sieg« seiner Männer bei Narvik und einer höchst wirkungsvollen NS-Propaganda, die sich, wie wir von Goebbels höchstpersönlich erfahren haben, zugleich auf den »Helden von Narvik« stürzte, um ihn im Sinne des Führers, dem er schon sehr früh zugetan war, zu vermarkten, denn »Hitler ... hatte sich entschlossen, zwei Soldaten – aber nur zwei«, wie Sir Liddell Hart bemerkte, »herauszustellen, die er ohne Gefahr zu Volkshelden machen konnte – ›einen in der Sonne, den anderen im Schnee‹. Rommel in Afrika sollte der Sonnen-Heros werden, Dietl«, so der renommierte britische Militärhistoriker »in Finnland der Held im Schnee.«[5]

Nimmt es da wunder, daß bereits kurz nach dem Abschluß der Kämpfe um Narvik die ersten Bücher mit eiliger Feder über den volkstümlichen Heerführer und seine einzigartige Waffentat geschrieben und dann binnen kürzester Zeit veröffentlicht wurden? Diese frühen Schriften, ganz im chauvinistischen Stil der NS-Zeit abgefaßt, sollen zunächst kurz vorgestellt werden, denn sie sind äußerst aufschlußreich, und nicht selten lassen ihre Verfasser die Nachwelt aufhorchen.

---

* Richtig: Dietl. Goebbels mag bei dieser Schreibweise, die er anfangs konsequent durch das gesamte Tagebuch beibehält, an den Pg. Hauptlehrer Dietel gedacht haben.[1]

2. Das Schrifttum

Da wäre zunächst der Hauptschriftleiter der Periodika »Deutsche Marinezeitung« und »Die Kriegsmarine«, der Korvettenkapitän d. R. Fritz Otto Busch zu nennen.[6] Er verfaßte das Buch »Narvik. Vom Heldenkampf deutscher Zerstörer«, zu dem kein Geringerer als der Oberbefehlshaber der Kriegsmarine, Großadmiral Dr. h. c. Erich Raeder, das Geleitwort geschrieben hat.[7]

Zum Geleit

Der Heldenkampf, den die Besatzungen der deutschen Zerstörer unter der Führung von Kapitän zur See und Kommodore Bonte bei der Besetzung und Verteidigung Narviks gegen eine erdrückende Übermacht bestanden haben, ist einer der Marksteine deutscher Seekriegsgeschichte geworden. In vorbildlicher Waffenkameradschaft mit den Soldaten des Heeres und der Luftwaffe haben sie im Abwehrkampf um Narvik unter schwierigsten Verhältnissen Leistungen vollbracht, die ihnen für immer einen Anteil sichern an dem unsterblichen Ruhm, den sich deutsches Soldatentum hier erworben hat.

Großadmiral Dr. h. c.
Oberbefehlshaber der Kriegsmarine

Wie die überwiegende Zahl der NS-Literaten, Autoren und Propagandisten – von denen wir an dieser Stelle nur an Männer wie Werner Höfer, der sich vom »Schreibtischtäter«[8] des Nazi-Regimes nach dem Zusammenbruch mit einer »Lebenslüge«[9] bis zum Internationaler-Frühschoppen-Gastgeber, ja 1964 gar zum WDR-Direktor »durchmogelte«[10]; Henri Nannen, dessen früheres Wirken als PK-Mann und Kriegsberichterstatter der Luftwaffe im »Stern« seine berufliche Fortsetzung fand[11]; Ernst Rowohlt, Verleger und Marek/Ceram-Förderer; Peter von Zahn, nach dem Kriege Amerika-Korrespondent des deutschen Hörfunks und Fernsehens, und andere, die diese Zeit ihres Wirkens für den NS-Staat im demokratischen Nachkriegsdeutschland nicht selten zu verdrän-

Geleitwort

Der Einsatz der Hitler-Jugend-Führer wird in der Geschichte dieses Krieges ebenso fortleben, wie einst der Einsatz der Studenten, Schüler und Jungarbeiter vor Langemarck zum Mythos wurde. Durch ihr Beispiel haben sie sich von der Nation selbst das Patent des Erziehers erworben, und ihr Vorbild wird alle Zeit den kommenden Generationen Beispiel und Ansporn sein.

Wenn in diesem Buch einer meiner Mitarbeiter dem Heldenlied von Narvik ein Denkmal zu setzen sucht, so kann er davon berichten als Zeuge eines der großartigsten Ereignisse im Freiheitskampf unseres Volkes. Es möge daher das Buch eines Jugendführers und das Beispiel einer der ruhmreichsten Heldentaten der deutschen Kriegsgeschichte ihren erzieherischen Auftrag in der gegenwärtigen und kommenden Generation erfüllen.

gen, ja zu vertuschen versucht haben[12], erinnern –, so hat sich auch ein Fritz Otto Busch in der Nachkriegszeit wieder der schreibenden Zunft angeschlossen, und zwar mit rund 80 Büchern über die Seekriegsgeschichte und das Altertum. So erschienen nach dem Krieg von ihm Bücher wie »Zehn Zerstörer. Die Besetzung Narviks«, »Kampf um Norwegens Fjorde. Fall Weserübung« und »Wikingersegel vor Amerika«.

1941 erschien von Werner Fantur, seit 1943 Abteilungsleiter der HJ-Gebietsführung Kärnten, das Buch »Narvik. Sieg des Glaubens«, der ergreifende Bericht eines jungen Kärntner Narvik-Kämpfers, dem nicht umsonst der Reichsjugendführer der NSDAP, Baldur von Schirach, ein Geleitwort vorangestellt hat (s. Seite 15).

Zu den bedeutendsten Erlebnisberichten der Narvik-Kämpfer und anderer zeitgenössischer Veröffentlichungen zählen insbesondere folgende Werke:

»Kampf um Norwegen. Berichte und Bilder vom Kampf im hohen Norden«. Herausgegeben vom Oberkommando der Wehrmacht.

Fregattenkapitän Georg von Hase: »Die Kriegsmarine erobert Norwegens Fjorde. Erlebnisberichte von Mitkämpfern.« Herausgegeben im Auftrage des Oberkommandos der Kriegsmarine.

Hermann Laugs: »Kampf um die Erzbahn. Als Seeoffizier vor Narvik«.

August Wilhelm Heye: »Z 13. Von Kiel bis Narvik. Kriegserleben einer Zerstörerbesatzung, unter Benützung der Kriegstagebücher ›Erich Koellner‹«.

Gerd Böttger: »Narvik im Bild. Deutschlands Kampf unter der Mitternachtssonne«.

Fregattenkapitän Hans Erdmenger: »Der Einsatz der Kriegsmarine bei der Besetzung Dänemarks und Norwegens im Frühjahr 1940«.

Otto Mielkau: »Der Heldenkampf um Narvik. Der Vorstoß der Kriegsmarine. Die Operationen des Heeres. Der Einsatz der Luftwaffe«.

»Unser Kampf in Norwegen«. Von Dr. H. H. Ambrosius, Kriegsberichter Fritz Dettmann ... und Konteradmiral z. V. Lützow. Dieses Buch enthält u. a. dokumentarische Beiträge über Norwegens Weg in den Krieg, über die deutsche Marine bei der Besetzung Norwegens, die Landeoperationen in Norwegen, das Völkerrecht und die deutsche Aktion im Norden, ferner über die Ritterkreuzträger des Norwegenfeldzuges, OKW-Berichte und wichtige Sondermeldungen sowie eine Chronik der Ereignisse in Norwegen.

Unter den Autoren, die Dietls Kampf um Narvik im Sinne der NS-Propaganda heroisierten, wollte selbstverständlich auch Kurt Wilhelm Marek mit seinem Buch »Wir hielten Narvik« nicht fehlen. Dieser namhafte Autor, ein literarisches Chamäleon par excellence, ist uns allerdings weitaus bekannter unter seinem Pseudonym C. W. Ceram. »Obwohl von der Niederlage Deutschlands vom ersten Tag an überzeugt«, schrieb der spätere Bestseller-Autor in seiner Selbstbiographie, »bewahrte mich das nicht von der Teilnahme an den heftigsten Ereignissen.«[13] Und er fügte dann hinzu: »Ich war in Narvik ...« Was Marek allerdings verschwieg, das war sein Buch, das er im NS-Stil über diese Kämpfe verfaßt und in dem er, im Gegensatz zu seiner Nachkriegseinsicht, keinen Augenblick am Endsieg gezweifelt hat. Aber wer wollte das in den 50er Jahren schon wissen, nachdem der Cheflektor des Rowohlt-Verlages, Kurt W. Marek, im November 1949 unter dem Autorennamen C. W. Ceram den archäologischen Roman »Götter, Gräber und Gelehrte« in einer Erstauflage von 121 000 Exemplaren, denen im Laufe der Jahre allein in Deutschland rund zwei Millionen folgten, herausgebracht hatte?

Nach Dietls Lapplandfeldzug erschienen wieder zahlreiche Bücher im Hurra- und Ihr-habt-doch-gesiegt-Stil über die dort eingesetzten Gebirgsverbände. Unter anderem das Werk »Front am Polarkreis. Das Buch eines Lappland-Korps« aus dem Jahre 1943, zu dem der Kommandierende General des XXXVI. Gebirgs-Armeekorps, General der Infanterie Karl Weisenberger, die einleitenden Worte geschrieben hat. Den Vorspann verfaßte Major Dr. A. Ruppert, Führer einer Propaganda-Kompanie.

Von den divisionsbezogenen Chroniken sei insbesondere das Buch »Das Gelbe Edelweiß. Wege und Werden einer Gebirgsdivision« von Andreas Weinberger aus dem Jahre 1943, an dem OTL i. G. Georg Gartmayr, der spätere Kommandeur der 1. Gebirgsdivision der Bundeswehr, mitgewirkt hat, genannt. Es schildert den Aufbau und den Kriegseinsatz der 6. Gebirgs-Division, die 1940 unter der zielstrebigen Führung des späteren Generalfeldmarschalls Ferdinand Schörner aufgestellt und nach dem Griechenlandfeldzug an die Eismeerfront verlegt wurde. Das Vorwort verfaßte im Mai 1943 der damalige Divisions-Kommandeur Generalleutnant Christian Philipp:

Dieses Buch spricht von einer großdeutschen Gebirgsdivision, die auf einem nunmehr drei Jahre währenden Marsch kämpfend und siegend durch Europa ging. Auf ihm wuchs ihr soldatisches Gesicht, auf ihm wuchs ihre menschliche Reife und ihr nationalsozialistischer Geist. Mit ihm wuchs ein Stück Weltgeschichte. So konnte dieses Buch kein anderes als ein nationalsozialistisches sein. Es erzählt von dem soldatischen Werden und völkischen Wachstum dieser Division und stellt ihre Schicksale hinein in den großen weltgeschichtlich wirkenden Gang aller Deutschen, darin sie durch ihre Toten und ihren Willen ein untrennbares Teil geworden ist. So bleibe dies Buch die bisherige Ernte eines fruchtbaren Reifens, gleich- wie ein neues Säen und eine immerwährende Verpflichtung auf den Geist ihres Schöpfers und ersten Kommandeurs. Und damit auf einen stolzen Weitermarsch für Führer, Volk und Reich und den Endsieg einer jungen neuen Welt.

Im hohen Norden, im Mai 1943

Generalleutnant und Divisionskommandeur

Andreas Weinberger gab 1942 im Zentralverlag der NSDAP die vom »Helden von Narvik« autorisierten Aufzeichnungen »Kame- rad Dietl. Ernstes und Heiteres um den Jäger-General« heraus. Sie enthalten neben zahlreichen Anekdoten u. a. auch einen auf- schlußreichen Beitrag über Dietls Aktivitäten für die NSDAP wäh- rend des Dritten Reiches in seiner Garnison Kempten.[14] Als ein historisches Dokument allerersten Ranges muß auch die Soldatenzeitung »Lappland-Kurier«, eine »Zeitung für die Solda- ten in Nordfinnland«, die sich besonderer Beliebtheit erfreute, an- gesehen werden. Insbesondere die Sonderausgabe vom 1. Juli 1944

18

zum Tode des Generalobersten Eduard Dietl enthält eine Fülle von Reden, Aufzeichnungen, Artikeln und Berichten über das Leben und Wirken des tödlich abgestürzten Oberbefehlshabers der 20. Gebirgs-Armee – und zwar unter den Überschriften: »Deutschland nahm Abschied von Generaloberst Dietl« – »Dietl – Mensch und Leistung. Der Weg von Narvik an die Spitze der deutschen Lappland-Armee« – »Mit Dietl unterwegs. Die Persönlichkeit des großen Soldaten und Heerführers« – »Treue, Glaube, Tapferkeit. Die Armee wird im Geiste ihres toten Heerführers weiterkämpfen« – »Dietl und seine Jager« – »Der Paladin des Führers. Adolf Hitler: Generaloberst Dietl hat den Typ des nationalsozialistischen Offiziers geschaffen«.

Von den ernst zu nehmenden Büchern, die in der Nachkriegszeit über Generaloberst Dietl und seine Gebirgsjäger geschrieben wurden, sind zunächst jene Divisions- und Truppengeschichten hervorzuheben, die sich in ihrer nüchternen Berichterstattung in erster Linie auf Tatsachen, Fakten und Gefechtsberichte stützen – und zwar:

Vom damaligen Quartiermeister des Gebirgskorps Norwegen und späteren Oberquartiermeister der 20. Gebirgs-Armee, Oberst i. G. Wilhelm Heß, erschien das Buch »Eismeerfront 1941. Aufmarsch und Kampf des Gebirgskorps Norwegen in den Tundren vor Murmansk«. Eine kriegshistorische Darstellung der ersten Angriffskämpfe der 2. und 3. Gebirgs-Division.

Der ehemalige Chef des Generalstabes der 20. Gebirgs-Armee, Generalleutnant Hermann Hölter, verfaßte das Buch »Armee in der Arktis. Die Operationen der deutschen Lappland-Armee«, in dem er – nachdem die Oberbefehlshaber nicht mehr am Leben waren – das Kriegsgeschehen vom Eismeer bis an die Ostsee und Karelien zumeist aus der operativen Sicht schilderte.[15]

Waldemar Erfurth, während des Zweiten Weltkrieges als »deutscher General beim Oberkommando der finnischen Wehrmacht« Marschall von Mannerheim zugeteilt, faßte die authentischen Aufzeichnungen aus dem finnischen Hauptquartier unter dem Titel »Der Finnische Krieg. 1941–1944« zusammen.[16]

In seinem Buch »Gebirgsjäger vor Murmansk. Der Kampf des Gebirgskorps Norwegen an der Eismeerfront 1941/42« hat Hans Rüf, ein ehemaliger Gebirgsjägeroffizier dieser Front, mit größter Sorgfalt und Gewissenhaftigkeit alle erreichbaren Gefechtsberichte und Tagebücher gesammelt und ausgewertet. Als Fortsetzungsband plante der erfahrene Chronist und Journalist, der tragischerweise zu früh verstarb, eine detaillierte und zusammenfassende Darstellung der Maikämpfe 1942 als »Schlacht unter arktischen Verhältnissen«.

Als Fortsetzungsband von Hans Rüfs Werk kann das Buch »Winterschlacht im Mai. Die Zerreißprobe des Gebirgskorps Norwegen (XIX. Geb. A. K.) vor Murmansk« des Ritterkreuzträgers Karl Ruef angesehen werden. Der Verfasser, zuletzt Oberst und Regimentskommandant im österreichischen Bundesheer, hat die dreiwöchigen Kämpfe im Mai 1942, einen der härtesten Abschnitte des Kriegsgeschehens in der Tundra, als Kompanieführer mitgemacht und so persönliche Erfahrungen in die historischen Fakten der Kriegstagebücher und Gefechtsberichte eingebaut.[17]

Von den Divisionsgeschichten wäre zunächst das ausgezeichnete, militärhistorisch wohlfundierte Buch »Die 3. Gebirgs-Division 1939–1945« von Paul Klatt zu nennen. Der Autor war während der verlustreichen Kämpfe an der Liza Kommandeur des Gebirgs-Pionier-Bataillons 83 und im Kriegsjahr 1944/45 als Generalleutnant letzter Kommandeur von Dietls ehemaliger ostmärkischen 3. Gebirgs-Division.

Diese Divisionsgeschichte wird später von Karl Ruef unter dem Titel »Odyssee einer Gebirgsdivision. Die 3. Geb. Div. im Einsatz« in sachlicher Form neu geschrieben und mit einem umfangreichen historischen Quellenmaterial, wie Kriegstagebüchern und Gefechtsberichten, angereichert und vervollständigt.

Karl Ruef hat nach dem Krieg auch das Gedenkbuch »Gebirgsjäger zwischen Kreta und Murmansk. Die Schicksale der 6. Gebirgsdivision« verfaßt und damit Weinbergers Buch über diesen Gebirgsgroßverband in lebendiger Schilderung, die auf authentischem und amtlichem Quellenmaterial basiert, in zeitgemäßer Form ersetzt.

Generalmajor Mathias Kräutler und Hauptmann Karl Springenschmid zeichnen für das Gedenkbuch »Es war ein Edelweiß. Schicksal und Weg der zweiten Gebirgsdivision«. Kräutler, der von der Aufstellung des Großverbandes bis zu den schweren Kämpfen an der Eismeerfront in vorderster Linie stand, hat das gesamte Material zusammengetragen und geordnet; Springenschmid hat dem Buch, das vor allem eine eingehende Schilderung des Vormarsches der 2. Gebirgs-Division durch Norwegen und einen ausführlichen Bericht über das Unternehmen »Büffel« enthält, seine Aussagekraft verliehen.

Der Tiroler Schriftsteller Karl Springenschmid, der seine zahlreichen zeithistorischen und politischen Geschichten und Erzählungen zum Teil unter dem Pseudonym Christian Kreuzhakler veröffentlichte und der in der »Liste des Führers zur Wahl des Großdeutschen Reichstages am 10.4.1938« erfolglos vorgeschlagen worden war, hat auch das Buch »Die Männer von Narvik« verfaßt. Unter diesem Titel wurde bereits während des Zweiten Weltkrieges von Hellmuth Unger ein Buch, das Springenschmid als Vorlage für sein Narvik-Buch diente, veröffentlicht. Als ehemaliger Kriegsberichterstatter in Norwegen mit den Methoden der Kriegspropaganda bestens vertraut, wirkt Springenschmids Schilderung, die trotz der Unger-Vorlage fast ausschließlich Churchill (34mal)[18], Hubatsch (14mal)[19], Dietl (20mal)[20] und Fantur (7mal)[21] zitiert, besonders farbig. Mehr als unseriös ist jedoch, daß der Verlag – wie bei anderen Büchern seines Programms[22] – bei der Bebilderung kräftig türkte und manipulierte. Unter anderem wurde in Springenschmids Narvik-Buch beim Bild des Kapitäns zur See und Kommodores Bonte, der Dietls Gebirgsjäger mit seinem Schiffsverband nach dem nordnorwegischen Erzhafen transportiert hatte, das Bild des Führers, das hinter Bontes Schreibtisch die Wand seines Führerzerstörers beherrschte, entgegen dem Grundsatz der historischen Wahrheit kurzerhand wegretuschiert.

Abschließend wären noch folgende Narvik-Bücher aus der Nachkriegszeit zu nennen:[23]

Walther Hubatsch: »Die deutsche Besetzung von Dänemark und Norwegen 1940.« Im Band 5 der »Göttinger Beiträge für Gegenwartsfragen« gibt Professor Hubatsch eine ausführliche und dokumentarisch belegte Darstellung der diplomatischen, politischen und militärischen Vorgänge, die durch Operationsbefehle, Lageberichte, Auszüge aus den Tagebüchern der Generale Jodl und Halder sowie aus dem Kriegstagebuch der Seekriegsleitung usw. vervollständigt wird. Später erscheint von Hubatsch das Buch: »Weserübung. Die deutsche Besetzung von Dänemark und Norwegen 1940« als Band 7 der »Studien und Dokumente zur Geschichte des Zweiten Weltkrieges«.

Hermann Boehm: »Norwegen zwischen England und Deutschland«. Der Generaladmiral a. D. schildert in seinem Buch die Zeit vor und während des Zweiten Weltkrieges.

Karl Dönitz: »Zehn Jahre und zwanzig Tage«. Im 7. Kapitel seines Werkes beschreibt der Großadmiral »Das Norwegenunternehmen und die Torpedokrise«.

Hans Kreppel: »Gebirgsartillerie im Kampf. Geschichte des Gebirgs-Artillerie-Regiments 112. 1938–1945«. Dieses Erinnerungsbuch verfaßte der ehemalige Regiments-Kommandeur für die Artilleristen von Dietls 3. Gebirgs-Division.

Konrad Knabe: »Die schweigende Front. Dietls Kampf im hohen Norden 1940 bis 1944«. Dieser Bildband enthält einige Aufnahmen, in denen wiederholt zum Ausdruck kommt, ein wie getreuer Gefolgsmann und Anhänger Hitlers der Generaloberst Dietl gewesen war.

Konrad Knabe: »Das Auge Dietls. Fernaufklärung am Polarkreis«. Mit dem »Helden von Narvik« auf Grund seiner Tätigkeit als Fernaufklärer verbunden, zeichnet der Autor ein lebendiges Bild des Generals Dietl und untersucht im Schlußkapitel auch dessen Flugzeugabsturz.

Roland Kaltenegger: »Schicksalsweg und Kampf der ›Bergschuh‹-Division. Die Kriegschronik der 7. Gebirgs-Division, vormals 99. leichte Infanterie-Division«. Sie wurde 1941 an der Ostfront vor Kiew eingesetzt, bevor sie, nach einer Zwischenverwendung im Raum Leningrad, Ladoga- und Ilmensee, im Herbst 1942 an die finnische Front nach Karelien kam, wo sie von Dietl an der Kiestinki/Louhi- und später an der Uhtua-Front eingesetzt wurde.

Roland Kaltenegger: »Die deutsche Gebirgstruppe 1935–1945«. Dieses erstmals 1977 unter dem Titel »Deutsche Gebirgsjäger im Zweiten Weltkrieg« erschienene Standardwerk avancierte wegen seines umfassenden Spektrums und seiner starken Beachtung im In- und Ausland innerhalb kurzer Zeit zum Bestseller. Aus diesem Grunde wurde es als stark überarbeitete, aktuell erweiterte und mit einem umfangreichen Bildteil versehene Neuauflage 1989 neu herausgebracht.

22

3. Das Dietl-Herrmann-Buch

Geleitwort

„Ich will nur eines, mich meiner Soldaten würdig erweisen."

Das war Dietls Kernspruch, nach dem er lebte und handelte. Einfach, klar, kernig, fürsorgend und gerecht mit hohen soldatischen und menschlichen Qualitäten — so steht er vor uns.

Narvik und Dietl waren im ganzen Volk ein Begriff.

Die Fronten am Eismeer, in der Tundra Lapplands und in den Urwäldern Finnlands hielten jahrelang unter seiner Führung in vorbildlicher Zusammenarbeit aller Wehrmachtsteile und in Verbindung mit dem Waffenbruder Finnland.

Denen aber, die ihm als Sportsleute, als Bergsteiger und als Freunde am nächsten standen, war er „der Büffel", der kein Schema kannte.

Zu Fuß und auf Skiern, den unvermeidlichen Rucksack auf dem Buckel — immer war der Generaloberst vorne bei seinen Soldaten.

Wenn Menschen in Bergnot waren, nahm er als erster das Seil und half.

In Suomis höchster Not, als die finnischen Fronten aufgerissen wurden und die sowjetischen Angriffsspitzen vor Viborg standen, flog Dietl kurzer Hand ins Hauptquartier, um Hilfe zu holen. Das war sein letzter Dienst für seine eigene Armee auf isoliertem Posten im höchsten Norden sowie für Finnland. Auf diesem Flug zerschellte die in ungezählten Stürmen in der Arktis bewährte Ju mit dem Büffelkopf am Bug in den Alpen.

„Der Held von Narvik", der die Berge über alles liebte, dem die Berge eine Quelle seiner Kraft und seines Glaubens waren, starb am Berg.

„Schreibt nicht über mich, sondern über meine Jäger" — sagte Dietl oft. Das mag damals richtig gewesen sein. Heute aber muß über ihn und seine Soldaten geschrieben werden.

Dieses Buch möge im deutschen Volk und vor allem in der Jugend die Erinnerung an Generaloberst Dietl wach halten!

„Er zählte zu den Besten."

Sonthofen, im September 1951.

Ritter von Hengl
General der Gebirgstruppe a. D.

Dieses Vorwort des ehemaligen Obersturmbannführers und Kommandeurs des I. Bataillons der SS-Standarte (SS-Regiment »Deutschland« der Verfügungstruppe), des späteren Generals der Gebirgstruppe und NSFO, wurde dem bisher einzigen Buch über Generaloberst Eduard Dietl vorangestellt. Als Herausgeber zeichnen Gerda-Luise Dietl, die Witwe des populären Gebirgsjäger-Generals, und Oberst a. D. Kurt Herrmann, Dietls langjähriger Adjutant. Die Bearbeitung dieses Buches lag in den Händen von Professor Dr. Max Dingler. Diese anschauliche Schilderung des Lebens und Wirkens Dietls ist jedoch, wir dürfen es vorwegnehmen, alles andere als ausgewogen – so spürt man Zeile für Zeile und Seite um Seite die eheliche beziehungsweise die freundschaftlich ergebene Beziehung der Herausgeber zum »Helden von Narvik« – und dient, wie Autobiographien, mehr dem eigenen Interesse und der Rechtfertigung als dem Nutzen der wissenschaftlichen und historischen Forschung. Daher ist auch das Dietl-Herrmann-Buch alles andere als eine objektive, sondern in vielen Teilen eine höchst subjektive Beschreibung. Nimmt es da wunder, daß wir nicht selten auf Widersprüche zwischen dieser Dietl-Biographie und den Akten und Aussagen anderer Quellenwerke stoßen?

Schon der unterschiedliche Umfang der jeweiligen Lebensabschnitte Dietls führt uns das sehr anschaulich vor Augen: Auf die Kindheit und Jugendjahre sowie auf die Zeit bis zum Ausbruch des Zweiten Weltkrieges entfallen die Seiten 11 bis 36; das ist rund ein Zehntel des 276 Seiten umfassenden Buches. Dietls Kampfeinsätze während des Ersten Weltkrieges – nicht weniger als vier bedeutende Jahre seiner Jugendzeit, die im Felde doppelt soviel zählen! – werden nur auf einer einzigen Seite (S. 17) abgehandelt. Und dabei wurden diese Jahre der nationalen Begeisterung, in denen er, wie Hitler, ausschließlich an der Westfront eingesetzt gewesen war, für ihn wie für den anderen zum Schlüsselerlebnis seines Lebens. Das Ringen um Narvik dagegen umfaßt die Seiten 37 bis 203, Dietls Wirken als Kommandierender General des Gebirgskorps Norwegen und als Oberbefehlshaber der 20. Gebirgs-Armee die Seiten 205 bis 263, das Kapitel »Deutschland verliert seinen Dietl« die Seiten 265 bis 274.

Wenn auch nicht zu übersehen ist, daß die Ereignisse um Narvik im Mittelpunkt des Lebens und Wirkens von Eduard Dietl standen, ja daß sein gesamter militärischer Werdegang geradezu wie in einem Brennglas auf diesem entlegenen Kriegsschauplatz im hohen Norden eingefangen und sein Name über Nacht in alle Welt hinausgetragen wurde, so darf man doch nicht, wie im Dietl-Herrmann-Buch geschehen, wichtige, weil unbequeme Stationen seines Lebensweges entweder nur knapp erwähnen, bewußt weglassen oder gar totschweigen. Dietls Rolle in den Nachkriegswirren 1918/19 wird nur mit drei bescheidenen, fast schamvoll erwähnten Sätzen gewürdigt, wenn es heißt: »Er trat in das Freikorps Epp ein und führte als Hauptmann eine Kompanie, mit der er das von den Aufständischen besetzte Giesing einnahm. Zum erstenmal wirkte das Wort ›Der Dietl ist da!‹ wie eine Befreiung. Der Name begann zu klingen.«[24]

Dietls Mitgliedschaft in der DAP/NSDAP, sein Engagement für diese Partei und ihren Führer Adolf Hitler werden in der Dietl-Biographie genauso verschwiegen wie sein konsequentes Eintreten für die nationalsozialistische Bewegung, seine Rolle bei der Ausbildung der Münchner SA und beim Hitler-Ludendorff-Putsch im November 1923.

Das macht, nein, das muß stutzig machen! Ist es da verwunderlich, wenn schon bald – erst recht, als Dietls Durchhalte-Reden während des Krieges nicht nur bei den Insidern der Gebirgsjägervereinigungen, sondern auch bei der Friedensbewegung und den linksorientierten Kadergruppen publik wurden – die schlimmsten Gerüchte um das Kapitel Dietl und die Nationalsozialisten entstanden?

4. Spurensuche

Es war am 15. Juni 1983. Ich saß an meinem Schreibtisch und schrieb einen Brief; keinen x-beliebigen, sondern einen bedeutungsvollen – und zwar an Gerda-Luise Dietl, wohnhaft in Füssen. Sein Inhalt lautete (Auszug):

> »... Da ich mich mit dem Leben und militärischen Werdegang Ihres Herrn Gemahls bereits in meinen früheren Gebirgsjäger-Büchern auseinandergesetzt habe, erlaube ich mir, Sie zu fragen, ob Sie noch weitere Bild- und/oder Schriftdokumente der Kampfgruppe Narvik oder anderer im hohen Norden eingesetzter Gebirgsverbände besitzen, die man in dem oben genannten Buchprojekt [das den skandinavischen Kriegsschauplatz betrifft] veröffentlichen könnte, ja sollte. Oberst a. D. Werner Stein, der während des Krieges in Skandinavien einige Male mit General Dietl dienstlich zu tun hatte, geht davon aus, daß sich derartige historische Quellen noch in Ihrem Besitz befinden müßten ...«

Nun begann das Warten auf die erhoffte Antwort von Dietls hochbetagter Witwe. Aber statt der herbeigesehnten Dokumente kam der Brief mit dem postalischen Vermerk »Unbekannt verzogen« zurück. Nun machte ich mich, da ich wußte, daß das so nicht stimmte, erst recht auf die Spurensuche. Sie gestaltete sich – kurz umrissen – wie folgt:

Laut Einladungslisten der Standortverwaltung Füssen wurde Frau Gerda-Luise Dietl zu den Veranstaltungen der Bundeswehr eingeladen. Aus Altersgründen blieb sie jedoch seit geraumer Zeit den Feierlichkeiten fern. Der erneute Versuch einer Kontaktaufnahme verlief am 2. Februar 1984 bedauerlicherweise ebenfalls ergebnislos, da die Dietl-Wohnung in der Füssener Hohenstaufenstraße 2 zwischenzeitlich aufgelöst worden war. Kinder, die vor dem Hause spielten, berichteten, daß die alte Dame verstorben sei. Recherchen beim örtlichen Redakteur der Füssener Zeitung ergaben am 3. Februar 1984, daß Frau Gerda-Luise Dietl am 4. Januar 1984 verstorben ist. Die Beisetzung der Urne hat am 23. Januar auf dem Münchner Nordfriedhof im Grab ihres Gemahls stattgefunden. Da dem örtlichen Redakteur, der nicht aus Füssen stammt, die Bedeutung der Frau des Generalobersten Dietl nicht bekannt war, erfolgte auch kein Nachruf in der Zeitung. Nicht einmal das in der Füssener »Generaloberst-Dietl-Kaserne« stationierte Panzer-Artillerie-Bataillon 225 oder der Standortälteste brachten einen Nachruf auf Gerda-Luise Dietl. Es sollte aber noch peinlicher kommen: Denn der Münchner Kameradenkreis der Gebirgstruppe, der in jüngster Zeit zum Mißmut vieler teure Gedenkfeiern und Veteranentreffen in Übersee beehrt, war bei der Beisetzung der Urne von Dietls Witwe nicht vertreten. Sogar ein Kranzgebinde von den sogenannten »Kameraden-Frauen«, wie es im Winter 1989 Küblers Tochter Marianne zuteil wurde, blieb der Dietl-Witwe verwehrt! Nachdem ich die Anschrift von Dietls einzigem Sohn in Erfahrung bringen konnte, schrieb ich am 28. März 1984 an Volker Dietl, der an der Technischen Schule der Luftwaffe in Kaufbeuren seinen Dienst verrichtet, unter anderem folgende Zeilen:

> »... Wie Sie aus beigefügter Kopie ersehen können, hatte ich seinerzeit Ihre verehrte Frau Mutter angeschrieben. Bedauerlicherweise kam der Brief mit dem postalischen Vermerk ›Unbekannt verzogen‹ zurück. Zwischenzeitlich erfuhr ich, daß Ihre Frau Mutter am 4. Januar 1984 hochbetagt verstorben ist ... Gestatten Sie mir bitte, daß ich heute meinen seinerzeit ausgesprochenen Wunsch wiederhole und nun Sie bitte, ob Sie das besagte Bild- und/oder Text-Material in der gewünschten Richtung für meine neueste Gebirgsjäger-Publikation ... beisteuern können ...«

Bedauerlicherweise wurde auch dieser Brief nicht beantwortet. So hatte es eine Zeitlang den Anschein, daß der Regierungsamtsrat Dietl nicht mit der Vergangenheit seines populären Vaters konfrontiert werden möchte.[25] Wen wundert es bei diesem Sachverhalt, daß die Spekulationen über Dietls Vergangenheit wie die Pilze aus dem Boden schossen – insbesondere aber aus dem des Allgäus, wo Dietl richtungweisend einige Jahre beim Aufbau der deutschen Gebirgstruppe mitwirkte, und am Eingang des oberbayrischen Inntales, wo er geboren wurde und seine stürmische Kindheit und bewegten Jugendjahre verlebte?
Erst als die Angriffe aus dem Lager der Kritiker übermächtig und immer massiver vorgetragen wurden, mußte auch Dietls Sohn notgedrungen die Deckung, in der er sich viel zu lange verschanzt und

so die wütenden Attacken der Alternativen und Pazifisten geradezu heraufbeschworen hatte, verlassen und sich dem Meinungsstreit stellen – jedoch nur in einem Beitrag der »Allgäuer Zeitung«
vom 26.2.1988, dessen Überschrift lautete:
»Der Sohn meldet sich zu Wort – *Volker Dietl:* Ich stehe fest zu
meinem Vater – Kontroverse um Generaloberst macht ihm zu
schaffen.«
Und dann heißt es (Auszug):

> »... Für Volker Dietl, der neun Jahre alt war, als der Gebirgsjäger-Ge-
> neral 1944 bei einem Flugzeugabsturz ums Leben kam, ist sein Vater
> eben kein glühender Anhänger Hitlers gewesen ... Daß der Name
> des Vaters und dessen Vergangenheit in die Schlagzeilen gerieten,
> macht Dietl schwer zu schaffen. Er, der sich als kritischer Mensch be-
> greift, ist seit Jahren auf der Suche in Archiven und in militär-histori-
> schen Ämtern, um das Wesen von Eduard Dietl zu ergründen ...«

Allerdings nicht intensiv genug, denn sonst hätte Volker Dietl mit
50 Jahren nicht sagen können: »Ich weiß bis heute nicht, ob mein
Vater Mitglied in der NSDAP war.«
Dieses Rätselraten wollte der Autor dieser Dietl-Biographie mit
wissenschaftlich hieb- und stichfesten Daten und Fakten vorzeitig
beenden, indem er dem Sohn des in die Schußlinie gekommenen
Gebirgsjäger-Generals eine vertrauliche Aussprache mit Hintergrundwissen anbot. Aber auch ein zweites Schreiben vom April
1988 blieb bedauerlicherweise unbeantwortet. Statt dessen brachte
Dietls Sohn ein Schreiben von der »Deutschen Dienststelle für die
Benachrichtigung der nächsten Angehörigen von Gefallenen der
Deutschen Wehrmacht« mit Datum vom 27.6.1988 in Umlauf. In
ihm heißt es:[26]

> »Sehr geehrter Herr Dietl,
> nach Auskunft des Berlin Document Center können wir Ihnen be-
> stätigen, daß Ihr Vater Eduard Dietl, geboren am 21.7.1890 in Bad
> Aibling, erstmalig im Jahre 1919 in die Deutsche Arbeiterpartei –
> Ortsgruppe München – unter der Mitglieds-Nr. 524 eingetreten ist.
> Da er als aktiver Offizier keiner Partei angehören durfte, ist er bereits
> 1920 wieder ausgetreten.
> Am 30.1.1943 wurde Ihrem Vater von Hitler das goldene Ehrenzei-
> chen der NSDAP verliehen. Da mit dieser Auszeichnung eine Mit-
> gliedschaft in der Partei verbunden war, wurde Ihr Vater im Novem-

ber 1943 mit dem Ersten des Monats der Verleihung (1.1.1943) unter
der Mitglieds-Nr. 9.624.401 in die NSDAP aufgenommen. Die Mitgliedschaft sollte jedoch bis zum Ausscheiden aus dem aktiven Wehrdienst ruhen.
Wir hoffen, Ihnen mit dieser Auskunft geholfen zu haben.
Mit freundlichen Grüßen
Im Auftrag
gez.: Unterschrift«

Nun ist es wieder still geworden um Volker Dietl, »der als Kind nur
wenig Erinnerungen an seinen Vater hat (›er war zwei-, dreimal im
Jahr zu Hause. Es war ja Krieg ...‹).«[27]
Dafür meldeten sich viele alte Kameraden Dietls zu Wort, insbesondere seine ehemaligen Kemptner und Füssener Weggefährten,
die die Forschungsarbeiten des Autors teilweise bereits seit über
zwei Jahrzehnten vorbehaltlos unterstützen – unter anderem:
General der Gebirgstruppe a. D. Friedrich Jobst Volckamer von
Kirchensittenbach, wie Dietl 1919 Angehöriger des Freikorps Epp,
1936 Kommandeur des II./Gebirgs-Jäger-Regiments 99 in Füssen.
Generalmajor a. D. Hans Buchner, der Dietl bereits im Sommer
1923 in München, seinerzeit noch als Offiziersanwärter, als Kompaniechef und später, in den Jahren 1934/35, in Kempten als Bataillons-Kommandeur sowie von Herbst 1938 bis zum Kriegsausbruch in Kärnten und 1940 während des Norwegenfeldzuges als
Kommandeur der 3. Gebirgs-Division kennengelernt hatte.[28] Generalmajor a. D. Hellmuth Grashey war unter Dietl in Füssen
Oberleutnant, Zugführer und Kompaniechef im II. Bataillon des
Gebirgs-Jäger-Regiments 99. Er hat den Biographen bei seinen
Recherchen derart angespornt, daß man zuweilen den Eindruck
haben konnte, in eine kriminalistische Spurensuche verwickelt zu
sein. Generalmajor a. D. Wilhelm Heß, der bereits an anderer
Stelle als Quartier- bzw. Oberquartiermeister Dietls im hohen
Norden vorgestellt wurde. Er sollte dem Kameradenkreis der Gebirgstruppe bis zum 15.1.1988 Beiträge und Stellungnahmen zusen-
den, die nicht so sehr Dietls militärische Seite, sondern vor allem
Argumente bringen, die den Vorwurf, Dietl habe den Nationalsozialismus kräftig unterstützt, entkräften sollten. Eine nicht lösbare
Aufgabe! Aus diesem Grund verwies Heß auch nur auf einen Beitrag über General Dietl, den er bereits 1985 zusammen mit Oberst-

leutnant a. D. Dr. Wolfgang Menzel, ebenfalls ein ehemaliger Eismeerkämpfer, im Mitteilungsblatt »Die Gebirgstruppe« veröffentlicht hatte. Brigadegeneral a. D. Alois Steffel, dessen Schwiegervater als Klassenkamerad mit dem jungen Eduard Dietl in Rosenheim das Gymnasium besuchte, war während des Zweiten Weltkrieges eine Zeitlang dem Kommandierenden General des Gebirgskorps Norwegen und Oberbefehlshaber der Lappland-Armee unterstellt.

Der Altlandrat von Lindau am Bodensee, Oberstintendant a. D., Ministerialrat a. D., Dr. jur. Wolfgang Bernklau, 1935/36 Brigadeintendant im Aufstellungsstab der Gebirgsbrigade, die am 1. April 1938 unter Generalmajor Ludwig Kübler in den Status der 1. Gebirgs-Division erhoben und entsprechend vermehrt wurde, hat dem Verfasser »als jüngerer Zeitgenosse und«, wie er schrieb, »Zeitzeuge von Generaloberst Dietl gern auch schriftlich über ihn berichtet«. Darüber hinaus hat der spätere Divisions-, Korps- und Armeeintendant in seinen »Streiflichtern« über den Aufbau der deutschen Gebirgstruppe im allgemeinen und Generaloberst Dietl im besonderen »auch das einschlägige Umfeld und den Zeitgeist angedeutet«.[29] Als Divisionsintendant hatte er reichlich Gelegenheit, Oberst Dietl dienstlich wie außerdienstlich kennenzulernen. »Was dann später als Persönlichkeitsbild über ihn geschrieben wurde«, so Bernklau, »ist nach meiner eigenen Wahrnehmung meist zutreffend und nur manchmal überzeichnet. Auffällig war sein nie versiegender Humor, der auch derb ausfallen konnte, seine treffsichere Kritik als Vorgesetzter, die aber nie verletzend war, seine Selbstironie, mit der er seine eigenen Grenzen offenbarte, und nicht zuletzt seine Bescheidenheit, die sich in seinem gesamten Auftreten und seiner Anspruchslosigkeit äußerte. Eigenschaften, die er auch beibehielt, nachdem er als ›Held von Narvik‹ zeitgeschichtlich zu einem Begriff geworden war. Darin unterschied er sich deutlich von vielen seiner gleichrangigen Kameraden.«[30]

Oberst a. D. Josef Brandl, wie der spätere Generalmajor Buchner bereits als Hauptmann Angehöriger des Kärntner Gebirgs-Jäger-Regiments 139, nahm insbesondere zum tödlichen Flugzeugabsturz des Generalobersten Dietl und zu den Männern des 20. Juli 1944 kein Blatt vor den Mund, sondern formulierte seine Meinung

zu diesem Unglücksfall und den angeblichen Hintermännern mit aller Deutlichkeit und Schärfe. Oberst i. R. Hans Rohr, ein erfahrener Narvik-Kämpfer, der auf Grund seines taktischen Erfolges mit dem Ritterkreuz zum Eisernen Kreuz ausgezeichnet wurde, stellte dem Autor sein umfangreiches, über 400 Seiten starkes und reichbebildertes »Tagebuch eines Gebirgsjägers im Zweiten Weltkrieg« vom 28. August 1939 bis 2.Oktober 1945, das wichtige Informationen über den Einsatz der Gebirgsjäger in Polen, Narvik, Nordnorwegen und Finnland enthält, selbstlos zur Verfügung. Oberst i. G. a. D. Hans Roschmann war mir bei meinen Recherchen ein weiterer bedeutender Zeitzeuge. Als einstiger Kemptner Jäger des Infanterie-Regiments 19 der Reichswehr, als stets sportbegeisterter Skiläufer und Alpinist war ihm Dietl nicht nur ein allseits anerkannnter Vorgesetzter, sondern schon früh ein Vorbild und Idol. In Finnland war Roschmann als Quartiermeister des XXXVI. Gebirgs-Armeekorps General Dietl unterstellt. Der Bundesrepublik Deutschland diente er von 1951–1969 zuerst beim Bundesgrenzschutz und dann in der Bundeswehr, wo er unter anderem in hohen Stäben der NATO, darunter auch bei AFNORTH in Oslo, eingesetzt wurde. »Meine NATO-Kameraden, selbst die Norweger«, so Roschmann in einem Brief an den Verfasser, »sprachen stets mit großer Hochachtung von Dietl.« Oberstleutnant a. D. Fritz W. Bader wurde 1934 auf Dietls Anforderung beim O. K. H. aus dem Wehrkreis IV in dessen Kemptner Gebirgs-Jäger-Bataillon kommandiert – und zwar deshalb, weil er, Bader, große Erfolge im Heeres-Ski-Patrouillenlauf (mehrmaliger deutscher Heeres-Skimeister) errungen hatte. Major i. G. a. D. Klaus Düwell ist ein weiterer bedeutungsvoller Zeitzeuge Dietls: Einerseits wegen seines Wohnsitzes in Oberstdorf im Allgäu, wo Dietl bis auf den heutigen Tag von den Gebirgsjägern ganz besonders verehrt wird, und andererseits wegen seines Kampfeinsatzes im hohen Norden, wo er wiederholt Dietl begegnet ist. So empfindet der Ritterkreuzträger Düwell »die derzeitigen Angriffe gegen General Dietl … wie alle alten Gebirgssoldaten als Skandal und als ein deprimierendes Zeichen unserer Zeit«. [31]
Von den unteren Dienstgraden sind insbesondere die Aktivitäten und Informationen von Johann-Georg Böck von besonderem Ge-

wicht. Als jahrzehntelanges Vorstandsmitglied der Kreiskameradschaft Kempten des Kameradenkreises der Gebirgstruppe[32] und als Bezirksvorsitzender des Bezirksverbandes Schwaben im Bayernbund e. V.[33] hat er über Jahre hinweg nicht nur alle erreichbaren Dokumente über das Pro und Contra um die Person des Generalobersten Dietl gesammelt und archiviert, sondern auch wiederholt federführend in die an Schärfe zunehmende Diskussion um die Rolle und Bewertung des »Helden von Narvik« eingegriffen – trotz eines permanenten »Telefonterrors« der »Anti-Dietl-Clique«.[34] Es gelang ihm sogar, den Kemptner Oberbürgermeister Dr. Josef Höß und eine Anzahl von Stadträten der Allgäuer Metropole sowie den Stellvertretenden Divisionskommandeur und Kommandeur der Divisionstruppen der 1. Gebirgsdivision der Bundeswehr[35] und die Kommandeure der in Kempten stationierten Bataillone (Gebirgs-Artillerie-Bataillon 81, Gebirgs-Sanitäts-Bataillon 8) für die von ihm vertretene Linie zu gewinnen. Und das hatte seinen guten Grund, denn Böck war als jugendlicher Bergsteiger wiederholt mit Dietl im Gebirge, und außerdem gehörte er ab 1933 der 10. Kompanie des berühmt gewordenen III. (Gebirgs-Jäger) Bataillons des 19. (bayerischen) Infanterie-Regiments an, wo er als jüngster Rekrut »von Dietl väterlich umsorgt«[36] wurde.

Von den Angehörigen der Luftwaffe, die General Dietl im hohen Norden unterstellt waren, verdienen insbesondere die Informationen der Obristen Knabe und Stein besondere Beachtung; nicht zuletzt auch deshalb, weil sie zum Teil diametral entgegengesetzte Standpunkte vertreten.

Oberst a. D. Konrad Knabe war Dietls Fernaufklärer an der Eismeerfront. Er schrieb unter anderem: »Es ist übelste Demagogie, zu behaupten, Dietl sei für das Dritte Reich und die Nazipolitik mitverantwortlich gewesen«,[37] und befürchtet, »daß wir Schlimmeres in Zukunft zu erwarten haben, was die Diskriminierung des Soldaten angeht ... Was ich über die seit Wochen laufende üble Kampagne gegen den für mich volkstümlichsten Gebirgsjägergeneral denke? Was kann man schon erwarten von gewissen Leuten der VVN in Kaufbeuren und kommunistisch infizierten jungen Pfarrern der Gruppe Pax Christi? Was kann man anderes erwarten, wenn selbst Richter die Äußerung eines jungen Arztes, dem sogar noch die Bundeswehr das Medizinstudium ermöglicht hat und der dann nach Abschluß des Studiums in die Phalanx der Wehrdienstverweigerer überwechselt – wir Soldaten wären potentielle Mörder –, für rechtens halten? Was ich allerdings in der ganzen Angelegenheit für bezeichnend halte«, so der Ritterkreuzträger Knabe voller Zorn, »ist die Tatsache, daß man seitens der Führung des Kameradenkreises der Gebirgstruppe in München die Kameraden in Kempten allein im Regen stehen läßt.«[38]

Von Oberst a. D. Werner Stein stammt neben einigen aufschlußreichen Anmerkungen über Generaloberst Dietl auch ein Originalfoto des »Helden von Narvik«, das er ab 1974/75 auf eigene Kosten in Hunderten von Exemplaren für die Traditionszimmer der Gebirgsjäger der Bundeswehr und die Truppe zur Verfügung gestellt hat, weil er von dem Gedanken ausging, daß hierdurch die Erinnerung an Generaloberst Dietl besser wachgehalten würde als durch ein weiteres Denkmal.

Ein interessanter Zeitzeuge war auch Generalleutnant a. D. Hermann Hölter, der den Krieg im hohen Norden vom ersten bis zum letzten Tage miterlebt hat.[39] Auf Grund seines hohen Alters war er leider nicht mehr imstande, sich detailliert zur Person seines ehemaligen Oberbefehlshabers zu äußern. Zum Glück hat Hölter der Nachwelt sein aufschlußreiches Buch »Armee in der Arktis« hinterlassen. Zum Thema Eduard Dietl und seine (NS-) Vergangenheit will sich auch Oberst a. D. Ludwig Hörl, der Ehrenvorsitzende des Kameradenkreises der Gebirgstruppe, in jüngster Zeit nicht mehr äußern. »Ich möchte schweigen«, schrieb er dem Verfasser am 27.2.1988, »da ich ein besonders persönliches Verhältnis zu ihnen (Hörl meinte neben Dietl auch Schörner, Anm. d. Verf.) hatte.« Das war nicht immer so. Hörl, unter Dietl Leutnant und Oberleutnant bei der 12. Kompanie des III. (Geb. Jäg.) Btl. 19. (bayer.) Inf. Regt., hat jahrelang Begebenheiten über und um seinen alten Kommandeur publiziert und bei Kameradschaftsabenden und Jahreshauptversammlungen des Kameradenkreises der Gebirgstruppe seine persönliche Meinung freimütig geäußert, so daß auch diese sehr wichtigen Hintergrundinformationen über Dietl und Schörner in dieser Biographie berücksichtigt werden konnten.

Nicht weniger informativ waren die Gespräche mit Frau Luise Jodl, geborene von Benda. Sie war 15 Jahre Sekretärin, zuerst im Reichswehrministerium, dann im Vorzimmmer der Generale Beck und Halder. Im Nürnberger Prozeß erhielt sie vom Internationalen Militärgericht die Erlaubnis, als Assistentin an der Verteidigung ihres Mannes, Generaloberst Alfred Jodls, der seit Ende August 1939 Chef des Wehrmachtführungsamtes im Oberkommando der Wehrmacht und Hitlers engster Berater in allen strategischen Fragen (bis auf den östlichen Kriegsschauplatz, dessen Führung Hitler ab Ende 1941 selbst übernommen hatte) war, mitzuarbeiten. »Was mir 1946 als Wahrheit erschien«, so Frau Jodl, »muß der heutigen Generation, ja zeitweise mir selbst, als schwer begreiflich vorkommen.« Ihr verdankt der Autor dieser Dietl-Biographie neben einigen bedeutungsvollen Einsichten auch die Herstellung der Verbindung zu Dr. Fritz Hübenett, der dankenswerterweise einzigartige Bilddokumente aus dem Nachlaß seines Schwiegervaters, des Generals der Gebirgstruppe Ferdinand Jodl, zur Verfügung stellte.

Gedankt sei aber auch allen Institutionen, die bereitwillig Literatur, Archivalien und Dokumente in Wort und Bild beschafft oder zur Verfügung gestellt haben – insbesondere die Bayerische Staatsbibliothek, München; das Bayerische Kriegsarchiv, München; das Bayerische Hauptstaatsarchiv, München; der Bevollmächtigte der Bundesregierung in Berlin; das Berlin Document Center; das Bundesarchiv/Militärarchiv, Freiburg i. Br.; die Kameradschaft ehemaliger Angehöriger des III. (Gebirgs-Jäger) Bataillons des 19. (bayer.) Infanterie-Regiments, Kempten/Allgäu; die Kameradschaft vom Edelweiß, Landesverband Steiermark, Graz; der Österreichische Kameradschaftsbund, Kameradschaft ehemaliger Angehöriger des Gebirgs-Jäger-Regiments 139, Klagenfurt; die Wehrbereichsbibliothek VI, München-Neubiberg, und das Institut für Zeitgeschichte, München.

5. Aufflammender Meinungsstreit um Generaloberst Dietl

Es war nicht anders zu erwarten: Nach der sogenannten Umerziehungsphase, in der den Deutschen immer und immer wieder der Spiegel der Kollektivschuld für die Verbrechen der Nationalsozialisten, insbesondere aber an den Juden und den rassischen und ethnischen Minderheiten, bis zum Überdruß vorgehalten wurde, war es nur mehr eine Frage der Zeit, wann das Pendel in die andere Richtung schlagen würde. Und es schlug. Das geschah zwar nicht von einem Tag auf den anderen, sondern in einem sich über einen längeren Zeitraum vollziehenden Prozeß. Dabei ging die Entwicklung einer differenzierten Betrachtungsweise der Geschehnisse um das Dritte Reich und den Zweiten Weltkrieg einher mit einer heranwachsenden, mündig werdenden Nachkriegsgeneration, die, wie Bundeskanzler Kohl sich anläßlich seiner Israelreise im Januar 1984 ausdrückte, die »Gnade der späten Geburt« für sich in Anspruch nahm und sich daher ganz unbefangen, ja geradezu unbekümmert auf die Suche nach den historischen Daten und Fakten machte. Daß sich dabei das Augenmerk der kritischen alternativen Bewegungen und ihrer Sympathisanten – unter ihnen Mitglieder des »Allgäuer Friedensforums«, des Widerstandes der »Grünen«, die »Vereinigung der Verfolgten des Naziregimes – Bund der Antifaschisten« (VVN – BdA)[40] sowie Mitglieder der katholischen Friedensbewegung »Pax Christi« – auch auf das Leben und Wirken des Generalobersten Eduard Dietl richtete, das hatte nicht weniger als drei handfeste Gründe.

Erstens: In Füssen liegt die »Generaloberst-Dietl-Kaserne«. Zweitens: In Bad Aibling, wo Dietl das Licht der Welt erblickte, gibt es in einem Neubauviertel eine »General-Dietl-Straße«. Und Drittens: In Kempten, wo er entscheidende Jahre seines Soldatenlebens während der Aufbauphase der deutschen Gebirgstruppe verbrachte, existiert ebenfalls – wie in Füssen und Bad Aibling – eine Straße, die nach ihm benannt wurde.

Nachdem sein Wirken und Handeln während der NS-Zeit durch-

gesickert und nicht mehr wegzuleugnen war, richtete sich der Protest der alternativen wie auch kommunistisch gesteuerten Bewegung sowohl gegen die Füssener Kasernen- als auch gegen die Kemptner und Bad Aiblinger Straßenbenennungen. Vielfältig und vielschichtig war und ist das Echo der örtlichen Presse auf die Auseinandersetzung um Dietl und die nach ihm benannten Straßen und die Kasernenanlage. Prinzipiell hielten sich Zustimmung und Ablehnung nahezu die Waage, wenn auch nicht zu übersehen ist, daß sich zahlreiche Presseorgane gegen Dietl wandten, nachdem der Münchner Kameradenkreis der Gebirgstruppe nach Ansicht zahlreicher enttäuschter Veteranen der linken Agitation allzu lange tatenlos gegenüberstand. Schlimmer noch: Da man die örtlichen Kameradschaften regelrecht im Regen stehen ließ, bekam die Anti-Dietl-Bewegung derart viel Wasser auf ihre Mühlen, daß sie von nun an den Gang der Dinge bestimmte. Schlagwortartig lassen sich die jeweiligen Ansichten und Meinungen am besten an Hand einiger Schlagzeilen und Leserbriefe der Kemptner »Allgäuer Zeitung«, die in der jüngst entflammten Dietl-Diskussion eine federführende Rolle spielt, wie folgt zusammenfassen:
»Debatte um einen Wehrmachts-General. Eduard Dietl im Spiegel der Dokumente und Erinnerungen. Ausführungen im Bauausschuß zeichnen ein widersprüchliches Bild« (12.12.1986), »Bund der Antifaschisten: Für Umbenennung der General-Dietl-Straße« (11.4.1987), »Dem Menschen Dietl sind viele in Dankbarkeit verbunden« (18.4.1987), »Initiative will Kemptner Straßenbenennung korrigieren. Internationale Proteste gegen Ehrung von General Eduard Dietl. ›Geburtshelfer des Dritten Reichs‹ – VVN und Grüne rollen Werdegang auf« (5.8.1987), »Streit um einen Freund Hitlers. Kempten: Proteste gegen eine nach dem Wehrmachtsgeneral Eduard Dietl benannte Straße« (1.10.1987), »Bürgerinitiative will Umbenennung durchsetzen. Kritiker der General-Dietl-Straße bekommen prominente Mitstreiter. Hilfe von MdB Mechtersheimer. Unterschriftensammlung läuft« (28.10.1987), »Endlich damit aufhören, eine Generation zu verdammen« (3.11.1987), »Umstrittene Namensgebung war eine Panne« (13.1.1988), »Dietl der Ehrung würdig« (20.1.1988), »Der Name Dietl sorgt für Unbehagen. Wachsende Kritik an Kasernenbezeichnung nach Hitlers

General – Anfragen im Bundestag« (6.2.1988), »Beliebter und fähiger Offizier« (20.2.1988), »Idol seiner Gebirgsjäger« (20.2.1988), »Ein Idol kommt auf den Prüfstand. Doch ›Pax Christi‹ findet nur zögernd Mitstreiter für die Umbenennung der Dietl-Kaserne« (27.2.1988).

So war es in der Tat. Generaloberst Eduard Dietl und kein Ende. Nachdem die »Allgäuer Zeitung« jahrelang in vorderster Front gestanden hatte, griff am 22. März 1988 sogar die überregionale »Süddeutsche Zeitung« mit einem mehrspaltigen Artikel unter der Schlagzeile »Schlacht um General Dietl ist voll entbrannt. Streit um Benennung einer Straße in Kempten und einer Kaserne in Füssen« in die Diskussion um die Symbolfigur der deutschen Gebirgstruppe ein. Ein halbes Jahr später, am 20.11.1988, meldete die »Süddeutsche Zeitung« sich abermals zu Wort – und zwar unter der Überschrift: »Rätsel um Studie über einen General. Zweifel an einem ›Ritter ohne Fehl und Tadel‹. Verteidigungsministerium läßt sich Zeit mit Umbenennen der Dietl-Kaserne«. Nun schaltete sich auch das Fernsehen in die Diskussion um Generaloberst Dietl ein. So weilte unter anderem das ZDF zu Dreharbeiten für das Politmagazin »Kennzeichen D« im Frühjahr 1988 in Kempten, in Füssen und beim Kommandeur der 1. Gebirgsdivision, von dem am Ende der Sendung eine kurze Stellungnahme gebracht wurde. Sie hatte folgenden Wortlaut:

> »Unsere Traditionspflege«, so Generalmajor Schlüter, »richtet sich in erster Linie auf die Geschichte der Bundeswehr und der 1. Gebirgsdivision. Die Division besteht seit über 30 Jahren – also länger als die Gebirgstruppen der Wehrmacht, der Reichswehr und des Alpenkorps zusammen. Wir setzen uns aber auch kritisch mit der Geschichte der ehemaligen Gebirgstruppen auseinander. Wir differenzieren dabei sehr genau zwischen zeitlosen soldatischen Tugenden und zeitbedingter Schuld. Der Blick in die Geschichte der Gebirgstruppe sollte sich aber keineswegs auf die Frage Dietl verengen. Bei der Namensgebung der Kaserne in Füssen 1964 stand die Integrität Dietls offensichtlich außer Zweifel. Wenn heute die Frage, ob er als Namensgeber einer Kaserne der Bundeswehr tragbar ist, neu gestellt wird, so muß die Gesamtpersönlichkeit Dietl noch einmal untersucht werden.«[41]

Angesichts derartiger Aussagen flammte der Meinungsstreit um Generaloberst Dietl von neuem auf. Wie in der Vergangenheit, so waren auch dieses Mal wieder die »Allgäuer Zeitung« und ihre engagierten Leser federführend. Dort stand dann unter anderem schwarz auf weiß zu lesen: »Bundesregierung sieht keine Veranlassung zur Umbenennung. ›General Dietl als historische Persönlichkeit beurteilen‹. Bonn will sich aber neuem Namen nicht verschließen« (7.4.1988), »General Dietl weiter auf dem Prüfstand. Harter Schlagabtausch zwischen Gegnern und Befürwortern der Straßenumbenennung« (15.6.1988), »Die Studie über Dietl bleibt unter Verschluß. Bonn pocht im Streit um Kasernennamen auf Zeugenschutz« (3.12.1988)[42], »Ring frei zur nächsten Runde« (17.12.1988). Diese eröffnete die »Süddeutsche Zeitung« – und zwar mit zwei mehrspaltigen Berichten, die wie folgt überschrieben waren: »Als Namenspatron einer Füssener Kaserne umstritten. General Dietl weiter unter Beschuß. Allgäuer Grüne und SPD fordern Aufklärung über sein Verhältnis zum Nationalsozialismus« (24./25.5.1989), »Betroffene Truppen geben den Ausschlag. Kein neuer Name für Dietl-Kaserne. Stoltenberg gibt zu: Heute käme der General nicht mehr als Taufpate in Betracht« (28.7.1989).

6. Sinn und Zweck dieser Dietl-Biographie

Nach all dem, was wir bisher schlagwortartig über Dietl erfahren haben, können wir getrost davon ausgehen, daß diese Art der Auseinandersetzung weitergehen wird. Damit steigt auch das allgemeine Interesse an der historischen Persönlichkeit des ehemaligen Wehrmachtsgenerals – nicht zuletzt aber auch angesichts der bevorstehenden »runden« Gedenktage: 1990 jährt sich zum 50. Mal der Jahrestag des Kampfes um Narvik. 1990 ist überdies der 100. Geburtstag des Generalobersten Eduard Dietl.

Allein diese denkwürdigen Jahrestage würden schon eine Dietl-Biographie rechtfertigen. Mehr jedoch die Tatsache, daß es – wie wir bereits vernommen haben – bis dato keine objektiv verfaßte Biographie über diesen bedeutenden Heerführer der deutschen Wehrmacht gibt. So erschien es Verlag und Verfasser endgültig an der Zeit, sich an diese erste gründliche, umfassende und wissenschaftlich untermauerte Dietl-Biographie heranzutasten.

Und das mit gutem Recht, denn die Niederschrift wurde dem Autor durch die sich nun schon über zwei Jahrzehnte erstreckenden wissenschaftlichen Forschungsarbeiten auf dem militärhistorischen Sektor, insbesondere aber über die Geschichte der deutschen Gebirgstruppe, wesentlich erleichtert. »Der Held von Narvik« ist das Resultat.

Neben dem Wollen, dem Können und dem Handeln der charismatischen Persönlichkeit Dietls, der seinen Ruhm mehr der NS-Propaganda als seinem taktischen Genie verdankte, entstand mit dieser Biographie auch ein Panorama der deutschen Geschichte von der Entlassung des »Eisernen Kanzlers« Fürst Otto von Bismarck, die mit Dietls Geburtsjahr zusammenfiel, bis zum Schicksalsjahr 1944, in dem der Generaloberst mit drei weiteren Generalen der deutschen Wehrmacht in der Steiermark in dem kurzen Zeitraum zwischen der Landung der Alliierten in der Normandie und dem Attentat auf Adolf Hitler tödlich abgestürzt ist. So ist diese Dietl-Biographie auch ein Teil des nationalchauvinistischen wilhelminischen Kaiser- und des späteren nationalsozialistischen Dritten Reiches. Mehr noch: Sie ist gar ein Teil der deutschen Tragödie des 20. Jahrhunderts, denn am Anfang und am Ende der Hitler-Bewegung stand kein geringerer als er, der »Held von Narvik«.

München – Kolbermorr/Obb.
Sommer 1990   *Roland Kaltenegger*

Anmerkungen

1 Jacobsen: Nationalsozialistische Außenpolitik 1933–1938. S. 698
2 Goebbels: Die Tagebücher. Teil 1, Bd. 4, S. 248
3 General Dietl. S. 32
4 Goebbels: Die Tagebücher. Teil 1, Bd. 4, S. 248
5 Liddell Hart: Deutsche Generale des Zweiten Weltkrieges. S. 48
6 Während des Zweiten Weltkrieges als Korvettenkapitän zur Bismarck-Unternehmung auf den Schweren Kreuzer »Prinz Eugen« abkommandiert. Teilnehmer am Gefecht bei Grönland. Von 1944 bis Kriegsende im O.K.M. als Referent in der Presse- und Filmabteilung. Ausbruch aus Berlin, dann Verbindungsoffizier im O.K.W. in Flensburg-Mürwik.
7 Busch: Narvik. S. 9
8 Spiegel-Autor Harald Wieser über den Nazi-Autor Werner Höfer, der 1943 in einem NS-Blatt die Hinrichtung des jungen Klaviervirtuosen Karlrobert Kreiten regelrecht »gefeiert« hat. In: Der Spiegel. 1987, Nr. 51
9 Süddeutsche Zeitung. 1988, Nr. 6
10 Schröder: Die Schatten bleiben mächtig. In: Süddeutsche Zeitung. 1988, Nr. 6, S. 4
11 Das Signet der »Südstern«-Propagandaschrift wandelte sich zum schwarz-gelben Zeichen der ersten »Stern«-Jahre.
12 Zu diesen »Verdrängungs-Künstlern« muß auch die Schriftstellerin Luise Rinser, die zwischen 1933 und 1945 NS-Gedichte im Blut-und-Boden-Stil verfaßt hat, gezählt werden.
13 Ceram: Götter, Gräber und Gelehrte. Reinbek bei Hamburg, S. 445
14 Weinberger: Kamerad Dietl. S. 131.
15 Insbesondere die in der Kriegsgeschichte einzigartigen Bewegungsoperationen »Birke« und »Nordlicht«, durch die sich die Lappland-Armee mit ihren 200 000 Mann trotz aller Widrigkeiten und Enttäuschungen nach dem 2.9.1944 über riesige Entfernungen durch die wegearme Tundra aus der russischen Schlinge ziehen konnte. Hölter gibt in seinem Buch zugleich einen Abriß vom Sinn und Wesen des Kampfes an der Lapplandfront während der Kriegsjahre 1941 bis 1944 und von dem Verhältnis zwischen dem deutschen und dem finnischen Waffenbruder.
16 Generaloberst Franz Halder schrieb über dieses Buch: »Die Durchsicht des Erfurthschen Werkes gibt mir ein Bild, das ich von dem mir als Generalstabsoffizier, als Historiker und als Militärschriftsteller bekannten Autor erwartet habe. Mit der ganzen Vornehmheit seines Wesens und der unbestechlichen Klarheit des Fachmanns bringt er ein sehr gutes Bild der Zusammenhänge und Ereignisse des nördlichen Kriegsschauplatzes.«
17 Ein Schwerpunkt dieser breiten und solide belegten Arbeit ist der Behandlung von Versorgungsfragen, denen bei den geographischen und klimatischen Schwierigkeiten an der Eismeerfront größte Bedeutung zukam, gewidmet.
18 Churchill: Der Zweite Weltkrieg
19 Hubatsch: Die deutsche Besetzung von Dänemark und Norwegen 1940
20 General Dietl. Hrsg. von Gerda-Luise Dietl und Kurt Herrmann
21 Fantur: Narvik
22 Nachweislich wurden die Leser und Historiker neben Springenschmids Narvik-Buch unter anderem auch bei den Gedenkbüchern über die 5. Gebirgs-Division und die 100. Jäger-Division, vormals 100. leichte Infanterie-Division, des Stocker-Verlages getäuscht.

23 Aufgenommen wurden nur Werke, die für diese Dietl-Biographie von wissenschaftlicher Bedeutung waren.
24 General Dietl. S. 18
25 Wie der Kommandeur der 1. Gebirgsdivision am 9.3.1989 dem Verfasser in einem einstündigen Telefonat bestätigte, war Volker Dietl auch nicht bereit, sämtliche Tagebücher seines Vaters uneingeschränkt zur Einsichtnahme zur Verfügung zu stellen.
26 Knabe: Die Diffamierung »unseres Dietl«. S. 4
27 Allgäuer Zeitung. 26.2.1988
28 1940 allerdings per distance, weil Dietl in Narvik und Buchner in Trondheim landete und er, Buchner, Dietl erst wieder direkt unterstellt wurde, als dieser Orlog beendet war. (Buchner-Brief vom 20.11.1987 an den Verfasser)
29 Bernklau-Brief vom 21.9.1986 an den Verfasser
30 Bernklau: Generaloberst Eduard Dietl. A.a.O.
31 Düwell-Brief vom 15.11.1987 an den Verfasser
32 In der Auseinandersetzung um General Dietl fühlten sich die Allgäuer Kameraden von den Münchnern schmerzlich im Stich gelassen, so daß Böck wiederholt Standhaftigkeit bei der Vorstandschaft anmahnen mußte. So auch bei einem Appell an die Kameraden und Kameradschaften am 8.11.1987 im Rahmen der Jahreshauptversammlung in der Münchner Kronprinz-Rupprecht-Kaserne.
33 Auf Veranlassung dieser heimattreuen Vereinigung wurde Böck 1988 mit dem Verdienstkreuz am Bande des Verdienstordens der Bundesrepublik Deutschland ausgezeichnet.
34 Böck-Brief vom 31.10.1987 an den Kemptner Oberbürgermeister Dr. Höß
35 Für Brigadegeneral Coqui, der 1988 vorzeitig pensioniert wurde, war Dietl ein »barocker Altbayer, fröhlich, meist optimistisch, vor- und umsichtig«. Er war für ihn »kein politischer Kopf, aber ein Patriot«.
36 Böck-Brief vom 13.10.1987 an den Verfasser
37 Knabe: Die Diffamierung »unseres Dietl«. S. 1
38 Knabe-Brief vom 20.3.1988 an den Verfasser
39 Hölter war Chef des Generalstabes des »Deutschen General im Oberkommando der Finnischen Wehrmacht« von Juni bis September 1941, des General-Kommandos XXXVI. Gebirgs-Armeekorps von Oktober 1941 bis Oktober 1943 an der Front vor Kandalakscha, des General-Kommandos XIX. Gebirgs-Armeekorps von November 1943 bis Februar 1944 an der Eismeerfront und des Armee-Oberkommandos der 20. Gebirgsarmee von März 1944 bis Kriegsende.
40 Eine Vereinigung, die in den Verfassungsschutzberichten der Bundesregierung und des Freistaates Bayern bereits seit Jahren als kommunistisch unterwandert und gesteuert erwähnt wird. So heißt es unter anderem im »Verfassungsschutzbericht Bayern 1986«: »Die VVN-BdA gehört zu den größten DKP-beeinflußten Gruppierungen ... «
41 In diesem Sinne äußerte sich Generalmajor Schlüter auch in seinen Antwortschreiben vom 12.12.1988, 19.1.1989 und 3.3.1989 an den Verfasser.
42 Die Studie des Militärgeschichtlichen Forschungsamtes wurde im Auftrag des Bundesministeriums der Verteidigung erarbeitet und am 1.7.1988 dem zuständigen Leitreferat Fü S I 8 im BMVg vorgelegt.

Prolog

Fahrt in die Unsterblichkeit

»Das Wort Narvik wird in der Geschichte
für immer ein herrliches Zeugnis sein
des Geistes der Wehrmacht des nationalsozialistischen Großdeutschen Reiches.«

Adolf Hitler

»Bei diesem zweimonatigen Kampf in
Nordnorwegen habe ich meine alten
Erfahrungen bestätigt gefunden:
Kämpfen können viele Soldaten in
der Welt, aber mutig, schneidig und
kühn angreifen kann nur der Deutsche.«

Eduard Dietl

1. Elitärer Dreiklang:
Narvik – Dietl – Gebirgsjäger

Am 6. April 1940 war die Nacht an der deutschen Nordseeküste mondlos und dunkel. Am Pier des Kolumbuskais in Wesermünde wurden die Trosse, die die zehn Zerstörer der deutschen Kriegsmarine eine Zeitlang mit dem Festland verbunden hatten, in aller Eile gelöst. Erst im Laufe des Tages waren das verstärkte Gebirgs-Jäger-Regiment 139 und der Divisionsstab unter dem Kommando von Generalmajor Eduard Dietl im Bahntransport aus dem Großraum westlich von Berlin über Bremerhaven nach Wesermünde gekommen, wo die ostmärkischen Gebirgsjäger – überwiegend Kärntner und Steirer – mit ihrer Ausrüstung aufgeteilt und eingeschifft wurden – zu den 310 Mann Besatzung je Zerstörer rund 200 von Dietls »Blumenteufel«, die während der stürmischen Überfahrt unter Deck in drangvoller Enge neben ihren Motorrädern, Munitionskisten, Maschinengewehren, Pakgeschützen und vielem anderen mehr auszuharren hatten.

Die unbeschreibliche Spannung, die über diesem Unternehmen, das den Decknamen »Weserübung« trug, lag, löste sich erst, als der Zerstörerverband mit seinen 3100 Besatzungsangehörigen und rund 2000 Gebirgsjägern kurz vor Mitternacht vom Pier ablegte und rasch den schützenden Hafen mit Nordkurs verließ. Auf der Kommandobrücke des Führerzerstörers »Wilhelm Heidkamp« stand Dietl, der jedem, der es hören wollte, freimütig bekannte, »noch nie im Leben zur See gefahren zu sein«.[1] Dennoch waren die Gesichtszüge des Gebirgsjäger-Generals gelöst; er wirkte locker und heiter wie fast immer. Und seitdem die letzten Lichter des Hafens nicht mehr zu sehen waren, schien er zuweilen fast allem Irdischen entrückt zu sein. Das hatte einen triftigen Grund, denn Dietl, der von Hitler persönlich für dieses Unternehmen auserwählt worden war, wußte von Anfang an, was auf dem Spiel stand: erbärmlicher Tod in den eiskalten Gewässern Nordnorwegens oder ein Raid in die Unsterblichkeit. Und da er sehr genau diesen Zusammenhang kannte, gab es für ihn kein Zurück, sondern nur mehr ein Vorwärts, Vorwärts, Vorwärts! So stand der »Blücher der Gebirgstruppe« auf der Kommandobrücke und dankte seinem Führer aus der Ferne, daß er ihm diese Lebensaufgabe in seinen besten Mannesjahren übertragen hatte.

2. Die Wikingerfahrt durch das Nordmeer

Am 7. April 1940, zwischen zwei und drei Uhr morgens, stießen die zehn deutschen Zerstörer nördlich der ostfriesischen Insel Wangerooge auf eine deutsche Schiffsflotte, in der sich u. a. die beiden Schlachtschiffe »Gneisenau« und »Scharnhorst« befanden. Gemeinsam mit der Kampfgruppe Narvik trat die Kampfgruppe Trondheim, die auf dem Schweren Kreuzer »Admiral Hipper« und auf vier Zerstörern eingeschifft worden war, die Wikingerfahrt, wie sie später nicht zu Unrecht genannt wurde, durch die Nordsee an. Erst jetzt, auf offener See, wurde allen Matrosen und Gebirgsjägern neben einem Merkblatt über das Verhalten der Soldaten gegenüber den Norwegern über die Lautsprecheranlagen der Befehl des Führers und Obersten Befehlshabers der deutschen Wehrmacht über den Einsatz und das Ziel bekanntgegeben:

> »Am 9. April, morgens 5.00 Uhr, werden Dänemark und Norwegen von deutschen Truppen besetzt. Die Zerstörer sollen in Narvik das Gebirgs-Jäger-Regiment ausschiffen, das Stadt und Erzbahn besetzen und gegen feindliche Angriffe halten soll. Mit dem Zusammentreffen mit feindlichen Seestreitkräften ist zu rechnen. Im Ofoten-Fjord sollen englische Kriegsschiffe liegen. Etwaiger Widerstand der Norweger ist sofort zu brechen. Narvik ist der nördlichste Punkt, den deutsche Streitkräfte bei dieser Unternehmung anlaufen werden.«[2]

Dietl wußte, nicht weniger als 1200 Seemeilen waren bei diesem Raid mit dem Zerstörerverband zurückzulegen.

Wieder und immer wieder stand er auf der Brücke des Zerstörers, dieser hagere, sportlich-drahtige General, der mit seinem faltendurchfurchten Asketengesicht stundenlang nordwärts starrte. Er war für die Truppe alles andere als ein »Schreckgespenst«, wie es zuweilen etwa Schörner, der andere exponierte Gebirgsjäger-General, der beim Auftauchen bei seinen Untergebenen Angst und Panik verbreitete, sein konnte – und wohl auch wollte. Nein, im Gegenteil: Überall dort, wo Dietl, dieser urbayrische Kalkfelsen, mit seinem wettergegerbten Gesicht erschien, verbreitete seine

Ausstrahlung Ruhe und Sicherheit. Kein Wunder, denn er verstand es, seiner Zeit in dieser Beziehung weit voraus, meisterlich und wie kein anderer in der so straff und nicht selten menschenverachtend geführten deutschen Wehrmacht[3], eine zeitgemäße, soldatische Menschenführung mit einer begeisternden, praxisorientierten Truppenführung zu verbinden. So war es selbstverständlich, daß der Funke zwischenmenschlicher Beziehung auch rasch zu dem Kommodore des Zerstörerverbandes, Kapitän zur See Friedrich Bonte, übersprang. Abwechselnd standen nun beide auf der Brücke und beobachteten die immer rauher werdende See, damit ihnen nichts, am allerwenigsten feindliche Schiffseinheiten, die sich in der Nordsee tummmeln sollten, entging. Die gegenseitige Wertschätzung und die kameradschaftliche Verbundenheit zwischen Dietl und Bonte gingen sogar so weit, daß sie während der Überfahrt abwechselnd in ein und derselben Koje schliefen.

Von Stunde zu Stunde steigerte sich nun die Windstärke. Den Gebirgsjägern war hundeelend zumute, und einer nach dem anderen vertrieb sich die Zeit damit, die Fische zu füttern, weil ihm das Essen im wahrsten Sinne des Wortes aus dem Gesicht gefallen war.

»Ihr wollt's wohl sehen, wie ein General speit?« rief Dietl seinen Männern gegen den Sturm zu. »Da könnt ihr noch lange warten ...«

Nahm den nächststehenden Holzkübel in die Hand und signalisierte seinen Jägern: »Seacht's, des is a Kübl, bal ana kotzn muaß!«[4]

In den Mittagsstunden des 7. April 1940 wurde bereits die Windstärke 6 gemessen. Aber damit nicht genug. Es sollte noch schlimmer kommen, denn die Norweger, deren Wetterberichte Dietl voller Ungeduld abhörte, meldeten an ihrer stark zerklüfteten Küste die Windstärke 10. Das bedeutete orkanartigen Sturm. In der Tat: Bald schlugen die ersten schweren Brecher über die Schiffe hinweg. Und obwohl die Windstärke weiter zunahm, lief der deutsche Zerstörerverband rund 27 Knoten in der Stunde. Um 14.30 Uhr erhielten Dietl und seine Gebirgsjäger einen Vorgeschmack dessen, was sie in den nächsten Stunden, Tagen, ja sogar Wochen zu erwarten hatten. Was war geschehen?

Um diese Uhrzeit, also um 14.30 Uhr des 7. April, erfolgte ein noch ungewohntes Signal für die Soldaten:

General der Gebirgstruppe Eduard Dietl im Januar 1942 (1)

Das Original: Kapitän zur See und Kommodore Friedrich Bonte an Bord seines Führerzerstörers »Wilhelm Heidkamp« vor dem Führer-Bild (2)

Die Fälschung: Das Hitler-Bild wurde wegretuschiert (3)

Das brennende Narvik nach dem Angriff der Engländer am 10. April 1940 (4)

Höhenstellungen von Dietls Gebirgsjägern über Narvik (5)

Hitler überreichte dem »Helden von Narvik« das 1. Eichenlaub zum Ritterkreuz des Eisernen Kreuzes (6)

»Fliegeralarm auf allen Schiffen!«
Schon überflogen zwölf britische Bomber in großer Höhe den Verband von Osten nach Westen. Auf Grund des massiven Abwehrfeuers der schweren deutschen Begleitschiffe konnten die Briten glücklicherweise keinen Treffer erzielen. Wie zum Trotz sang die Mannschaft unter Deck das Lied:

> »Wir lieben die Stürme,
> Die brausenden Wogen,
> Der eiskalten Winde rauhes Gesicht ...«

Und das in zweierlei Hinsicht, denn zum einen schrie man sich auf diese Weise die Angst von der aufgewühlten Seele, zum anderen mußten selbst die eingefleischten Seemänner den Gebirgsjägern eingestehen, daß sie mit ihren Zerstörern einen derartigen Sturm schon lange nicht mehr erlebt hatten.

»Alles, was nicht festgezurrt ist, macht sich selbständig«, vermerkt Dietl in seinem Tagebuch. »Das Essen ist vollendete Akrobatik und die Sache auf dem OO furchtbar ulkig. Das Schlafen ist gefährlich, weil jeden Augenblick etwas anderes durch die Luft segelt: Rucksack, Telefon, Tisch, Stuhl und oft auch der Bettnachbar. In dieser Nacht gehen außerbords: 3 Mann, 2 Kräder, 20 Wasserbomben, 1 Boot, Floßsack und Funkgeräte. Zudem ist die ganze Reling zerschlagen«.

In der Nacht vom 7. auf den 8. April 1940 wurde die Meerenge zwischen den Shetland-Inseln und der alten südnorwegischen Stadt Bergen passiert. Hier, an der Ausfahrt von der Nordsee in den offenen Atlantischen Ozean, steigerte sich die Windstärke wie auch der Seegang nochmals, so daß die überladenen Zerstörer schwer gegen die tobende See anzukämpfen hatten, um sich nordwärts zu bewegen. Wiederholt sah Dietl mit sorgenvollem Gesicht, wie Ausrüstungsgegenstände, die an Oberdeck untergebracht waren, verlorengingen. Das war schon ärgerlich genug. Noch mehr bedrückte ihn allerdings, daß auch zehn Mann, meistens Angehörige des Heeres[5], also seiner Gebirgsjäger, die bei der rauhen See über Bord gespült wurden, nicht mehr gerettet werden konnten und auf diese tragische Weise ihr Leben verloren. Beim Anblick dieser menschli-

chen Tagödie begriff Dietl, was es mit dem Ausspruch »Seefahrt ist
Not!« auf sich hat.

Am 8. April 1940, um 9.00 Uhr, hatte der Zerstörer »Bernd von
Arnim« nach der Durchfahrt durch die Shetland-Enge Gefechts-
berührung mit der englischen »Home-Fleet«, speziell jedoch mit
dem Zerstörer »Glowworm«. Da wegen der rauhen See keine Treffer erzielt wurden, griff der Schwere Kreuzer »Admiral Hipper« in
den Kampf ein. Und siehe da, er hatte mehr Glück, als es ihm mit
seinen schweren Geschützen gelang, den britischen Zerstörer zuerst außer Gefecht zu setzen und dann zu versenken, nachdem das
englische Kriegsschiff das deutsche zuvor noch mit letzter Kraft
mittschiffs gerammt und um 9.45 Uhr seinen letzten Funkspruch
zu den Britischen Inseln abgesandt hatte.[6] Um 11.15 Uhr drehte der
Schwere Kreuzer »Admiral Hipper« mit seinen vier Zerstörern ab
und verließ den Schiffsverband, um Trondheim anzulaufen. Um
diese Zeit wurde bereits eine Windstärke zwischen 8 bis 10, später
sogar zwischen 11 und 12 gemessen. In der Höhe der Lofoten
wurde die See allerdings wieder etwas ruhiger. Nun verließen die
beiden Schlachtschiffe »Scharnhorst« und »Gneisenau« den Verband, um Kurs nach Nordwesten, wo sich ein englischer Flotten-
verband ebenfalls in Richtung Narvik bewegte, einzuschlagen.

Um die Mittagsstunden erschienen verschiedene englische Zerstörer in Sichtweite des deutschen Zerstörerverbandes. Zwecks U-
Boot- und Flak-Sicherung fuhr der Führerzerstörer mit Kapitän
zur See Bonte und Generalmajor Dietl voraus. Am Nachmittag
sprang der Wind nach einem vorübergehenden Abflauen sehr
schnell auf Nordwest um und steigerte sich dann bis auf eine Stärke
von 10, so daß eine unangenehme Kreuzsee entstand. Aber das war
dem oberbayerischen Kalkfelsen gleichgültig, solange die Marschgeschwindigkeit von 25 bis 27 Seemeilen in der Stunde eingehalten
wurde. Das war Dietl um so wichtiger, als er erfuhr, daß eine englische Kampfgruppe, die aus zwei Schlachtkreuzern und einem
Schweren Kreuzer bestand, südöstlich vom deutschen Zerstörerverband auf nördlichem Kurs folgte.

Einige Stunden später liefen die zehn Zerstörer unter dem Schutz
der Lofoten-Inseln, die wie eh und je wie gewaltige Wellenbrecher
der eiskalten Brandung des nördlichen Eismeeres trotzten, nord-

wärts. Die Marschgeschwindigkeit war dennoch auf 21 Seemeilen vermindert worden, um schwere Schäden an den Schiffsaufbauten zu vermeiden. Und das war gut so, denn trotz dieser Geschwindigkeit wurden die Zerstörer noch von der sich auftürmenden Gischt derart überspült, daß ein Fahren im geschlossenen Verband fast unmöglich wurde. Mit Eintritt der Dunkelheit, nach 16.00 Uhr, wurde die Sicht laufend schlechter – nicht zuletzt weil nun auch Schnee- und Hagelböen einsetzten, so daß die Kielwasserlaternen angezündet werden mußten, um den Verband zusammenzuhalten. Um dem englischen Minengebiet und einer möglicherweise anwesenden feindlichen Bewachung zu entgehen, nahm Bonte zunächst Kurs in die Mitte des West-Fjordes. Im Laufe des späten Abends ging der Kommodore dann auf Ostkurs und erhöhte die Fahrt wieder auf 27 bis 30 Seemeilen. Oft kamen die Felswände der nordnorwegischen Fjordlandschaften so nahe, daß Dietl glaubte , sie mit den Händen berühren zu müssen.

»Endlich wieder gewachsener Felsen«, sinnierte er, der der Wasserberge des Ozeans schon überdrüssig geworden war, vor sich hin.

Nach einer über 50stündigen Wikingerfahrt lief der deutsche Zerstörerverband in den West-Fjord ein. Die See wurde noch ruhiger. Dafür herrschte aber weiterhin das starke Schneetreiben, das Dietl jedoch als ein gutes Omen bewertete.

3. Die Landung in Narvik

Als Kapitän zur See Bonte und Generalmajor Dietl mit ihren Matrosen und Gebirgsjägern in den Hafen von Narvik einliefen, eröffneten die beiden norwegischen Küstenpanzerschiffe »Eidsvold« und »Norge« das Feuer auf die Deutschen, die in der Übermacht waren. So war diese norwegische Tat alles andere als weitblickend und klug, denn nun machten die deutschen Zerstörer »Wilhelm Heidkamp« und »Bernd von Arnim« kurzen Prozeß mit dem Gegner und versenkten seine beiden Kriegsveteranen.

Am Morgen des 9. April 1940, pünktlich um 5.15 Uhr, stand Dietl vor Narvik. Bald darauf hatten seine Gebirgsjäger ihre genagelten Bergschuhe in der überwältigenden Gebirgslandschaft Nordnorwegens an Land gesetzt – und zwar: in Narvik/Framnes der Stab der 3. Gebirgs-Division, das II. Bataillon des Gebirgs-Jäger-Regiments 139 unter Major Haussels mit Teilen des Gebirgs-Pionier-Bataillons 83 und der Gebirgs-Nachrichten-Abteilung 68; in Bjerkvik, 15 km nördlich von Narvik, der Stab des Gebirgs-Jäger-Regiments 139 unter Oberst Windisch mit dem I. Bataillon des Gebirgs-Jäger-Regiments 139 unter Major Stautner, dem III. Bataillon des Gebirgs-Jäger-Regiments 139 unter Major von Schlebrügge, das zunächst den nahegelegenen norwegischen Truppenübungsplatz Elvegaardsmoen besetzte, sowie mit Teilen des Gebirgs-Pionier-Bataillons 83 und der Gebirgs-Nachrichten-Abteilung 68. Die 2. Batterie des Gebirgs-Artillerie-Regiments 112 wurde erst am 12. April 1940 auf dem Berliner Flugplatz Tempelhof in zwölf Ju 52 verladen und zuerst in das Lager Elvegaardsmoen und dann auf Befehl Dietls nach Narvik überführt, um dort zu der inzwischen gelandeten Gruppe Narvik, die anfangs ohne Artillerie war, zu treten.[7]

Insgesamt gesehen war das, wie Dietl selbst befand, eine abenteuerliche Truppe, die an schweren Waffen lediglich über eine ungenügende Gebirgsartillerie, auch noch ohne nennenswerte Munition, verfügte. Nimmt es da wunder, daß er, Dietl, diesen verlorenen Haufen völlig zu Recht als »handwerksburschenmäßig« ausgerüstet bezeichnete? Wer wollte ihm, dem Meister des Taktierens und Improvisierens, da ernsthaft widersprechen?

»Die Deutschen in Narvik!«

Wie ein Schreckensruf aus den mittelalterlichen Jahrhunderten der Pest verbreitete sich diese Hiobsbotschaft von Schiff zu Schiff der Briten und Franzosen, die zur Übernahme des schwedischen Eisenerzes am Kai lagen. Wie gut, daß Dietl mit seinem Stab und einem MG-Trupp als einer der ersten Offiziere den Führerzerstörer »Wilhelm Heidkamp« verlassen hatte, denn nun überstürzten sich die Ereignisse in atemberaubendem Tempo. Schon erschien am Hafenpier der deutsche Konsul, der Dietl voller Hochachtung begrüßte und ihn dann in seinem Auto in die Stadt begleitete, wo der betagte Stadtkommandant von Narvik, Oberst Sundlo, sich nach einigem Hin und Her bereit erklärte, den Deutschen die nordnorwegische Stadt zu übergeben. Damit hatte Dietl erreicht, was er erreichen wollte: Narvik war mit seinem lebenswichtigen Erzhafen und seinen sämtlichen zivilen und militärischen Anlagen ohne nennenswerten Widerstand in seine zupackenden Hände gefallen, so daß dem Obersten Befehlshaber voller Stolz gemeldet werden konnte:

»Aufgabe Narvik planmäßig durchgeführt!«

Es war bereits nach Mitternacht, als Generalmajor Dietl sein kleines Zimmer im Hotel »Royal« betrat – und zwar mit einem lachenden und einem weinenden Auge, denn er hatte die Einladung des Kapitäns zur See Bonte, auch noch diese eine Nacht an Bord des Führerzerstörers »Wilhelm Heidkamp« zu verbringen, abgelehnt, weil er, wie nicht anders gewohnt, wieder dort sein wollte, wo seine Gebirgsjäger einquartiert bzw. eingesetzt waren. Korvettenkapitän Erdmenger hat die Entscheidung des Gebirgsjäger-Generals im Kriegstagebuch des später nach ihm benannten Marine-Bataillons eingetragen. Eine Eintragung, der Dietl die handschriftliche Begründung hinzufügte:

»Da ich mit norwegischen Angriffen zu Lande rechnete und deshalb zu meiner Truppe gehörte.«[8]

Dieser Entschluß Dietls war, wie sich schon am nächsten Morgen herausstellte, für ihn und seine Narvik-Kämpfer von militärhistorischer Tragweite.

Als feststand, daß die Deutschen die Engländer im Wettrennen um die berühmte Nasenlänge geschlagen hatten, frohlockte Churchill im Kabinett:

»Wir haben sie, wo wir sie haben wollten.«

Der Erste Lord der Admiralität, nur auf seine teilweise veraltete Flotte aus dem Ersten Weltkrieg fixiert, übersah dabei ganz, daß die Deutschen auch die norwegischen Flugplätze handstreichartig erobert hatten und damit den Luftraum über Skandinavien beherrschten. Und er übersah vor allem eines: daß in Narvik mit Dietl ein Gebirgsjäger-General an Land gegangen war, der für den Kampf in der menschenfeindlichen Bergwelt Norwegens wie kein zweiter prädestiniert war.

Dennoch: Das Unheil nahm zunächst für Generalmajor Dietl und seine Gebirgsjäger, erst recht aber für den Kapitän zur See Bonte und seine Matrosen, einen verhängnisvollen Lauf, als am 10. April 1940 im Schutze eines dichten Schneetreibens ein britischer Zerstörerverband unbemerkt in den West-Fjord einlief und gegen 5.30 Uhr das Feuer auf die verstreut liegenden deutschen Zerstörer eröffnete. Der Führerzerstörer »Wilhelm Heidkamp«, auf dem sich der Kommodore aufhielt, erhielt so starke Treffer, daß er nicht nur kampfunfähig geschossen wurde, sondern auch noch 82 Seeleute – unter ihnen Friedrich Bonte und einen Großteil des Stabes – verlor. Nicht auszudenken, wenn Generalmajor Dietl der Einladung des Kapitäns zur See Bonte gefolgt wäre und sich an Bord des Führerzerstörers »Wilhelm Heidkamp« aufgehalten hätte. Vielleicht hätte auch ihn an jenem 10. April 1940 der Soldatentod ereilt, und niemand vermag zu sagen, wie dann, ohne diese stets treibende Kraft, das ganze Narvik-Unternehmen ausgegangen wäre. Nun lastete die gesamte Verantwortung für alle kommenden Ereignisse einzig und allein auf den Schultern des Gebirgsjäger-Generals. Doch damit nicht genug der Hiobsbotschaften. Der Zerstörer »Anton Schmitt« erhielt einen derart schweren Torpedotreffer, daß 52 Seeleute den Tod fanden. Die Zerstörer »Dieter von Roeder« und »Hans Lüdemann« wurden von der gegnerischen Artillerie so stark getroffen, daß sie nicht mehr seetüchtig waren. Der Not gehorchend, legten sie daraufhin am Postpier von Narvik an, um mit ihren Kanonen artilleristische Abwehraufgaben wahrzunehmen.

Aber auch die Engländer gingen aus diesem ersten Seegefecht bei Narvik nicht ohne Blessuren hervor. Bei dem Beschuß der deutschen Zerstörer »Georg Thiele« und »Bernd von Arnim« verloren sie ihre Zerstörer »Hardy« und »Hunter«. Der Zerstörer »Hardy« wurde zum stählernen Sarg des britischen Flotillenchefs, der mit dem sinkenden Kriegsschiff in die eiskalte Tiefe des Fjords gerissen wurde. Daraufhin verließen die restlichen drei englischen Zerstörer, die stark beschädigt worden waren, gegen 7.25 Uhr den Kampfraum Narvik, der jetzt immer mehr zu einem Prestigeobjekt zwischen den Deutschen und den Briten wurde.

Unter dem Schutz künstlich erzeugten Nebels flohen jene deutschen Zerstörer, die bis dato noch kaum beschädigt worden waren, in den Rombaken-Fjord und begannen dort mit dem Ausbooten der Mannschaften, um ein weiteres Blutvergießen zu verhindern. Dann wurden die Ventile geöffnet, die Sprengkapseln und Wasserbomben gezündet, um das Versinken der Zerstörer »Wolfgang Zenker«, »Bernd von Arnim« und »Hermann Künne« zu beschleunigen. Währenddessen deckte der Zerstörer »Georg Thiele« die Selbstvernichtung der drei deutschen Kriegsschiffe, indem er sich an der engsten Stelle des Fjords, an der Enge von Stroemsnes (Straumsnes) querlegte, um die vier nachdrängenden britischen Zerstörer aufzuhalten. Bei dem sich dadurch entwickelnden Schlagabtausch riß die »Georg Thiele« dem britischen Zerstörer »Eskimo« mit ihrem letzten Torpedo das Vorschiff bis zur Brücke weg. Dann fuhr der deutsche Zerstörer in einer letzten Kraftanstrengung auf die Granitfelsen bei Sildvik, wo er nach einer Sprengung auseinanderbrach und langsam in das eiskalte Wasser des Fjords absackte. Im Hafen von Narvik kam es schließlich zum letzten Gefecht, bei dem sich der Zerstörer »Dieter von Roeder« durch Wasserbomben selbst versenkte.

Bei jeder Detonation, die einen deutschen Zerstörer rings um Narvik, in den Seitenfjords und im Hafen selbst zerriß und auf den Grund des Schiffsfriedhofes, auf dem neben den Kriegsschiffen auch einige Handelsschiffe in jenen Apriltagen des Kriegsjahres 1940 bestattet wurden, schickte, fühlte Dietl sich wie ins Herz getroffen. Er hatte auch allen Grund dazu, denn der Verlust der zehn Zerstörer war ein schwerer Schlag. Nein, nicht nur für den Großadmiral Raeder, sondern auch für ihn, den Gebirgsjäger-General, der zu genau wußte, daß nunmehr einzig und allein die Briten, dieses jahrhundertealte, große Seefahrervolk, die Gewässer um Narvik beherrschten und daß die schweren Waffen und ein Großteil der Ausrüstung seiner Gebirgsjäger nun auf dem Meeresgrund lagen. Daher führten die Briten weiterhin ihre Fliegerangriffe durch, und von ihren Schiffen aus beschossen sie alles, was sich bewegte, um das rettende Ufer doch noch zu erreichen. Ohnmächtig vor Wut – weil er tatenlos zusehen mußte und nicht helfen konnte –, mußte Dietl ansehen, wie die Engländer auch auf die Schiffbrüchigen zielten, die bereits das Ufer erreicht hatten.[9]

Trotz all dieser bedauerlichen Verluste gelang es Dietl nach dem Lagebericht des Wehrmachtführungsstabes vom 15. April 1940 dennoch, nicht weniger als rund 2100 Besatzungsmitglieder der vernichteten Zerstörer – teilweise ohne Ausrüstung und nur mangelhaft bekleidet – in sein verstärktes, ca. 2000 Mann starkes Gebirgs-Jäger-Regiment 139 einzugliedern. Er hatte damit das verwirklicht, was der Generalfeldmarschall Rupprecht von Bayern auf dem Höhepunkt der Sommeschlacht im Kriegsjahr 1917 bei der Obersten Heeresleitung beantragt hatte: »Man möge die Matrosen der Kriegsmarine in den Schützengräben verwenden und ihre Geschütze an einer Landfront.«[10] Nach Hubatsch »befanden sich jetzt etwa 4600 Soldaten bei der Gruppe Dietl«.[11] Später hat der Gebirgsjäger-General wiederholt betont, daß es ihm ohne die Verstärkung durch die Marineangehörigen »sehr wahrscheinlich nicht möglich gewesen wäre, die strategisch wichtige Position im nördlichen Norwegen gegen den starken alliierten Angriff ... zu halten«.[12]

Diese »reitende Gebirgsmarine«, nicht selten mit Marinebordmütze, Fliegerbluse, norwegischer Militärhose, Bergstock, Schneebrille und Bergschuhen ausgestattet, eine »Gebirgs-Marine-Infanterie«, die sich nach den ersten Anlaufschwierigkeiten – die nur ein Truppenoffizier wie Dietl in der ihm eigenen Art und mit dem ihm eigenen Gespür für das Machbare überwinden konnte – nahtlos in die altgediente Gebirgstruppe einreihte, dieser skurril zusammengewürfelte Haufen aus Gebirgsjägern und Matrosen, aus »Gebirgsmarine« und »Marinegebirglern« und später sogar aus Angehörigen von Görings Luftwaffe und Fallschirmjägern, diese »Marine-Gebirgs-Luftlande-Division« unterstand von nun an dem Kommandeur der 3. Gebirgs-Division, der zum »Wehrmachtbefehlshaber der Gruppe Narvik« ernannt wurde. Als solcher wurde General Dietl ab 18. April 1940 vom Kommando des Generals der Infanterie von Falkenhorst entbunden und bis zum 5. Mai 1940 direkt dem Oberkommando der Wehrmacht unterstellt. Damit hatte er endlich den ganz direkten, offiziellen Draht ins Führerhauptquartier. Mehr noch: Dietls Kampf um Narvik wurde ab jetzt nicht länger als eine Teilaktion des Norwegenfeldzuges betrachtet, sondern als ein bedeutungsvolles, eigenständiges Unternehmen, das nun unmittelbar an Hitlers Weisungen gebunden war. Das war ein erneuter Vertrauensbeweis des Führers für den Mann, den er seit 1919 nicht mehr aus den Augen verloren hat.

Spätestens zu diesem Zeitpunkt sah General von Falkenhorst, der einem polnischen Adelsgeschlecht entstammte, ganz klar voraus, wessen Haupt eines Tages bei einem glücklichen Ausgang des Narvik-Unternehmens mit dem begehrten Siegeslorbeer gekrönt würde: nicht das seinige, sondern das Dietls, der durch seine Kühnheit tagtäglich die Welt in Atem hielt; so sehr, daß er seit den Tagen von Narvik nicht nur einer der bekanntesten Generale der deutschen Wehrmacht und einer der volkstümlichsten Männer Deutschlands geworden ist, sondern daß sowohl Hitler wie auch die Alliierten wiederholt Dietls Namen auf der Zunge trugen, während man bei von Falkenhorst den Eindruck hatte, er würde totgeschwiegen. Diese Kröte, Dietl, hatte er, von Falkenhorst, jetzt zu schlucken. Und er, der Ältere, der erfahrenere und klügere operative Kopf von beiden, tat sich schwer mit dieser neuen Rollenverteilung, die Hitler höchstpersönlich vorgenommen hatte. So schwer, daß, wie nicht wenige vermuten, nicht nur die persönlichen, sondern erst recht die dienstlichen Beziehungen fortan unter dieser Rivalität mehr oder weniger gelitten haben. Schlimmer noch: Später, an der Liza, ging, so beklagten viele Kommandeure, ein nicht unerheblicher Blutzoll von Dietls Gebirgsjägern auf das Konto dieser Zwietracht.

4. Dietls Kampf um Narvik

Nachdem die erste Krise gemeistert war, hatte Generalmajor Dietl seine Maxime »Narvik wird gehalten, komme, was da wolle!« seinen Männern bei seinen täglichen Erkundungsmärschen von Stellung zu Stellung so eingehämmert, daß die Truppe davon auch felsenfest überzeugt war. Als gewiefter Taktiker hatte er überdies die Gruppe Narvik geschickt im Gelände verteilt. Den linken Flügel bildete das Marine-Bataillon Erdmenger, das bei Fagernes lag. Südöstlich davon und entlang der schwedischen Grenze war Niemandsland. Der Fregattenkapitän Berger hatte die in Sildvik und Hundalen an Land gegangenen Matrosen übernommen und zur Sicherung der Erzbahn eingesetzt. Der Korvettenkapitän Kothe übernahm die im Herjangen-Fjord gelandeten Zerstörerbesatzungen, wurde Oberst Windisch zugeteilt und hatte dann den Küstenschutz im nördlichen Abschnitt des Herjangen-Fjordes zu gewährleisten. Angesichts der zur Verfügung stehenden Truppen waren die Stellungen mit ihrer Gesamtbreite von rund 50 Kilometern nur dünn besetzt. Aber das schreckte weder Dietl noch seine Männer ab, denn sie wußten ganz genau, daß sie sich in guten und in schlechten Tagen aufeinander verlassen konnten.

Nach den persönlichen Tagebucheintragungen des Gebirgsjäger-Generals vom 16. April 1940 waren die schwachen deutschen Kräfte im einzelnen wie folgt gegliedert:

»Laberget am Gratangen-Fjord	90 Mann
Elvenes	1 Zug
Oalgge an der Straße nach Sund etwa 35 km nördl. Narvik	2 Züge (I./u. III./139)
Bjerkvik	I./139 (Stautner) u. Rgts.Stab
Elvegardsmoen	III./139 (Hagemann)
Gjeisvik-Seines	3./139
Öyjord	1 Zug

II./139 Narvik
von Taraldsvik entlang der Halbinsel bis Anfang Malmkai.
Marinekomp. v. Diest Malmkai bis Südteil von Narvik.
Dann im Tunnel Marine-Komp. v. Roedern.
Am linken Flügel bei Fagernes Mar.-Komp. Erdmenger.

Bahnhof Narvik 1. Kp. 139 – 1 Zug 3./139,
Tunnel mit einem behelfsmäßig montierten Geschütz.
Marine-Btl. Bey: Straumsnes, Sildvik und Hundalen.
Abtlg. Schlebrügge bei Spionkop und Björnfjell.
Am 17.4. werden von der Kp. am Bhf. Narvik 2 Züge zur Siche-
rung des rechten Flügels in Linie Orneset-Taraldsvik ausschl. einge-
setzt.«[13]

Nach der Anlandung der britischen 24. Garde-Brigade nördlich
von Narvik gestaltete sich die Lage für Generalmajor Dietl derart
kritisch, daß Hitler, noch ehe sich der britische Einsatz um Trondheim abzuzeichnen begann, zeitweilig die Nerven verlor und sich
mit dem Gedanken herumschlug, den norwegischen Erzhafen aufzugeben. Generalmajor Alfred Jodl, der Chef des Wehrmachtführungsstabes, bemerkte dazu am 17. April 1940 in seinem Tagebuch:

> »Führer äußert sich in temperamentvoller Art, daß Gruppe Dietl
> nach Süden abmarschieren muß oder abgeholt wird. Ich vertrete
> nochmals in schärfster Form, daß
> a) ein Abmarsch nach Süden unmöglich ist;
> b) auch ein Abtransport nur ganz geringe Teile befördern kann, zum
>   Verlust zahlreicher Flugzeuge führt und der Gruppe Dietl das
>   moralische Rückgrat bricht. Dietl wird noch lange Zeit an der
>   schwedischen Grenze kämpfen. Man soll eine Sache erst verloren
>   geben, wenn sie verloren ist. Ich lege dem Führer den Beweis vor,
>   daß wir gar nicht genug Langstreckenflugzeuge haben, um Trup-
>   pen aus Narvik abzuholen. Sogar ein Professor, der Norwegen
>   kennt, wird aus Innsbruck geholt, um gehört zu werden, ob Ge-
>   birgstruppen von Narvik nach Fauske kommen können, was nach
>   meiner Bergerfahrung unmöglich ist. Abends unterschreibt Füh-
>   rer den von mir vorbereiteten Befehl an Dietl, sich so lange als
>   möglich zu halten.«[14]

Wie war es zu dieser Nervenkrise Hitlers, dem ja die taktischen
Qualitäten und das Durchstehvermögen Dietls aus der gemeinsamen Kampfzeit hinlänglich bekannt waren und der ihn, Dietl, ja
nicht umsonst mit diesem waghalsigen Unternehmen im hohen
Norden beauftragt hatte, gekommen? Was war geschehen? Was
hatte den Ausschlag für Hitlers zeitweiligen Wankelmut gegeben?
Der 13. April 1940 war für Generalmajor Dietl alles andere als ein
hoffnungsfroher Tag, denn die deutsche Luftaufklärung legte die
Karten des Gegners unübersehbar auf den Tisch. Danach zeichne-

ten sich alliierte Stoßrichtungen in Norwegen ab – und zwar um den Großraum Narvik auf den Folda-Fjord bei Namsos und den Romsdal-Fjord bei Andalsnes. Gleichzeitig sollte Trondheim mit einem südlichen und einem nördlichen Zangenarm abgewürgt werden. Das Oberkommando der Wehrmacht erkannte sofort, daß die Unternehmung zum Scheitern verurteilt war, wenn es den Engländern gelingen sollte, ganz Mittel- und Nordnorwegen in die Hand zu bekommen.

»In der Reichskanzlei war in diesen Tagen der Teufel los«, erinnerte sich Generalmajor a. D. Bernhard von Loßberg. »In solcher Umgebung mußte man schon Jodls Gleichmut haben, um nicht aus der Haut zu fahren!«[15]

Hitler war vor Wut außer sich, daß Dietl, sein »Held im Schnee«, beim Gelingen der alliierten Zangenoperation auf sich allein gestellt sein würde, wenn das Oberkommando der Wehrmacht, das schon Überlegungen in der Richtung anstellte, die Position Narvik tatsächlich aufgeben sollte.[16] Daher beabsichtigte er schon am 14. April, der Gruppe Narvik den Befehl zum Durchschlagen nach Trondheim zu geben, obwohl der norwegische Erzhafen von den Alliierten noch gar nicht angegriffen worden war. Dem widersprach Generalmajor Jodl, diese starke, vorwärts drängende Persönlichkeit in Hitlers Umgebung, in schärfster Form. »Man soll«, so der Chef des Wehrmachtführungsstabes, »eine Sache erst verloren geben, wenn sie verloren ist«.[17] Jodl, der nicht nur mit dem Innenleben der deutschen Gebirgstruppe und der Taktik des Gebirgskrieges bestens vertraut, sondern mit Dietl auch als guter Bergkamerad befreundet war und daher genau wußte, was er ihm zutrauen konnte, machte Hitler unmißverständlich klar, »daß gar nicht genug Langstreckenflugzeuge zur Verfügung stünden, um Truppen aus Narvik abzuholen, und ließ sich von einem Innsbrucker Professor eine gutachtliche Äußerung geben, daß der Weg von Narvik nach Fauske selbst für Gebirgstruppen ungangbar sei«.[18]

Von nun an entschieden nicht mehr Befehl und Gehorsam über Dietls weiteres Schicksal, sondern Intrigen, ja Befehlsverweigerung und Ungehorsam. Aber der Zweck heiligt nicht selten die Mittel. So war es jedenfalls in den Tagen der Führungskrise um Narvik. Zunächst sollte der junge Oberstleutnant i. G. Bernhard von Loßberg, der nach Manstein »von seinem Vater die operative Begabung wie auch die Großzügigkeit geerbt hatte«[19], einen Befehl, nach dem Hitler es Dietl überließ, seine Gruppe auf schwedischem Gebiet internieren zu lassen, als verschlüsselten Funkspruch sofort durchgeben. Der Ia im Wehrmachtführungsstab dachte jedoch nicht im entferntesten daran, sondern tat etwas ganz und gar Unsoldatisches: Er ignorierte den Auftrag. Statt dessen erhielt Dietl durch den Kurier von Sternburg einen Durchhaltebefehl. Eilig, wie es seine Art war, überflog er, zunächst das Wesentlichste mit einem Blick erfassend, die Zeilen:

»Der Oberste Befehlshaber der Wehrmacht.

Berlin, den 18.4.40

An Generalleutnant Dietl

1. Alle Nachrichten deuten darauf hin, daß feindliche starke Aktion gegen Narvik vorbereitet wird. Auf die Dauer werden Sie in Anbetracht Ihrer Bewaffnung und Ausrüstung den durch den Feind zur See herangeführten Kräften nicht standhalten können.
2. Die Überführung und Versorgung weiterer eigener Kräfte mit Artillerie ist nicht möglich.
3. Ihre wichtigste Aufgabe bleibt trotzdem, sich so lange als möglich zu behaupten. Dadurch müssen Sie die Zeit gewinnen für alle Vorbereitungen, um die Benutzung der Erzbahn und die Erzverschiffung durch die gründlichste Zerstörung der Bahn und ihrer Kunstbauten auf lange Zeit hinaus für den Gegner unmöglich zu machen.
4. Durch eine Kampfführung im Sinne des Funkspruches vom 15. April (18.23 Uhr) und Vereinigung Ihrer Kräfte an der Erzbahn werden und können Sie starke feindliche See- und Landstreitkräfte auf lange Zeit fesseln und so die Kampfführung an anderen Stellen des nördlichen Kriegsschauplatzes in hohem Maße entlasten.
5. Die Zuführung von Spreng- und Zündmitteln durch See-Langstrecken-Flugzeuge ist eingeleitet. Im Rückflug sollen diese Maschinen zunächst hochwertige Spezialisten der Kriegsmarine, die Ihnen wenig nützen können, zurückführen.
6. Übermitteln Sie durch Kurier oder durch Funk, ob Sie nach Ausführung des Auftrages gemäß Ziffer 3 eine Möglichkeit sehen, sich mit ausgesuchten Kräften nach Süden durch die Gebirge durchzuschlagen, unterstützt durch zeitweisen Abwurf von Verpflegung aus Flugzeugen und nach Abschub Marschunfähiger über Schwedengrenze. Über die Möglichkeit eines Abtranspor-

tes mit Seeflugzeugen wird der Kurier mit Ihnen Rücksprache nehmen.

Wenn beide Möglichkeiten ausscheiden, handeln Sie so, daß die Ehre der deutschen Wehrmacht fleckenlos bleibt.

Adolf Hitler«

Dann las Dietl Hitlers Befehl nochmals Satz für Satz durch. Da stand es also schwarz auf weiß, was Generaloberst von Brauchitsch ihm am Abend des 17. April 1940 in einem Glückwunschtelegramm schon vorab mitgeteilt hatte: Er war vorzugsweise zum Generalleutnant befördert worden, und zwar, wie er wenig später erfuhr, rückwirkend zum 1. April 1940, also auf den Tag genau zwei Jahre nach seiner Beförderung zum Generalmajor. Diesen erneuten Karrieresprung – und das wird Hitler wohl auch dazu bewogen haben, ihn zu vollziehen – betrachtete Dietl als eine ganz besondere Auszeichnung, aber auch als eine außergewöhnliche Verpflichtung. Daher lehnte er, ohnehin kein Freund von Halbheiten, eine Aufgabe Narviks mit aller Entschiedenheit ab. Für ihn, den frischgebackenen Generalleutnant, stand fest, daß der norwegische Erzhafen unbedingt gehalten werden mußte. Denn, so sein Argument, gab er auf, so war auch Trondheim verloren. Kämpfte er jedoch in Narvik weiter, so waren die Engländer außerstande, ihre geballte Macht allein gegen Mittelnorwegen einzusetzen. Als Hauptmann Schenk von Sternburg Nordnorwegen mit seinem Flugboot wieder verließ und in Richtung Berlin flog, wußte er, was er seinem Führer mitzuteilen hatte: Solange Dietl am Leben ist, kann Hitler sich hundertprozentig darauf verlassen, »daß die Ehre der deutschen Wehrmacht fleckenlos bleibt«.

Dietl selbst hatte es ja so und nicht anders gewollt! Nachdem er sich – nicht zuletzt auch im Hinblick auf den bevorstehenden Westfeldzug – in Narvik auf das »Halten so lange wie möglich« festgelegt hatte, war der »point of no return« erreicht. Damit war der Kampf um den norwegischen Erzhafen in ein neues Stadium getreten. Denn von nun an ging es nicht mehr nur um einen glänzenden Sieg seiner Gebirgsjäger und der bei ihnen eingereihten Matrosen der untergegangenen Zerstörer, sondern um die nackte Existenz, um das pure Überleben der ihm anvertrauten Truppe. Es entsprach ganz und gar der Mentalität Dietls, daß er diese außergewöhnliche

Herausforderung ohne großes Wenn und Aber angenommen hat. Ausgestattet mit einem Höchstmaß an persönlicher Handlungsfreiheit auf der Grundlage des Führerbefehls vom 18. April 1940, die er wie die Bergluft zum Leben brauchte, begab er sich sogleich an die Arbeit, um im Sinne seines Führers der außergewöhnlichen Aufgabe gerecht zu werden.

Verfolgen wir nun das weitere Kampfgeschehen um Narvik an Hand der OKW-Berichte:

17. April 1940: »Bei Harstad auf der Insel Hinnöy, 60 km nördlich Narvik, landete der Feind Truppen. In der näheren Umgebung von Narvik wurden solche Versuche nicht unternommen.«

18. April 1940: »Im Raum Narvik versuchten am 17. April zum erstenmal schwache englische Kräfte im Herjangsfjord in der Gegend von Elvegardsmoen zu landen. Der Versuch wurde durch die dort stehenden deutschen Truppen abgewiesen.«

19. April 1940: »Nördlich Narvik wurden feindliche Seestreitkräfte und Transportdampfer, die eine Landungsaktion vorbereiteten, durch Kampfflieger angegriffen und schwer beschädigt.«

20. April 1940: »Aus den von deutschen Truppen besetzten Räumen um Narvik, Trondheim, Bergen, Stavanger und Kristiansand sind keine besonderen Ereignisse zu melden.«

21. April 1940: »Am 20. April nachmittags erschienen feindliche Seestreitkräfte vor Narvik und nahmen eine Zeitlang Hafen und Stadt unter Feuer. Landungsversuche wurden nicht unternommen. Die im Raum von Narvik stehenden deutschen Truppen stellten eine Beute von 8000 Gewehren und 315 Maschinengewehren mit zugehöriger Munition sicher.«

22. April 1940: »Narvik wurde am 21. April erneut durch feindliche Seestreitkräfte beschossen, ohne daß es zu einem Landungsversuch gegen den von deutschen Truppen besetzten Raum kam.«

23. April 1940: »Auch am 22. April machten die Engländer in dem von deutschen Truppen besetzten Raum von Narvik keine Landungsversuche. Dagegen beschossen englische Seestreitkräfte erneut die Stadt und den Hafen.«

24. April 1940: »Die feindlichen See- und Luftstreitkräfte im Gebiet von Narvik haben sich weiter verstärkt, ohne bisher zum Angriff zu schreiten.«

25. April 1940: »30 km nordostwärts von Narvik sind Kämpfe unserer Sicherungen mit stärkeren feindlichen Kräften im Gange.«

28. April 1940: »Die Briten setzten die Beschießung von Narvik in der Nacht vom 26. auf 27. April fort.«

4. Mai 1940: »Nördlich Narvik haben deutsche Gefechtsvorposten

Angriffsversuche feindlicher Kräfte abgewiesen. In Narvik selbst ist die Lage unverändert.«

5. Mai 1940: »Starke feindliche Kräfte haben, unterstützt durch Flieger, unsere Sicherungen nördlich Narvik wiederholt angegriffen. Sie wurden im Zusammenwirken mit eigenen Kampffliegern abgewehrt.«

6. Mai 1940: »Im Raum von Narvik ist es gestern zu größeren Kampfhandlungen nicht gekommen, doch führte der Feind weitere Verstärkungen an Artillerie von Norden heran. Den zur Unterstützung der Gruppe Narvik eingesetzten deutschen Kampffliegern gelang es, ein feindliches Schlachtschiff mit einer schweren Bombe zu treffen, ein Truppenlager anzugreifen und dabei ein Munitionslager zur Explosion zu bringen.«

7. Mai 1940: »Bei Narvik hat sich die Lage bisher nicht verändert.«

Nur General Dietl – ein Mann mit stählernen Nerven, einem eisernen Willen, einer gesunden Portion Selbst- und dem entsprechenden Gottvertrauen – war in der verzweifelten Lage, in der sich seine Gebirgsjäger und die schiffbrüchigen Matrosen befanden, imstande, allenthalben und allerorten, wo er auftauchte, Mut zu machen, Zuversicht einzuflößen und einen unerschütterlichen Optimismus zu verbreiten. Das war eine, wenn nicht *die* Voraussetzung für das Ausharren eines »verlorenen Haufens« auf verlorenem Posten in einer total ausweglosen Situation gegenüber einer vielfachen feindlichen Übermacht inmitten der menschenfeindlichen nordnorwegischen Fjordlandschaft. Am 8. Mai 1940, einem kalten, unfreundlichen Tag, saß Joseph Goebbels in seiner behaglichen Umgebung und schrieb in sein Tagebuch:

»Lage in Narvik etwas unerfreulich. Selbst General Dietel[*] glaubt nun nicht mehr so recht an Durchhaltemöglichkeit. Wir schweigen darüber in unserer Propaganda. Man macht in Narvik auf der Gegenseite beste französische Generalstabsarbeit. New Yorker Presse gibt vorläufig noch uns alle Chancen. Aber vielleicht nur, um uns auf den Leim zu locken. Aber wir sind auf der Hut... Wir lassen aus Narvik keine Prestigefrage machen.«

---

[*] Richtig: Dietl.

Eine Seite weiter notierte Hitlers geschliffener Propagandaminister dann an jenem Mittwochabend:

>»Unsere Truppen haben auf dem Marsch nach Norden Mosjoen erreicht, der Führer überlegt, ob er Dietel* nicht durch Fallschirmtruppe Hilfe bringen kann. Jodl bejaht das sehr.«[20]

Als Generalleutnant Eduard Dietl an jenem 8. Mai 1940 nach einem 23stündigen Marsch durch die Schnee- und Eiswüste des Großraumes Narvik um 20.30 Uhr völlig ausgemergelt sein Quartier erreichte, war für ihn keineswegs Dienstschluß. Denn kaum hatte er seine durchnäßten Bergschuhe durch die Tür seiner Unterkunft gesetzt und von den unerhörten Leistungen seiner Gebirgsjäger und Matrosen voller Bewunderung zu erzählen begonnen, als ihm folgender Funkspruch vorgelegt wurde:

>»An Gruppe Narvik von Oslo
Zeit 20.03 Uhr   angekommen 8.5./11.15 Uhr

Führer-Befehl
Die Kräfte des Generalleutnant D i e t l haben sich solange wie möglich in dem Raum von Narvik zu halten und bei erzwungenem Rückzug durch nachhaltige Zerstörung die Benutzung der Erzbahn auf lange Zeit auszuschließen. Kann das Gebiet vorwärts der schwedischen Grenze nicht mehr gehalten werden, so ist anzustreben, daß sich eine gebirgsgewohnte aus der Luft zu verpflegende und versorgende Kerntruppe in Richtung Botöbodö zurückzieht, während für den Rest im Notfall Übertritt nach Schweden angeordnet werden kann.

Gruppe XXI«.[21]

Damit hatte Dietl von Hitler wiederum persönlich völlig freie Hand erhalten, um mit seinen gebirgsgewohnten Einheiten seiner Kampfgruppe den Durchbruch nach Süden notfalls zu erzwingen. Und das hatte seinen guten Grund, denn von Süden her war die 2. Gebirgs-Division mit dem Unternehmen »Büffel« im Anmarsch.[22] Alle übrigen Teile der Gruppe Narvik – einschließlich der Marine-Einheiten, die mit dem Marine-Bataillon Kothe zur Abschirmung der Südflanke wertvolle Dienste geleistet hatten – sollten, wenn es unvermeidlich war, über die nahe schwedische Grenze in die dort bereits vorbereiteten Internierungslager ausweichen. Aber Dietl zögerte, den entscheidenden Schritt von der Höhe des greifbaren

Triumphes der historischen Unsterblichkeit in die Niederungen des schon bald wieder vergessenen Truppenführers zu tun. Auch ein Blick auf die der Gruppe Narvik gegenüberstehenden alliierten Kräfte konnte ihn von dieser Torheit nicht abhalten:[23]
Fünf bis sieben Bataillone Engländer und Kanadier; zwei Bataillone französische Hochgebirgstruppen; zwei Bataillone französische Fremdenlegionäre; zwei Bataillone Polen sowie die norwegische 6. Division mit einer Gebirgs-Artillerie-Abteilung und einem Alta-Bataillon mit einer Gesamtstärke von rund 7000 Mann. Dietl hielt dennoch aus. Sein Wille war bewundernswert und wurde mit der Verleihung des Ritterkreuzes zum Eisernen Kreuz belohnt. Aus diesem Grunde erließ er für seine Kampfgruppe folgenden Tagesbefehl:

> »Narvik, 9. Mai 1940
> Der Führer und Oberste Befehlshaber der Wehrmacht hat mir heute das Ritterkreuz des Eisernen Kreuzes verliehen. Kameraden der Dritten Gebirgsdivision, der Kriegsmarine und der Luftwaffe!
> Ich sehe in dieser Auszeichnung nur eine höchste Anerkennung und ein Zeichen des Dankes für Eure Leistungen. Wenn wir jetzt, einen Monat nachdem wir Fuß auf norwegisches Land gesetzt haben, noch Narvik und die Gebirgsstellungen im Norden halten, so ist das nur der vollen Einsatzbereitschaft jedes einzelnen von Euch und der hingebenden Frontkameradschaft, die einst der deutschen Jugend als Vorbild leuchten soll, zu danken.
> Ich bitte Euch nur um eines:
> Bleibt trotz aller Unbilden des Wetters und der Überzahl der Feinde die prachtvollen deutschen Soldaten wie bisher. Dann wird uns auch in Zukunft die Vorsehung helfen!
> gez.: *Dietl, Generalleutnant.*«

Der letzte Satz: »Dann wird uns auch in Zukunft die Vorsehung helfen!«, war nicht so sehr für seine christlichen Gebirgsjäger als für seinen Führer, der bei jeder sich bietenden Gelegenheit die Gunst der Vorsehung für sich in Anspruch nahm, bestimmt. Dieser Ausdruck paßte auch gar nicht zu Dietl, vielmehr entstammte er eindeutig dem Vokabular Hitlers, dem Dietl sich in den Tagen von Narvik auf Grund der Beförderungs- und Auszeichnungsflut mehr denn je verpflichtet fühlte. Erst recht, nachdem sein Oberster Befehlshaber am 10. Mai 1940 endlich im Westen losgeschlagen hatte. Dietl wußte: Nun konnte in und um Narvik eigentlich nicht mehr viel schiefgehen. Jetzt brauchte er nur noch auszuharren und auf das Soldatenglück, nein auf die Vorsehung, zu hoffen. Aber vorerst stellte das Soldatenglück ihn noch auf eine harte Nagelprobe, denn trotz des sich auch im Westen abzeichnenden blitzartigen Vormarsches der Wehrmacht wollte Churchill sein Ziel, den norwegischen Erzhafen zu nehmen, nicht ohne weiteres aufgeben. Daher ließen die Alliierten die Gruppe Narvik nach wie vor nicht zur Ruhe kommen. Schlimmer noch: Am 13. Mai 1940 war das alliierte Expeditionskorps – Briten, Franzosen, Polen und Norweger –, das letztlich von etwa 12 000 auf rund 24 000 Mann angewachsen war[24], zum entscheidenden Großangriff gegen Dietls Abwehrfront östlich von Narvik, die inzwischen lediglich durch schwache Fallschirmjägereinheiten von 770 Mann und einige abgesprungene Gebirgsjäger hatte verstärkt werden können, angetreten. Insgesamt boten die Alliierten im Kampf gegen Dietls verstärktes Gebirgs-Jäger-Regiment 139 und die Kampfverbände der gestrandeten Matrosen, kaum noch 1500 Mann in vorderster Linie, die einen Frontabschnitt von fast 50 Kilometern zu halten hatten, folgende Kräfte auf: 17 Infanterie-Bataillone, 1 Kompanie Gebirgstruppen, 1 Kavallerie-Regiment, 1 Maschinengewehr-Bataillon, 1 Panzer-Kompanie, 5 Pionier-Kompanien, 5 Batterien Feldartillerie, 2 Batterien schwere Feldhaubitzen, 13 schwere Flak-Batterien, insgesamt 104 Geschütze, 8 leichte Flak-Batterien, 4 Kreuzer, 6 Zerstörer, 4 Geleitboote, 12 U-Bootjäger, 2 U-Boote, zahlreiche Hilfsschiffe und Transporter, 2 Jagdgeschwader, 1 Bombengeschwader und 1 Schlachtgeschwader.[25]

Das war, Dietl konnte es nicht wegleugnen, eine gewaltige, auf engstem Raume konzentrierte Kampfkraft, die die Alliierten da in die Waagschale geworfen hatten, um das Kriegsglück endgültig auf ihre Seite zu zwingen.

Das Vabanque-Spiel lautete, nachdem Churchill am Abend des 10. Mai 1940 auf dem Höhepunkt der britischen Regierungskrise das Amt des Premierministers einer Kriegskoalition übernommen hatte, von nun an: Churchill oder Hitler? »Ohne Churchill«, so Sebastian Haffner alias Raimund Pretzel, »hätte Hitler triumphiert, und ohne Hitler wäre Churchill als ein brillanter Versager und

Anachronismus verstorben. Die beiden Männer, die einander nie im Fleische erblickt haben, marschierten, ohne es zu wissen, seit Jahren aufeinander zu und fochten dann ein tödliches Duell miteinander aus.«[26]

Wer hatte die besseren Nerven und den stärkeren Willen? Wer konnte länger durchhalten, wer besser improvisieren? Und schließlich: Wer hatte die wertvolleren Reserven und die besseren Verbündeten? Die Alliierten oder Dietls Kampfgruppe in Narvik? Die letzte Runde des Ringens um die norwegische Erzstadt war mit Churchills Ernennung zum Premierminister endgültig eingeläutet worden. Nun begann jene Kampfphase, die den Alliierten noch einmal ungeahnte Triumphe, Dietl und seinen Männern aber herbe Enttäuschungen bereitete.

Nach rund zwei Wochen schwerer und zuletzt gar schwerster Kämpfe drangen die Alliierten – von ihrer schweren Schiffsartillerie und Marine-Einheiten wirkungsvoll unterstützt – in den Mittagsstunden des 27. Mai 1940 in Narvik ein. Aber um welchen Preis: Die Franzosen meldeten am ersten Angriffstag 90 und die Norweger 60 Gefallene. Der britische Premierminister dagegen berichtete, daß »die Landung so gut wie ohne Verluste ausgeführt wurde«.[27] Die Verluste der Gruppe Narvik betrugen 41 Tote, 69 Verwundete und 176 Vermißte. Zweifellos ein »schwarzer Tag« für Dietl – aber auch ein »schwarzer Tag« für die Alliierten, denn an jenem 28. Mai 1940 kapitulierte nicht nur die belgische Armee, sondern wurde auch das britische Expeditionskorps von den deutschen Panzerverbänden in den Brückenkopf von Dünkirchen gedrängt.

Zunächst mußte Generalleutnant Eduard Dietl mit seinen tapferen Gebirgsjägern, die sich bis zuletzt mit äußerster Zähigkeit verteidigt hatten, dem gewaltigen Druck der rund 20 000 bis 24 000 alliierten Soldaten[28] weichen, die Stadt aufgeben und sich noch weiter in die Bergstellungen zurückziehen, wo es ihm mit seinen Männern allerdings gelang, in der Hochgebirgslandschaft östlich der Stadt, insbesondere an der Bahnlinie, eine neue Verteidigungsstellung aufzubauen. Am 30. Mai 1940 gab das Oberkommando der Wehrmacht bekannt:

»Der Kampf um Narvik dauert mit unverminderter Stärke an. Unsere Truppen haben Bergstellungen außerhalb der Stadt bezogen und werden verstärkt. Kampfflieger griffen einen feindlichen Flugplatz an, mehrere am Boden stehende Flugzeuge wurden vernichtet … Unsere von Trondheim nach Norden vorstoßenden Gebirgsjäger haben Fauske ostwärts Bodö erreicht.«

Mit sorgenvollen Gedanken saß Generalleutnant Dietl mit seinem Ia in jenen entscheidenden Tagen in dem kleinen Zimmer seines Gefechtsstandes. »Das Ende des ungleichen Kampfes schien bevorzustehen«, notierte sein Adjutant. »Der Gedanke an einen Durchbruch nach Süden war bei der unzulänglichen Ausrüstung und dem körperlichen Zustand unserer Soldaten vollkommen ausgeschaltet worden. Nur wenige Kilometer hinter uns winkte die schwedische Grenze, an der sicher schon gut geheizte und erleuchtete Transportzüge bereitstanden, um die Reste der Gruppe Narvik nach ehrenvollem Kampf in die Internierungslager abzutransportieren.«[29]
Die Versuchung hielt sich nun Tag und Nacht in Dietls Nähe auf. Sie versuchte ihn wie eine Sirene zu umgarnen, ihn zum Aufgeben zu bewegen, um ihn dann voller Spott und Hohn fallenzulassen und der Lächerlichkeit vor der Geschichte, die nur Helden kennt, preiszugeben. Dietls Ölberg, das waren die felsigen Höhenzüge rings um Narvik, wo er in der Schlußphase der Auseinandersetzung nicht nur gegen die Alliierten, sondern auch gegen seinen inneren Schweinehund, der ihn wie der Teufel in Versuchung führen wollte, kämpfte. Als dann endlich alle Seelenqual überstanden war, schrieb er für alle Zeiten unwiderruflich in sein persönliches Tagebuch: »Nach reiflicher Überlegung komme ich zu dem Entschluß, doch noch in der bisherigen Stellung zu bleiben.«[30]
Und wieder einmal triumphierte der starke Wille über das schwächer werdende Fleisch. »In diesen Tagen bestand General Dietl fast nur noch aus Haut, Sehnen und Knochen«, erfahren wir von seinem Adjutanten. »Sein Gesicht hatte das frohe Lachen verlernt, die stahlgrauen Augen und der schmale Mund aber waren härter und entschlossener denn je.«[31]
Am 8. Juni 1940 traute Dietl seinen Augen nicht, als er durch ein Fernglas von seinem Adlerhorst in die nordnorwegische Fjord-

landschaft hinunterschaute. Dort sah er, wie die Briten ihre Truppen wieder einschifften, um sie, wie er wenig später erfuhr, auf Grund der erfolgreich verlaufenden deutschen Westoffensive auf dem französischen Kriegsschauplatz, wo die Alliierten auf der gesamten Front in die Defensive gedrängt wurden, einzusetzen. »Die Vorsehung hat geholfen!« jubelte er, als er die davondampfenden Alliierten sah.

Nein, nicht die Vorsehung war es, sondern das deutsche Westheer, das Dietls Sieg bei Narvik in greifbare Nähe gerückt hatte, denn die Franzosen und Engländer wurden in Frankreich vor schwerste operative Aufgaben gestellt. Da lag ihnen nicht mehr allzuviel daran, im hohen Norden mit aller Macht in einem letzten Kraftakt einen taktischen Erfolg zu suchen. Unterschätzen wir aber auch das nicht: Die verantwortlichen Führer der Alliierten hatten Dietls Dynamik nichts Gleichwertiges entgegenzusetzen, wie die militärischen und historischen Kommentare aus ihrem Lager belegen – insbesondere von Raimond Cartier und Basil Henry Liddell Hart, der sich mit mehr als 30 militärhistorischen Büchern den Ehrentitel »Clausewitz des 20. Jahrhunderts« erschrieben hat.

Am 8. Juni 1940 betraten die ersten deutschen Truppen ohne feindlichen Widerstand abermals Narvik, und zwar um 21.30 Uhr. Dietl wußte: Jetzt standen nur noch norwegische Truppen im Kampf an der schwedischen Grenze und leisteten seinen Gebirgsjägern, insbesondere aber der Gruppe Windisch, erbitterten Widerstand, um ihm den Siegeslorbeer in allerletzter Stunde doch noch zu entreißen. Aber dazu wollte er es auf gar keinen Fall mehr kommen lassen; erst recht nicht, nachdem norwegische Soldaten zuerst die schwedische Grenze überschritten hatten, um die Gruppe Narvik von dort aus anzugreifen.

Da erhielt Dietl in den frühen Morgenstunden des 9. Juni 1940 von der Gruppe XXI des Generals der Infanterie von Falkenhorst die Mitteilung, daß der norwegische König Haakon VII. und seine Regierung Tromsö verlassen und dem Oberbefehlshaber der norwegischen Streitkräfte, General Ruge, den Befehl gegeben hatten, die Waffen niederzulegen und Verbindung mit General Dietl aufzunehmen. Die Verhandlungen, die jetzt geführt wurden, verliefen nach außen hin sehr sachlich und nüchtern, wie es Dietls schlichte Art gewesen war. Innerlich waren sie jedoch voll dramatischer Spannung.

Nachdem sein Namenszug auf dem Kapitulationsdokument getrocknet und damit das Vertragswerk genau zwei Monate nach seiner Landung in Narvik in Kraft getreten war, schritt Generalleutnant Eduard Dietl, wie von einer zentnerschweren Last befreit, über die Türschwelle des kleinen Blockhauses in Spionkop ins Freie. Tief atmete er die frische Luft Nordnorwegens, die stets einen Beigeschmack des salzhaltigen Eismeerwassers hat, ein. So tief, daß er am liebsten in dieser Sternstunde seines Lebens in einer letzten Gewalttour seinen ausgemergelten Körper auf sämtliche Höhen der umliegenden Berge gehetzt hätte, um dem Olymp der Auserwählten, zu denen auch er jetzt gezählt wurde, ganz nahe zu sein. Da er aber wußte, daß die Führer des Kampfes um Narvik – Oberst Windisch (Kommandeur des Gebirgs-Jäger-Regiments 139), Major Stautner (Kommandeur des I./Gebirgs-Jäger-Regiments 139), Major Haussels (Kommandeur des II./Gebirgs-Jäger-Regiments 139), Major Hagemann (Kommandeur des III./Gebirgs-Jäger-Regiments 139) und Major von Schlebrügge (zunächst Kommandeur des I./Gebirgs-Jäger-Regiments 139, seit dem 18./19. Mai 1940 zwecks einheitlicher Führung und klarer Befehlsgebung Führer der Gruppe von Schlebrügge) – und seine Soldaten ihn in der Stunde des größten Triumphes sehen und in ihrer Mitte haben wollten, begab er sich, wie seine Männer nur mehr aus Haut und Knochen bestehend, mit seinem unentbehrlichen Adjutanten Herrmann am Nachmittag des 10. Juni 1940 zur Erzbahn.

Langsam, ohne sich zu beeilen, so, als sollte dieser historische Augenblick nie vergehen, führten ihn die letzten Schritte für immer fort von der Stätte seines Ausharrens auch auf verlorenem Posten und in schier auswegloser Lage. Nun rollte er ein allerletztes Mal von Björnfjell unter dem Jubel aller an der einst hart umkämpften Bahnlinie postierten Soldaten auf der legendären zusammengebastelten »Generals-Draisine«, auf der er mit Vorliebe die Erzbahn hinauf- und hinuntergeradelt war, nach Narvik; stolz und selig, vor Glück fast ertrinkend. Erst als er, die Seele und der Motor des Kampfes, die letzten sieben Kilometer – wie so oft in den vergange-

nen Wochen – von Stroemsnes mit seinem Rucksack und den Ski-
stöcken im altvertrauten »Schwellenschritt« zurückgelegt hatte, erwachte er wie aus einem fernen, ganz und gar unwirklichen Traum.
Nur ein paar Schritte noch, dann, Punkt 17.00 Uhr, zog Generalleutnant Dietl als Sieger von Narvik in den zurückeroberten, von
den Briten mit ihren Schiffsgeschützen restlos zerstörten norwegischen Erzhafen ein. Nun hatte er Hitlers Großdeutsches Reich bis
kurz unterhalb des Gipfels seiner höchsten Machtentfaltung geführt.

5. Dietl – Der »Held von Narvik«

Nachdem Generalleutnant Dietl mit seinen Gebirgsjägern und der »Gebirgsmarine« Narvik wiedererobert hatte, wußte er eigentlich gar nicht so recht, wie und was ihm da widerfahren war. Denn nüchtern betrachtet, war ihm der Siegeslorbeer auch deshalb in den Schoß gefallen, weil die Alliierten auf Grund ihrer Rückschläge auf dem westlichen Kriegsschauplatz im Gegensatz zu ihm die Nerven verloren und ihre Truppen überraschend abgezogen hatten, nachdem sie Dietl von drei Seiten bereits hoffnungslos umfaßt und bis an die schwedische Grenze zurückgedrängt hatten. Jetzt aber war er der »Held im Schnee«, denn seinen starken Nerven, seinem eisernen Durchhaltewillen und seinem unerschütterlichen Vertrauen in die Leistungsfähigkeit und Opferbereitschaft der ihm anvertrauten Truppe war es zuzuschreiben, daß Hitler ihm absolut freie Hand gelassen hatte, so daß der gewiefte Taktiker mit dem harten Schädel letztendlich mit viel Soldatenglück als Sieger nach Narvik zurückkehren konnte.

Von nun an stand Dietl im hellen Rampenlicht des Zweiten Weltkrieges. Aus dem mehr oder weniger unbekannten Divisions-Kommandeur der deutschen Wehrmacht war über Nacht eine beachtete Figur der welthistorischen Auseinandersetzung zwischen den Alliierten und der Achse geworden. Voller Bewunderung sandten die Repräsentanten der mit dem Großdeutschen Reich verbündeten oder sympathisierenden Länder in jenen Tagen des Triumphes Glückwunsch- und Ergebenheitstelegramme. General Moscardo, der Verteidiger des Alkazar, übereignete Dietl gar einen Ehrendolch[32], dessen Toledostahl-Klinge mit den Sinnbildern aus dem spanischen Bürgerkrieg und von der Verteidigung des Alkazar reich verziert war. Bei so viel Lobpreisungen wollte selbstverständlich auch Dr. Joseph Goebbels, Hitlers propagandistisches Sprachrohr, nicht abseits stehen. Am 23. Juni 1940 schrieb er in sein Tagebuch:

> »Die Stimmung in Norwegen ist wieder viel entspannter. Die Engländer haben nichts mehr zu erben ... Unsere Truppen dort, vor allem Dietel*, sind überglücklich. Sie haben sich unvergleichlich he-

---

* Richtig: Dietl

roisch geschlagen ... Frankreich liegt nun gänzlich am Boden. Der Führer ruft an. Ganz voll von Glück. Alles ist perfekt ... Churchill wird hoffentlich nicht noch im letzten Augenblick nachgeben. Warten wir ab! Wir sollen die Meldung vom Waffenstillstand ganz groß aufmachen. Ich wünsche dem Führer vor allem Gesundheit. Möge Gott ihn behüten. Dann kommt die Meldung über alle Sender. Mit Dankgebet. Ganz groß und feierlich. Danach die Schlußreportage von Compiègne. Man schreckt zurück vor so viel geschichtlicher Größe. Die amerikanischen Zeitungen geben England größtenteils schon militärisch auf. Das wollen wir auch meinen. Heute aber wollen wir glücklich sein. Der Abend geht in die tiefe, glückvolle Nacht hinein. Man kann gar nicht mehr schlafen. Großes, herrliches Deutschland!«[33]

Am 3. Juli 1940 traf General der Infanterie Nikolaus von Falkenhorst aus Norwegen im Führerhauptquartier ein. Obwohl er Dietls »Heldenkampf« in Narvik und die daraus erwachsende Popularität des Gebirgsjäger-Generals von Tag zu Tag neidvoller beobachtete, erzählte er dennoch allen, die es hören wollten, vom »Heldentum« der deutschen Soldaten im hohen Norden – und zwar so »hinreißend und ergreifend«, wie Goebbels an jenem Mittwoch in sein Tagebuch schrieb, daß der Propagandaminister daraus »ein modernes Nibelungenlied« machte. »Auch der Führer hört mit starker Bewegung zu«, erfahren wir von Goebbels. Und dann für alle, die es bis dato noch nicht begreifen wollten: »General Dietel*ist ein ganzer Kerl.«[34]
Adolf Hitler hatte entschieden, daß der Großdeutsche Reichstag für den 19. Juli 1940 in Berlin einberufen wird. Aber nicht nur das, er, der Führer und Oberste Befehlshaber der Wehrmacht, hatte auch befohlen, daß Generalleutnant Eduard Dietl, den er wiederholt, erst recht aber nach dessen Sieg in Narvik, als »seinen Freund« bezeichnete und nun vollends in sein kühles Herz geschlossen hatte, an dieser Sitzung teilnimmt. Und das hatte, wie Dietl schon bald darauf erfuhr, einen handfesten Grund.
Man hätte die berühmte Nadel zu Boden fallen hören können, als Adolf Hitler am 19. Juli 1940 in der Berliner Krolloper vor dem versammelten Großdeutschen Reichstag als Triumphator das Wort er-

---

* Richtig: Dietl

griff, um seine Politik zu rechtfertigen. Dietl war, wie seit den Anfangstagen der nationalsozialistischen Bewegung, ein aufmerksamer Zuhörer, wenn sein Führer eine Rede hielt; erst recht bei einer wie dieser, in deren Verlauf Hitler gleich zweimal Dietl namentlich erwähnte:

> »Das Wort Narvik«, so der Führer in seiner Reichstagsrede an seinen Paladin gewandt, »wird in der Geschichte für immer ein herrliches Zeugnis sein des Geistes der Wehrmacht des nationalsozialistischen Großdeutschen Reiches ... General von Falkenhorst hat diese Operationen in Norwegen geleitet. Generalleutnant Dietl war der Held von Narvik.«[35]

Dietl hatte richtig gehört: Hitler hatte ihn nicht als Sieger, wie später Schörner und andere, sondern als »Held von Narvik« ausgezeichnet. Damit war er für jedermann ganz besonders herausgehoben aus der Masse der erfolgreichen Kommandeure und Heerführer der »Blitzkriegsstrategie«. Sieger zu sein, das war seit dem Altertum das Ziel eines jeden militärischen Führers; das lag, wenn man tüchtig und erfolgreich und Fortuna einem darüber hinaus noch etwas hold war, durchaus im Bereich des Möglichen. Held zu sein, das war etwas absolut außerhalb des eigenen Macht-, Durchsetzungs- und Selbstverwirklichungsbereiches liegendes. Nicht jeder Sieger wird zwangsläufig zum Helden; vielleicht zum tragischen, nicht aber zum strahlenden, wie Dietl, den Hitler zu seinem »Helden von Narvik« hochstilisiert hat. Nun stand er, gerade erst zum Generalleutnant befördert und damit fast alle Generale Hitlers in einem fulminanten Karrieresprung überflügelnd, in der weit geöffneten Feldherrnhalle des »tausendjährigen Reiches«, das aufzubauen er mitgeholfen hatte, in die ihn sein Führer jetzt in einer symbolisch-pathetischen Geste vor den Großdeutschen Reichstag an jenem denkwürdigen 19. Juli 1940 hineingebeten hatte, um dort für alle Zeiten Platz zu nehmen. Auf diese Weise dem normalen Sterblichen gewaltsam entrückt, verfolgte Dietl von diesem ihm zugewiesenen Ehrentempel aus den weiteren Verlauf von Hitlers Rede, deren weiterer Höhepunkt die Ernennung von nicht weniger als elf Generalfeldmarschällen und einem Reichsmarschall bildete, wie im Trancezustand. Dann, abermals an Dietl gewandt, sagte Hitler unter dem tosenden Beifall des versammelten Großdeutschen Reichstages:

»Unter Berücksichtigung der einmaligen Verdienste befördere ich Generalleutnant Dietl, Kommandierenden General des Gebirgskorps in Norwegen, zum General der Infanterie und verleihe ihm als erstem Offizier der deutschen Wehrmacht das Eichenlaub zum Ritterkreuz des Eisernen Kreuzes.«[36]

Ein Jubelsturm ohnegleichen umbrauste den »Helden von Narvik«. »Selten war eine Begeisterung so spontan und ehrlich wie diese«, stand später im »Lappland-Kurier« zu lesen.[37] Dietls Puls raste, sein Herz schien ihm vor Freude aus dem Brustkorb zu springen. In jenen Minuten, in denen Hitler ihm all diese Ehrungen wie aus einem randvollen Füllhorn zuteil werden ließ, waren alle Augen auf ihn gerichtet. Ja, Dietl hatte nicht nur das Gefühl, sondern es war auch so, daß alle Deutschen »von der Maas bis an die Memel, von der Etsch bis an den Belt«, wie Hoffmann von Fallersleben auf der Nordseeinsel Helgoland in seinem »Lied der Deutschen« gedichtet hatte, auf ihn blickten. Damit »erwuchs der deutschen Wehrmacht nicht nur eine volkstümliche Gestalt voller Originalität, sondern ein Leitbild schlechthin, so daß das soldatische Führertum des Zweiten Weltkrieges in diesem Mann den ersten hervorragenden Exponenten moderner Prägung erhielt«.[38]

Erst vor einem Vierteljahr zum Generalleutnant befördert, war Dietl mit seiner Beförderung zum »Vollgeneral«[39] nicht nur mit einer »Leistungsbeförderung« in besonderem Maße ausgezeichnet, sondern darüber hinaus auch noch zum Kommandierenden General des neu aufzustellenden Gebirgskorps Norwegen ernannt worden. Mehr noch: 1941 wurde für Dietl gar die Dienstgradbezeichnung »General der Gebirgstruppe« eingeführt, denn bis dahin war die Gebirgstruppe keine eigene Waffengattung. Aus diesem Grund setzten sich die 17 Generale der Gebirgstruppe bis zum Generalleutnant aus zwölf Infanteristen, zwei Artilleristen, zwei Pionieren und einem Nachrichtler zusammen.[40]

Um sich herum alles vor lauter Glück vergessend, blendeten Dietls Gedanken in jene Jahre zurück, da er in seiner Kindheit, Jugend- und Militärdienstzeit zu dem geformt wurde, was er jetzt, in der Mitte seines Lebens, war, der »Held von Narvik«.

Anmerkungen

1 Bekker: Verdammte See. S. 89
2 Nach dem Auslaufen des Schiffsverbandes war bereits dem gesamten Offiziers-korps der Anlaß dieses tollkühnen Unternehmens bekanntgegeben worden.
3 Vgl. hierzu die Verbrechen der damaligen militärischen Führung in bezug auf den Einsatz der Gebirgstruppe auf Kreta und Kefalonia. Kaltenegger: Die deutsche Gebirgstruppe 1935–1945, S. 212 ff. bzw. 423 ff.
4 Rohr: Tagebuch eines Gebirgsjägers im Zweiten Weltkrieg. S. 26
5 Hubatsch: Die deutsche Besetzung von Dänemark und Norwegen 1940. S. 61
6 Hierzu schrieb unter anderem der spätere britische Premierminister Winston Churchill: »Die ›Hipper‹ fischte 40 Überlebende auf; der heldenhafte britische Kommandant wurde auch an Bord gezogen, fiel aber erschöpft vom Deck des Kreuzers und war verloren.«
7 Kreppel: Gebirgsartillerie im Kampf. S. 20 f.
8 General Dietl. S. 73
9 Vgl. hierzu auch die Berichte über die Völkerrechtsverletzungen bei Narvik durch die Alliierten bei Zayas: Die Wehrmacht-Untersuchungsstelle. S. 368–376
10 Rupprecht von Bayern: Mein Kriegstagebuch. Bd. 2, S. 215
11 Hubatsch: Die deutsche Besetzung von Dänemark und Norwegen 1940. S. 245
12 Assmann: Deutsche Schicksalsjahre. S. 152
13 Klatt: Die 3. Gebirgs-Division. S. 56
14 Vgl. Halder: Tagebuch, und Kaltenegger: Die deutsche Gebirgstruppe 1935–1945. S. 134
15 Loßberg: Im Wehrmachtsführungsstab. S. 66 und S. 67
16 Vgl. hierzu Hubatsch: Die Besetzung von Dänemark und Norwegen 1940. S. 188
17 IMT. Bd. XXVIII, Nr. 1809-PS, S. 420 f.
18 Hubatsch: Die Besetzung von Dänemark und Norwegen 1940. S. 189
19 Manstein: Aus einem Soldatenleben. S. 265 f.
20 Goebbels: Die Tagebücher. Teil 1, Bd. 4, S. 147 und S. 148
21 Klatt: Die 3. Gebirgs-Division. S. 64 f.
22 Zum Unternehmen »Büffel« vgl. Kaltenegger: Die deutsche Gebirgstruppe 1935–1945. S. 140 f.
23 Klatt: Die 3. Gebirgs-Division. S. 65
24 Die Zahlenangaben schwanken zwischen 20 000 bis 28 000 Mann, wie bei Hill-gruber/Hümmelchen: Chronik des Zweiten Weltkrieges. S. 11
25 Kräutler/Springenschmid: Es war ein Edelweiß. S. 82
26 Haffner: Churchill. S. 105
27 Churchill: Der Zweite Weltkrieg. A.a.O.
28 Zum Teil weichen die deutschen und die alliierten Zahlenangaben in einem nicht unerheblichen Maß voneinander ab. Unbestreitbar ist jedoch – und nur das zählt letztlich –, daß die gegnerische Überlegenheit in Narvik sehr groß, ja erdrückend gewesen ist.
29 General Dietl. S. 176
30 Ebenda, S. 180

31 Ebenda, S. 176
32 Wehrmachtskommandantur Graz vom 27.6.1944: Verzeichnis der Orden und Auszeichnungen Generaloberst Dietls
33 Goebbels: Die Tagebücher. Teil 1, Bd. 4, S. 214 ff.
34 Ebenda, S. 226
35 Der großdeutsche Freiheitskampf. Bd. 2, S. 57 f.
36 Ebenda, S. 70
37 Lappland-Kurier. Sonderausgabe 1.7.1944
38 Hermann: Deutsche Militärgeschichte. S. 480
39 Beim Heer: General der Gebirgstruppe, General der Infanterie, General der Artillerie, General der Panzertruppe, General der Kavallerie, General der Pioniere, General der Nachrichtentruppe.
40 Stumpf: Die Wehrmacht-Elite. S. 170

Erster Teil

Kindheit, Jugend- und Militärdienstzeit 1890–1914

»Grad da, wo ›Feinkost‹ steht,
bin i geboren.«

Eduard Dietl

»Was i bin, bin i net in der Schul worden.
Was i bin, hat der Berg aus mi g'macht.«

Eduard Dietl

I. 1890 – Bismarcks Entlassungs-, Dietls Geburtsjahr

Das letzte Dezennium des 19. Jahrhunderts begann mit einem Paukenschlag, wie er gewaltiger nicht hätte sein können. Fürst Otto von Bismarck, der Schmied des zweiten deutschen Kaiserreiches, der knapp 20 Jahre lang, nämlich von 1871 bis 1890, die politischen Geschicke Europas weitgehend bestimmt hatte, wurde am 18. März 1890 in geradezu verletzender Form von seinem jungen, überaus ehrgeizigen und zur Selbstüberschätzung neigenden Kaiser Wilhelm II. gezwungen, sein Rücktrittsgesuch einzureichen, und zwei Tage später entlassen. Grollend verließ er die Reichshauptstadt Berlin und zog sich verbittert in den schleswig-holsteinischen Sachsenwald, wo er 1898 in Friedrichsruh verstarb, zurück.

Vier Monate später, am 21. Juli 1890, kam im Süden des Bismarckreiches, im oberbayerischen Aibling, ein Kind mit einem kräftigen Urschrei zur Welt. Als seine stolzen Eltern den Buben evangelisch taufen ließen, gaben sie ihm den Namen Eduard Wolrath Christian Dietl.

»Was«, fragte der Geistliche bei der Taufe ahnungsvoll, »hat Gott wohl mit diesem Menschen vor? Welchen Lebensweg wird er zurücklegen?«

In jener Zeit, als der junge Erdenbürger Eduard Wolrath Christian Dietl zum ersten Mal die föhnhaltige Luft der bayerischen Voralpen tief einatmete, war das deutsche Kaiserreich dank der klugen Bismarckschen Außenpolitik nach Rußland und Österreich-Ungarn der drittgrößte Staat Europas. Seiner Bevölkerung nach rangierte es nach Rußland sogar an zweiter Stelle. Und doch war 1890 – nicht nur wegen der runden Jahreszahl – ein Jahr des Umbruchs; mit der Entlassung des alten Kanzlers war, so spürte es auch der Vater des Buben, der königlich bayerische Rentamtmann[1] Eduard Dietl, eine Epoche unwiderruflich zu Ende gegangen.

Sehr rasch wurde nämlich deutlich, daß der schwankende Charakter des neuen Herrschers zu leichtfertig und unüberlegt ausgesprochenen, großspurigen Worten, aber nicht zu großen Taten neigte. Seinen Launen waren auch die gelegentlich wechselnden Kanzler[2] unterworfen, was natürlich ihre Position innerhalb des politischen und militärischen Kräftespiels in einem nicht zu übersehenden Maße schwächte. Neben der Reichsregierung – und von dieser nicht kontrolliert – betrieben der Generalstab und die Flotte, aber auch kleine lautstarke Gruppen wie der »Alldeutsche Verein«, jeder für sich seine eigene Politik, die, wäre sie als reine »Privatpolitik« betrieben worden, für Volk und Reich nicht verhängnisvoll gewesen wäre. Aber dem war nicht so, denn die politischen Zielvorstellungen all dieser Gruppierungen, wie etwa die der »Alldeutschen Bewegung«[3], wurden derart massiv propagiert, daß sie einerseits zu einer inneren Stagnation und andererseits zu einer Außenpolitik führten, der bei aller Forschheit der Herrschenden eine wirkliche Festigkeit und Beständigkeit und ein klares Konzept fehlten. Schlimmer noch: »Das Wesentliche an der deutschen Weltpolitik waren ihre Zwiespältigkeit und ihre Vielfältigkeit.«[4]

So wurde noch 1890, in Bismarcks Entlassungs- und Dietls Geburtsjahr, der sogenannte »Rückversicherungsvertrag«, also der Nichtangriffspakt mit Rußland, nicht erneuert. Ein gewaltiger Wettlauf nach den Kolonien und nach überseeischen maritimen Stützpunkten setzte ein. Von dem Amerikaner Mahan inspiriert, hatte der deutsche Geograph und Mexiko-Forschungsreisende Friedrich Ratzel[5] die Theorie aufgestellt, daß die Seeherrschaft die Weltherrschaft verbürge. Von dieser imperialistischen Gesinnung wurden nach 1890 alle Großmächte erfaßt, auch oder insbesondere die deutsche unter Wilhelm II. Damit stand an Dietls Wiege das fast hektische Bestreben der Großmächte Pate, »Weltpolitik« um jeden Preis zu betreiben und den »Lebensraum« des eigenen Volkes zu vergrößern.

In diese scheinbar gesicherte Epoche mit ihrer übertriebenen chauvinistischen und imperialistischen Politik, die das ganze folgende Vierteljahrhundert von 1890 bis zum Ausbruch des Ersten Weltkrieges bestimmte, Deutschland den Aufstieg zur Vorherrschaft in Europa bescherte, aber auch eine der Wurzeln des Hitlerschen Nationalsozialismus bildete, wurde Eduard Wolrath Christian Dietl hineingeboren.

Deutschlands Aufstieg, so dachten seine Eltern und alle, die der Familie Dietl verwandtschaftlich oder freundschaftlich verbunden waren, bot überaus zukunftsträchtige Perspektiven für einen Neugeborenen. Beamter, wie der Vater, sollte auch der Sohn werden, Finanzrat gar oder zumindest Oberrentamtmann.[6]

Der Vater des jungen Dietl, der schon früh, am 11. Mai 1921, in München verstarb, stammte aus Regensburg, dem 2000 Jahre alten »Castra Regina« der Römerzeit, dessen Bischofssitz zu den ältesten und ehrwürdigsten nördlich der Alpen zählt.

Dietls Mutter Caroline, genannt Lina, geborene Holzhausen, kam aus der niederbayerischen Metropole Landshut und überlebte ihren Mann um fast drei Jahrzehnte, bevor sie 1947 auf dem Friedhof von Bad Aibling zur letzten Ruhe gebettet wurde.

Regensburg und Landshut, diese beiden altehrwürdigen Städte Bayerns mit ihrer jeweiligen jahrhundertealten bodenständigen Tradition, waren schon für sich genommen eine Gewähr dafür, daß Dietls Eltern in ihrer Denk- und Lebensweise in erster Linie bayerisch-konservativ eingestellt waren. Dabei ist das Wort »konservativ« nicht im Sinne des sozialistischen Sprachgebrauchs als rückständig zu interpretieren, sondern im Sinne des klassischen Latein, das »conservare« als bewahren und erhalten versteht. Nach der Bismarckschen Reichsgründung und der damit hervorgerufenen nationalen Erneuerung – die liberalen Gedanken wurden großteils mit dem Leichnam Friedrichs III. zu Grabe getragen – wurden auch Dietls Eltern von dieser nationalen Welle erfaßt, ohne sich allerdings davon fortspülen zu lassen.

Die national-konservative Komponente war also das geistig-moralische Umfeld, in dem der junge Dietl aufwuchs. Seine Ahnen und Urahnen gingen ihrem täglichen Broterwerb als ehrbare Handwerker teils im oberpfälzischen Amberg und in der Agnes-Bernauer-Stadt Straubing, teils in den ehemaligen Reichsstädten Regensburg und Nürnberg nach. Noch heute strahlen diese altehrwürdigen Städte den Bürgerstolz vergangener Epochen aus.

Dietls Vorfahren entstammten aber nicht nur dem Stand der Handwerker – wie der Kaufmann Christian Holzhausen, der Großvater mütterlicherseits – und dem der Beamten – wie der königlich bayerische Rentamtmann Dietl, der Großvater väterlicherseits –, sondern auch dem der Militärs. Sein Ururgroßvater Nikolaus Dietl war kurbayerischer Hauptmann und Kasernenvorsteher in Ingolstadt, der altbayerischen Festungsstadt an der Donau; ein anderer soll die gleiche Dienststellung in Straubing innegehabt haben.[7] Sein Urgroßvater Franz Dietl hatte es bis zum Regiments-Quartiermeister gebracht. Die Brüder von Dietls Großvater sind in ihrem Stand noch höher aufgestiegen:[8]

Ignaz Dietl war königlich bayerischer Generalleutnant und Gouverneur der Festung Ingolstadt.[9] Generalleutnant Karl Ritter von Dietl sen. und Oberstleutnant Karl Ritter von Dietl jun. wurden 1866 bzw. 1870 sogar mit dem begehrten königlich bayerischen Militär-Max-Joseph-Orden ausgezeichnet, der sie in den persönlichen Ritterstand erhob.[10]

II. Kindheit und Jugend im Banne der Bayerischen Alpen

Im unvergleichlich schönen oberbayerischen Inntal, an der Stelle, wo die mächtigen Alpen mit steilen Felswänden und Schroffen teilweise abrupt in die ausgedehnte Moorlandschaft abfallen und die Mangfall mit einer letzten hastigen Strömung dem Inn bei Rosenheim entgegenfließt, liegt Bad Aibling, der Geburtsort des jungen Eduard Wolrath Christian Dietl.

Aus dem Südosten grüßten den heranwachsenden Knaben die Hochrieß (1569 m), das Kranzhorn (1367 m), über dessen Gipfel die deutsch-österreichische Grenze, die zugleich die bayerisch-tirolerische ist, verläuft, und der Heuberg (1338 m), einst »Heuna«, der talbeherrschende Riese genannt, in seinen Heimatort herüber. Im Süden ragt der Madron (942 m) wie ein wuchtiger Eckpfeiler aus dem Inntal empor. »Der Berg der Gemeinschaft«, wie er einst genannt wurde, war seit eh und je ein heidnischer Platz der Sommersonnenwende. Das südliche Talende wird durch das gewaltige Kaisergebirge abgeschlossen, von dessen Hauptgipfel, der Ellmauer Halt (2344 m), nicht selten auch während der heißen Sommermonate der Schnee nach einem Wettersturz herunterleuchtet. Südlich von Bad Aibling steht der Wendelstein (1840 m), auf den schon der ganz junge Dietl oft gestiegen ist, um sich immer wieder aufs neue am Berg zu bewähren, denn hoch hinaus wollte er schon immer. Hatte er sein Ziel erreicht, so waren alle Mühe und aller Schweiß vergessen. Dann sah er, mit sich und der Welt zufrieden, hinunter, bis nach Aibling, Rosenheim und in das Inntal, über das sich ein langer Schatten legt, wenn die Sonne im Westen hinter den Tegernseer und Schlierseer Bergen versinkt. Wie oft sah der junge Eduard das Tal mit seinen friedlich daliegenden Ortschaften und den Inn mit seinem mächtigen Flußlauf, der sich bis ins 19. Jahrhundert, bis zu seiner Regulierung und Zähmung, mit seinen zahlreichen Wasserarmen bis zu einer Breite von rund 2,5 Kilometern überall dort ergoß, wo sich das Tal weitete. Er spürte den Südwind mit dem über Nacht hereinbrechenden Föhn, der ihn prickelnd reißerisch umwehte. Beides, der Fluß und der Föhn, prägen das oberbayerische Inntal und die Menschen, die sich in diesem Tal und dem vor den Bergen ausufernden Talbecken angesiedelt haben, und drücken ihnen seit eh und je ihren unverwechselbaren Stempel auf.[11] Dieses einzigartige Tal war seit undenklichen Zeiten sowohl auf dem Land- als auch auf dem Wasserwege eine der bedeutendsten Verkehrsadern des Alpenraumes, die den europäischen Norden mit dem Süden, die Nord- und die Ostsee mit dem Mittelmeer verband. Nicht umsonst bildete der Inn die natürliche Grenze der römischen Provinzen »Raetien«, im Westen gelegen, und »Noricum«, im Osten. In der Nähe von Rosenheim kreuzten sich zwei bedeutende Heer- und Handelsstraßen.

Nimmt es da wunder, daß an diesem Schnittpunkt zahlreiche Menschen und Völker, zuerst die heidnischen Kelten, dann die Römer und zuletzt die Bajuwaren, ansässig wurden?

Der Lebensraum, in den ein Mensch hineingestellt, -geboren wird, prägt ihn sein Leben lang – erst recht der altbayerische, wo das »Grüß Gott« beim Kommen und das »B'hüt Gott« beim Gehen so selbstverständlich wie das Amen in der Kirche sind. Daher wurde auch aus Eduard, dem bayerischen Brauch entsprechend kurz Edi genannt, der in der Obhut des elterlichen Hauses aufgewachsen und dann vom Herbst 1896 bis zum Herbst 1900 die Volksschule in seinem Geburtsort besuchte, ein typischer Vertreter jenes unverwechselbaren Menschenschlags, der, auf Gedeih und Verderb mit seiner Bergheimat aufs engste und tiefste verwurzelt, seine Herkunft, auch wenn er es wollte, zeitlebens nie und nimmer verleugnen kann, weil er sie wie ein Kainsmal auf der Stirne trägt.

Wie beschrieb doch der altbayerische Chronist Aventinus aus Avensberg um 1521/33 seine Landsleute, denen Dietl im wahrsten Sinne des Wortes den Buckel hinuntergerutscht war? »Das baierische Volk ist kirchlich, schlecht und recht, geht und läuft gerne wallfahrten, hat auch viele kirchliche Aufzüge.«[12]

Die großen, jedermann zur Schau gestellten »kirchlichen Aufzüge« des katholischen Bayerns waren zwar nichts für Dietl, den Protestanten. Seine evangelische Konfession konnte ihn aber nicht davon abhalten, wie Millionen von Katholiken mit seinem Gott auch in den zahlreichen kleinen und größeren katholischen Wallfahrtsorten des Oberlandes Zwiesprache zu halten. (Später, als

Dietl in der überwiegend katholischen Ostmark die 3. Gebirgs-Division formte, hat ihm seine konfessionelle Toleranz über manche Schwierigkeiten schnell hinweggeholfen.)

Da waren zunächst die Wallfahrtskirchen in der unmittelbaren Umgebung von Bad Aibling: das gotische Gnadenbild der Klosterkirche Weihenlinden, die Basilika Tuntenhausen, die als »eine kunstgeschichtliche Sensation ohne Konsequenzen« gilt, die barocke Kirche in Heilig Blut bei Rosenheim und die berühmte Rundkirche Heilig Kreuz in Westerndorf bei Pang. Vielbesucht wie eh und je aber auch die Wallfahrtskirche Birkenstein bei Fischbachau auf dem Weg zum Breiten- und Wendelstein, die Einsiedelei Kirchwald bei Nußdorf am Inn, die ehemalige Benediktiner-Klosterkirche Rott am Inn, das Kloster Frauenchiemsee, das Kloster Seeon am gleichnamigen See sowie last not least die Marienwallfahrt Maria Eck, die über dem Chiemgau und dem bayerischen Meer, dem Chiemsee, wie allem Irdischen entrückt, thront.

»Grad da, wo ›Feinkost‹ steht, bin i geboren«, hörte man Dietl immer wieder verschmitzt sagen[13], wenn er seinen Spielgefährten, seinen Schulfreunden oder seinen Kameraden der Militärdienstzeit sein Geburtshaus am Marienplatz 9, das dem Feinkosthändler Engelbert Muggli gehörte, zeigte. Aber nicht nur Eduard, der älteste der drei Dietl-Buben, wie sie überall genannt wurden, erblickte in Aibling das Licht der Welt, sondern auch seine beiden Brüder Benno und Paul. Sowohl das Elternhaus als auch der Markt Aibling, der erst im Jahre 1895 das Recht erhielt, sich Bad nennen zu dürfen, boten die beste Voraussetzung, um dem Trio der Dietl-Buben ein beschauliches bürgerliches Leben in einer Zeit des wirtschaftlichen Aufschwungs im Deutschen Reich vorzuzeichnen. Nicht umsonst verbrachte der bayerische Maler Wilhelm Leibl von 1881 bis 1892 seine Jahre in Aibling, wo er zwischen dem Irschenberg und dem Wendelstein auf die Jagd und zum Fischen ging, wo er aber vor allem immer wieder neue Motive für seine unnachahmlichen Bilder fand.[14]

In Bad Aibling scheint die Zeit trotz manchen Fortschritts zuweilen stehengeblieben zu sein. Am Marienplatz steht noch immer die im Jahre 1765 erbaute Sankt-Sebastian-Kirche. Rechts daneben, das Haus Nr. 7, war Leibls Wohnhaus. Dietl, zwei Jahre alt, als der

Maler Aibling verließ, hat den Meister nicht mehr persönlich kennengelernt, aber er wußte selbstverständlich über diesen prominenten Bürger des Marktes genauestens Bescheid.

Nicht selten fand man die Dietl-Buben auf dem nahen Hofberg über Aibling, wo einst Kelten und Römer Wehranlagen und sicher auch ein Heiligtum besessen hatten und wo heute an der Stelle des alten Schlosses das Amtsgericht und an der Stelle der ehemaligen Schloßkapelle die von 1755 bis 1756 nach einem Entwurf von Johann Michael Fischer erbaute Pfarrkirche Mariä Himmelfahrt steht. Wie oft mag Eduard – vorbei an den zahlreichen beachtenswerten Grabsteinen – in diese auf eine gotische Anlage zurückgehende prachtvolle Barock-Saalbau-Kirche hineingegangen sein, um, wie die Menschen des Ober- und Alpenlandes es gewohnt sind, dem Herrgott in schlichter Art und tiefer Frömmigkeit zu danken? Im Angesicht der geschmackvollen Rokokostukkaturen des Aiblinger Meisters Thomas Schwarzenberger und des Figurenschmucks aus der Schule des Ignaz Günther, öffnete er hier seine Seele und das kindliche Herz ganz weit und ließ die Heerscharen der altbayerischen Barock- und Rokokoengel in seinem tiefsten Inneren Platz nehmen.

Das, was Eduard Dietl in seiner Kindheit und Jugendzeit an religiösen Wertvorstellungen aufgenommen und in seinem Herzen bewahrt hat, bekam er später auf den grauenvollen Schlachtfeldern des Ersten und Zweiten Weltkrieges in vielen ausweglosen Lagen tausendfach wieder zurück. Diese tiefe, demütig-naive Frömmigkeit, die weiß, daß nicht alles menschlich machbar ist, hat sein kräftig schlagendes Herz zeitlebens beflügelt. Seine angeborene Religiosität war es dann auch, die ihn manch verzweifelte Situation mit seinem unerschütterlichen Gottvertrauen meistern half. Hier liegen die Wurzeln seiner seelischen Kraft, die er später so dringend brauchte, um nicht an der Westfront des Ersten und in Narvik und an der Liza im Zweiten Weltkrieg zu zerbrechen.[15]

Es gab aber nicht nur den gottesfürchtigen Dietl des Gemüts. Es gab auch den ganz anderen Dietl: Das war der Lausbub der frühen Jahre, der mit seinen beiden Brüdern Benno und Paul sowohl den Hofberg als auch den beschaulichen Markt, erst recht aber die wild bewachsenen Ufer der Glonn und der Mangfall nicht selten unsicher machte. So sollen die alteingesessenen Aiblinger noch lange voller Schrecken erzählt haben, »wie es die Dietl-Buben in ihrem stillen Ort trieben, der doch an sich nur dafür geschaffen war, daß sich ältere Leute mit Gicht und schlechten Nerven ins Moor setzten und gesundbadeten«.[16]

Erst später, als er in Rosenheim auf das Gymnasium ging, wurde er, der Eduard, etwas besinnlicher, ohne allerdings seine heitere, ja leichte Lebensauffassung und -einstellung ganz abzustreifen. Daher kam das Lernen auf Grund von mancherlei Streichen – und es sollen, so wird uns von seiner späteren Frau glaubhaft versichert, nicht wenige gewesen sein – nicht selten zu kurz. Dafür fand man ihn, den mehr visuellen Sinnesmenschen, dessen rege Augen alles Neue und Interessante blitzschnell erfaßten, oft im Rosenheimer Heimatmuseum, das seit 1902 im historischen Mittertor untergebracht ist. Dietl waren die anschaulichen Exponate der Vor- und Frühgeschichte mit der Römersammlung jedenfalls viel lieber als der trockene Stoff seiner Geschichts- und Heimatbücher. Dementsprechend fiel auch die Benotung seiner Zeugnisse aus. Als der Direktor des Gymnasiums dem jungen Absolventen das Reifezeugnis überreichte, schüttelte er den Kopf und fragte:

»Was wollen Sie nun werden, Dietl?«

»Soldat, Herr Direktor!« kam die Antwort wie aus der Pistole geschossen.

»Dietl, Dietl, da müssen Sie schon einen richtigen Feldwebel kriegen, sonst werden S' ein Lump!« entgegnete da der erstaunte Direktor.

In späteren Jahren hat Dietl diese Geschichte oft erzählt. Und er fügte dann jedesmal mit seinem hintergründig-schelmischen Lachen hinzu:

»Recht hat er g'habt, der alte Direktor. A Lump bin i worden. Aber der Feldwebel kann nix dafür.«[17]

III. Bergsteiger und Alpinist

»Ja, meine Berg!« sagte Dietl mehr als einmal zu seinen Freunden. »Wenn die Welt ohne Berge wär, tät mi's Leben drin nimmer freun. Da tät i den Herrgott bitten, daß er eine neue Welt machat, eine Welt voller Berg. Allweil bloß der Straße nach ebenaus gehn, des könnt i net ertragen. Aber wenn dann plötzlich so ein Trumm Berg aufsteht, mit einer pfeilgeraden Wand, und sagt: ›Wenn du no weiter willst, faß zua!‹ – dann is's recht. Richtig wird der Berg erst, wenn er net mag, wenn er sich wehrt mit grifflose Wänd, mit Überhäng, mit Steinschlag und Lawinen. Dann ist es zu End mit der schönen Aussicht, mit Hüttenzauber, Gipfelbuch und solche Gschichten, dann geht's ums Leben. Dann erst fangt das Bergsteigen richtig an.«[18]

Dietl hat es wiederholt selbst gesagt: Die Welt der Berge, zu denen er sich zeit seines Lebens, weil dort geboren, hingezogen fühlte, hat ihn entscheidend geprägt und geformt. Von seiner Statur und seinem ganzen äußeren Erscheinungsbild, von seinem starken Herzen und seiner nie versiegenden Energie her, die ihm als Mitgift der Schöpfung in die Wiege gelegt worden waren, war Eduard Dietl der geborene und unverwechselbare Gebirgler, Bergsteiger und Alpinist: hager, zäh und grobknochig das Äußere, das ihn auch optisch von den landläufig bekannten oberbayerischen Wirtshaustypen abhob. Mit seinem asketischen Gesicht und seiner spartanischen Härte war ihm jede Art der Entbehrung gerade recht und wie auf den drahtigen Leib geschrieben. Mit seinen zuweilen derben altbayerischen Kraftausdrücken reihte er sich mühelos in jene Phalanx von Menschen ein, die nicht nur in der heimatlichen Umgebung auf sich aufmerksam machen, sondern auch droben, auf den Bergen, wo sie durch ihren Schneid aufhorchen lassen.

Bei all diesen optimalen Voraussetzungen ist es nur verständlich, daß das unruhige Blut des ältesten Dietl-Buben schon sehr bald für die Berge heftig zu pulsieren begann. Da war zunächst der Wendelstein, der Hausberg der Inntaler, Rosenheimer und Aiblinger, der ihn mit seinem steilen Felsaufsatz und den schroffen Wänden bereits in ganz jungen Jahren mit geradezu magischer Kraft anzog.

Von der alten, 1718 erbauten Bergkapelle, in die er nie vergaß hin-
einzugehen, war es nur noch ein kurzer, aber um so gefahrvollerer
Aufstieg zum Gipfel, von wo aus er an föhnigen Tagen das gesamte
bayerische Oberland bis zur Landeshauptstadt München überblik-
ken konnte. Mehr noch faszinierten den jungen Dietl aber die
mächtigen Gebirgsstöcke, die sich in südlicher Richtung wie stei-
nerne Trutzburgen, wie uneinnehmbare Eisbastionen auftürmen:
das Kaisergebirge mit dem Scheffauer, Treffauer und der Ellmauer
Halt, das Rofan- oder Sonnenwendgebirge, das Karwendel- und
Wettersteingebirge mit der Zug- und Alpspitze, die Kitzbühler
Alpen mit dem gleichnamigen Horn, die Leonganger und Loferer
Steinberge, die Tuxer und Zillertaler Alpen mit dem Olperer, die
Hohen Tauern mit dem Großglockner und Großvenediger.
Doch kaum, daß seine Liebe zu den Bergen voll entflammt war,
konfrontierten sie den jugendlichen Herausforderer und Heißsporn auch mit ihrer ganzen Härte und Grausamkeit, deren sie zuweilen fähig sein können. »Hartl, der junge Sohn des Schloßgärt-
ners von Maxlrain, neben Paul sein bester Bergkamerad, stürzte
auf der Kampenwand ab. Tot fanden sie ihn im Steinkar liegen und
trugen ihn hinab ins Tal. Das griff ihm schwer ans Herz. Wochenlang trieb er sich während der freien Stunden in Wald und Moor
herum und wollte nichts mehr von den Bergen wissen. Dann aber
überfiel es ihn um so mächtiger. Die Kampenwand faßte er auf der
gleichen Route an, auf der sein Freund abgestürzt war; allein stieg
er über die Unglücksstelle empor, zwang den Gipfel und war den
Bergen um so tiefer verfallen.«[19]
Nun gab es für Eduard Dietl kein Halten mehr. Die Chiemgauer
und Schlierseer Berge waren ihm keine Herausforderung mehr.
Unstillbar lockte jetzt der Wilde Kaiser. Als er mit seinem jüngeren
Bruder Paul, der sich wiederholt von der Bergbegeisterung seines
älteren Bruders mitreißen ließ, das elterliche Haus verließ, rief
ihnen Bruder Benno, der sich lieber hinter seinen Büchern verbarg,
verständnislos nach:
»Brechts euch nur grad die Haxen!«[20]
Aber schon waren sie fort, die beiden ältesten Dietl-Buben; fort
über Rosenheim und Kufstein in das Kaisergebirge, wo der demü-
tige Edi und die grandiose Berglandschaft miteinander zu ver-

schmelzen schienen. Wenn die beiden von derartigen Bergtouren wieder heil zu Hause ankamen, dann fiel ihnen die besorgte Mutter jedesmal ganz besonders um den Hals, während der Vater voller Stolz sichtlich größer wurde, denn er hatte, so wird berichtet, »seine helle Freude daran«.[21]

Eduard Dietl war noch keine neun Jahre alt, da fuhr der Vater mit ihm nach Südtirol, genauer gesagt nach Bozen, um von dort aus den Schlern zu besteigen.

»Der ist aber 2500 m hoch, Bub, und an einem Tag müssen wir hinauf!« warnte der Vater den Buben – und erhielt prompt die Antwort:

»Hinunter pack ich's auch noch, Vater!«[22]

In der Tat: An einem einzigen, unvergeßlich schönen Tag bestiegen Vater und Sohn den Schlern. Wir irren uns jedoch sehr, wenn wir aus dieser Gewalttour, die die Besteigung des Schlern für den neunjährigen Buben durchaus gewesen ist, den Schluß ziehen wollten, daß der Vater den Sohn zum stupiden Auf-die-Berge-Rennen angehalten hat. Vielmehr war es so, daß er wiederholt darauf hinwies, »daß es nicht darauf ankäme, einen Gipfel um den anderen zu erzwingen, sondern das Leben und die Schönheit der Natur lieben zu lernen«. Denn, so pflegte der Vater zum Sohne zu sagen, »alles, was mit der Natur geht, ist gut«.[23]

Überhaupt, die Wunderwelt der Dolomiten hatte es dem begeisterten Bergvagabunden, aus dem in reifen Jahren ein hervorragender Alpinist wurde, mehr als angetan. Dort schien er das Glück entdeckt zu haben, so oft zog es ihn ein um das andere Mal in diese einzigartige Felsenlandschaft, die auf der Erde kaum ihresgleichen hat. Die Berg- und Landschaftsbilder, die der heranwachsende junge Dietl dort in sich aufgenommen hat, begleiteten ihn sein Leben lang: die Felsenorgel des Monte Cristallino, der Felsenkönig des Zwölfer – ein Berg von einsamer Größe und zyklopischer Wucht, das Sellamassiv mit der Pyramide des Pisciadù, die verwitterte Felsburg des Monte Cristallo, die sagenumwobene Fanesgruppe, König Laurins Reich – der erglühende Rosengarten, die Marmolata – die »Königin der Dolomiten«, der Felstriptychon des Monte Pelmo, die Felswürfel der Cinque torri, die Felsendome der Tofana oder der monumentalste Felsbau der Dolomiten – das Dreigestirn der Drei Zinnen, »Gottes eigenwilligste Schöpfung der Alpen«, wie ein Dichter dieses dreieinige Monument genannt hat, ein Bild von gewaltiger und dennoch harmonischer Größe, das später in Dietls gemütlichem Grazer Heim als Gemälde an der Wand hing.

Aus dieser Liebe zu den Bergen, die auch ein Treuebekenntnis zu seiner alpenländischen Heimat war, erwuchs Dietl neben dem Glauben – wobei das eine das andere in einer befreienden Wechselbeziehung fördert – jene Seelen- und Tatkraft, die seine kämpferische Natur durch eine besondere Entschlossenheit und Tapferkeit geprägt hat.

IV. Militärdienstzeit

Es wird berichtet, daß Eduard Dietl bereits als kleines Kind keinen anderen Berufswunsch als den des Soldaten gehabt haben soll. »An seinem fünften Geburtstag hatte er ein hölzernes Gewehr bekommen. Kaum aber war die Mutter aus dem Zimmer, da gerieten die Buben schon wild aneinander. Als die Mutter bestürzt zurückeilte, hatte Edi sein Gewehr an Pauls Helm zerschlagen und sprang ihr, die beiden Trümmer in der Hand, entgegen: ›I hab's ja glei gsagt‹, rief er, ›des Gwehr is a Glump.‹«[24] Soldat, Unteroffizier oder gar Offizier zu werden, das war im wilhelminischen Kaiserreich jedoch nicht ganz so leicht, wie wir es heute, im Jahrhundert der Massenheere und Wehrpflichtarmeen, für eine Selbstverständlichkeit halten, denn der Umfang der stehenden Heere war begrenzt – und damit die entsprechenden Planstellen.

Dietl hatte sich also schon sehr früh für den Soldatenberuf entschieden. Diesen wichtigen Schritt im Leben eines jungen Menschen zu tun, war ihm eine Selbstverständlichkeit. Nun, 19jährig, verließ er die vertraute oberbayerische Heimat samt den geliebten Bergen und begab sich nach Bamberg, wo er im Herbst 1909 in die Bayerische Armee eintrat. Zuvor waren jedoch noch einige Hindernisse beiseite zu räumen gewesen.

»Dietl mußte sich«, berichtete später einer seiner Kameraden, »persönlich beim Kommandeur vorstellen. Mit seinen Zeugnissen war der wohl einverstanden, aber – die krummen Haxen und die großen Ohren ... Sein Antrag, als Fahnenjunker aufgenommen zu werden, wurde abgelehnt. So wäre Dietl also beinah überhaupt nicht Soldat und am Ende doch ein biederer Beamter geworden. Geknickt reiste er nach Bad Aibling zurück und überlegte sich, ob er nicht ein Jahr warten und sich dann bei einem anderen Regiment melden sollte. Da kam einige Wochen später eine Aufforderung, sich noch einmal vorzustellen. Der alte Kommandeur war inzwischen in Pension gegangen, und der neue nahm den neunzehnjährigen Dietl an.«[25]

So trat er am 1. Oktober 1909 als Fahnenjunker in das königlich bayerische 5. Infanterie-Regiment »Großherzog Ernst Ludwig von Hessen« ein. Dieses Regiment war Bestandteil der 7. Infanterie-Brigade, mit Sitz in Würzburg, die wiederum der 4. Division, die ebenfalls ihren Stab in Würzburg hatte, unterstand. Dort lag auch das General-Kommando des II. königlich bayerischen Armeekorps, dem neben der 4. auch die 3. Division unterstand.

Nachdem sein Herzenswunsch, Soldat zu werden und die Offizierslaufbahn einschlagen zu können, letztlich doch noch in Erfüllung gegangen war, fügte Dietl sich nahtlos in das Offizierskorps ein. Dieses »bildete eine Familie, deren Mitglieder, ungeachtet der Rang- und Altersunterschiede, Gleiche unter Gleichen waren. So wuchs der junge Offizier in einem Kreise Gleichgesinnter auf, der ihm einen festen Halt gewährte, in dem die Älteren sich für die Jüngeren mitverantwortlich fühlten«, erinnerte sich der spätere Generalfeldmarschall Erich von Manstein. »Der Tag, der früh begann, gehörte dem königlichen Dienst. Im Winterhalbjahr wurden die Rekruten ausgebildet. Frühjahr, Sommer und Herbst dienten der Verbandsausbildung.«[26]

Schon bald machte der jugendliche Dietl die Erfahrung, daß sich die Ausbildung in der »Schule der Nation« auf den Drill und die Erziehung konzentrierte. »Die Beherrschung der vorgeschriebenen exerziermäßigen und taktischen Formen, die virtuose Handhabung der Waffe sowie die Bildung eines selbständig denkenden und handelnden Soldaten waren in den Dienstvorschriften als Ziel gewiesen.«[27] Einen guten Einblick in die Erziehung und Ausbildung des wilhelminischen Kaiserreiches gewährten Dietl die nachstehenden zeitgenössischen Äußerungen, die sich sowohl in Einzelbefehlen als auch in dem Exerzierreglement und der Felddienstordnung erhalten haben:

> »Vom jüngsten Soldaten aufwärts muß überall selbsttätiges Einsetzen der ganzen geistigen und körperlichen Kraft gefordert werden. Nur so läßt sich die volle Leistungsfähigkeit der Truppe in übereinstimmendem Handeln zur Geltung bringen. Dann nur erwachsen die Männer, die auch in der Stunde der Gefahr Mut und Entschlußkraft bewahren und den schwächeren Kameraden zu kühner Tat mit fortreißen ... So bleibt entschlossenes Handeln das erste Erfordernis im Kriege. Ein jeder – der höchste Führer wie der jüngste Soldat – muß sich stets bewußt sein, daß Unterlassen und Versäumnis ihn schwerer belasten als Fehlgreifen in der Wahl der Mittel!«[28]

Die Frage, die Dietl nun interessierte, lautete: »Wie sieht das Ausbildungsprogramm im einzelnen aus?«

Es umfaßte, wie er schon bald hautnah erfuhr, »im 1. Dienstjahr von Oktober bis März die Einzel-(Grund-)Ausbildung, die mit der Rekrutenbesichtigung abschloß, von März bis Juni die Zug- und Kompanieausbildung, an die sich im Juli und August der Truppenübungsplatzaufenthalt mit Regiments- und Brigadeübungen anfügte, so daß die Truppe im Herbst ins Manöver ziehen konnte. Im 2. Dienstjahr wurde das Können gefestigt und im Speziellen vertieft.«[29] Besonderer Wert wurde auf die Unterführer- und Offiziersausbildung gelegt, die im allgemeinen von den Kommandeuren persönlich geleitet wurde. »Sie fand mit Schwerpunkt im Winter statt und umfaßte Planspiele, Kriegsspiele, Geländebesprechungen, Vorträge, taktische und andere Winterarbeiten, wobei das geistige Training durch Schießen, Bajonettieren, Sport, Gelände- und Patrouillenritte ergänzt wurde.«[30] Ab März stand dann die Verbandsausbildung, die von jedem einzelnen den vollsten Einsatz erforderte, im Vordergrund.

Es wird berichtet, daß Dietl seinen Dienst »ernster und strenger als die andern«[31] versehen haben soll. So wurde er am 29. Januar 1910 zum Gefreiten, am 11. März 1910 zum Unteroffizier, am 4. Mai 1910 zum Fähnrich und am 26. Oktober 1911 zum Leutnant befördert.[32]

Die äußerst knapp bemessene Freizeit gehörte jedoch, da er, der geborene Praktiker, nicht allzuviel von den eigentlich urtypischen Tugenden der Deutschen, abstraktes Denken und Forschen, hielt, auch während seiner Militärdienstzeit nichts anderem als den Bergen. Da die Alpen mit ihren himmelstürmenden Fels- und Eisburgen von seiner fränkischen Garnison für die damaligen Verkehrsverhältnisse viel zu weit entfernt lagen, erklomm er, wann immer er konnte, die Felsnadeln der Fränkischen Schweiz, wanderte durch die dunklen Wälder des Fichtelgebirges, durchkraxelte das Felsenlabyrinth der Luisenburg oder zog über die einsamen Höhen der sturmumbrausten Rhön.

Dietl liebte aber auch die altehrwürdige Bischofsstadt Bamberg mit dem romanischen Dom und seinem weltberühmten Reiter. Er verschloß sich ebensowenig der engen Freundschaft der »Fünfer« mit den Ulanen, was ihm in seiner leutseligen und umgänglichen

Art gewiß nicht schwergefallen ist. Aber er war auch öfter mit sich allein. Dann saß er, wenn er nicht gerade mit militärischen Aufgaben beschäftigt war, stundenlang über den Bergkarten und vollzog bereits im Geist die nächste alpine Tour.

Daher war es eigentlich ganz logisch, daß Dietl gleich seinen Urlaub mit diversen Bergfahrten fest verplant hatte. Zuerst ging er wieder in den Wilden Kaiser, fuhr dann in das reizende Zillertal, von wo er die vergletscherten Zillertaler Alpen bestieg – den Olperer (3476 m), dann durch den Schlegeisgrund zum Hochpfeiler (3510 m), von dessen Gipfel er bereits nach Südtirol hinabsah. Nun ging es in der Tat hinein in die Dolomiten, wo er die restlichen Tage seines dreiwöchigen Urlaubs in König Laurins Rosengarten verbrachte. Ein Blick auf diesen einmalig schönen, in den Abendstunden rot aufflammenden Felsengarten genügt, um sich vorzustellen, was ihm, Dietl, seine Berge bedeuteten. Es war eine schicksalhafte Verbindung: Er liebte sie, und sie zogen ihn stets mit der gleichen Leidenschaft in ihren unwiderstehlichen Bann. Die Berge prägten ihn, je älter er wurde, mehr und mehr. Sie waren ihm unangreifliche Trutzburgen, wo man ein ganzer Kerl sein mußte. Nichts formt den Menschen nachhaltiger als der Kampf mit der See oder dem Berg.

Dietl war aber nicht nur ein passionierter Bergsteiger und Alpinist, er war auch ein ebenso leidenschaftlicher Skifahrer. Wenn in den Alpen der erste Schnee fiel und seine Berge weiß umhüllte, dann griff er nach seinen Brettern. Das Skifahren war seinerzeit noch ein Sport, den nur wenige betrieben. Und obwohl er als einer der ersten erahnt haben mag, welche einzigartigen Möglichkeiten dieser Sport dem deutschen Soldaten eröffnen könnte, fand er seltsamerweise während des gesamten Ersten Weltkrieges doch nie den Weg, den er seiner Veranlagung und Bestimmung nach eigentlich hätte gehen müssen – und zwar in die Schneeschuh-Bataillone, die im schneereichen Winter 1914/15 eilig aus der Taufe gehoben wurden und damit zu den Vorläufern des Deutschen Alpenkorps und der deutschen Gebirgstruppe geworden sind.[33] Da sich diese auf Skier gestellte Infanterie für den Kampf im Gebirge in der Aufbauphase aus Freiwilligen zusammensetzte, ist nicht zu verstehen, warum Eduard Dietl nicht den befreienden Schritt von der Infanterie, der er während des Ersten Weltkrieges ununterbrochen angehörte, zur Gebirgstruppe gewagt hat, mit der er, wie sein späterer Kontrahent Schörner, sowohl in den Dolomiten als auch in den Karpaten und am Isonzo zum Einsatz gekommen wäre. So blieb es in dieser Hinsicht bei Dietls Lippenbekenntnis:

»I muaß mit an Stemmbogen auf d' Welt komma sein!«[34]

Die Jahre waren gekommen – und wieder gegangen. Dietl stand in der Blüte seines Lebens. Der Sommer 1914 sollte wieder einmal mehr sein Bergsteigersommer werden. Er war, wie so oft, wieder in seinem geliebten Kaisergebirge unterwegs. Es war ein schöner und friedlicher Abend. Der grauhaarige Hüttenwirt des Stripsenjoch-Hauses, in dem die Bergsteigergilde verkehrte, stand vor der Tür und schaute auf die nahen Felswände des Totensessels und der Kleinen Halt, des Totenkirchls, der Fleischbank und des Predigtstuhls.

»Was kimmt nacha?« fragte ihn der junge Dietl, der soeben aus den Felswänden des Totenkirchls herausgestiegen war.

Da legte der alte Hüttenwirt von der Strips seine wettergegerbte Stirn in Falten und sagte wie ein Weiser, dem es von Gott gegeben ist, hellseherisch in die Zukunft zu sehen:

»Kriag kimmt!«

Da schlug ihm der junge Draufgänger fast respektlos die Hand auf den Rücken und frohlockte, in seiner Naivität noch nicht wissend, was Krieg bedeutet:

»Mensch, Kriag! I bin ja Soldat!«[35]

Personal=Nachweis.

Diel   _Eduard, Roland, Christian_   Generalmajor

geb. _21. 7. 1895_ zu _Bad Aibling_   Kreis usw. _Oberbayern_

Land: _Bayern_   Religion: _evangelisch_

Vater: _Eduard, zuletzt kgl. Rentenbeamter in Bad Aibling_
✝ 11.5.1921 in München

Mutter: _Luise, geb. Heßheimer, München, Akademiestr. 21/0 r_

Bildungsgang: _Erziehung im elterlichen Hause, Herbst 1896 bis Herbst 1900_
Volksschule in Bad Aibling, Herbst 1900 - Herbst 1909 das Gymnasium
in Rosenheim, erwarb das Reifezeugnis (dem Gymnasium)
in Rosenheim Herbst 1909

Verheiratet (Wieder verheiratet, geschieden): _Königsberg in Preußen den 16.1.1926_
mit Gerda-Luise Haenicke geb. 29.6.1905, nach... Vater des
Gewerbelungsrat ... H. Haenicke

Söhne: _Walter Karl Eduard, geb. 8.1.36 zu München_

Töchter: _Gertrud, geb. den 28.3.27 zu Dresden - Albertstadt_
Günter Klara Auguste geb. den 27.28 zu Dresden-Albertstadt
Elsa Roberta geb. den 24.1.30 zu München

Dienstlaufbahn.

Höhe der Gebühren: I.

Lfde. Nr.	Datum			Dienstgrad	Truppenteil usw.	Inhalt der Verfügung. Art der Veränderung usw.
	Jahr	Tag	Monat			
1	2			3	4	5
1	1909	1.	10.	Fahnenjunker	k. 5. J.R.	eingetreten
2	1910	29.	1.	Fähnrich		befördert
3		11.	3.	Uffz.		
4		4.	5.	Fähnrich		Patent Nr. 35
5		1.	10.			Kdt. z. bayer. Kriegsschule in München
6	1911	20.	8.			
		20.	8.			Kdt. z. Kgl. Schießschule Lechfeld
		29.	9.			
7		26.	10.	Leutnant		Patent Nr. 89
8	1912	26.	7.			Kdt. zum Fliegerschulkdo. Nürnberg
		1.	8.			
9	1913	30.	6.			am Schwurgericht zurückgeblieben
		2.	7.			
10		1.	7.			Kdt. zum Ausbildungskdo. für Erkundungs=
		11.	7.			Offz. und Fliegerschulkdo.
11	1914	11.	8.			bei Adj. I./J.R. 5
12	1915	31.	1.		kgl. 1. J.R.	versetzt
13		13.	3.		" 5 "	
14		24.	3.		J.R. 5	ins Feld und bei Adj. I./J.R. 5
15		9.	7.	Oberleut.		Patent Nr. 71
16	1916	17.	11.		7. J.Brig.	Kdt. zur 7. bayer. Inf. Brig. als Adj.
17	1917	22.	10.	J.R. 5		zurück und als Regts. Adj. eingestellt
18		8.	12.	7. J.Brig.		Adj. der 7. bayer. Inf. Brig.
19	1918	9.	2.			Kdt. zum 1. Fischerlehrgang Wörth
		13.	2.			
20		20.	5.			Kdt. zum 1. Feldfischerlehrgang der Armee
		24.	5.			
21	1919	5.	2.		5. J.R.	versetzt
22		29.	1.			Klinik der Univ. in Würzburg
			März			Revonnoteß (Verwundung)
23		7.	4.		J.R. 41	Freikorps Egg eingetreten
24		19.	6.	Hauptmann		überzählig Patent v. 18.10.18 Nr. 51
25		17.	9.			Kdt. zum Generalstabskdo. der Jf. Brig. 10
		15.	10.			in München

Dienstlaufbahn

Lfde. Nr.	Datum			Dienstgrad	Truppenteil usw.	Inhalt der Verfügung. Art der Veränderung usw.
1	Jahr	Tag	Monat	3	4	5
	2					
26	1919	15.	10.	*hauptmann*	*Chef H.W.K*	*vereidigt*
27	1920	24.	8.			*ernannt z. Mitglied d. vorl. Heerespersonal*
28		16.	9.		*I.R. 19*	*König. Chef 1. Komp*
						besoldungsdienstalter Gruppe X vom 1.3.18
29	1921	2.	11.			*b.M.g. Büro Grafenwöhr*
		10.	11.			
30	1922	1.	2.	*hauptmann*		*Zutrit Nr. 15 Dienstaltersliste d. Reichsheer*
						vom 22.3.1918
31		6.	8.			*Leiter b.M.g. Büro I /19*
		25.	8.			
32	1923	22.	10.			*In Vertretung eines erkrankten Lehrers*
		6.	11.			*zur Inf. Schule ZK*
33	1924	1.	4.			*Abk. zur Inf. Schule als Lehrer, mit der*
						Maßgabe daß der Dstr. einer Verstg. gleicht
34		1.	4.			*Von StDstelle 9 nach Stdstelle 15 des*
						Etats. Dstl. eingeteilt.
35		1.	4.		*Inf. Schle*	*versetzt*
36		1.	10.			*zum Inf. Rgt. 19 Kds.*
	1925	1.	3.			*(Reo. Min. Nr. 11374 P.A. (4) v. 2.2. 24)*
37		1.	3.			*L.D.A. v. 1.10.17 in Gruppe X (f. U.H. 25 V. 57)*
38		18.	3.			*Kommand aufgehoben*
39		15.	10.			*zum 19 Inf. Rgt. Ztk.*
40		7.	12.			*Schreiben z. Verhinderung mit frohe Freund.*
						Gen.Reo.Min. 618/11 W.P.A. (1) v. 3.12.
41	1926	1.	3.			*Kommand aufgehoben*
42		11.	5.			*zur Feldreise nach Jena u. Weimar lt. Verfug.*
		5.	6.			*des Reo.Min. N. 360 3 26 In. 1 D. v. 7 4 26 Ztk*
43		5.	10.			*zum Artillerie - Lehrgang für Waffenoffiziere*
		20.	10.			*nach Jüterbog Ztk.*
44	1927	14.	3.			*zum Erkundspflegung für Feldartillerie nach Berlin*
		18.	3.			*Lankwitz Ztk (Reo.Min. Inf. d. Soz u. Bildung*
						*nach N. 333 (In 1 In 7 L)
45		2.	5.			*gem.Reo.Min. N. 189/28 v. 17.3.28 zur*
		16.	5.			*Übungsreise ZVK.*

72 a Druckerei Gen. Kdo. VII. A.K., München.

Dienstlaufbahn

Lfde. Nr.	Datum			Dienstgrad	Truppenteil usw.	Inhalt der Verfügung. Art der Veränderung usw.
1	Jahr	Tag	Monat	3	4	5
		2				
46	1928	21.	7.	Hauptmann	Inf. Rgt.	Führerschein Kl. I erworben
47		15.	9.			Besoldungsdienstalter 19.8.19 Gruppe C 7
48		1.	10.		19.I.R.	versetzt (zum Rw. Min. Nr. 10.6.28 v. 1.8.28)
						nach Zweifeldstelle 5 des Rgts. u. Nachr. Offz. zugeteilt
						Nachrichten als Fhr. i.N. u. Inf. Offz. des II./19 zur 11. Komp. versetzt
49	1929					Im Winterhalbjahr 29/30 Teilnahme an der mil.
						wissenschaftl. Weiterbildung der Stabsoffz. und älteren Hauptleute unter Leitung des Inf. Fü
50	1930	1.	2.	Major		befördert. Rangdienstalter 1.2.28 (42)
51		12. bis 2.				als Lehrer der deutschen Militärmission
		4.	3.			bei der ..... Inft. Kriegs- in .... (Kurs) 8%
52		4. bis 3.				zum Lehrgang f. Gas Inf. Waffen
		13.	3.			(Lehrgang I) nach Dobritz 3%.
53		17. bis 6.				als Erkunder z. Heeresbezirksbericht in Gegend
		28.	6.			Oberdorf 8%.
54		21. bis 9.				Erkunder des Heeresbezirksbüro in Groß-
		5.	10.			glockergebiet (Obergurglgebiet) II. Teil
55	1931	1.	2.		III. 17.R. 19	zum Führer des III. (Fil. frig.) L. 19 (Bayer.) Inf. Rgt.
						ernannt (z.L. Nr. 61/31 v. 19.1.31)
56		7. bis 2.				kommand. zur Winterspiele der Kgl. norweg.
		21.	2.			schen Armee Arbeitsst. 8%.
57		15. bis 4.				Erkunder des Heeresbezirksbüro in
		29.	4.			Südtirol, II. Teil mit Vekt.Begleitung
58		28.	4.			zum Heeresbezirksführer ernannt 8%.
59		17. bis 11.				zum Stabsoffz. Kurs 1931 des 7. Div. München
		3.	11.			als Teilnehmer 8%.
60	1933	1.	2.	Oberstleutnant		befördert. Rangdienstalter v. 1.2.33 (5)
						Besoldungsdienstalter Gruppe C 5 v. 1.2.33
61		3. bis 5.				zur der Übungsreise (7. Div.) als Teilnehmer
		10.	5.			8%.
62		18. bis 6.				zur f. 7 (61) nach der Fr. Üb. Pl. Grafen-
		1.	7.			wöhr 8%.
63	1934	1.	4.		Arb. J.R. 19	als Abteilung. b. Arb. J.R. 19 eingeteilt (Rw.
						Min. Nr. 550/34 P.A. (1) v. 3.3.34

102

Lfde. Nr.	Datum			Dienſtgrad	Truppenteil uſw.	Inhalt der Verfügung, Art der Veränderung uſw.
1	Jahr	Tag	Monat	3	4	5
	2					
64	1934	4	bis 5.	Korpsleiter	Kol. 7 K.G.	als Teilnehmer zur Div. Übungsreise (7. Div.)
		9	5.			in Gegend Lemberg usw. (Div. Kdr. III 34 r 22/27 I Kop v. 17.3.34)
65		2	8.			empfangt mit dem Führer Adolf Hitler
66		5	bis 8.			zur ital. Armee (Gebirgsmanöver)
		16	8.			usw.
67		1	10.	J.R. Cortrop		zum Kdr. ernannt (G.J.Z.M. 2201/34 P.A. (7) v. 13.8.34)
68		1	11.	72.Regiment		zum Kdr. ernannt (G.J.Z.M. 3128/34 P.A. (1) v. 23.10.34)
69	1935	1	1.	Oberst		hierzu befördert
70						bei d. R. in Gr. C 4 v. 1.1.35
71		15	10.	J.J.R. 99		zum Kdr. des Gebirgs. Jäger. Regiment 99 ernannt
72	1937	3	bis 5.			Teilnahme an der Lenya?. Übungsreise
		14	5.			(Verlg. Geb. Brig. Oz. 34 t Ia Nr 1065/37 v. 21.4.37)
73		5	bis 8.			zur Königlich Italienischen Armee 3. Grena.
		19	8.			dienstregiment in Tibet b.o. Kommandos b. I O K L 22. 3a/h 37 3. Abt. 114. Tr.F.Gen. W. d. H. Nr 2215/37 v 7.7.37).
74	1937	20	i			Teilnahme am Unterricht mit sehr Hilfeleistung der
		28.	bis 5			Unglücksstellen und sämtliche sämtliche Schäden
75	1938	1.	4.	Gen. Major		hierzu befördert (R.F.L. 14.31(H)) zum Kdr. R.V.H. 710/38 P.A. (1) v. 21.3.38.
76		1.	5.		3.Geb.Div. Graz	versetzt u. als Kommandant der 3. Geb. Div. Graz eingeteilt.

Feldzüge, mobile Verwendung, Teilnahme an sonstigen kriegerischen Unternehmungen und Kampfhandlungen. Verwundungen und ihnen gleichzuachtende Kriegsdienstbeschädigungen Friedensdienstbeschädigungen	Auszeichnungen		Anerkannt
		Datum	Unterschrift
Feldzug 1914 – 1918	Bayr. Mil. Med.		
1914 1.1. – 14.9. Kämpfe in Lothringen	12.3.1911		
und vor Nancy – Epinal;			
26.8. b. eig. Regt.	E. K. 2		
23.9. – 5.10. Schlacht an der Somme	16.9.1914		
5.10. – 10.10. bei Arras			
(dch 9.9. verwundet u. Unternom. im	Hess. Frdr. Med.		
Lazarett bei La Bassée 10.10. –	16.10.1915		
1915 24.3. – 1.10. Stellungskämpfe in Flandern			
8.10. – 12.10. Herbstschlacht bei La Bassée u. Arras	E. K. 1	15.2.37	
14.10. –	3.9.1916	9.5.38	
1916 22.1. Stellungskämpfe in Flandern			
25.1. – 10.9. Schlacht a. d. Somme	Bayr. Mil. Verd. Orden 4		
20.9. –	m. Schw. 18.6.1918		
1917 26.5. Stellungskämpfe in der Flandern			
17.5. – 3.6. Kämpfe um den Wytschaete Bogen	Verw. Abz. silber		
14.7. – 21.7.			
24.7. – 7.10. Sommer- u. Herbstschlacht in Flandern	Ehrenkreuz f. Front-		
14.10. –	kämpfer 18.1.1935		
1918 31.3. Stellungskämpfe bei Armentières	Dienstauszeichnung		
und Fozen-Hage	I. – IV. Klasse 2.10.36		
16.4. – 29.4. Schlacht um den Kemmel			
30.4. – 10.7. Stellungskrieg in Flandern	Phil. Verdienstorden		
17.8. – 1.9. Schlacht a. d. Somme	Kommandeurkreuz		
29.9. – 2.10. in der Siegfriedstellung	(Pragerlaubnis 16.3.34)		
2.10. (dch 2.9. ... u. Regt. ...	(17.8.1933)		
11.11. – 30.11. Grenzschutz Bayern			
1919 9.4. – 5.5. Unternehmungen gegen die			
Aufständischen in München			

Anmerkungen

1 In vielen, teilweise sogar wissenschaftlichen Publikationen – wie dem »Lexikon der deutschen Geschichte« (S. 263); Preradovich: Die militärische und soziale Herkunft der Generalität des deutschen Heeres (S. 20) – wird die Berufsbezeichnung seines Vaters fälschlich mit Finanzrat angegeben.

2 Reichskanzler nach Bismarck: 1890–1894 General Leo von Caprivi, 1894–1900 Fürst Chlodwig von Hohenlohe-Schillingsfürst, 1900–1909 Fürst Bernhard von Bülow, 1909–1917 Theobald von Bethmann Hollweg.

3 Die 1891 ins Leben gerufene »Alldeutsche Bewegung« forderte den politischen Zusammenschluß aller Deutschen, und zwar, so die Forderung ihrer radikalsten Vertreter, nicht nur mit Deutsch-Österreich, sondern auch mit dem Baltikum, mit Holland, Flandern und der deutschsprachigen Schweiz. Darüber hinaus traten die Alldeutschen für einen schrankenlosen Imperialismus ein. Mit ihrer Judenfeindlichkeit waren die Alldeutschen – insbesondere die österreichischen – Vorläufer der nationalsozialistischen Bewegung.

4 Valentin: Knaurs Deutsche Geschichte. S. 589

5 Ratzel: Aus Mexico. Reiseskizzen aus den Jahren 1874 und 1875. Neudruck des 1878 erschienenen Werkes mit einer Einführung von Franz Termer, Stuttgart 1969

6 General Dietl. S. 12

7 General Dietl. S. 11

8 Preradovich: Die militärische und soziale Herkunft der Generalität des deutschen Heeres. S. 20

9 Vgl. hierzu Hierl-Deronco: Mit Glanz und sonderbarem Ruhm und Eyfer, S. 202, wo es heißt: »Brigadekommandeur nimmt übel, daß Ney sich während der Bataillons-Inspizierung krank gemeldet hat. Außerdem hat es wegen Ney's zahlreicher Eingaben Verstimmungen gegeben, offenbar auch zwischen Brigade- und Divisionskommandeur ... Generallieutenant Dietl.« (KA OP 68741)

10 Kramer/Waldenfels: Der königlich-bayerische Militär-Max-Joseph-Orden, S. 446

11 Vgl. Kaltenegger: Brannenburg/Degerndorf, Garnison der Gebirgspioniere der Bundeswehr im Wandel der Jahrhunderte. In: Die Gebirgstruppe, 1973, Heft 1, S. 24 ff.

12 Aventinus, Johannes (= Turmair): Baierische Chronik, Hrsg. Georg Leidinger, Düsseldorf/Köln 1975, S. 10

13 General Dietl. S. 11

14 Zwischen dem Irschenberg und dem Wendelstein lebt Leibls Land auch heutzutage noch wie in alten Zeiten.

15 Gottesfurcht und der Glaube an den Führer und die nationalsozialistische Bewegung schlossen sich für Dietl nicht aus.

16 General Dietl. S. 12

17 Ebenda, S. 14

18 Ebenda, S. 14

19 Ebenda, S. 14

20 Ebenda, S. 13

21 Ebenda, S. 15

22 Ebenda, S. 13
23 Ebenda, S. 13
24 Ebenda, S. 12
25 Ebenda, S. 15
26 Manstein: Aus einem Soldatenleben. S. 35 f.
27 Hermann: Deutsche Militärgeschichte. S. 294 ff.
28 Felddienstordnung von 1908. S. 9 und 16
29 Hermann: Deutsche Militärgeschichte. S. 296 f.
30 Ebenda, S. 297
31 General Dietl. S. 15
32 Vgl. hierzu Dietls Personal-Nachweis
33 Kaltenegger: Die Geschichte der deutschen Gebirgstruppe 1915 bis heute. S. 16 ff.
34 General Dietl. S. 16
35 Ebenda, S. 17

Zweiter Teil

Im Ersten Weltkrieg 1914–1918

»Beim Herz muß man den Soldaten packen.
Nur da kriegt man ihn. Alles andere ist umsonst. Wer das Herz hat, der hat den Soldaten
wirklich, der kann mit ihm den Teufel aus der
Hölle holen. Drill muß sein. Das ghört zum
Handwerk. Aber bloß Drill allein, das ist nix.
Das ist schlechter als gar kein Drill.
Gschliffen ist leicht, aber gführt ist schwer.
Das Führen braucht zweierlei, und zwar fürs
erste: Mit dem Mann leben! Nichts anderes
haben wollen als er hat. In allem mit ihm gehen,
ihn immer wieder anhören, ihn verstehen, ihm
helfen, wo es nur geht; fürs zweite aber: Über
dem Mann stehen. Sich nie etwas vergeben!
Immer wissen, was man als Führender zu tun
hat. Hart sein, wenn es nötig ist, das Äußerste
fordern, aber selbst vorher das Äußerste tun.«

EDUARD DIETL

I. Das Kriegsjahr 1914

1. Abschied

Da standen sie nun, an der Schwelle des elterlichen Heimes, die drei Dietl-Buben, wie man sie in der Nachbarschaft immer noch nannte: Eduard, Paul und Benno; jeder von ihnen in der Blüte seines Lebens, knapp über 20 Jahre jung. In ihrer Mitte stand die hagere Mutter, der es trotz der allgemeinen Euphorie, die bei Kriegsausbruch das deutsche Volk erfaßt hatte, einfach nicht in den Sinn wollte, daß ihre drei Söhne am selben Tage ins Feld zogen.

Eduard, der älteste, verabschiedete sich mit leuchtenden Augen und seinem nie versiegenden Humor, der eine baldige Rückkehr ausdrücken sollte, von der geliebten Mutter. Paul zog – wie seinerzeit in die Berge – hinter seinem größeren Bruder, der ihn mit seinem Optimismus fortgerissen hatte, ins Feld. Nur Benno wirkte melancholisch und gedrückt. Er war von den dreien der Introvertierte, der nicht so leicht für eine Sache zu gewinnen und zu begeistern war. Er fragte in vielen Lebenslagen mehr als die anderen beiden nach dem Warum, dem Weshalb, dem Wozu und dem Wofür. Auch jetzt, oder jetzt erst recht! Aber dann riß auch er sich mit den Worten »Wenn die Blätter fallen, sind wir wieder zu Hause« von der stummen Mutter fort, die vor lauter Schmerz kein Wort des Abschieds über ihre zittrigen Lippen bringen konnte, und folgte, mehr widerwillig als begeistert, den anderen.

Zurück blieb eine einsame, verbittert wirkende Frau mit ihrem Abschiedsschmerz, der ihr das Herz zu zerbrechen drohte. War es die tiefgründige Vorahnung einer Mutter, daß sie ihre Buben nie mehr wieder zu dritt an eben dieser Türschwelle begrüßen würde? War es eine Art vorweggenommener Trauer, die die Dietl-Mutter erfaßt und zum Weinkrampf getrieben hatte? Sah sie in der Stunde des Abschieds, als draußen, auf der Hauptstraße, die Menschen von einer volksfestartigen Stimmung mit Blumen und Hurra erfaßt wurden, bereits visionär in eine leidvolle Zukunft, in ein Kriegsgeschehen, das schon sehr früh zwei ihrer innig geliebten Söhne voller Gier hastig verschlingen sollte?

So war bei Dietls Mutter nichts von der Erhebung der Augusttage 1914, aber auch gar nichts von der gewaltigen Welle der nationalen Begeisterung, die nahezu das ganze deutsche Volk bei der Bekanntgabe der Kriegserklärung erfaßt hatte[1], zu spüren. Ihren ältesten Sohn, den Edi, hatte jedoch die allgemeine Kriegsbegeisterung voll erfaßt. Er ließ sich fortreißen – wie etwa Oswald Spengler, der »im Hinblick auf den Krieg« an Klöres geschrieben hatte: »Wir werden siegen, und zwar so, daß die großen Opfer reichlich wiedergutgemacht werden.«[2] – von dem Taumel der Deutschen, die sich zusammenschlossen, um ihr Vaterland zu verteidigen, das seine zahlreichen Gegner jetzt allem Anschein nach vernichten wollten, nachdem es ihnen nicht gelungen war, das deutsche Kaiserreich in friedlichem Wettstreit zu besiegen.

Aber deutete der überlaute Jubel, mit dem die Deutschen den Kriegsausbruch voller Inbrunst bejahten, nicht auch »auf Tieferes als auf den auch in andern Ländern feststellbaren Patriotismus hin? Gewiß, denn neben der heißen Erwartung jener Kreise, die nun endlich die Gelegenheit zur Verwirklichung der viel beredten deutschen Sendung gekommen sahen, empfand die Mehrheit der Bevölkerung ein Gefühl der Befreiung, des Erwachens aus einer Betäubung.«[3]

Wie fast alle Deutschen, so erwartete auch Eduard Dietl einen gewaltigen Aufbruch des Reiches – und vielleicht auch eine Erneuerung von Staat und Kultur.[4] Der innenpolitische Burgfrieden und die Zurückstellung des Parteienhaders waren ja alles andere als schlechte Voraussetzungen für die von allen deutschen Patrioten erstrebte Gemeinschaft und Zusammengehörigkeit. Spengler nannte später den Aufbruch von 1914 – im Gegensatz zu 1918 – die echte deutsche Revolution, »die eines ganzen Volkes, ein Aufschrei, ein eherner Griff, ein Zorn, ein Ziel, [die] sich in legitimen und militärischen Formen vollzog«.[5]

Dietl stand mit seiner Ansicht nicht allein: Wie die meisten erwartete auch er einen kurz geführten Krieg, der mit einem eindeutigen deutschen Sieg enden würde. So eilte er voller Begeisterung zu seiner Bamberger Regiments-Fahne, um für Gott, Kaiser, König und Vaterland zu kämpfen – und zu siegen ...

2. Der Aufmarsch und der Angriffsplan im Westen

Ein letztes Mal grüßten die welschen Türme der Frauenkirche. Das Oberkommando der 6. Armee, in die sich auch der Leutnant Eduard Dietl eingereiht hatte, verließ München am 8. August 1914 und fuhr nach Westen. Tags darauf traf Rupprecht von Bayern planmäßig um 7.47 Uhr vormittags mit seinem Stab in der lothringischen Stadt St. Avold ein.[6] Kaum hatte man dort das Hauptquartier der Armee aufgeschlagen, da erließ der bayerische Kronprinz folgenden Armee-Tagesbefehl an die ihm unterstellten Armeekorps, Divisionen, Brigaden und Regimenter:

»Mit dem Heutigen habe ich den Oberbefehl über die Truppen der 6. Armee übernommen. Ich schätze mich glücklich, in so großer Zeit an die Spitze der Armee gestellt zu sein, deren Angehörige ich hiermit begrüße. Wie in den ruhmreichen Tagen von 1870/71 haben sich auch diesmal Deutschlands Stämme in Treue fest zusammengeschart gegen einen frevelhaften Angriff. Jeder deutsche Mann weiß, worum es sich handelt. Es gilt, die Errungenschaften unserer Väter zu schützen. Jeder ist entschlossen, das uns überkommene Erbe der Einheit und Größe des Reiches, unser geliebtes, deutsches Land bis zum letzten Blutstropfen zu verteidigen und alle Pläne unserer Feinde und Neider zuschanden werden zu lassen. So rechne ich denn zuversichtlich darauf, daß dieser unerschütterliche Wille, und seien es der Feinde noch so viele, wiederum der gerechten deutschen Sache zum Siege verhelfen wird. Alle Augen Deutschlands sind jetzt auf uns gerichtet. So tue jeder seine Pflicht!
Gott mit uns, für König und Vaterland!

Rupprecht
Kronprinz von Bayern.«[7]

Damit war auch Dietl angesprochen.

An jenem 9. August 1914 brannte noch sehr lange das Licht im Hauptquartier der 6. Armee, wo weitere Befehle ausgearbeitet und die letzten Vorbereitungen für den Angriff getroffen wurden. Überall glaubte man, die spannungsgeladene Atmosphäre, die über dem Geschehen lastete, förmlich mit den Händen greifen zu können. Es war dieses nervenaufreibende Warten auf die erste Begegnung mit dem Feind, dieses Ungewisse, das auch Dietl so schnell wie möglich kennenlernen und hinter sich bringen wollte.
»Unsere Truppen brennen darauf, sich zu schlagen«, vertraute

Kronprinz Rupprecht von Bayern seinem Kriegstagebuch noch am 9. August 1914 an.[8]

Aber bis es soweit war, mußte zunächst einmal der vollständige Aufmarsch abgeschlossen sein. Diese Binsenweisheit hatte sich von den Oberbefehlshabern der Armeen über die Kommandierenden Generale bis in die Vorzimmer der Divisions-, Brigade-, Regiments- und Bataillons-Kommandeure herumgesprochen. Da Dietl den Kriegsbeginn als Adjutant des I. Bataillons seines altvertrauten königlich bayerischen 5. Infanterie-Regiments »Großherzog Ernst Ludwig von Hessen« erlebte, hatte er dank seiner Dienststellung die Möglichkeit, über den Rand des Schützengrabens hinweg auch einen Blick auf das Menschenpotential der Mittelmächte und der Entente richten zu können.

Den 118 Millionen Menschen Deutschlands und Österreich-Ungarns, die auf engstem Raum lebten, standen, die Bevölkerung der Kolonien nicht mitgerechnet, 258 Millionen der Kriegsgegner gegenüber. Bei einer Bevölkerungszahl von 36,6 Millionen Einwohnern besaß Frankreich zum Beispiel ein Feldheer von 2,15 Millionen Soldaten. Dagegen standen in Deutschland bei einer Bevölkerung von 67 Millionen nur 2,147 Millionen Mann und in Österreich-Ungarn bei einer Bevölkerung von 51 Millionen sogar nur 1,4 Millionen Mann unter Waffen.[9]

Daß trotz mancherlei Versäumnissen bei Ausbruch des Weltkrieges ein deutsches Vier-Millionen-Heer, dessen Aufstellung während der Mobilmachung etwa drei Wochen in Anspruch genommen hatte, ins Feld ziehen konnte, war eine Generalstabsleistung allerersten Ranges, die Dietl mit besonderem Stolz und gesteigertem Selbstvertrauen erfüllte; die die Alliierten mit Bewunderung, aber auch mit Entsetzen zur Kenntnis nahmen.

»Aufgewachsen in einem Zeitalter der Sicherheit«, wie Ernst Jünger schrieb, »fühlten wir alle die Sehnsucht nach dem Ungewöhnlichen, nach der großen Gefahr. Da hatte uns der Krieg gepackt wie ein Rausch. In einem Regen von Blumen waren wir hinausgezogen, in einer trunkenen Stimmung von Rosen und Blut. Der Krieg mußte es uns ja bringen, das Große, Starke, Feierliche. Er schien uns männliche Tat, ein fröhliches Schützengefecht auf blumigen, blutbetauten Wiesen. Kein schönrer Tod ist auf der Welt ... Auh, nur nicht zu Haus bleiben, nur mitmachen dürfen!«[10]

Dietl und die Deutschen waren sich fürwahr ihrer Stärke bewußt – zu bewußt? Wie dem auch sei, jedenfalls vertrauten sie auf ihre Soldaten, auf die Güte des Materials ihrer Waffen und auf den, wie sie überzeugt waren, genialen Feldzugsplan ihres Generalstabes. Was den letzteren aber anbetraf, so verwelkten die Vorschußlorbeeren schon nach ein paar tränenreichen Tagen.

3. Die Schlacht in Lothringen und vor Nancy – Epinal

Mit seinen »Fünfern« zog der hagere Leutnant Eduard Dietl als Adjutant des I. Bataillons in die Schlacht von Lothringen. Das 5. bayerische Infanterie-Regiment »Großherzog Ernst Ludwig von Hessen« unterstand mit seinem I. bis III. Bataillon und der Maschinengewehr-Kompanie nach wie vor der 7. bayerischen Infanterie-Brigade aus Würzburg, wo bekanntlich auch die übergeordnete 4. bayerische Infanterie-Division ihren Divisions-Stab hatte. Das hatte zweifellos seinen Vorteil, denn auch das II. bayerische Armeekorps, dem die 4. und die 3. bayerische Infanterie-Division unterstanden, hatte ihr Generalkommando in der altehrwürdigen Mainstadt.

Als 6. deutsche Armee marschierte das mobile bayerische Heer[11], das durch ein preußisches Armeekorps verstärkt worden war, unter seinem Oberbefehlshaber Generaloberst Kronprinz Rupprecht von Bayern und seinem Generalstabschef Generalmajor Konrad Krafft von Dellmensingen, später Führer des Deutschen Alpenkorps, im deutschen Reichsland Lothringen zwischen Metz und Saarburg gegen acht französische Armeekorps auf. Ab dem 10. August 1914 wurde dem bayerischen Kronprinzen auch die im Elsaß aufmarschierte 7. Armee mit dem XIV. und XV. Armeekorps und dem XIV. Reserve-Armeekorps unterstellt. In den Kämpfen, die in der Schlacht von Lothringen ihren Höhepunkt erreichten und zu glänzenden taktischen Siegen führten, wurde die alte bayerische Armee zum letzten Mal in ihrer stolzen Militärgeschichte geschlossen unter einem bayerischen Oberbefehlshaber ins Feld geführt.

Der tapfere Einsatz der Truppe an der Front in Lothringen und in den Vogesen, wo es zwischen dem 5. und 19. August 1914 vorwiegend zu Grenzschutz- und Aufklärungsgefechten kam, stand ganz im Schatten der Ereignisse, die sich im Kriegsjahr 1914 in Nordfrankreich, speziell aber an der Marne, vollzogen. So dürfen wir vom bayerischen Leutnant Eduard Dietl in der Anfangsphase des Ersten Weltkrieges auch keine aufsehenerregenden Taten erwarten, wie sie etwa von den Gebirgssoldaten und späteren Generalfeldmarschällen, von dem Schwaben Erwin Rommel und dem Bayern Ferdinand Schörner, zu verzeichnen sind, die beide für besondere Tapferkeit mit dem begehrten preußischen Orden Pour le mérite ausgezeichnet wurden. Trotzdem stand Dietl schon bald im Brennpunkt heftiger kriegerischer Auseinandersetzungen. Und das kam so:

Im Rahmen des II. bayerischen Armeekorps, das der General der Infanterie Ritter von Martini kommandierte, hatte die 4. bayerische Infanterie-Division sich in der Linie Delmer Rücken – Neuheim mit linkem Anschluß an die 3. bayerische Infanterie-Division eingerichtet.[12] Zunächst blieb es vor der Front des II. wie auch der des benachbarten III. bayerischen Armeekorps[13] ruhig. Ja, die Franzosen räumten sogar das östliche Ufer der Selle, und zwar mit Mann und Roß und Wagen. So traten die beiden Armeekorps im Morgengrauen des 16. August 1914 den Abmarsch in nordöstlicher Richtung an. Verwundert rieb der Adjutant Dietl sich die Augen, weil der Feind überhaupt keine Anstalten machte, den Deutschen zu folgen. Vielmehr blieb er hinter seinen Sicherungen an der Selle stehen, so daß die ohnehin schon lockere Tuchfühlung mit dem Gegner sich noch mehr löste.

Am Abend des 17. August besetzten die Franzosen vor dem II. bayerischen Armeekorps Château Salins und Marsal mit erheblichen Kräften. Am 19. August lag Dietl mit der 4. bayerischen Infanterie-Division hinter der Rotte in der Linie Armsdorf – Landorf in Stellung. Aber wieder wartete er zunächst vergeblich auf den ganz großen Einsatz. Doch dann war es endlich soweit. Hastig überflog Dietl den Wortlaut des Armee-Tagesbefehls vom 19. August 1914, bevor er diesen seinem Bataillons-Kommandeur weiterleitete:

»Soldaten der 6. Armee!
Höhere Rücksichten haben mich gezwungen, Euch entgegen Eurem
Kampfesmut eine entsagungsvolle Zeit des Harrens und Zurückwei-
chens vor dem Feinde aufzuerlegen. Diese Zeit ist um. Nun gilt es!
Wir müssen siegen und werden siegen!
Vorwärts!

Rupprecht
Kronprinz von Bayern.«[14]

Da stand es also schwarz auf weiß: Die große Auseinandersetzung
mit den Franzosen, die Schlacht in Lothringen (20.–22. August
1914), der man angesichts der Erfolgsmeldungen vom nordfranzösischen Kriegsschauplatz von Tag zu Tag ungeduldiger entgegenge-
fiebert hatte, stand also bevor und sollte, so hoffte Dietl, zu einem
ersten Höhepunkt des Krieges werden. Schon überschritt die
4. bayerische Infanterie-Division unter der Führung des II. bayerischen Armeekorps ab 5.00 Uhr früh die Rotte in drei Kolonnen,
und zwar so schwungvoll, daß der Feind überrascht wurde. Kraftvoll stießen die Infanteristen über Marthil auf den Gerichtsberg
und den Roten Berg vor.[15]

Am 21. August 1914 war Dietl mit seinem Bataillon wieder unterwegs, um den Feind zu stellen. Aber dieser zog sich geschickt zurück, so daß die 4. bayerische Infanterie-Division bis Wich ge-
langte. Dabei hatte sie teils selbständig, teils auf Befehl des II. bayerischen Armeekorps die benachbarte 3. bayerische Infanterie-Division nach besten Kräften unterstützt. Doch schon bald schied die
4. bayerische Infanterie-Division für die weitere Verfolgung des
Gegners aus, denn sie hatte zur Deckung der rechten Flanke der
6. Armee gegen die Befestigungen von Nancy einzuschwenken. Da
der Forst St. Paul westlich von Réméréville und Haraucourt feind-
besetzt war, stellte sich der Großverband gegen Mittag bei Réméréville – Courbessaux – Drouville mit Front nach Westen auf.[16]

Bereits der erste Tag der Schlacht vor Nancy – Epinal (23. August–14. September 1914) wurde zum Schicksalstag des Leutnants
Dietl und seiner beiden Brüder Paul und Benno. Kaum war die
Fortsetzung des Vormarsches von der 6. Armee befohlen worden,
da wurde Eduard an der Schulter verwundet. Das war schon bitter
für die von schrecklichen Vorahnungen geplagte Mutter, aber es
sollte noch schlimmer kommen, denn fast zur gleichen Stunde

wurde ihr Sohn Paul an einem anderen Abschnitt der Westfront tödlich getroffen, und Benno fiel am selben Tag an der Ostfront. Als die verzweifelte Mutter, die innerhalb eines einzigen Kriegstages zwei Söhne verloren hatte, den dritten und letzten, der ihr noch am Leben geblieben war, im Lazarett besuchte, schluchzte sie voller Schmerz:

»Jetzt hab ich nur mehr dich allein. Du mußt mir bleiben.«

»So hab i die Lieb für alle drei bekommen«, erzählte Dietl später, wenn er von seiner Mutter, von der er bis zu seinem Tode voller Hochachtung und Liebe sprach, berichtete.[17]

Aber trotz dieser großen Zuneigung und Verehrung zwischen der nun noch einsamer gewordenen Mutter und dem jungen Leutnant und trotz des Warnschusses, den der Adjutant durch den Feind erhalten hatte, fieberte er einem erneuten Fronteinsatz entgegen und verfolgte vom Krankenbett aus aufmerksam den weiteren Verlauf des Schlachtgeschehens im Abschnitt seines Bataillons und Regiments.

Vom 20. bis 22. August gewann sowohl die 6. als auch die 7. Armee in der Schlacht in Lothringen – wenn auch unter erheblichen Verlusten – Raum. Dennoch konnten beide Armeen eine letzte Entscheidung nicht erzwingen; auch nicht, als die Angriffe gegen die Festungsfront Nancy – Toul noch bis zum 2. September 1914 fortgesetzt wurden. Generaloberst Helmuth von Moltke suchte die Entscheidung nicht – wie Schlieffen es immer und immer wieder gefordert hatte – auf dem rechten Flügel, sondern war bereit, den Gegner auch in Lothringen zur Schlacht zu stellen. Der Verlauf dieser blutigen Kämpfe im Festungsvorfeld bewies, daß nur die Schlieffensche Lösung die Entscheidung im Westen bringen könne.[18]

Nach der mißglückten Entscheidungsschlacht an der Marne wurde die Masse der 6. Armee noch im September 1914 nach Nordfrankreich und Flandern verlegt[19], wo sie allerdings – wie die anderen deutschen Armeen – im Stellungskrieg erstarrte, »da der Gegner eine Verteidigungslinie hinter der anderen baue und«, so der bayerische Kronprinz in seinem Kriegstagebuch, »bei uns die Artilleriemunition sehr knapp sei«.[20]

116

4. Begegnungen: Dietl und Hitler

In Nordfrankreich hatte Dietl mit seinem 5. bayerischen Infanterie-Regiment einen Kriegsschauplatz betreten, der für ihn – sehr wahrscheinlich aber auch für Hitler – in jeder Hinsicht zu einem Schlüsselerlebnis geworden ist. Auf Grund der teilweise engen Verzahnung in einigen Kampfabschnitten zwischen seinem Regiment und der 4. bayerischen Infanterie-Division einerseits und dem bayerischen Reserve-Infanterie-Regiment Nr. 16 und der 6. bayerischen Reserve-Division andererseits ist es nicht nur sehr wahrscheinlich, sondern man kann sogar davon ausgehen, daß im Vorzimmer des jungen Adjutanten zuweilen ein Meldegänger vom Nachbarverband, dem bayerischen Reserve-Infanterie-Regiment Nr. 16, aufgetaucht ist, um entsprechendes Kartenmaterial, Vorbefehle, Meldungen und dergleichen zu übergeben oder zu übernehmen, was für eine optimal koordinierte Kampfführung zwischen zwei so eng beieinanderliegenden Truppenkörpern von außerordentlicher Bedeutung ist. Der Name dieses Meldegängers: Adolf Hitler. Er war bei Kriegsausbruch freiwillig in die bayerische Armee eingetreten und nahm dann an rund 40 Schlachten und Gefechten des Ersten Weltkrieges teil.

> »Als Melder beim Regimentsstab ist Hitler fortwährend in der Umgebung der mehrfach wechselnden Kommandeure und Offiziere des Stabes, hört und sieht mehr als die Offiziere, die Bataillone, Kompanien und Züge führen. Denen, die ihm gelegentlich begegnen, fällt er auf.«[21]

So auch dem Meldereiter Hans Mend vom 16. bayerischen Reserve-Infanterie-Regiment »List«, genannt der Schimmelreiter:

> »Adolf Hitler war einer der wenigen, die während des ganzen Jahres an allen Schlachten des Regiments teilnahmen. Er hat im Stellungskrieg als Gefechtsordonnanz auf gefährlichem und verantwortungsvollem Posten Übermenschliches geleistet. Wenn er manchmal von Fieber geschüttelt wurde, daß ihm die Zähne klapperten, und wir ihn zum Arzt schicken wollten, dann hatte er etwas viel Wichtigeres vor.«[22]

Wann und wo eine erste Begegnung zwischen dem Leutnant Eduard Dietl und dem Gefreiten Adolf Hitler stattfand, darüber liegen uns keine schriftlichen Aufzeichnungen vor. Das ist nicht allzu verwunderlich, denn Hitler war, was seine Kinder-, Jugend- und Kriegsjahre anbetraf, ein Meister des Verschweigens, des Vertuschens und des Zur-Seite-Schaffens von Dokumenten, die ihm nicht in seine Legendenbildung paßten. Da Hitlers und Dietls Beteiligung an Schlachten und Gefechten durch Dokumente lückenlos belegbar ist, sollen sie hier um des interessanten Vergleiches willen angeführt werden.

Wenden wir uns zunächst dem Gefechtskalender Hitlers, der nach eigenen Angaben »beim Stab als Gefechtsmeldegänger«[23] und während des gesamten Weltkrieges – wie Dietl – ausschließlich an der Westfront eingesetzt war, zu:

Kriegsjahr 1914:
21.10.: Transport an die Front.
29.10.: Schlacht an der Yser.
30.10.–24.11.: Schlacht bei Ypern.
25.11.–13.12.: Stellungskampf in Flandern.
14.12.–24.12.: Dezemberschlacht in Französisch-Flandern.
25.12.–9.3.1915: Stellungskämpfe in Französisch-Flandern.

Kriegsjahr 1915:
10.3.–14.3.: Schlacht bei Neuve-Chapelle.
15.3.–8.5.: Stellungskämpfe in Französisch-Flandern.
9.5.–23.7.: Schlacht bei La Bassée und Arras.
24.7.–24.9.: Stellungskämpfe in Französisch-Flandern.
25.9.–13.10.: Herbstschlacht bei La Bassée und Arras.
14.10.–29.2.1916: Stellungskämpfe in Flandern.

Kriegsjahr 1916:
1.3.–23.6.: Stellungskämpfe in Flandern (im Artois).
24.6.–7.7.: Erkundungs- und Demonstrationsgefechte der 6. Armee
      im Zusammenhang mit der Schlacht an der Somme.
8.7.–18.7.: Stellungskampf in Französisch-Flandern.
19.7.–20.7.: Gefecht bei Fromelles.
21.7.–25.9.: Stellungskämpfe in Französisch-Flandern.
26.9.–5.10.: Schlacht an der Somme.
5.10.: Verwundung am linken Oberschenkel bei Le Bargur.

Kriegsjahr 1917:
5.3.–26.4.: Stellungskämpfe in Französisch-Flandern.
27.4.–20.5.: Frühjahrsschlacht bei Arras.
21.5.–24.6.: Stellungskämpfe im Artois.
25.6.–21.7.: I. Teil der Schlacht in Flandern.
22.7.–3.8.: II. Teil der Schlacht in Flandern.
4.8.–10.9.: Stellungskämpfe im Oberelsaß.
17.10.–2.11.: Nachhutgefechte südlich der Ailette.
3.11.–25.3.1918: Stellungskampf nördlich der Ailette.

Kriegsjahr 1918:
26.3.–6.4.: Große Schlacht in Frankreich.
7.4.–27.4.: Kämpfe bei der Avre und bei Montdidier.
28.4.–26.5.: Stellungskampf nördlich der Ailette.
27.5.–13.6.: Schlacht bei Soissons und Reims.
14.6.–30.6.: Stellungskämpfe zwischen Oise und Marne.
5.7.–14.7.: Stellungskämpfe zwischen Aisne und Marne.
15.7.–17.7.: Angriffsschlacht an der Marne und in der Champagne.
18.7.–25.7.: Abwehrschlacht zwischen Soissons und Reims.
25.7.–29.7.: Bewegliche Abwehrschlacht an der Marne.
21.8.–23.8.: Schlacht bei Monchy – Bapaume.
28.9.–15.10.: Abwehrschlacht in Flandern.
15.10.: Gasvergiftung der Augen bei La Montagne.[24]

Dietls Schlacht- und Gefechtskalender enthält nach den Eintragungen seines Personal-Nachweises folgende aufschlußreiche Daten:

Kriegsjahr 1914:
8.8.–19.8.: Grenzschutz- und Aufklärungsgefechte in Lothringen.
20.8.–22.8.: Schlacht in Lothringen.
23.8.–14.9.: Schlacht vor Nancy – Epinal.
23.9.–5.10.: Schlacht an der Somme.
5.10.–10.10.: Schlacht bei Arras.
10.10.: Verwundung im Gefecht bei La Bragelle.

Kriegsjahr 1915:
24.3.–8.10.: Stellungskämpfe in Flandern.

8.10.–13.10.: Herbstschlacht von La Bassée und Arras.
14.10.–23.8.1916: Stellungskämpfe in Flandern.

Kriegsjahr 1916:
25.8.–18.9.: Schlacht an der Somme.
21.9.–26.5.1917: Stellungskämpfe in Französisch-Flandern.

Kriegsjahr 1917:
27.5.–16.6.: Kampf um den Wytschaete-Bogen.
12.7.–21.7.: Kampf um den Wytschaete-Bogen.
22.7.–17.9.: Sommerschlacht in Flandern.
18.9.–7.10.: Herbstschlacht in Flandern.
14.10.–31.3.1918: Stellungskämpfe bei Baumauville.

Kriegsjahr 1918:
16.4.–29.4.: Schlacht um den Kemmel.
30.4.–10.7.: Stellungskrieg in Flandern.
17.8.–1.9.: Schlacht an der Somme.
29.9.–2.10.: Schlacht in der Champagne.
28.11.–30.11.: Grenzschutz in Bayern.[25]

Da Adolf Hitler, wie einer seiner Biographen, Werner Maser, schreibt, »nachweislich ein kameradschaftlicher, umsichtiger, besonders tapferer und von mehreren Kommandeuren hervorragend ausgezeichneter Soldat« war[26], der bereits am 2. Dezember 1914 mit dem Eisernen Kreuz II. Klasse ausgezeichnet wurde[27], dürfte auch Eduard Dietl in seiner Funktion als Adjutant auf den Meldegänger vom Nachbarabschnitt aufmerksam geworden sein und in seiner kameradschaftlich zugänglichen Art die an der Front ohnehin nicht hohen Schranken zwischen Offizier und Mannschaftsdienstgrad mit Leichtigkeit beiseite geschoben haben, um angesichts des gleichen Schicksals am Rande des Daseins in einer Landschaft des Todes von Frontsoldat zu Frontsoldat ins Gespräch zu kommen. Denn die Sorgen und Nöte des einen waren auch die Sorgen und Nöte des anderen. Die permanenten Gefahren des Ersten Weltkriegs hatten binnen Jahresfrist das geschafft, was dem Klassendünkel der absolutistischen Heere nie und nimmer in den Sinn gekommen wäre, nämlich »eine enge Verbundenheit zwischen Offizier und Untergebenem, d. h. dem Subalternoffizier, der aus privilegierten Schichten kam, aber neben dem Handwerker und Arbeiter kämpfte und ihm dort zum Kameraden wurde. Denn im Trommelfeuer konnte es beide gleichermaßen treffen, so wie sie gemeinsam Verpflegungsmangel und andere Entbehrungen durchzustehen hatten. ... So schien die Not Menschen zu Kameraden zu machen, die im Vorkriegsdeutschland aneinander vorbeigelebt hatten; die Klassenlage wurde belanglos, an der Front zählte nur die persönliche Leistung und Haltung.«[28]

Da Dietl einer jener Offiziere war – und ihm als Bergsteiger der kameradschaftliche Umgangston ohnehin vertrauter war als den Bewohnern des Flachlandes –, die mehr auf körperliche Leistung und geistige Haltung als auf Befehl und Gehorsam setzten, sprach er gewiß auch den Gefreiten Hitler in seiner aufmunternden und leutseligen Art an. Dabei wird zwischen den beiden neben den Problemen des gemeinsam erlebten Frontalltags auch die beiderseitige Zuneigung zu den Bergen zur Sprache gekommen sein. War es nicht Adolf Hitler, der bereits 1913 Dietls engere Heimat, den Schliersee und die umliegenden Berge, gemalt hat?

Nur aus dieser Sicht heraus ist es zu erklären, daß Hitler später, zuerst während der Gründungsjahre der NSDAP und dann als Führer und Oberster Befehlshaber der deutschen Wehrmacht, immer wieder auf Dietl zugekommen ist, um ihn in einem ganz besonderen und außergewöhnlichen Maße bei jeder sich nur bietenden Gelegenheit zu fördern und auszuzeichnen. Nicht umsonst öffnete Dietl in der Reichswehr Hitler die Tore seiner Kaserne, um das nationalsozialistische Gedankengut in seiner Truppe zu verankern, wie Hitler andererseits ganz gezielt Dietl zuerst mit dem Kommando über das neu aufzustellende Füssener Gebirgs-Jäger-Regiment 99 und dann über die ebenfalls neu zu formierende ostmärkische 3. Gebirgs-Division betraute, ja ihn sogar persönlich für das Unternehmen Narvik vorschlug, ihn zum »Helden von Narvik« hochstilisierte und am 75. Geburtstag des finnischen Marschalls von Mannerheim gar zum Generaloberst beförderte. Nicht umsonst schrieb Waldemar Erfurth, der »deutsche General beim Oberkommando der finnischen Wehrmacht«, über den derart ausgezeichneten und bevorzugten Oberbefehlshaber der Lappland-Armee:

»Er war ein großer Idealist und überzeugter Nationalsozialist, der in seiner temperamentvollen Art auch stark für seine Überzeugung eintrat. Bei Hitler und der Partei stand Dietl, wie nur wenige Generale, in hohem Ansehen.«[29]

Es steht außer Zweifel: Dietl und Hitler sammelten die entscheidenden Erfahrungen ihres Lebens auf dem westlichen Kriegsschauplatz, und zwar im menschenverachtenden Trommelfeuer einer neuartigen Kriegsmaschinerie, wo angesichts des millionenfachen Todes schneller als anderswo die standesgemäßen Schranken zwischen Offizier und Mannschaftsdienstgrad niedergerissen wurden.

5. Die Schlacht an der Somme

Der für die Deutschen unglückliche Verlauf der Schlacht an der Marne hatte die Oberste Heeresleitung nach dem 11. September 1914 veranlaßt, den rechten Flügel und die Mitte des Westheeres bei Soissons bis an die Aisne, nördlich von Reims und nördlich von Verdun bis an die Maas zurückzunehmen. Im Rahmen dieser operativen Maßnahmen war das II. bayerische Armeekorps ab 18. September bei Metz verladen worden, verließ wegen der zerstörten Eisenbahnbrücke bei Namur die Bahn und erreichte am 22. September drei Tagesmärsche hinter dem I. bayerischen Armeekorps Froid Chapelle und Chimay. Am Abend des 25. September war nach anstrengenden Gewaltmärschen gar die Gegend nordöstlich von Péronne erreicht worden.[30]

An jenem 25. September 1914 erreichte die 4. bayerische Infanterie-Division Manancourt, von wo aus tags darauf der Vormarsch in einer Kolonne über Sailly und Combles angetreten wurde. Mit von der Partie war der schneidige Adjutant Dietl, der am 16. September mit dem Eisernen Kreuz II. Klasse ausgezeichnet worden war[31], und die Infanteristen der sechs Bataillone des 5. und 9. bayerischen Infanterie-Regiments. Gegen 10.00 Uhr vormittags wurde das vorläufige Marschziel Guillemont erreicht. Dabei deckte das I. Bataillon des 5. bayerischen Infanterie-Regiments mit dem I./11. bayerischen Feldartillerie-Regiment bei und östlich von Guillemont die Bereitstellung gegen Westen. Jetzt kam es zu Kampfhandlungen mit dem zahlenmäßig überlegenen Gegner. In den frühen Morgenstunden des 27. September fiel Ginchy in die Hand des 5. bayerischen Infanterie-Regiments. Stolz nahm Leutnant Dietl die Meldung entgegen, daß der Feind – nicht weniger als drei Territorial-Divisionen! – noch während der Nacht sein Heil in einer panikartigen Flucht gesucht hatte, wobei er zahlreiche Tote auf dem Gefechtsfeld zurückließ.[32]

»Durch herzhaftes, unbekümmertes Zugreifen«, heißt es anerkennend im Geschichtswerk »Die Bayern im Großen Kriege«, »hat die 5. b. I. D. die in der rechten Armeeflanke auftauchende Gefahr im Entstehen beschworen und unter geringem eigenen Verlust einen mehrfach überlegenen Feind geschlagen.«[33]

Dietl konnte später voller Stolz berichten, daß er dabeigewesen war. Aber es gab kein Verweilen auf den frischen Lorbeeren, denn die übergeordnete 4. bayerische Infanterie-Division blieb in den Morgenstunden des 27. September dem Feind auf den Fersen. Erst gegen 10.00 Uhr wurde die Verfolgung eingestellt, um den Vormarsch gegen die Somme wieder aufzunehmen. Nun entwickelte die 4. bayerische Infanterie-Division sich westlich und nordwestlich von Longueval zum Angriff in Richtung auf Mametz. Das 5. bayerische Infanterie-Regiment säuberte das Unterholz vom Feind.[34]

In geradezu euphorischer Stimmung erwachte Dietl am 28. September 1914. Er hatte das Gefühl, daß der Tag sehr verheißungsvoll werden würde. Und in der Tat: Bereits gegen 10.00 Uhr vormittags trat die 4. bayerische Infanterie-Division mit ihren Regimentern und Bataillonen zum Angriff an. Das bedeutete, daß der Adjutant wieder einmal alle Hände voll zu tun hatte. Überdies hatte das 5. bayerische Infanterie-Regiment ein »sehr lästiges Flankenfeuer von feindlicher Infanterie und Artillerie aus der Richtung von Fricourt erdulden und zum Teil südwestlich des Bois de Mametz gegen Westen einschwenken müssen«.[35]

Nachdem die dunkle Nacht vom 28. auf den 29. September dem energischen Angriff der 4. bayerischen Infanterie-Division ein gewaltsames Ende gesetzt hatte, erneuerte die Division am nächsten Morgen beim ersten Büchsenlicht von Mametz aus den Angriff. Dieser verlief zunächst erfolgreich, denn trotz des Flankenfeuers der feindlichen Artillerie eroberte das 5. bayerische Infanterie-Regiment mit dem linken Flügel der 28. Reserve-Division die Höhe südlich von Fricourt.[36] Aber das war dann für die Truppe vorerst auch schon alles. Denn trotz des erbitterten Ringens der Deutschen lief sich die Front an der Somme schließlich fest – bis sie im Granattrichterfeld der aufgewühlten flandrischen Erde erstarrte. Damit hatten sich die Hoffnungen und sehnsuchtsvollen Erwartungen Dietls und seiner Kameraden, daß der Krieg noch vor Einbruch des Winters beendet sei, nicht erfüllt.

Im Gegenteil: Am 10. Oktober 1914 wurde Dietl im Gefecht bei La Bragelle am Unterarm verwundet. Das konnte ihn aber, kaum genesen, nach einer Zwischenverwendung im Ersatz-Infanterie-Regiment, nicht davon abhalten, wieder zu seinem Stamm-Regiment zurückzukehren.[37]

6. Die Schlacht bei Ypern

Wer kennt es nicht, das vertraute Bild, wenn sich in den rauchgeschwängerten Hinterzimmern von Bräustuben und Gasthöfen die alten Kameraden der Traditions- und Soldatenverbände treffen und in den Erinnerungskisten des einstigen Kriegsgeschehens und Frontalltags stöbern. So oder ähnlich wird es auch gewesen sein, als Dietl und Hitler sich während der ersten Nachkriegsjahre im »Leiber-Zimmer« des Münchner »Sternecker-Bräu« getroffen und dabei Erinnerungen an den einstigen gemeinsamen Kriegsschauplatz in Nordfrankreich ausgetauscht haben. Dabei erfuhr Dietl, daß Hitler sich am 5. August 1914 auf Grund eines genehmigten »Majestätsgesuches« beim 1. bayerischen Infanterie-Regiment zum Eintritt in die deutsche Armee gemeldet hatte. Nach einigen Tagen der Rückstellung wurde er an das 2. Infanterie-Regiment überwiesen und trat dann am 16. August 1914 in das VI. Rekruten-Ersatz-Bataillon des bayerischen Infanterie-Regiments Nr. 16, das nach dessen Kommandeur auch Regiment »List« genannt wurde, in der Münchner Elisabeth-Schule ein. Damit begann für Hitler »die unvergeßlichste und größte Zeit meines irdischen Lebens«[38], wie er später in seinem Buch »Mein Kampf« schrieb.

Am 1. September erfolgte seine Versetzung zur 1. Kompanie des

bayerischen Reserve-Infanterie-Regiments Nr. 16, das der
6. bayerischen Reserve-Division unterstand. »Am 10. September
begann die Mobilmachung der 6. b. R. D. in München und
Nürnberg. Nur Kavallerie und Artillerie verfügten größtenteils
über ausgebildete Mannschaften. Die Infanterietruppenteile bestanden fast ausschließlich aus unausgebildeten Leuten. Etwa
1/3 Kriegsfreiwillige, 2/3 Ersatzreservisten. Die Führer waren in
der Mehrzahl inaktive und nicht mehr dienstpflichtige Reserve-
und Landwehroffiziere. Am 20. Oktober war die Mobilmachung
und die notdürftigste Ausbildung beendet und es begann die Ab-
beförderung der Division nach dem westlichen Kriegsschauplatz.«[39]
Es war in der Schlacht bei Ypern, wo die 6. bayerische Reserve-Division, der Hitler angehörte, und die 4. bayerische Infanterie-Division, der Dietls Regiment unterstand, zum ersten Mal als benachbarte Verbände aufeinandertrafen. Stark dezimiert – die vorausge-
gangenen Kämpfe hatten die Gefechtsstärke je nach Bataillon auf
500 bis 700 Mann reduziert – war die 4. bayerische Infanterie-Division im Verlauf des 28. Oktober 1914 über Pont à Marcq in ihre
Quartiere bei und nördlich von Lille eingerückt. Bereits tags darauf vollzog sich die Bereitstellung der Truppe südlich der Lys. Und
wiederum einen Tag später erfolgte um 7.00 Uhr die Eröffnung des
Feuers durch die Artillerie. Zwei Stunden später griff die Infanterie
an. Dabei gelang es der Division, bis um 11.00 Uhr die Höhen westlich von Zandvoorde zu erobern.[40]
Was geschah nun zwischenzeitlich mit der 6. bayerischen Reserve-
Division?
Sie hatte am 25. Oktober 1914 ihre Ausladung bei Lille und Tour-
coing beendet. Das bayerische Reserve-Infanterie-Regiment 16, in
dem Hitler sich schon bald als ein zuverlässiger Melder bewährte,
wurde an das XXVII. Reserve-Korps abgegeben, wo es am 29., 30.
und 31. Oktober mit einem Bataillon bei Becelaere und mit zwei
Bataillonen vor Gheluvelt bei ungünstigen Verhältnissen an den
verlustreichen Kämpfen der 54. Reserve-Division teilnahm. Währenddessen gewann das II. bayerische Armeekorps im Laufe des
31. Oktober in seinem Gefechtsstreifen nur mühsam und unter gefährlichen Nahkämpfen etwas Gelände. Bei der 4. bayerischen

Infanterie-Division kam der rechte Flügel gegen die Straße Kl. Zillebeke – Kanalknie nur schleppend vorwärts.[41]

Dennoch: Insgesamt gesehen konnten die Deutschen, soweit sie die notwendigen Einblicke in die große Lage hatten, und das war beim Adjutanten Dietl wie auch beim Meldegänger Hitler eher der Fall als bei der nur in Stellung liegenden Fronttruppe, mit dem Erreichten zufrieden sein. Denn noch vor dem naßkalten Winter 1914/15 war in der aufgeweichten flandrischen Ebene die Anlehnung der deutschen Front an die Kanalküste gewonnen und dadurch die rechte deutsche Flanke vor einer Umfassung der Alliierten geschützt worden.

II. Das Kriegsjahr 1915

1. Allgemeiner Überblick

Im Winter 1914/15 zog Dietl eine Zwischenbilanz. Und diese fiel trotz der Ausdehnung der deutschen Front bis zur Kanalküste zum Leidwesen seines Kommandeurs alles andere als hoffnungsvoll aus, denn der Krieg hatte auf dem westlichen Kriegsschauplatz zwar viele blutige Schlachten, vereinzelte Siege, aber keine Entscheidung gebracht.

»Wie hatte es doch seinerzeit beim schmetternden und siegestrunkenen Ausmarsch der deutschen Truppen aus den Garnisonen so zuversichtlich geheißen?« fragte Dietl.

»Wenn die Blätter fallen, gehen wir nach Hause!«

Wie hatte er doch voller Enthusiasmus mit seinen Kameraden um die Wette gesungen, nein hinausgeschrien?

»In der Heimat, in der Heimat, da gibt's ein Wiedersehn ...«

Dietl wußte, davon konnte zu Beginn des Kriegsjahres 1915 keine Rede mehr sein – erst recht nicht, nachdem der deutsche Angriffsschwung nach dem Rückzug an der Marne zum Erliegen gekommen war und sich schließlich im Stellungskrieg festgefressen hatte. Nun setzte die deutsche Führung alles daran, um die stark angeschlagenen, aber bei weitem nicht niedergeschlagenen Truppen der Entente vom Deutschen Kaiserreich fernzuhalten und den äußerst bedrohten Osten zu retten. Im Westen verlief die Front – anfangs nicht viel mehr als eine dünne Linie von vorgeschobenen Sicherungen, niederen Gräben und verbundenen Postenlöchern, die allmählich zu einem gigantischen Stellungssystem heranwuchs – nach dem »Wettlauf zum Meer«, dem sogenannten »Course à la mer«, von der flandrischen Küste im Nordwesten bis zur Schweizer Grenze im Süden. Der Bewegungskrieg war nun endgültig zum Schützengrabenkrieg erstarrt. Dietl wußte, die Defensivkraft der modernen Schnellfeuerwaffen hatte über alle herkömmlichen Angriffsabsichten triumphiert.

»Das Jahr 1915 war für die Sache der Alliierten und für die ganze Welt verhängnisvoll«, schrieb der ehemalige englische Marineminister

127

Winston S. Churchill, Dietls späterer Kontrahent in Narvik, in seinem Geschichtswerk »Weltkrisis«. »Die Fehler, die in diesem Jahre gemacht wurden, verhinderten, daß die Feuersbrunst auf ein bestimmtes Gebiet beschränkt wurde, das, obwohl von ungeheurer Ausdehnung, nicht unübersehbar war. Danach wütete das Feuer so lange weiter, bis sein Herd von selbst ausbrannte, und es ereigneten sich Dinge, die sich der Beeinflussung durch bewußtes planmäßiges Handeln entzogen.«[42]

Dietls Gesicht war wie das seiner Kameraden nun sichtbar härter geworden. Sorgenvoll waren die Mienen der verantwortlichen Offiziere und Führer. Nun lernten die Frontsoldaten das unendliche Grauen der modernen Materialschlacht kennen. An der Westfront zählte alles das, was man auf dem Exerzierfeld drillmäßig gelernt hatte, nicht mehr. Wochen-, ja monatelang wurde nunmehr um Geländevorteile und einzelne Höhen, um Straßenknotenpunkte und Ortschaften gekämpft; später, als alles dem Erdboden gleichgemacht war, mit derselben Verbissenheit um Bombentrichter und durchgewühlte Schützengräben. Immer wieder berannten die Gegner – und Dietl sah nicht selten das Weiße im Auge des Feindes, dessen angespannte Gesichtszüge und seine hastigen Körperbewegungen – die jeweils feindlichen Linien. Dabei wurden neuartige Kampf- und Kriegsmittel eingesetzt: z. B. Starkstrom-Hindernisse und ausbetonierte Schützengräben, Handgranaten und Maschinengewehre, schwere und schwerste Mörser, Flammenwerfer und Gasgranaten, Minen und Bomben, später sogar Tanks und Doppel-, ja Drei-Decker-Flugzeuge, die eine, wenn auch noch nicht bis ins letzte Detail ausgefeilte, atemberaubend fortschreitende Technik und die neuzeitliche Waffenentwicklung ermöglicht hatten. Überdies hämmerte die schwere Artillerie ihre tödlichen Granaten dem geschundenen Gegner nicht selten tagelang entgegen.

Das Kriegsgeschehen rückte an der Westfront in eine neue, unfaßbare Dimension. Ohnmächtig mußte Dietl zusehen, wie die Technik über die Taktik und das Material über den Menschen triumphierte. Er sah Kameraden, die mindestens zwei-, vier-, ja gar fünfmal und mehr starben, wenn der verwesende Leichnam wiederholt aus der aus allen von Menschenhand zugefügten Wunden blutenden Erde herausgerissen und dann wieder von neuem regelrecht in sie hineingestampft wurde. Dietl sah, wie hunderttausend Menschenschicksale, Menschensehnsüchte und Menschenklagen wie die alttestamentarischen Opferlämmer vom Winter in den Frühling, vom Sommer in den Herbst und dann abermals im Winter zu den Schlachtbänken der Westfront zogen. Wie Christus auf Golgatha, so schienen sie den Opfertod für andere auf sich zu nehmen. Das war es, was den jungen Leutnant Dietl – und die ganze Generation der geschundenen Frontsoldaten – für ihr Leben nachhaltig geprägt hat! Wo angesichts der Sinnlosigkeit des Krieges, der vergeblichen millionenfachen Opfer und all der unbeantworteten Fragen nach dem Warum? Wozu? Wofür? und Weshalb? aus den noch unbekümmerten jungen Männern binnen Jahresfrist hartgesottene Krieger geworden waren – aber auch aus manchem Christenmenschen ein lebenslanger Atheist und Spötter ...

2. Die Winterkämpfe in Flandern und im Artois

Haben sich die müder gewordenen Schritte des Meldegängers Adolf Hitler mit denen des Adjutanten Eduard Dietl während der Stellungskämpfe in Flandern gekreuzt?

Wir wissen es nicht genau, da viele Akten verlorengegangen oder gezielt vernichtet worden sind. Aber daß es so gewesen sein könnte, ist mehr als eine Hypothese, denn, so erfahren wir aus dem amtlichen Werk »Die Bayern im Großen Kriege 1914–1918«, das vom Bayerischen Kriegsarchiv herausgegeben wurde, »im Abschnitt des II. b. A. K., das – nunmehr wieder unmittelbar unter dem Befehl des A. O. K. 6 – noch zwischen dem Kanal nördlich Schloß Hollebeke und dem Douve-Bach südwestlich Messines stand, gewannen die 4. b. I. D. und die 6. b. R. D. bei und südlich Wytschaete trotz Nässe und Sumpf im Sappenangriff allmählich Boden.«[43]

Nach diesem Schulterschluß zwischen Dietls 4. bayerischen Infanterie-Division und Hitlers 6. bayerischen Reserve-Division war es vor allem Hitlers Verband, der in der Schlacht von Neuve-Chapelle im Brennpunkt des Kampfgeschehens stand. Dabei schlug die 6. bayerische Reserve-Division sich so hervorragend, daß ihre Leistungen in einem Tagesbefehl der 6. Armee gewürdigt wurden, und zwar mit folgenden Worten:

>Der Angriff hat die feindliche Unternehmungslust gebrochen, zwei feindliche Korps haben nicht gewagt, über das genommene Dorf, dessen Besitz nur untergeordnete Bedeutung hat, vorzudringen.«[44]

Aber um welchen Preis: In drei Tagen hatte die 6. bayerische Reserve-Division über 70 Offiziere und über 6000 Mann eingebüßt![45] Wer wollte bestreiten, daß dieser hohe Blutzoll auch Hitler nicht kalt gelassen hat, sondern daß er angesichts der toten Kameraden danach trachtete, dieses Geschehen eines Tages so oder so zu vergelten? Wenn es auch unbequem ist, es so zu formulieren, so muß doch eines gesagt werden: Erst aus der ganzen menschenverachtenden Grausamkeit des Ersten Weltkrieges heraus erwuchs manches Gedankengut, das später genauso grausam praktiziert und verfolgt wurde. Hitler und Dietl, der erstere mehr als der letztere, ließen sich zu Handlangern ihrer inneren Zwänge machen, die sich durch das furchtbare Erleben des Grauens der Materialschlachten an der Westfront aufgestaut haben und äußerst brisante politische Nachwirkungen haben sollten.[46]

3. Die Frühjahrsschlacht von La Bassée – Arras

Nach kurzer Abwesenheit von seinem altvertrauten 5. bayerischen Infanterie-Regiment wurde Leutnant Dietl am 24. März 1915 wieder Adjutant des I. Bataillons. Als solcher nahm er in Flandern an der verlustreichen Frühjahrsschlacht von La Bassée – Arras, laut Kriegstagebuch des Bataillons vom 9. Mai bis 23. Juli 1915, teil. Im Rahmen dieser Schlacht fanden auch die Kämpfe bei Fromelles statt, wo einmal mehr sowohl Dietls als auch Hitlers Verband im Brennpunkt schwerer Kampfhandlungen standen. Zunächst traf ein gegnerischer Stoß die Mitte der 6. bayerischen Reserve-Division, wo das bayerische Reserve-Infanterie-Regiment 16 lag. Anfangs hatten zwei starke Sprengungen, durch die sechs Gruppen der Grabenbesatzung verschüttet wurden, dazu geführt, daß der Feind etwa 200 Meter tief in die Stellung von Hitlers Regiment einbrechen konnte.[47] Nur mit viel Soldatenglück war der Meldegänger den herniederstürzenden Erdmassen entkommen. (In welchen Bahnen wäre wohl Dietls militärischer Lebenslauf ohne Hitler verlaufen? Welchen Verlauf hätte die Weltgeschichte wohl ohne ihn, den späteren Führer des Dritten Reiches, genommen?) Nun stolperte er, Hitler, durch das Trichterfeld Flanderns zu den Nachbartruppen, den bayerischen Reserve-Infanterie-Regimentern 21 und 17, um Hilfe zu holen, durch die die gegnerischen Angriffswellen aufgehalten werden konnten. Mehr noch: »In hartem Kampfe wurden ... zunächst die vordersten Gräben wieder erobert. Dann wurde der Feind, der in die Tiefe der Stellung eingedrungen und jetzt abgeschnitten war, aufgerieben oder verjagt. Die Lust zu weiteren Angriffen war den Engländern genommen.«[48]

Wir gewinnen aber noch mehr aufschlußreiche Fakten über einen gemeinsamen Kampfauftrag von Hitlers und Dietls Regimentern. Denn bereits am 17. Mai, heißt es im amtlichen Buch »Die Bayern im Großen Kriege«, »konnte die 6. b. R. D. ein zusammengesetztes Bataillon (je 2 Kompagnien der b. R. I. R. 16, 17 u. 20) der 14. I. D., die in ihrer Stellung bei La Bassée hart bedrängt war, zu Hilfe schicken. Auch das II. b. A. K. gab dorthin 2 Bataillone (II./5. b. I. R. u. III./18. b. I. R.) zum gleichen Zweck ab. Sie wehrten am 18. Mai bei La Bassée in flüchtig ausgehobenen Stellungen feindliche Angriffe ab ...«[49]

4. Die Herbstschlacht von La Bassée – Arras

Dietl, am 9. Juli 1915 zum Oberleutnant befördert, studierte die Lagekarte. Soviel war ersichtlich: In Flandern und im Artois zwischen Neuve-Chapelle, nördlich von La Bassée, und Wailly, südwestlich von Arras, sowie bei Fromelles würde der Feind im Herbst 1915 nochmals in einem gewaltigen Anlauf gegen die deutsche Front anrennen, um sie aus den Angeln zu heben. Da man dort bereits seit Ende August mit einem großen Angriff der Alliierten gerechnet hatte, waren frühzeitig bedeutende Verstärkungen, insbesondere an schwerer Artillerie, herangeführt worden. Aber erst im letzten Septemberdrittel erfolgte die gegnerische Offensive. Es war am Nachmittag des 24. September 1915, als der Feuersturm der Artillerie die Ausmaße eines Orkans angenommen hatte. Da-

131

hinter formierten sich nach Aussagen eines Überläufers französische Sturmtruppen für den folgenden Tag zum Angriff. Dank dieser Erkenntnisse konnten die deutschen Batterien mit voller Wucht ihre tödlichen Granaten in die feindlichen Angriffswellen hineinschleudern. Derart überrascht, brachen die französischen Angriffe am 26. September an allen Frontabschnitten schon sehr früh zusammen. In der Gegend von Comines hatte der Gegner am 25. September noch etwas Gas gegen die 4. bayerische Infanterie-Division abgeblasen. Das war aber auch schon alles, was Dietl seinem Kommandeur melden konnte, denn der erwartete feindliche Großangriff blieb aus.[50] So verlief die Herbstschlacht bei La Bassée und Arras sowohl für Dietl als auch für Hitler nicht ganz so aufregend wie andere Kampfhandlungen, an denen sie im Verlauf des Weltkrieges teilgenommen hatten.

III. Das Kriegsjahr 1916

1. Allgemeiner Überblick

Erst nach dem Weltkrieg gewann Dietl, der während des Kampfes meist nur auf seinen Frontabschnitt fixiert war, einen Einblick in die Gesamtlage. So erfuhr er, daß die deutsche Oberste Heeresleitung unter General der Infanterie Erich von Falkenhayn, der Generaloberst von Moltke als Chef des Generalstabes nach dem Debakel an der Marne abgelöst hatte, im Kriegsjahr 1916 mit einem Angriff von noch nie dagewesener Intensität auf die französische Festung von Verdun einen letzten großangelegten Versuch unternommen hat, durch eine Entscheidungsschlacht im Westen den Krieg für die Mittelmächte zu gewinnen. Das einzige Ziel der Schlacht um Verdun war es, die Franzosen »ausbluten« zu lassen. Die »Hölle von Verdun« dauerte fünf Monate. Sie forderte – so listen es die meisten Historiker auf, so auch Paul C. Ettighoffer in seinem authentischen zeit- und kriegsgeschichtlichen Dokument »Verdun« – zwar den schrecklichen Blutzoll von insgesamt rund 700 000 Mann, aber die Entscheidung war dennoch nicht gefallen. Schlimmer noch: An der Erstarrung der Fronten vermochte die Schlacht um Verdun ebenso wenig zu ändern wie der fast gleichzeitig eingeleitete große Entlastungs- und Durchbruchsversuch der Franzosen unter Marschall Joffre und der Engländer unter General Haig an der Somme, der zur ersten blutigen Somme-Schlacht führte. Vielmehr erwarb bei der erfolgreichen Verteidigung von Verdun ein General eine so große Popularität, daß er für sein Volk zum Mythos wurde: Pétain, der spätere Marschall von Frankreich, der zum Oberkommandierenden der Verdunfront aufstieg. Das Vertrauen – auch Dietls – zur Kriegsführung und Strategie des Generals von Falkenhayn war dagegen schwer erschüttert. Als auch Rumänien in das Lager der Feinde trat, übernahmen am 29. August 1916 der stoisch wirkende Generalfeldmarschall Paul von Hindenburg als Chef des Generalstabes des Feldheeres (bis 3. Juli 1919) und der rastlose General Erich Ludendorff als Erster Generalquartiermeister (bis 26. Oktober 1918) die Oberste Heeresleitung. Da

sich die glorreichen Waffentaten der beiden »Titanen« von Ostpreußen bis zur Westfront in Windeseile herumgesprochen hatten,
atmete auch Dietl über diesen entscheidenden Wechsel an der militärischen Spitze des Kaiserreiches erleichtert auf.

2. Die Schlacht an der Somme

Noch bevor die Schlacht um Verdun zum Abschluß gekommen
war, während dort noch erbittert gekämpft, gerungen und sinnlos
gestorben wurde, eröffneten die Alliierten mit 104 englischen und
französischen Divisionen und mit einer bis dato noch nicht erlebten Luftüberlegenheit nach siebentägiger schwerster Artillerievor-
bereitung und Gasbeschuß am 1. Juli 1916 beiderseits der Somme
die große Gegenoffensive gegen die 2. Armee (Fritz von Below),
um die deutschen Linien zu durchstoßen. Dieser Großangriff war
eine weitere Folge in der Serie blutiger Schlachten, die den kleinen
nordfranzösischen Fluß Somme auf tragische Weise in die Kriegsgeschichte eingehen ließen. Ziel der alliierten Offensive war es, auf
Baquaume und Peronne durchzubrechen, um dann weiter auf
Cambrai – Le Chateau – Maubeuge vorzustoßen. Fast zur gleichen
Zeit waren die Russen an der Ostfront losgestürmt, um mit der ersten Brussilow-Offensive ihre Verbündeten im Westen wirkungsvoll zu entlasten.

Gut gedacht! Aber nur der erste Ansturm der Alliierten brachte
ihnen an der Somme einen geringen Geländegewinn. Ein eigentli-
cher Durchbruch wurde nirgends erzielt, denn es gelang ihnen nur,
die deutsche Front in einer Breite von 40 und in einer Tiefe von
etwa zwölf Kilometern einzudrücken. Dietl war sichtlich stolz,
daß seine Truppe ihre Stellungen, die sich in Trichternester auflö-
sten, gegen die starke Überlegenheit des Gegners an Menschen und
Material behauptete. Er, der geborene Taktiker, zog daraus den
Schluß, daß bei dem derzeitigen Stand der Kriegstechnik im Stellungskrieg eine taktisch gut geführte und disziplinierte Truppe
auch zahlen- und materialmäßig weit überlegenen Angriffen standhalten kann. Und weiter erkannte er: Die Materialschlacht hemmt
die Bewegungen und verstärkt den Stellungskrieg. Das Manövrie-
ren und Operieren im freien Feld wird gegenüber der brutalen Ge-

walt der Kriegstechnik gegenstandslos. Erdbefestigungen, tiefgegliederte Stellungen und Unterstände boten der Truppe, die jeweils nach zwei Wochen Kampf abgelöst und aufgefrischt werden mußte, einen Rückhalt und Schutz. Für die Grabenkämpfe wurde das Feldheer neben der Gasmaske mit dem Stahlhelm ausgerüstet. Er sollte zum eigentlichen Symbol des Ersten Weltkrieges werden.

Der Gemütsmensch Dietl spürte aber auch, daß die Materialschlacht ganz ungewöhnliche Anforderungen an die seelische Widerstandskraft des Soldaten stellte. Je länger der Krieg dauerte, desto mehr wurde die Autorität des Führers durch das persönliche Vorbild und die Disziplin ausgeübt.

»Das gewaltige Hämmern der Schlacht arbeitet wie ein riesenhaftes Hammer- und Walzwerk fort«, beschrieb der Sturmleutnant Ernst Jünger, einer der wenigen Träger des begehrten preußischen Ordens Pour le mérite unter den Infanterieoffizieren, die riesigen Materialschlachten des Ersten Weltkrieges in seinem Buch »In Stahlgewittern«.

Angesichts dieses Infernos rückten die Soldaten von Jahr zu Jahr innerlich immer mehr zusammen und bildeten eine enge Gemeinschaft von Offizieren, Unteroffizieren und Mannschaften, die sich immer schärfer gegen die »Etappe«, also gegen die nicht unmittelbar vom Schlachtgetümmel betroffenen Heeresteile, absetzte.

Nach alledem, was Dietl bis dato an der Westfront erlebt hatte, so war auch er wie seine Frontkameraden der Meinung, daß es für das Inferno an der Somme nach menschlichem Ermessen keine Steigerungsform mehr geben könne. Aber weit gefehlt! Denn nach der rumänischen Kriegserklärung am 27. August 1916 an Österreich-Ungarn schöpften die Alliierten neuen Mut, so daß sie ihre Durchbruchsversuche an der Somme wieder aufnahmen, und zwar in einem so gewaltigen Ausmaß, daß sowohl in materieller als auch in personeller Hinsicht alles bisher Gewohnte in den Schatten gestellt wurde. Aber um welchen Preis: Rund 250 000 Briten fielen; allein 20 000 in den ersten Stunden des Kampfes! Am 2. September 1916 notierte Kronprinz Rupprecht von Bayern in seinem Kriegstagebuch:

»Die Verluste hätten seit dem 24. Juni bei den Kämpfen nördl. der Somme rund 125 000 Mann betragen, bei den Kämpfen südl. der Somme jedoch nur zwischen 50 000 und 60 000 Mann.«[51]

Man beachte das menschenverachtende »nur« des bayerischen Kronprinzen! Er hätte getrost ein »Gottlob« hinzufügen können. Am 28. August 1916, an dem Tag, an dem Generalfeldmarschall Rupprecht von Bayern die Führung der nach ihm benannten Heeresgruppe übernahm, hatte die 4. bayerische Infanterie-Division den Abschnitt vom Foureaux-Wald bis Longueval, wo im Juli erfolgreiche deutsche Gegenangriffe stattgefunden hatten, übernommen. Dort wurden zuerst das bayerische Reserve-Infanterie-Regiment 5 und das 5. bayerische Infanterie-Regiment eingesetzt. Nachdem die 4. bayerische Infanterie-Division aus dem Nordrand von Longueval wieder herausgedrängt worden war, verfolgte Dietl, der am 17. November 1916 als 2. Adjutant zur 7. bayerischen Infanterie-Brigade kommandiert wurde, voller Stolz, wie sein ehemaliges I. Bataillon des 5. bayerischen Infanterie-Regiments den Feind nicht nur erfolgreich zurückschlagen, sondern sich auch wieder in den alten Frontabschnitten festsetzen und behaupten konnte.

Der Dramatiker Carl Zuckmayer schildert in seiner Autobiographie die Empfindungen dieser Zeit:

> »Es war feucht und fröstlig. Auf dem Bahndamm gab es keine Schienen mehr, nur noch zermahlenen Schotter, in den man den halb erstarrten Körper preßte. Wenn ich ein näherkommendes Geräusch hörte oder ein Licht aufglimmen sah, feuerte ich einen Karabinerschuß genau in die Richtung. Mein Herz flatterte, aber meine Hände waren ruhig. Immer wieder zählte ich die restlichen Patronen und konnte die Zahl nicht behalten. Dann hatte ich noch ein paar Handgranaten, die wir gelernt hatten abzuziehen, einundzwanzig – zweiundzwanzig zu zählen, und sie bei dreiundzwanzig gezielt zu werfen. Unser nächster Posten lag dreißig Meter entfernt, man sah nichts voneinander. Man war allein. Gegen Morgen hatte ich fast die Angst verloren. Ich fühlte nur noch eine scheußliche, pressende Notdurft, die ich nicht stillen konnte, und eine tödliche, lähmende Müdigkeit. Denn dieser Nacht war eine ganze Woche vorausgegangen, unter schwerster Artilleriebeschießung, Gasangriffen, ohne Essen und Schlaf. Jetzt schoß die Artillerie über uns weg, auf die rückwärtigen Stellungen. Als es dämmerte, und mit dem hellen Licht schien unser Schicksal besiegelt, war mir schon alles gleich. Ich kroch vom Bahndamm herunter und tat, was ich mußte. Dann kroch ich wieder hinauf, die Knie sackten unter mir weg. Ich lag auf dem Gesicht und hob von Zeit zu Zeit den Karabiner. Aber der Abwehrinstinkt war am Sterben. Ich wollte nur noch schlafen. Aufhören. Auslöschen.«[52]

Nun ließen die feindlichen Angriffe spürbar nach; auch die aus der Luft. Die Truppe hatte besonders unter der alliierten Luftüberlegenheit, die trotz hervorragender Einzelleistungen berühmt gewordener deutscher Kampfflieger nicht zu brechen gewesen war, gelitten. Die Somme-Kämpfer konnten aufatmen – unter ihnen der Oberleutnant Eduard Dietl ebensosehr wie der Gefreite Adolf Hitler, der mit seinem bayerischen Reserve-Infanterie-Regiment 16 auch im Kriegsjahr 1916 an der Somme auf Tuchfühlung (auch was die gemeinsamen psychischen und physischen Strapazen des Frontsoldaten anbetraf) mit seinem späteren »Helden von Narvik« lag.

IV. Das Kriegsjahr 1917

1. Allgemeiner Überblick

20. Jahrhundert, Erster Weltkrieg, Schicksalsjahr 1917: Nach der Ablehnung des deutschen Friedensangebotes durch die Alliierten am 12. Dezember 1916 waren sowohl an der Ost- als auch an der Westfront sowie zur See Entscheidungen von welthistorischer Tragweite gefallen. Das war auch Dietl nicht verborgen geblieben. Und als deutscher Patriot, der er vom Scheitel bis zur Sohle war, machte er sich, je länger der Krieg dauerte, desto mehr Sorgen um das Schicksal des Zweiten Reiches.[53]

Da war einerseits der Beginn des »uneingeschränkten« deutschen U-Boot-Krieges am 1. Februar, gefolgt vom Abbruch der diplomatischen Beziehungen Washingtons zu Berlin. Da war andererseits am 1. April 1917 die Kriegserklärung der USA an das Deutsche Reich, der sich, mit Brasilien beginnend, die meisten mittel- und südamerikanischen Staaten anschlossen, ja anzuschließen hatten. Dann erklärten die unter englischer und französischer Oberherrschaft stehenden Länder Asiens – wie Siam, aber auch China – Deutschland den Krieg, so daß schließlich fast die gesamte Welt gegen das Deutsche Kaiserreich und seine wenigen Verbündeten zu Felde zog.

Erleichtert hatte Dietl zur Kenntnis genommen, daß in Rußland die bolschewistische Revolution ausgebrochen war, die den Zusammenbruch des Zarenreiches herbeiführte – und zwar als Folge des unglücklichen Kriegsverlaufes an der Ostfront, der ungenügenden Verkehrs- und Wirtschaftsorganisation, des Mangels in der Rüstungsindustrie, der nicht gelösten Verfassungsfrage, der alten Agrarkrise, der Hungersnot in den Städten und des Versagens der herrschenden Schicht, um nur die wesentlichen Gründe zu nennen.

Und wie sah es an der Westfront aus, an der der Oberleutnant Dietl nach wie vor abwechselnd als Adjutant bei seinem 5. bayerischen Infanterie-Regiment oder bei der übergeordneten 7. bayerischen Infanterie-Brigade eingesetzt und als vortrefflicher Gehilfe des Brigadekommandeurs bezeichnet wurde?

An dieser Front war es nach der Rückverlegung der deutschen Divisionen im März 1917 in die »Siegfried-Stellung« zu überaus schweren und verlustreichen Angriffen der Engländer und Franzosen gekommen: im April und Mai 1917 die erfolglosen Angriffe der Engländer bei Arras und die Doppelschlacht der Franzosen an der Aisne und in der Champagne. Demoralisiert meuterten ganze französische Regimenter und verweigerten die Befehle ihrer Generale, so daß General Nivelle von General Pétain, der ein besseres Ohr für die schier unlösbaren Sorgen und Nöte des einfachen Frontsoldaten hatte, abgelöst wurde. Ferner fand von Ende Juli bis Mitte November 1917 die große Schlacht in Flandern mit den verlustreichen englischen Angriffen zur Entlastung der in die Defensive gedrängten Franzosen statt. Mitte Dezember konnte Dietl jedoch feststellen, daß nach viermonatiger Dauer mit sage und schreibe 16 Einzelschlachten die Angriffe der Engländer in Flandern gescheitert waren. Aber um welchen Preis!

Obwohl die Gegner in operativer Hinsicht nichts erreicht hatten, war der Blutzoll, den sowohl die Alliierten als auch die Deutschen im Kriegsjahr 1917 erbracht hatten, erschreckend hoch. So hatten die Gesamtverluste des Westheeres seit dem 1. Juli 1916 die unvorstellbare Höhe von 1788000 Mann erreicht, darunter 501000 Tote und Vermißte. Rund 100000 Gefangene hatte man gemacht. Die gegnerischen Verluste hatten rund zwei Millionen Mann betragen; davon waren zwei Drittel Engländer.

Opfern und geopfert werden, so lautete die Devise an der Westfront. Dieses sinnlose Abschlachten konnte an keinem Frontsoldaten spurlos vorübergehen. Man hatte aber nur zwei Möglichkeiten, um das Grauen zu bewältigen: Entweder man stumpfte ab, oder man drehte durch. Die irrsinnig gewordenen Kameraden suchten die befreiende Kugel des Feindes, legten Hand an sich oder landeten in den entsprechenden Anstalten. Diejenigen aber, und zu ihnen zählte Dietl, die ungebrochen aus diesem menschenverachtenden und -vernichtenden Inferno hervorgegangen sind, waren um so gestählter für kommende Aufgaben. Nur vor diesem Hintergrund ist so manche Angriffsentscheidung zu verstehen, die Dietl später als Kommandierender General des Gebirgskorps Norwegen an seinem Schicksalsfluß, der Liza, am Eismeer getroffen hat. Er hatte im Ersten Weltkrieg nichts anderes kennengelernt als den Angriff um jeden Preis – koste es, was es wolle!

Aber noch war es nicht soweit. Noch hatte die Kriegsfurie sich während des ersten weltweiten Völkermordens nicht restlos ausgetobt. Da kamen noch der Kriegseintritt Griechenlands auf seiten der Entente, die Bildung einer neuen Front auf dem Balkan und dadurch bedingt die wachsende Erschöpfung Österreich-Ungarns, das nicht nur am Isonzo von einer mörderischen Schlacht – insgesamt waren es nicht weniger als zwölf, die dort geschlagen wurden! – in die andere taumelte, sondern auch innenpolitisch in schwere Turbulenzen geriet: Am 21. November 1916 war der greise Kaiser Franz Joseph I., der letzte europäische Potentat alten Stils, der von 1848 bis zu seinem Tode regiert hatte, im Schloß Schönbrunn verstorben. Die Lähmung des k.u.k. Bundesgenossen schwächte selbstverständlich auch das Deutsche Kaiserreich.

»Wie ein Bergsteiger«, schrieb später der Historiker Golo Mann, »der sich verstiegen hat, nahe dem Gipfel an einer steilen Wand hängt, nicht hinauf kann, aber auch nicht hinunter mag, weil auch der Abstieg gefährlich ist, und weil dann alle bisherige Mühe und Qual umsonst gewesen wäre – so kann Deutschland im Jahre 1917 weder Frieden machen noch siegen. Es kann nicht Frieden machen, weil es sich für den Sieger hält und auf der Karte ja auch als Sieger erscheint, mit all den Staaten, die es bezwungen, mit all den riesigen Gebieten, die es besetzt hat; dies und der propagandaschrille Haß der Gegner hindern es, den rechten Ton der Weisheit und Demut zu finden. Es kann aber auch nicht wirklich siegen. Die feindliche Front im Westen ist undurchdringlich, die amerikanische Hilfe fließt reicher als je, und es ist der amerikanischen Seestrategie gelungen, einen entscheidenden Schlag gegen die deutschen Unterseeboote zu führen: die Minensperre zwischen Schottland und Norwegen, die ihnen den Ausbruch in den Ozean nahezu unmöglich machte. Drüben aber, in den Trainingslagern, übt nun das friedensverwöhnte, kraftstrotzende, abenteuergierige junge Volk, werden die Divisionen aufgestellt, die dem Krieg in Europa ein Ende machen sollen. Das braucht Zeit; aber weniger Zeit, als die deutschen Armeepedanten annehmen. Alle wissen es, daß jetzt die Zeit schneller und schneller gegen Deutschland arbeitet.«[54]

2. Die Schlacht in Flandern

Als Adjutant war der Oberleutnant Dietl selbstverständlich darüber informiert, daß die 4. Armee zwischen dem Ärmelkanal und der Lys nordwestlich von Lille die Stützpunkte der deutschen U-Boote im belgischen Flandern abzuschirmen hatte. Daher war zu erwarten, daß der nächste große Gegenstoß der Briten gegen die deutsche Westfront gerade hier erfolgen würde, denn das strategische Ziel der Flandernschlacht 1917, einer der gewaltigsten Materialschlachten des Weltkrieges, war, den Deutschen den Küstenstreifen von Nieuport bis zur niederländischen Grenze – und damit die Basis des U-Boot-Krieges – abzuringen.

Der großen Lagekarte konnte Dietl entnehmen, daß der Angriffsraum im Norden durch das Überschwemmungsgebiet an der Yser und im Süden durch den deutschen Stellungsbogen begrenzt wurde, der aus der flandrischen Ebene südöstlich von Ypern auf die Höhen etwa einen Kilometer nordöstlich von Wulverghem vorsprang, die Dörfer Wytschaete und Messines umschloß und bei Frélinghien die Lys erreichte. Dieser Pfeiler, der den Alliierten wie ein Stachel im Fleisch saß, sollte unter allen Umständen zuerst zum Einsturz gebracht werden.[55] Für die Verteidigung dieses wichtigen Vorsprungs wurde unter anderem auch die 4. bayerische Infanterie-Division herangezogen, deren linke Hälfte kaum 500 Meter vor dem Ostrand des Bois de Ploegsteert, südlich von Messines an der Douve, lag.

Am frühen Morgen des 7. Juni 1917, um 4.00 Uhr, flogen westlich von Wytschaete und Messines zehn gewaltige Feuerkrater in die Luft. Aber auch an der Straße Ypern – Comines, südlich von St. Eloi und südlich der Douve, explodierten im Divisionsabschnitt des 5. bayerischen Infanterie-Regiments drei Minen mit einem ohrenbetäubenden Knall, so daß die flandrische Erde Hunderte von Metern durch die Luft geschleudert wurde.

> »Zu gleicher Zeit fällt die englische Artillerie mit erdrückender Übermacht über die zerfetzten Stellungen, über die Trümmer der Besatzung und über die ohnehin geschwächten Batterien her. Ein dichter Feuerkranz riegelt außerdem das Kampffeld nach rückwärts ab. Die englische Infanterie, die bald darauf in dicken Massen, in Begleitung zahlreicher Kampfwagengeschwader und unter dem

Schutze des Qualmes und Staubes zum Angriff zwischen der Straße Ypern – Meenen und dem Bois de Ploegsteert antritt, hat daher leichtes Spiel.«[56]

Da hatten die Deutschen nun die Bescherung, die Dietl vorausgeahnt hatte: Bei der Division war es dem Gegner gelungen, die vordersten Stellungen des 9. bayerischen Infanterie-Regiments, das durch die gewaltigen Minensprengungen auseinandergerissen wurde, zu überrennen. Schon drang er scharenweise in das Kampffeld, über dem die Rauchschwaden der Geschosse den Himmel verdunkelten. Da Not am Mann war, sprangen Reserven in die Bresche. In zähen Grabenkämpfen gelang es ihnen, die über sie hereinbrechende Sturmflut des Feindes in der sogenannten »Sehnen-Stellung« einzudämmen, so daß der Gegner insgesamt nur knapp einen Quadratkilometer an Boden gewinnen konnte. Aber damit war die Gefahr noch lange nicht beseitigt, denn die hereinkommenden Meldungen besagten, daß nach dem Fall von Messines die rechte Flanke der 4. bayerischen Infanterie-Division zusehends bedroht wurde. Aus diesem Grunde wurde das zur Abwehr von feindlichen Einbrüchen als Reserve zurückbehaltene bayerische Reserve-Infanterie-Regiment 5 zusammen mit dem III./bayerischen Feldartillerie-Regiment 11 über Warneton auf das nördliche Lys-Ufer verschoben. Nachdem auch noch die Batterien der 4. bayerischen Infanterie-Division ihr vernichtendes Feuer in die dicht aufmarschierten feindlichen Menschenmassen schleuderten, konnten die Deutschen sich wenigstens so weit behaupten, daß sie nicht mit fliegenden Fahnen untergingen.[57]

Sorgenvoll wie der 7. Juni 1917 für Dietl geendet hatte, begann auch der 8. Juni. Aber der letzte Anlauf, zu dem die Engländer ansetzten, hatte schon so viel von seiner Dynamik verloren, daß er die erschöpften deutschen Truppen nicht mehr ins Wanken bringen konnte. Dietls 7. bayerische Infanterie-Brigade und ihre Regimenter und Bataillone blieben auch jetzt die »Herren der Lage und des Schlachtfeldes. Allerdings waren die Truppen am Ende ihrer Kraft angelangt und mußten in der folgenden Nacht durch das 11. b. I. R., das ebenso wie das II./b. R. I. R. 21 aus dem Abschnitt der 16. b. I. D. herangeholt worden war, abgelöst werden.«[58]

Obwohl die Engländer vorläufig auf eine Fortsetzung ihrer Offensive im großen Stil verzichteten, herrschte auf dem Schlachtfeld in Flandern alles andere als Ruhe. Die Aufklärungstätigkeit ging auf beiden Seiten nach wie vor unvermindert weiter. Nach entsprechender Auswertung erfuhr Dietl, daß der Feind, nachdem er den ersten Fuß in die deutsche HKL gesetzt hatte, sich vor dem ganzen Abschnitt zwischen Bixschote und Frélinghien zum großen Entscheidungsschlag bereitstellte.[59]

»Gegen die Mitte des Juli eröffnet der Feind den Kampf auf der Erde und in der Luft. Von Tag zu Tag gewinnen die Geschützkämpfe, Erkundungsvorstöße, Luftschlachten und Bombenangriffe an Umfang und Hartnäckigkeit. Das Schauspiel, das die Schlachten vor Arras und an der Aisne eingeleitet hat, wiederholt sich, aber in einem Ausmaße, das alle bisherigen Erfahrungen weit hinter sich läßt und riesenhaft anmutet. Die gewaltige, jetzt voll entwickelte, fieberhaft arbeitende Kriegsindustrie Englands, Frankreichs und Amerikas hat ihre ganze Kraft, unbegrenzte Mengen todbringender Geschosse aufgeboten, um endlich den deutschen Wall in Flandern zu zertrümmern. Auch in der Luft entfaltet der Feind eine erdrückende Übermacht. Nicht selten brechen Fliegerschwärme bis zur Stärke von 15 Geschwadern ins Hinterland ein, und mancher Tag sieht wohl 1000 feindliche Flugzeuge über den Stellungen der 4. deutschen Armee zwischen dem Meer und Armentières. Aber auch auf deutscher Seite spannten vor allem die Flieger und die Artilleristen alle Kräfte an, um das immer näher und drohender heranschleichende Ungeheuer niederzuhalten, noch bevor es zum Sprung ausholte. Durch umfangreiche Vergasung wurden im besonderen die an Zahl weit überlegenen englischen Batterien, soweit sie überhaupt zu erreichen waren, immer wieder gelähmt und gehemmt ... Südlich Warneton bei der unter dem G. K. II. b. A. K. stehenden ›Gruppe Lille‹ zog links von der 16. b. I. D. am 9. Juli wieder die 4. b. I. D. an Stelle der 9. R. D. in die Schützengräben von Armentières. Die Ausläufer der Schlacht streiften auch noch den rechten Flügel der ›Gruppe Lille‹ ... Mehr und mehr verschärfte sich gegen das Ende des Juli die Spannung. Die Luftangriffe auf die Anlagen im Hinterland, auf die Unterkunftsorte der Stäbe, auf die Fesselballone häuften sich. Das feindliche Fernfeuer erreichte die Dörfer noch 12 km hinter der Stellung und scheuchte die Truppen aus der Ruhe auf. Mit Not erwehrte sich die deutsche Artillerie einer wohl vierfachen Übermacht. Ganze Nester von englischen Batterien, die ihre großen, überlegenen Schußweiten ausnützten und sich fernab hielten, waren überhaupt nicht zu fassen. Um so unerträglicher gestaltete gerade ihr ungestörtes, kaum aussetzendes Feuer die Lage der Infanterie im Kampffeld. Die Verluste wuchsen. Die wenigen Unterstände waren bald zertrümmert oder verschüttet. Auch die rückwärtigen Stellungen litten mehr und mehr. Vorne am Feind waren Hindernisse und Gräben verschwunden. Längst schon kauerten die Schützen in den Trichtern, die weithin das Gelände übersäten und sich in den tiefen Lagen bald mit Grundwasser füllten. Tief herabstoßende feindliche Flieger und Erkundungsunternehmungen der englischen Infanterie hielten die Besatzung des Kampffeldes in Atem. Die durch Gasminen und Gasgranaten erzeugten giftigen Schwaden krochen tief (oft bis zu 6 km) ins Land und hemmten den Verkehr, die Versorgung mit Lebens- und Kampfbedürfnissen. Kein Wunder, wenn sich bei Führern und Truppen die Nervenkraft verzehrte, wenn die Gefechtsstärken rasch zusammenschrumpften. So mußte denn in den letzten Julitagen angesichts des immer näher heranrückenden Angriffs sowohl bei der Gruppe Ypern wie bei der Gruppe Wytschaete die Mehrzahl der Stellungsdivisionen ausgewechselt werden.«[60]

Und so weiter und so weiter: Angriff auf Angriff, Gegenangriff auf Gegenangriff; Bataillon um Bataillon, Regiment um Regiment, Brigade um Brigade, Division um Division – sie wurden allesamt immer wieder von neuem wie die Schachfiguren auf der flandrischen Ebene verschoben, in Lücken geworfen, dem Feind entgegengestellt: Kompanie um Kompanie, Zug um Zug, Mann um Mann. Und Dietl war mitten unter ihnen. Seine Gesichtszüge waren noch härter geworden. Er war mit einem Mal, vor allem nach den vielen durchwachten Nächten vollster Nervenanspannung, um Jahre gealtert. Aus dem jugendlichen Heißsporn war schon lange ein erfahrener Frontsoldat geworden, den so leicht nichts mehr aus der Ruhe bringen konnte. Nimmt es da wunder, daß er dem gegnerischen Stoß, den man in seiner Umgebung noch im September 1917 erwartete, fast gelassen entgegensah?
Und wiederum, wie zuletzt am 20. September 1917, wurden die vordersten Truppen der Deutschen nun, am 26. September, von einer vielfachen feindlichen Übermacht überrannt; jedoch nicht mit einem Mal, so daß der Stellungs- in einen Bewegungskrieg hätte übergehen können, denn der alliierte Raumgewinn betrug nur einige Kilometer in der Tiefe. Jetzt wogte das Kampfgeschehen in der zerschundenen flandrischen Erde von neuem hin und her: Graben um Graben, Trichter um Trichter, Stellung um Stellung.

144

»In den beiden Abschnitten südlich der 10. E. D., wo die 20. I. D. nördlich, die 4. G. I. D. südlich der Bahn Ypern – Roeselare standen, war der Feind am Morgen des 4. Oktober schon sehr bald bis auf die Höhen bei Keerselaarhoek und Broodseynde, über die die ›I. Flandernstellung‹ verlief, vorgedrungen. Von der 4. b. I. D. lag am Morgen das b. R. I. R. 5 nahe südwestlich Passchendaele, das 5. b. I. R. etwa 1 km westlich Moorslede ... Der Not des Augenblicks entsprechend werden nun die Regimenter der 4. b. I. D. mit den ihnen zugeteilten Batterien der II./2. b. Fda. R. in den Kampf geworfen.«[61]

Bei dieser Lage wurde der Kommandeur des 5. bayerischen Infanterie-Regiments durch einen dringenden Hilferuf der 4. Garde-Infanterie-Division von seinem Kartenstudium aufgeschreckt. Rasch sagte er Unterstützung zu, und zwar sein I. und sein III. Bataillon, die er um 11.40 Uhr aus ihrer Bereitstellung in westlicher Richtung ansetzte, aber schon bald gegen Broodseynde abdrehte, wo der Gegner dann zum Stehen gebracht wurde. Wie am 26. September hatte damit die 4. bayerische Infanterie-Division dem Feind einen festen Riegel vorgeschoben. Aber 55 Offiziere und 1800 Mann hatten Dietl und seine Kameraden zu beklagen.

V. Das Kriegsjahr 1918

1. Allgemeiner Überblick

Im Westen, wo Dietl immer noch mal bei der 7. bayerischen Infanterie-Brigade und dann wieder bei seinem angestammten 5. bayerischen Infanterie-Regiment eingesetzt wurde, sahen die Mächte der Entente zunächst – und zwar bis der Einsatz der USA sich voll auswirkte – von jeder offensiven Aktion ab. Ihre Aufgabe bestand vorerst lediglich darin, standzuhalten. Für das Deutsche Kaiserreich gab es nun zwei Möglichkeiten: entweder den wenig aussichtsreichen Versuch, zu einem annehmbaren Verständigungsfrieden zu gelangen, oder sein augenblickliches, aus dem Zusammenbruch Rußlands gewonnenes Übergewicht zu einem Entscheidungsschlag im Westen einzusetzen. Dietl erstaunte es keineswegs, daß General Ludendorff sich für die zweite Möglichkeit entschloß, die aus seiner Sicht selbstverständlich war, und nach eigenem Zeugnis »alles auf eine Karte« setzte. Daß damit die Kräfte der Zentralmächte jedoch auf unerträgliche Weise überspannt wurden, das wollte oder konnte man seinerzeit nicht voraussehen.

> »Das Jahr 1918 war an der Westfront das schlimmste von allen«, schrieb Carl Zuckmayer in seinen Memoiren. »Die deutsche Heeresleitung versuchte noch einmal mit gewaltiger Anstrengung, das Kriegsglück auf unsere Seite zu zwingen. Durchbruchsschlacht folgte auf Durchbruchsschlacht.«[62]

2. Die Schlacht um den Kemmel

Das Kriegsjahr 1918 begann für Dietl wieder an der Westfront, und zwar zunächst mit Stellungskämpfen in Flandern. Ein gewaltiger Kanonendonner dröhnte aus Richtung Armentières zu seinem Gefechtsstand herüber. Dort drüben war die »Georg«-Schlacht in vollem Gange. Der deutsche Stoß, der von der 4. und 6. Armee ausgeführt wurde, sollte bis zur Kanalküste vordringen und so die Trennung der englischen von der französischen Front herbeiführen. Mehr noch: General Ludendorff wollte die Engländer und Franzosen schlagen, noch bevor die amerikanische Hilfe sich für die Alliierten voll entfaltet hatte. »Er traute dem deutschen Heere noch den Schwung zum Angriff, aber nicht mehr die Kraft zur Verteidigung zu.«[63] So wurde an dieser Front auch die 4. bayerische Infanterie-Division mit ihren Bataillonen und Regimentern eingesetzt, und zwar im Anschluß an den linken Flügel des Deutschen Alpenkorps, in dessen Reihen der spätere Generalfeldmarschall Ferdinand Schörner als Oberleutnant des bayerischen Infanterie-Leib-Regiments schwungvoll vorwärts stürmte.

Mit einer Höhe von 156 Metern überragt der Kemmel wie ein drohender Klotz die flandrische Tiefebene.

»Endlich wieder ein Berg, wenn auch nur ein kleiner«, frohlockte Dietl.

Aber dieser Berg hatte es in sich, denn von den Engländern und Franzosen war er wegen seiner exponierten Lage zu einer wahren Festung ausgebaut worden. Da ohne den Besitz des Kemmel der deutsche Frontbogen bei Bailleul nur schwer zu halten war, beschloß die O. H. L. für den 25. April 1918 einen Angriff. Aber mit welchen Verbänden? Das war die Frage. Denn »es war klar, daß das trotzige Bollwerk, das von Hindernissen und versteckten Maschinengewehrnestern starrte, das in seinem Innern bombensichere Stollen und Unterstände in großer Zahl barg, von den in tagelangen Kämpfen verbrauchten Divisionen nicht mehr bezwungen werden konnte ... An ihrer Statt«, so besagen es die alten Kriegsakten, »wurden in der Nacht zum 22. April die 4. b. I. D. und die 22. R. D. südwestlich vom Kemmel ins erste Treffen vorgeholt.«[64]

Dietl hatte mit der 4. bayerischen Infanterie-Division erst am 1. April 1918 die Schützengräben südlich von Thiaucourt verlassen, lag dann bei Gorz und Briey und war schließlich am 13. April bis nach Lille vorgezogen worden. Als das Alpenkorps mit seinem bayerischen Infanterie-Leib-Regiment in der Nacht zum 24. April in die Stellungen am Südosthang des Kemmel-Berges nördlich der Douve in die Stellungen einrückte, da staunten die Edelweiß-Soldaten nicht schlecht, als links von ihnen gar mancher Offizier und Unteroffizier in bayerischer Mundart Befehle erteilte. Kein Wunder, denn es waren die Angehörigen der 4. bayerischen Infanterie-Division, mit denen sie nun Schulter an Schulter zum Sturm auf den Kemmel in Bereitstellung lagen.

Der einheitliche Angriff wurde unter dem Generalkommando des X. Reserve-Korps für den 25. April 1918 befohlen. Dabei fiel dem Deutschen Alpenkorps am rechten Flügel der Sturm auf die gegen Südosten gerichtete Stirnseite des Berges zu, während zur Linken die 4. bayerische Infanterie-Division in der Tiefe gegen Dranoutre zu operieren hatte.

Nachdem der Kemmel von bayerischen Truppen erobert worden war, bemühte sich der Feind wiederholt, den beherrschenden Berg der flandrischen Tiefebene in die Hand zu bekommen. Es war vergeblich. Das war sowohl für Dietl als auch für Schörner eine große Genugtuung. Aber der Preis, den die Deutschen dafür zu bezahlen hatten, war hoch, sehr hoch, nein viel zu hoch angesichts des später dann doch noch erfolgten Rückzuges. So hatte Dietls 4. bayerische Infanterie-Division etwa 125 Offiziere und 3200 Mann verloren. Schörners bayerisches Infanterie-Leib-Regiment hatte etwa 50 Offiziere und 1300 Mann verloren, so daß es nach diesem Aderlaß in ein Bataillon zusammengefaßt werden mußte.

> »Was habe ich erlebt?« schrieb Carl Zuckmayer im Mai 1918 aus Flandern. »Offensive. ›Kaiserschlacht‹. Blut. Cambrai. Blut. Gasgranaten. Kemmelberg. Blut. Ekel. Kurz in Lille. Schnaps. Hure. Saufen. Armentières: Blut. Mord. Blut. Drei Schritte vom Wahnsinn.«[65]

Dietl, Schörner und – mit Einschränkungen – Hitler hätten genausogut die Verfasser dieser Zeilen sein können.

3. Die Abwehrschlacht an der Somme

Dietl war auch eine kleine Figur in jenem Spiel, das im Spätsommer 1918 begann. Nachdem der französische Marschall Ferdinand Foch am 18. Juli zum Angriff übergegangen war, wollte er die deutschen Armeen und Divisionen unter keinen Umständen mehr zur Ruhe kommen lassen. Aber nicht nur Oberleutnant Dietl war mit seiner 4. bayerischen Infanterie-Division an diesem gewaltigen Kriegsspiel beteiligt, sondern auch der Gefreite Hitler, der mit seinem bayerischen Reserve-Infanterie-Regiment 16 im Rahmen der 6. bayerischen Reserve-Division auf engem, teilweise sogar auf engstem Raum mit Dietls Großverband auf Tuchfühlung lag.

Obwohl die Deutschen ihrerseits weiterhin offensive Pläne schmiedeten, mit denen sie das Kriegsglück endgültig in das Lager der Mittelmächte zwingen wollten, war »die Widerstandskraft der Division, deren Verbände in den vorhergehenden Kämpfen arg durcheinander geraten sind und die schon 2800 Mann eingebüßt hat ... [bald] erschöpft. Am Nachmittag nehmen die Truppen der 6. b. R. D. das b. R. I. R. 17 westlich Béhagnies – Sapignies, das b. R. I. R. 16 östlich Bihucourt, die Trümmer der 2. G. R. D. und der 4. b. I. D. auf.«[66]

Das bedeutet im Klartext: Dietls 4. bayerische Infanterie-Division wurde von Hitlers Division aufgenommen. Wer sich im militärischen Alltag auskennt, der weiß, daß bei derartigen Zusammenlegungen in erster Linie die Adjutanten und die Meldegänger alle Hände voll zu tun haben, um die entsprechenden Befehle zu übermitteln, zu übergeben und entgegenzunehmen. Darüber hinaus war Adolf Hitler, wie es im Verleihungsantrag des Oberstleutnants Freiherr von Godin vom 31. Juli 1918 für das Eiserne Kreuz I. Klasse heißt, »stets freiwillig bereit, Meldungen in schwierigsten Lagen unter größter Lebensgefahr durchzubringen. Nach Abreißen aller Verbindungen in schwierigen Gefechtslagen war es der unermüdlichen opferbereiten Tätigkeit des Hitler zu verdanken, daß wichtige Meldungen trotz aller Schwierigkeiten durchdringen konnten.«[67]

Wer Zweifel hatte, daß Dietl und Hitler sich bereits während der zahlreichen Schlachten an der Westfront auf Grund ihrer speziellen Verwendungen und Funktionen, aber auch wegen der oft engen Tuchfühlung ihrer beiden Truppenteile begegnet sind, der wird sich spätestens jetzt dieser These nicht mehr verschließen können.

Sehr wahrscheinlich erwuchs schon in jener Zeit zwischen Adolf Hitler und Eduard Dietl jene unverbrüchliche Treue und Kameradschaft, die Hitler nach dem tödlichen Flugzeugabsturz seines Generalobersten Dietl in die Worte kleidete:

»Ich selbst verliere deshalb in ihm einen meiner treuesten Kameraden aus langer, schwerer, gemeinsamer Kampfzeit.«[68]

4. Die letzten Kämpfe im Westen

Noch ehe der September sich seinem Ende zuneigte, sollte auf dem westlichen Kriegsschauplatz eigentlich die Entscheidung gefallen sein, denn weder die Deutschen noch die Alliierten hatten ausreichende intakte Armeen und Divisionen und genügend Kampfmoral, um einen weiteren Winter in der immer und immer wieder durchgeackerten, aufgeworfenen und wieder festgetretenen Erde Flanderns, der Champagne und anderswo durchzustehen. Am 27. September 1918 trafen südlich von Vouziers die ersten Einheiten der 4. bayerischen Infanterie-Division, aus Flandern kommend, ein. Aber es gab kein langes Verschnaufen, denn schon am 2. Oktober wurden sie bei Monthois in den Kampf geworfen.

Kleine örtliche Erfolge der aufopferungsvollen Truppe und ihrer Offiziere, Unteroffiziere und Mannschaften täuschten nur über die wahre Große Lage hinweg, in der sich die deutschen Armeen bereits seit Wochen befanden. Bei der Obersten Heeresleitung wurden die Gesichter der Feldherren von Tag zu Tag lang und länger. Angesichts der deprimierenden Lagebeurteilung blieb es fast bedeutungslos, daß die deutsche Westfront sich, mühsam genug und ständig zurückweichend, gegen den übermächtigen Druck der personell wie auch materiell wieder aufgefüllten Armeen der Alliierten noch einigermaßen behaupten konnte. Nun schien General Ludendorff plötzlich seine permanent überspannten Nerven nicht mehr länger unter Kontrolle halten zu können. Denn wie soll man es sonst erklären, daß er am 29. September 1918 ganz abrupt erklärte, daß der Kampf aussichtslos geworden sei und daß deshalb sofortige Friedensschritte einzuleiten seien.

»Aber wie?« fragte Dietl sich, nachdem er, wie die gesamte deutsche Öffentlichkeit, bis dato durch die offizielle Propaganda und die Scheinerfolge der Frühjahrsoffensive in einen Zustand der unentwegten Siegeszuversicht versetzt worden war. Um so jäher und schmerzvoller war jetzt die Ernüchterung. Schlimmer noch: Man fühlte sich vielerorts von den verantwortlichen politischen und militärischen Führern arglistig getäuscht. Damit waren die psychologischen Voraussetzungen für die revolutionären Umwälzungen vom November 1918 geschaffen.

Nun hieß es auch für Dietl und seine Männer: »Vorwärts Kameraden, wir müssen zurück!«

Im Bereich der 3. Armee mußte die 4. bayerische Infanterie-Division den hartnäckigen Gegner wiederholt mit einer allerletzten Kraftanstrengung abschütteln, bevor es ihr gelang, sich unter hinhaltenden Rückzugsgefechten von Abschnitt zu Abschnitt bis auf Vouziers, wo sie östlich und nordöstlich der Stadt die Talränder besetzte, abzusetzen. Zwischen dem 10. und 20. Oktober 1918 nahmen die deutschen Armeen die ausgedehnte »Hermann-Hunding-Brunhild-Kriemhild-Stellung«.[69]

Jedoch schon »bald klopfte der Feind von neuem an. Aber auch diesmal entbehrte sein Plan des großen Gedankens. Nur auf seine Übermacht pochend, suchte er allerorts, bald da, bald dort, die neuen deutschen Stellungen zu erschüttern. Wohl gelang es ihm auch, stellenweise immer wieder das dünne und seichte Abwehrgerippe einzubeulen. Aber es zerbrach auch jetzt nicht, sondern blieb geschlossen, obwohl Verluste die Reihen immer mehr lichteten, obwohl der Ersatz aus der Heimat ausblieb und obwohl der nahende Umsturz bereits seine Schatten vorauswarf. Die Männer allerdings, die ihrem Eide und Vaterlande treu blieben, waren Helden«, heißt es im offiziellen Gedenkbuch »Die Bayern im Großen Kriege«. »An ihrer Tapferkeit und Opferfreudigkeit zerschellten die Angriffe einer weit überlegenen Masse, die keinen Mangel und keine Entbehrung kannte und über gewaltige Mengen der vollendetsten Kriegsmaschinen und Kampfmittel verfügte.«[70]

Niemand anders als die Frontsoldaten – wie Dietl, Schörner und Hitler – haben diese erdrückende personelle und materielle Überlegenheit der Alliierten mehr als einmal am eigenen Leib bitter zu spüren bekommen. Voller Ingrimm trachteten sie daher fortan danach, diese Schmach auf Teufel komm raus eines Tages zu tilgen – koste es, was es wolle!

5. Einsatz an der Südgrenze Bayerns und in Tirol

Zunächst wurde Dietl im Herbst 1918 aber noch ein allerletztes Mal von dem aus allen Wunden blutenden Vaterland in die Pflicht genommen, und zwar ausgerechnet in den Alpen, wo er, seinem Talent, seinem Können und seiner Bestimmung entsprechend, von Anfang an hätte eingesetzt werden müssen, nämlich im Gebirgskrieg.

Obwohl die allgemeine militärpolitische Lage für die Mittelmächte hoffnungslos war, plante die Oberste Heeresleitung in Spa neue militärische Aktionen – unter anderem die Inbesitznahme von Tirol und Salzburg, um, so ihr Argument, einen möglichen italienischen Einfall nach Bayern abzuwehren. Mit der Leitung dieses Unternehmens, zu dem eigens Truppen von der Westfront – wie Dietls 4. bayerische Infanterie-Division unter Prinz Franz von Bayern – abgezogen wurden, wurde kein Geringerer als der Schöpfer und Führer des Deutschen Alpenkorps beauftragt. So wurde General der Artillerie Konrad Krafft von Dellmensingen im Oktober 1918 Kommandierender General des bayerischen II. Armeekorps, das auf Grund der angespannten Lage an der Südgrenze Bayerns Ende Oktober vorsorglich nach München berufen wurde.

»Schon in den nächsten Tagen wurden, um für die Verteidigung Bayerns einen hinreichend tiefen Raum zu gewinnen, die Grenzschutztruppen weit nach Tirol hinein in die Alpenpässe vorgeschoben ... Wie einst im Jahre 1915[71] empfing auch jetzt die Bevölkerung Tirols die Bayern mit heller Freude. Kamen sie doch, um zusammen mit den im Lande gebildeten Bürgerwehren Ordnung in den allgemeinen Wirrwarr zu bringen und den Feind fernzuhalten. Denn die Trümmer des österreichisch-ungarischen Heeres fluteten haltlos auf allen Wegen zurück. Tausende von Soldaten strebten allein dem Brenner zu und suchten dort, dicht zusammengepfercht, Aufnahme in die nordwärts fahrenden Züge. Der Bahnhof Innsbruck war bald völlig verstopft. Allenthalben waren Ausschreitungen und Plünderungen zu unterdrücken. Gewaltige Mengen von Pferden, die von ihren Wärtern im Stiche gelassen worden waren, harrten der Versorgung.

Inzwischen waren die Italiener vor Franzensfeste erschienen. Trotz alles Bittens der Ortsgemeinden, dem Land die Schrecken des Krieges zu ersparen, stand der Ausbruch der Feindseligkeiten dicht bevor. Da rissen auch in München die Gewalten des Umsturzes das Staatsruder an sich. Die 4. b. I. D. erhielt jetzt den Befehl, dem Kampfe auszuweichen und hinter die Landesgrenze zurückzugehen. Am 14. November waren alle Kräfte der Division wieder am Nordrand der Alpen bei Murnau, Tölz und Rosenheim eingetroffen, um von neuem den Grenzschutz zwischen Lech und Inn einzurichten.«[72]

Soweit die Ausführungen in dem Buch »Die Bayern im Großen Kriege«, das teilweise in einem sehr patriotisch gehaltenen Stil abgefaßt ist. Daher geben wir der Wahrheit an dieser Stelle die Ehre, denn im Gegensatz zu der seinerzeit, im Kriegsjahr 1915, uneingeschränkt herbeigesehnten deutschen Hilfe lösten die am Vorabend des Kriegsendes anlaufenden deutschen Maßnahmen in Wien und in den betroffenen österreichischen Gebieten teilweise auch nicht zu verschweigende Unmutsäußerungen aus.

General der Artillerie Konrad Krafft von Dellmensingen hatte in einem Aufruf an die Tiroler Bevölkerung zwar erklärt, »wir kommen als Freunde«, aber er vergaß auch nicht hinzuzufügen, daß seine Truppen »bei Behinderung« angewiesen seien, »sich mit Waffengewalt den Weg zu bahnen«. Diese Zuckerbrot-und-Peitsche-Gebärde mag im Umgang mit der Truppe zuweilen vonnöten sein, im Umgang mit gut befreundeten Völkern ist sie gewiß alles andere als diplomatisch, denn mit der unverhohlenen Drohung wurde dem vielfachen Wunsche Tirols nach einem Anschluß an das Reich mehr geschadet als gedient!

Daß die weitere Entwicklung dann einen ganz und gar anderen Weg einschlug, lag gewiß darin begründet, daß die letzten Operationen der Obersten Heeresleitung von den inzwischen in Norddeutschland beginnenden und sehr schnell um sich greifenden Unruhen und Aufständen überschattet wurden. So wurden die deutschen Truppen, die an die Tiroler Pässe geworfen worden waren, am 9. November 1918 wieder zurückbefohlen. Am 14. November trafen sie am Alpenrand ein, wo sie demobilisiert wurden.

6. Der Waffenstillstand von 1918

Der 11. November 1918 war für Dietl einer jener Tage, an dem ihm sein vergeblicher Einsatz und der sinnlose Soldatentod seiner beiden Brüder in aller Schonungslosigkeit vor Augen geführt wurde. Denn an diesem rabenschwarzen Tag wurde in Rethondes bei Compiègne der Waffenstillstand von Marschall Foch und der Delegation der »Schlafwagengesellschaft« unterzeichnet. Die deutsche Reichsregierung verpflichtete sich zu folgenden Maßnahmen:

1. Innerhalb bestimmter und knapp bemessener Fristen das ganze linksrheinische Gebiet nebst den Brückenköpfen auf dem rechten Rheinufer zu räumen.
2. Alle besetzten Gebiete im Osten und Südosten Europas zu räumen.
3. Alle Kriegsgefangenen auszuliefern.
4. Der Entente die deutsche Kriegsflotte und zahlreiches Kriegsmaterial zu übergeben.

Dietl spürte, was diese drakonischen Waffenstillstandsbedingungen für Volk und Reich bedeuteten. Damit war die Niederlage der Mittelmächte ein für allemal besiegelt. Ohne die geringste Möglichkeit eines weiteren Widerstandes waren die Deutschen dem »Waffenstillstandsdiktat« der siegreichen Alliierten, die ihre Handlungsfreiheit voll und ganz ausnutzten, auf Gedeih und Verderb ausgeliefert. Vom Wäldchen bei Compiègne war es dann nur noch ein kleiner Schritt nach Versailles, wo einst, 1871, nach Abschluß des Deutsch-Französischen Krieges die Proklamation des Deutschen Kaiserreiches erfolgt war. Die Wahl dieses Ortes deutete auch für Dietl bereits unübersehbar darauf hin, daß Haß und Rache die Grundlage des Friedensabschlusses sein sollten. In der Tat: Die Väter des Versailler Vertrages und der Pariser Vorortverträge – an ihrer Spitze der US-Präsident Wilson und Frankreichs Ministerpräsident Clemenceau, der die radikalsten Bedingungen dieses Vertragswerkes rücksichtslos durchsetzte und daher nicht umsonst den vielsagenden Beinamen »der Tiger« erhalten hatte – formulierten ein »Friedensdiktat«, das zum Keim neuer Konflikte wurde. Auf diesem Nährboden wuchs dann ein Gefreiter des Ersten Weltkrieges zum Führer der nationalsozialistischen Bewegung und des Dritten Reiches heran: Adolf Hitler. Und mit ihm sein Steigbügelhalter Eduard Dietl.

»Als am 9. November 1918 abends die Waffenstillstandsbedingungen bei uns eintrafen, war ich, obschon auf viel gefaßt, doch sehr niedergedrückt. Ich notierte mir als meinen ersten Gedanken«, schrieb der deutsche Diplomat Ernst von Weizsäcker prophetisch: »›Hieraus entsteht ein neuer Krieg. Unsere Kinder werden ihn ausfechten müssen.‹«[73]

Anmerkungen

1 Vgl. Sontheimer: Antidemokratisches Denken in der Weimarer Republik. S. 121 f.
2 Spengler: Briefe. 1913–1936. S. 29
3 Gundelach: Der nationale Wehrgedanke in der Weimarer Republik. S. 64
4 So dachte auch Hitler, der in seinem Werk »Mein Kampf« auf S. 177 schrieb: »Mir selber kamen die damaligen Stunden wie eine Erlösung aus den ärgerlichen Empfindungen der Jugend vor. Ich schäme mich auch heute nicht, es zu sagen, daß ich, überwältigt von stürmischer Begeisterung, in die Knie gesunken war und dem Himmel aus übervollem Herzen dankte, daß er mir das Glück geschenkt, in dieser Zeit leben zu dürfen.«
5 Spengler: Preußentum und Sozialismus. S. 12
6 Rupprecht von Bayern: Mein Kriegstagebuch. Bd. 1, S. 3
7 Die Bayern im Großen Kriege 1914–1918. S. 15
8 Rupprecht von Bayern: Mein Kriegstagebuch. Bd. 1, S. 5
9 Hubatsch: Der Erste Weltkrieg. S. 34
10 Jünger: In Stahlgewittern. A.a.O.
11 Kurz vor Kriegsbeginn umfaßte es rund ein Neuntel des deutschen Friedensheeres.
12 Die Bayern im Großen Kriege 1914–1918. S. 24
13 Im bayerischen III. Armee-Korps war Oberstleutnant Paul Dietl als Kommandeur des I./Infanterie-Regiments 21 bei den Kämpfen vor Nancy eingesetzt, wo der »hervorragend tüchtige, besonders tapfere Offizier« am 23.9. 1914 fiel. (Gebsattel: Von Nancy bis zum Camp des Romains 1914. S. 43 f.)
14 Die Bayern im Großen Kriege 1914–1918. S. 42
15 Ebenda, S. 46
16 Ebenda, S. 56 f.
17 General Dietl. S. 17
18 Der greifbare Sieg im Westen wurde 1914 durch die Zurücknahme der deutschen Heeresfront an der Marne zu einer Niederlage, die den Weltkrieg mitentschied.
19 Am 18.9.1914 Quartierwechsel von Metz nach Namur
20 Rupprecht von Bayern: Mein Kriegstagebuch. Bd. 1, S. 250
21 Maser: Adolf Hitler. S. 142
22 Mend: Adolf Hitler im Felde. S. 172
23 Maser: Adolf Hitler. S. 133
24 Ebenda, S. 134 ff.
25 Vgl. hierzu neben dem Personal-Nachweis auch das Werk: Die Bayern im Großen Kriege 1914–1918
26 Maser: Adolf Hitler. S. 136
27 Am 4.8.1918 Auszeichnung mit dem Eisernen Kreuz I. Klasse
28 Gundelach: Der nationale Wehrgedanke in der Weimarer Republik. S. 69
29 Erfurth: Der Finnische Krieg. S. 193 f.
30 Die Bayern im Großen Kriege 1914–1918. S. 109–116
31 Am 3.9.1916 Auszeichnung mit dem Eisernen Kreuz I. Klasse
32 Die Bayern im Großen Kriege 1914–1918. S. 117 f.

33 Ebenda, S. 118
34 Ebenda, S. 119
35 Ebenda, S. 120
36 Ebenda, S. 120 f.
37 Dreimal wurde Dietl, der 1917 das Verwundeten-Abzeichen in Silber erhielt, verwundet, und zwar am Kopf, am Arm und an den Händen. Aber jedesmal kehrte er wieder an die Front zurück.
38 Hitler: Mein Kampf. S. 179
39 Die Bayern im Großen Kriege 1914–1918. S. 137
40 Ebenda, S. 139 f.
41 Ebenda, S. 141 f.
42 Churchill: Weltkrisis. Bd. 2. 1915, S. 1
43 Die Bayern im Großen Kriege 1914–1918. S. 146
44 Ebenda, S. 148
45 Ebenda, S. 148
46 Gundelach: Der nationale Wehrgedanke in der Weimarer Republik. S. 68
47 Die Bayern im Großen Kriege 1914–1918. S. 231 f.
48 Ebenda, S. 232
49 Ebenda, S. 232
50 Ebenda, S. 235 ff.
51 Rupprecht von Bayern: Mein Kriegstagebuch. Bd. 2, S. 4
52 Zuckmayer: Als wär's ein Stück von mir. S. 232 f.
53 I. Reich: das Heilige Römische Reich Deutscher Nation 962–1806; II. Reich: Bismarcks kleindeutsches Kaiserreich 1871–1918; III. Reich: Hitlers »tausendjähriges Reich«
54 Mann: Deutsche Geschichte des 19. und 20. Jahrhunderts. S. 633
55 Die Bayern im Großen Kriege 1914–1918. S. 386
56 Ebenda, S. 387
57 Ebenda, S. 388
58 Ebenda, S. 389
59 Ebenda, S. 389
60 Ebenda, S. 389 ff.
61 Ebenda, S. 401
62 Zuckmayer: Als wär's ein Stück von mir. S. 250
63 Balck: Ordnung im Chaos. S. 124
64 Die Bayern im Großen Kriege 1914–1918. S. 490
65 Zuckmayer: Als wär's ein Stück von mir. S. 249 f.
66 Die Bayern im Großen Kriege 1914–1918. S. 534 f.
67 Maser: Adolf Hitler. S. 142
68 Hitlers Tagesbefehl zum Tod des Generaloberst Dietl im Sommer 1944
69 Die Bayern im Großen Kriege 1914–1918, S. 558 und 565
70 Ebenda, S. 565
71 Als das im Frühjahr 1915 auf dem Lager Lechfeld bei Augsburg aufgestellte Deutsche Alpenkorps an die bedrängte Südtiroler Front eilte, um die erwartete italienische Offensive abzuwehren.
72 Die Bayern im Großen Kriege 1914–1918, S. 578
73 Weizsäcker: Erinnerungen. S. 50

Dritter Teil

In der Weimarer Republik 1919–1933

»Wir feiern den 9. Nov. 1923 als den Tag der unbedingten Treue zum Führer, zur Idee des Reiches, zur Ehre der Nation und zur nationalen Gemeinschaft des deutschen Volkes. Die 16 Blutzeugen der Bewegung sind für jeden deutschen Mann seitdem Vorbild geworden. Der Typ des politischen Soldaten ist in ihnen vorgebildet.«

Eduard Dietl

I. Revolution und Räterepublik Bayern

Eduard Dietl war 24 Jahre jung, als er voller Begeisterung und patriotischer Emotionen mit seinem Regiment in den Ersten Weltkrieg gezogen war. Er war 28 Jahre alt, als er dem Inferno entronnen war. Die Gefühlsaufwallungen, die er während dieser Zeit durchlebte, waren deckungsgleich mit jenen des Pour le mérite-Trägers Ernst Jünger, der da schrieb:

> »Der Geist jener Tage wird uns immer einen Höhepunkt und ein vorbildliches Ziel bedeuten, er war von allem Gemeinen entschlackt, die Idee war seine treibende Kraft, nur daraus erklärt sich das Wunderbare der Leistung, in der er sich verwirklichte. Das soll man nicht anzugreifen versuchen durch die Frage: ›Wozu ist das alles gewesen?‹, denn hier offenbart sich eine Größe, die über die Grenzen hinauswuchs, innerhalb deren es Zwecke gibt. Eine unsterbliche Tat ist unbedingt und von ihrem Ausgang unabhängig, sie ist für ein Volk eine ewige Quelle der Kraft. Wir Überlebenden werden immer stolz sein, einer solchen Jugend angehört zu haben.«[1]

Auch Dietl war es!
Und in diesem Geiste betrat er, »im Felde unbesiegt«, wie ihm von höchster Autorität wiederholt bestätigt wurde, seine Heimat. Er war wiederholt verwundet und auf Grund seiner Tapferkeit vor dem Feinde wiederholt ausgezeichnet worden. Sein Gesicht war ausgemergelt und nicht um vier Friedens-, sondern um vier entbehrungsreiche Kriegsjahre gealtert. Der drahtige Körper war noch schlanker, ja dürrer geworden. Aber sein Gesicht war durch das Erlebnis des Krieges und der Frontkameradschaft aufmerksamer als je zuvor.

1. Die bayerische Revolution von 1918/19

Eine Welt war für Dietl und seine Frontkameraden zusammengebrochen, als sie nach Bayern kamen und dort in den Strudel der chaotischen Nachkriegswirren hineingezogen wurden. Tiefer, immer tiefer drangen die revolutionären Wirren in Dietls Seele und sein urbayerisches Gemüt, bis für ihn der Entschluß feststand: Er wollte nicht weiter tatenlos zusehen und die Dinge auf sich zukommen lassen. Nein, dafür war er viel zu sehr ein Mann der Tat und sein Herz nach wie vor voller patriotischer Gefühle für das aus allen Wunden blutende Vaterland.

Allzu lange hatten die Wittelsbacher, das Gesamtministerium und der Landtag zwischen 1914 und 1918 die zunehmende Radikalisierung untätig verfolgt, da sie den Ernst der politischen Lage verkannten. Als sie dann doch noch Maßnahmen gegen die Unruhen, Demonstrationen und Streiks ergriffen, war es bereits zu spät, denn »das rasch um sich greifende Unbehagen richtet sich nicht nur gegen den Norden, gegen Berlin, gegen Preußen, gegen die Hohenzollern, gegen das Reich, es richtet sich auch gegen die Wittelsbacher, vornehmlich gegen König Ludwig III., gegen das Gesamtministerium und vor allem gegen den Krieg und seine Begleiterscheinungen. Die Meinung setzt sich allgemein durch, Bayern könne sich aus der unabwendbaren Katastrophe heraushalten, wenn es einer neuen Entwicklung mutig den Weg bahne.«[2]

An die Spitze dieser Entwicklung trat ganz unverhofft eine alles andere als charismatische Persönlichkeit, und zwar der Berliner Schriftsteller und Redakteur, der demokratische Sozialist und intellektuelle Jude Kurt Eisner, ein sonderbarer Prophet mit struppigen Haaren, den die Geschichte dazu ausersehen hatte, so Theodor Heuss, »auf dem weißblauen Grunde Münchens 1918 die Schnörkel des Paradoxen in das deutsche Schicksal zu zeichnen ...«[3]

Der 7. November 1918 war in München mehr als ein spannungsgeladener Tag. Die große Friedenskundgebung, die auf der Theresienwiese abgehalten wurde, schlug sehr schnell in eine offene Revolution um. Während die Anhänger der SPD sich nach der Versammlung zerstreuten, forderten die Anhänger der USPD die Arbeiter und Soldaten auf, sich ihnen anzuschließen. Schon bald schoben sich Menschenmassen durch die Münchner Straßen, stürmte der Mob die Kasernen, plünderte Läden und Wohnungen und hielt gar die Züge an. Kurt Eisner, der sich an die Spitze dieser Bewegung stellte, hatte leichtes Spiel, denn der verschreckte Adel und das verängstigte Bürgertum ließen in der Nacht vom 7. auf den 8. November 1918 die Durchführung dieser *ersten Revolution* zu. Daraufhin bestimmte der »Arbeiter- und Soldatenrat« Eisner zum Ministerpräsidenten, der eine neue Regierung bildete. »Eisner veröffent-

Dietls Geburtshaus in Bad Aibling (7)

Der Wendelstein, Dietls Hausberg, mit Blick auf das Kaiser-Gebirge und die Zentralalpen (8)

1909 – Absolvia Rosenheim. Links außen Eduard Dietl, in der Bildmitte Max Binder, der spätere Architekt des Jäger-Denkmals auf dem Grünten und des Karpatenfriedhofes (9)

Frontkämpfer in den Materialschlachten des Ersten Weltkrieges (10)

Schauplatz der Erschießung Kurt Eisners in der Münchner Innenstadt (11)

Freikorps-Formationen ziehen durch das befreite München (12)

Veteranensaal (Leiberzimmer) des Münchner Sterneckerbräu (13)

In den Anfangsjahren der NSDAP zog Hitler noch in Zivil durch das bayerische Oberland (14)

licht, gekürzt und verstümmelt, bayerische Dokumente zum Kriegsausbruch, glaubt er doch, durch ein freimütiges Eingeständnis der deutschen Kriegsschuld das Wohlwollen der Siegermächte erringen zu können. In Kenntnis der Gefahr, die Bayern von der verfassungsrechtlichen Neugestaltung des Reiches droht, fordert er eine Föderalisierung Deutschlands. In Bayern leitete er die *verfassungsrechtliche Umwandlung* ein.«[4]

Mehr noch: Fast mühelos gelang am 13. November 1918 der Sturz des Hauses Wittelsbach. König Ludwig III. wich auf Anraten seines Innenministers nach Schloß Wildenwarth am Chiemsee aus und entband seine Offiziere und Beamten von ihrem Eid. Damit war Dietl Strandgut des Soldatenstandes. Von den Siegern gedemütigt, vom König entlassen, von den Räten ungeliebt, so schritt er in seiner zerschlissenen Offiziersuniform durch eine politische Landschaft, die nicht mehr die seine war. Wer will es ihm verdenken, wenn er sich angesichts der chaotischen Zustände in Bayern und Deutschland immer öfters fragte, wofür und weshalb er überhaupt im Weltkrieg gekämpft und gelitten hatte?

Aber es gab für Dietl auch einen Lichtblick in jenen Tagen der Finsternis, denn die Wahl zum ersten bayerischen Landtag, die am 12. Januar 1919 stattfand, zeigte, daß die Position Eisners politisch nicht haltbar war. Die Unabhängigen Sozialdemokraten erhielten nämlich nur drei von insgesamt 180 Mandaten.[5] Ein Zusammenstoß zwischen den parlamentarischen Kräften einerseits und Eisner, der nach wie vor von den »Arbeiter- und Soldatenräten«, aber auch von denen der Bauern unterstützt wurde, andererseits schien unausweichlich zu sein. Bevor es jedoch dazu kam, wurde Eisner, der als preußischer Jude beschimpft wurde, am 21. Februar 1919 auf dem Weg von seinem Amtssitz, dem Palais Montgelas, zur Eröffnung des Landtages von dem 22jährigen rechtsradikalen Studenten Anton Graf Arco-Valley hinterrücks niedergeschossen.

Nach diesem Attentat löste der Landtag sich in Panik auf. Verschiedene Minister, darunter der Kriegsminister Roßhaupter, mußten ihre Ämter niederlegen. Nun traten die Räte die Herrschaft an. Da die politische Lage in München sich von Tag zu Tag zuspitzte, wich der am 17. März 1919 gewählte sozialdemokratische Ministerpräsident Johannes Hoffmann mit dem von ihm gebildeten Gesamtmi-

nisterium nach Bamberg, in Dietls altvertraute Garnison der Vor-
kriegszeit, aus, um in der Abgeschiedenheit der fränkischen Pro-
vinz die Freiheit des politischen Handelns zurückzugewinnen, das
heißt, um »die Beratung einer neuen bayerischen Verfassung
durchzuführen und die zusammengebrochene Verwaltungstätig-
keit wieder aufzunehmen«.[6]

2. Die Räteherrschaft in München

Noch stand Dietl, der am 5. Februar 1919 zum 5. Infanterie-Regiment versetzt worden war, mit geballten Fäusten abseits und beobachtete voller Mißtrauen die politische Entwicklung in München.
Denn dort nahm »die *zweite Revolution* ihren Anfang, in der Anhänger des Parlamentarismus und Befürworter der Räteherrschaft
miteinander ringen. Unzufrieden mit der Entwicklung, beschließen in der Nacht vom 6./7. April 1919 die in München weilenden
Mitglieder des Zentralrates der Arbeiter-, Bauern- und Soldatenräte und die Angehörigen des revolutionären Arbeiter- und Bau-
ernrates nach einer turbulenten Nachtsitzung die *dritte Revolution*« – und zwar durch die »Ausrufung der Räterepublik Baiern«.[7]
Da die Anhänger der KPD mit der jetzt geschaffenen »Herrschaftsstruktur« nicht zufrieden waren, sprachen sie von einer
»Schein-Räterepublik« und proklamierten nun ihrerseits am
13. April 1919 die »wahre kommunistische Republik«. Aber weder
die Appelle zum Kampf noch die »Proklamation des Generalstrei-
kes« konnten die *vierte Revolution*, die »kommunistische Räterepublik«, retten.[8]
Es war in Bamberg und nicht in München, wo der Entschluß her-
anreifte, die Hilfe des Deutschen Reiches zur Niederwerfung der
Räteherrschaft in München zu erbitten, da die dem bayerischen
Gesamtministerium zur Verfügung stehenden Truppen dafür nicht
ausreichten.
Nun war auch Dietl nicht länger gewillt, dem Tun und Treiben der
Räte tatenlos zuzusehen. So trat er, der durch und durch deutsch-
national und völkisch eingestellte Weltkriegsoffizier, voller Idealis-
mus in das spätere Freikorps Epp ein, das nach dem ehemaligen
Kommandeur des bayerischen Infanterie-Leib-Regiments benannt

wurde. Daß Dietl gerade in Epps Freikorps eintrat, hatte einen handfesten Grund, denn dieser finanzierte extreme nationale Gruppen und Gruppierungen aus einem Geheimfonds der Reichswehr, die in Bayern mit den Freikorps versuchte, eine eigenständige Politik zu betreiben.

3. Vom Geist der Freikorpskämpfer

Daß Dietl und seine gleichgesinnten Kameraden sich voller Begeisterung den Freikorps, die nun allerorts wie die Pilze aus dem revolutionären Boden Bayerns und des Reiches schossen, anschlossen, lag einzig und allein am tragischen Kriegsausgang. Denn was blieb dem nationalbewußten Dietl noch vom Weltkrieg, den Lenin einmal einen »gewaltigen Beschleuniger der Ereignisse«[9] genannt hatte? In welche Richtung sollte es ihn nach der Schmach von Versailles treiben?

Wie die Masse der deutschen Frontsoldaten, so hatte auch Dietl in erster Linie deshalb gekämpft, weil es für ihn keine andere Möglichkeit gab und er deshalb bis zum bitteren Ende in seinem Frontabschnitt, in den man ihn befohlen hatte, ausharren mußte. Daß Dietl auch psychisch überlebte, lag darin begründet, daß ihn sein vaterländisches Pflichtgefühl in keinster Weise am Sinn des Weltkrieges hat zweifeln lassen. Der Krieg war für ihn und seine Kameraden »ein selbstverständlich, wenn auch nicht freudig hingenommenes Schicksal; dort waren sie in eine neue Erlebniswelt ... hineingewachsen, hatten vor allem den Wert der Kameradschaft entdeckt, so daß viele bei der Heimkehr die sozialrevolutionären Vorgänge in der Heimat nur schwer verstehen konnten«. Und Dietl zählte gar zu jener Minderheit von Soldaten, »die den Krieg um des Krieges willen geliebt hatten und noch liebten, die nicht mehr nach Hause fanden und mit dem Krieg, der Kameradschaft und der Armee auch ihre soziale Verwurzelung schwinden sahen«. Er war der geborene Haudegen, der Landsknecht, der bereit war, sich jeder Bewegung, »die ihm eine Fortführung des abenteuerlichen Soldatenlebens«[10] gestattete, anzuschließen. So wie er, Dietl, die Gefahren der Berge liebte, so faszinierte ihn die Gefahr des Kampfes. Friedrich Sieburg hat diesen Landsertyp wie folgt geschildert:

»... ich möchte nie wieder nach Hause. Mein ganzes Leben möchte ich auf diesen Landstraßen gehen, diesen Himmel absuchen, die Welt nach Planquadraten und Divisionsabschnitten messen und die Tageszeiten nach der Stärke des Artilleriefeuers schätzen ... Mein Deutschland fängt da an, wo die Leuchtkugeln aufsteigen, und hört hier auf, wo der Zug nach Köln abgeht ... Ich kann nicht nach Hause gehen und das alte Leben wieder aufnehmen. Alle Menschen werden sich hineinmischen, Deutschland wird wieder sein, wie es früher war, so beliebig, so bequem ... Ich weinte und schrie vor Zorn, daß wir den Krieg verloren hatten.«[11]

Dietl war einer dieser gestrandeten »Nur-Soldaten-Typen« – ruhelos hin und her getrieben von panischer Lebensangst, Angst »den inneren Halt zu verlieren, den ihnen die durch Kampf und gemeinsames Erleben zusammengeschweißte Gemeinschaft gewährt hatte«.[12] Da er nichts, aber auch rein gar nichts gelernt hatte und erlernen wollte als das Kriegshandwerk, war er unentwegt auf der Suche nach einer neuen Existenz in einem seinen chauvinistischen Vorstellungen entsprechenden Deutschland.

Diese Suche lief dann fast zwangsläufig auf eine neugebildete Formation zu: die Freikorps, die die neue Regierung rasch zu Hilfe rief, um den Aufständen und Unruhen im Innern des Reiches und an seiner bedrohten Ostgrenze Herr zu werden. Diese Verbände rekrutierten sich zu einem Großteil aus Männern vom Schlage eines Eduard Dietl, deren Denk- und Handelsweise dem Kriegserlebnis entsprang. Wenn er, Dietl, schon die »Heimat der Front« verloren hatte und die des neuen Staates ihm noch fremd war, so sollte ihm wenigstens das Freikorps mit seinem Geist, das ihn mit der Parole »für Ruhe und Ordnung« angeworben hatte, eine neue Heimstätte werden. Mehr noch: Die Freikorps »gewährten Aussicht auf Kampf und die Möglichkeit, den an der Front erfahrenen Wert der Kameradschaft weiterhin zu erhalten«. Dietl und seine Männer waren sich einig. »Ihre persönliche Treue galt dem Führer ihrer Einheit, ihr Dasein war Aktion, Kampf gegen Bolschewisten, Proletarier, Separatisten, Juden, so daß viele sich keinen klaren Begriff machten, wofür gekämpft wurde. Sie schafften Ordnung mehr oder weniger auf eigene Faust, ohne sich Rechenschaft darüber zu geben, daß sie im Grunde Söldner einer Regierung waren, deren Tendenzen sie nicht bejahten.«[13]

Da nur einige größere Freikorps von älteren und absolut zuverlässigen Offizieren geführt wurden, stellte die Masse der Freikorps mit ihrem Korpsgeist auf lange Sicht gesehen »eine Gefahr für eben jene Ordnung und Disziplin dar, zu deren Wiederherstellung in Deutschland und im Heer sie geschaffen worden waren. Aus diesen Gründen wünschten der Generalstab und die Mehrheit der höheren Offiziere, die Freikorps so bald als möglich durch ein reguläres Heer zu ersetzen.«[14]

Welches war nun der »wahre« Freikorpsgeist?

Eines war er gewiß nicht: politisch im demokratischen Sinn, denn die Freikorps waren, wie Oertzen es formulierte, »anti-bürgerlich aus dem Fronterlebnis; anti-November-republikanisch aus natürlicher Tradition«.[15] Die Freikorpskämpfer »waren zwar Revolutionäre, aber mangels eines politisch führenden Willens nicht in der Lage, ein neues Fundament für Deutschland zu bauen«.[16] Daher wurden sie vielerorts auch als »Wanderer ins Nichts«[17] apostrophiert. Für Gundelach zeigt »die Analyse des Freikorpsgeistes ... bereits, daß das vielbeschworene Kriegserlebnis keinesfalls nur harmloses und unverbindliches Erinnerungsgut ehemaliger Soldaten war, sondern als Basis für ein politisches Programm und eine politische Frontbildung dienen sollte«.[18]

Als Nur-Soldat sah Dietl im Freikorpsgeist wieder die alten, in den Materialschlachten des Weltkrieges verschütteten Sehnsüchte des wilhelminischen Deutschland und des königlichen Bayern verwirklicht. Jetzt zählten wieder die altehrwürdigen Tugenden wie Disziplin und Gehorsam, Autorität und Unterordnung. Seine Lebensmaxime – und die seiner Kameraden – »war ein Produkt der Vorkriegs- und Kriegsideologie; einerseits schöpften sie aus dem alten mythischen Brunnen des Antiliberalismus, des romantischen Irrationalismus und des heldisch-elementaren Heroismus, andererseits war ihre Werteskala durch Kriegsordnung und Fronterlebnis, die Allianz von Nationalismus und ›Militarismus‹ mit der einfachen und klaren Befehls- und Werthierarchie bestimmt«.[19]

4. Münchens Befreiung von der Räteherrschaft durch die Freikorps

Nachdem Berlin Bayerns Hilferuf zur Niederwerfung der Räteherrschaft in München erhalten hatte, erteilte der Reichswehrminister Gustav Noske, der »Bluthund« der Reichsregierung, eine der umstrittensten und markantesten Persönlichkeiten der Weimarer Republik, als sozialdemokratischer Oberbefehlshaber der regierungstreuen Truppen dem zum Stabschef des Unternehmens vorgesehenen Major von Unruh folgenden Befehl:

> »Die Lage in Bayern ist ungeklärt. München und andere Städte sind im Besitz der Spartakisten. Betriebs- und Soldatenräte übertrugen die vollziehende Gewalt einem Vollzugsrat mit Dr. Levien und Dr. Leviné an der Spitze, die mit einem Aktionsausschuß unumschränkt regieren. Die Bürger sind entwaffnet. Das Proletariat wird zu den Waffen gerufen und hat die Kasernen besetzt. Freiwillige unter General von Möhl sind außerhalb Münchens in Versammlung begriffen. Eine solche noch unfertige Neuformation wurde bei Dachau durch den Spartakistenführer Toller angegriffen und vertrieben. Die rechtmäßige Regierung ist nach Bamberg geflohen. Erobern Sie München, stellen Sie die Ordnung in Bayern wieder her und setzen Sie die Regierung wieder in ihre Rechte ein. Stellen Sie ein Oberkommando für dieses Unternehmen auf, welches ich als schwierigstes aller bisherigen Sanierungen ansehe. Fordern Sie Truppen vom Gruppenkommando Freiherr von Lüttwitz und hüten Sie sich vor allem vor Rückschlägen, die heute für uns untragbar sind.«[20]

Die 20000 Mann, die Noske, das spätere eigentliche Opfer des »Kapp-Putsches«, Richtung München in Marsch setzte, wurden wie folgt eingeteilt:

»1. Ein preußisches Kontingent, zu dem u. a. gehörten:
  a) zwei Garde-Divisionen unter Generalleutnant von Friedeburg;
  b) die 2. Brigade der Kavallerie-Schützen-Division unter Oberst Graf von Magnis;
  c) die 2. Marine-Brigade des Freikorps Lettow-Vorbeck unter Korvettenkapitän Ehrhardt;
  d) das Bayerische Schützenkorps unter Oberst von Epp;
  e) das Freikorps Görlitz unter Oberstleutnant Faupel;

f) ein Panzerzug und eine Fliegerstaffel.
2. Ein württembergisches Kontingent unter General Haas.
3. Ein bayerisches Kontingent, bestehend aus
   a) allen früheren Verbänden des Bamberger Heeres unter General von Möhl;
   b) dem Freikorps Schwaben unter Major Hierl.«[21]

Hinzu kamen noch verschiedene Freiwilligenformationen wie die Freikorps Oberland, Schwaben, Werdenfels und Grafing und andere Abteilungen, so daß die Gesamtstärke der gegen die Räteregierung eingesetzten Truppen der sogenannten »Weißen Armee« schließlich annähernd 35 000 Mann betrug – unter ihnen Oberleutnant Eduard Dietl, der im »Stahlgewitter« des Ersten Weltkrieges gehärtet worden war. Der Oberbefehl lag in den Händen Generals von Oven, der am 23. April 1919 von Noske die kurze Weisung erhielt:

> »Das Operationsziel ist München. Dort ist die Gewalt der gesetzmäßigen bayerischen Regierung wieder herzustellen ...«[22]

Das bedeutete, daß man mit einem Widerstand der rund 30 000 Mann starken sogenannten »Roten Armee« rechnete, in die auch russische Kriegsgefangene eingetreten waren, aber auch entschlossen war, einer militärischen Auseinandersetzung unter keinen Umständen auszuweichen. Und das war es ja, was Dietl mit geradezu magischer Kraft angezogen hatte: die Aussicht, sich im Kampf Mann gegen Mann im Herzen seiner bayerischen Heimat auszuzeichnen, um die Not und den Terror in und um München zu beseitigen. Dieser Einsatz gestaltete sich für ihn folgendermaßen:
Das Freikorps Epp – Dietls Freikorps – wurde in Ohrdruf aufgestellt. Es setzte sich während seines Münchner Einsatzes aus dem württembergischen Freiwilligen-Regiment Seutter, der Schützen-Brigade Herrgott und dem Freikorps Liftl, das nach dem 1. Mai 1919 durch die Freikorps Schwaben und Werdenfels verstärkt wurde, zusammen. Als Dietl sich fern der Heimat in Thüringen in das Freikorps des Obersten Ritter von Epp einreihte, konnte er noch nicht wissen, daß dieser Ort auch später zu einem bedeutenden Meilenstein in seinem Leben werden sollte. Nun rückte er über

Stuttgart und Ulm zur Einschließung seiner bayerischen Landeshauptstadt nach Tutzing vor. Nachdem am 1. Mai 1919 der Einschließungsring Oberföhring – Zamdorf – Perlach – Thalkirchen – Heilanstalt Neufriedenheim – Laim – Riesenfeld geschlossen worden war, setzte General von Oven den Angriff auf München für den 2. Mai, um 11.00 Uhr, fest. Oberst Ritter von Epp hatte seine Verbände um 6.00 Uhr über Straßlach und Grünwald in Marsch gesetzt.

In Kurt Eisners Villa in Großhadern nahmen das Freikorps Liftl und das württembergische Freiwilligen-Regiment Seutter den Kommunistenführer Landauer gefangen. Von Sendling aus marschierte Seutter mit seiner verwegenen Schar unter dem Feuerschutz von Minenwerfern und schweren Maschinengewehren in geschlossenen Kompanien in die Münchner Innenstadt.

Mit der Schützen-Brigade Herrgott erreichte Oberleutnant Eduard Dietl nach Gefechten bei Pöcking und Hohenschäftlarn über Harlaching gegen 19.00 Uhr das Gefängnis Stadelheim. Am 2. Mai 1919 marschierte die Brigade in zwei Kolonnen in München ein. Die rechte Kolonne unter Major Vogel erhielt beim Vorrücken aus den Sedelbauer Werken starkes gegnerisches Feuer. Mit Artillerieunterstützung konnte das Werk allerdings gegen Mittag genommen werden. Dietls 3. Kompanie brach zwar den restlichen Widerstand, aber beim Weitermarsch in Richtung Weinbauernstraße ging der ganze Feuerzauber erst richtig los. Aus Gebäuden und Dachluken, aus Fenstern und Kellern pfiffen die Geschosse Dietl und seinen Mannen nur so um die Ohren. Sie konnten nur mit Hilfe der 4. Kompanie und der Unterstützung der Batterie Prager im wahrsten Sinne des Wortes herausgehauen werden, und zwar in der Art, daß ein mit Maschinengewehren bestückter Lastkraftwagen rücksichtslos einen Weg freischoß. Dennoch: Zum ersten Male wirkte der Ausspruch »Der Dietl ist da!« wie eine Befreiung, nachdem er den Stadtteil Giesing mit seiner Kompanie von den Spartakisten befreit hatte.

Wenn Dietl jedoch geglaubt hatte, daß die Räteherrschaft in München bereits eine zeitgeschichtliche Episode war, so wurde er doch rasch wieder auf den Boden der rauhen Wirklichkeit zurückgeholt, denn ein Teil der kommunistischen Anhänger setzte den Kampf in

verschlagener Weise fort. Bei Nacht wurden zum Beispiel Wacht-
posten überfallen und ermordet. Nochmals eskalierten Gewalt
und Gegengewalt. So erschoß die »Rote Armee« bürgerliche Geiseln, während die »Weiße Armee« 21 Mitglieder des katholischen
Gesellenvereins St. Joseph, die als »Rote« denunziert worden
waren, bei einer angeblich verbotenen Versammlung am Karoli-
nenplatz erschoß und die Truppen des Freikorps Epp den Kommunistenführer Landauer erschlugen.

Bis zum 10. Mai 1919 wurden bei den laufenden Hausdurchsuchun-
gen 169 leichte Geschütze, 11 schwere Geschütze, 760 Maschinengewehre, 21351 Gewehre, Karabiner und Pistolen sowie mehrere
Millionen Handgranaten und Patronen sichergestellt. Am 11. Mai
verließen die württembergischen und preußischen Truppen die
trostlose Münchner Innenstadt, wo noch am 30. Mai 1919 der gesamte Lenbachplatz mit Drahtverhau und Doppelposten abgesperrt war[23], und kehrten in ihre Heimatstandorte zurück.

Nach polizeilichen Ermittlungen kosteten die chaotischen Zustände in München zwischen dem 7. Januar und dem 14. Juni 1919
insgesamt 625 Menschen das Leben. Im Kampf um die Landeshauptstadt verloren die Truppen der Freikorps acht Offiziere und
60 Mann, zählten 170 Verwundete (25 Offiziere, 145 Mann) und
zehn Vermißte.

II. Im 100000-Mann-Heer der Reichswehr

Der 15. Oktober 1919 war für Eduard Dietl, der erst zwei Monate vorher, am 19. August 1919, zum Hauptmann befördert worden war und damit eine der nur 4000 bis 4200 Offiziersstellen der Reichswehr erhalten hatte, ein denkwürdiger Tag. Bereits in aller Frühe herrschte bei ihm und seinen Kameraden vom Schützen-Regiment 41[24], in dem er für kurze Zeit Kompaniechef war, eine gewisse innere Unruhe, als sie an jenem goldenen Oktobertag in rechteckiger Formation auf dem Kasernenhof zur Vereidigung aufmarschiert waren. Da stand er nun, der ehemalige Offizier der alten bayerischen Armee, und schwor den Eid auf das neue Reich:

> »Ich schwöre Treue der Reichsverfassung und gelobe, daß ich als tapferer Soldat das Deutsche Reich und seine gesetzmäßigen Einrichtungen jederzeit schützen, dem Reichspräsidenten und meinen Vorgesetzten Gehorsam leisten will.«[25]

1. Der »Schieberstaat«, die Republik von Weimar

Wie seine Kameraden aus der Kaiserzeit, so hatte Dietl zwar seinen Eid auf die neue Reichsverfassung abgelegt, aber innerlich blieb er doch auf Distanz zu der 1918/19 entstandenen demokratischen »Republik von Weimar«. Das hatte vielerlei Gründe. Die demokratische Verfassung war das Kind einer Niederlage oder – nach der im nationalistischen Lager, dem auch Dietl angehörte, gläubig aufgenommenen Legende – die Folge eines heimtückischen Dolchstoßes in den Rücken einer im Felde unbesiegten Armee. Zum einen brachte der junge demokratische Staat als erstes die Inflation der Nachkriegsjahre, in der viele Bürger ihre hart erworbenen Ersparnisse verloren, zum anderen zahlte die demokratische Regierung – gezwungenermaßen, muß man sagen – Reparationen an die Sieger, das heißt, sie mußte bis zu einem gewissen Grad eine »Erfüllungspolitik« betreiben, wenn sie auch in ihrem Bestreben nach einer friedlichen Revision des Versailler Diktats durchaus Erfolge aufzuweisen hatte. Die demokratischen Parteien waren unter sich so zerstritten, daß eine Regierungskrise der anderen folgte. All diese Faktoren ließen bei Dietl und seinen Kameraden aus dem nationalistischen Spektrum der Parteienlandschaft eine derart starke Abneigung gegen diesen Staat entstehen, daß sie sich einen »starken Mann« regelrecht herbeiwünschten. In weiten Bevölkerungs- und Offizierskreisen wurde die Weimarer Republik für Übelstände verantwortlich gemacht, die sie nicht verursacht hatte.

Dietls Generation war – ob blindlings oder mangels höherer Einsicht – einfach nicht gewillt, einzusehen, daß die junge deutsche Demokratie die unausweichlichen Konsequenzen, die die Niederlage des Kaiserreiches mit sich gebracht hatte, bis zur bitteren Neige auszulöffeln hatte, und zwar sowohl die Unterzeichnung und Erfüllung des Versailler Vertrages als auch die atemberaubende Inflation. So wuchs die Kluft zwischen dem Staat und den ihn tragenden Repräsentanten einerseits und einem immer größer werdenden Teil des Volkes und der Armee, die sich von der Weimarer Republik distanzierten, andererseits. Schon sprach man im rechten, nationalistischen Lager – aber auch in Kreisen der Reichswehr – vom »Judenstaat«, vom »Schieberstaat«, vom »Staat der Erfüllungspolitiker« und vom Staat der »System-« und »Novemberverbrecher«.

2. Die vorläufige Reichswehr

Nicht nur in der Weimarer Verfassung, auch in der eigenartigen Stellung der Reichswehr, insbesondere in der ihrer Vorgängerin, lag eine institutionelle Schwäche der Weimarer Republik. Im Winter 1919/20 hatte der erste Reichswehrminister der jungen deutschen Demokratie, der Sozialdemokrat Gustav Noske, mit der Generalität eine Art Abkommen getroffen, nach dem die Offiziere sich der bedrohten Republik zur Verfügung stellten, um die spartakistisch-kommunistischen Aufstände in München, Berlin, Sachsen und Rheinland-Westfalen niederzuwerfen. So entstand »die vorläufige Reichswehr ..., ein buntes Gemisch von Freikorps und wieder aufgefüllten alten Formationen ...«[26], wie Noske in seinem Buch »Von Kiel bis Kapp« schrieb. In ihren Reihen treffen wir auch auf den Hauptmann Eduard Dietl.

Ursprünglich sollte die vorläufige Reichswehr eine Gesamtstärke von 200 000 Mann nicht überschreiten. Aber schon bald verlangten sowohl die Vertreter des preußischen Kriegsministeriums als auch Wilhelm Groener, 1918/19 Erster Generalquartiermeister in der OHL, von Reichsfinanzminister Matthias Erzberger mit Erfolg eine Aufstockung des Etats, und zwar mit der Begründung, »daß die Aufgaben des Grenzschutzes und die Niederwerfung des revolutionären Proletariats im Innern größere militärische Kräfte beanspruchten, als man vorher geglaubt habe«.[27] Dietl interessierte dabei insbesondere, daß das bayerische Militärministerium am 10. Mai 1919 die Errichtung von Truppenteilen nach den Bestimmungen des Reichsgesetzes vom 6. März 1919 anordnete. Das Oberkommando von Möhl in München wurde in das Bayerische Reichswehrgruppen-Kommando 4 umgewandelt. Ihm wurden die bayerische Schützen-Brigade Nr. 21 und die in Aufstellung befindlichen bayerischen Reichswehr-Brigaden Nr. 22–24 unterstellt.

3. Die Reichswehr

Bis zum 1. Oktober 1919 war nicht nur der Aufbau der Spitzengliederung abzuschließen, sondern auch die vorläufige Reichswehr auf 200 000 Mann zu reduzieren. Mehr noch: Als am 25. August 1919 der Reichspräsident Friedrich Ebert und der Reichswehrminister Gustav Noske, der als »Arbeiterverräter« in die Geschichte eingegangen ist, die Bayerische Reichswehr samt ihrer Heeresverwaltung für das Reich übernahmen, fand die bayerische Armee ihr Ende. Gleichzeitig wurden die noch bestehenden Kommandobehörden und die demobilisierten Rumpfverbände der alten Armee, die aus militärischer Sicht als unzuverlässig angesehen wurden, dem Reichswehrministerium unterstellt. Der letzte bayerische Militärminister, Ernst Schneppenhorst (1881–1945), gedachte dieses nostalgischen Tages mit einem letzten Armeebefehl.

Man kann sich vorstellen, wie erleichtert Dietl war, als der Kelch der Entlassung aus dem geliebten Offizierskorps an ihm vorübergegangen war. Aber damit war für ihn die Hängepartie immer noch nicht beendet, denn am 31. Juli 1920 wurde vom Chef der Heeresleitung der Befehl zur Bildung des sogenannten 100 000-Mann-

Heeres erteilt. Bis zum 30. September 1920 sollte die Heeresstärke auf 150 000 Mann und bis zum 31. Dezember 1920 gar auf die im Friedensvertrag von Versailles festgelegte Stärke reduziert werden. Als am 23. März 1921 das Wehrgesetz vom Reichstag verabschiedet wurde, war damit die endgültige Grundlage für den planmäßigen Aufbau der Reichswehr geschaffen. Im Heeres-Verordnungsblatt vom 9. April 1921 konnte Dietl sich mit den einzelnen Paragraphen und ihren aufschlußreichen Inhalten, vor allem aber mit den Verordnungen, die seine Offizierslaufbahn betrafen, eingehend vertraut machen. Den § 36 des Wehrgesetzes, der da lautete: »Die Soldaten dürfen sich politisch nicht betätigen«, hat Dietl entweder nicht gelesen oder bewußt ignoriert, denn wie ist es sonst zu verstehen, daß er sich in der bis zum Hitler-Putsch – aber auch darüber hinaus – von vielen als unpolitisch apostrophierten Reichswehr nicht nur politisch betätigte, sondern, wie wir noch erfahren werden, geradezu leidenschaftlich für die nationalsozialistische Bewegung engagierte?

4. Das Reichsheer

Wenden wir uns mit Dietl seiner Teilstreitkraft, dem Reichsheer, zu. Der Versailler Vertrag gestattete dem Deutschen Reich nach der Demobilisierung der alten Armee ab 1. Januar 1921 ein Berufsheer von 100 000 Mann. Das Reichsheer, das nach dem Erlaß vom 31. Juli 1920 gebildet wurde, bestand aus zwei Gruppenkommandos, sieben Infanterie- und drei Kavallerie-Divisionen.

Den Truppenverbänden wurde in den jeweiligen Standorten von ihren Ländern die Traditionspflege der in Friedens- und Kriegszeiten bewährten Vorgängerin nicht nur übertragen, sondern zur Pflicht gemacht. In Bayern beteiligten sich die Reichswehrformationen gar mit einer Ehrenformation und einem Musikkorps an der kirchlichen und weltlichen Gedenkfeier der Max-Joseph-Ritter[28] am Kriegerdenkmal vor dem Armeemuseum.

Da die 7. (bayerische) Division, die aus Truppenteilen der vorläufigen Reichswehr hervorgegangen war, in Bayern beheimatet war, wurde sie Dietls Großverband, der wie folgt gegliedert war: Stab 7. Division (Wehrkreiskommando VII) in München; Infanterieführer VII in München; 19. Infanterie-Regiment in München; 20. Infanterie-Regiment in Regensburg; 21. Infanterie-Regiment in Nürnberg; Artillerieführer VII in München; 7. Artillerie-Regiment in Nürnberg.

Dietls Regiment war das 19. (bayerische) Infanterie-Regiment, in dem er am 16. September 1920 Chef der 1. Kompanie wurde. Vom 2. bis 18. November 1921 nahm er zunächst an einem Leichtes-Maschinengewehr-Kurs in Grafenwöhr teil, um vom 6. bis 25. März 1922 einen derartigen Leichtes-Maschinengewehr-Kurs des I. Bataillons des Infanterie-Regiments 19 selbst zu leiten.

Der Regimentsstab sowie das I. Bataillon mit der Infanterie-Geschütz-Kompanie (vormals Minenwerfer-Kompanie) hatten wie der Stab der 7. Division und das Wehrkreiskommando VII als Standort die bayerische Landeshauptstadt; das II. Bataillon war in der bayerisch-schwäbischen Metropole Augsburg, das III. Bataillon (Gebirgs-Jäger) in den Gebirgsstandorten Kempten im Allgäu und Lindau am Bodensee stationiert. Das Ausbildungs-Bataillon sorgte von Landsberg am Lech aus für den entsprechenden Nachwuchs. Die Bataillons-Kommandeure, die Kompaniechefs, die älteren Truppenoffiziere, ja sogar ein Teil der Unteroffiziere und der Mannschaften waren Frontsoldaten. Dementsprechend hoch war auch die Leistungsbereitschaft, mit der man an die neue Aufgabe heranging. Man war eine verschworene Gemeinschaft, in der ein kameradschaftlicher Umgangston sowohl während als auch außerhalb des Dienstes vorherrschte, und hielt – wo und wann immer es nötig war – zusammen. Hierzu eines von vielen Beispielen:

Als Dietl Kompaniechef in München war, wurden im bayerischen Oberland und im Allgäu einige Skiwettkämpfe ausgetragen. Da der Reichswehr die Teilnahme an derartigen Veranstaltungen von den Siegermächten untersagt worden war, faßte Dietl den Entschluß, mit seinen besten Skiläufern in Zivil an den Start zu gehen, damit sie ihr Können unter Beweis stellen konnten. Von Xylander, Zorn, Macher und andere namhafte Skiläufer waren von seinem Plan begeistert. Aber noch fehlte ein zugkräftiger Name für die Truppe.

»Da stiegen sie einmal«, so wird berichtet, »bei grimmigem Schneesturm, in dem man keinen Hund vor die Tür gejagt hätte, auf eine einsame Schutzhütte und vereinbarten, daß jeder im Aufstieg darüber nachdenken sollte, wie sie ihre Kameradschaft nennen könnten. Als sie dann völlig erschöpft oben ankamen, ohne daß einem etwas eingefallen wäre, riß der Hüttenwirt die Tür auf, sah die Männer im Schneesturm stehen und rief: ›Ös seids ja koane Menschen net, bei so an Sturm, ös seids ja Büffel!‹ ›Büffel‹, rief Dietl, ›jawohl, Büffel, des san ma! Und i bin der Oberbüffel!‹«[29]

Nun hatte die eingeschworene Gemeinschaft um Dietl ihren Namen: die Büffel! Wenn er in späteren Jahren seine Truppe besuchte und rief: »Büffel, Ahoi!«, dann traten überall seine besten Männer hervor, um etwas ganz Außergewöhnliches mit ihm zu wagen.

5. Das Offizierskorps der Reichswehr

Man – auch Dietl – empfand es als eine Art Junktim: Während die Soldaten sich politisch nicht betätigen durften, versprach die Reichsregierung im Gegenzug, daß sie sich nicht in die inneren Belange, insbesondere nicht in die Ausbildungs- und Ausleseprinzipien und damit auch nicht in die personellen Verhältnisse der Reichswehr einmischen werde. So entwickelte die Reichswehr sich zu einer Art »Staat im Staate«. Das heißt: Es kam zu keiner inneren Verbindung des neuen demokratischen Staates mit seiner Wehrmacht. Die Forderung, die Reichswehr müsse »unpolitisch« sein, wurde besonders unter dem Einfluß ihres ersten Chefs der Heeresleitung, des Generalobersten Hans von Seeckt, so aufgefaßt, daß die Reichswehr an der demokratischen Staatsform zwar nicht besonders interessiert zu sein brauchte, aber gegenüber dem Staat loyal sein sollte. Jedoch sympathisierten die nationalistisch gesinnten Offiziere, die noch ganz von der monarchistischen Überlieferung geprägt waren und insgeheim die Wiederaufrüstung vorbereitet hatten, um die alte nationale Größe wiederzuerlangen, mit den rechtsextremen Parteien. Das bedeutete, daß die Reichswehr einen höchst zweifelhaften Schutz gegen eine vom rechten politischen Spektrum ausgehende innere Gefährdung darstellte.
Nach Seeckts Vorstellung war die Reichswehr ein Machtinstrument, »das die Staatsführung nach eigenem Ermessen für außenpo-

litische Zwecke einsetzen könnte ... Den Gebrauch des Heeres bestimmt die Staatspolitik: ist sie schlecht, wird sie einen falschen Gebrauch vom Heere machen, eine gute Politik einen richtigen.«[30] Hiermit hatte Generaloberst von Seeckt die Grenzlinie zwischen Armee und Staat gezogen. Nun sah er sich vor die Aufgabe gestellt, Offizieren vom Schlag eines Eduard Dietl klarzumachen, daß sie aus Liebe zum »Reich«, zum Staat, zwar ihre Vorbehalte gegen die Staatsform unterdrücken müßten, wie es die preußische Tradition der selbstlosen Pflichterfüllung erforderte, aber nicht ihre republikfeindliche Haltung[31], denn »niemand will auf die persönliche Überzeugung des Einzelnen, auf seine innere Einstellung zu den vielen Streitfragen der Zeit einwirken. Niemand fragt nach der politischen Gesinnung des Einzelnen. Niemand verlangt Zustimmung zu Taten, für welche der Einzelne nicht die Verantwortung trägt.«[32]

Damit konnte er der ungeteilten Zustimmung der nationalistisch gesinnten Offiziere sicher sein, und damit hatte er dem Hauptmann Dietl gewiß aus dem Herzen gesprochen. Rasch hatte er erkannt, daß die Reichswehr in erster Linie nicht zum Organ des jungen demokratischen Staates erzogen, sondern zu einem »Hort der Ordnung«, zu einer »nie versiegenden Quelle nationalen Denkens, nationaler Kraft« wurde, und übertrug dem Offizierskorps auch die Verantwortung für die »innere Wehrhaftmachung der Nation«.[33] Jeder Offizier sollte Lehrer und Erzieher des Volkes werden, eine Forderung, die Dietl schmeichelte, genauso wie die »Betonung der Standespflichten, der Ehrauffassung, Einwirkung durch das militärische Erziehungswesen und durch die Kommandeure auf das dienstliche und außerdienstliche Verhalten der Offiziere«.[34]

In diesen Freudenbecher fiel für Dietl allerdings ein Wermutstropfen, denn Generaloberst von Seeckt forderte von seinen Offizieren auch »eine Haltung der Abstinenz von aller Parteipolitik«.[35] Das fiel besonders Dietl, der sich schon sehr früh der nationalsozialistischen Bewegung angeschlossen hatte, sehr schwer. So geriet er schon bald in einen unentrinnbaren Gewissenskonflikt zwischen Seeckts Hauptgedanken, »die Reichswehr aus politischen Tagesfragen herauszuhalten, um dadurch größeres politisches Gewicht zu bekommen«[36], und seiner eigenen Einstellung, die zur Teilnahme am Hitler-Ludendorff-Putsch führte.

»Wir haben noch nicht verstanden«, so Generaloberst Hans von Seeckt nach dem Putsch tief betroffen, »unsere jungen Offiziere und unseren Offiziersnachwuchs auch nur in den elementarsten Grundsätzen wahrer Disziplin zu unterweisen; aber auch in den älteren Offizieren ist das alte Gefühl der Pflicht wankend geworden. Widerstandslos folgte die Masse der Schüler einem Abenteurer ...[37]

III. Dietl und die nationalsozialistische Bewegung

Der schwarze Balken am Ende von Dietls Personal-Nachweis ist allzu plakativ, als daß man ihn übersehen könnte. Und dieser fette Balken hat es in sich, denn er soll, so mutmaßen nicht wenige, etwas sehr Wichtiges verdecken, verbergen, ja ungeschehen machen. Aber statt dessen wird das Gegenteil von dem erreicht, was sich derjenige, der diesen aufsehenerregenden Balken wie einen vermeintlichen Schlußstrich gesetzt hat, erhofft oder erwünscht hatte: Man begibt sich auf den Weg der Quellenforschung und erfährt sehr bald in den einschlägigen Archiven[38], daß Eduard Dietl bereits 1919 mit der Mitgliedsnummer 524 im Münchner »Sternekkerbräu« in die DAP/NSDAP (= Deutsche Arbeiterpartei/Nationalsozialistische Deutsche Arbeiterpartei) eingetreten ist. Das heißt, Dietl gehörte zu jenen Nationalsozialisten, die aus tiefster Überzeugung und nicht aus opportunistischen Gründen der DAP/ NSDAP beitraten. Ja, er gehörte gar zu jenen Münchner Offizieren, die die NSDAP in der Reichswehr kasinofähig machten, die Hitler die Möglichkeit gaben, innerhalb der Reichswehr erstmals aufzutreten, und die ihn bei der Aufstellung und Ausbildung der SA nicht nur tatkräftig unterstützten, sondern mit ihren Männern in Zivil auch am Saalschutz bei Versammlungen der NSDAP teilnahmen oder gegnerische Parteiversammlungen mit Gummiknüppeln zersprengten – denn Dietl war zutiefst davon überzeugt, daß einzig und allein aus der nationalsozialistischen Bewegung die Erneuerung Deutschlands kommen würde.

Damit war Eduard Dietl also alles andere als ein unpolitischer Soldat, wie er heute gerne dargestellt wird. Er hat das Verbot der politischen Betätigung in keinster Weise beachtet, sondern genau das Gegenteil von dem gemacht, was Generaloberst von Seeckt und die Väter des Wehrgesetzes von ihren Reichswehroffizieren gefordert hatten. Um ganz sicherzugehen, erließ der Reichswehrminister am 1. April 1921 zu den politischen Bestimmungen des Wehrgesetzes einen Befehl, der den Angehörigen der Reichswehr vorschrieb, was sie unter einem politischen Verein zu verstehen hatten. Diesem »Verbot der Teilnahme an politischen Versammlungen und der Zugehörigkeit zu politischen Vereinen« konnte Dietl folgendes entnehmen:

> »Auf Grund des § 36 des Wehrgesetzes ... verbiete ich hiermit allen Soldaten (Offizieren, Unteroffizieren und Mannschaften):
> a) die Teilnahme an *politischen* Versammlungen ...
> b) die Zugehörigkeit zu politischen Vereinen. Politisch ist ein Verein, wenn er eine Einwirkung auf politische Angelegenheiten bezweckt ...«[39]

Da insbesondere in Bayern in nicht wenigen Truppenteilen der Reichswehr die politischen Ideen und Zielvorstellungen der Nationalsozialisten und anderer Rechtsextremisten geteilt wurden, muß uns die Mitgliedschaft und Tätigkeit Dietls in der DAP/NSDAP eigentlich nicht allzusehr verwundern, denn der Nationalsozialismus lag geradezu im Naturell dieses Offiziers begründet. Für ihn gab es ja keinen anderen Beruf als den des Soldaten. Er diente seinem Kaiser und König und dem Deutschen Kaiserreich, und als dieses gedemütigt war und jener die Flucht in das holländische Exil angetreten hatte, stellte er, deutschnationaler Patriot, der er war, sich voll und ganz der nationalistischen Bewegung zur Verfügung, zuerst als Angehöriger des Freikorps Epp, dann als Anhänger der Nationalsozialisten. Wer es allerdings wagt, den ersten Stein auf Dietl zu werfen, der muß sich auch fragen lassen: Welche politisch-ideologische Alternative gab es denn in jener Zeit? Die Sozialisten? Kommunisten? Nein, nicht für ihn! Also hin zu den Nationalsozialisten! Denn sie allein waren imstande, ihm, diesem durch und durch bodenständigen Oberbayern eine politische Heimat zu geben.

So war Dietl nicht nur das Vorbild eines idealen Truppenführers, sondern auch ein durch und durch politischer Soldat, wie Generalfeldmarschall Keitel es später, anläßlich des Staatsaktes für den tödlich verunglückten Oberbefehlshaber der Lappland-Armee, richtig formuliert hat.

1. Dietls Eintritt in die DAP/NSDAP

Es war im Spätsommer des Jahres 1919. Vom Isartor bogen drei Reichswehroffiziere ins Tal ein, wie die Verbindungsstraße zwischen dem Isartor und dem Münchner Rathaus heißt. Tief atmeten sie die föhnige Luft des Voralpenlandes ein, um in eiligem Schritt möglichst schnell ihr Ziel zu erreichen. Schon standen sie vor dem »Sterneckerbräu«, Tal Nr. 54, das sie rasch betraten. In seinem Hinterzimmer, im Veteranensaal, dem sogenannten »Leiber-Zimmer«[40], war die Luft rauchgeschwängert und gab jene Bierzeltatmosphäre wieder, wie man sie in München bis auf den heutigen Tag in den zahlreichen Bierhochburgen antrifft. Abrupt war das Stimmengewirr, das bis dato durch den Saal gedrungen war, beendet.
»Der Reichswehrhauptmann Röhm[41] ist da!« rief einer.
»Und der Dietl ist auch da!« frohlockte ein anderer.
Mit stolzgeschwellter Brust nahm der rundliche Hauptmann Ernst Röhm, der politische Berater des Chefs der Reichswehr in München und Adjutant des Generals Ritter von Epp, die Glückwünsche der Mitglieder der Deutschen Arbeiterpartei dafür entgegen, daß er neben dem Major Adolf Hühnlein auch seinen Hauptmannskameraden Eduard Dietl hierhergebracht hatte, um diesen für die politischen Ziele der DAP zu gewinnen. Und Röhm, ein begabter Offizier und im Grunde seines Herzens ein Monarchist, wußte, warum er gerade Dietl mitbrachte, denn dieser Dietl war einer jener Offizierstypen, mit denen man im wahrsten Sinne des Wortes Pferde stehlen konnte. In seiner kameradschaftlichen, umgänglichen und auf die Menschen zugehenden Art war er der ideale Offizier, um, so Röhms Meinung, die Münchner SA[42] mit Hilfe von gleichgesinnten Kameraden aufzustellen, auszubilden und die jugendliche Dynamik, Schlagkraft und Aggressivität dieses mächtigsten und zugleich gewalttätigsten Kampfverbandes aus der Frühzeit der NSDAP zu steigern.
Die Sturmabteilung wurde ursprünglich aus Restverbänden des alten Heeres sowie aus Angehörigen der Freikorps und Bürgerwehren in Bayern gebildet. Der als »Ordnerdienst« der NSDAP bezeichnete politische Kampfverband wurde nach einer Saalschlacht (4. November 1921) in »Sturmabteilung« umbenannt.

180

Durch die Reichswehrdienststellen bei der Waffenbeschaffung unterstützt, breitete die SA sich 1922/23 unter der Führung von Hermann Göring und Ernst Röhm von München ins Reichsgebiet aus. Vor 1933 war die SA durch Saal- und Straßenschlachten berüchtigt. Für Dietl und seine Männer waren »das Zettel-Ankleben, Flugblätter-Verteilen, Plakate-Anschlagen bzw. das gewaltsame Entfernen der Plakate und Anschläge der Gegner, das Bemalen von Häusern und Straßen mit Hakenkreuzen und antisemitischen Aufschriften, die Schlägereien mit politischen Gegnern, das Verprügeln und körperliche ›Überprüfen‹ von Juden, die Aufmärsche mit Fahnen und Musik, die Straßenkämpfe und Saalschlachten«[43] eine wahre »Gaudi«.

Ziehen wir ein Fazit: »Ohne die Hilfe der Reichswehr, ohne die Unterstützung durch die Reichswehroffiziere, besonders der Schützenbrigade Epp, vor allem Röhm, aber auch Dietl«[44], so Franz-Willing, hätte Adolf Hitler die SA nicht zu einem schlagkräftigen und gefürchteten Kampfverband formieren können!

So grundverschieden Röhm und Dietl von ihrer äußeren Erscheinung und von ihrer Wesensart auch waren – Röhm ein Homosexueller, »der sich den neuen Staat als Männerbund erträumte«[45], Dietl als der hagere, grobknochige, drahtig-kernige Bergsteigertyp –, in einem waren sich die beiden hundertprozentig einig: Die ungeliebte Weimarer Republik wurde von ihnen nicht nur innerlich abgelehnt, sondern sie war zu erneuern, und zwar mit Hilfe der völkisch orientierten Deutschen Arbeiterpartei.

Schon sehr früh war Dietl von gleichgesinnten Kameraden der 7. (bayerischen) Infanterie-Division und vor allem vom Hauptmann im Generalstab Ernst Röhm über die ihm geistig nahestehenden nationalen Gruppierungen und Zusammenschlüsse Münchens unterrichtet worden. So erfuhr er, daß es in der bayerischen Landeshauptstadt bereits vor dem Ausbruch des Ersten Weltkrieges, genauer gesagt seit 1913, einen völkischen »Germanenorden« gegeben hatte, der sich nach dem Zusammenbruch aus Gründen der Tarnung und Geheimhaltung »Thule-Gesellschaft« nannte. In seiner Geschäftsstelle im Münchner Luxushotel »Vier Jahreszeiten« konnte man Einblick in die Grundsätze dieser Gruppierung nehmen. Dort hieß es unter anderem:

»Nur ein bis ins dritte Glied rassereiner Deutscher kann Mitglied werden. Besonderer Wert ist auf die Propaganda der Rassenkunde zu legen. Die Prinzipien der Alldeutschen sind auf die ganze germanische Rasse auszudehnen. Es muß gegen alles Undeutsche gekämpft werden.«[46]

Zwischen 1914 und 1918 erhielt die völkische »Thule-Gesellschaft« starken Zulauf. Zu ihr gehörten in mehr oder weniger enger Verbindung auch so prominente Nationalsozialisten wie Julius Streicher, ein unerbittlicher Rassenfanatiker und der Herausgeber des Nürnberger Wochenblattes »Der Stürmer«, Rudolf Heß, ein junger Fliegeroffizier und der spätere Stellvertreter des Führers, Alfred Rosenberg, ein richtungweisender nationalsozialistischer Ideologe, Hans Frank, der spätere Generalgouverneur von Polen, sowie Karl Harrer, ein Journalist der »München-Augsburger Abendzeitung«. Der letztere gründete 1918 innerhalb der »Thule-Gesellschaft« einen »Politischen Arbeiterzirkel«, um, wie es hieß, die »völkisch eingestellten Arbeiter«[47] zu betreuen.

»Das«, so Röhm zu Dietl, »war schon was. Aber der entscheidende Schritt erfolgte kurz darauf.«

In Bayern stand die Rechtsradikalisierung der Linksradikalisierung in nichts nach. Zahlreiche bekannte Bayern schlossen sich der »Deutschen Vaterlandspartei« an; unter ihnen der Schriftsteller Ludwig Thoma, der vor Kriegsausbruch noch einen extremen Liberalismus und nach Kriegsende einen extremen Föderalismus vertrat, und der Maschinenschlosser Anton Drexler, der am 7. März 1918 den »Freien Arbeiterausschuß für einen guten Frieden« gründete.

Harrer und Drexler gründeten am 5. Januar 1919 mit ihren Arbeiterzusammenschlüssen die »Deutsche Arbeiterpartei«. Harrer wurde Vorsitzender der »Reichsorganisation«, Drexler Vorsitzender der Münchner Ortsgruppe der DAP, in die sich bis zu Dietls Eintritt erst 23 Parteimitglieder eingeschrieben hatten. Daß Eduard Dietl die relativ hohe Mitgliedsnummer 524 erhalten hatte, ist daraus zu erklären, daß das erste Mitgliederverzeichnis bereits mit der Mitgliedsnummer 501 begann, um gerade am Beginn der Bewegung eine starke Mitgliedschaft der DAP vorzutäuschen. Als 24. Mitglied erhielt Dietl also die Nummer 524! Damit steht fest, daß Dietl, von Röhm dazu animiert, ein Mann der ersten Stunde der nationalsozialistischen Bewegung war – und zwar vor seinem späteren Führer Adolf Hitler, aber auch vor Ernst Röhm, der pikanterweise erst nach Dietl offiziell in die DAP/NSDAP eintrat und deshalb nur die laufende Mitgliedsnummer 623 erhielt![48]

2. Hitler betritt die Bühne der DAP/NSDAP

Eines Tages, am 12. September 1919, ging die Tür zum »Leiber-Zimmer« auf, und an der Schwelle zwischen dem Draußen und dem Drinnen, zwischen der bürgerlichen und der nationalsozialistischen Welt stand ein mittelgroßer Mann in einem alten Cut und mit einem Rucksack auf dem Rücken: Adolf Hitler. Einen Augenblick hielt er inne. Jetzt schien er noch die Chance einer Umkehr zu spüren. Hinweg von diesem Ort verwirrender politischer Zielsetzungen; hinaus nach Schwabing, wo er sein Glück als Kunstmaler nochmals herausfordern könnte. Aber dann gab Hitler sich plötzlich einen Ruck und betrat das chauvinistische »Leiber-Zimmer«. An einem schwülen Sommernachmittag im Juni 1919 hatte Hitler sich in ausgetretenen Schuhen und mit abgewetztem Hemdkragen in der Münchner Türkenkaserne als Vortragsredner gemeldet, da er »Bildungsoffizier« werden wollte. Hauptmann Kriebel wollte diesen Typ erst gar nicht sehen und ließ ihn daher an den Leutnant Karl von Le Suire[49] verweisen. Da dieser sich auch nicht mit dem Gefreiten abgeben wollte, erteilte Le Suire Oberfeldwebel Reuschel die Anweisung, Hitler vor versammelter Mannschaft im Speisesaal einen Probevortrag halten zu lassen. Dieser erste Vortrag vor der Truppe wäre um ein Haar auch Hitlers letzter gewesen, denn er wurde ausgepfiffen, weil er gegen den bayerischen Separatismus polemisierte. »Nur Hauptmann Dietl«, so der Zeitzeuge Josef Hingerl, »fand an Hitler Gefallen und erkannte sein rhetorisches Talent.«[50] Mehr noch: »Als damals Einziger und im Regiment Alleinstehender« begriff Dietl, wie sein Führer später bekannte, »mit heißem Herzen und in brennender nationaler Sehnsucht, daß Adolf Hitler ihm und seinen Soldaten den neuen Glauben zu geben vermochte.«[51] Noch bevor Deutschland seinen Führer gefunden, hatte Dietl ihn entdeckt. Er empfahl Hitler an General von Möhl, den Kommandeur der bayerischen Truppen. So wurde Hitler, den fortan eine ganz »persönliche Freundschaft«[52], ja ein untrennbares Band gegenseitiger Wertschätzung mit seinem »Entdecker« Dietl verband, »Bildungsoffizier«.

Nun war Adolf Hitler einer jener Spitzel, die Epps Adjutant, der Hauptmann Röhm, beschäftigte, um die extremen nationalen Gruppen zu überwachen. Er, Hitler, wurde als »V-Mann« (= Vertrauensmann) zur Berichterstattung über eine Versammlung der Deutschen Arbeiterpartei in den Veteranensaal des Münchner »Sterneckerbräu« entsandt. Vor 45 Zuhörern hielt der Ingenieur Gottfried Feder einen Vortrag. In der anschließenden Diskussion plädierte ein Separatist für die Trennung Bayerns vom Deutschen Reich. Da wurde Hitler, der bisher vielen lediglich durch seinen schlaffen Händedruck und einen gewollt suggestiven Blick aufgefallen war, von einem wahren Wutausbruch übermannt. In erregten Worten pries er das eine, unteilbare Deutschland und brandmarkte die Spalter des Deutschen Reiches derart scharf, daß der Debattenredner »wie ein begossener Pudel«[53] floh.

Die Parteimitglieder waren von Hitlers rhetorischer Begabung, mehr jedoch von seiner politischen Ansprache derart fasziniert, daß Drexler ihn sogleich aufforderte, der Deutschen Arbeiterpartei beizutreten, denn »er sprach das, was im Bewußtsein aller vorhanden war, aus ... Er sprach sich«, so Hans Frank, »alles von der Seele und uns allen aus der Seele.«[54]

Im September 1919 wurde Hitler ohne eigenen Antrag mit der Nummer 555 Mitglied der Deutschen Arbeiterpartei. Er vermerkte anerkennend, daß ein nicht unbedeutender Teil von Dietls Münchner Kompanie mit der jungen nationalsozialistischen Bewegung mehr als sympathisierte.[55] Nicht selten hatte der Hauptmann mit seinen getreuen Reichswehrkameraden da und dort in Zivil den Saalschutz für die neue Bewegung übernommen. Hitler wußte, das war eine eminent wichtige Aufgabe. Derart von Dietl unterstützt, wurden die Münchner fortan alle 14 Tage »ersucht«, eine Versammlung der Deutschen Arbeiterpartei »bestimmt« zu beehren:

>»Deutsche Arbeiter-Partei‹
Ortsgruppe München   München, den 2. Dezember 1919
Wir ersuchen Sie hiermit zu der am Mittwoch, 10. Dez. 1919 Abends
punkt 7 Uhr im Gasthaus ›Deutsches Reich‹ Dachauerstr. 143 (Hal-
testelle Linie 24 Loristr.) stattfindenden
                              Versammlung
bestimmt zu erscheinen.
Die Deutsche Arbeiterpartei
Redner: Herr H i t t l e r *) über ›Deutschland vor seiner tiefsten Er-
niedrigung‹
Die Einladung dient als Ausweis. Der Saal ist geheizt.
                                          Der Ausschuß
                                        i. A. Josef Mayer
                                         1. Schriftführer
                                       Andrästr. 10/3 S.B.«[56]

Hitlers größte Waffe war bei derartigen politischen Versammlungen seine einmalige Begabung als Redner. Und da er sich der Faszi-
nation seiner Rhetorik auf die Massen bewußt war, scheute er sich
auch nicht, immer und immer wieder die Reizthemen »Dolchstoß-
legende«, »Novemberverbrecher«, »Judenrepublik« und dergleichen in Versammlungen, die von Dietl und dessen Männern wirkungsvoll geschützt wurden, unter die begeisterten Zuhörer zu
bringen. Dabei verlor er aber sein eigentliches Ziel nicht aus den
Augen, nämlich die Partei, in der er mit allen Mitteln ganz nach
oben wollte. Bereits im Januar 1920 gelang es ihm, sich gegen Karl
Harrer, eine kraftlose »Privatgelehrtennatur«, der Hitlers agitato-
risches Treiben zuweilen als unverantwortlich bezeichnete und
immer argwöhnischer betrachtete, durchzusetzen und diesen
schließlich aus der Führung der DAP zu verdrängen.
Ganz anders war Hitlers Verhältnis zu Anton Drexler, dem neuen
Vorsitzenden der DAP, der ihm in keinster Weise Schwierigkeiten
bereitete, sondern ihn grenzenlos bewunderte. So konnte Hitler
bereits in der Versammlung vom 24. Februar 1920 das Programm
der DAP, die sich nach dem 15. März 1920 NSDAP nennen sollte,
verkünden. Die erste Gründung einer Ortsgruppe der Nationalso-

---

*) Der Name Hitler wurde auf dieser mit Schreibmaschine geschriebenen und ver-
vielfältigten Einladung fälschlich mit »tt« geschrieben; vielleicht auch deshalb,
weil Hitler als Kunstmaler mit »Hittler« unterschrieb.

zialistischen Deutschen Arbeiterpartei außerhalb Münchens erfolgte ausgerechnet in Rosenheim, also in unmittelbarer Nähe zu Bad Aibling, wo Dietl geboren war. Nun ging es Schlag auf Schlag. Nach seiner Entlassung aus der Reichswehr am 31. März 1920 agierte Hitler ausschließlich als Propagandist seiner Bewegung. Bei seinen Auftritten »nutzt er die vor allem in Altbayern latente Aversion gegen das republikanische Deutsche Reich. Der provozierende Stil seines Auftretens in der Öffentlichkeit wird von einem Teil des Adels und des Bürgertums mit der Bemerkung entschuldigt, nur dadurch sei es möglich, die Massen zu gewinnen.«[57] Am 14. Mai 1921 empfing der bayerische Ministerpräsident von Kahr eine Delegation, die von Hitler angeführt wurde. Am 29. Juli 1921 wurde Hitler zum 1. Vorsitzenden der NSDAP gewählt. Seine SA wurde zum ersten Mal mit 800 Mann beim »Deutschen Tag« in Coburg, der am 14. und 15. Oktober 1922 stattfand, zu einem Großeinsatz mit schweren Straßenschlachten herangezogen. Es war zugleich der erste große Vorstoß der SA nach Nordbayern. 1923 umfaßte die NSDAP bereits 56 000 Mitglieder. Um Hitler hatten sich neben Ernst Röhm und Eduard Dietl, der 1920 nur deshalb aus der Partei ausgetreten war, weil er, wie er in seinem Wiederaufnahme-Antrag in die NSDAP vom 23. August 1943 schrieb, »als akt. Offiz. nicht Parteimitglied sein durfte«[58], so bedeutende Paladine wie Hermann Göring, ein hochdekorierter Kampfflieger des Weltkrieges, Joseph Goebbels, ein begabter, »aber ungemein verlogener Literat«[59], Alfred Rosenberg, Mitglied der »Thule-Gesellschaft«, Georg Strasser, Artillerie-Oberleutnant und Landshuter Apotheker, General Erich Ludendorff, der ehemalige Erste Generalquartiermeister, Hugo Bruckmann, Münchner Verleger, Julius Streicher, der Nürnberger Lehrer mit seiner mittelfränkischen »Deutschen Werkgemeinschaft«, sowie last not least General Franz Ritter von Epp, ehemaliger Kommandeur des bayerischen Infanterie-Leib-Regiments und Freikorpsführer, geschart.

3. Faschismus und Nationalsozialismus

Dietl war vom Scheitel bis zur Sohle ein deutscher Patriot. Angesichts der deutschen Niederlage im Weltkrieg und der Schmach der

Versailler Verträge dachte er nicht im entferntesten daran, nur in der Kaserne zu verweilen, um sich ausschließlich auf seinen dienstlichen Auftrag zu konzentrieren. Nein, Dietl agierte auch außerhalb der Kasernenmauern – und zwar recht wirkungsvoll, wenn er mit seinen Saalschutzleuten unterwegs war.

Sein erniedrigtes Vaterland stets vor Augen, trieb es ihn unstetig umher, denn die Zwischenkriegszeit brachte nicht nur diplomatische und wirtschaftliche Krisen, sie führte auch zu einer Krise des politischen Denkens, zu Zweifeln an den überlieferten Wertvorstellungen aus der verflossenen Kaiserzeit oder an der soeben neu übernommenen demokratischen Staatsform. Das chauvinistische Verhalten der (demokratisch regierten) Siegermächte in Versailles, die Instabilität und die Konzeptionslosigkeit, welche die parlamentarische Regierungsweise nicht selten in sich barg, und seine unbefriedigten politischen Wunschträume weckten in Dietl den irrationalen Ruf nach nationaler Größe und nach nationaler Geschlossenheit unter einer autoritären Führung. Und da viele seinerzeit dachten und handelten wie er, war schon bald der Boden für die faschistische Bewegung[60], mit der sich fast alle europäischen Staaten konfrontiert sahen, bereitet.

Wenn die faschistische Bewegung von Land zu Land auch unterschiedliche Formen angenommen hatte, so konnten alle faschistischen Strömungen doch auf einen Nenner gebracht werden: ausgeprägter Nationalismus, autoritäre Führung nach dem Führerprinzip, Totalitarismus und Antikommunismus. Mit anderen Worten: Der Faschismus forderte die nationale Einheit und die Größe, die nur durch einen von der faschistischen Bewegung getragenen Führer zu realisieren war. Der Führer betrachtete sich als die einzige wirksame Kraft im Kampf gegen den internationalen Kommunismus, der durch die Propagierung des Klassenkampfes die Nation zu zersetzen drohte. Und da Dietl nicht nur Nationalist, sondern auch ein ausgesprochener Kommunistenhasser war, schloß er sich aus innerster Überzeugung, voller Begeisterung und ohne Vorbehalte dem deutschen Faschismus, also dem Nationalsozialismus[61], an.

IV. Dietls Rolle beim Hitler-Putsch 1923

Dietl war empört, nein schockiert, als am 11. Januar 1923 fünf französische und belgische Divisionen in einer Gesamtstärke von 60 000 Mann in das Ruhrgebiet einmarschierten, als sie Essen und Gelsenkirchen besetzten. Aber damit nicht genug der Schmach über die untätige Reichswehr. Am 16. Januar wurde Dortmund, am 4. Februar wurden Offenburg und Appenweier besetzt und am 25. Februar sogar die sogenannten »Flaschenhälse« zwischen den Brückenköpfen von Mainz, Koblenz und Köln arrondiert. Damit hatte die Reichswehr die erste militärische Niederlage hinnehmen müssen, und zwar ohne daß auch nur ein einziger Schuß gefallen war.[62]

Wenn die Reichswehr auch weit davon entfernt war, eine »aktive militärische Revisionspolitik betreiben zu können«[63], um Deutschland wieder zu einem führenden »Weltstaat«[64] zu machen, so waren Dietl und die Mehrheit der Reichswehroffiziere dennoch davon ausgegangen, daß ihre Armee wenigstens in der Lage wäre, »die verbliebene Souveränität der Weimarer Republik, die Unverletzlichkeit des Territoriums und die Sicherheit der Bevölkerung gegen Angriffe zu garantieren ... [Daß sie jedoch] nicht einmal genügend abschreckende Wirkung besaß ..., um durch Androhung eines hohen Preises einen Einmarsch zu verhindern oder zu begrenzen«[65], wirkte auf Offiziere vom Schlage eines Eduard Dietl im Krisenjahr 1923 in höchstem Maße demotivierend bis demoralisierend.

Was gab es für einen nationalsozialistisch gesinnten Offizier Schlimmeres, als tatenlos zusehen zu müssen, wie wehrlos das Vaterland ist?

1. Das Krisenjahr 1923

Das Krisenjahr 1923, ein Tiefpunkt der deutschen Geschichte, begann mit dem Ruhrkampf. Im Januar erklärte das Deutsche Reich sich außerstande, die fälligen Reparationen fristgerecht zu entrichten. Daraufhin ließ Poincaré unverzüglich französische Truppen in das Ruhrgebiet einmarschieren, um sich, wie es hieß, »produktive Pfänder« zu sichern.[66] Diese Ruhrbesetzung beantwortete die Reichsregierung am 19. Januar mit dem passiven Widerstand, das heißt: Die deutsche Bevölkerung sollte alle Dienstleistungen an die Besatzungsmacht unterlassen. Voller Schadenfreude vernahm Dietl, daß das Verkehrswesen an der Ruhr nur notdürftig durch den Einsatz von Tausenden von französischen Eisenbahnern in Gang gehalten werden konnte, daß ein Großteil der Kohlenbergwerke regelrecht absoff, daß die Hochöfen erloschen und daß die industrielle Produktion praktisch zum Erliegen kam. Da die Streikkassen der Gewerkschaften rasch erschöpft waren, mußte die Reichsregierung helfend einspringen. Das war jedoch nur möglich, indem das Reich sich gegenüber der Reichsbank immer höher verschuldete. Das bedeutete, der Umlauf an Papiergeld wurde ständig vermehrt.[67]

Es sollte auf dem Finanzmarkt aber noch viel schlimmer kommen, denn die Kriegsfinanzierung hatte in Deutschland – der nordamerikanische Kapitalmarkt war verschlossen gewesen – zu einer gewaltigen inneren Verschuldung geführt. Durch den Ruhrkampf wurde diese Entwicklung gar ins Uferlose gesteigert. So stand die deutsche Inflation des Krisenjahres 1923 beispiellos in der bisherigen Finanz- und Wirtschaftsgeschichte da. Seit dem Spätsommer 1923 schritt der Währungszerfall derart rasch fort, war die Entwertung der deutschen Währung so katastrophal, daß man sein Papiergeld möglichst noch in derselben Stunde, in der man es erhielt, wieder ausgeben mußte, wenn man nicht empfindliche Kaufkrafteinbußen riskieren wollte. Die dadurch bedingte Flucht in die Sachwerte, also die Rückkehr zum Tauschhandel, führte nun zur völligen Lähmung der deutschen Wirtschaft. Um diesen Teufelskreis zu durchbrechen, führte Dr. Hjalmar Schacht Ende November 1923 die Währungsreform durch. Aber zu welchem Preis! Als Umtauschwert für die alte Papiermark in die neue Währung wurde der Berliner Dollarkurs vom 20. November 1923 (1 Dollar = 4,2 Billionen Mark) gewählt, so daß die neue Rentenmark, wie die Goldmark, zum Dollar im Verhältnis 1:4,2 stand und zur alten Papiermark im Verhältnis 1:1 Billion. Die Währungsreform bedeutete die völlige Entwertung der noch vorhandenen Papiermarkbestände.

Es bedarf wohl keiner allzu großen Phantasie, um sich die psychologischen Auswirkungen vorzustellen, die sicherlich noch schwerwiegender waren als die wirtschaftlichen. In Dietls Augen hatte die Weimarer Republik bei der Besetzung des Ruhrgebietes nicht nur die erste militärische Niederlage erlitten, sondern der neue demokratisch regierte Staat war auch für die schweren finanziellen Verluste verantwortlich. In seinen Lebenserinnerungen »Die Welt von Gestern« hat Stefan Zweig die Gefühlsaufwallungen der Deutschen wie folgt beschrieben:

> »Nichts hat das deutsche Volk – dies muß immer wieder ins Gedächtnis gerufen werden – so erbittert, so haßwütig, so hitlerreif gemacht wie die Inflation. Denn der Krieg, so mörderisch er gewesen, er hatte immerhin Stunden des Jubels geschenkt mit Glockenläuten und Siegesfanfaren. Und als unheilbar militaristische Nation fühlte sich Deutschland durch die zeitweiligen Siege in seinem Stolze gesteigert, während es durch die Inflation sich einzig als beschmutzt, betrogen und erniedrigt empfand; eine ganze Generation hat der deutschen Republik diese Jahre nicht vergessen und nicht verziehen und lieber seine Schlächter zurückgerufen.«[68]

Dietl war einer dieser Nicht-vergessen-nicht-verzeihen-Könnenden. Und er zog daraus die Konsequenzen.

2. Bayern auf dem Weg zum November-Putsch

Dietl stand den sich abzeichnenden politischen Verwerfungen in der Weimarer Republik immer kritischer gegenüber. Nein, er war ein viel zu engagierter nationalsozialistischer Offizier, als daß er in diesen Wochen und Monaten des Krisenjahres 1923 abseits stehen wollte. So stellte er sich mit den ihm blindlings ergebenen Kameraden seiner Kompanie voll und ganz hinter Hitler und dessen Bewegung, die nach der Verkündigung des passiven Widerstandes gegen die Besetzung des Ruhrgebietes auf einer nationalistischen Welle getragen wurde.

Dietl war mit seinem Saalschutz mit von der Partie, als eine Serie von Großkundgebungen den 1. Reichsparteitag der NSDAP, der vom 27. bis zum 29. Januar 1923 dauerte, vorbereitete. In der bayerischen Landeshauptstadt drohte Hitler mit seinen Anhängern immer unverhohlener mit einem Putsch. So kam es am 1. Mai 1923

zu einer Konfrontation der sich in München unversöhnlich gegenüberstehenden politischen Kräfte. Während die Sozialdemokraten
und die Gewerkschaften auf der Theresienwiese ihre traditionelle
Maikundgebung abhielten, veranstalteten die Nationalsozialisten
mit anderen vaterländischen Verbänden der »Arbeitsgemeinschaft«
eine Kundgebung mit Vorbeimarsch auf dem Münchner Oberwiesenfeld. Im Anschluß an diese Kundgebung, der fast 10 000 Sympathisanten gefolgt waren, versuchte die SA auf München zu marschieren, um mit den »Gefälligkeiten der bayerischen Regierung
gegenüber den Linksparteien« ein für allemal aufzuräumen. Es
kam jedoch anders, denn General von Lossow, der Befehlshaber
des Wehrkreiskommandos VII, ließ seine Reichswehrtruppen zwischen München und dem Flugfeld Oberwiesenfeld in Stellung
gehen, so daß ein Zusammenstoß zwischen den Linken und den
Rechten vermieden wurde.

Obwohl Hitlers Plan gescheitert war und er vorübergehend einen
Prestigeverlust erlitt, wuchs seine Bewegung im Verlauf des Krisenjahres 1923 in Bayern von Tag zu Tag an. Die SA wurde so schlag-
kräftig, daß die bayerische Regierung in ihr eine ernste Bedrohung
sah. Und das zu Recht, denn »die Revanche-Stimmung, die die
Ruhrbesetzung erzeugt hatte, und die Verzweiflung über den wirtschaftlichen Zusammenbruch des Reiches schufen äußerst gün-
stige Voraussetzungen für die Propaganda Hitlers. Jede seiner
Reden führte ihm Tausende von Unzufriedenen zu.«[69]

Am 1. und 2. September 1923, dem Jahrestag der Schlacht bzw. der
Kapitulation von Sedan, die die endgültige Entscheidung im
Deutsch-Französischen Krieg von 1870/71 gebracht hatte, wurde
in Nürnberg der »Deutsche Tag« veranstaltet. Es war die bisher
größte Versammlung der NSDAP. Nicht weniger als 70 000 Männer marschierten an Hitler vorbei. General Erich Ludendorff
zeigte sich seit dem Kapp-Putsch[70] erstmals wieder in der Öffentlichkeit und besiegelte damit vor aller Augen »nicht nur das im Februar zwischen den Nationalsozialisten und den Kampfverbänden
der Rechten geschlossene Bündnis, sondern brachte Hitler auch
die Unterstützung einer der angesehensten militärischen Persönlichkeiten Deutschlands ein«.[71]

Auf Betreiben des Hauptmanns Röhm wurde die »Arbeitsgemeinschaft der Vaterländischen Verbände«, ein Zusammenschluß von NSDAP und SA einerseits und von »Reichsflagge«, Bund »Oberland« und einigen wenigen anderen Verbänden andererseits, am Abend des 2. September 1923 in den »Deutschen Kampfbund« umgewandelt. Damit war ein weiterer Schritt auf dem Weg zur Beseitigung der Weimarer Republik getan.

»Der Wiederaufstieg Deutschlands muß mit dem Marsch auf Berlin und der Einsetzung einer nationalen Diktatur beginnen«, verkündete Hitler bei jeder sich bietenden Gelegenheit und konnte damit Dietls Beifall sicher sein. Und am 12. September 1923 fügte er in einer leidenschaftlichen Rede prophetisch hinzu:

> »Diese Novemberrepublik geht zu Ende! ... Heute nun beginnt dieser niemals stolze Bau zu wanken! Es kracht in seinem Gebälk! ... Es gibt nur eine Wahl: Hakenkreuz oder Sowjetstern! Internationale Weltdespotie oder das Heilige Reich deutscher Nation!«

So und nicht anders sah es auch Dietl. Die Alternative zum Kommunismus war für ihn einzig und allein der Nationalsozialismus. Mit den 55 000 Mitgliedern der NSDAP und den Kampfverbänden des Bundes scharte er sich daher mit seinen blindlings ergebenen Kameraden immer enger um Hitler und Ludendorff.

Da erklärte die Reichsregierung unter ihrem Reichskanzler Gustav Stresemann am 26. September 1923 den passiven Widerstand für beendet. Noch am selben Tage ernannte der bayerische Ministerrat den Regierungspräsidenten von Oberbayern, Gustav Ritter von Kahr, zum Generalstaatskommissar. Die wichtigsten Befugnisse der Landespolitik wurden nun auf ihn als den »Inhaber der gesamten vollziehenden Gewalt« übertragen. Die Zusammenarbeit zwischen von Kahr, Generalleutnant Otto Hermann von Lossow, dem Kommandeur der 7. (bayerischen) Division und Landeskommandanten in Bayern, und Oberst Hans Ritter von Seißer, dem Chef der Landespolizei, war eng. Mit der Ernennung des Ritters von Kahr verfolgten Monarchisten und Republikaner jedoch verschiedene Ziele. Die einen hofften, daß er »die ihm eingeräumte Macht zur Restaurierung der Monarchie benutzt«, die anderen erhofften sich »die Redisziplinierung der vaterländischen Verbände«.[72] Um die politische Lage in Bayern so schnell wie möglich unter seine

Kontrolle zu bringen, verbot Ritter von Kahr die für den 27. September 1923 angesetzten Massenkundgebungen der Nationalsozialistischen Deutschen Arbeiterpartei, die dafür nicht weniger als 14 Säle in München angemietet hatte!

Aber statt einer notwendigen Klärung der Fronten wurde die politische Lage in Bayern noch verworrener. Denn neben dem Konflikt zwischen dem Generalstaatskommissar Ritter von Kahr und Adolf Hitlers NSDAP entstand ein neuer Krisenherd, und zwar zwischen Bayern und dem Deutschen Reich, als der Kommandeur der 7. (bayerischen) Division, Generalleutnant von Lossow, dem Reich den Gehorsam verweigerte.

Was war geschehen?

Am 18. Oktober 1923 hatte der Reichswehrminister Geßler General von Lossow angewiesen, das Parteiorgan der NSDAP, den »Völkischen Beobachter«, wegen übler Nachrede sowohl hinsichtlich des Reichspräsidenten als auch des Chefs der Heeresleitung zu verbieten. Als der Divisionskommandeur sich jedoch weigerte, forderte Geßler ihn auf, seinen Abschied zu nehmen. Auch das verweigerte von Lossow und erhielt seinen Abschied. Da der bayerische Generalstaatskommissar von Kahr hierin jedoch einen Eingriff in seine Kompetenzen sah, erließ die baycrische Regierung am 20. Oktober 1923 einen Aufruf »An das bayerische Volk«:

> »Die bayerische Staatsregierung konnte diese Maßnahme [Geßlers] unmöglich hinnehmen und hat ferner im Interesse der Aufrechterhaltung der öffentlichen Ruhe und Ordnung in Bayern und zur Wahrung der bayerischen Belange bis zur Wiederherstellung des Einvernehmens zwischen Bayern und dem Reich den bayerischen Teil der Reichswehr ihrerseits als Treuhänderin des deutschen Volkes in Pflicht genommen, den General von Lossow als bayerischen Landeskommandanten eingesetzt und ihn mit der Weiterführung der bayerischen Division beauftragt.«

Zwei Tage später wurde die Division, wie im Aufruf angekündigt, von der bayerischen Regierung »als Treuhänderin des deutschen Volkes bis zur Wiederherstellung des Einvernehmens zwischen Bayern und Reich« in die Pflicht genommen. Damit standen Dietl und seine bayerischen Offizierskameraden vor einer noch nie dagewesenen Gewissensentscheidung:

»Darf ich einem Divisionskommandeur gehorchen, der bereits seinen Abschied erhalten hat und in offenem Widerspruch zum Chef der Heeresleitung steht?« fragte er sich. »Läßt sich die ›Inpflichtnahme‹ durch den bayerischen Staat mit dem dem Reich gegenüber geleisteten Eid vereinbaren oder muß nicht beides die Einheit und die Disziplin der Reichswehr auf das schwerste und gefährlichste gefährden?« Und: »In welchem Zusammenhang steht schließlich die Loslösung der 7. (bayerischen) Division aus der Reichswehr mit den Gerüchten, die von nationalsozialistischer Seite über den angeblichen Plan eines ›Marsches auf Berlin‹ ausgestreut werden?«
Als am 25. Oktober 1923 auch noch die sogenannte »Herbstübung 1923«, ein gemeinsames Manöver der 7. (bayerischen) Division und der »Vaterländischen Verbände«, ohne Befehl des Generalobersten von Seeckt anlief, wurde der Verdacht, daß hier ein Zusammenhang mit Hitlers Plänen bestehe, noch greifbarer. Wollte die Reichswehr nicht vollends ihre Autorität verlieren, mußte Generaloberst von Seeckt seine Zurückhaltung aufgeben. Bereits am 22. Oktober 1923 hatte er einen Tagesbefehl, durch den auch Dietl in die Pflicht genommen wurde, erlassen:

> »Der Schritt der bayerischen Regierung ist ein gegen die Verfassung gerichteter Eingriff in die militärische Kommandogewalt. Wer dieser Anordnung der bayerischen Regierung entspricht, bricht seinen dem Reich geleisteten Eid und macht sich des militärischen Ungehorsams schuldig. Ich fordere die 7. (bayerische) Division des Reichsheeres hierdurch feierlichst auf, ihrem dem Reich geleisteten Eid treu zu bleiben und sich dem Befehl ihres höchsten Militärbefehlshabers bedingungslos zu fügen. Der Reichstreue aller anderen Teile des Heeres halte ich mich für versichert.«

Ohne zu zögern antwortete Generalleutnant von Lossow:

> »Die bayerische Division denkt nicht daran, dem Reich den Treueid zu brechen. Niemand übertrifft uns Bayern an Reichstreue. Das, was wir nicht wollen, ist, daß der bayerischen Regierung und dem bayerischen Generalstaatskommissar von der unter marxistischen Einflüssen stehenden Berliner Regierung Diktate aufgezwungen werden, die letzten Endes Bayern als Hort deutscher und nationaler Gesinnung unschädlich machen wollen. Wir haben die selbstverständliche Pflicht, uns in diesem Konflikt hinter die bayerische Regierung und den bayerischen Generalstaatskommissar zu stellen, die mit uns das bedrängte Deutschtum schützen wollen.«[73]

Dietl konnte es also schwarz auf weiß lesen: »Bayern als Hort deutscher und nationaler Gesinnung« sah sich dazu berufen, »das bedrängte Deutschtum [zu] schützen«.

Den Worten folgten nun die Taten, denn General von Lossow ließ seine Division sogleich eine »Verpflichtungserklärung« gegenüber der bayerischen Staatsregierung »als Treuhänderin des deutschen Volkes« abgeben.

War das aber nicht Meuterei oder gar Hochverrat? Denn der »Schutz des bedrängten Deutschtums« vor dem »Diktat der unter marxistischen Einflüssen stehenden Berliner Regierung« bedeutete doch nichts anderes als deren Sturz und die Einführung einer Reichsdiktatur in Deutschland. Nun hielten Adolf Hitler und seine Paladine den Zeitpunkt für gekommen, das Gesetz des Handelns an sich zu reißen und die nationalsozialistische Bewegung mit einem »Marsch auf Berlin«[74] zum Siege zu führen.

3. Der Hitler-Ludendorff-Putsch

Während der ersten Novembertage des Krisenjahres 1923 waren Dietls Nerven zum Zerreißen gespannt. Und das hatte einen ganz handfesten Grund, denn als politisch engagierter Reichswehroffizier einerseits und als nationalsozialistischer Anhänger Hitlers andererseits bahnte sich für ihn eine Gewissensentscheidung voller Tragik an. Da er mit dem Führer in »untrennbarer Freundschaft verbunden« war, wie die »Deutsche Allgemeine Zeitung«[75] später berichtete, war er selbstverständlich auch in Hitlers Umsturzpläne eingeweiht.

Es war der Eid auf die Reichswehr, der Dietl in einen Konflikt trieb, denn er wußte sehr wohl, daß er früher oder später vor die unausweichliche Entscheidung gestellt werden würde, entweder zu gehorchen – und somit den Putschisten in den Rücken zu fallen oder gar auf sie zu schießen – oder Hitler und seinen Parteigenossen zu Hilfe zu eilen und damit den Eid gegenüber der Weimarer Republik zu brechen. Man kann sich gut vorstellen, wie Dietl, dieser treue Gefolgsmann Hitlers, den kommenden Ereignissen, die sich bereits spürbar über München zusammenbrauten, spannungsgeladen entgegenfieberte.

Obwohl man Hitler, dem Führer des »Kampfbundes« der nationalsozialistischen und völkischen Organisationen, am 30. Oktober 1923 das Versprechen abgenommen hatte, keinen Putsch durchzuführen, und obwohl man sich von ihm dieses Versprechen am 6. November nochmals bestätigen ließ, war Hitler seit diesem Tag mehr denn je davon durchdrungen, den Sturm auf die ungeliebte, ja verhaßte Weimarer Republik zu entfachen. Diese Gelegenheit bot sich ihm schon sehr bald, denn am 8. November 1923, also am fünften Jahrestag der Novemberrevolution von 1918, trafen sich die Münchner Honoratioren im »Bürgerbräukeller« an der Rosenheimer Straße.[76] Da verschafften sich gegen 20.00 Uhr Adolf Hitler und Alfred Rosenberg Zutritt zum Festsaal, wo sie Scheubner-Richter antrafen, der kurz vor ihnen hierher gekommen war. Im dichtgedrängten Saal hörten mehr als 3000 Menschen die monotone Rede des Generalstaatskommissars Gustav Ritter von Kahr.

Plötzlich, gegen 20.30 Uhr, wurde die Saaltür mit einem lauten Knall aufgerissen, und unter der Führung von Leutnant Berchtold drang der »Stoßtrupp Hitler« mit einem Maschinengewehr, das auf die Menschenmenge gerichtet wurde, in den Saal. Nun zogen Hitler, Rosenberg, Scheubner-Richter und Graf, ein Leibwächter Hitlers, ihre Pistolen und stürmten das Podium. Um sich Gehör zu verschaffen, schoß Hitler mit seiner Pistole an die Decke des Festsaales.

> »Die nationale Revolution ist ausgebrochen«, rief er mit fester Stimme in den rauchgeschwängerten Festsaal. »Der Saal ist von sechshundert Schwerbewaffneten besetzt. Niemand darf den Saal verlassen. Wenn nicht sofort Ruhe ist, werde ich ein Maschinengewehr auf die Galerie stellen lassen. Die bayerische Regierung ist abgesetzt. Die Reichsregierung ist abgesetzt. Eine provisorische Regierung wird gebildet. Die Kasernen der Reichswehr und Landespolizei sind besetzt. Reichswehr und Landespolizei rücken bereits unter Hakenkreuzfahnen heran.«[77]

Während Männer des »Stoßtrupps Hitler« den Saal im Auge behielten, forderte Hitler Ritter von Kahr, General von Lossow und Oberst von Seißer auf, ihn in das kleine Nebenzimmer zu begleiten, wo er von Kahr und von Lossow aufforderte, »sich an seine Seite zu stellen, um der nationalen Revolution zum Durchbruch zu verhelfen«.[78] Da es zwischen ihnen jedoch zum Disput kam, zogen die Verhandlungen sich derart in die Länge, daß es unter den über 3000 Menschen im Festsaal zu brodeln begann. In die Enge getrieben, trat Hitler nun die Flucht nach vorne an, indem er in den Saal zurückkehrte und vom Podium aus einerseits die Absetzung des Reichspräsidenten verkündete und andererseits Ritter von Kahr zum Landesverweser und Pöhner zum Ministerpräsidenten mit diktatorischen Vollmachten vorschlug.

> »Bis zum Ende der Abrechnung mit den Verbrechern, die heute Deutschland zugrunde richten«, erklärte Hitler dann, »übernehme ich die Leitung der Politik der provisorischen nationalen Regierung. Exzellenz Ludendorff übernimmt die Leitung der deutschen nationalen Armee. General von Lossow wird deutscher Reichswehrminister, Oberst von Seißer wird deutscher Reichspolizeiminister. Die Aufgabe der provisorischen deutschen nationalen Regierung ist, mit der ganzen Kraft dieses Landes und der herbeigezogenen Kraft aller deutschen Gaue den Vormarsch anzutreten in das Sündenbabel Berlin, das deutsche Volk zu retten ... Der Morgen findet entweder in Deutschland eine deutsche nationale Regierung oder uns tot.«[79]

Mit seiner berauschenden Rhetorik hatte Hitler die Menge, die annahm, er spreche auch im Namen von Kahrs und von Lossows, für sich gewonnen. Inzwischen war General Erich Ludendorff, der Oberbefehlshaber einer künftigen Nationalarmee werden sollte, in aller Eile mit dem Auto herbeigeholt worden. Der ehemalige Erste Generalquartiermeister, der für Hitler seinen Feldherrennimbus in die Waagschale werfen sollte, wurde in das Verhandlungszimmer geführt, wo er den bayerischen Ministern den Rat gab, sich der gemeinsamen Sache anzuschließen. Dann hielt auch er eine Rede:

> »Ergriffen von der Größe des Augenblicks und überrascht stelle ich mich kraft eigenen Rechts der deutschen Nationalregierung zur Verfügung. Diese Stunde bedeutet einen Wendepunkt in unserer Geschichte. Gehen wir in sie hinein mit tiefem sittlichem Ernst, überzeugt und durchdrungen von unserer schweren Verantwortung. Gehen wir mit dem übrigen Volk an unsere Arbeit. Wenn wir reinen Herzens diese Arbeit tun – deutsche Männer, ich zweifle nicht daran –, wird Gottes Segen mit uns sein, den wir herabflehen auf diese Stunde. Ohne Gottes Segen geschieht nichts. Ich bin überzeugt und zweifle nicht daran: Der Herrgott im Himmel, wenn er sieht, daß endlich wieder deutsche Männer da sind, wird mit uns sein.«[80]

Aber der »Herrgott im Himmel«, den General Ludendorff so beschworen hatte, hatte kein Erbarmen mit den Putschisten. Denn kaum hatten von Kahr, von Lossow und von Seißer den »Bürgerbräukeller« verlassen, da leiteten sie ihre Gegenmaßnahmen ein: General von Lossow setzte kasernierte Truppen in Alarmbereitschaft, Oberst von Seißer mobilisierte die Landespolizei.

Hitler wußte, daß er sich in einer Sackgasse befand und nicht mehr zurück konnte. Also trat er abermals die Flucht nach vorne an. So trafen sich am Freitag, dem 9. November 1923, es war der 124. Jahrestag des Staatsstreiches Napoleons I. vom 9. November 1799, um 11.00 Uhr vormittags Hitler, Ludendorff und die bedeutendsten Führer des Kampfbundes im »Bürgerbräukeller«, um mit einem Marsch in die Münchner Innenstadt die verfahrene Lage zu sondieren oder gar zu retten.

»Kommen Sie lieber nicht mit!« soll ein SA-Führer zu Alfred Rosenberg gesagt haben. »Das ist reiner Selbstmord!«

»Nach dem, was in dieser Nacht vorgefallen ist«, so Rosenberg, »ist es gleich, ob man weiterlebt oder fällt!«

Dann war es soweit. Kurz vor Mittag setzte sich der Zug, über 2000 Mann stark, in Bewegung – und zwar in drei Kolonnen: links der »Stoßtrupp Hitler«, in der Mitte das »SA-Regiment München« von der Hitlerschen Privatarmee und rechts das Freikorps Oberland. Hitler marschierte in seinem Trenchcoat in der Mitte der ersten Reihe, zu seiner Rechten General Erich Ludendorff, sein politischer Berater Max Erwin von Scheubner-Richter und Ulrich Graf, zu seiner Linken Dr. Weber, Gottfried Feder und der Oberstleutnant Kriebel. In der zweiten Reihe folgten Hermann Göring, Alfred Rosenberg und Anton Drexler sowie die Führer und Unterführer der NSDAP.[81] Der Zug wurde von zwei Fahnenträgern angeführt, von Andreas Bauriedl mit der Hakenkreuzfahne und Garreis mit der Fahne des Bundes »Oberland«, die am 21. Mai 1921 auf dem Gipfel des Annaberges gehißt worden war.

An der Isarbrücke stieß der Demonstrationszug, der von der Menge überall umjubelt wurde, auf die erste Polizeikette.[82]

»Legt an!« befahl der Führer der Polizei-Abteilung.

»Um Gottes willen, nicht schießen!« rief Ulrich Graf. »Es ist Seine Exzellenz Ludendorff!«

»Der erste Schuß würde das Ende aller Geiseln sein, die sich in unseren Händen befinden!« brüllte Göring.

Da die verunsicherten Polizisten ihre Waffen wieder absetzten, marschierten Hitler, Ludendorff und ihre Anhänger nun zum Marienplatz und um das Rathaus herum in die Residenzstraße. Auf dem Weg zum Odeonsplatz stürmten plötzlich Polizisten die Stufen der Feldherrnhalle hinunter, versperrten die Straße und richteten ihre Gewehre auf die Demonstranten.

> »Ein eigenartiges Gefühl warnte mich, und ich ahnte, daß jetzt irgend etwas Schreckliches passieren würde«, berichtete später Ulrich Graf. »Mit einem Sprung stand ich vor dem Führer und schrie der Polizei-Abteilung zu: ›Ludendorff! Wollt ihr auf euren General schießen? Hitler und Ludendorff!‹«[83]

Aber schon krachte eine Gewehrsalve. Schwerverletzt stürzte Ulrich Graf zu Boden. Im Fallen riß er Hitler mit sich. Scheubner-Richter brach tot zusammen. Göring schleppte sich schwerverletzt hinter einen der beiden steinernen Löwen, die die Feldherrnhalle bewachen. »Als ich die Augen wieder aufmachte«, so Ulrich Graf, »sah ich um mich nur Tote ... Ludendorff allein marschierte weiter, die Hände in den Taschen (denn er war in Zivil), schritt durch die Postenkette und verschwand aus meinem Blickfeld.«[84]

Der Hitler-Ludendorff-Putsch endete in einem Fiasko. 14 nationalsozialistische Marschteilnehmer wurden vor der Feldherrnhalle auf der Stelle getötet. Zahlreiche Verletzte krümmten sich auf der Straße. Da auch die Putschisten von ihren Schußwaffen Gebrauch gemacht hatten, hatte die Polizei vier Tote zu beklagen.

> »Dann sah ich einen Wagen langsam über den Max-Joseph-Platz fahren«, gab Alfred Rosenberg zu Protokoll. »Vorn saß Hitler mit starrem Gesicht. Im Fonds lag blutend ein junger Mann, der ebenfalls von den Schüssen der Regierungskräfte getroffen worden sein mußte. Langsam fuhr der Führer an der SA-Kolonne vorbei, deren Männer ihn in strammer Haltung mit einem kräftigen, wenn auch verhaltenen ›Heil‹ grüßten.«[85]

Der Wagen, der dann den Platz der schmachvollen Niederlage eilig verließ, brachte Hitler nach Uffing am Staffelsee, genauer gesagt in die Villa seines Freundes Dr. Ernst (»Putzi«) Hanfstängl. Am 11. November 1923 erschien dort überraschend ein starkes Polizeiaufgebot, um Hitler, der einen völlig niedergeschlagenen Eindruck machte, widerstandslos zu verhaften. Damit war der Hitler-Ludendorff-Putsch des Krisenjahres 1923 endgültig zusammengebrochen.[86]

4. Dietl im Konflikt zwischen Hitler und Seeckt

Während draußen, in der Münchner Innenstadt, der Hitler-Ludendorff-Putsch in seine entscheidende Phase getreten war, wurde drinnen, innerhalb der Kasernenmauern, ein Reichswehroffizier wie Judas nach seinem Verrat an Christus von schweren Seelenqualen hin und her gerissen. Sein Name: Eduard Dietl. Obwohl er sich bereits vor Jahr und Tag ohne Wenn und Aber für die nationalsozialistische Bewegung entschieden hatte, war der schwere Konflikt mit den bohrenden Fragen dennoch nicht ausgestanden, sondern er spitzte sich von Tag zu Tag, von Stunde zu Stunde dramatisch zu. Wer will es Dietl verübeln, daß auch er, wie so viele andere prominente Persönlichkeiten, »der außergewöhnlichen Erscheinung Hitlers«[87], wie der Historiker Theodor Schieder es nannte, erlag? Dietl hatte seit geraumer Zeit die Ausbildung der Nationalsozialisten im I. Bataillon des Infanterie-Regiments 19 überwacht und stand den gleichgesinnten Kameraden daher besonders nahe. In seiner leutseligen und umgänglichen Art war es ihm nicht schwergefallen, die nationalistisch gesinnten Soldaten des Bataillons auf seine Seite zu ziehen. Das war selbstverständlich auch Adolf Hitler nicht verborgen geblieben, und so bildete Dietl in seinen Putschplänen eine nicht zu unterschätzende Rolle. Der Part, den Dietl während des Hitler-Ludendorff-Putsches auszuführen hatte, war für Hitler so bedeutend, daß er sich in den hektischen Stunden des Vortages noch die Zeit genommen hatte, um, wie uns sein Freund Dr. Hanfstängl glaubhaft versichert, Dietl am Nachmittag zu sprechen. Er, der Kunsthändler Dr. Hanfstängl, hatte den Führer nur deshalb nicht sprechen können, weil der Hauptmann Dietl bei ihm war.[88]

Es war zu Beginn der zweiten Morgenstunde des 9. November 1923, um 1.15 Uhr früh, als das Generalstaatskommissariat in die Kaserne des Münchner Infanterie-Regiments 19 verlegt wurde, wo sich zu der Zeit auch das Wehrkreiskommando VII. befand. Und das hatte einen ganz handfesten Grund, denn das eigentliche Dienstgebäude des Wehrkreiskommandos, das ehemalige Kriegsministerium in der Schönfeldstraße, war von Anhängern der Nationalsozialisten, die unter dem Befehl des Hauptmanns Ernst Röhm standen, besetzt worden. Um 2.55 Uhr sandte die Reichswehrfunkstelle München folgendes Telegramm aus:

> »An alle deutschen Funkstationen!
> Generalstaatskommissar von Kahr, Oberst v. Seißer und General v. Lossow lehnen Hitlerputsch ab. Mit Waffengewalt erpreßte Stellungnahme in Bürgerbräuversammlung ungültig. Vorsicht gegen Mißbrauch obiger Namen geboten.
>
> v. Lossow.«[89]

Eile war schon deshalb geboten, weil der Chef der Heeresleitung, Generaloberst Hans von Seeckt, vom Reichspräsidenten auf Grund des Artikels 48 der Reichsverfassung mit der »vollziehenden Gewalt« im gesamten Reichsgebiet beauftragt worden war. Daher durfte Bayern keine Zeit mehr verlieren, wenn es nicht eine »Reichsexekution« heraufbeschwören wollte. So begaben sich Generalleutnant von Lossow, Major von Hößlin, Hauptmann Rüdel, die Generale von Ruith, von Kreß und von Danner und Oberstleutnant von Saur zur Infanterie-Kaserne. Kurz nach der Abfahrt des Generals von Lossow von der Stadtkommandantur erschien dort der Hauptmann Röhm mit mehreren seiner Gefolgsleute und erkundigte sich nicht nur nach dem Aufenthaltsort der Generale von Lossow und Danner, sondern begehrte auch Einlaß.[90]

Nun stand Dietl endgültig mittendrin, in diesem Konflikt von historischer Tragweite. Denn Generaloberst von Seeckt war sein Vorgesetzter; Adolf Hitler war der Messias der nationalsozialistischen Bewegung, dem er sich von Anbeginn verschrieben hatte. Obwohl es den Putschisten zunächst nicht gelungen war – und hierin liegt auch ein Grund ihres kläglichen Scheiterns! –, alle ihre Anhänger zu alarmieren, so daß das I. Bataillon des SA-Regiments München statt seiner Sollstärke von etwa 600 Mann anfangs nur ein Zehntel dessen auf die Beine stellen konnte, sollen, so der Oberfähnrich Gerhard Böhm, bis gegen 20.00 Uhr des 8. November rund 250 SA-Männer, zum Teil bewaffnete Truppenteile der Nationalsozialisten und Einheiten des Kampfbundes vor dem Kasernentor des I./Infanterie-Regiments 19 auf dem Münchner Oberwiesenfeld eingetroffen sein und unter allerlei Vorwänden Einlaß in die militärische Anlage begehrt haben, in der Böhm gerade einen Lehrgang für die Mitglieder des Hermannsbundes abhielt. Zuerst bedrängte ein Bataillon des Bundes »Oberland« unter der Führung des Hauptmanns a. D. Hans Oemler den jungen Oberfähnrich, die Putschisten zu unterstützen. Dann übte das I. Bataillon des SA-Regiments München unter dem Leutnant a. D. Karl Beggel, einem ehemaligen Berufsunteroffizier der 2. Kompanie des Infanterie-Regiments 19, der bei seinem Ausscheiden aus dem aktiven Dienst bestimmungsgemäß zum Leutnant befördert worden war[91], massiven Druck aus.

Böhm versuchte, seine Vorgesetzten zu erreichen, unter ihnen auch den Kompaniechef der 1. Kompanie des I./Infanterie-Regiments 19, Hauptmann Dietl, um mit ihnen die verworrene Situation zu erörtern. Da spitzte sich die Lage abermals dramatisch zu, denn bevor die Offiziere – unter ihnen auch der einstweilige Regiments-Kommandeur des Infanterie-Regiments 19, Oberstleutnant Hugo von Wenz – gegen 20.30 Uhr eintrafen, hielten zwei Lastkraftwagen vor dem Kasernentor. Nun versuchten die Putschisten sich die Waffen anzueignen, die die beiden Lkw geladen hatten.

In dieser äußerst schwierigen Lage behielt der Oberfähnrich Böhm dennoch einen kühlen Kopf. Unter Androhung von Gewalt verbot er nicht nur die Waffenausgabe an die Putschisten, sondern hielt diese auch noch so lange in Schach, bis Hauptmann Dietl eintraf. Was er jedoch dann erlebte, das stimmte ihn dann doch sehr bedenklich. Denn Dietl, der Chef der 1. Kompanie, dachte nicht im entferntesten daran, den Oberfähnrich in seinem soldatisch korrekten Handeln und bei seinen verfassungstreuen Entschlüssen zu unterstützen. Als überzeugter Nationalsozialist verständigte sich dieser vielmehr sehr schnell mit dem Leutnant a. D. Karl Beggel vom I. Bataillon des SA-Regiments München, zu dem er wegen seiner überwachenden Funktion als Ausbilder der SA eine enge, intensive Beziehung pflegte. Aber just in dem Augenblick, als Dietl bereit war, seinen Eid zu brechen und sich mit den Putschisten zu arrangieren, das heißt, diesen die gewünschten Waffen ausgeben zu

202

lassen, erschien der Regiments-Kommandeur Oberstleutnant von Wenz. Rasch erkannte er die verfassungsfeindliche, hochexplosive Situation und befahl Dietl in energischem Ton, umgehend dafür zu sorgen, daß die Waffen wieder auf die beiden Lkw transportiert, »diese in den Kasernenbereich gefahren und die Nationalsozialisten und die Angehörigen des Bundes Oberland aus der Kaserne gewiesen würden«.[92]

Jetzt war eine Lage entstanden, die dem Nationalsozialisten Eduard Dietl ganz und gar nicht paßte. Dennoch schlug er die Hacken zusammen und antwortete:

»Zu Befehl, Herr Oberstleutnant!«

Aber wie stand er nun vor seinem Führer da, dem er sein Wort verpfändet hatte? Mit leeren Händen und verwirrt! Schlimmer noch: Dietl mußte die Suppe, die er sich eingebrockt hatte, auch noch auslöffeln, denn er hatte dafür geradezustehen, daß die von seiner Kompanie gesicherte Kaserne des Münchner Infanterie-Regiments 19 trotz seiner »Neigung zu Hitler fest in der Hand der Reichswehr«[93] blieb.

Damit war Dietls Konflikt zwischen Adolf Hitler und Generaloberst von Seeckt, zwischen seinen Sympathien für die Putschisten der nationalsozialistischen Bewegung einerseits und seinem soldatischen Eid auf die Reichswehr andererseits aber immer noch nicht aus der Welt geschafft. Vielmehr steckte er mit seinen unüberbrückbaren inneren Zwängen nach wie vor in einer einzigartigen Situation. Von hier war es nur ein winziger Schritt zu einer Befehlsverweigerung mit allen damit zusammenhängenden Konsequenzen.

Das I. Bataillon des Infanterie-Regiments 19 war gesinnungsmäßig alles andere als ein homogener Verband. Vielmehr hielten sich in seinen Reihen die Anhänger der Nationalsozialisten mit den sich der Reichswehr verpflichtet fühlenden Offizieren, Unteroffizieren und Mannschaften die Waage. Da war zunächst die 1. Kompanie des I./Infanterie-Regiments 19, deren Chef, Hauptmann Dietl, auch die Ausbildung der SA übernommen hatte. So sehr Dietl »ein leidenschaftlicher Verfechter nationalsozialistischer Ideen«[94] war, so sehr war Oberleutnant Braun von der 2. Kompanie ein entschiedener Gegner der Nazis. Die politisch-weltanschauliche Gesinnung der beiden Chefs wäre an sich nicht tragisch gewesen, wenn nicht »die jüngeren Offiziere und Mannschaften ... im allgemeinen eine ähnliche Haltung« eingenommen hätten, »obwohl es«, wie Gordon nachweist, »unter den Mannschaften der 1. Kompanie auch einige Gegner der NSDAP gab. Wegen dieser Frage war es unter den Mannschaften sogar zu tätlichen Auseinandersetzungen gekommen.«[95]

Und wie sah es in der 3. und 4. Kompanie des I. Bataillons/Infanterie-Regiment 19 aus? Welche politische Richtung bevorzugten deren Offiziere, Unteroffiziere und Mannschaften? »In der 3. Kompanie«, so Gordon, »scheinen die Meinungen geteilt gewesen zu sein, während die 4. Kompanie, die zur Zeit als Wachkompanie nach Berlin kommandiert war, jetzt durch die Zeitfreiwilligen-Kompanie Werner vertreten wurde, die sich zum großen Teil aus Studenten zusammensetzte und daher Sympathie für den Kampfbund hegte.«[96]

Nachdem der Kommandeur des I. Bataillons/Infanterie-Regiment 19, Major Schönhärl, seine Chefs in der Putschnacht um 3.00 Uhr früh zu einer Besprechung gebeten hatte, schlugen die politischen Meinungsverschiedenheiten zwischen den Offizieren seines Bataillons voll durch. Als der Kommandeur seinen Chefs mitteilte, daß das Wehrkreiskommando VII unter Umständen gestürmt werden müsse, entgegnete Dietl spontan, er werde nicht »auf Ludendorff schießen«. Hauptmann Schacky sagte, »es dürfe kein Blutvergießen geben«, fügte jedoch hinzu, »er wolle aber die Kaserne bis zum bitteren Ende verteidigen«. Oberleutnant Braun meinte, »er werde, wenn es befohlen würde, aus der Kaserne marschieren und schießen«.[97]

Nach einer anschließenden Lageorientierung für alle Offiziere des I. Bataillons erklärten vier von ihnen ganz unumwunden, daß sie nicht auf General Ludendorff schießen würden – und zwar neben Hauptmann Dietl Leutnant Rossmann, Leutnant Vogler sowie Leutnant von Le Suire, die »sich zwischen ihrem Pflichtgefühl und ihrer politischen Überzeugung hin und her gerissen ... fühlten«.[98]

Als der Kompaniechef der sogenannten Zeitfreiwilligen-Kompanie, der Leutnant a.D. Emil Werner, gegen 10.00 Uhr den Befehl erhielt, der 2. Kompanie zwei Maschinengewehrzüge zu unterstellen, fragte er seinen Bataillons-Kommandeur, ob er möglicherweise auf eigene Leute schießen müsse. Als Major Schönhärl dies bejahte, bat er, »sofort aus dem Dienst entlassen zu werden und seine Kompanie auflösen zu dürfen«.[99] Nachdem der Bataillons-Kommandeur zugestimmt hatte, wurde die Zeitfreiwilligen-Kompanie in der Tat aufgelöst und verließ die Kasernenanlage in alle Himmelsrichtungen.

Ganz anders war dagegen die Situation bei der 1. Kompanie des Hauptmanns Eduard Dietl. Erst auf den ausdrücklichen Befehl des ehemaligen Jagdfliegers Hermann Göring, des späteren Reichsmarschalls, war er, Dietl, mit seinen Männern, die für den Marsch zur Feldherrnhalle bereits Gewehr bei Fuß standen, wieder in die Kaserne zurückgekehrt. Damit hatte der Rosenheimer Hermann Göring seinen nationalsozialistischen Gefährten aus der Nachbarstadt Bad Aibling vor einem verhängnisvollen Fehltritt bewahrt.[100]

Am frühen Morgen des 9. November 1923 war München von Truppen der Reichswehr eingeschlossen. An den Wänden der Häuser wurde folgende Proklamation angeschlagen:

> »Trug und Wortbruch ehrgeiziger Gesellen haben aus einer Kundgebung für Deutschlands nationales Wiedererwachen eine Szene widerwärtiger Vergewaltigung gemacht. Die mir, General von Lossow und dem Obersten Seißer mit vorgehaltener Pistole erpreßten Erklärungen sind null und nichtig. Ein Gelingen des sinn- und ziellosen Umsturzversuches hätte Deutschland mitsamt Bayern in den Abgrund gestoßen. An der Treue und dem Pflichtbewußtsein der Reichswehr und der Landespolizei ist der Verrat gescheitert. Auf diese Getreuen gestützt, ruht die vollziehende Gewalt fest in meiner Hand. Die Schuldigen werden rücksichtslos der verdienten Strafe zugeführt.
> Die Nationalsozialistische Arbeiterpartei, die Bünde ›Oberland‹ und ›Kriegsflagge‹ sind aufgelöst. Unbeirrt durch Unverstand und Tücken werde ich mein deutsches Ziel verfolgen: unserem Vaterland die innere Einheit zu erringen.
>
> [gez.:] VON KAHR
> Generalstaatskommissar.«[101]

5. Dietl entgeht der Säuberung der Reichswehr

Einzig und allein Hermann Görings ausdrücklichem Befehl hatte es Dietl, der sich geweigert hatte, »gegen seine Kameraden zu kämpfen«[102], zu verdanken, daß er nur um Haaresbreite an den Hochverratsprozessen vorbeischlitterte. Major Hühnlein und Hauptmann Röhm, Opfer der »unblutigen Säuberung« und zum Zeitpunkt des Putsches bereits beurlaubt, waren die einzigen aktiven Offiziere, die Hitler und Ludendorff bis zum bitteren Ende unterstützten. Viele Offiziere, die unverhohlen mit den Putschisten sympathisierten, mußten ihren Soldatenrock an den Nagel hängen. Einige Offiziere, deren Soldatenherz für Hitler und seine Bewegung schlug, wurden zwar nach dem Putsch nicht sofort entlassen, aber ihre militärische Karriere war dennoch beendet[103], wiederum andere wurden nur gemaßregelt. Zu ihnen zählte der sehr beliebte Hauptmann Eduard Dietl, denn »seine Vorgesetzten wußten, daß er aus dienstlichen Gründen schon längere Zeit freundschaftliche Beziehungen zu den SA-Einheiten in München hatte pflegen müssen, so daß sie sich für seine Schwierigkeiten mitverantwortlich fühlten ...«.[104] So hatte eine eigens für Dietl zusammengesetzte Untersuchungskommission festzustellen, daß er unschuldig sei. Hierzu bemerkt Gordon in seinem aufschlußreichen Buch »Hitlerputsch 1923«:

»Wahrscheinlich war das Untersuchungsergebnis im Grunde auch richtig. Nach den vorliegenden Quellen und Aussagen von Zeugen beider Parteien geht hervor, daß Dietl in der Nacht vom 8. zum 9. November 1923 jeden ihm direkt gegebenen Befehl ausgeführt hatte. Dazu gehörte auch die Anweisung, die in der Kaserne des I./I. R. 19 versammelten SA-Einheiten zu entwaffnen. Technisch war er also unschuldig. Der Untersuchungsbericht ließ jedoch die Tatsache außer acht, daß er wahrscheinlich nur deswegen unschuldig war, weil seine Vorgesetzten, in erster Linie von Lossow und Schönhärl, darauf bedacht gewesen waren, ihm nicht zu befehlen, gegen die Putschisten zu marschieren.«[105]

Nicht weniger schonend wurde unter anderem auch der Leutnant Karl von Le Suire, im Zweiten Weltkrieg Chef des Stabes von Dietls Gebirgskorps Norwegen und letzter Kommandierender General des XXXXIX. Gebirgs-Armeekorps, behandelt, weil auch er in gewisser Hinsicht im Dienst »infiziert«[106] worden war.

Dietl war also nur auf Grund ihm besonders wohlgesonnener Offizierskameraden der Säuberung der Reichswehr entkommen. Obwohl »der Mantel christlicher Nächstenliebe«[107] über die Putschisten und viele ihrer Sympathisanten ausgebreitet wurde, äußerte Generaloberst von Seeckt sich ganz unmißverständlich. Er kochte vor Zorn, und zwar so sehr, daß er einerseits die bayerische Kompanie, die einen Teil des Berliner Wachbataillons[108] bildete, nach Bayern zurückbeordern und andererseits die laufenden Lehrgänge an der Münchner Infanterie-Schule nicht nur unterbrechen, sondern die Schule noch im November 1923 von München auf den Truppenübungsplatz Ohrdruf bzw. nach Dresden fortverlegen ließ. Mehr noch: Die zu ihren Truppenteilen entlassenen Waffenschüler seien »in derart straffe, dienstliche Schulung zu nehmen, daß sie sich des Makels deutlich bewußt werden, der in dem Versagen einer Heeresanstalt liegt, die eine Pflanzstätte besonders straffer Manneszucht und besonders gewissenhafter Pflichttreue sein muß, wenn sie ihren Zweck nicht völlig verfehlen soll ... Hier handelt es sich einfach darum, daß das zweifelsfreie Pflichtgebot, der bedingungslose Gehorsam, ohne den das Heer zum bewaffneten Haufen wird, mit einer Willensschwäche illegalen Einflüssen erlegen ist und der Ungehorsam mit einer Resignation hingenommen wurde, die an den März 1920 erinnert. Die Träger der Bewegung waren einige Leutnants, d. h. Soldaten von mehrjähriger Truppendienstzeit. Diese Jahre haben also nicht zu der nötigen disziplinellen Festigung der soldatisch unreifen Köpfe geführt, und ich muß daher wiederholen, daß die erzieherische Leitung der jungen Offiziere und ihres Nachwuchses viel eindringlicher auf die unbedingte Gehorsamspflicht eingestellt sein muß, als das mindestens teilweise noch immer der Fall zu sein scheint. Wenige Schulwochen können nicht schaffen, was mehrere Truppenjahre hindurch versäumt worden ist, besonders dann nicht, wenn sich die Schülermenge in einer Mentalität zusammenfindet, die nicht etwa patriotisch genannt zu werden verdient, sondern als militärisch zuchtlos bezeichnet werden muß ...«[109] Aber damit war die Disziplinlosigkeit einiger Reichswehroffiziere während des Hitler-Ludendorff-Putsches für den Chef der Heeresleitung noch nicht ad acta gelegt. Vier Wochen später fand seine tiefe Enttäuschung in einem weiteren Erlaß ihren Niederschlag. Darin hieß es unter anderem:

»Der ungeheuerliche Vorgang stellt dem inneren Werte der Schulzucht leider ein hartes Zeugnis aus. Er zwingt mich, das gesamte Stammoffizierkorps anderweit zu verwenden, soweit das Verhalten der Einzelnen ein Verbleiben im Dienst erlaubt ... Wir haben noch nicht verstanden, unsere jungen Offiziere und unseren Offiziersnachwuchs auch nur in den elementarsten Grundsätzen wahrer Disziplin zu unterweisen; aber auch in den älteren Offizieren ist das alte Gefühl der Pflicht wankend geworden. Widerstandslos folgt die Masse der Schüler einem Abenteurer und verläßt ihre Offiziere, und fast ebenso widerstandslos lassen sich die Vorgesetzten das Kommando aus der Hand nehmen. Felsenfest steht die 7. Division hinter ihren Führern, kein Schwanken bei ihr, obwohl sie der gleichen Verführung ausgesetzt war, und wie Spreu im Winde zerflattert die Treue der Infanterie-Schule ... Das Verhalten der Infanterie-Schule am 8./9. November 1923 ist ein Flecken auf der Ehre der jungen Armee.«[110]

Wenn Generaloberst von Seeckt in diesen Erlassen auch die Haltung der 7. (bayerischen) Division als einwandfrei lobte, so hatte er damit gewiß nicht Dietl und andere schwankende Offiziere gemeint. Nun wurde der einzige bayerische General, der während des Krisenjahres 1923 die Seecktsche Linie konsequent verfolgt hatte, neuer Kommandeur der 7. (bayerischen) Division und bayerischer Landeskommandant: Generalleutnant Freiherr Kreß von Kressenstein. Mit ihm, so Francis L. Carsten, hat »die bayerische Reichswehr ... nie wieder eine eigene, gegen Berlin gerichtete Politik betrieben«.[111] Doch damit hatte Dietl nichts mehr zu tun. Er war in Vertretung eines erkrankten Lehrers zur Infanterie-Schule ins thüringische Ohrdruf kommandiert, man könnte aber genausogut sagen, er war weggelobt worden.

V. Als Taktiklehrer an der Infanterie-Schule

Sowohl Hitler als auch Dietl waren trotz des Gesichtsverlustes, den sie erlitten hatten, mit einem blauen Auge aus dem niedergeschlagenen Novemberputsch von 1923 hervorgegangen. Der Führer wurde nach der Urteilsverkündung im Hitler-Ludendorff-Prozeß als gebrochener, von Depressionen und Selbstmordgedanken gepeinigter Mann in Landsberg am Lech inhaftiert. Aber schon rasch hatte er sich seelisch wieder gefangen und schmiedete neue Pläne für seine Bewegung. Als der Hochverräter Hitler nach nur rund neun Monaten am 20. Dezember 1924 vorzeitig aus der Landsberger Festungshaft entlassen wurde, hatte er sein politisches Testament zu Papier gebracht. In seinem umfangreichen Werk »Mein Kampf«, das von Pater Stempfle bearbeitet wurde, konnte nun zwar jedermann nachlesen, was sein unabänderlicher Wille und sein großes Ziel war, aber nur die wenigsten waren gewillt oder bereit, sich mit seiner Ideologie ernsthaft auseinanderzusetzen.

Hauptmann Dietl war zunächst nur als Ersatz an die Infanterie-Schule nach Ohrdruf in Thüringen kommandiert worden, wurde dann aber ganz in den Lehrkörper aufgenommen. Das muß für den bodenständigen, den Bergen und seiner bayerischen Heimat verschriebenen Offizier zunächst eine herbe Enttäuschung gewesen sein, aber sehr schnell erkannte er, daß sich mit dieser Kommandierung, die mit der Maßgabe ausgesprochen wurde, »daß das Kom-(mando) einer Versetz(un)g gleich ist«[112], auch die große Chance bot, den Hitler-Ludendorff-Putsch und die schmachvolle Niederlage so schnell wie möglich geistig und seelisch zu verarbeiten, um sich dann – irgendwie von der nationalsozialistischen Bewegung »entschlackt« – der neuen interessanten Tätigkeit als Taktiklehrer voll und ganz zuzuwenden. Am 1. März 1926 wurde sein Kommando aufgehoben, und er begab sich vom 31. Mai bis 5. Juni desselben Jahres auf eine Taktikreise nach Jena und Weimar, wurde dann vom 5. bis 20. Oktober 1926 zum Artillerie-Lehrgang und vom 14. bis 18. März 1927 zum Kraftschullehrgang für Taktiklehrer nach Berlin kommandiert. Am 21. Juli 1928 erfolgte dann abermals seine Versetzung zur Infanterie-Schule, wo er unter anderem den Führerschein Klasse I erwarb.

1. Ohrdruf in Thüringen

Zunächst wurde Eduard Dietl jedoch von seiner Nachkriegsvergangenheit eingeholt. Denn dieses thüringische Städtchen Ohrdruf war ihm als ehemaligem Angehörigen des Freikorps Epp alles andere als unbekannt. Schon blendeten seine Gedanken in die Zeit zurück, als auf dem dortigen Truppenübungsplatz, fern von der bayerischen Heimat und ihren Bergen, das Freikorps auf Weisung des Reichswehrministers Noske hinter dem Rücken des bayerischen Ministerpräsidenten Hoffmann aufgestellt worden war, und zwar ursprünglich mit dem amtlichen Auftrag zur Bildung eines, so die Formulierung, »Bayerischen Freikorps für den Grenzschutz Ost«. Aber das war mehr ein Alibi, denn in Wirklichkeit war auch diese Freiwilligentruppe »für den Einsatz im Innern bestimmt« gewesen.[113] So trug Epps Freikorps seine ursprüngliche Bezeichnung auch nur bis unmittelbar vor der Befreiung Münchens von der Räteherrschaft.

Als das Freikorps Epp am 5. April 1919 in Ohrdruf aufgestellt wurde, zählte es erst 116 Offiziere, 85 Unteroffiziere und 215 Mann. »Wer jetzt kommt«, notierte Ritter von Epp in seinen Aufzeichnungen, »ist ein Ausgelesener.«

Einer von ihnen war Oberleutnant Eduard Dietl, der schon einen Tag vor der offiziellen Aufstellung, also am 7. April 1919, in Epps Freikorps eingetreten war. Als »Ausgelesener« warb er für diese bayerische Truppe. Ministerpräsident Schneppenhorst verbot jedoch die Werbung und den Beitritt bayerischer Staatsbürger und verwies Epp und seine Truppe unter Haftandrohung des Landes. »Darauf wies Noske für Epp den preußischen Truppenübungsplatz Ohrdruf bei Gotha in Thüringen als Standort an und übernahm auch die Besoldung auf das Reich.«[114]

Epp, in seiner Wortwahl alles andere als zimperlich, sprach schon bald von den »prostituierten Offizieren«[115], wobei er jene Offiziere im Auge hatte, die sich dem Willen der Räte beugten. Schließlich eilten aber so viele Freiwillige zu den Fahnen des Obersten Ritter von Epp, daß er eine eigene Offizierskompanie bilden mußte. In seinen Aufzeichnungen notierte Epp am 13. April 1919:

> »Formen nicht vernachlässigen – ancien régime in der Beziehung bewahren – mit dem Beispiel auf den Mann einwirken – Formen zähmen – und gezähmt muß die deutsche Menschheit wieder werden. Unsere Anhänger müssen die Überzeugung gewinnen, daß die Umkehrung der Gesinnung von uns ausgehen muß. Wir müssen wieder die andere Denkart herbeiführen – aber nicht bloß reden – vormachen, vorleben!«[116]

Und unter dem 19. April 1919 lesen wir in Epps Aufzeichnungen:

> »Mit Menschen, deren Sinn auf Bürgerwehren, Stadtsoldaten-, Nachtwächter-, Feuerwehrwesen gerichtet ist, also auf Verdienen des Brotes unter behäbigen Umständen, ist uns nicht gedient. Wir brauchen Männer, denen das Kriegshandwerk Freude macht, denen es Freude macht, sich mit einem Gegner zu messen und ihn durch überlegene Geschicklichkeit zu überwinden. Bewußte und entschlossene Landsknechte mit dem Ehrbegriff des Handwerks.«[117]

Genau das waren die Grundgedanken, erinnerte Dietl sich jetzt wieder, nach denen Ritter von Epp in Ohrdruf sein Korps im Jahre 1919 aufgestellt hatte.

»In Ohrdruf«, schrieb Epps Biograph Frank, »wuchs die erste Zelle einer neuen bayerischen Ordnung.«[118] Es war in der Tat so, wie einer seiner Mitstreiter, Ernst Röhm, später in seiner »Geschichte eines Hochverräters« schrieb, »daß es damals nur einen Mann gab, in dessen Lager Bayern war, und das war Oberst von Epp«.[119]

Am 23. April 1919 rollte das Freikorps Epp mit Dietl von Ohrdruf zur Befreiung der bayerischen Landeshauptstadt von der Räteherrschaft ab. An den Eisenbahnwaggons prangte das Ärmelabzeichen des Freikorps, der Kopf eines brüllenden bayerischen Löwen. Darüber hinaus hatten sich viele Freikorpskämpfer schon jetzt das Edelweißemblem angeheftet.

Nun hatte es Eduard Dietl abermals nach Ohrdruf verschlagen. Damit hatte sich der Kreis für den Reichswehroffizier geschlossen. Was zwischen diesen beiden Aufenthalten lag, die Niederschlagung der Räteherrschaft in München, der Eintritt in die DAP/NSDAP, sein Wirken für die SA und die nationalsozialistische Bewegung sowie seine Rolle beim Hitler-Ludendorff-Putsch vom November 1923, das ist bekannt. Was als Taktiklehrer vor ihm lag, das war für den geborenen Truppenoffizier weitgehend Terra incognita, denn Dietl war, ganz seinem Naturell entsprechend, der geborene Praktiker und alles andere als ein Theoretiker, der sich hinter seinem Schreibtisch verschanzte. Aber als solcher war er ja an die Infanterie-Schule kommandiert worden. Und obwohl sich in seinem Ausbildungs-Bataillon »was regte«, wenn er die ihm anvertrauten Fähnriche in seinem neuen Revier, dem Thüringer Wald, erzog und ausbildete, so kniete er sich dennoch mit der ihm eigenen unerschöpflichen Energie, frei von allem ideologischen Ballast, in die neue Aufgabe hinein.

2. Der Taktiklehrer, Ehemann und Familienvater

»Generalstabsoffiziere haben keinen Namen.« Dieser zum geflügelten Wort gewordene Ausspruch des preußischen Generalfeldmarschalls Moltke galt auch für die Taktiklehrer. Aber der nach wie vor jugendlich wirkende Hauptmann Dietl machte sich als gewiefter Taktiker schon bald einen Namen. Das war ihm nicht besonders schwer gefallen, denn als passionierter Junggeselle verblieb ihm, frei von allen ehelichen und familiären Verpflichtungen, genügend Zeit, um sich intensiv in sein neues Aufgabengebiet hineinzuknien. So brannte nicht selten noch weit nach Mitternacht in seiner spartanisch eingerichteten Offiziersbude das Licht, wenn er die entsprechenden Vorschriften und die einschlägige Fachliteratur für Taktiklehrer studierte, das Angelesene rekapitulierte und schließlich so geschickt in seine Vorträge einarbeitete, daß es ihm ein leichtes war, die Stoffülle gemäß den 1920 herausgegangenen Richtlinien für die Führergehilfenausbildung in seiner schlichten, so ganz nach dem Herzen der aufmerksamen Führer und Unterführer zugeschnittenen Sprache und Ausdrucksweise weiterzugeben. Über die Erziehung und Ausbildung in der Reichswehr schrieb Generaloberst von Seeckt unter anderem:

»Moral und Charakter sind die wichtigsten Grundlagen des Heeres. Jede militärische Ausbildung ist vergebens, wenn die Hebung des inneren Wertes der Truppe mit ihr nicht gleichen Schritt hält. Erst aus der Zusammenstellung sittlich gefestigter, sowie gut und gleichmäßig ausgebildeter Soldaten entsteht die brauchbare Truppe. Die Wertschätzung der Technik darf nicht dazu führen, zu vergessen, daß der Mann es ist und bleibt, der den Kampf entscheidet. Das erfordert praktisch viel Kleinarbeit ... Die Beschränkung von außen weist uns darauf hin, daß wir dem Geist ein freieres Betätigungsfeld eröffnen, mit dem lohnenden Ziel des gehobenen Könnens jedes Einzelnen ... Schlechte Haltung beweist immer schlechte Erziehung oder minderwertigen soldatischen Geist; gute Haltung ist aber nicht immer der sichere Beweis für das Gegenteil ... Die Prüfung des inneren Wertes einer Truppe kann bei Besichtigungen nicht zu einem abschließenden Urteil führen. Umso größer ist das Verdienst derjenigen, die sich der äußerlich weniger dankbaren Aufgabe der inneren Schulung mit Einsatz ihrer ganzen Kraft gewidmet haben ... Die Erziehung zum Ertragen von Anstrengungen und gelegentlich auch von Entbehrungen darf nicht vernachlässigt werden. Es muß bei dem alten Grundsatz bleiben, daß bei dem Exerzieren nichts gelernt werden soll, was der Krieg verwirft ... Eine gut exerzierte Truppe überwindet mit Selbstverständlichkeit Schwierigkeiten. Unter diesen Gesichtspunkt gestellt, darf auch das Parademäßige nicht vernachlässigt werden. Wenn wir bei jeder Ausbildung erzieherische Grundsätze voranstellen, die der Truppe vor allem Dienstfreudigkeit, sittlichen Ernst und Liebe zu unserem schönen Beruf einpflanzen und erhalten, werden wir die lange Dienstzeit nicht als geisttötende empfinden ...«[120]

Dietl vermittelte aber seinen Lehrgangsteilnehmern nicht nur das rein Formale, sondern gab als Pragmatiker auch ganz persönliche Ansichten und Verhaltensweisen, die er in seiner unkomplizierten Art vorlebte, mit auf den Weg. So äußerte er sich über den Drill und das Soldatentum einmal folgendermaßen:

»Beim Herzen muß man den Soldaten packen. Nur da kriegt man ihn. Alles andere ist umsonst. Wer das Herz hat, der hat den Soldaten wirklich, der kann mit ihm den Teufel aus der Hölle holen. – Drill muß sein. Das gehört zum Handwerk. Aber bloß Drill allein, das ist nix. Das ist schlechter als gar kein Drill. Geschliffen ist leicht, aber geführt ist schwer. – Das Führen braucht zweierlei, und zwar fürs erste: mit dem Mann leben! Nichts anderes wollen als er hat. In allem mit ihm gehen, ihn immer wieder anhören, ihn verstehen, ihm helfen, wo es nur geht. Fürs zweite aber: über dem Mann stehen. Sich nie etwas vergeben! Immer wissen, was man als Führender zu tun hat. Hart sein, wenn es nötig ist, das Äußerste fordern – aber selbst vorher das Äußerste tun!«[121]

Da sich Dietl zeit seines Lebens – ob als Frontoffizier des Ersten Weltkrieges oder als Oberbefehlshaber seiner legendären Lappland-Armee während des Zweiten Weltkrieges – wie kaum ein zweiter militärischer Führer in seiner Leistungsbereitschaft und Befehlsgebung stets menschlich und frontnah verhielt, fiel es ihm leicht, Theorie und Praxis in einer Art vorweggenommener »Innerer Führung« in geradezu idealer Weise zu verbinden.

Wie ist es sonst zu erklären, daß die ihm anvertrauten jungen Kameraden für »ihren Dietl« durch dick und dünn gingen und sich, wenn es die Lage erforderte, ohne großes Wenn und Aber für »ihren Dietl« in die Bresche warfen? Wie ist es auch sonst zu verstehen, daß sich auch nach Dienstschluß zahlreiche junge Kameraden ihrem militärischen Vorgesetzten bereitwillig anschlossen, um bei gemeinsamen Radtouren das schöne Thüringen und die reizvolle Sächsische Schweiz kennen- und liebenzulernen? Und wie ist es wohl zu erklären, daß der nur scheinbare Theoretiker Dietl im Sommer 1924 bei einem Armee-Gepäckmarsch noch vor allen anderen, den meist jüngeren Offizieren und Fähnrichen, als erster durch das Ziel eilte? Das Geheimnis dieses Erfolges ist leicht zu lüften: Dietl war der geborene Asket, der nichts mehr haßte als die Weichheit, die Bequemlichkeit und die lähmende Ruhe. So war er in jeder freien Stunde – nicht selten mit einem randvoll gepackten Rucksack – unterwegs, um sich körperlich fit zu halten, und zwar nach dem alten Motto:

»Mens sana in corpore sano. – Ein gesunder Geist in einem gesunden Körper.«

Die Lebensgefährtin, die es mit diesem Naturburschen aufnehmen wollte, die mußte, so orakelten seine schon seit längerer Zeit verheirateten Kameraden, erst noch geboren werden. Nimmt es da wunder, daß ihm überall, wohin er auch kam, schon »der Ruf eines groben, unverbesserlichen Weiberfeindes« vorauseilte?[122]

Und doch! Eines Tages hatte es auch diesen hartgesottenen und ewigen Junggesellen voll erwischt. Sein Herzblatt hieß Gerda-Luise Haenicke, eine schlanke und hochgewachsene, eine zarte

214

und feingliedrige junge Frau von knapp zwanzig Lenzen, die von ihrer Konstitution her eine nicht zu übersehende Ähnlichkeit mit seiner Mutter hatte. War es vielleicht diese Ähnlichkeit, der der zuweilen fast ungehobelt sich gebärdende Eduard Dietl erlag, oder waren es ganz schlicht und einfach die Waffen der blutjungen Frau, von denen der Taktiklehrer besiegt wurde, die ihn dazu brachten, sich gerade jenen funkelnden Bernstein von der ostpreußischen Samlandküste als Lebensgefährtin auszuerwählen? Es wird wohl beides gewesen sein.

Gerda-Luise, geboren am 29. Juni 1905 in Berlin, wie Dietl eine durch und durch überzeugte Nationalsozialistin, war die Tochter des Kommandeurs der Infanterie-Schule, des ostpreußischen Oberstleutnants Siegfried Haenicke. Mit dem allseits begehrten Orden Pour le mérite während des Weltkrieges ausgezeichnet, verband den alten mit dem jungen Offizier von Anfang an sehr viel: das Erlebnis der Frontkameradschaft, der Glaube an das deutsche Vaterland und seine trotz aller Gebietsabtretungen nach wie vor ansehnliche räumliche, insbesondere aber seine nationale Größe, der gemeinsame Korpsgeist des deutschen Offiziers mit seinen preußischen Tugenden von Ehre und Treue, von Befehl und Gehorsam gegenüber der Obrigkeit. So kam man sich rasch näher. Nachdem der Oberstleutnant Haenicke sich nicht nur an Hand des Personal-Nachweises eingehend über seinen neuen Taktiklehrer informiert, sondern auch während einiger Herrenabende im Kasino die geistigen und sittlichen Wertvorstellungen Dietls ausgelotet hatte, war man sich schließlich menschlich so nahegekommen, daß Haenicke eines Tages wohlwollend zustimmte, als Dietl um die Hand seiner Tochter anhielt.

Nachdem Dietl am 7. Dezember 1925 die »Erlaubnis zur Verheiratung mit Gerda Haenicke«, so die Eintragung in seinem Personal-Nachweis, erhalten hatte, konnte endlich, am 16. Januar 1926, im ostpreußischen Königsberg der Bund der Ehe geschlossen werden. Anschließend feierte man »in dem schönen, stattlichen Haus an der Samlandküste, dem Vaterhaus der Braut«.[123] Hier lernte der Bayer Dietl die stolzen preußischen Familien kennen – und schätzen. Und obwohl er rasch die Herzen der dort beheimateten Menschen gewann und ihn manche ihrer Charaktereigenschaften an die

Bayern erinnerten, zog es ihn mit seiner jungen Frau schnell wieder fort, und zwar in die Berge. So landete man in der Schweiz, wo Dietl entschied, daß seine sportliche Frau auch das Skilaufen erlernen müsse.

»Als wir einmal die Abfahrt vom Edelsberg begannen«, erinnerte sich Generalmajor a. D. Hellmuth Grashey, der zuweilen mit dem Ehepaar Dietl beim Skifahren war, »rief er seiner Frau zu: ›Wurzn, was hab i dir gsogt: Du fahrst d' Damenabfahrt owe, de hier is nix für di.‹«

Aber Dietl war nicht nur ein Draufgänger, ein »Vieh mit Haxen«[124], wie ihn seine Kameraden nicht selten bezeichneten, er konnte, wie die folgende Episode zeigt, auch ein »rührender Familienvater« sein.

»Ja, so geht's«, entfuhr es ihm einmal im Kasino. »Jetzt sind mir meine Geißen krank geworden, alle drei.«

»Geißen?« fragten seine Offizierskameraden ganz erstaunt, insbesondere der Stabsveterinär, der erst kurz im Regiment war. Und da er sich von Berufs wegen für die Tiere verantwortlich fühlte, fragte er Dietl:

»Kann ich helfen?«

»Naa, mei Liaber!« lachte dieser auf. »Meine drei Geißen kuriert schon der richtige Bader!«[125]

Jetzt wußte jeder, wer mit den drei Geißen gemeint war: seine drei Töchter Gertrud, Gunta Klara Auguste und Else Babette, die am 28.3.1927 und am 2.7.1928 zu Dresden-Albertstadt bzw. am 30.1.1931 zu München das Licht der Welt erblickt hatten.

»Und wenn's zehn Madln wer'n – macht nix – a Bua muaß her!« hatte Dietl immer wieder gesagt.

Beim vierten Male war es dann in der Tat soweit. Drei Böllerschüsse verkündeten den Kemptnern das freudige Ereignis, als der junge Dietl, der auf den Namen Volker Karl Eduard getauft wurde, am 8. Januar 1936 in München geboren wurde.

3. Die Wintermonate in Lindau am Bodensee

Obwohl sich Dietl nicht zuletzt durch die Beziehung zu Gerda-Luise recht schnell in Ohrdruf eingelebt hatte, war die Verbindung zu den Bergen nie ganz abgerissen. Denn während der Wintermonate wurden die Lehrgänge an der Infanterie-Schule aufgelöst, und die Teilnehmer kehrten in ihre angestammten Einheiten zurück. Für den Hauptmann Dietl war der Standort Lindau, das Kleinod am, besser im Schwäbischen Meer, zu jener Zeit soldatische Heimat, als er am 1. Oktober 1924 erstmals wieder zum altvertrauten Infanterie-Regiment 19 kommandiert wurde.

Als alte Garnisonsstadt hatte Lindau aus früheren Zeiten drei Kasernen. Die älteste, die kleine Lindenschanz-Kaserne, war bis 1918 von Truppen, zuletzt von einer Kompanie des bayerischen Infanterie-Regiments 20 »Prinz Franz von Bayern«, belegt. In der größeren Max-Joseph-Kaserne war von 1868 bis 1870 das II. und von 1870 bis 1897 das III. Bataillon des bayerischen Infanterie-Regiments »Prinz Karl von Bayern« untergebracht. Bei der Neuaufstellung des bayerischen Infanterie-Regiments 20 im Jahre 1897 wurden der Regimentsstab und zwei Bataillone in Lindau aufgestellt und ein Bataillon in der Max-Joseph-Kaserne einquartiert. Nach dem Ersten Weltkrieg bezog zunächst ein Bataillon des Schützen-Regiments 41 diese kleine Kaserne. Von 1921 bis 1934 wurde sie dann von der 9. und 11. (Gebirgs-Jäger) Kompanie des III. (Gebirgs-Jäger) Bataillons des 19. (bayerischen) Infanterie-Regiments und dem Standortältesten belegt.

Die Skihütte der 9. (Gebirgs-Jäger) Kompanie war die Hädrich-Eineck-Obersteigalm, die der 11. (Gebirgs-Jäger) Kompanie die Hörmoos-Alpe und das Hubertushaus bei Oberstaufen. Zum Winterschießen fuhr man zum Hochgrad-Sonnenkopf bei Oberstaufen, zum Pürschling bei Oberammergau oder auf die Reiter-Alpe im Berchtesgadener Land.

Wie im Standort Kempten, so war auch im Standort Lindau am Bodensee ein nicht unbedeutender Teil der bergsteigerischen und skiläuferischen Elite der im Aufbau begriffenen deutschen Gebirgstruppe stationiert. Schörner, von Volckamer, Kreß, Christl, Utz, Buchner, von Xylander sowie die Gebrüder Raithel und viele andere haben auch heute noch einen klangvollen Namen in der Gebirgstruppe der deutschen Bundeswehr. Nimmt es bei dieser Anhäufung namhafter Alpinisten und Skiläufer wunder, daß Dietl immer wieder bergbegeisterte Männer um sich scharte und mit ihnen so manchen Giganten aus Fels und Eis bezwang? Daß er die Bergsteigerei auch in den Wintermonaten sehr ernst nahm, das verraten uns die Vorbereitungen für die Besteigungen des Matterhorns, des Piz Palü, des Lyskamm und anderer verlockender Gipfel, die er nach erfolgreich abgeschlossener Bergtour voller Stolz in das Fahrtenbuch eingetragen hat.

VI. Kempten – Wiege der deutschen Gebirgstruppe

Von Lindau am Bodensee war es dann nur mehr ein kleiner Schritt in das benachbarte Kempten im Allgäu, wohin Dietl am 1. Oktober 1928 versetzt wurde. Hier stand die Wiege der deutschen Gebirgstruppe, wenn auch die allerersten Jäger-, Schneeschuh- und Gebirgstruppen Deutschlands nicht in der Metropole des Allgäus, sondern im Mittelgebirge, in Württemberg, ja sogar in der Landeshauptstadt München und auf dem Lager Lechfeld bei Augsburg aufgestellt worden waren.[126] Mit seiner Versetzung als Hauptmann zum Stab des III. (Gebirgs-Jäger) Bataillons des 19. (bayerischen) Infanterie-Regiments wurde Dietl, der Infanterist des Ersten Weltkrieges, offiziell in die Gebirgsjäger-Elite eingereiht, die er als gewandter Bergsteiger und Skiläufer in jeder Beziehung bereicherte.

1. Standort Kempten im Allgäu

Im Tal der Iller eingebettet, ist Kempten zu einem wirtschaftlichen und kulturellen Mittelpunkt des Allgäus geworden. An seinem Stadtbild kann man die beiden Wurzeln seiner geschichtlichen Vergangenheit bis auf den heutigen Tag noch sehr gut ablesen: hier der stille Bezirk einer seit dem 13. Jahrhundert bestehenden und im Jahre 1803 aufgelösten fürstbischöflichen Residenz mit einem monumentalen Schloßbau und einer imposanten frühbarocken Stiftskirche, dort die stolzen Bürgerbauten der protestantischen freien Reichsstadt mit der im Jahre 1767 barockisierten, ehemals gotischen Pfarrkirche St. Mang und dem gotischen, in der Renaissance veränderten Rathaus mit Brunnen. Das war der äußere Rahmen der Stadt, in der Dietl sich fortan bewegte, um nach dem Rechten zu sehen – oder um, viel zu selten, wie seine Freunde meinten, auszuspannen, sich ganz einfach treiben zu lassen.

In der Zeit, als das III. (Gebirgs-Jäger) Bataillon/19. (bayerisches) Infanterie-Regiment, das als Keimzelle der Gebirgstruppe der Reichswehr/Wehrmacht gilt, in der Schloßkaserne Am Pfeilgraben, im Nordteil der Residenz, untergebracht war, zählte die Stadt rund 21 000 Einwohner. Diese altehrwürdige Schloßkaserne, die früher ein Teil des Stiftsklosters Kempten war, hatte eine große militärische Vergangenheit aufzuweisen, denn sie diente von 1802 bis 1914 verschiedenen Truppenteilen als Unterkunft. Nach dem Ersten Weltkrieg war hier ab Mai 1919 das Freikorps Schwaben, aus dem später das III. Bataillon des Schützen-Regiments 42 hervorging, untergebracht. Aus diesem erfolgte dann die Aufstellung des III. (Gebirgs-Jäger) Bataillons/19. (bayerisches) Infanterie-Regiment mit den Standorten Kempten im Allgäu und Lindau am Bodensee.

Kein Zweifel. Das historische Kempten und seine bodenständige Bevölkerung waren Dietl sehr schnell ans Herz gewachsen. Als er mit seiner Familie dort Einzug hielt, erschien das gesamte Offizierskorps zur Begrüßung, wobei er manch altbekannten Bergkameraden wiedersah.

Es war in eben diesem Kempten, in dem, so wird berichtet, Dietls bekanntester Ausspruch entstanden sein soll – und zwar aus folgender Situation heraus: Der Regiments-Kommandeur war nach Kempten geeilt, hatte die Truppe inspiziert und war voll des Lobes. Ein Vorbeimarsch zu Füßen der eindrucksvollen Lorenzkirche sollte den krönenden Abschluß der Standortbesichtigung bilden. So stand die ganze Stadt auf den Beinen und säumte die Straßen. Das III. (Gebirgs-Jäger) Bataillon/19. (bayerisches) Infanterie-Regiment stand abmarschbereit. Als Major Dietl der Musik das Zeichen gab, schwenkte die Truppe mit einem flotten Marsch ein und marschierte los. Jedoch der Offizier, der die 1. Kompanie führte, vergaß vor lauter Aufregung, den Befehl zum Abmarsch zu geben, so daß das Bataillon stehenblieb, während Dietl ahnungslos hinter der Musik durch die festlich geschmückten Straßen der Illerstadt marschierte. Als die Kemptner ihren Dietl allein die Straße entlangmarschieren sahen, brandete Beifall auf. Da Dietl der Meinung war, der Jubel gelte seinen Männern, war er mehr als hoch erfreut. Erst als er kurz vor dem Regiments-Kommandeur »Die Augen – links!« kommandierte und dabei halb über seine Schulter nach rückwärts blickte, sah er voller Schrecken, daß er allein auf weiter Flur stand. Aber sogleich winkte er mit einer energischen Handbewegung das III. (Gebirgs-Jäger) Bataillon, das am unteren Ende der Hauptstraße stand, herbei, trat vor seinen Kommandeur und meldete:

»Herr Oberst – nur kein Schema!«

Damit war Dietls bekanntester Leitspruch aus der Taufe gehoben.

2. Kommandeur des III. (Gebirgs-Jäger) Bataillons/19. (bayerisches) Infanterie-Regiment

Zwischen dem II. und dem III., dem abschließenden Teil des Heeresbergführerkurses, wurde der am 1. Februar 1930 zum Major beförderte Dietl zum Kommandeur des einzigen Gebirgs-Jäger-Bataillons der Reichswehr ernannt, um die Aufgabe und Tradition der Gebirgstruppe und des Edelweiß-Abzeichens fortzuführen. Dietls III. (Gebirgs-Jäger) Bataillon/19. (bayerisches) Infanterie-Regiment, das Oberst Graf führte, bildete den Stamm bei der Aufstellung der Gebirgsbrigade und der späteren 1. Gebirgs-Division der Deutschen Wehrmacht. So war der 1. Februar 1931, an dem Dietl Kommandeur dieses einzigartigen Reichswehr-Bataillons wurde, ein Tag, den er in seinem Tagebuch ganz besonders hervorhob. Zum einen hatte er auf Grund des schmalen Planstellenkegels im 100 000-Mann-Heer zu diesem Zeitpunkt nicht mehr damit gerechnet, und zum anderen war von nun an an ein vorzeitiges Ende seiner militärischen Laufbahn genausowenig zu denken wie an den Abschluß eines Pachtvertrages, um droben in den heimatlichen Bergen nach dem Ausscheiden aus dem aktiven Dienst den Lebensabend als Hüttenwirt zu beschließen. Es sah statt dessen vielmehr ganz danach aus, nachdem Dietl die berühmt-berüchtigte Majors-Ecke mit Bravour genommen hatte, als sollte das Soldatenschicksal mit dem originellen Gebirgsjäger-Offizier noch etwas ganz Besonderes vorhaben.

Für die Skiausbildung stand den Kemptener Gebirgsjägern insbesondere die Alpe Höllritzen, die sie von Blaichach über Gunzesried in etwa drei Stunden erreichten, zur Verfügung. In das »Hütten-Buch der Alpe Höllritzen«, das im Winter 1930/31 begonnen wurde, schrieb Major Dietl am 28. März 1931 unter anderem: »Wieder einmal in der altbekannten liebgewonnenen Höllritzen-Alm bei der 10. Komp.«

Am 6. und 7. Februar 1933 hielt er sich, erst am 1. Februar zum Oberstleutnant befördert, beim Winterschießen der 10. Kompanie auf der Alpe Höllritzen auf. Später, beim »Jäger-Treffen der Offiziere des ehem. III. Hochgebirgs-Jägerbatls/I. R. 19 vom 29.12.34–1.1.35«, so die Eintragung im »Hütten-Buch der Alpe Höllritzen«, verewigten sich bei diesem Kamerad-weißt-du-noch-Hüttenabend neben Dietl u. a. auch die späteren Gebirgstruppen-Generale Schörner, Kübler und Konrad.[127]

Aber eilen wir den Ereignissen nicht allzuweit voraus. Zunächst, im Februar 1931, genauer gesagt vom 7. bis zum 21.2., also nur eine Woche nach seiner Ernennung zum Bataillons-Kommandeur, wurde Dietl zur Winterschule der königlich-norwegischen Armee nach Oslo kommandiert. Aber dann, kaum daß er wieder bei seinem Bataillon war, kümmerte er sich mit der ihm eigenen Energie um die Ausrüstung und Ausbildung seiner Gebirgsjäger.

In unserer hochtechnisierten Welt mit ihren vollmotorisierten Armeen und computergesteuerten Waffensystemen fällt es schwer, sich vorzustellen, mit welchem Elan, ja mit welchem Missionseifer die verantwortlichen Kommandeure, Kompaniechefs, Führer und Unterführer den Aufbau und die Bewaffnung der Gebirgstruppe der Reichswehr/Wehrmacht forcierten. Das geschah teilweise unter bewußter Umgehung der strengen Bestimmungen des Versailler Vertrages, nach dem eine Gebirgstruppe im eigentlichen Sinne nicht vorgesehen war. Man konnte dieses Wagnis dennoch eingehen, da die exponierten Männer jener Tage – Dietl, Kübler und Schörner, List, Ritter von Schobert und Schlemmer, Raithel, Utz, Konrad und Weisenberger, Kreß, Bader, Buchner, Hörl und von Xylander, aber auch Dr. Bernklau, der als Intendant alle Hände voll zu tun hatte – wußten, was sie voneinander zu halten hatten. Allesamt begeisterte Soldaten und leidenschaftliche Bergsteiger, nutzten sie jede sich ihnen nur bietende Möglichkeit, um den Aufbau der Gebirgs- und Hochgebirgstruppe voranzutreiben und sie entsprechend auszurüsten. Das galt sowohl für das Infanterie-Regiment 19 in München und das III. (Gebirgs-Jäger) Bataillon

in Kempten und Lindau als auch für die II. (Gebirgs-Artillerie) Abteilung des Artillerie-Regiments 7 in Landsberg am Lech, dem Geburtsort der deutschen Gebirgsartillerie.[128]
Alljährlich fanden im Mai und Juni die Hochgebirgsübungen des III. (Gebirgs-Jäger) Bataillons statt, abwechselnd in den Allgäuer Alpen, in den Bergen des Ammergaus, im Hochgebirge des Wetterstein- und Karwendel-Gebirges sowie in den Berchtesgadener Alpen. Daran nahmen auch die 2. Batterie der II. (Gebirgs-Artillerie) Abteilung des Artillerie-Regiments 7 aus Landsberg am Lech, die 1. (Gebirgs) Kompanie des Pionier-Bataillons 7 aus München, die 1. (Gebirgs) Kompanie der Münchner Nachrichten-Abteilung 7 teil. In den Herbstmonaten versammelte sich dann das gesamte Infanterie-Regiment 19 auf den verschiedensten Truppenübungsplätzen wie Münsingen, Grafenwöhr, Heuberg und Munsterlager. Die anschließend durchgeführten Manöver führten Dietls Bataillon nicht selten über den bayerischen Raum hinaus bis in das Weserbergland.

3. Skiläufer und Heeresbergführer

Kaum war Dietl zum Major befördert worden, nahm er vom 12. Februar bis 4. März 1930 erfolgreich als Führer der deutschen Militärmannschaft bei den internationalen Ski-Patrouillen-Läufen im norwegischen Oslo teil. Derart motiviert, stürzte er sich mit der ihm anvertrauten Truppe nach seiner Rückkehr noch mehr in die Skiausbildung. Um die Crème de la crème des Skisports für sein Ziel zu gewinnen, nahm er mit allen Skisportlern des Allgäus Verbindung auf. So entstand schon bald ein enges und herzliches Freundschaftsverhältnis zwischen den führenden Männern des Allgäuer Skiverbandes und Dietl. Adolf Kögl aus Kempten, Hans Riefler aus Nesselwang und Gerhard Kirchmann aus Oberstaufen waren seinerzeit die Förderer des Skisports in den Allgäuer Alpen. Überall bot Dietl seine Unterstützung an. Nicht selten sah man die sogenannten Schneekommandos seines Bataillons den Schnee zu den Sportveranstaltungen heranschaffen, wenn der Wettergott mit Föhn und Regen einen Strich durch die Rechnung machte. Wo es nur ging, sagte Dietl dem Allgäuer Skiverband und dessen Vereinen seine Unterstützung zu.»Er organisierte mit, und viele seiner wertvollen Ratschläge fanden großen Anklang. Immer sah man von dieser Zeit an Gebirgsjäger und Skisportler gemeinsam am Start. Kämpften die einen um den Sieg der Meisterschaft, so gaben die Jäger ihr Bestes, um in den Ausscheidungskämpfen für die deutschen Heeres-Skimeisterschaften gut abzuschneiden.«[129]

Wenn es um den Skilauf ging, dann entwickelte Dietl auch so etwas wie eine Strategie. Denn, so sagte er sich, die Jungen von heute sind meine Jäger von morgen. Daher nahm er sich im Ski-Klub Kempten in besonderem Maße der Jugendarbeit an, so daß der Club binnen kurzer Zeit mit 700 Jugendlichen zur größten Sportabteilung des Deutschen Skiverbandes aufstieg. Wie oft ist er mit ihnen in die tiefverschneite Winterlandschaft des Allgäus hinausgezogen und lehrte sie das Skilaufen. »Auch Vorträge hielt er über alpine Bergfahrten, über Lawinengefahren, Bergungsarbeiten, in denen er besonderer Spezialist war, und wußte stets für den Skilauf zu begeistern.«[130]

Trotz dieses starken Engagements auf dem zivilen Sektor kam natürlich die militärische Skiausbildung, die auf den einzelnen Hütten der jeweiligen Kompanien betrieben wurde, nicht zu kurz. Im Gegenteil: »Dietls Rennsäue«, so der Jägerjargon, beteiligten sich mit großem Erfolg an den Deutschen Meisterschaften, den Olympischen Winterspielen von 1932, den Heeres-Skimeisterschaften in Oberstdorf und Garmisch sowie an den Internationalen Militärwettkämpfen in der Schweiz und in Norwegen. Nach seinem Sieg bei Narvik bekannte Dietl einmal:

»Ich darf versichern, daß ich persönlich und die meisten meiner Kameraden die Kraft zum Durchhalten vor allem aus der deutschen Sportbewegung geschöpft haben.«

Die tüchtigsten Bergkameraden in Uniform wurden auf Kletter- und Eiskurse geschickt und führten im In- und Ausland alpine Patrouillen durch. Dietl wollte zu dieser absoluten Elite der im Aufbau begriffenen deutschen Gebirgstruppe zählen. Er wußte, wer diesem auserwählten Kreise angehören wollte, der mußte nicht nur ein guter Bergsteiger und Skiläufer sein, sondern der mußte auch das Heeresbergführer-Abzeichen vorweisen können. Was lag da also näher, als daß er sich umgehend auf den nächsten Heeresbergführerkurs schicken ließ. Und dieser fand vom 17. bis zum 28. Juni 1930 in den Allgäuer Alpen statt. Doch damit nicht genug, denn kein Geringerer als Dietl wurde Kursleiter dieses in der Gegend von Oberstdorf durchgeführten Heeresbergführerlehrganges. Das war eine ganz besondere Auszeichnung, denn zum Leiter und Ausbilder derartiger Lehrgänge wurden nur erfahrene Männer der Gebirgstruppe herangezogen.

Vom 21. September bis zum 5. Oktober 1930 schloß sich daran der II. Teil des Heeresbergführerkurses, bei dem wiederum Major Dietl der Kursleiter war, an, und zwar auf der Oberwalder Hütte im österreichischen Großglocknergebiet, um hier, in den Regionen des ewigen Eises, Erfahrungen zu sammeln, die man in den heimatlichen Felsgebirgen nicht gewinnen konnte. Diese Bergfahrten mußten selbstverständlich »geheim« und in »Zivil« durchgeführt werden, denn der Versailler Vertrag ließ weder eine offizielle deutsche Gebirgstruppe noch einen engen Kontakt mit dem österreichischen Bundesheer der Ersten Republik zu. Bei den Hochgebirgstouren in den Gletscherregionen wurden insbesondere das Gehen und Orientieren im Eis geübt sowie Kenntnisse über die Eisformationen und die Rettung im Eis vermittelt. In der Winterausbildung standen Skiausbildung, Skitouren und Skilanglauf auf dem Dienstplan. Zum Ausbildungsstoff gehörten ferner die Lawinen- und Schneekunde, aber auch das Orientieren in extremsten Situationen und das Überleben im winterlichen Hochgebirge.

Nach arbeitsreichen Wochen an seinem ungeliebten Kommandeursschreibtisch und nach manchem Gefecht im verhaßten Papierkrieg sah man Dietl dann wieder in die Berge, seine Berge, gehen. Das Bergsteigen war für ihn ein Stück Weltanschauung, ja eine Art Jungbrunnen. Wenn er hart gegen sich und seinen inneren Schweinehund, der auch ihn zuweilen heimsuchte, ankämpfen konnte und eine wirkliche physische und psychische Glanzleistung vollbrachte, dann war er mit Gott und der Welt zufrieden. So zog es ihn ein um das andere Mal nach Südtirol, unter anderem in die Adamello- und Ortler-Gruppe. Mit von der Partie, bei der, so Würzner, »nicht ein Wort über Politik gesprochen wurde«, sondern wo man »die Liebe zum Bergsteigen, die Naturverbundenheit und echte Bergkameradschaft« pflegte und wo es Dietls ganzes Be-

streben war, »die großen Anstrengungen durchzustehen und den Gipfel ... zu erreichen«[131], waren unter anderem Hauptmann Willibald Utz, Leutnant Hellmuth Raithel und Franz J. Würzner.
Vom 15. bis 29. April 1931 leitete Dietl den Heeresbergführerkurs III. Teil mit Schlußprüfung in den vergletscherten Stubaier Alpen und wurde am 28. April zum Heeresbergführer ernannt.

> »Da war der Dietl in seinem Element. Es gab keinen, der seine Jäger zu so tüchtigen Bergsoldaten zu erziehen wußte wie er. ›Frieren tun nur die Dummen!‹ Mit diesem Wort hatte er seinen Jägern beigebracht, wie sie sich in Eis und Sturm gegen die Kälte schützen könnten. Aber damals am Zuckerhütl war es halt doch grimmig kalt, und als die Jäger morgens aus ihren Zelten krochen, waren sie steif gefroren. Doch keiner ließ sich etwas anmerken, keiner schlug die Arme um den Leib oder sprang auf die Beine; denn keiner wollte ja zu den Dummen gehören. Da kroch Dietl aus dem Zelt, ganz blaugefroren, und begann wild die Arme herumzuwerfen. Hinter dem Zelt hörte er eine Stimme: ›Frieren tun nur die Dummen!‹ ›Ja, heut seids ihr die Gscheiten!‹ rief er lachend zurück.«[132]

Unter den Kursteilnehmern, die Dietl in den Hochgebirgsregionen der Stubaier Alpen ausbildete, befand sich auch der spätere Generalfeldmarschall und Oberbefehlshaber der Heeresgruppe C während des Rußlandfeldzuges, Wilhelm Ritter von Leeb, einer der bedeutendsten Defensivtheoretiker. Als Kommandeur der II. (Gebirgs-)Artillerie in Landsberg am Lech begann für ihn damit eine enge Beziehung zur Gebirgstruppe der Reichswehr und Wehrmacht, deren Aufbau und Förderung ihm auch in seinen hohen militärischen Stellungen in besonderem Maße am Herzen lag. In einem weiteren Kurs, im Oktober 1932, der in den Ötztaler Alpen stattfand, wurde Ritter von Leeb dann vom Chef der Heeresleitung zum Heeresbergführer ernannt.[133]
Noch im Herbst 1931 wurde Dietl vom 19. Oktober bis 3. November zum Stabsoffizierskurs der 7. Division nach München kommandiert. Man kann sich sehr gut vorstellen, mit welch gemischten Gefühlen er seit langer Zeit wieder einmal in militärischer Funktion die »Hauptstadt der Bewegung« betrat. Er mochte sich innerlich noch so dagegen wehren und die aufkommenden Gedanken und Erinnerungen an seine Kampfzeit während der Frühgeschichte der DAP/NSDAP und SA beiseite schieben, es gelang ihm

beim besten Willen nicht, da er auf Schritt und Tritt von der eigenen Vergangenheit eingeholt wurde: beim Anblick des »Sternekkerbräus« im Tal und der Feldherrnhalle ebenso wie auf dem Oberwiesenfeld oder im »Bürgerbräukeller« an der Rosenheimer Straße. Nein, alles das war nicht wie ein ferner, ferner Traum, sondern allgegenwärtig, wenn er, »der Dietl«, durch München marschierte. Und die Zeit war auch gar nicht danach, als daß sich mit dem Abstand der Jahre die Konturen des einstigen Kampfgeschehens der nationalsozialistischen Bewegung immer mehr verwischt hätten. Ganz im Gegenteil: Es sah vielmehr danach aus, daß Hitler auf Grund der Hoffnungslosigkeit und Enttäuschungen, der Massenarbeitslosigkeit und Verarmung von Millionen von Deutschen dem totalen Triumph über die verhaßte Weimarer Republik mit ihrem Staat im Staate, der Reichswehr, unaufhaltsam entgegensteuerte.

Anmerkungen

1 Jünger: Der Krieg als inneres Erlebnis. A. a.O.
2 Territorien-Ploetz. S. 390
3 Heuss: Erinnerungen 1905–1933. S. 32
4 Territorien-Ploetz. S. 391
5 Ebenda, S. 391
6 Ebenda, S. 391
7 Ebenda, S. 391
8 Ebenda, S. 392
9 Klemperer: Konservative Bewegungen. S. 55
10 Gundelach: Der nationale Wehrgedanke in der Weimarer Republik. S. 73 f.
11 Sieburg: Es werde Deutschland. S. 20 ff.
12 Gundelach: Der nationale Wehrgedanke in der Weimarer Republik. S. 74
13 Ebenda, S. 77
14 Gordon: Die Reichswehr und die Weimarer Republik. S. 62
15 Oertzen: Die deutschen Freikorps. S. XV
16 Gundelach: Der nationale Wehrgedanke in der Weimarer Republik. S. 78
17 Oertzen: Die deutschen Freikorps. S. 15
18 Gundelach: Der nationale Wehrgedanke in der Weimarer Republik. S. 78
19 Ebenda, S. 79
20 Oertzen: Die deutschen Freikorps. S. 332 f.
21 Benoist-Méchin: Das Kaiserreich zerbricht. S. 285
22 Ebenda, S. 286
23 Der Generalquartiermeister. S. 33
24 Als Kompanie-Chef beim bayer. Schützen-Regiment 41 wurde Dietl bei den Armee-Wettkämpfen 1919 Sieger im Zwölf-Kilometer-Gepäckmarsch.
25 Gaertner: Die Reichswehr in der Weimarer Republik. S. 65. Bei F. Hoßbach, zitiert in: Hermann, S. 454, heißt es statt »gesetzmäßigen Einrichtungen« »gesetzlichen Einrichtungen«.
26 Noske: Von Kiel bis Kapp. S. 169
27 Nuß: Militär und Wiederaufrüstung in der Weimarer Republik. S. 53
28 Bernklau: Der Bayerische Max-Joseph-Orden und sein Gedenktag. A. a. O.
29 General Dietl. S. 19
30 Breit: Das Staats- und Gesellschaftsbild deutscher Generale beider Weltkriege im Spiegel ihrer Memoiren. S. 145
31 Ebenda, S. 146
32 Ebenda, S. 146
33 Offiziere im Bild von Dokumenten aus drei Jahrhunderten. S. 92
34 Ebenda, S. 92
35 Ebenda, S. 94
36 Ebenda, S. 90
37 Ebenda, S. 91
38 U. a. das Bundesarchiv/Militärarchiv Freiburg i. Br ; Bundesarchiv Koblenz; Berlin Document Center
39 Nuß: Militär und Wiederaufrüstung in der Weimarer Republik. S. 113
40 Nach Maser: Die Frühgeschichte der NSDAP, S. 173, »wurde das ehemalige

Kneipzimmer der bayerischen Reichsräte im Münchener ›Sterneckerbräu‹, Tal Nr. 54, ... Ende Dezember 1919 ... als ›Hauptgeschäftsstelle‹ der ›Deutschen Arbeiterpartei‹ eingerichtet«. Nach Fest: Hitler, S. 177, befand sich die erste ständige Geschäftsstelle der Partei 1919 im Keller des »Sterneckerbräu«.

41 Ernst Röhm, 1887 in München geboren, war 1930–1934 Stabschef der SA, 1933–1934 Reichsminister, bevor er am 1.7.1934 in München-Stadelheim auf Befehl Hitlers ermordet wurde.

42 Sturmabteilung, die als NS-Wehrverband als Aufmarschtruppe bei den Reichsparteitagen und Parteiaktionen herangezogen wurde.

43 Franz-Willing: Die Hitlerbewegung. S. 142

44 Ebenda, S. 139

45 Grebing: Der Nationalsozialismus. S. 53

46 Ebenda, S. 23

47 Ebenda, S. 23

48 Franz-Willing: Die Hitlerbewegung. S. 129

49 Dietl holte von Le Suire später als Chef des Generalstabes seines Gebirgs-Armeekorps Norwegen an die Eismeerfront.

50 Das Schöne Allgäu. 1987, Nr. 20. A. a. O.

51 Lappland-Kurier. Sonderausgabe 1.7.1944

52 Ebenda, a.a.O.

53 Cartier: Vom Ersten zum Zweiten Weltkrieg. S. 158

54 Frank: Im Angesicht des Galgens. A. a. O.

55 Deutsche Allgemeine Zeitung. 2.7.1944

56 Maser: Die Frühgeschichte der NSDAP. S. 172

57 Territorien-Ploetz. S. 395

58 Berlin Document Center: Generaloberst Eduard Dietl. Nr. 9624401

59 Grebing: Der Nationalsozialismus. S. 59

60 Der Begriff »Faschismus« entstammt der politischen Geschichte Italiens, wo als erste derartige Bewegung die »Fasci di combattimento« (Kampfverbände) Benito Mussolinis 1921–1924 zur Macht gelangten.

61 Hitlers Nationalsozialismus war sowohl seiner Theorie als auch seiner Methode nach eine extreme Form des Faschismus.

62 Geyer: Aufrüstung oder Sicherheit. S. 23

63 Ebenda, S. 23

64 Chamberlain: Kriegsaufsätze. S. 36 ff.

65 Geyer: Aufrüstung oder Sicherheit. S. 24

66 Bezeichnenderweise weigerte sich die britische Regierung, an dieser Aktion mitzuwirken.

67 Erst als in Frankreich der unerbittliche Poincaré 1924 durch eine Linksregierung unter Herriot ersetzt war und das Finanzwesen des Reiches in dem Strudel der Inflation bereits völlig zusammengebrochen war, konnte der Ruhrkampf beigelegt werden.

68 Zweig: Die Welt von Gestern. S. 228

69 Benoist-Méchin: Jahre der Zwietracht. S. 291

70 Der im März 1920 gescheiterte Versuch, die Reichsregierung zu stürzen, wurde von Wolfgang Kapp, dem Reichswehrgeneral von Lüttwitz und rechtsradikalen Politikern außerhalb des Parlaments getragen.

71 Benoist-Méchin: Jahre der Zwietracht. S. 291
72 Territorien-Ploetz. S. 396 f.
73 Vgl. hierzu: Die Weimarer Republik. A. a. O.
74 Hierfür gab es ja auch ein Vorbild: Benito Mussolini, der Führer der Faschisten, der knapp ein Jahr zuvor, im Oktober 1922, mit seinem spektakulären »Marsch auf Rom« die Macht in Italien an sich gerissen hatte.
75 Deutsche Allgemeine Zeitung. 3.7.1944
76 Der »Bürgerbräukeller«, ein Stück Zeitgeschichte, wurde am 31.8.1979 geschlossen und abgerissen, um einem Büro-, Laden- und Wohnzentrum, der »Löwenbräu-City«, Platz zu machen.
77 Benoist-Méchin: Jahre der Zwietracht. S. 299
78 Ebenda, S. 299
79 Ebenda, S. 300
80 Breuer: Der Hitler-Ludendorff-Prozeß. A. a. O.
81 Die Zahl der SA-Leute, die an diesem Zug teilnahmen, soll sich auf knapp 2000 Mann belaufen haben.
82 Benoist-Méchin: Jahre der Zwietracht. S. 305
83 Ulrich Graf: Der 8. und der 9. November 1923 an der Seite Hitlers. In: Völkischer Beobachter. 8.11.1933
84 Benoist-Méchin: Jahre der Zwietracht. S. 306
85 Ebenda, S. 306
86 Aus dem mißglückten Putsch wurde zehn Jahre später, nach der Machtergreifung Hitlers im Jahre 1933, eine nationalsozialistische Heldentat. In einem alljährlich pompöser nachgestellten Marsch zur Feldherrnhalle wurde das Gedenken an die 16 »Blutopfer der Bewegung« zum Höhepunkt der nationalsozialistischen Feiertage. Und wann immer es ging, war Dietl mit von der Partie.
87 Schieder: Staatensystem als Vormacht der Welt. A. a. O.
88 Hanfstängl: Hitler. S. 95
89 Bayerisches Hauptstaatsarchiv. Generalstaatskommissar 68
90 Der Hitler-Putsch. S. 507
91 B I, SA 1, 1 493, S. 1-4; GP, D, 1 (Personalien). In: Gordon: Hitlerputsch 1923. S. 265
92 Ebenda, S. 266
93 Zorn: Bayerns Geschichte im 20. Jahrhundert. S. 282
94 Gordon: Hitlerputsch 1923. S. 304
95 Ebenda, S. 304
96 Ebenda, S. 304
97 Ebenda, S. 305
98 Ebenda, S. 305
99 Ebenda, S. 305
100 Rosenheim war neben München zunächst ein Hort von konservativen Wehrverbänden – unter anderem eine Urzelle der Einwohnerwehren Bayerns – und später der nationalsozialistischen Bewegung. Die erste Ortsgruppe der NSDAP außerhalb Münchens war am 21. April 1920 in Rosenheim gegründet worden. Während der NS-Zeit wurden Adolf Hitler, Hermann Göring, Franz Ritter von Epp und Gauleiter Wagner Ehrenbürger von Rosenheim.
101 Vgl. hierzu: Benoist-Méchin: Jahre der Zwietracht. A. a. O.

102 Koch: Der deutsche Bürgerkrieg. S. 370
103 Hauptmann Seekirchner wurde aus dem Heer ausgeschlossen, weil er Hitler in Landsberg am Lech besucht hatte. Oberst Konstantin Hierl mußte gehen, weil er einen schlechten Einfluß auf die jüngeren Offiziere ausübte. Auch Leutnant von dem Bach-Zelewski, der spätere SS-General, wurde entlassen. Oberst Haselmayr trat 1928 in den Ruhestand und wurde sogleich Mitglied der NSDAP. Major Otto Baumann wurde aus dem Generalstab ausgeschlossen und nach Regensburg versetzt. Oberstleutnant Hans Georg Hofmann, der spätere nationalsozialistische Staatssekretär, wurde ebenfalls auf ein Abstellgleis geschoben. (Gordon: Hitlerputsch 1923. S. 459 f.)
104 Gordon: Hitlerputsch 1923. S. 460
105 Ebenda, S. 460
106 Ebenda, S. 461
107 Carsten: Reichswehr und Politik. S. 203
108 Daß Dietl nicht erst in Narvik, sondern auch schon als junger Offizier entschlossen und unbekümmert zu improvisieren verstand, darüber berichtete Dr. Wolfgang Bernklau dem Verfasser folgendes: »Die damaligen Wehrkreise hatten reihum Truppeneinheiten für den Wachdienst und das Protokoll beim Reichspräsidenten und der Reichsregierung abzustellen, die für die Dauer ihres Kommandos in einer Kasernenunterkunft im Raum Berlin bezogen. Es gab aber dort zu jener Zeit – vielleicht aus politischen Gründen – nicht die übliche Kasernenwache mit einem Posten und Gewehr am Tor, sondern Tag und Nacht nur einen Pförtner-Schließdienst. Aus dieser fernen Zeit erzählte Dietl später uns in froher Runde: Er habe eines Tages nach Dienstschluß am späten Abend die Kaserne noch verlassen wollen, habe aber den Schließposten auf seiner Pritsche schlafend vorgefunden und ihn nicht wecken wollen. Er habe sich deswegen auf sein Zimmer im Obergeschoß begeben und sich von dort aus an der zusammengeknüpften Bettwäsche an der Hauswand auf die Straße hinuntergelassen. Sein ungewöhnlicher Ausflug blieb aber nicht lange unentdeckt, die Presse bekam Wind davon, und am nächsten Morgen berichteten die Zeitungen darüber; ein Blatt sogar mit der reißerischen Schlagzeile ›Bayerischer Hauptmann seilt sich an Kaserne ab‹. Soweit Dietls eigene Schilderung von seinem Berliner Abenteuer der zwanziger Jahre, das für ihn ohne dienstliche Folgen blieb, weil er einen wohlwollenden Landsmann als Vorgesetzten hatte.«
109 Carsten: Reichswehr und Politik. S. 203 f.
110 Ebenda, S. 204
111 Ebenda, S. 205
112 Dietl: Personal-Nachweis: Nr. 33 und Nr. 34
113 Schulze: Freikorps und Republik. S. 91
114 Zorn: Bayerns Geschichte im 20. Jahrhundert. S. 188
115 Frank: Franz Ritter von Epp. S. 84
116 Ebenda, S. 85
117 Ebenda, S. 85 f.
118 Ebenda, S. 86
119 Ebenda, S. 86
120 Rabenau: Seeckt. S. 509

121 Vgl. u. a. : General Dietl. A.a.O.
122 Ebenda, S. 23
123 Ebenda, S. 24
124 Buchner-Brief vom 7.7.1988 an den Verfasser
125 General Dietl. S. 25
126 Vgl. Kaltenegger: Die Geschichte der deutschen Gebirgstruppe 1915 bis heute
127 Auf den folgenden Seiten des Hüttenbuches, das dem Autor in Kopie vorliegt, sind vor allem die mehrmals wiederkehrenden Namenszüge folgender bekannter Offiziere der deutschen Gebirgstruppe eingetragen: Dietl, Eisgruber, Ernst, Konrad, Kreß, Kübler, Raithel, Roschmann, Schlemmer, Schörner, von Stettner, Utz u. a.
128 Vgl. Kaltenegger: Die Geschichte der deutschen Gebirgstruppe 1915 bis heute
129 General Dietl. S. 28
130 Ebenda, S. 28
131 Würzner-Brief vom 18.4.1988 an den Verfasser
132 General Dietl. S. 32 f.
133 Leeb: Tagebuchaufzeichnungen und Lagebeurteilungen aus zwei Weltkriegen. S. 29

Vierter Teil

Im Dritten Reich
1933–1939

»Als fanatischer Nationalsozialist hat sich Generaloberst Dietl in unwandelbarer Treue und leidenschaftlichem Glauben seit Beginn des Kampfes unserer Bewegung für das Großdeutsche Reich persönlich eingesetzt.«

Adolf Hitler

I. Drittes Reich und Armee

Eduard Dietl spürte, daß er an der Schwelle einer historischen Jahreswende, nein einer neuen, umwälzenden Epoche der deutschen, ja der europäischen Geschichte stand, die den alten Kontinent von Grund auf umgestalten und verändern sollte. Und die Persönlichkeit, die das alles bewirken wollte und sollte, war ein Mann seines Vertrauens, den er auch in den Aufbaujahren der deutschen Gebirgstruppe nicht aus den Augen verloren hatte: Adolf Hitler. Trotz der Schmach nach dem gescheiterten November-Putsch von 1923 war es Hitler im Laufe der Jahre gelungen, die von ihm propagierte nationale Bewegung zu neuem Leben zu erwecken. Das imponierte Dietl, der »unerschütterlich und selbstverständlich«[1] zum Führer hielt. Nun stand er, Dietl, in Erwartung einer »nationalen Wiedergenesung«[2] an der Schwelle des Schicksalsjahres 1933.

1. Von der Weimarer Republik zum Dritten Reich

Wie die Masse der Reichswehroffiziere, so hatte Dietl ein kühles, ja ablehnendes Verhältnis zum demokratisch-parlamentarischen System der Weimarer Republik.[3] Nicht selten empfand er eine klammheimliche Freude, wenn die Regierenden aus den bürgerlichen Parteien mit den außen- und innenpolitischen Schwierigkeiten nicht fertig wurden und sich in endlosen Debatten gegenseitig beschuldigten. Dietl, einer der Wegbereiter Hitlers, erinnerte sich sehr genau:

Die Republik von Weimar, dieses 1918/19 entstandene Deutsche Reich mit seiner demokratischen Staatsform, bot der geschickten Agitation und der berauschenden Rhetorik Hitlers genügend Angriffspunkte, um sie aus den Angeln zu heben. Die demokratische Verfassung war das Kind einer Niederlage oder, nach der im nationalistischen und nationalsozialistischen Lager vorherrschenden Meinung, die Folge eines heimtückischen Dolchstoßes in den Rücken einer im Felde unbesiegten Armee. Der demokratische Staat brachte als erstes die Inflation der Nachkriegsjahre, durch die viele Bürger ihre hart erarbeiteten Ersparnisse binnen kurzer Zeit verloren. Die demokratische Regierung hatte Reparationen an die Siegermächte des Weltkrieges zu zahlen, das heißt, sie mußte bis zu einem gewissen Grad eine Erfüllungspolitik betreiben. Dabei wurde vielfach bewußt übersehen, daß sie, die Regierung, in ihrem Bestreben nach einer friedlichen Revision des Versailler Diktats auch durchaus Erfolge aufzuweisen hatte. Es überwog jedoch der Eindruck, daß die demokratischen Parteien unter sich derart zerstritten waren, daß eine Regierungskrise der anderen folgte. All diese Faktoren ließen eine starke Abneigung gegen diesen Staat, der in weiten Kreisen für die Übelstände verantwortlich gemacht wurde, entstehen.

Entscheidend wurde für das weitere Schicksal der Weimarer Republik die Weltwirtschaftskrise. In den Wirren der Nachkriegsjahre – bis 1923/24 – hatte die Republik sich zunächst gegen den Ansturm sowohl der Links- als auch der Rechtsextremisten behaupten können – und zwar dank des Zusammenhaltes der sogenannten »Weimarer Koalition«, in der sich die SPD, das Zentrum und die Demokraten zusammengeschlossen hatten. Es hatte sogar den Anschein, daß die »goldenen zwanziger Jahre«, wie sie bezeichnet wurden, eine dauernde Stabilisierung der jungen Demokratie herbeiführen könnten. Jedoch: In der durch die Weltwirtschaftskrise heraufziehenden Bewährungsprobe erwies sich das demokratische Fundament als äußerst brüchig, denn die Wahlen von 1930 brachten eine starke Zunahme der extremistischen Parteien. Zwei Jahre später vereinigten die feindlichen Lager der Demokratie sogar mehr Stimmen auf sich als die verfassungstreuen Parteien. Daher kam keine Regierung, die das Vertrauen der Reichstagsmehrheit besaß, zustande. So mußte ein Minderheitskabinett unter dem katholischen Politiker Heinrich Brüning mit Notverordnungen regieren, die durch bloße Gegenzeichnung durch den Reichspräsidenten Paul von Hindenburg Gesetzeskraft erhielten. Für Hitler, Dietl und andere war klar: Diese Demokratie war mit demokratisch-parlamentarischen Methoden nicht mehr zu regieren.

Die Gegner der Weimarer Republik sahen mit Wohlwollen, daß es Hitler unter diesen Umständen nicht schwerfiel, dem unglücklich operierenden Brüning und seiner nur noch auf dem Notrecht basierenden Demokratie die auf den Volkswillen gestützte offene

Diktatur gegenüberzustellen. In dieser entscheidenden Auseinandersetzung zwischen den »Staatsmännern« der Weimarer Republik und dem »Führer« des heraufdämmernden Dritten Reiches setzten die Nationalsozialisten die physische und psychische Gewalt als politisches Kampfmittel ein. Ihre uniformierten paramilitärischen Kampfverbände, die Sturmabteilungen (SA) und Schutzstaffeln (SS), lieferten den politischen Gegnern fast täglich Saal- und Straßenschlachten, die nicht selten in einem »kleinen Bürgerkrieg« endeten. Der »Parteiarmee« der Nationalsozialisten stand die der Kommunisten, der »Rotfrontkämpferbund«, gegenüber. Wer jedoch der Meinung ist, die Kämpfe wurden nur zwischen den Extremisten der Rechten und der Linken ausgefochten, der irrt sich, denn die beiden Bewegungen hatten einen großen gemeinsamen Nenner, nämlich die Feindschaft gegen die Demokratie. Und überdies sahen die Kommunisten in ihrer demokratischen »Konkurrenz«, also in den Sozialdemokraten, erklärtermaßen ihren Hauptgegner. Aus diesem Grund vereinigten sich die braunen und die roten Flügelmänner der Demokratie nicht selten bei ihrem Ansturm gegen die ungeliebte Weimarer Republik, so daß der Ausspruch »Les extrêmes se touchent« – »Die Gegensätze, die äußersten Enden, berühren sich« – im wahrsten Sinne des Wortes berechtigt war. Nimmt es da wunder, daß Dietl ab 1931 ständig die Rubrik »Die Opfer des kleinen Bürgerkrieges« in der Tagespresse lesen konnte?

Er, Dietl, wußte zu genau, daß es im wesentlichen diese antidemokratischen Verhältnisse waren, die zum Sturz des Reichskanzlers Brüning führten. Im April 1932 erließ Brüning das Verbot von SA und SS, das von Teilen der Generalität der Reichswehr abgelehnt wurde, die in diesen Kampfverbänden eine Art Reserveorganisation des 100000-Mann-Heeres für den Kriegsfall sahen. Der Reichskanzler hätte mit der Tagespolitik fortfahren können, wenn diese Kreise nicht das Ohr des greisen Reichspräsidenten Paul von Hindenburg gehabt hätten. Insbesondere hat hier der ehrgeizige General Kurt von Schleicher, »ein kluger, vielleicht zu kluger Mann«[4], eine wesentliche Rolle gespielt. Brüning plante ferner, die »Osthilfe«, das heißt die Subventionen an Gutsbetriebe im Osten Deutschlands, durch ein Programm der Aufteilung derartiger Besitztümer in Mittelbauernstellen zu ersetzen. Das rief die ostelbischen, konservativen Freunde Hindenburgs, die Brünings Vorhaben als »Agrarkommunismus« bezeichneten, auf den Plan. Als der Reichskanzler sah, daß er aus diesen Gründen das Vertrauen des Reichspräsidenten verloren hatte, trat er Ende Mai 1932 völlig zermürbt und enttäuscht zurück. Nun hielt Dietl die Stunde der Rechtsparteien, insbesondere die der NSDAP, für gekommen, denn bei der Person des Reichspräsidenten und seinem Freundeskreis war klar, daß Hindenburg Brünings Nachfolger nur aus diesem Parteienspektrum auserwählen würde.

Doch zunächst berief der Reichspräsident Paul von Hindenburg seinen persönlichen Freund, den früheren Kavallerie-Offizier Franz von Papen, zum Reichskanzler. Dieser gehörte zwar formell, wie Brüning, dem Zentrum an, er hätte jedoch, seiner ganzen politischen Einstellung entsprechend, genausogut den Deutschnationalen angehören können. Von Papen hob das SA- und SS-Verbot wieder auf und ließ den Reichstag neu wählen, weil er hoffte, daß er durch diese Zugeständnisse die parlamentarische Unterstützung der Nationalsozialisten gewinnen würde. Aber welch ein fataler Irrtum! Denn einerseits lehnte Hitler, dessen Partei bei den Neuwahlen zur weitaus größten politischen Kraft im Reichstag angewachsen war, es rundweg ab, sich mit einigen Ministerposten in einem Kabinett von Papen abspeisen zu lassen, und andererseits weigerte sich Hindenburg, den »böhmischen Gefreiten«, wie er Hitler jetzt noch spöttisch nannte, zum Reichskanzler zu machen. So traten die Nationalsozialisten in schärfste Opposition zum Präsidialkabinett von Papen, das sich im Reichstag einzig und allein auf die Deutschnationalen stützen konnte. Damit war eine verfassungsmäßige Fortführung der Regierung von Papen ausgeschlossen. Auch die Auflösung des Reichstags, die von Papen von Hindenburg erwirkte, und dessen Neuwahl brachte keine entscheidende Änderung der verworrenen politischen Lage. Zwar verloren Hitler und die NSDAP Stimmen und Reichstagsmandate, dafür erzielten die Kommunisten entsprechende Gewinne, so daß das bürgerliche Lager nicht gestärkt wurde. Nun sah von Papen als einzigen Ausweg die Auflösung des Reichstags ohne Neuwahl, um, gestützt auf die Autorität des Reichspräsidenten und der Reichswehr, diktatorisch regieren zu können. Aber weit gefehlt, denn die Generalität der Reichswehr erklärte unter dem Einfluß des Generals Kurt von Schleier (er war im Kabinett von Papen Reichswehrminister geworden), daß die Reichswehr eine solche Aufgabe nicht ausführen könne. Daraufhin trat Franz von Papen als Reichskanzler zurück.

Dessen Nachfolger wurde im Dezember 1932 General von Schleicher. Er glaubte eine ganz neue Mehrheit, nicht eine der Parteien, sondern eine aus Gewerkschaften und dem verständigungsbereiten Flügel der Nationalsozialisten unter der Führung von Gregor Strasser (seinerzeit nach Hitler der einflußreichste Mann in der NSDAP), herbeiführen zu können. Aber er hatte die Rechnung ohne Hitler gemacht, denn dieser verstand es, Strasser aus allen Parteiämtern zu entfernen, so daß die NSDAP sich nicht, wie der General gehofft hatte, spaltete. Und noch eine andere Rechnung war für den undurchsichtigen und zur Intrige neigenden General nicht aufgegangen: Die Gewerkschaften waren äußerst mißtrauisch. So stand von Schleicher Anfang 1933 vor dem gleichen innenpolitischen Scherbenhaufen wie zwei Monate zuvor sein Vorgänger Franz von Papen. Dieser, dessen Herz von Haß auf General von Schleicher erfüllt war, hatte es verstanden, eine neue Annäherung zwischen Hugenberg, dem Vorsitzenden der Deutschnationalen Volkspartei, und Hitler in die Wege zu leiten.[5] Ihm schwebte ein »Kabinett der nationalen Einheit« vor, in dem Hitler zwar Reichskanzler, die Mehrheit der Minister aber Deutschnationale sein sollten. Hugenberg stimmte rasch zu, denn er glaubte, Hitlers Popularität für eine tatsächliche Herrschaft der Deutschnationalen ausnutzen zu können, Hitler sollte »der Gefangene eines deutschnationalen Kabinetts« werden.

Hitler, der noch stark unter dem Eindruck des ihn sichtlich erschütternden Abfalls von Gregor Strasser stand und dessen Partei sich in einer schweren Finanzkrise befand, stimmte nach einigem Zögern zu, jedoch unter der Bedingung, daß er als Reichskanzler vom Reichspräsidenten die Befugnis erhalte, den Reichstag sofort aufzulösen und Neuwahlen vornehmen zu lassen. Dieser Lösungsvorschlag wurde von Papen an Hindenburg herangetragen. Und siehe da: Der greise Generalfeldmarschall, der geistig stets auf der

239

Seite der Deutschnationalen stand, war mit Hitlers Junktim einverstanden. So wurde Dietls Idol am 30. Januar 1933 in verfassungsrechtlich einwandfreier Form zum Reichskanzler des Deutschen Reiches ernannt. Dietl wußte: Das war der Sieg des Nationalsozialismus in Deutschland, der sogleich mit einem auch Dietl ergreifenden Fackelzug im nationalsozialistischen Stil durch das preußische Brandenburger Tor gefeiert wurde.

Am 1. Februar 1933, genau jenem Tage, an dem Dietl zum ersten Mal von Hitler befördert wurde, also nur zwei Tage nach der Machtergreifung durch die Nationalsozialisten, trat erstmals der im November gewählte Reichstag zusammen – und wurde sofort aufgelöst. In der Nacht vom 27. auf den 28. Februar 1933 ging das Berliner Reichstagsgebäude in Flammen auf. Die Nationalsozialisten stürzten sich derart zielbewußt auf die Attentäter des Reichstagsbrandes, daß sofort der Verdacht entstand, sie hätten den Brand selbst legen lassen.[6] Sie, die Nationalsozialisten, bezeichneten die Kommunisten als Urheber und erklärten den Staat für gefährdet. So gab bereits am 28. Februar 1933 der falsch unterrichtete Reichspräsident von Hindenburg seine Unterschrift unter eine von Hitler vorgelegte »Notverordnung zum Schutze von Volk und Reich«, durch die die wichtigsten in der Verfassung garantierten Freiheitsrechte aufgehoben wurden. Diese »Brandverordnung«, wie sie genannt wurde, bedeutete einerseits das Ende des verfassungsmäßigen Lebens in Deutschland und andererseits den Beginn der absoluten Herrschaft Hitlers und der NSDAP.[7]

In dieser Zeit der Umfunktionierung der Weimarer Republik in den totalitären Führerstaat der Nationalsozialisten wurde auch Kempten in den Strudel der nationalen Erneuerung hineingezogen. Im Frühjahr 1933 besetzte die SA das Rathaus der Illerstadt. Als der eigenwillige Oberbürgermeister und ehemalige bayerische Hauptmann Dr. Merkt daraufhin am 11. März Oberstleutnant Dietl um Hilfe bat[8], erlebte er eine herbe Enttäuschung, denn dieser konnte als Befürworter der nationalsozialistischen Bewegung und als Anhänger Hitlers schlecht gegen die SA, die er ja ausgebildet hatte, vorgehen. Vielmehr trat Dietl, um das Gesicht gegenüber der Kemptener Bevölkerung zu wahren, die Flucht nach vorne an und erklärte, daß er als Reichswehroffizier grundsätzlich nicht in die politischen Auseinandersetzungen eingreifen dürfe. Das hinderte ihn allerdings nicht daran, auf seine Soldaten im Sinne des Nationalsozialismus einzuwirken.[9] Andreas Weinberger, später Dietls PK-Mann auf dem skandinavischen Kriegsschauplatz, berichtete:

> »Wenn die NSDAP in Kempten Versammlung hatte, brauchten ihre Redner um den Saalschutz nie bange zu sein. Eine ganze Kompanie garantierte abwechselnd für die Sicherheit der nationalsozialistischen Vorkämpfer. Eine Kompanie in Zivil. Dietls Kompanie.
> Und weil zwischen dem damaligen Kemptener Stadtgewaltigen und dem deutschen Kämpfer und Soldaten Dietl politisch und weltanschaulich ein weltweiter Unterschied war, hatte der Kommandeur der Kemptener Jäger wohl guten Grund, als er vor seinem Gang zum Rathaus zu seinen Soldaten sagte:
> ›Buam, wenn i in einer Stund net z'ruck bin, nachat holt's mi!‹
> Worauf seine ›Buam‹ begeistert zugestimmt und die Augen nimmer von der Uhr gelassen haben.
> Aber – ›leider!‹ dachten viele – konnten sich die Buam in keinem Rathaussturm versuchen.
> Tatenlos räumte die alte Welt ihre Throne. Dietl kam in Kürze wieder. Die Hakenkreuzflagge ging hoch und verkündete offen den wahren Geist in Dietls Garnison.
> Das Dritte Reich, das Dietl schon so lange im Herzen getragen hatte, konnte auch in Kempten beginnen.«[10]

Dietl hatte einen Januskopf. Was wir soeben erlebt haben, das war das eine Gesicht. Sein anderes sah so aus: Auch nach der Machtergreifung Hitlers verkehrte ein Fräulein namens Lieselotte von Böck, die Tochter eines bekannten Notars, mit Dietls Einverständnis im Kasino. Und das war alles andere als selbstverständlich, denn ihre Mutter war Jüdin. Auch später war Fräulein von Böck keinen Schikanen ausgesetzt (während des Zweiten Weltkrieges war sie bei einer Jagdzeitschrift beschäftigt.)[11] Das war kein Einzelfall. So gab Fritz Binder folgende eidesstattliche Versicherung ab:

> »Aufgrund seiner teilweise nicht arischen Vorfahren fand H. Binder 1937 kein berufliches Unterkommen. Der Vater Binders bat daraufhin Dietl um Rat, der seinen Sohn sofort in sein Regiment mit der Zusicherung aufnahm, daß die Rassengesetze der Nazis in seinem Bereich ausgeschaltet seien.«[12]

Zunächst wurde am 24. März 1933 dem neuen Reichstag das verfassungsändernde »Ermächtigungsgesetz« vorgelegt, dem zufolge die legislative und die exekutive Gewalt für die Dauer von vier Jahren dem Kanzler und Reichspräsidenten zu übertragen waren. Dieses Gesetz wurde mit der verfassungsmäßig nötigen Zweidrittelmehrheit angenommen.[13] Formaljuristisch kam die Diktatur Hitlers, die bis zum Tode Hindenburgs noch eine Zwei-Mann-Diktatur war, in einwandfreier Form zustande.[14] Gestützt auf dieses »Ermächtigungsgesetz«, erfolgte in den Jahren 1933 und 1934 der Umbau des Deutschen Reiches in einen straff zentralisierten »Führerstaat« mit einer weitgehenden Identität von Staat und Partei. Im November 1933 wurden neuerdings Wahlen für den Reichstag durchgeführt, wobei die Einheitsliste 92% aller gültigen Stimmen auf sich vereinigen konnte. Daß die Freiheitsrechte sehr schnell abgebaut wurden, entzog sich teils bewußt, teils unbewußt der Ratio Dietls. Sicher wußte er nicht, daß bereits im März 1933 die ersten Konzentrationslager entstanden, in denen politische Gegner des Nationalsozialismus zusammen mit Kriminellen verwahrt wurden. Daß im April 1933 die Autonomie der Länder durch die »Gleichschaltung« beseitigt, im Mai die Gewerkschaften aufgelöst und im Juli alle Parteien (außer der NSDAP) verboten wurden, das war ihm dagegen nicht verborgen geblieben. Das alles war aber für ihn nur von marginaler Bedeutung. Wichtig war, daß der sehr alte und urteilsunfähig gewordene Reichspräsident Paul von Hindenburg alle ihm vorgelegten Verordnungen willenlos unterzeichnete.[15]

2. Die Wehrmacht im Dritten Reich

Eduard Dietl hatte es schon nicht mehr für möglich gehalten. Aber bereits zwei Tage nach der Ernennung Adolf Hitlers zum Reichskanzler wurde er, dessen einzige Hoffnung es einst gewesen war, die berühmt-berüchtigte »Majors-Ecke« noch zu schaffen, bevor er den Soldatenrock nach 25 Dienstjahren endgültig an den Nagel hängen mußte, am 1. Februar 1933 überraschend zum Oberstleutnant befördert. Wer in Hitlers Machtergreifung und in Dietls Eilbeförderung zwei voneinander unabhängige Vorgänge sieht, der irrt. Denn in Wahrheit nutzte Hitler die Gunst der Stunde, um sich seinem alten Kampfgefährten aus den Anfangsjahren der nationalsozialistischen Bewegung erkenntlich zu zeigen, um ein deutliches

Zeichen zu setzen, als wollte er sagen: »Seht her, ich, der Führer und Reichskanzler, baue weiter auf den, der mir einst als erster Offizier der Reichswehr das verschlossene Kasernentor geöffnet hat, um die Truppe mit meinen Ideen vertraut zu machen, sie zu überreden, mir zu folgen!«

Schon kurz nach der Machtergreifung, im Frühjahr 1933, forcierte Hitler die schrittweise Annäherung der Reichswehr an den Nationalsozialismus.[16] Als er dann noch am 21. März 1933 in einer klug inszenierten Reichstagseröffnungsfeier in der Potsdamer Garnisonskirche, einem Sinnbild der preußischen Geschichte, mit dem greisen Reichspräsidenten Paul von Hindenburg vor dem Sarkophag des großen Soldatenkönigs Friedrich II. von Preußen sein Bekenntnis zur preußischen Tradition bekundete, da konnte der Führer sich sicher sein, daß er die meisten Offiziere, insbesondere die jungen, hinter sich hatte, und zwar in zweierlei Hinsicht: Erstens begrüßten sie den »Tag von Potsdam«, wie dieses historische Ereignis fortan genannt wurde, als den Anbruch einer neuen Zeit, und zweitens bot ihnen, den Offizieren, der rasante Aufbau der Wehrmacht, den Hitler ihnen wiederholt versprach, nach den drastischen Beschränkungen des Versailler Vertrages die Aussicht auf eine rasche, ja sprunghafte Beförderung. Daß diese Überlegungen der Reichswehroffiziere nicht unbegründet oder gar utopisch waren, das beweisen die atemberaubenden Beförderungen Dietls, der innerhalb eines knappen Jahrzehnts nicht weniger als sechsmal seinen Dienstgrad wechselte: am 1. Februar 1933 Oberstleutnant, am 1. Januar 1935 Oberst, am 1. April 1938 Generalmajor (!), am 1. April 1940 Generalleutnant (!!), am 19. Juli 1940 General der Infanterie/Gebirgstruppe (!!!), am 1. Juni 1942 gar Generaloberst (!!!!). Welch steile Karriere! Welch rasanter Durchlauf vom Major des Friedensjahres 1930 bis zum Generaloberst des Kriegsjahres 1942, nachdem zwischen seiner Beförderung vom Hauptmann (1919) zum Major (1930) genauso viele – aber schleppend lange – Jahre gelegen hatten. Und es ist alles andere als eine Spekulation, wenn der Biograph darauf hinweist, daß Dietl wie sein Gebirgsjägerkamerad Ferdinand Schörner, der eine ähnlich steil verlaufende Karriere nach der Machtergreifung Hitlers durchlief, mit hundertprozentiger Sicherheit auch noch zum Generalfeldmarschall aufgestiegen wäre, wenn er nicht bereits im Sommer 1944 im steirischen Wechselgebiet mit dem Flugzeug tödlich verunglückt wäre. Denn Hitler wußte wie kein anderer, was er Dietl zu verdanken hatte, und so hat er ihn bis an dessen Lebensende unübersehbar gefördert. Aber eilen wir den Ereignissen nicht allzuweit voraus.

Es war am 11. April 1933, also erst zweieinhalb Monate nach der Machtergreifung, da befahl der Reichswehrminister General Werner von Blomberg, daß die früher erlassenen politischen Verfügungen durch die Ereignisse überholt und daß bis zur Herausgabe einer überarbeiteten, endgültigen Verfügung neue Richtlinien maßgebend seien: »Die Reichswehr müsse durch ihr ganzes Verhalten in der Öffentlichkeit den nationalen Gedanken auf das Schärfste betonen. Sie müsse zeigen, daß sie mit der nationalen Bewegung mitgehe und deshalb alle nationalen Zwecken dienenden Bestrebungen und Veranstaltungen unterstütze, soweit es die dienstlichen Notwendigkeiten irgend zuließen.«[17]

In einem Erlaß vom 31. Oktober 1933 erklärte General von Blomberg ohne Wenn und Aber, »daß die Einrichtungen der NSDAP nicht als Parteieinrichtungen im Sinne des alten Parteienstaates anzusehen seien ...«[18], d. h., die Zurückhaltung gegenüber der Reichswehr, wie sie den Parteien der Weimarer Republik auferlegt war, fiel weg.

»Um die Verbundenheit der Wehrmacht mit Volk und Staat« zu dokumentieren, veranlaßte man den Reichspräsidenten, mit der Verordnung vom 17. Februar 1934 das »Hoheitsabzeichen der NSDAP« bei der Reichswehr einzuführen.[19] In seinem Erlaß vom 9. März 1934 sprach der Reichswehrminister von der »Verbundenheit der Wehrmacht mit dem nationalsozialistischen Staat«. Nur wenig später verfügte er gar eine Schulung in der Reichswehr/ Wehrmacht »zur geistigen Durchdringung mit den Leitgedanken des nationalsozialistischen Staates«.[20] Aber damit nicht genug. Unter dem 25. Mai 1934 erließ der Reichswehrminister einen grundlegenden Geheimerlaß über die Wehrmacht und den Nationalsozialismus, den Dietl sehr genau studierte. Und er wußte warum, denn dort stand schwarz auf weiß das, wofür er sich ohnehin seit 1919 eingesetzt hatte:

244

»Die Wehrmacht hat sich auch im nationalsozialistischen Staat seit dem 30. Januar 1933 die Stellung erhalten, die ihr auf Grund ihrer nationalen Haltung seit ihrem Bestehen, ihrer inneren Festigkeit und ihrer unerschütterlichen Disziplin zukommt. Die Anerkennung, die der Führer Adolf Hitler der Wehrmacht wiederholt hat zuteil werden lassen, und die Achtung, die die Wehrmacht in allen sachlich denkenden Kreisen des deutschen Volkes nach wie vor genießt, bestätigen diese Feststellung. Darauf wollen wir stolz sein. Nationales Denken ist die selbstverständliche Grundlage jeder soldatischen Arbeit. Wir wollen aber darüber nicht vergessen, daß die Weltanschauung, die den neuen Staat erfüllt, nicht nur national, sondern nationalsozialistisch ist.«[21]

Das fiel Dietl, dem engagierten Nationalsozialisten, nicht schwer, wenn auch nicht zu übersehen ist, daß er mit seinem Gedankengut da und dort auf Schwierigkeiten, ja auf Unverständnis stieß, weil die Reichswehr sich vorerst von jedem Einfluß der Partei frei zu halten versuchte; wenn sie auch loyal Hitler diente. Ernst Röhm, Dietls alter Kampfgefährte und Führer der Sturmabteilung, die zwischenzeitlich zu einer Millionenorganisation angewachsen war, verlangte, daß die SA zum künftigen Volksheer ausgebaut werde und daß die Reichswehr in ihr aufgehen solle. Gegen derartige Pläne wehrte sich die Generalität der Reichswehr natürlich und verlangte statt dessen, daß die Reichswehr den Kern des künftigen Volksheeres bilde. Dieser Konflikt schwelte bereits seit dem Herbst 1933, ohne daß Hitler vorerst eine eindeutige Stellung bezogen hätte. Aber dann, am 30. Juni 1934, schlug er plötzlich zu: Röhm und Hunderte von höheren SA-Führern wurden verhaftet und sofort unter die Anklage gestellt, sie hätten einen Staatsstreich vorbereitet – und standrechtlich erschossen. Anläßlich dieser sogenannten »Röhm-Revolte« wurden auch zahlreiche andere Gegner Hitlers – u. a. General von Schleicher und Gregor Strasser – ermordet. Mit der Entmachtung der SA begann der Aufstieg der SS unter Heinrich Himmler.[22]

II. Kommandos in München, Amberg und Regensburg

Die Machtergreifung der Nationalsozialisten, denen Dietl nach wie vor sehr nahestand, wenn er sich auch vorerst als Vorgesetzter nicht mehr für jedermann sichtbar solidarisierte, hatte seinem Leben mit einem Male eine ganz andere Perspektive eröffnet. Der Traum vom Skilehrer in den geliebten Bergen war in eine noch weitere Ferne entrückt. Ja sogar vom altvertrauten Allgäu mit seiner Metropole Kempten mußte er vorübergehend Abschied nehmen, um für andere, das heißt höhere, dienstliche Verwendungen Gewehr bei Fuß zu stehen. Dennoch hatte er, so stellte sich schon bald heraus, den Höhepunkt seiner militärischen Laufbahn noch nicht erreicht. Er, Dietl, stand vielmehr erst am Anfang einer außergewöhnlichen Soldatenkarriere. Das Soldatenglück, aber nicht nur das, sondern insbesondere sein Führer, Reichskanzler und Oberster Befehlshaber meinten es fortan ganz besonders gut mit ihm.

1. Stabsdienst in München

Zunächst sah alles wie ein Aprilscherz aus, als man dem Oberstleutnant Dietl eröffnete, daß er damit rechnen müsse, das Kommando über sein einzigartiges III. (Gebirgs-Jäger) Bataillon des 19. (bayerischen) Infanterie-Regiments abzugeben. Aber dann war es in der Tat so, daß er zum 1. April 1934 dem Stab des Infanterie-Regiments 19 in München zugeteilt wurde. Dort angekommen, registrierte Dietl eine Hektik, wie man sie nur bei besonderen Anlässen, bei Truppenbesuchen von hohen und höchsten Vorgesetzten, bei Vereidigungen, Kommandeurswechsel und dergleichen, erlebt. Rasch hatte er auf eine entsprechende Anfrage nach dem Grund dieser außergewöhnlichen Aktivitäten im Regiment die Antwort erhalten: Am 20. April, dem 45. Geburtstag Hitlers, erscheint der Reichskanzler höchstpersönlich, um die Kaserne des I. Bataillons des Infanterie-Regiments 19 auf Anordnung des Reichswehrministers von Blomberg auf den Namen »Adolf-Hitler-Kaserne« zu taufen.[23] Dietl wußte sogleich, warum gerade diese Münchner Kaserne die ehrende Bezeichnung erhalten sollte, denn sie war der Standort des Infanterie-Regiments »List«, in dem Hitler als Kriegsfreiwilliger gekämpft hatte.

Nun, am 20. April 1934, war das Infanterie-Regiment 19 in Paradeaufstellung angetreten. Für die Offiziere, Unteroffiziere und Mannschaften war der Vorbeimarsch Hitlers etwas ganz Besonderes, das sich tief ins Gedächtnis eines jeden eingrub. Für einen war der 45. Geburtstag des Führers aber noch mehr, nämlich für Oberstleutnant Eduard Dietl. Es war wieder diese magisch-dämonische Urgewalt, die Dietl mit magnetischer Kraft anzog und nicht mehr losließ.

Welche Gedankenblitze mögen durch die Gehirne dieser beiden alten Kämpfer geschossen sein? Wer erinnerte sich von ihnen nicht an die unverbrüchliche Frontkameradschaft in Nordfrankreich? Wer dachte nicht an den gemeinsamen Kampf für die nationalsozialistische Bewegung? Wer sah nicht noch einmal die entscheidenden Stunden während des November-Putsches von 1923 lebendig vor seinem inneren Auge vorüberziehen?

Nein, alles das war für Dietl nicht wie ein ferner, ferner Traum, sondern durch die leibhaftige Person Hitlers, der die Front des I./Infanterie-Regiments 19 abschritt, wieder gegenwärtig und nah.

»Du hast auf den richtigen Mann gesetzt«, sagte er sich, nachdem die militärische Anlage den Namen »Adolf-Hitler-Kaserne« erhalten hatte.

Dietl war sichtlich stolz, daß er sich schon so früh für Hitler entschieden hatte. Und dieser hatte Wort gehalten. Er hatte nicht nur der nationalsozialistischen Bewegung zum Sieg über die Demokratie der ungeliebten, um nicht zu sagen verhaßten Weimarer Republik verholfen, sondern er hatte auch den Soldaten, insbesondere den Offizieren, jenes Selbstwertgefühl zurückgegeben, das ihnen die Staatsmänner und Politiker von Weimar so lange vorenthalten hatten. Derart motiviert, war es für Dietl eine Selbstverständlichkeit, daß er sich stets an den Pflichten des deutschen Soldaten orientierte:

1. Die Wehrmacht ist der Waffenträger des deutschen Volkes. Sie schützt das Deutsche Reich und Vaterland, das im Nationalsozialis-

mus geeinte Volk und seinen Lebensraum. Die Wurzeln ihrer Kraft liegen in einer ruhmreichen Vergangenheit, in deutschem Volkstum, deutscher Erde und deutscher Arbeit.

Der Dienst in der Wehrmacht ist Ehrendienst am deutschen Volk.

2. Die Ehre des Soldaten liegt im bedingungslosen Einsatz seiner Person für Volk und Vaterland bis zur Opferung seines Lebens.

3. Höchste Soldatentugend ist der kämpferische Mut. Er fordert Härte und Entschlossenheit. Feigheit ist schimpflich, Zaudern unsoldatisch.

4. Gehorsam ist die Grundlage der Wehrmacht, Vertrauen die Grundlage des Gehorsams.

Soldatisches Führertum beruht auf Verantwortungsfreude, überlegenem Können und unermüdlicher Fürsorge.

5. Große Leistungen im Krieg und Frieden entstehen nur in unerschütterlicher Kampfgemeinschaft von Führer und Truppe.

6. Kampfgemeinschaft erfordert Kameradschaft. Sie bewährt sich besonders in Not und Gefahr.

7. Selbstbewußt und doch bescheiden, aufrecht und treu, gottesfürchtig und wahrhaft, verschwiegen und unbestechlich, soll der Soldat dem ganzen Volk ein Vorbild männlicher Kraft sein.

Nur Leistungen berechtigen zum Stolz.

8. Größten Lohn und höchstes Glück findet der Soldat im Bewußtsein freudig erfüllter Pflicht.

Charakter und Leistungen bestimmen seinen Weg und Wert.

Hitlers »Pflichten des deutschen Soldaten« wurden zur uneingeschränkten Maxime im Denken und Handeln des Generals Eduard Dietl und seiner Gebirgsjäger. Vom 4. bis zum 9. Mai 1934 führte ihn eine Übungsreise der 7. Division in die Gegend von Bamberg; dorthin also, wo er einst, am 1. Oktober 1909, in das 5. Infanterie-Regiment eingetreten war. Wer wollte es ihm, dem trotz allen zur Schau gestellten, nie zu versiegen scheinenden Humors dennoch zuweilen sehr nachdenklichen Dietl, verübeln, daß er während dieser Fahrt zuweilen die Ereignisse und Geschehnisse seiner glückseligen Leutnantszeit in der vertrauten Fränkischen Schweiz gar manches Mal Revue passieren ließ?

Doch dann hatte die Gegenwart ihn vollends wieder, denn am 2. August 1934 starb der hochbetagte Reichspräsident Paul von Hindenburg. Sein Tod ebnete Hitler den Weg zur endgültigen, vollkommenen Machtergreifung. Noch am selben Tag wurde das Reichsgesetz, nach dem Hitler als »Führer und Reichskanzler«

248

künftig auch die Befugnisse des Reichspräsidenten ausübte, veröffentlicht. Ebenfalls war noch am selben Tag in allen Garnisonen der Reichswehr/Wehrmacht der Treueeid mit einer neuen Formel auf Adolf Hitler zu leisten. So schwor auch Dietl:

> »Ich schwöre bei Gott diesen heiligen Eid, daß ich dem Führer des Deutschen Reiches und Volkes, Adolf Hitler, dem Obersten Befehlshaber der Wehrmacht, unbedingten Gehorsam leisten und als tapferer Soldat bereit sein will, jederzeit für diesen Eid mein Leben einzusetzen.«

Wem war schon jetzt vollends bewußt, daß nun der NS-Diktatur Tür und Tor geöffnet waren, nachdem Hitler die Ämter des Reichspräsidenten und des Reichskanzlers zum Amt des »Führers« verschmolzen, die Reichswehr/Wehrmacht durch den Treueeid einzig und allein an seine Person gebunden und damit den entscheidenden Einbruch in das Gefüge der Armee erzwungen hatte? Dietl? Auf Grund seiner hervorgehobenen Stellung und seines Ansehens bei Hitler verfügte er jedenfalls über Einblicke und ein Hintergrundwissen, das anderen verborgen blieb. Sicherlich hat Dietl auch die eine oder andere Entwicklung bewußt verdrängt. Aber damit stand er nicht allein, denn am 19. August 1934 ergab eine Volksabstimmung, daß 90 % der Wahlberechtigten für die Verfassungsänderung stimmten! Abgeschlossen wurde diese Entwicklung im Februar 1938, als Hitler auch noch das Amt des Reichskriegsministers übernahm, nachdem der bisherige Amtsinhaber, der Generalfeldmarschall von Blomberg, am 4. Februar 1938 wegen seiner Heirat mit einer kompromittierten Frau und der bisherige Oberbefehlshaber des Heeres, Generaloberst von Fritsch, durch Intrigen beseitigt worden waren. Daß durch die Erklärung der allgemeinen Wehrpflicht im Jahr 1935 die Aufstiegsmöglichkeiten für die Reichswehroffiziere gewaltig verbessert wurden, hat dazu beigetragen, daß die Opposition im Offizierskorps gegen das nationalsozialistische Regime weitgehend zum Schweigen gebracht wurde. Hier ließen sich viele Generale und Offiziere nur deshalb mundtot machen, weil weitere Sterne winkten. Wie sehr es Hitler gelungen war, diese Herren für seine Bewegung einzuspannen, kann man daraus ersehen, daß am 10. September 1934 zum ersten Mal Abordnungen der Reichswehr/Wehrmacht am Reichsparteitag der NSDAP in Nürnberg teilnahmen. Nachdem sie eine kriegsmäßige Gefechtsübung vorgeführt hatten, erfolgte eine Parade vor Hitler. Ihm zu Ehren wurde zum Abschluß des Reichsparteitages in den Abendstunden gar ein großer Zapfenstreich veranstaltet.

2. Regiments-Kommandeur in Amberg und Regensburg

Nachdem Dietl vom 5. bis 25. August 1934 zu Gebirgsmanövern der italienischen Armee abkommandiert worden war, konnte er eigentlich davon ausgehen, daß ihn seine nächste Verwendung wieder hautnah mit der im Aufbau begriffenen deutschen Gebirgstruppe zusammenführen würde. Aber weit gefehlt. Denn statt in einen Gebirgsstandort entlang der Bayerischen Alpen wurde er am 1. Oktober nach Amberg in die Oberpfalz versetzt und dort zum Kommandeur des Infanterie-Regiments 41 ernannt. Dort, in der Stadt seiner Ahnen und Urahnen, die hier als Handwerker ihrem Broterwerb nachgegangen waren, soll er zunächst recht einsam und wenig glücklich gewesen sein. Doch erwies es sich für ihn als Vorteil, daß er über den Barras genauso fluchen konnte wie die Mannschaften und damit ihr Herz gewann. Die Menschen, die er hier, im Mittelpunkt der oberpfälzischen Eisenindustrie, zu führen hatte, waren vom Naturell her anders veranlagt als die altvertrauten Bergbewohner. Da der vorgesetzte Infanterie-Kommandeur 10 in der Drei-Flüsse-Stadt Passau, der Divisions-Kommandeur der 10. Division samt Stab in Regensburg und das übergeordnete XIII. Armeekorps in Nürnberg lag, waren die Stäbe großteils mit Offizieren aus Niederbayern, der Oberpfalz und Franken besetzt. Da hätte ein Oberbayer normalerweise keinen leichten Stand gehabt. Nicht so Dietl, denn er glich diese allzu menschlichen, stammesbedingten Unterschiede, sofern sie überhaupt zutage traten, mit der ihm eigenen Charakterstärke und Geradlinigkeit seines Auftretens mühelos aus. So erwarb er sich als Regiments-Kommandeur auch hier binnen kürzester Zeit das Vertrauen seiner Vorgesetzten wie auch Untergebenen.

Daß aus Dietls Amberger Infanterie-Regiment 41 zwei namhafte

Offiziere der Gebirgstruppe der Deutschen Wehrmacht hervorgehen sollten, daran dürfte er nicht ganz unbeteiligt gewesen sein. Abends, im Kasino bei einem Umtrunk, berichtete er oft in seiner begeisternden und mitreißenden Art von den Bergen, den Jägern und den Tragtieren und gab dabei die eine oder andere kleine Begebenheit, die so recht nach dem Herzen der Soldaten war, zum besten. Angesichts dieser Gebirgsjäger-Geschichten und Plaudereien wurde bei den Offizieren Krakau und Esch der Gedanke geboren, auch eine Verwendung in der Gebirgstruppe anzustreben. Sie wurden später als Angehörige der Edelweißtruppe mit dem Ritterkreuz zum Eisernen Kreuz ausgezeichnet.[24]

»Es geht wieder heimwärts«, dachte sich Dietl, als er bereits am 1. November 1934 zum Kommandeur des Regensburger Infanterie-Regiments 20 ernannt wurde. Gewiß, die alte Bischofsstadt lag noch immer ein gutes Stück von den heimatlichen Bergen entfernt, aber von Amberg aus hatte er doch wieder einen mächtigen Schritt in Richtung Alpen getan. Und da er wußte, daß der nächste Schritt gen Süden nicht so schnell wie der erste aus der Oberpfalz an die Donau zu bewältigen sein würde, richtete er sich gedanklich auf eine Verwendung ein, die in jedem Falle länger als einen Monat dauern würde.

So zog es ihn immer wieder fort von seinem Schreibtisch, in den nahen Bayerischen Wald oder in die Donauauen, um sich zu entspannen. Dort, wo die Donau den nördlichsten Punkt erreicht und die Naab und den Regen aufnimmt, fischte er ein um das andere Mal. Er brauchte diese Stunden der Entspannung, um neue Kräfte zu sammeln, denn der rasante Aufbau der Wehrmacht verbrauchte sehr rasch die Energien der verantwortlichen Führer und Unterführer. Überdies wurde sein Schreibtisch tagtäglich mit einer wahren Flut von neuen Verordnungen und Anweisungen regelrecht überschwemmt. Man kann sich gut vorstellen, daß dieser Papierkrieg einen Praktiker wie Dietl nicht selten nervte. Aber was half es. Er mußte nun einmal lesen und zur Kenntnis nehmen, was ihm von seinen Stabsoffizieren vorgelegt wurde. Unter all diesen Vorgängen, Befehlen und Erlassen elektrisierte ihn der Erlaß vom 3. November 1934, in dem das Tragen folgender Ehrenzeichen, »die von der NSDAP für persönliche Verdienste verliehen worden sind«[25], genehmigt wurde:

1. des Coburger Abzeichens
2. des Ehrenzeichens 1923 der NSDAP
3. des Ehrenzeichens der NSDAP für Parteigenossen mit der Mitgliedsnummer unter 100.000

Demzufolge hätte Dietl sowohl das »Ehrenzeichen 1923 der NSDAP« als auch das »Ehrenzeichen der NSDAP für Parteigenossen mit der Mitgliedsnummer unter 100.000« tragen dürfen. Beim sogenannten »Blutorden« bestimmte der Reichswehrminister mit Erlaß vom 18. Januar 1935:

> »Das Recht zum Tragen des Ehrenzeichens 1923 der NSDAP zur Uniform habe ich denjenigen aktiven Soldaten eingeräumt, die es auf Grund ihrer seinerzeitigen Verdienste in den Reihen der nationalsozialistischen Bewegung erworben haben.
> Aus Gründen der Autorität und der Manneszucht kann ich jedoch das Tragen dieses Ehrenzeichens denjenigen Soldaten nicht genehmigen, die 1923 im aktiven Dienst der Wehrmacht standen und ihr heute noch bzw. wieder angehören.
> Soweit diese Persönlichkeiten noch nicht Inhaber des Ehrenzeichens sind, bleibt ihnen mit Einverständnis des Stellvertreters des Führers die Möglichkeit vorbehalten, nach dem Ausscheiden aus der Wehrmacht auf Antrag bei der Partei das Ehrenzeichen nachträglich zu erlangen.«[26]

Diesen Erlaß hoben das Reichskriegsministerium und das Oberkommando der Wehrmacht mit ihrem Erlaß vom 31. August 1935 wieder auf. Unter Aufhebung aller entgegenstehenden Verfügungen genehmigte der Reichskriegsminister und Oberbefehlshaber der Wehrmacht das Tragen folgender »Ehrenzeichen der nationalsozialistischen Bewegung« zur Uniform:[27]

1. des Coburger Abzeichens
2. des Nürnberger Parteitagsabzeichens von 1929
3. des Abzeichens vom SA-Treffen Braunschweig 1931
4. des Ehrenzeichens für Mitglieder unter Nr. 100.000
5. des Blutordens vom 9. November 1923
6. der Traditions-Gau-Abzeichen

Das neue Jahr begann für Dietl optimal. Warum? Nun, er wurde am Neujahrsmorgen 1935 zum Oberst befördert und war damit, nur 23 Monate nach seiner letzten Beförderung (zum Oberstleutnant), wieder einen gewaltigen Schritt auf seiner Karriereleiter emporgekommen. In der Tat, das Eintreten für den Nationalsozialismus hatte sich für ihn mehr als bezahlt gemacht, denn derart rasch aufeinanderfolgende Beförderungen wären im 100.000-Mann-Heer der Weimarer Republik mit seinem schmalen Stellenkegel nie und nimmer möglich gewesen. So aber profitierten insbesondere diejenigen Offiziere, die mit den neuen Machthabern sympathisierten und paktierten, vom ungehemmten Auf- und Ausbau der Wehrmacht. Daß Dietl sich dafür mit immer neuen Erlassen herumschlagen mußte, das nahm er unter diesen Umständen gerne in Kauf.

»Jede Medaille hat halt ihre zwei Seiten«, pflegte er in derartigen Situationen zu sagen. Und er hatte allen Grund dazu. Denn kaum war der eine Vorgang erledigt, da wurde ihm von seinem Adjutanten bereits der nächste auf den Schreibtisch gelegt. Dieses Mal der Erlaß des Reichswehrministers Generaloberst von Blomberg vom 16. April 1935. In ihm ging es um die Wehrmacht als Erziehungsschule der Nation, um die Erziehung unter dem Gesichtspunkt der Rasse, um die Nichtabkapselung der Führer und Unterführer, um die Wehrmacht und die Partei sowie um die Fürsorge. Dietl wäre der letzte gewesen, der sich bei seinem Ausbildungsauftrag nicht an den Wortlaut dieses Erlasses gehalten hätte. Mitte Oktober 1935 gab er das Kommando über das Infanterie-Regiment 20 ab, um ein neues, ein einzigartiges, das allerdings erst auf dem Papier stand, zu übernehmen.

III. Kommandeur des Gebirgs-Jäger-Regiments 99

Dietl war wieder im Allgäu. Am 15. Oktober 1935 wurde er auf ausdrücklichen Wunsch Hitlers in Kempten Kommandeur des neu aufzustellenden Gebirgs-Jäger-Regiments 99. Damit war ein großer Herzenswunsch, den er während all der Jahre seiner Abwesenheit von der Gebirgstruppe wie ein Kleinod in seinem Innern bewahrt hatte, endlich in Erfüllung gegangen. Die Metropole des Allgäus war ihm und seiner Familie längst zu einer Heimat geworden. Nimmt es da wunder, daß die alten Kemptner noch heute begeistert über »ihren Dietl« manch köstliche Begebenheit zu erzählen wissen? So auch diese:

Eines Tages erblickte Dietl einen urwüchsigen Naturburschen, der mit seinen Skiern einen abschüssigen Hang hinuntersauste, dann durch eine schmale Waldschneise hindurchschoß und in kühner Schußfahrt dem Ziel entgegenbrauste.

Ein Prachtkerl, dachte Dietl und schrie ihn an:

»Kerl, du mußt in mei Regiment!«

»In dei Regiment? Wer bist denn du?«

»I bin der Dietl!«

»Der Dietl von de Jager?«

»Ja, der Dietl von de Jager. Kimmst?«

»I woaß 's net! I bin ja a Schneider!«

»Was Schneider! Himmelsakra, a Jager bist!«

Und siehe da, der urwüchsige Naturbursche meldete sich bald darauf als Freiwilliger in Dietls Gebirgs-Jäger-Regiment 99.[28]

Von diesem Menschenschlag konnte Dietl nicht genug bekommen, denn noch befanden sich sein Regiment wie auch die übergeordnete Gebirgsbrigade des Obersten Kübler in der allerersten Aufstellungsphase.

Wie war es überhaupt zur Erweiterung der deutschen Gebirgstruppe gekommen?

1. Entstehung und Aufbau der Gebirgsbrigade

Am 1. Juni 1935 war im alten bayerischen Kriegsministerium zu München, dem ehemaligen Sitz des Generalkommandos des VII. Armeekorps, der Stab der Gebirgsbrigade unter Oberst Ludwig Kübler zusammengetreten. Er blieb auch dort, als die Brigade zur 1. Gebirgs-Division aufgestockt wurde. Für die bayerische Landeshauptstadt als Standort des Brigade- (später Divisions-)Stabes sprachen einerseits die enge örtliche Zusammenarbeit mit der vorgesetzten Dienststelle, andererseits die günstigen Verkehrsverbindungen zu den jeweiligen Truppenteilen, die vom Allgäu und vom Bodensee im Westen bis ins Berchtesgadener Land im Osten des bayerischen Alpenraumes stationiert waren.[29]

Nachdem im Jahre 1934 in Genf die Verhandlungen über die Frage einer allgemeinen Rüstungsbeschränkung Deutschlands endgültig gescheitert waren, verkündete Hitler an einem Samstag, dem 16. März 1935, also einen Tag später, als in Frankreich die zweijährige Dienstzeit wieder eingeführt wurde, aber einen Tag vor dem Heldengedenktag[30], das »Gesetz für den Aufbau der Wehrmacht«. Dietl nahm es voller Stolz zur Kenntnis: Mit dem Aufbau der Armee wurde der Name »Reichswehr« fallengelassen und dafür die Bezeichnung »Wehrmacht« eingeführt. Im Rahmen des »Aufbaus der Wehrmacht« wurde 1935 auch die Kriegsakademie eröffnet, in der in den folgenden Jahren zahlreiche Offiziere der deutschen Gebirgstruppe ihre Generalstabsausbildung absolvierten. Einer, der in dieser Truppe mit am höchsten aufgestiegen ist, hat sie jedoch nie für eine derart anspruchsvolle Ausbildung betreten: Eduard Dietl.

Vom Ausbau der Wehrmacht profitierte zweifellos die Gebirgstruppe – insbesondere Offiziere wie Dietl, die nun auf Grund des erweiterten Stellenkegels mit diversen Beförderungen rechnen konnten. Geradezu zwingend erforderlich wurde die Aufstellung von deutschen Gebirgsformationen, als die Beziehungen zwischen Deutschland und Italien sich 1934/35 wegen der noch offenstehenden »Österreichfrage« auf den Nullpunkt abgekühlt hatten.

Bereits im Juni/Juli 1934 waren die deutsch-italienischen Gegensätze nach dem gescheiterten nationalsozialistischen Putsch in

Wien, als der österreichische Bundeskanzler Dollfuß ermordet wurde, zutage getreten. Sie waren so unüberbrückbar, daß sie auch durch das erste Treffen Hitlers mit Mussolini am 14./15. Juni in Venedig nicht beigelegt werden konnten. Nun waren gar Alpini, die Elitetruppe des faschistischen Italien, an der Brennergrenze aufmarschiert und bedrohten die nur unzureichend mit deutschen Truppen abgeschirmte Alpengrenze des Deutschen Reiches. Was lag da näher, dachte Dietl, als die wenigen, aber bereits vorhandenen deutschen Gebirgseinheiten zu einem schlagkräftigen Verband zusammenzufassen und aufzustocken?

Nachdem Oberst Ludwig Kübler hierzu den Auftrag erhalten hatte, packte er mit seinen Führern und Unterführern beherzt die Aufgabe an. Sie waren gewillt, ihr ganzes militärisches Wissen und ihre soldatischen Tugenden in die neue Gebirgstruppe einfließen zu lassen, sie nach ihrem Willen zu formen und aufzubauen. Wenn Kübler auch als Baumeister der Gebirgstruppe der Deutschen Wehrmacht bezeichnet wird, so darf nicht übersehen werden, daß er nur deshalb erfolgreich war, weil er in Dietl, Schörner, Kreß, Konrad, Wintergerst, Lanz, Zimmer, Kleinschroth, Picker, Utz und wie sie alle hießen Kommandeure besaß, die an einem Strang zogen, hervorragend führten und ausbildeten, so daß sich zwangsläufig ein optimaler Erfolg einstellen mußte.

Es ist heute, im Zeitalter modernster Waffensysteme und »intelligenter Munition«, fast unmöglich, sich vorzustellen, unter welch einer Konzentration der Kräfte die neue Gebirgstruppe aus den wenigen gebirgstauglichen Verbänden der Reichswehr aufgebaut werden mußte – und wurde. Ihre nachhaltigste Prägung erfuhr die Truppe dabei durch Persönlichkeiten wie Dietl, Kübler und Schörner, und zwar sowohl in Fragen der Führung der jungen Gebirgssoldaten, der Gefechtserziehung der Verbände, der Schulung der Oberjäger und Offiziere als Erzieher und verantwortliche Führer im Gefecht, als leistungsfähige Männer in Fels und Eis als auch in Fragen der Bekleidung, der Ausrüstung und der Verpflegung, für die der Intendant Dr. Bernklau zu sorgen hatte.

Aber noch war vieles unklar, wenn sich auch bereits die Konturen der künftigen Gebirgstruppe in den ersten verfaßten Studien und herausgegebenen Befehlen dahingehend abzuzeichnen begannen, daß mit der gezielten Ausbildung begonnen werden konnte. Bis zur Unterstellung der Truppe am 1. Oktober 1935 war der Stab noch reichlich beschäftigt mit Aufgaben des Grenzschutzes, mit Vorarbeiten für die personelle Aufstellung der Stäbe und Einheiten, mit der Erkundung der Standorte, dem Bau der Kasernen, der Übungs- und Schießplätze, der Stützpunkte im Hochgebirge, mit Fragen der Bewaffnung und Ausrüstung, der Organisation des Sanitätswesens, der Beschaffung von Tragtieren aus Südamerika und und und. Als im Oktober/November 1935 unter anderem die Aufstellung der beiden Gebirgs-Jäger-Regimenter 99 und 100 befohlen wurde, wurde auch Oberst Dietl in die Pflicht genommen.

2. Die Aufstellung des Gebirgs-Jäger-Regiments 99

Der 15. Oktober 1935 war wieder einer jener Tage, die der drahtige Oberst Dietl in seinen persönlichen Aufzeichnungen ganz besonders heraushob. Denn mit dem Kommando über das neu aufzustellende Gebirgs-Jäger-Regiment 99 war der geborene Truppenführer nicht nur in sein geliebtes Kempten heimgekehrt, sondern er konnte sich nun endgültig in die Elite der Führer der deutschen Gebirgstruppe einreihen.[31] Mit den ihm blindlings ergebenen Offizieren, Unteroffizieren und Mannschaften, mit dem ihm eigenen Elan und seinem gesunden Ehrgeiz stürzte er sich in die Arbeit, um sein Regiment binnen kürzester Zeit aufzubauen. Die benötigten Männer entstammten dem altvertrauten Kemptner III. (Gebirgs-Jäger) Bataillon des 19. (bayerischen) Infanterie-Regiments, das zuvor durch vermehrte Einberufungen von Rekruten beträchtlich verstärkt worden war, so daß es am 1. Oktober 1935 in zwei Gebirgs-Jäger-Bataillone aufgeteilt werden konnte: Ein Bataillon wurde im Standort Kempten als Stamm für Dietls Gebirgs-Jäger-Regiment 99 belassen, ein anderes in den Garnisonen Bad Reichenhall und Traunstein für Konrads Gebirgs-Jäger-Regiment 100 stationiert. Da die neuen Kasernen noch im Bau waren, mußte die Truppe vorerst Notunterkünfte beziehen.
Bis zum 15. November 1935 wurden folgende Truppenteile des Gebirgs-Jäger-Regiments 99 aus der Taufe gehoben: der Regiments-

Stab mit dem Nachrichten-Zug und der 14. (Panzer-Abwehr) Kompanie/Geb.-Jäg.-Rgt. 99 aus dem Polizei-Regiment Nürnberg und der 14. Kompanie des Infanterie-Regiments Augsburg, das I. Bataillon/Geb.-Jäg.-Rgt. 99 aus dem (Ausbildungs) I. Bataillon des Infanterie-Regiments München, das II. Bataillon/Geb.-Jäg.-Rgt. 99 aus dem I. Bataillon des Infanterie-Regiments Augsburg sowie das III. Bataillon/Geb.-Jäg.-Rgt. 99 aus dem III. Bataillon des Infanterie-Regiments Augsburg. Aus Gründen der Geheimhaltung trugen die aufgestellten Truppenteile während der Übergangszeit die Namen ihrer jeweiligen Standorte.

Nach dem Bau der entsprechenden Kasernenanlagen wurden Oberst Dietl für sein Gebirgs-Jäger-Regiment 99 folgende Standorte zugewiesen: Kempten, die Wiege der Gebirgtruppe der Reichswehr und Wehrmacht, für den Regiments-Stab, die Regiments-Truppen und das I. Bataillon/Geb.-Jäg.-Rgt. 99, Augsburg, die altehrwürdige Fuggerstadt, für das II. Bataillon/Geb.-Jäg.-Rgt. 99 und die 14. (Panzer-Abwehr) Kompanie sowie Lindau, die Perle am Bodensee, für das III. Bataillon/Geb.-Jäg.-Rgt. 99. Das war jedoch leichter gesagt als getan, denn viele Stadträte sahen in erster Linie eine Beeinträchtigung des Fremdenverkehrs, der ihrer Meinung nach nicht mit der Kaufkraft der Soldaten kompensiert werden konnte. Aber Dietl fand hier sehr schnell zu einem Konsens zum Wohle der jeweiligen Einheiten und der Bevölkerung, was vielleicht am besten daran zu ersehen ist, daß trotz aller Kriegs- und Nachkriegswirren bis auf den heutigen Tag eine herzliche Verbundenheit der alten Gebirgsjäger-Garnisonen mit den Gebirgssoldaten der Bundeswehr, die vielerorts in Dietls ehemalige Standorte eingezogen sind, besteht.

Eine weitere Schwierigkeit, die Dietl erst überwinden mußte, lag darin, daß seiner Truppe auch genügend Standortübungsplätze und Schießanlagen zur Verfügung gestellt wurden. Denn nicht selten fürchteten die Forstmeistereien und die privaten Jagdbesitzer um ihren Wildbestand in den arten- und wildreichen Bayerischen und Allgäuer Alpen. Und gar manch einer witterte im Auftreten der Gebirgsjäger und ihres knorrigen Obristen ein Aufleben der Wildschützen-Romantik à la »Girgl« Jennerwein, der es so arg getrieben hatte, daß er schließlich von einem königlich bayerischen

Jagdgehilfen auf dem Peißenberg erschossen worden ist. Aber durch den engen Kontakt Dietls mit den örtlichen Behörden entwickelte sich zwischen seiner Truppe und der Bevölkerung rasch ein besonders herzliches Verhältnis. Darüber hinaus wurden durch gegenseitige Rücksichtnahme die anfänglichen Bedenken rascher als allgemein erwartet zerstreut. Damit war Dietl ein gutes Stück in der Aufbauphase seines Gebirgs-Jäger-Regiments 99 vorangekommen. Wen wundert es, daß er bei diesem Stand der Dinge zum Jahreswechsel voller Stolz Hitlers »Erlaß an die Wehrmacht« im »Völkischen Beobachter« las?

> »Soldaten!
> Ein entscheidendes Jahr der deutschen Wehrgeschichte liegt hinter uns. Das Reich ist wieder frei und stark.
> Ich spreche allen Soldaten und den sonst am Aufbau der Wehrmacht Beteiligten meinen Dank und meine Anerkennung für die Leistungen im vergangenen Jahre aus.
> Die Losung für 1936 heißt: Immer wieder vorwärts für den Frieden, die Ehre und die Kraft der Nation.
> Berlin, den 31. Dezember 1935.
> Der Führer und Oberste Befehlshaber der Wehrmacht:
> Adolf Hitler.«

Noch wurde die deutsche Gebirgstruppe nicht in den Sog der großen Politik hineingerissen. Statt dessen konnte sie sich im Winter 1935/36 ganz auf die Organisation und die Durchführung des 25 Kilometer langen Militär-Skipatrouillen-Laufes, der im Rahmen der Winterolympiade stattfinden sollte, konzentrieren. Die harte Gebirgsausbildung war nun für Monate vergessen und wurde durch den militärischen Skilauf ersetzt, denn man wollte sich gegen die seit Jahren eingespielten ausländischen Mannschaften achtbar durchsetzen. Um sich hierfür optimal vorzubereiten, verlegte Oberst Dietl am 7. Januar 1936 sein I. Bataillon aus Kempten zum Winterschießen in das Lager Luttensee bei Mittenwald. Er staunte nicht schlecht, als die aufgeschlossene Bevölkerung seiner Truppe und ihren Offizieren und Unteroffizieren am Mittenwalder Bahnhof ein herzliches Willkommen bereitete. Zu diesem denkwürdigen Tage, der als Geburtsstunde der Garnison Mittenwald in die Ortschronik eingegangen ist, hatte der Geigenbauort sich ein festliches Gewand angelegt. Dietls Jäger bedankten sich für diese außergewöhnliche Geste der Gastfreundschaft mit einem donnernden »Horridoh«, das vielfach in den wuchtigen Felswänden des Karwendelgebirges widerhallte. Dann setzte sich das I. Bataillon des Gebirgs-Jäger-Regiments 99 mit seiner Regimentsmusik an der Spitze in Richtung Luttensee in Marsch.[32]

Eines sollte in diesem Zusammenhang noch erwähnt werden, weil es für den Aufbau der Gebirgstruppe der Deutschen Wehrmacht einen bedeutenden Meilenstein darstellt: Obwohl das I./Gebirgs-Jäger-Regiment 99 am 18. Januar 1936 wieder in seine Garnison Kempten zurückkehrte, blieb die Anlage in Luttensee von nun an, wenn auch einem vielfältigen Wechsel unterzogen, nicht mehr unbelegt. So wurde am 15. Juli 1936 die Kommandantur des Hochgebirgs-Übungsplatzes Luttensee aufgestellt und am 22. Januar 1937 in »Truppenübungsplatz Mittenwald« umbenannt.[33]

Bereits während der IV. Olympischen Winterspiele, die vom 6. bis 16. Februar 1936 in Garmisch-Partenkirchen abgehalten wurden, rückte Luttensee wieder in den Blickpunkt. Und das hatte einen handfesten Grund, denn die Veranstalter waren unter anderem für den Loipendienst dringend auf Dietls Kemptner Gebirgsjäger angewiesen. Als Förderer des Skilaufs allseits anerkannt und beliebt, wurde Oberst Dietl an einer wichtigen Stelle im Organisationskomitee der Spiele eingesetzt, und zwar als Leiter des Fachausschusses »Militär-Ski-Patrouillenlauf«. Daß das alles andere als eine sorgenfreie Zeit für ihn sein sollte, stellte sich schon bald heraus, als sich einige seiner Männer in der unbekannten Berggegend verirrten. Zu der Suchaktion, die Dietl selbst leitete, wurde auch die 3. Kompanie der (Gebirgs) Nachrichten-Abteilung 7 herangezogen, die sämtliche Wettkampfstätten nachrichtentechnisch zweifach abgesichert hatte (d. h. mit Fernsprech- und Funkverbindungen von den Starts zu den Zielen).

Im harten Training bereitete die deutsche Mannschaft sich auf die schwere Prüfung im Rahmen der Olympischen Winterspiele vor. Zunächst schien es aussichtslos, aus dem noch kleinen Kader der deutschen Heeressportler eine Mannschaft aufzustellen, die der Elite der skandinavischen Länder gewachsen sein sollte. Aber nicht die favorisierten Skandinavier, sondern die italienische Mannschaft wurde überraschend Olympiasieger in dem Wettbewerb. Die deut-

260

sche Patrouillen-Mannschaft unter dem Ski-As Herbert Leupold konnte aber mit ihrem beachtlichen fünften Platz unter den neuen Teilnehmernationen mehr als zufrieden sein. Sie lag zwar hinter den Nordländern, aber noch vor den mitteleuropäischen Mannschaften.

Am 7. März 1936, also nur einen Monat nach den friedlich verlaufenden Olympischen Winterspielen von Garmisch-Partenkirchen, erfolgte der Einmarsch deutscher Truppen in das Rheinland, das seit 1919 entmilitarisiert war. Als Begründung diente Hitler die Ratifizierung des französisch-sowjetischen Bündnisses, das im Widerspruch zum Locarno-Vertrag stand, der durch den Überraschungsschlag Hitlers gleichfalls verletzt wurde. Dietl hielt den Atem an.

»Wie werden«, fragte er sich, »die Siegermächte, zu deren Sicherheit ja seinerzeit das Rheinland von deutschen Truppen entmilitarisiert worden war, speziell aber Frankreich, das sich unmittelbar bedroht fühlen könnte, ja müßte, reagieren?«

Doch sein Führer behielt wieder einmal recht: Auch dieses Mal kam kaum ein Widerstand von den Mächten der Entente. Damit waren an jenem 7. März 1936 die entscheidenden Würfel für Hitler gefallen. Denn ein energisches Auftreten der Westmächte gegen Hitlers Vertragsbruch hätte dessen Zurückweichen und damit unter Umständen auch seinen Sturz zur Folge gehabt. Inwieweit Dietl, den man getrost zu »Hitlers Seilschaft« hinzurechnen darf, davon verschont geblieben wäre, darüber darf spekuliert werden. So aber erhöhte der Erfolg der Rheinlandbesetzung Hitlers Prestige in einem ungeheuren Ausmaß, vor allem im Offizierskorps der Wehrmacht.

Genauso freudig wie die Besetzung des Rheinlandes begrüßte Dietl die Öffnung der deutsch-österreichischen Grenze am 28. August desselben Jahres. Mußten seine Gebirgsjäger bisher bei der als »privat« getarnten Sommer- und Winterausbildung vorwiegend in die Hochgebirgsregionen der Schweiz, zuweilen aber auch nach Frankreich fahren, um sich zum Beispiel am Monte Rosa, am Matterhorn oder am Montblanc die nötige Routine und Sicherheit zu holen, so konnten sie jetzt in verstärktem Maß in den viel näher gelegenen Hochgebirgen der Zillertaler-, Stubaier- und Ötztaler

Alpen, der Großglockner- und Großvenediger-Gruppe, aber auch im Kaiser- und Karwendel-Gebirge des Bruderlandes das Gehen und Klettern in Fels und Eis üben.

Am 1. Oktober 1936 wurden wieder einmal Truppenteile von Dietls Gebirgs-Jäger-Regiment 99 verlegt, und zwar der Regiments-Stab von Kempten nach Füssen, das I. Bataillon/Geb.-Jäg.-Rgt. 99 von Kempten nach Garmisch-Partenkirchen, das II. Bataillon/Geb.-Jäg.-Rgt. 99 von Augsburg nach Füssen, das III. Bataillon/Geb.-Jäg.-Rgt. 99 von Lindau nach Sonthofen sowie die 14. (Panzer-Abwehr) Kompanie des Gebirgs-Jäger-Regiments 99 von Augsburg nach Füssen. Je eine Ergänzungs-Kompanie kam nach Sonthofen und Füssen und wurde den dortigen Gebirgs-Jäger-Bataillonen unterstellt. Neu aufgestellt wurde zum 1. Oktober 1936 noch die 13. (Minen-Werfer) Kompanie des Gebirgs-Jäger-Regiments 99.

Nun war es auch für den Regiments-Kommandeur an der Zeit. Dietl mußte mit seinen Jägern Abschied von Kempten nehmen, einen Abschied, der allen schwerfiel. Dann stieg Dietl ein letztes Mal auf den 1738 Meter hohen Grünten. Seit dem Jahre 1924 steht auf diesem geologischen Wächter des Allgäus das Jägerdenkmal der 3er-Jäger, das der Architekt Bruno Biehler gestaltet hat, der bereits während des Ersten Weltkrieges den Waldfriedhof Macalau in den Waldkarpaten am Ufer der Vaser für die während der dortigen Kampfhandlungen gefallenen Angehörigen des Jäger-Regiments Nr. 3 angelegt hatte.[34] Dort oben, in luftiger Höhe, ließ Dietl seine militärische Laufbahn in einem Anflug von Melancholie, die zuweilen auch den Erfolgreichsten ereilt, schlagwortartig Revue passieren:

1909 Eintritt in das 5. Infanterie-Regiment in Bamberg
1914 bei Beginn des Weltkrieges Ausmarsch ins Feld
1919 Eintritt in das Freikorps Epp
1923 als Taktiklehrer an die Infanterie-Schule Ohrdruf in Thüringen kommandiert
1928 Versetzung nach Kempten
1934 Stabsdienst in München, Regiments-Kommandeur in Amberg und Regensburg
1935 Kommandeur des Gebirgs-Jäger-Regiments 99 in Kempten

Jetzt stand Dietl, das wuchtige Jägerdenkmal zu Ehren der 3000 Gefallenen des ruhmreichen 3er-Jäger-Regiments im Rükken, kurz vor seiner Verlegung nach Füssen. Er blickte hinunter, in die Richtung der Lechstadt, die ihn bereits seit Tagen beschäftigte, obwohl sein Jägerherz nach wie vor an Kempten und den Allgäuer Alpen hing.

»Das haben wir Soldaten mit den Handwerksburschen gemein«, sagte er sich. »Immer unterwegs. Nirgendwo und nirgendwann für immer zu Hause. Kaum hast du Wurzeln geschlagen, da heißt es schon wieder: Auf, auf – marsch, marsch!«

Und so, als wollte er einer schönen Erinnerung gewaltsam entfliehen, rannte er mit seinen krummen Haxen, wie er sie selbst bezeichnete, den nächtlichen Grünten über Stock und Stein hinunter in die Illerstadt.

3. Dietls Einzug in Füssen

Die Häuser der Straßen waren mit Blumen geschmückt. Aus den Fenstern winkten freundliche Menschen, insbesondere die jungen Mädchen, als Dietl am 3. Oktober 1936 an der Spitze seines Gebirgs-Jäger-Regiments 99 mit stolzgeschwellter Brust in Füssen einzog – und zwar mit dem Regiments-Stab und der Regiments-Musik, mit dem II. Gebirgs-Jäger-Bataillon/Geb.-Jäg.-Rgt. 99, der 13. (Gebirgs-Infanteriegeschütz) Kompanie, der 14. Kompanie und der San-Staffel.

»In fünf Transporten kamen wir am Vormittag an«, erinnert sich General der Gebirgstruppe a. D. Friedrich Jobst Volckamer von Kirchensittenbach, wie Dietl einst Angehöriger des Freikorps Epp und als Oberstleutnant Kommandeur des II./Gebirgs-Jäger-Regiments 99. »Um 14.30 Uhr meldete ich die gesamten zum Einmarsch aufgestellten Truppen und den SA-Ehrensturm dem Regimentskommandeur Oberst Dietl. Dann traten wir an. Mit klingendem Spiel unter Glockenläuten und Böllerschüssen. Ein wundervolles Bild: Blauer Himmel, Schnee auf den Bergen. Am Stadtbrunnen begrüßte uns Oberbürgermeister Dr. Samer mit einem Ehrentrunk.
Der Reserveoffizier-Verein stand aufgebaut, und die ›Meidle‹ vom Gebirgstrachten-Verein übergaben uns ihre Blumengrüße. Dann zogen wir hinaus in die schöne neue Kaserne. Die Frontkämpfervereinigungen des Kyffhäuserbundes standen auf der rechten Seite, die

Hitlerjugend und der Bund deutscher Mädchen auf der linken Seite der fahnengeschmückten Straße und grüßten uns ...
Auf dem Kasernenhof stellte ich die Truppen als Kommandierender der Parade im offenen Viereck auf und meldete sie dem Regimentskommandeur, nachdem auch die Behörden und Vereine ihre Fahnen und die Gliederungen der Partei ihre Plätze erhalten hatten ... Feierlich wurde während der Ansprache des Regimentskommandeurs die Reichskriegsflagge gehißt, und unter den Salven der Panzerabwehr-Kompanie brauste das Sieg Heil zum erstenmal über den weiten Kasernenhof ...
Am Abend gab die Stadt in 14 Gasthöfen ein Frei-Essen für die Angehörigen des Standortes. Die Stäbe waren im Stadtsaal. Dort endete das Fest mit einem Verbrüderungstanz des Regimentskommandeurs mit dem Oberbürgermeister und dem Bezirksamtmann. Es war 3 Uhr früh, als wir in unsere Unterkünfte zurückkehrten.«[35]

Diese Unterkünfte befanden sich in der neuen »Graf-Bothmer-Kaserne«. Sie war in Erinnerung an den bedeutenden bayerischen Generalobersten Graf Felix von Bothmer benannt worden, der während des Karpatenfeldzuges 1914/15 mit seinem Korps bei Eis, Schnee und grimmiger Kälte nicht nur große Erfolge erzielt und damit den Russen den Durchbruch über die Karpatenpässe nach Ungarn verwehrt, sondern als glänzender Theoretiker auch mitgeholfen hatte, die eigentliche Taktik des Gebirgskrieges zu entwickkeln. Nach dem Zweiten Weltkrieg wurde die Füssener Kasernenanlage in Erinnerung an den »Helden von Narvik« in »Generaloberst-Dietl-Kaserne« umbenannt.
Das Jahr 1937 war ein Jahr der trügerischen Ruhe. Hitler war es gelungen, gegen die Bedenken der militärischen Führung den Aufbau der Wehrmacht weiter zu forcieren. Wohin der Weg die Armee führen sollte, das zeigten die Gedanken des Führers in seiner »Denkschrift über die wirtschaftliche Mobilmachung«:

»Die militärische Auswertung soll durch die neue Armee erfolgen. Das Ausmaß und das Tempo der militärischen Auswertung unserer Kräfte können nicht groß und nicht schnell genug gewählt werden. Es ist ein Kapitalirrtum zu glauben, daß über diese Punkte irgend ein Verhandeln oder ein Abwägen stattfinden könnte mit anderen Lebensnotwendigkeiten.
Wenn es uns nicht gelingt, in kürzester Frist die deutsche Wehrmacht in der Ausbildung, in der Aufstellung der Formationen, in der Ausrü-

stung und vor allem auch in der geistigen Erziehung zur ersten Armee der Welt zu entwickeln, wird Deutschland verloren sein. Es gilt hier der Grundsatz, daß das, was in Monaten des Friedens versäumt wurde, in Jahrhunderten nicht mehr eingeholt werden kann.«[36]

Wie vieles andere Gedankengut, das im Dritten Reich von Hitler und seinen Paladinen unter das Volk gestreut und für das Offizierskorps erlassen wurde, so hatte Dietl auch die »Denkschrift über die wirtschaftliche Mobilmachung« zur Kenntnis genommen. Aber war er auch bereit und willens, sich über den Inhalt und seine Konsequenzen die entsprechenden Gedanken zu machen? Ließ er sich davon gar beunruhigen? Nein, nicht im entferntesten! Vielmehr verhielt es sich mit jener Denkschrift – wie mit vielen anderen – genauso wie mit Hitlers ideologischem Werk »Mein Kampf«. Sollen wir deshalb den Stab allein über Dietl brechen? Nein! Denn er befand sich mit seinem Verhalten in bester Gesellschaft. Nicht nur die deutschen Volksgenossen, die Generale und Offiziere kannten Hitlers »Mein Kampf«. Die meisten besaßen ihn, aber nur wenige lasen ihn, und die allerwenigsten waren bereit zu glauben, daß es sich hier um die Kampfschrift eines Mannes handelte, der fest entschlossen war, Zeile für Zeile und Wort für Wort seines Werkes in die Tat umzusetzen.

Auch Dietl hielt das einerseits nicht für möglich; andererseits nahm ihn der Truppendienst tagtäglich voll in Anspruch. So nahm er unter anderem vom 3. bis 14. Mai 1937 an einer sogenannten Brigade-Übungsreise teil, war, so Generalmajor a. D. Hellmuth Grashey, seinerzeit Zugführer und Kompaniechef in Dietls II. Gebirgs-Jäger-Bataillon des Gebirgs-Jäger-Regiments 99, »auf den Übungsplätzen, in der Hochregion, in der Hitze, in der Kälte, in Schnee und Regen, und gab praktische Ausbildungshinweise. Mit Temperament leitete er seine Planspiele, und im Manöver führte er mit Kühnheit von vorn. Bei den Herbstübungen 1937 kam es zur berühmten Schlacht am Stadlberg bei Miesbach, in der die 7. Infanterie-Division und die Gebirgsbrigade ihre Kräfte maßen. Zur Unterscheidung von Freund und Feind trugen die Infanteristen Stahlhelm, die Jäger Bergmütze. Als die Infanterie in die Verteidigungsstellung der Jäger einbrach, erscholl der Alarmruf: ›D'Stahlhelma kemma!‹ Gerade noch rechtzeitig ertönte das Signal ›Das Ganze – halt‹ – sonst wäre der Büffel in Münchner Gefangenschaft geraten.«[37]

IV. Der Anschluß Österreichs an das Deutsche Reich

Dietl hatte, wie man in Bayern sagt, ein besonderes Gspür für umwälzende politische Veränderungen. Es war nicht nur sein besonderer »Draht« zu Hitler, der ihm manch bedeutenden Vorgang rechtzeitig anzeigte, sondern auch dieses gewisse Etwas, das man einen sechsten oder gar siebten Sinn nennt. Und in der Tat. Die Gebirgstruppe befand sich im Februar 1938 noch mitten in der Winterausbildung, als sich die Aktivitäten auf dem nahegelegenen Obersalzberg, wo unter anderem das »Führerhaus«, der »Berghof«, sowie Hitlers »Teehaus« auf dem Kehlstein standen, zusehends steigerten. Des öfteren sahen Gebirgsjäger, wenn sie durch Berchtesgaden zogen, Wagenkolonnen aus Berlin und dem benachbarten Österreich an der bekannten Auffahrt zum Obersalzberg einbiegen. Es war nicht mehr zu übersehen: Irgend etwas lag in jenen Februartagen nicht nur in der schneehaltigen Luft des Berchtesgadener Landes, sondern auch in der politischen Atmosphäre der deutsch-österreichischen Beziehungen. Um was es sich jedoch handelte, vermochte Dietl vorerst nicht zu sagen.

Konkretere Formen nahmen die Vermutungen erst an, als eine Gruppe von Gebirgsjägern während eines Übungsmarsches den österreichischen Bundeskanzler Dr. Kurt (von) Schuschnigg am 12. Februar 1938 in einer Wagenkolonne in Richtung Obersalzberg fahren sah. Am liebsten wären sie an jenem feuchtkalten Wintertag hinaufmarschiert, um zu sehen, was sich dort oben ereignet. Aber an den drei SS-Sperren war kein Vorbeikommen. Die erste befand sich bereits an der vereisten Auffahrt zum Obersalzberg, die zweite kurz vor dem Gutshof »Obersalzberg«, und die dritte SS-Sperre war unweit des »Führerhauses« errichtet worden. Dietl wußte: Es ging um das unbefriedigende Verhältnis zwischen dem Deutschen Reich und seinem alpenländischen Nachbarn Österreich. Er hatte es während seiner zahlreichen Bergfahrten in die benachbarten Alpenregionen wiederholt selbst erlebt: Dieser alles andere als lebensfähige österreichische Rumpfstaat – im wahrsten Sinne des

Wortes eines der zahlreichen Retortenkinder der Siegermächte –
geriet nach dem Weltkrieg in eine Dauerkrise. Ein Grund dafür war
der Umstand, daß die beiden großen Parteien, die streng marxi-
stisch eingestellten Sozialisten und die national-konservativen
Christlich-Sozialen, sich nicht nur zu keiner Zusammenarbeit bereit finden konnten, sondern daß sie sich vielmehr gegenseitig
immer heftiger befehdeten. Nur in einem waren sie sich einig:
Österreich müsse den Anschluß an das Deutsche Reich finden.
Diesen Gedanken hielten alle Regierungen und Parteien für den
einzig richtigen. Ein Ziel, das auch Hitler jenseits der rotweißroten
Grenzpfähle hartnäckig verfolgte.[38]

1. Das Unternehmen »Otto«

Am 11. März 1938 erließ Hitler die als geheim eingestufte militärische »Weisung Nr. 1« für den Einmarsch in Österreich. Sie war der
erste Befehl, den er der Wehrmacht in seiner Eigenschaft als ihr
Oberster Befehlshaber erteilt hatte.[39] »In diesem Augenblick«, so
Benoist-Méchin, »geriet er in einen Zustand innerer Erregung, der
sich von Stunde zu Stunde steigerte.«[40] Da der österreichische Bun-
despräsident Miklas sich nach wie vor weigerte, den Mann seines,
Hitlers, Vertrauens, Seyß-Inquart, zum Bundeskanzler zu ernen-
nen, erteilte er der Deutschen Wehrmacht die »Weisung Nr. 2«:

»Der Oberste Befehlshaber der Wehrmacht
                                        Berlin, den 11. März 1938.
O. K. W. L 1 a Nr. 427/38 g. Kdos.   20.45 Uhr
Betr. Unternehmen Otto.
                        Weisung Nr. 2
1. Die Forderungen des deutschen Ultimatums an die österreichische
Regierung sind nicht erfüllt worden.
2. Die österreichische Wehrmacht hat Befehl, sich vor dem Einmarsch deutscher Truppen zurückzuziehen und dem Kampf auszuweichen.
Die österreichische Regierung hat sich ihres Amtes suspendiert.
3. Zur Vermeidung weiteren Blutvergießens in österreichischen Städten wird der Vormarsch der deutschen Wehrmacht nach Österreich
am 12.3. bei Tagesanbruch nach Weisung Nr. 1 angetreten.
Ich erwarte, daß die gesteckten Ziele unter Aufbietung aller Kräfte
so rasch als möglich erreicht werden.   Adolf Hitler«[41]

Der Aufmarschbefehl hatte Küblers Gebirgsbrigade und Dietls Gebirgs-Jäger-Regiment 99 noch vor dem Abschluß der Winterausbildung erreicht. Vorausgegangen war bei der Truppe eine Teilmobilisierung – und zwar ohne Einberufung der Ersatztruppen – des VII. Armeekorps (General der Infanterie Ritter von Schobert), des XIII. Armeekorps (General der Kavallerie von Weichs) und des Kommandos der Panzertruppen (Generalleutnant Guderian), insgesamt 105 000 Mann, die in der 8. Armee unter dem Oberbefehlshaber Generaloberst Fedor von Bock zusammengefaßt waren. Im Morgengrauen des 11. März 1938 rückte Oberst Dietl mit seinen Gebirgsjägern an die österreichisch-bayerische Grenze vor. Das gesamte Gebirgs-Jäger-Regiment 99 versammelte sich im Rupertiwinkel und nahm dort die weiteren Befehle für den Einmarsch in das Bruderland entgegen. Dem Armee-Befehl vom 11. März 1938 konnte Dietl folgendes entnehmen:

»Es wird befohlen:
VII., XIII. und Panzer-Korps haben zwischen Hallein und Passau die Reichsgrenze zu überschreiten. Heeresdienststelle 10 hat in Tirol einzurücken. Grenzüberschreitung erst auf besonderen Befehl.
Die Korps halten sich ab Mitternacht bereit, die Grenzbrücken und Grenzübergänge zu besetzen und für den weiteren Vormarsch offenzuhalten; Die Masse der Korps steht mit den eingetroffenen Teilen ab 6.00 Uhr vormarschbereit.«[42]

Und so sah der Aufmarsch für »Die Fahrt in den Frühling« (10. März bis 2. April 1938) aus: Dietls verstärktes Gebirgs-Jäger-Regiment 99, die »Gruppe Hallein« – ohne das I. Gebirgs-Jäger-Bataillon, jedoch mit der 2. Kompanie des Gebirgs-Pionier-Bataillons 54 –, hatte die Grenze bei Scheffau zu überschreiten, Hallein zu nehmen und dann auf dem Ostufer der Salzach nach Salzburg vorzustoßen. Im Divisionsbefehl hieß es dazu:

»Ihre Aufgabe ist, ein Entweichen der Garnison Salzburg nach Süden zu verhindern oder ein verteidigtes Salzburg durch Angriff in den Rücken zu Fall zu bringen.« Und weiter: Eine verstärkte Kompanie hat »den Paß Lueg gegen etwa von Süden anrückende Feindverstärkungen zu verteidigen.«

Schlemmers verstärktes Gebirgs-Jäger-Regiment 100, die »Gruppe Reichenhall« – ohne das II. Gebirgs-Jäger-Bataillon, jedoch mit dem Stab und dem I./Gebirgs-Artillerie-Regiment 79 sowie der schweren Artillerie-Abteilung II/40 und der Gebirgs-Nachrichten-Abteilung 54 –, sollte direkt auf Salzburg und eine verstärkte Gebirgs-Jäger-Kompanie durch die Röth über das Blühnbach-Törl auf Werfen vorgehen.

Schörners Gebirgs-Jäger-Regiment 98 mit dem II./Gebirgs-Artillerie-Regiment 79 und der 1. Kompanie des Gebirgs-Pionier-Bataillons 54 hatte im Verband der Heeres-Dienststelle 10 über den deutsch-österreichischen Grenzübergang Scharnitz zum Brenner vorzurücken. Dort überbrachte der Regiments-Kommandeur dann dem italienischen Kommandanten die Grüße des Deutschen Reiches!

Welch ein fundamentaler Wandel hatte sich doch in den Beziehungen zwischen dem nationalsozialistischen Deutschland und dem faschistischen Italien vollzogen. Niemand dachte mehr an die bedrohliche Truppenkonzentration der Italiener während der Krise des Jahres 1934. Mussolini dankte nun Hitler auf seine Weise durch das Wohlverhalten in der Anschlußfrage für die seinerzeitige deutsche Neutralität im Abessinien-Konflikt. Und Hitler dankte dem italienischen Diktator mit den Worten: »Duce, das werde ich Ihnen nie vergessen, nie, nie, nie.«[43]

Aber eilen wir den historischen Ereignissen nicht allzuweit voraus. Zunächst richtete sich der Armeetagesbefehl Nr. 1 mit folgendem Aufruf an die unterstellten Verbände:

> »A. O. K. 8   Mühldorf, den 11.3.1938
> Ich habe den Befehl über die Armee übernommen.
> Die Herstellung der Ordnung in Österreich soll nach dem Willen des Führers ohne Blutvergießen erfolgen, soweit es die Sicherheit der deutschen Truppen erlaubt.
> Allgemein ist zu versuchen, durch frühzeitige Fühlungnahme mit den gegenüberstehenden österreichischen Truppen deren Übertritt zu erreichen. Treten sie zu uns über, so ist mit ihnen gemäß Aufmarschanweisung zu verfahren.
>   General von Bock.«[44]

Voller Zuversicht und Vertrauen in seine Gebirgsjäger sah Oberst Dietl seiner ersten großen Bewährungsprobe für seinen Führer und Obersten Befehlshaber entgegen, als er den Befehl zum Einmarsch nach Österreich erhielt. Dabei wünschte er sich, daß er nicht zur Waffe greifen muß, denn bis zuletzt vermochte niemand mit hundertprozentiger Sicherheit zu sagen, ob man auf österreichischer Seite auf Widerstand stoßen würde oder nicht.

2. Einmarsch und Anschluß

In den Akten der 8. Armee konnte Dietl später über diesen denkwürdigen Tag nachlesen:

> »Der Aufmarsch zur Versammlung der ersten Welle der Armee dauert an.
> 1.00 Uhr teilt der Chef der 1. Abt. Gen. St. d. Heeres, Generalmajor Hansen, mit, daß eine starke Massierung um Wien das Endziel der Operation sein müsse. Weiter bittet er im Auftrag des Oberkommandos des Heeres, dem Führer und Obersten Befehlshaber der Wehrmacht bei seinem heutigen Besuche Vorschläge zu machen über die beabsichtigte Einteilung des ›Operationsgebietes‹ sowie über die Regelung der ›vollziehenden Gewalt‹.
> 5.30 Uhr werden die Grenzübergänge bei Lindau, Mittenwald, Kiefersfelden, die Grenzbrücken von Freilassing, Burghausen und Schärding ohne Widerstand besetzt und unversehrt vorgefunden; Brückenköpfe werden gebildet. Die deutsche Truppe wird von der österreichischen Bevölkerung jubelnd empfangen.«

So war es in der Tat in jenen unvergeßlichen Märztagen des Jahres 1938. Als Oberst Dietl den Befehl zum Einmarsch erhielt, rückte er mit seinem kriegsmäßig ausgerüsteten, verstärkten Gebirgs-Jäger-Regiment 99 aus dem grenznahen Bereitstellungsraum gegen Mittag über die Grenze bei Hallein in Richtung Salzburg vor. Mit klingendem Spiel, von der überwiegenden Mehrheit der Bevölkerung ehrlichen Herzens umjubelt, marschierte er am 12. März 1938 in die Mozartstadt an der Salzach ein. Damit war ein Traumziel deutscher Politik und deutscher Patrioten Wirklichkeit geworden. Währenddessen unterzeichnete Hitler in der Berliner Reichskanzlei folgenden Aufruf:

> »Seit heute morgen marschieren über alle Grenzen Deutsch-Österreichs die Soldaten der deutschen Wehrmacht.
> Panzertruppen, Infanteriedivisionen und die SS-Verbände auf der Erde und die deutsche Luftwaffe im blauen Himmel werden, selbst

gerufen von der neuen nationalsozialistischen Regierung in Wien, der Garant dafür sein, daß dem österreichischen Volk nunmehr endlich in kürzester Frist die Möglichkeit geboten wird, durch eine wirkliche Volksabstimmung seine Zukunft und damit sein Schicksal selbst zu gestalten. Hinter diesen Verbänden aber steht der Wille und die Entschlossenheit der ganzen deutschen Nation!
Ich selbst als Führer und Kanzler des deutschen Volkes werde glücklich sein, nunmehr wieder als deutscher und freier Bürger jenes Land betreten zu können, das auch meine Heimat ist.
Die Welt aber soll sich überzeugen, daß das deutsche Volk in Österreich in diesen Tagen Stunden seligster Freude und Ergriffenheit erlebt. Es sieht in den zu Hilfe gekommenen Brüdern die Retter aus tiefster Not.
Es lebe das nationalsozialistische Deutsche Reich!
Es lebe das nationalsozialistische Deutsch-Österreich!
Berlin, den 12. März 1938.

(gez.): Adolf Hitler.«[45]

Es war Hitlers Propagandaminister Dr. Joseph Goebbels, der diesen Aufruf mittags über den Rundfunk verlas. Während Dietl hingebungsvoll zuhörte, bestieg sein Führer das Flugzeug und flog nach München, von wo er in seiner Mercedes-Wagenkolonne an die österreichische Grenze fuhr. Dort empfing ihn, den Mann österreichischer Herkunft, nicht nur die Bevölkerung, sondern auch die österreichische Polizei mit dem Hitlergruß. Mit diesem Gruß empfing ihn aber auch die Wiener Bevölkerung am 15. März 1938 auf dem Heldenplatz, wo ihn Hunderttausende, ja eine Million Menschen[46] umjubelten, als er von der Hofburg rief: »Als Führer und Kanzler der deutschen Nation und des Reiches melde ich vor der deutschen Geschichte nunmehr den Eintritt meiner Heimat in das Deutsche Reich.«
Nun war er, Hitler, heimgekehrt. Bei der gemeinsamen Parade marschierten reichsdeutsche und österreichische Verbände in alter Waffenbrüderschaft an ihm vorbei. Der damalige Botschafter des Deutschen Reiches und frühere Reichskanzler Franz von Papen schrieb dazu in seinen Lebenserinnerungen:

»Die Truppen des Generals v. Bock defilierten gemischt mit Einheiten der österreichischen Armee, deren historische Husarenuniformen den besonderen Jubel der Zuschauer ernteten. Die Parade ähnelte denen aus den Tagen, da wir gemeinsam im Ersten Weltkrieg gekämpft hatten.«[47]

Am Tage des Anschlusses an das »Großdeutsche Reich«, am 13. März 1938, versprach Hitler, er werde aus der Ostmark, wie Österreich ab jetzt hieß, »einen blühenden Garten machen«. In der Tat brachte er seinen Landsleuten einen wirtschaftlichen Aufschwung, in dem er unter anderem das Arbeitslosenheer – 600 000 wurden rasch in der Bau- und der schnell wachsenden Rüstungsindustrie beschäftigt – beseitigte. Generaloberst a. D. Dr. Lothar Rendulic, Gebirgssoldat beider Weltkriege, hochdekorierter k.u.k. Offizier im Ersten und Dietls Nachfolger als Oberbefehlshaber der 20. Gebirgs-Armee im Zweiten Weltkrieg, schrieb in seinem Buch »Soldat in stürzenden Reichen« über den Einzug der deutschen Truppen in Wien, den er selbst miterlebte:

> »Den Empfang der Truppen ... wiedergeben zu wollen scheitert an den Grenzen meiner Feder. Ich hätte es nicht für möglich gehalten, daß Menschen gleichgültig welchen Alters in eine darartige Ekstase geraten können. Das Rufen und Schreien, das Schwenken von Hüten und Tüchern nahm kein Ende. Viele konnten in den nächsten Tagen vor Heiserkeit kaum sprechen. Unverständlich ist es mir, daß der nüchterne und meist gutinformierte Winston Churchill in seinen Memoiren schreiben konnte, daß die Deutschen mit Flugzeugen Personen nach Wien brachten, die dann den Truppen einen freundlichen Empfang bereiteten.«[48]

Es war für Dietl gewiß ein erhabenes Gefühl, als er mit seiner Truppe, von einer aufgewühlten Menschenmenge mit Gaben überhäuft, fast ausbildungsmäßig im Vormarsch auf Wien und über die noch tiefverschneiten Alpenpässe des Salzkammergutes und der Steiermark auf deren Landeshauptstadt Graz einschwenkte. Vöcklabruck, Gmunden am Traunsee und der Pötschenpaß, Liezen an der Enns, Rottenmann und der Schoberpaß, Leoben und Bruck an der Mur waren die bedeutendsten Stationen seiner fünftägigen »Fahrt in den Frühling«, bevor der Stab im »Steirer Hof« sein Quartier bezog. Bei der Verbindungsaufnahme mit dem Stab der österreichischen 5. Division unter General Zeiser und seinem Stabschef Oberstleutnant Ringel, dem späteren Kommandeur der 5. Gebirgs-Division, kam es im Standort Graz zu einer beiderseits herzlichen, fast familiären Begrüßung, die keinerlei politische Färbung hatte.[49]

Kempten im Allgäu – die Wiege der Gebirgstruppe der Reichswehr und Wehrmacht
(15)

»Vergatterung« der Wachtruppe vor dem Ehrenmal »Unter den Linden« in Berlin
(16)

63

Rekrutenvereidigung in der Kasernenanlage zu Amberg in der Oberpfalz (17)

Oberst Dietl schreitet als Kommandeur des Gebirgs-Jäger-Regiments 99 in Füssen die Front seines II. Bataillons ab (18)

Die Füssener Generaloberst-Dietl-Kaserne (19)

Nach dem Einmarsch in Österreich. In Erwartung der Einzugsparade versammelten sich am 22. März 1938 deutsche Gebirgsjäger (mit Stahlhelm) und österreichische Truppen (noch mit österreichischer Mütze, jedoch schon mit dem deutschen Hoheitsadler auf der rechten Brust) vor der Grazer Oper (20)

Dietls Gebirgsjäger vor der zerstörten Brücke am Sanübergang bei Sanok (21)

Generaloberst Eduard Dietl, während einer Paradeaufstellung auf dem finnischen Kriegsschauplatz (22)

Man kann und soll es gerade heute, in einer Zeit der bequemen An-
passung, nicht verschweigen, daß der begeisterte, von Herzen
kommende Empfang der deutschen Gebirgstruppe durch die
österreichische Bevölkerung auf dem langen Marsch durch das
Salzkammergut nach Graz und dann ganz besonders in der Stadt
unter dem Uhrturm ein unauslöschliches Erlebnis für Dietl und
seine Männer war. Bewegte die deutsche Bevölkerung einerseits
und die österreichische Bevölkerung andererseits doch nur die
Freude über das einigende Deutschtum beiderseits jener Grenze,
die nun beiseite geschoben wurde. Damit schien der Weg zu einer
glücklichen staatlichen Zukunft frei zu sein.

Es waren in der Tat historische Tage, die Dietl im März des vorletz-
ten Friedensjahres 1938 erlebte. Nach dem Einmarsch wurde der
Anschluß Österreichs an das Deutsche Reich zielstrebig vollzogen. Zunächst setzten Seyß-Inquart und seine österreichischen Ka-
binettsmitglieder ihre Unterschriften unter das sogenannte »Bun-
desverfassungsgesetz«, dessen Artikel I lautete:
»Österreich ist ein Land des Deutschen Reiches.«
Nun unterzeichnete Adolf Hitler in Linz ein deutsches »Gesetz
über die Wiedervereinigung Österreichs mit dem Deutschen
Reich«.[50] Damit war der Anschluß vollzogen; eine »Totallösung«,
die zunächst in dieser Form gar nicht geplant gewesen war, die
dann aber auf Grund der österreichischen Gefühlsaufwallungen
regelrecht herbeigejubelt wurde.[51] Dietl war es recht so. Und er
war stolz auf den Ausspruch: »Ein Volk – ein Reich – ein Führer!«
Das konnte er auch, denn Hitler hatte geschafft, was selbst dem
großen Staatsmann Fürst Otto von Bismarck nicht vergönnt gewesen war, nämlich das »Heilige Germanische Reich Deutscher Nation« zu errichten, das im Gegensatz zum »Heiligen Römischen
Reich Deutscher Nation« nur Völker der nordischen Rasse zusammenfassen sollte. Sogar die österreichischen Bischöfe hielten es für
eine »selbstverständliche nationale Pflicht«, sich als »Deutsche
zum Reich zu bekennen«. Mehr noch: Am 18. März 1938 richtete
der Erzbischof von Wien, Kardinal Innitzer, den die allgemeine Begeisterung vollends ergriffen hatte, ein Ergebenheitsschreiben an
die neuen Machthaber.
Als bei den Neuwahlen zu einem »Großdeutschen Reichstag« die

Österreicher und die Deutschen am 10. April 1938 mit über 99 Prozent – in Österreich waren es 99,73 %, im sogenannten Altreich 99,02 % – für den Anschluß stimmten, ließ Kardinal Innitzer ein vielbeachtetes Plakat mit den Worten »Ich stimme mit Ja!« anschlagen.

Bei prächtigem Frühlingswetter marschierten deutsche und österreichische Verbände am 22. März 1938 vor dem Opernhaus in Graz als nunmehr gesamtdeutsche Truppe auf und wurden von der Grazer Bevölkerung begeistert begrüßt. Kein Geringerer als der Oberbefehlshaber der 8. Armee weilte an diesem Tage in der »Stadt der Volkserhebung« und nahm dort in den Mittagsstunden den Vorbeimarsch ab. Noch am selben Tag wurde ausgerechnet Oberst Eduard Dietl, und nicht sein Vorgesetzter Generalmajor Ludwig Kübler, damit beauftragt, zur jugoslawischen Grenze zu fahren. Dort, bei Radkersburg, sollte er dann im Namen der Deutschen Wehrmacht den bereits festgelegten Vertreter der jugoslawischen Armee formell willkommen heißen. So geschah es dann auch. Um 14.00 Uhr begrüßte Dietl am besagten Ort den Obristen Milos Ozegović und weitere jugoslawische Offiziere mit den Worten:

> »Ich habe den Auftrag des Oberbefehlshabers der deutschen 8. Armee, mich an die Grenze des Königreichs Jugoslawien zu begeben, um die kameradschaftliche Fühlung mit Ihnen aufzunehmen. Der deutschen Armee ist es eine besondere Freude und Ehre, der königlich-jugoslawischen Armee an dieser Stelle die Hand reichen zu dürfen, einer Armee, deren hohe Tapferkeit und Ritterlichkeit im deutschen Heer wohl bekannt und unvergessen sind. Ich bitte Sie, unsere freundschaftlichen und kameradschaftlichen Gefühle Ihren hohen Vorgesetzten zu übermitteln.«

Dann erwiderte Oberst Milos Ozegović im Namen der jugoslawischen Wehrmacht, »daß eine kameradschaftliche Zusammenarbeit von Jugoslawien herzlich erwidert würde ... (und) daß die jugoslawische Armee eine besondere Hochachtung für die starke deutsche Wehrmacht empfinde«.[52]

Noch am Abend des 22. März 1938 folgte ein festliches Begrüßungsbankett, zu dem der Kommandeur der Gebirgsbrigade alle seine Kommandeure, unter ihnen auch den nach Graz zurückgeeilten Oberst Dietl, und die der österreichischen 5. Division eingeladen hatte. Diese sorgten mit einer Streichergruppe unter dem Militärkapellmeister Jarosch für die musikalische Umrahmung. Generalmajor Kübler, der von Haus aus ein kritischer und wortkarg veranlagter Mensch war, der nur selten heiter und gelöst wirkte, war an diesem ganz und gar festlichen Abend in einer sichtlich bedrückten Stimmung. Ganz anders sein aufgeräumter österreichischer Gast und rechter Tischnachbar, General Zeiser. Aber weder dieser noch der aufmunternde Melodienreigen der Musikanten vermochten Kübler aufzuheitern. Als er dann als Gastgeber auch noch früher als allgemein üblich die Tafelrunde aufhob und sich verabschiedete, befürchtete General Zeiser, er könnte der Anlaß dieser Verstimmung und des vorzeitigen Aufbruchs des deutschen Brigade-Kommandeurs sein. Ein Eklat schien unausweichlich. Aber jetzt schlug wieder einmal mehr die Stunde des Obersten Eduard Dietl. Als ältester Regiments-Kommandeur und damit auch als Stellvertreter des Brigade-Kommandeurs konnte er den österreichischen General über die Eigenheiten des nicht selten Eiseskälte ausstrahlenden Kübler ins Bild setzen. So nahm der Abend rasch als ein lockeres Kameradschaftstreffen seinen unbeschwerten Fortgang, und die nimmermüden Musiker brachten die Gesellschaft alsbald in eine gehobene Stimmung, die bis zum späten Ende anhielt und das Begrüßungsbankett doch noch harmonisch ausklingen ließ. Das war, so der ehemalige Intendant Dr. Wolfgang Bernklau, zweifelsfrei das Verdienst des humorbegabten und taktvoll ausgleichenden Oberst Dietl.[53]

Am 23. März 1938, nur ein paar Tage nachdem die letzten Truppenteile der Gebirgsbrigade ihre Unterkunfträume erreicht hatten, traf der Befehl für den Rücktransport von Küblers Brigade ein; die Ergänzungsmannschaften und die rückwärtigen Dienste waren bereits seit dem 17. März 1938 in ihre oberbayerischen Standorte zurückgeführt bzw. demobilisiert worden. Für das Gros der Gebirgstruppe erfolgte der Rücktransport in den letzten Märztagen – und zwar auf dem kürzesten Weg. Der Stab der Gebirgsbrigade, die offiziell erst am 1. April 1938 in »1. Gebirgs-Division« umbenannt wurde, obwohl sie in Gliederung, Stärke und Ausrüstung bereits seit dem Herbst 1937 eine Division war, traf am 31. März bei schönem Wetter die Vorbereitungen für den Abmarsch. Nach einer stockdunklen Nacht erwachte ein sonniger Frühlingstag. Um 9.00 Uhr traten die Gebirgsjäger in zwei Marschgruppen den Rückmarsch in die Friedensstandorte an.

Dietls Einsatz in Österreich hatte damit allerdings noch nicht seinen offiziellen Abschluß gefunden, denn sein Gebirgs-Jäger-Regiment 99 (I. und II. Gebirgs-Jäger-Bataillon) blieb wie das I./Gebirgs-Artillerie-Regiment 79 vorläufig in Graz und sein III. Gebirgs-Jäger-Bataillon/Geb.-Jäg.-Rgt. 99 in Klagenfurt zurück. Bis zur Rückkehr ins Reich konnte die Truppe die Zeit noch zur Ausbildung und Erholung voll ausnutzen, wobei Dietl genau darauf achtete, daß das Dienstliche und das Menschliche gleichermaßen zu ihrem Recht kamen. Insgesamt gesehen waren es nicht nur denkwürdige, sondern auch ganz besonders schöne Tage in der herrlichen Bergwelt Kärntens und der Steiermark. Der Gebirgsartillerist Max Winkler beschrieb sie so:

»Ein herrlich warmer Frühling hatte die Berge nördlich von Graz bis auf 2000 Meter hinauf ausgeapert; dort hatte die Abteilung ein Übungsschießen vorbereitet. Die Durchführung erfolgte anfangs Mai in tief winterlichen Verhältnissen; denn es hatte wieder 1½ Meter Schnee hergeworfen und der Sturm peitschte durch die Berge. Kurz darauf ließ ein neuer Wärmeeinbruch die Schneemassen plötzlich schmelzen und die Mur trat mit verheerenden Überschwemmungen überall über die Ufer. Statt des schon angesetzten Bahntransportes nach Hause trat die Geb.-Artillerie-Abteilung zu Wasserschutz- und Rettungsarbeiten an. Der 1. Batterie gelang es bei Frohnleiten 52 Menschen zu retten, die hoffnungslos von den reißenden Fluten in zusammenbrechenden Häusern eingeschlossen waren. Mehrere Retter wagten gefährlichsten Einsatz; Leutnant Günther opferte sein Leben.«[54]

Zunächst galt es jedoch, den Aufbau des Gebirgs-Jäger-Regiments 99 zu vollenden, den Ausbildungsstand zu erhöhen und die Zusammenarbeit zwischen den einzelnen Einheiten zu vertiefen. Eine schöne und interessante Aufgabe, dachte Dietl sich. Aber kaum hatte er sich darüber die entsprechenden Gedanken gemacht und die ersten Fortschritte erzielt, da ereilte ihn während einer Bergtour völlig überraschend ein Befehl, dem zufolge er, der erst am 1. April 1938 zum Generalmajor befördert worden war, die 3. Gebirgs-Division in Graz zu übernehmen hatte.

»Mei schön's Regiment!« entfuhr es Dietl voller Wehmut beim Abschied. »Jetzt hab i drei und bin dene ihr Schreiberling.«[55] Dann schritt er in seiner neuen Generalsuniform mit seinem Nachfolger Oberstleutnant Hermann Kreß ein letztes Mal die Front seiner Offiziere, Unteroffiziere und Mannschaften ab. Es war ein wehmutsvoller Vorbeimarsch, denn alle empfanden, daß sie einen solchen Kommandeur nicht wieder bekommen würden. Und wie es seine feinfühlige Art war, die er auch beibehielt, als manch ein anderer seiner Generalskameraden schon längst den Boden der Realität unter den Füßen verloren hatte, drückte er jedem seiner alten Gebirgsjäger beim unwiderruflichen Abschied fest die Hand; so als wollten sie einander in guten und in schlechten Zeiten auch über den Alpenhauptkamm hinweg nie aus den Augen verlieren.

3. Übernahme der 3. Gebirgs-Division

Das menschliche Leben scheint sich vielfach in bereits festgelegten Bahnen zu bewegen. Oft hat es den Anschein, als sei schon alles unumstößlich vorprogrammiert. Der einfache Landser ist sein Leben lang dazu bestimmt, eine opferreiche, aber im Grunde genommen wenig Aufsehen erregende und Schlagzeilen produzierende Rolle wahrzunehmen. Erfolgserlebnisse kommen für ihn aus dem Kreis der Kameradschaft und finden ihren Widerhall in den Weißt-du-noch-damals-Stammtischgesprächen der Veteranenverbände. Die Offiziere, meist bereits seit frühester Kindheit vom Elternhaus und seinem Umfeld auf diesen Beruf fixiert, trachteten seit eh und je nach einer standesgemäßen, vielversprechenden, ordensgeschmückten Karriere. Auch das war, da vielfach von langer Hand vorbereitet, alles andere als unvorhergesehen.

Zuweilen werden die Weichen im Leben eines Menschen jedoch anders gestellt, so daß der Betreffende sich weithin aus der Masse derjenigen, die immer im Schatten der Geschichte wandeln müssen, abhebt. Eine dieser Persönlichkeiten, die dazu ausersehen war, eine bedeutende Rolle in der deutschen Militärgeschichte zu übernehmen, war zweifellos Generaloberst Eduard Dietl, der »bayerische Blücher« mit seiner »Mir nach!« Führung. Gewiß, er war bereits ein weithin anerkannter Offizier und Kommandeur der deutschen

Gebirgstruppe, den insbesondere seine Männer wegen seiner leutseligen Art, wegen seines anspruchslosen Lebens, wegen seiner spartanischen Lebensweise und wegen seines asketischen Aussehens auf das höchste verehrten. Entscheidender war für Dietl jedoch die Tatsache, daß er als ehemaliger Mitstreiter und Wegbereiter des Nationalsozialismus das uneingeschränkte Vertrauen seines Führers und Obersten Befehlshabers genoß. Dieser hatte ihn in all den Jahren nie aus den Augen verloren, sondern stets gefördert, wenn es sich nur irgendwie arrangieren ließ. So auch im Jahre 1938, nachdem Österreich an das Deutsche Reich angeschlossen worden war und dort mit der Aufstellung der 3. Gebirgs-Division begonnen wurde.

Nachdem der österreichische General Nießl im Juni 1938 nach einem morgendlichen Ausritt einen Herzinfarkt erlitten und dabei so unglücklich von seinem Pferd gefallen war, daß er seinen Verletzungen erlag, wurde sogleich der Urbayer Dietl zum Kommandeur der 3. Gebirgs-Division ernannt – und nicht, wie insbesondere die altösterreichischen Offiziere aus der k.u.k. Zeit erwartet hatten, ein Österreicher. Mehr noch: Dadurch, daß der Reichsdeutsche Dietl die ostmärkische Gebirgs-Division, die zu den Elitegroßverbänden der Deutschen Wehrmacht gehörte, aufbaute und führte, rückte diese selbstbewußte und energiegeladene Persönlichkeit mit dem klaren Blick für das Machbare und dem jugendlichen Elan aus der Anonymität der ungezählten Kommandeure des deutschen Heeres hervor und stand fortan im Brennpunkt der militärgeschichtlichen Ereignisse.

Ob Dietl das bereits in dieser ganzen Tragweite bewußt war, als er in den altösterreichischen Ländern Steiermark und Kärnten von Standort zu Standort eilte, um sein ureigenstes Lebenswerk zu gestalten und zu vollenden? Er, der begeisterte Alpinist und Gebirgsjäger-Offizier, dieser durch und durch alpenländisch orientierte Mensch. Was konnte es für ihn Schöneres geben, als aus diesen heimattreuen und ganz und gar den Bergen verschriebenen Männern der Ostmark deutsche Gebirgsjäger zu formen?

»Ja, meine Ostmark!« sagte Dietl später oft. »Das Herz geht mir auf, wenn i dran denk! Meine Steirer und Kärntner, meine Salzburger und Tiroler! Wer den Jager net kennt, der kennt die Ostmark net. Da

sagen s' allweil, der Ostmärker hätt z'viel Gmüt. Das wär für den Soldaten net gut. Die Narrn! I sag: Der Soldat kann gar net gnug Gmüt habn. Je mehr er Gmüt hat, desto fester steht er in seiner Sach und weiß, wofür er kämpft! Mit dem Gmüt haben wir Narvik ghalten. Es wär gar net 'gangen ohne Gmüt.
Gmüt hat er, der Ostmärker, aber wie es sein kann, das hat der Feind gespürt. Dem is Hören und Sehn vergangen bei der ostmärkischen Gmütlichkeit.
Hart geführt werden will er, der ostmärkische Soldat. Er will einen Kerl voran sehen, auf den er sich verlassen kann. Für den geht er dann durchs Feuer. Grad weil er soviel Gmüt hat, der Kärntner, der Steirer, der Salzburger, der Tiroler, hat er mehr Kraft als andere und kann dem Feind mehr entgegenstellen, wenn's drauf ankommt!«[56]

Im Juni 1938 hielt Generalmajor Eduard Dietl zum zweiten Male Einzug in Graz, und zwar nicht mehr – wie seinerzeit beim Einmarsch in Österreich – mit dem Musikkorps und seinem bewährten Gebirgs-Jäger-Regiment 99, sondern zum Dienstantritt als Kommandeur der 3. Gebirgs-Division. Es war der ausdrückliche Wunsch Hitlers, seinen Kampfgefährten aus der Frühzeit der nationalsozialistischen Bewegung in die Hochburg der österreichischen Nationalsozialisten zu entsenden[57], wo die Nazis während der Übertragung der Schuschnigg-Rede auf dem historischen Grazer Rathaus die Hakenkreuzfahne hißten.
Die warme Sonne ließ das Grün der üppigen Rasenflächen, der Kastanien- und Walnußbäume in allen Farbschattierungen aufleben. Und wie eh und je schmiegte sich die Stadt unter dem Uhrturm an die Hügel um den stolzen Schloßberg. Das war Dietls bleibender Eindruck von der einstigen Kaiserresidenz an der Mur. Der Stadtkern der zweitgrößten Stadt Österreichs gehört zu den besterhaltenen im gesamten deutschen Sprachgebiet. Rund acht Jahrhunderte Bautradition stecken in den malerischen Spitzgiebeln und den schmucken Hinterhöfen. Darauf waren die Bewohner der Murstadt genauso stolz wie auf den ehrenden Beinamen »Stadt der Volkserhebung«, den Hitler ihr nach dem vollzogenen Anschluß aus gutem Grund verliehen hatte, denn Graz, so Schuschnigg bei einer Vernehmung durch die Amerikaner nach Kriegsende, »war der Brennpunkt der Entwicklung, der Herd der nationalsozialistischen Bedrohung«. Nachdem die Landeshauptstadt der Steier-

mark sich mit SS- und SA-Aufmärschen samt Fackelzügen tagtäglich bewährt hatte, brüstete sich Armin Dadieu, der Leiter des Volkspolitischen Referats, nicht zu Unrecht mit dem Ausspruch: »Wir waren dem übrigen Österreich 14 Tage voraus.«

Davon wollen die Grazer heutzutage selbstverständlich genausowenig wissen wie die Nürnberger von ihrer »Stadt der Reichsparteitage« und die Münchner von ihrer »Hauptstadt der Bewegung«. Dietl, hätte er den Zweiten Weltkrieg überlebt, hätte sehr wahrscheinlich nur Spott und Hohn für diesen opportunistischen Zeitgeist der Nachkriegsjahre beiderseits der deutsch-österreichischen Grenzpfähle übrig gehabt. Als ein General, der zeit seines Lebens nicht vom Gedankengut des Nationalsozialismus abgerückt ist und der bis zum Schluß in seinem Glauben an Hitler nicht gewankt hat, hätte dieser Dietl seinem Führer selbstverständlich auch über den Tod hinaus die Treue gehalten – zumindest lassen, wie wir noch erfahren werden, seine letzten Durchhaltereden in München, Rosenheim und anderswo diesen Schluß zu – und wäre damit im Nachkriegsdeutschland zum »Rudel der deutschen Gebirgstruppe«[58] geworden. So aber blieben ihm die Auseinandersetzungen um seine Person und seine politische Weltanschauung erspart.

Nach diesem Was-wäre-wenn-Exkurs kehren wir zu Generalmajor Eduard Dietl nach Graz zurück. Auf einer sanften Höhe im Osten der Stadt stand in einem Garten ein freundliches weißes Haus unter hohen Bäumen. Hier quartierte er sich mit seiner Familie ein. »Wer sein Heim betrat«, berichtet sein Adjutant Herrmann, »spürte etwas von der Behaglichkeit, die von echten Menschen und ihrer Umwelt ausgeht. Dietl haßte den Pomp, die Angeberei, er liebte das Einfache und Gediegene. Eine ruhige, klare Ordnung herrschte in den hellen Räumen.«[59]

Dieser Hort der Ruhe war für Dietl in jenen Sommermonaten des Jahres 1938 besonders wichtig, als die Regimenter und Abteilungen, die Bataillone, Kompanien und Batterien seiner 3. Gebirgs-Division in den steirischen und Kärntner Standorten Graz, Leoben, Bruck an der Mur, Admont, Pinkafeld, Radkersburg, Villach an der Drau, Wolfsberg, Völkermarkt und Klagenfurt auf- und zusammengestellt, aufgefüllt, ergänzt und ausgerüstet wurden. Besonders hektisch ging es dabei in Graz zu, wo das Divisions-Kommando lag. Fahrzeuge fuhren eilig vor und genauso schnell wieder weg. Der Divisions-Kommandeur und sein 1. Generalstabsoffizier (I a), Oberstleutnant i. G. Julius Ringel, erhielten von oben Befehle, die sie entsprechend bearbeiteten und schließlich an die unterstellten Truppenteile weitergaben. Um diesen Divisions-Stab, der bereits am 1. April 1938 in Graz aus der 5. und 7. Division des österreichischen Bundesheeres im Wehrkreis XVIII aufgestellt worden war, wuchs nun zusehends, trotz mancherlei Widrigkeiten, wie sie in Aufstellungsphasen unvermeidlich sind, die »Dritte« zur Gebirgs-Division heran – und zwar mit dem I. bis III. Bataillon des Gebirgs-Jäger-Regiments 138, dem I. bis III. Bataillon des Gebirgs-Jäger-Regiments 139, der I. bis III. Abteilung des Gebirgs-Artillerie-Regiments 112, der Gebirgs-Panzerabwehr-Abteilung 48, dem Gebirgs-Pionier-Bataillon 83, der Gebirgs-Nachrichten-Abteilung 68 und der Gebirgs-Sanitäts-Abteilung 43. Um die drei Regimentssäulen der »Dritten«, also die Gebirgs-Jäger-Regimenter 138 und 139 und das Gebirgs-Artillerie-Regiment 112, die sich vorwiegend aus ehemaligen österreichischen Offizieren (ganz verschiedenen Typs: die einen von formalistischer, bisweilen kleinkarierter Disziplinsucht; die anderen von einer sympathischen, zuweilen an Schlamperei grenzenden Nonchalance) zusammensetzten, gruppierten sich dann später die anderen, nicht weniger bedeutenden Abteilungen, Bataillone und Trupps der Division.

V. Der Weg in den Zweiten Weltkrieg

Das Frühjahr und der Sommer des historischen Jahres 1938 vergingen für Generalmajor Eduard Dietl wie im Flug. Kein Wunder, denn die Ausbildung wurde sowohl in den Kasernen seiner 3. Gebirgs-Division als auch im Gelände der Steiermark und Kärntens mit äußerster Intensität betrieben, um seinen Großverband auf dem schnellsten Weg verwendungsfähig zu machen. Mitten in der Ausbildung und Ergänzung der Truppe erhielt Dietl Anfang September einen Befehl, der ihn stutzig machte.

Allgemein wurde dieser Befehl zwar nur als eine schnelle Probe der bisher geleisteten Aufbauarbeit angesehen, in Wirklichkeit aber beinhaltete er die Mobilmachung der 3. Gebirgs-Division. Das war es, was Dietl beunruhigte, als die ersten Truppentransporte in den Raum Semmering – Wiener Neustadt rollten, um im Bataillons- und Regimentsrahmen mit scharfer Munition Übungen abzuhalten. Voller Sorge registrierten Dietl und seine Kommandeure, daß der Schwerpunkt der Ausbildung eindeutig auf den Kampf um befestigte Stellungen gelegt worden war – hierbei waren es vor allem seine Gebirgsjäger und Gebirgspioniere, von denen er das Äußerste verlangte. Das Manöver hatte einen ganz realen politischen Hintergrund, denn die allgemeine Lage hatte sich in Mitteleuropa im Laufe des Jahres 1938 von Monat zu Monat immer mehr verschärft, nachdem Hitlers Revisionspolitik der vorangegangenen Jahre schon sehr viel Bewegung in das europäische Staatengefüge gebracht hatte.

Was war geschehen?

1. Hitlers Außenpolitik

Hitlers Außenpolitik läßt sich in zwei Phasen unterteilen – und zwar erstens die »Sammlung« des »deutschen Volkes« in den Grenzen des Reiches von 1933 bis 1938, zweitens die Ausdehnung des »Lebensraumes« für dieses zusammengefaßte Volk ab 1938.

Trotz seines Truppenalltags verfolgte Dietl sehr aufmerksam, wie es Hitler durch überraschende Aktionen, die meist durch Friedensbeteuerungen ummäntelt wurden, immer wieder gelang, die Versailler Bestimmungen Stück um Stück zu revidieren. Mit unverhohlener Freude sah er, daß sein Führer Erfolge erzielte, die den diplomatischen Bemühungen der Weimarer Politiker versagt geblieben waren. Die politische Lage verschärfte sich jedoch, als Hitler 1938 damit begann, deutsche Volksgruppen von außerhalb der deutschen Grenzen »heim ins Reich« zu führen. Der unblutige Anschluß Österreichs, den ja auch Dietl mit seinen Gebirgsjägern im Rahmen des Unternehmens »Otto« begeistert vollzogen hatte, ließ die Großmächte weitgehend unberührt. Die Verkleinerung des k.u.k. Reiches Österreich-Ungarn auf den Rumpfstaat Deutsch-Österreich von 1919 barg in sich schon Revisionsbestrebungen, daher kam der revisionistische Akt Hitlers nicht überraschend. Wenn die Siegermächte des Ersten Weltkrieges geglaubt hatten, daß Hitlers Forderungen mit dem Anschluß erfüllt seien, dann sahen sie sich bald bitter enttäuscht und mußten sich rasch eines Besseren belehren lassen.

2. Die Sudetenkrise 1938

Ein kurzer Blick auf die mitteleuropäische Landkarte genügte, um zu erkennen, daß die Tschechoslowakei nach dem Anschluß Österreichs an das Reich auf drei Seiten vom Staatsgebiet des Großdeutschen Reiches umklammert wurde. Das wäre für diesen typischen Retortenstaat der Siegermächte des Ersten Weltkrieges weiterhin nicht allzu schlimm gewesen, wenn die sudetendeutsche Bevölkerung in den tschechischen Randgebieten nicht von Anfang an von den Tschechen permanent unterdrückt worden wäre. Noch waren nicht alle Aufstellungslücken in der 3. Gebirgs-Division geschlossen, da breitete sich die Sudetenkrise wie ein unheilvoller Schatten über den von politischen Eruptionen immer heftiger erschütterten Alten Kontinent aus.

Dietl, der einst als Regiments-Kommandeur in Amberg, also unweit der tschechischen Grenze, stationiert gewesen war, kannte das sudetendeutsche Problem. Er wußte: Es war so alt wie die am 28. Oktober 1918 in Prag proklamierte Tschechoslowakische Republik. Mit 6,5 Millionen Tschechen, 3,5 Millionen Deutschen,

2,5 Millionen Slowaken und über 1 Million ruthenischen, polnischen und ungarischen Minoritäten war die neue Republik von vornherein mit Minderheitenproblemen belastet. Nach dem Anschluß Österreichs, durch den die Tschechoslowakei rein strategisch gesehen in eine militärpolitische Zwickmühle geraten war, da die deutsche Wehrmacht jetzt auch in ihrer tiefen Südflanke stand, fuhr die von Dr. Joseph Goebbels geleitete deutsche Propaganda nun mit schärfsten Geschützen gegen dieses Versailler Staatengebilde auf, indem sie ihm – mit Recht – vorwarf, die sudetendeutsche Bevölkerung zu unterdrücken.

Vor allem in Großbritannien war man geneigt, die deutschen Ansprüche auf jene böhmischen Grenzgebiete, die eine überwiegend deutsche Bevölkerung aufwiesen, als gerechtfertigt anzusehen, obwohl der böhmisch-mährische Raum die wichtigste strategische Bastion der Westmächte im östlichen Mitteleuropa verkörperte. Mehr noch: Die Tschechoslowakei – mit ihrer von Frankreich ausgerüsteten Armee – hatte nicht nur seit ihrer Gründung ein Militärbündnis mit Paris, sondern auch eine Allianz mit der Sowjetunion. Deren praktischer Wert war allerdings gering; es sei denn, Polen oder Rumänien räumten der Roten Armee im Ernstfall das Durchmarsch- und Überflugrecht ein. Das war allerdings nicht zu vermuten.

Nach dem Anschluß überschlugen sich die politischen und militärischen Ereignisse im deutsch-tschechoslowakischen Kräftespiel. Am 20./21. Mai 1938 beging die Prager Regierung in ihrer Nervosität einen fatalen Fehler. Auf Grund falscher Informationen über angebliche deutsche Truppenbewegungen ließ sie mobil machen. Daraufhin spitzte die Krise sich noch weiter zu. Denn nun erließ Hitler am 30. Mai 1938 seine Weisung für den Angriff auf die Tschechoslowakei – Fall »Grün« –, die bereits 1937 in ihren wesentlichen Punkten für den Kriegsfall mit der Tschechoslowakei beschlossen und am 21. April 1938 festgelegt worden war.

Gebirgsjäger wurden während eines Übungsmarsches durch das Berchtesgadener Land Augenzeugen einer welthistorischen Begegnung. Am Nachmittag des 15. September 1938, es war ein Donnerstag, sahen sie, wie ein alter, hagerer, nicht sehr kraftvoll wirkender englischer Gentleman in einer Wagenkolonne den Obersalzberg,

Hitlers Lieblingssitz, hinauffuhr. Noch waren sie sich nicht ganz sicher, um wen es sich handeln könnte. Aber als sie von ihrem Übungsmarsch in die Unterkünfte zurückgekehrt waren und vor den Volksempfängern saßen und den Nachrichten lauschten, da wußten sie, daß sie den 69jährigen britischen Premierminister Neville Chamberlain gesehen hatten, der nach Deutschland geflogen war, um mit Hitler auf dem Obersalzberg über die sudetendeutsche Frage zu sprechen. Denn dieser Chamberlain wollte Hitler mit allen Mitteln daran hindern, einen Krieg zu beginnen.

Dietl wußte: Die Zeichen standen auf Sturm! In jenen Septembertagen des Jahres 1938 stand der Krieg unmittelbar bevor, wenn auch nicht zu erkennen war, ob es ein deutsch-tschechischer Krieg oder gar ein zweiter Weltkrieg sein werde. Angesichts der bedrohlichen Lage rückte seine 3. Gebirgs-Division zunächst im September kriegsmäßig mit scharfer Munition in den Raum Semmering – Wiener Neustadt vor. Der Aufmarsch der »Dritten« wurde mit Herbstmanövern getarnt, doch war dem Generalmajor klar, daß der Friede am seidenen Faden hing. Genährt wurde seine Annahme noch durch die zahlreichen Übungen im Bataillons- und Regimentsrahmen, durch welche seine Truppe, je nach der augenblicklichen politischen Entwicklung, mehr oder weniger nahe an das Grenzgebiet, wo sie von der Bevölkerung mit Blumen und Wein empfangen wurde, herangeführt wurde. Da die Tschechoslowakei im Sommer eine Teilmobilmachung durchgeführt hatte, war anzunehmen, daß die Besetzung der sudetendeutschen Gebiete auf tschechischen Widerstand stoßen würde. Ein dumpfes Grollen lag über den dunklen Wäldern des Bayerischen und Böhmerwaldes, als Dietl sich die Fragen stellte: »Wird es wirklich wegen des sudetendeutschen Problems zu einem Krieg kommen? Sind meine Männer im Kampf um befestigte Stellungen genügend geschult? Haben sie die notwendigen Waffen?«

Fragen über Fragen, die Generalmajor Eduard Dietl und seinen bewährten 1. Generalstabsoffizier, Oberstleutnant i. G. Julius Ringel, tagtäglich beschäftigten. Manch endlos lange Nacht dachte Dietl mit banger Sorge an die starke tschechische Bunkerlinie, die, nach dem Muster der französischen Maginot-Linie konzipiert, zum Bollwerk ausgebaut worden sein sollte. Dieses Befestigungssystem verlief in einem großen Bogen vom Böhmerwald durch Nord- und Ostböhmen zur Schlesischen Senke und den Beskiden. Generaloberst Dr. Lothar Rendulic, Dietls späterer Nachfolger als Oberbefehlshaber der Lappland-Armee, beschrieb die brisante Lage im September 1938 und die der Gebirgstruppe zugedachte Aufgabe wie folgt:

»Wir stellten alles auf die Möglichkeit eines Kampfes ab, bei dem es zunächst die tschechische Bunkerlinie zu überwinden galt. Diese Befestigungsanlage bestand aus einer an der Grenze linear angeordneten Reihe ziemlich weit voneinander liegender kleiner Betonwerke mit zwei meist nur nach den Zwischenräumen zeigenden Schießscharten für Maschinengewehre, so daß sich die Werke gegenseitig flankieren konnten, wobei auch die Zwischenräume durch Feuer beherrscht wurden. Die Besatzung betrug drei, höchstens vier Mann. Wir hatten schon aus früherer Zeit ziemlich genaue Anhaltspunkte über die Anlagen. Nun gingen der Kommandierende General und ich sowie andere Generalstabsoffiziere in Zivilkleidung in verschiedene Grenzabschnitte, um die Räume, in denen die Schwerpunkte des späteren Einsatzes beabsichtigt waren, zu erkunden.
Die Werke lagen sehr nahe der Grenze. Nicht nur die starre lineare Ausrichtung ohne jede Tiefenbildung, auch die bauliche Gestaltung machte die Anlage zu der denkbar ungünstigsten Art einer Befestigung. Die Bunker waren durch einige Schüsse aus schweren Feldhaubitzen zu erledigen. Da sich in der Tiefe der Zwischenräume keine frontal wirkenden Anlagen befanden, konnten die Werke auch leicht dadurch ausgeschaltet werden, daß sich Panzer vor die Schießscharten stellten und den Truppen das Durchschreiten der Zwischenräume ohne Gefahr ermöglichten. So konnten die Grenzbefestigungen für uns kein großes Hindernis sein. Sie mußten etwas mehr, aber immerhin noch keinerlei entscheidende Bedeutung gewinnen, wenn sich mobile Feldtruppen auf sie im Kampf stürzen würden.«[60]

Während der Aufmarsch für den Fall »Grün« auf Hochtouren lief und Dietls Gebirgsjäger gefechtsbereit in ihren Bereitstellungsräumen lagen, verschärfte Hitler die politische Gangart. Jetzt sollte die Abtretung der Sudetengebiete ohne Abstimmung erfolgen. (Vielleicht auch in der heimlichen Hoffnung, die Prager Regierung könne sich noch zu unbedachten Gewaltreaktionen hinreißen lassen.) In einer zweiten Unterredung im Godesberger Hotel »Dreesen«, die am 22., 23. und 24. September 1938 stattfand, versuchte Neville Chamberlain vergeblich, wie vor kurzem auf dem Obersalzberg, Hitler von seinen Forderungen abzubringen. Am 28. September stand wieder alles auf des Messers Schneide. Adolf Hitler war entschlossen, den Angriffsbefehl auf die Tschechoslowakei zu geben. Da ergriff der italienische Diktator Benito Mussolini in letzter Sekunde die Initiative zu einer Vier-Mächte-Konferenz zwischen Hitler, sich selbst, dem französischen Ministerpräsidenten Daladier und dem englischen Premierminister Chamberlain in München.

Man verhandelte am 29. September 1938 ohne Beisein der Tschechoslowakei ganz ungezwungen am Kamin über das Schicksal des Vielvölkerstaates, erfuhr Dietl später während einer seiner zahlreichen Gespräche mit Hitler, der sich vor wichtigen Entscheidungen regelmäßig auf den Obersalzberg zurückzog, um sich, wie Dietl, in der Bergeinsamkeit zu entspannen. Nun saß man in München zusammen, legte eine Generalstabskarte auf den schweren Tisch, zog neue Grenzen, die die sudetendeutschen Grenzgebiete dem Großdeutschen Reich zuwiesen, rollte die Karte wieder zusammen und brachte sie in ein abfahrbereites Auto. In ihm fuhr General der Artillerie Wilhelm Keitel, seit 4. Februar 1938 Chef des Oberkommandos der Wehrmacht, in schneller Fahrt davon. Das »Abkommen zwischen Deutschland, dem Vereinigten Königreich von Großbritannien, Frankreich und Italien, getroffen in München am 29. September 1938«, war unter Dach und Fach.

Dietl und seine Gebirgsjäger atmeten in ihren Bereitstellungsräumen erleichtert auf; der Kelch des gewaltsamen Einmarsches in die befestigten Grenzgebiete der Tschechoslowakei war an ihnen vorübergegangen. Ein Stein, ein ganz schwerer, fiel ihnen vom Herzen.

Goldfarben hing das Laub an den Bäumen, als die Gebirgssoldaten in jenen wunderbaren Herbsttagen des Jahres 1938, noch einmal dem Krieg entronnen, über die unendlich weiten, dunklen Kammhöhen des Böhmerwaldes in die sudetendeutschen Randgebiete Böhmens einmarschierten. Auch in diesem »Blumenkrieg«, wonach es ursprünglich, nach dem kriegsmäßigen Aufmarsch, gar nicht ausgesehen hatte, wurden sie, die Jäger, von der deutschstämmigen Bevölkerung überall auf das allerherzlichste begrüßt. Weiter zogen sie durch jene Hochwälder, die der große, romantisch veranlagte Dichter Adalbert Stifter in seinem literarischen Werk so stimmungsvoll beschrieben hat, über die dunkle Moldau und durch die von den Tschechen eilig verlassene Bunkerlinie in das altdeutsche Siedlungsgebiet der Sudeten, bis sie schließlich im mährischen Raum um Znaim an der Thaya und Satov ihre Unterkünfte bezogen. Wer ahnte angesichts der friedlichen Landschaft und der von der tschechischen Unterdrückung befreiten und nun jubelnden sudetendeutschen Bevölkerung, daß schon wenige Jahre später das Pendel des Schicksals grausam zurückschlagen und eine Welle des Hasses gegen die Sudetendeutschen schleudern sollte?

Gemäß dem »Münchner Abkommen« wurde die Grenzziehung zwischen dem 1. und 10. Oktober 1938 durchgeführt. Nach dem Abschluß der Grenzziehung waren die von der sudetendeutschen Bevölkerung bewohnten Randgebiete der Tschechoslowakei Bestandteile des Großdeutschen Reiches.

Zum dritten Mal, nach der Rückkehr des Saargebietes und dem Anschluß Österreichs, war es Hitler gelungen, das Gebiet des Reiches ohne Blutvergießen zu vergrößern. Wen wundert es da, daß Dietl und seine Gebirgsjäger in euphorischer Stimmung in ihre steirischen und Kärntner Standorte zurückkehrten? Jetzt sorgte Dietl dafür, daß die 3. Gebirgs-Division ihre Friedensaufgaben konsequent weiterführte – und zwar die Ausbildung der im Oktober 1938 eingetroffenen Rekruten, die endgültige Aufstellung und Festigung der Verbände und den Ausbau der vorläufigen Barackenlager, Kasernen und Unterkünfte. Insbesondere der alpine Teil der Winterausbildung wurde 1938/39 forciert. Das Jahr 1939 sah Dietls Gebirgsdivision nach der Beendigung der Rekrutenausbildung entweder auf den Übungsplätzen Bruck an der Leitha oder in den Hochgebirgsregionen des Hochschwab und Dachstein, der Karawanken und der Tauern, während die Gebirgspioniere an der Mur und der Drau sowie auf den zahlreichen Kärntner Gebirgsseen eine verstärkte Wasserausbildung betrieben. Nicht umsonst, denn früher als Dietl und seine Kommandeure erwartet hatten, wurden die Gebirgssoldaten der »Dritten« vor schwer zu bewältigende Aufgaben gestellt.

3. Das Ende der Tschechoslowakei

»Wenn sich vier europäische Staatsmänner zusammensetzen, um Europa neu aufzuteilen, dann ist das fraglos ein historischer Augenblick«, konnte Dietl am Anfang der Titelgeschichte »Hitler – Man of the Year« des amerikanischen Nachrichtenmagazins »TIME« vom 4. Januar 1939 lesen. »Und weil genau das am 29. September im Führerhaus in München geschah, muß jene Konferenz als das wichtigste Ereignis des Jahres 1938 angesehen werden.«

Da stand es also schwarz auf weiß im angesehenen US-amerikanischen Nachrichtenmagazin: Hitler, der Apostel des Friedens. Die Wahl wurde damit begründet, daß er Deutschland nach dem verlorenen Ersten Weltkrieg mit einem neuen nationalen Pathos erfüllt und das Deutsche Reich in den ersten fünf Jahren seiner Regierungszeit zur kontinentalen Vormacht Europas gemacht hatte.

Jedoch allzu lange konnte Dietl sich an der relativen Friedenszeit nicht erfreuen, denn in dem Restgebilde der Tschechoslowakei rumorte und gärte es in allen Landesteilen. Nach der Amputation der sudetendeutschen Gebiete mit ihren Grenzbefestigungen war dieser Staat Deutschland auf Gedeih und Verderb ausgeliefert. Die slowakische Unabhängigkeitsbewegung war von deutscher Seite unterstützt worden, und noch im Oktober 1938 erging ein Geheimbefehl zur »Erledigung der Rest-Tschechei«.

Am 15. März 1939 wurde Generalmajor Dietl in aller Frühe aus dem Schlaf gerissen. Der deutsche Einmarsch in die Rest-Tschechoslowakei hatte begonnen. Die Verbände des Heeres und die Luftwaffe, die bereits am 13. März alarmiert und in Marsch gesetzt worden waren, rückten von drei Seiten in das Land an der Moldau ein. Eine Teilnahme an diesem Gerade-noch-Blumenkrieg blieb der 3. Gebirgs-Division erspart. Dafür verfolgte Dietl den deutschen Einmarsch in die Rest-Tschechoslowakei um so aufmerksamer. So erfuhr er, daß die ersten Truppen Prag, die »Goldene Stadt« an der Moldau, bereits um 9.00 Uhr des ersten Einmarschtages erreichten. Aber für die deutschen Soldaten gab es dieses Mal keine Blumen, wie sie es bisher gewohnt waren. Statt dessen schlug ihnen eine Welle des Hasses, des Zornes und der Verzweiflung entgegen. Die Straßen Prags waren menschenleer, als die Deutschen an ihrem

Führer vorbeimarschierten. Nichts, aber auch rein gar nichts erinnerte an den triumphalen Einmarsch in Österreich und in das Sudetenland. Böhmen und Mähren wurden als »Reichsprotektorat«, so verkündete es Hitler vom Hradschin, der Prager Burg, mit beschränkter Souveränität und einem eigenen Staatsoberhaupt dem Großdeutschen Reich unterstellt. Die Slowakei blieb dem Namen nach unabhängig, während die Karpato-Ukraine von Ungarn und kleine Grenzgebiete von Polen einverleibt wurden.

Die Zeichen, so empfand es Dietl, standen mehr denn je auf Sturm. Nun wehte den Deutschen ein eiskalter politischer Wind aus dem Westen entgegen. Zu unverblümt war Hitlers Annektion. Sie ließ sich beim Zerschlagen der Rest-Tschechoslowakei beim besten Willen nicht mehr mit dem überstrapazierten Begriff des Selbstbestimmungsrechtes der Völker ummänteln. Denn mit der Besetzung von Prag hatte Dietls Führer sein Versprechen: »Wir wollen keine Tschechen annektieren«, das er am 26. September gegeben hatte, und seine feierliche Zusage auf der Konferenz von München, die Rest-Tschechei zu respektieren, in eklatanter Weise gebrochen.

4. Auf dem Weg in den großen Krieg

1939 hielt Generalmajor Eduard Dietl eine Postkarte in der Hand. Auf ihr waren Hitler und Mussolini auf den Stufen des »Ehrentempels der NSDAP«[61] am Münchener Königsplatz abgebildet. Unter dem Konterfei der beiden Diktatoren aus Deutschland und Italien stand zu lesen:

»Der FÜHRER und der DUCE – Die Garanten des Friedens.« Sollte er, Dietl, daran zweifeln?

Nein, nicht im geringsten, denn wie alle, so hoffte auch er auf den »ewigen Frieden«, nachdem Österreich, das Sudetenland und die Tschechei Bestandteile des Großdeutschen Reiches geworden waren. Niemand wollte den Krieg; am allerwenigsten Dietl und seine Gebirgsjäger. Dennoch, wenige Monate nach Erscheinen der Postkarte brach der Zweite Weltkrieg aus. Die folgenschwerste Entscheidung, die Hitler aus den zunehmenden internationalen Spannungen zog – Polen hatte alle deutschen Angebote zur Regelung der Grenzfragen kategorisch abgelehnt, die Verhandlungen

am 26. März 1939 abgebrochen und gleichzeitig eine Teilmobilmachung angeordnet –, war die Weisung vom 3. April 1939, die den
Decknamen »Fall Weiß« trug. Nachdem Dietl dieses aufschlußreiche Dokument für den Angriff auf Polen aufmerksam studiert
hatte, war ihm klar, daß er mit seinem Führer in einem Boot saß,
das unweigerlich auf das Kriegsriff zusteuerte. Die psychologische
Kriegsführung feierte bereits in jenen Frühlings- und Sommermonaten des Jahres 1939 wahre Triumphe. So stieg die Spannung von
Tag zu Tag und zerrte an den Nerven der Führer und der Truppe,
die in erhöhter Alarmbereitschaft Gewehr bei Fuß standen. Während die Regimenter, Abteilungen und Bataillone der 3. Gebirgs-
Division sich im Frühjahr und Frühsommer 1939 noch auf den
Truppenübungsplätzen und im Hochgebirge aufhielten, um dort
eine intensive Ausbildung zu betreiben, beschuldigten sich die führenden Staatsmänner Mitteleuropas zunehmend gegenseitig der
Aggression. Von entscheidender, ja ausschlaggebender Bedeutung
für den Ausbruch des Krieges waren in diesem spannungsgelade-
nen Sommer 1939 jedoch die bis heute noch nicht restlos aufgeklär-
ten Vorgänge in Moskau. Ein Katz-und-Maus-Spiel Stalins, das er
nach dem Motto »Wer bietet mehr?« betrieb.
Worum ging es?
Eine britisch-französische Militärdelegation verhandelte mit dem
sowjetischen Generalstab über die Modalitäten des Zusammenwir-
kens im Kriegsfall. Die Hauptschwierigkeit bei diesen Verhandlungen lag darin, daß die polnische Regierung sich entschieden weigerte, sowjetrussischen Truppen im Falle einer deutschen Bedrohung den Durchmarsch zu gewähren. Neben diesen Verhandlungen mit den Westmächten fanden deutsch-russische Gespräche
unter dem Deckmantel von Handelsbesprechungen statt. Dann, in
der Nacht vom 23. auf den 24. August 1939, fiel die Entscheidung
Stalins – und zwar zugunsten Hitlers: Das Großdeutsche Reich
und die Sowjetunion schlossen ein Nichtangriffsabkommen, in
dessen geheimem Zusatzprotokoll die Aufteilung des polnischen
Staates vorgesehen war. Damit war das letzte große Hindernis auf
dem Weg zum Krieg beseitigt. Bereits eine Woche nach Abschluß
dieses Vertrages begann mit dem Angriff auf Polen der Zweite Weltkrieg.

Dietl hatte sehr schnell erkannt, daß der Ribbentrop-Molotow-Pakt, wie er nach den unterzeichnenden Außenministern beider Staaten genannt wurde, dem Großdeutschen Reich die unangenehme Situation eines Zwei-Fronten-Kriegs, wie im Deutschen Kaiserreich, ersparte. Wie sein Führer, so war auch er der Überzeugung, daß die Schockwirkung dieser Nachricht auf die Westmächte derart groß sein werde, daß weder Großbritannien noch Frankreich irgendwelche Schritte gegen die nun vereinigten Militärmächte Deutschland und Sowjetunion wagen würden. Die Unterzeichnung und demonstrative Veröffentlichung eines britisch-polnischen Militärpaktes am 25. August 1939 betrachtete Hitler als einen bloßen Bluff, so daß er den Einmarsch in Polen für den 26. August 1939 befahl. Da griff Mussolini, den die Angst vor der eigenen Courage erschreckte, noch einmal ein. Er schlug ein erneutes Treffen in München vor und erklärte, Italien sei in keinster Weise kriegsbereit. Und um hierfür den Beweis zu erbringen, ließ er, der Duce, in Berlin eine geradezu phantastische Liste der ihm noch fehlenden Rohstoffe und kriegswirtschaftlich wichtigen Produkte vorlegen. Mit Rücksicht auf den noch nicht kriegsbereiten Achsenpartner wurde der Angriff auf Polen auf den 1. September 1939 verschoben. Italien sollte in der Zwischenzeit das allerwichtigste Kriegsmaterial erhalten.

Die bis zum 31. August 1939 noch mehrmals wiederholten Erklärungen des französischen Ministerpräsidenten Daladier und des britischen Premierministers Chamberlain, daß ihre Länder Polen unterstützen würden, betrachtete Hitler ebenso als Täuschungsversuche wie die fortwährenden Beteuerungen der beiden westlichen Staatsmänner hinsichtlich ihrer weiteren Verhandlungsbereitschaft. Für Hitler gab es nichts mehr zu verhandeln, solange Polen die deutschen Wünsche in bezug auf die Rückgabe Danzigs, den Bau einer exterritorialen Autobahn und Eisenbahnlinie durch den sogenannten Korridor nach Ostpreußen, eine langfristige Garantie der deutsch-polnischen Grenze sowie einen Minderheitenschutz kategorisch ablehnte.[62] Ende August 1939 beantwortete Polen das letzte Verhandlungsangebot der deutschen Regierung gar mit der Generalmobilmachung.

»Das ist die Kriegserklärung«, sagte Dietl, der schon seit Wochen sorgenvoll die sich überstürzenden militärpolitischen Ereignisse verfolgt hatte. Und: »Vielleicht hätte der Krieg durch die Erfüllung der berechtigten deutschen Ansprüche auf eine Vertragsrevision im Osten vermieden werden können?«

Jetzt stand fest, daß es dieses Mal nicht wieder zu einem Blumenkrieg kommen würde, sondern daß es zur Sache ging. In dieser Gewißheit las Dietl in der schwülen Sommernacht des letzten Friedenstages – es war der letzte in seinem Leben – Hitlers »Weisung Nr. 1 für die Kriegführung«, die den Angriff auf Polen auslöste.

»Es ist soweit«, sagte Dietl mit ernster Miene.

»Was?« kam die ängstliche Frage seiner Frau.

»Krieg ist!« antwortete er.

Und in seiner Stimme war im Gegensatz zu 1914 weder ein jubelnder Aufschrei noch irgendeine Begeisterung zu entdecken.

Anmerkungen

1 Lappland-Kurier. Sonderausgabe 1.7.1944
2 Müller: Armee und Drittes Reich. S. 47
3 Ebenda, S. 47
4 Heuss: Erinnerungen 1905–1933. S. 293
5 Seit im Sommer 1932 Franz von Papen Reichskanzler geworden war, war das frühere Bündnisverhältnis einer erbitterten Feindschaft gewichen.
6 Ein entsprechender Nachweis konnte jedoch bis heute nicht erbracht werden.
7 Die Endphase des Wahlkampfes für die Reichstagswahlen von 1933 fand bereits unter schwerstem psychischen Druck und Terror statt. Unter diesen Verhältnissen war es kein Wunder, daß die NSDAP ihre Abgeordnetenzahl massiv steigern konnte; allerdings nicht in dem Ausmaß, daß sie die absolute Mehrheit errang.
8 Zorn: Bayerns Geschichte im 20. Jahrhundert. S. 362
9 Weinberger: Kamerad Dietl. S. 13 f.
10 Ebenda, S. 14
11 Roschmann: Meine persönlichen Begegnungen mit Generaloberst Eduard Dietl
12 Binder: Eidesstattliche Erklärung, im »Gebirgstruppen-Archiv Kaltenegger«
13 Die Sozialdemokraten stimmten dagegen, die Abgeordneten der KPD waren auf Grund der Notverordnung gar nicht zur Sitzung zugelassen worden.
14 Da das »Ermächtigungsgestz« die Grundlage für die Legitimität der nationalsozialistischen Regierung bildete, wurde es sorgfältig alle vier Jahre vom Reichstag erneuert.
15 Kabinettssitzungen fanden praktisch keine mehr statt, so daß die Überzahl der deutschnationalen Minister bedeutungslos wurde.
16 Absolon: Die Wehrmacht im Dritten Reich. Bd. 3, S. 45
17 Ebenda, S. 45
18 Ebenda, S. 45
19 Ebenda, S. 45
20 Ebenda, S. 45
21 Absolon: Die Wehrmacht im Dritten Reich. Bd. 1, S. 83
22 Ursprünglich war die SS (= Schutzstaffel) nur eine Spezialeinheit der SA (Sturmabteilung) zum persönlichen Schutz Hitlers gewesen.
23 Absolon: Die Wehrmacht im Dritten Reich. Bd. 1, S. 82
24 Vgl. Kaltenegger: Schicksalsweg und Kampf der »Bergschuh«-Division
25 Absolon: Die Wehrmacht im Dritten Reich. Bd. 3, S. 44 f.
26 Ebenda, S. 46
27 Ebenda, S. 46
28 General Dietl. S. 27
29 Vgl. Kaltenegger: Die deutsche Gebirgstruppe 1935–1945
30 Der Volkstrauertag zum Gedenken an die Toten des Ersten Weltkrieges wurde jährlich am Sonntag »Reminiscere« begangen. Hitler benannte ihn 1934 in Heldengedenktag um.
31 Im »Biographischen Wörterbuch zur Deutschen Geschichte« heißt es hierzu in

der Spalte 537: »Dietl ..., der früh dem NS zugewandt war, (erhielt) deshalb das erste Gebirgsjägerregt. (99)«

32 Schlegl: 10 Jahre Standort Mittenwald. S. 18
33 Kaltenegger: Die deutsche Gebirgstruppe 1935–1945. S. 99
34 Am 3.7.1937 übernahm das III. Bataillon des Gebirgs-Jäger-Regiments 99 aus Sonthofen die Tradition des Jäger-Regiments Nr. 3.
35 Festschrift 50 Jahre Standort Füssen. S. 15 f.
36 Müller-Hillebrand: Das Heer 1933–1945. Bd. 1, S. 24
37 Die Gebirgstruppe. 1988, Nr. 2, S. 33
38 Die Verhandlungen zwischen dem österreichischen Bundeskanzler Kurt Schuschnigg, Nachfolger des ermordeten Engelbert Dollfuß, und Adolf Hitler verliefen am 12. Februar 1938 äußerst dramatisch.
39 Hitler übte den Oberbefehl über die Wehrmacht seit dem Erlaß vom 4.2.1938 direkt aus.
40 Benoist-Méchin: Griff über die Grenzen 1938. S. 271
41 Ebenda, S. 272
42 Kaltenegger: Die Stammdivision der deutschen Gebirgstruppe. S. 58
43 Ebenda, S. 60
44 Ebenda, S. 58
45 Benoist-Méchin: Griff über die Grenzen 1938. A. a. O.
46 Die Zeit. 1988, Nr. 11, S. 3
47 Papen: Der Wahrheit eine Gasse. A. a. O.
48 Rendulic: Soldat in stürzenden Reichen. S. 203 f.
49 Bernklau: Generaloberst Eduard Dietl. A. a. O.
50 Reichsgesetzblatt 1938/I. S. 237
51 Bis zum 11. März 1938 bestand noch die Absicht, Österreich eine gewisse Autonomie zu belassen. Die beiden deutschen Staaten sollten durch eine Personalunion unter Hitler vereinigt werden.
52 Schuschnigg: Im Kampf gegen Hitler. S. 309
53 Bernklau: Generaloberst Eduard Dietl. S. 2 f.
54 Winkler: Gebirgsartillerie. In: Die Gebirgstruppe. 1954, Nr. 5, S. 24
55 Weinberger: Kamerad Dietl. S. 98
56 General Dietl. S. 35
57 Über 6000000 Österreicher, also rund zehn Prozent der Bevölkerung, waren aktive Nationalsozialisten.
58 Der Flieger-Oberst Hans-Ulrich Rudel, der höchstdekorierte Soldat des Zweiten Weltkrieges, ist bis zu seinem Tod ein überzeugter Nationalsozialist geblieben.
59 General Dietl. S. 35
60 Rendulic: Soldat in stürzenden Reichen. S. 209
61 1933–1936 nach einem Entwurf von Paul Troost errichtet und nach 1945 bis auf einige Grundmauerreste, die noch am Münchner Königsplatz zu sehen sind, beseitigt.
62 Nach Haffner, »Der Teufelspakt«, haben die Polen die Okkupation ihres Landes durch Hitler selbst verschuldet, weil sie nicht auf die im Grunde bescheidenen Wünsche Deutschlands, die nur auf Danzig und freie Verkehrsverbindungen nach Ostpreußen abzielten, eingegangen sind.

295

Fünfter Teil

Im Zweiten Weltkrieg 1939–1945

»Da sagen die Leut, so ein General hat's leicht, der lebt vom Kriagführn! Unsinn, sag i! I nimm den Kriag schwerer als ihn der Jager nimmt. Der macht sei'n Dienst und schlaft im Frieden und verlaßt si auf sei'n General. Aber i, i plag mi no im Schlaf um meine Jager. Und wenn einer sagt, i tät vom Kriagführn leben, den möcht i am liebsten erwürgen mit meiner eigenen Hand, den Lumpenhund, den schlechten. Glaubt der vielleicht, i hätt mei Frau und meine Kinder net gern? Glaubt der, i tät net lieber in die Berg Gams schiaßn als in den Kriag gehn?«

Eduard Dietl

»Dem Generalleutnant Dietl spreche ich für das ehrenvolle Blatt, das er dem Buch der deutschen Geschichte eingefügt hat, den Dank des deutschen Volkes aus.«

Adolf Hitler

I. Kommandeur der 3. Gebirgs-Division

Generalmajor Eduard Dietl hatte sie ganz deutlich heraufziehen sehen, die schweren politischen Gewitterwolken, die den Himmel des Alten Kontinents verfinsterten. Die allzu kurze Friedens- und Aufbauzeit seiner 3. Gebirgs-Division ging unaufhaltsam zu Ende, als die deutsch-polnische Krise sich von Tag zu Tag verschärfte. Mehr denn je standen jetzt die Kriegsfahnen auf Sturm. Während auf politischer Bühne weiterhin fieberhaft verhandelt wurde – zuletzt noch mit dem italienischen Duce Mussolini und dem schwedischen Industriellen Birger Dahlerus[1], einem inoffiziellen Vermittler zwischen der Reichsregierung und Großbritannien[2], erhielt Dietl am 26. August 1939 den Befehl zur Mobilmachung der »Dritten«, die bereits seit geraumer Zeit bis ins Detail vorbereitet worden war.

> »Trotzdem«, so der spätere Generalmajor Kreppel, »treten hier und dort erhebliche Schwierigkeiten auf, ein Zeichen dafür, daß das Heer noch lange nicht kriegsbereit ist. Waffen und Ausrüstung müssen weitgehend irgendwie ausgeliehen werden. So gelingt es z. B. nur durch verständnisvolles Entgegenkommen der Klagenfurter Kommandantur, für die II./G. A. R. 112 die Mob.-Bekleidung eines später aufzustellenden Landesschützenbataillons zu erhalten ... Unter den eingezogenen Reservisten sind ein Teil Kriegsteilnehmer von 1914–18 oder überhaupt ungediente Leute. Die ausgehobenen Pferde sind als Tragtiere ungeübt und vielfach ungeeignet.«[3]

Die Kriegsmaschinerie befand sich noch in ihrer allerersten Anlaufphase, als die Truppe am 28. August 1939 verladen wurde. Viel zu kurz war die Friedenszeit in den herrlichen Gebirgsstandorten der Steiermark und Kärntens für die Angehörigen der »Dritten« gewesen. Niemand bedauerte das mehr als ihr Kommandeur, denn Dietl sah sehr wohl, daß weder die Aufrüstung der Deutschen Wehrmacht noch die Ausbildung seines Großverbandes abgeschlossen waren. Insbesondere hörte er allerorten von seinen Regiments- und Bataillons-Kommandeuren, daß »besonders ausgebildete Reserven« fehlten, denn sonst, so Major Paul Klatt, der Kommandeur des Gebirgs-Pionier-Bataillons 83, »hätte man nicht auf die alten Jahrgänge zurückgreifen müssen, die willig waren und der jungen Mannschaft ein gutes Beispiel gaben, aber doch ein klarer Beweis der Zwangs- oder Notlage waren«.[4]

In der Tat: Der Krieg gegen Polen traf die Deutsche Wehrmacht – und somit auch Dietls 3. Gebirgs-Division – noch im Aufbau. Organisatorische Verzögerungen waren unter anderem dadurch entstanden, daß die Wehrkraft der dem Großdeutschen Reich einverleibten Gebiete Österreichs, des Sudetenlandes und der Tschechei erst noch erfaßt werden mußte, die aber schließlich die zusätzliche Aufstellung von drei Infanterie- und zwei Gebirgs-Divisionen, einer Panzer- und einer leichten Division erlaubte. Auf der anderen Seite besaß Deutschland bereits ein auf der Seecktschen Reichswehr aufgebautes schlagkräftiges und hervorragend ausgebildetes Heer.

1. Polenfeldzug 1939

Über der alpenländischen Heimat lag ein nicht zu beschreibender spätsommerlicher Zauber, als Dietl sich mit seiner Truppe befehlsgemäß in Richtung Aufmarschgebiet, das in der Slowakei lag, in Bewegung setzte. Diejenigen seiner Männer, die bereits im Herbst 1914 innerhalb der k.u.k. Armee ins Feld gezogen waren, sprachen vom »Kaiserwetter«, das die Gebirgssoldaten an der Schwelle zum zweiten großen Krieg innerhalb eines Vierteljahrhunderts wie mit einem letzten Friedensgruß verabschiedete. Die Farbenpracht der ostmärkischen Berge und Täler, der Gebirgsrücken und Weiler, der Bergwälder, Wiesen und Felder war nicht zu überbieten. Dietl, dieser durch und durch naturverbundene Gebirgler, hatte auch jetzt, in diesen schicksalsschweren Stunden während der Fahrt von Graz in das Aufmarschgebiet, einen Blick für diese aufmunternden, lebensbejahenden Gesten der Schöpfung.

Etwas fiel ihm besonders auf: Wohin sie auch kamen, nirgendwo schlug ihm und seinen Männern eine Welle des Jubels, der Begeisterung, der Siegeszuversicht oder der Volk-steh-auf-und-Sturmbrich-los-Bewegung entgegen. So rollten die endlosen Transportzüge seiner 3. Gebirgs-Division in jenen letzten Augusttagen des letzten Friedens- und ersten Kriegsjahres stumm über Bruck an der Mur und den einst so berühmt-berüchtigten Semmering nach

Wien, dem jahrhundertealten Bollwerk gegen die osmanischen Heerscharen mit seinen herrlichen Bauten wie dem weltberühmten Stephansdom und der Karlskirche, dem Prater und dem Riesenrad, der Hofburg, dem Schloß Schönbrunn und Belvedere sowie der Kapuzinerkirche mit der Kaisergruft, der Gedenk- und Begräbnisstätte der Habsburger.

Von Wien aus fuhren die Transportzüge der »Dritten« in einem Zeitraum von 24 Stunden über Preßburg zu den Ausladebahnhöfen Turve – St. Martin bzw. Turany. Nach der Entladung erreichten die Regimenter, Bataillone und Abteilungen im Laufe des 29. und 30. August 1939 in langen Märschen den Versammlungsraum der 3. Gebirgs-Division. Dieser führte unter anderem durch das schöne slowakische Waagtal über Ruzomberok (Rosenberg), St. Michael und Vlasky in die vorgeschriebenen Ortsunterkünfte.[5]

Dietl sah es seinen Gebirgssoldaten an, daß ihre Nerven bis zum äußersten angespannt waren, als sie erfuhren, daß sie in Galizien zum Einsatz kommen würden; auf jenem Kriegsschauplatz, den sie aus den Erzählungen ihrer Väter und Großväter vom Ersten Weltkrieg her kannten, als diese in den Jahren 1914 bis 1917 unter anderem verbissen um Brücken und Furten an den Flüssen Dunajec und San gekämpft hatten. Und manchem älteren Jäger aus Dietls 3. Gebirgs-Division klang noch das volkstümliche Soldatenlied der k.u.k. Kaiserjäger von der »Festung Przemysl« im Ohr.

Ist es wirklich schon so lange her, daß Vater, Onkel oder ältere Brüder im Ersten Weltkrieg auf die Schlachtfelder Galiziens marschiert sind? mag sich mancher gefragt haben. Damals begleitete lauter Jubel die Soldaten ins Feld. Wer dachte schon an ein vierjähriges Ringen, an dessen Ende der Zusammenbruch des alten europäischen Staatensystems stehen würde? Ganz anders war die Stimmung jetzt. Keine Blumen, kein lauter Jubel auf den Straßen und Bahnhöfen. Es war, als erahnte die Bevölkerung, daß der Marschbefehl gegen Polen das Signal zu einer unendlichen Schraube kriegerischer Eskalation war. Als Weltkriegsteilnehmer wußte Dietl zu genau, wie hart und lange ein Materialkrieg sein konnte. Was er am meisten fürchtete, war ein langer Zermürbungskrieg. Italien, die Pseudo-Großmacht, blieb vorerst neutral, während Großbritannien und Frankreich dem Deutschen Reich am 3. September 1939 den Krieg erklärten. Dietl machte sich darüber selbstverständlich seine Gedanken, zumal er wußte, daß Polen auf den deutschen Angriff nicht unvorbereitet war.

Schon nach der polnischen Teilmobilmachung im März 1939 waren mehrere starke Armeegruppen an der polnischen Westgrenze aufmarschiert, während die Masse des polnischen Heeres, mit drei Armeen rings um Ostpreußen stehend, eindeutig Offensivabsichten gegen dieses vom Reich abgetrennte Gebiet hatte erkennen lassen. Der Angriffsgedanke der Polen kam auch in chauvinistischen Aussprüchen wie »Marsch auf Berlin« oder in dem vielgesungenen polnischen Kriegslied mit dem Vers »Gekleidet in Stahl und Panzer / Werden wir unter Rydz-Smiglys Führung / Bis an den Rhein und über den Rhein marschieren!« zum Ausdruck. Nach dem Urteil des Generalfeldmarschalls von Manstein übte Marschall Rydz-Smigly als polnischer Oberbefehlshaber einen »ausschlaggebenden Einfluß ... auf die Entscheidungen der Regierung aus ...«[6] Konzentrische Angriffe der Polen sollten in Oberschlesien und im Raum Posen – Gnesen den Stoß auf Berlin vorbereiten und schließlich zur Einnahme der deutschen Reichshauptstadt führen.

Dietl war aber auch nicht verborgen geblieben, daß die Grenzen Polens, die in einem weiten Halbkreis das Land umgaben – die ursprünglich 2000 Kilometer lange deutsch-polnische Grenze wurde durch die Besetzung der Tschechoslowakei auf 3000 Kilometer verlängert –, für eine »klassische Verteidigung« des Landes denkbar ungeeignet waren. Die militärgeographische Bedeutung der Tschechoslowakei – als Aufmarschgebiet, das Polen im Süden wie ein Zangenarm umfaßte (der andere Zangenarm bestand im Norden aus dem ostpreußischen Brückenkopf) – war auch für Dietl unübersehbar.

Ziel des deutschen Angriffs, der unter dem Oberbefehl des Generalobersten von Brauchitsch mit zwei Heeresgruppen – Süd (Generaloberst von Rundstedt) und Nord (Generaloberst von Bock) – mit zusammen 52 Divisionen sowie einer Kavallerie-Brigade, ferner zwei Luftflotten und Seestreitkräften durchgeführt werden sollte, war es daher, das polnische Heer durch einen konzentrischen Stoß auf Warschau einzuschließen. »Die bedeutsamere Rolle fiel der Heeresgruppe Rundstedt im Süden zu. Sie war an Infanteric fast doppelt und an Panzern mehr als doppelt so stark wie die Heeresgruppe Bock.«[7] Von der deutschen Gebirgstruppe nahmen die 1. Gebirgs-Division unter General Kübler, die 2. Gebirgs-Division unter General Feurstein und die 3. Gebirgs-Division unter General Dietl im Rahmen des XVIII. Gebirgs-Armeekorps auf dem rechten Flügel der 14. Armee der Heeresgruppe Süd am Polenfeldzug teil.

Bereits am 19. August 1939 hatte der Stab des XVIII. Gebirgs-Armeekorps unter dem österreichischen General der Infanterie Eugen Beyer Salzburg verlassen, um seine Bereitstellungsräume in der Slowakei zu beziehen. Um diese Zeit befanden sich die drei Gebirgs-Divisionen erst im Zustand der Verladung. Die 1. und die 2. Gebirgs-Division kamen an der slowakischen Grenze zum Einsatz, während Dietls 3. Gebirgs-Division als der im Alpenraum am weitesten ostwärts untergebrachte Großverband in einer Parallelverschiebung als erste nach Osten transportiert wurde, um dort zwischen der 1. und 2. Gebirgs-Division eingesetzt zu werden. Im Verband des XVIII. Gebirgs-Armeekorps sollte Dietl mit seinen Gebirgssoldaten aus dem Raum Rosenberg und dann westlich der Hohen Tatra über Neu-Sandez auf Bochnia, westlich von Tarnow, durchbrechen, »um in den Rücken der um Krakau versammelten polnischen Kräfte zu gelangen und diesen den Rückzug nach Osten abzuschneiden«.[8]

Nachdem Generalmajor Eduard Dietl mit der Masse seiner 3. Gebirgs-Division am 31. August 1939 die Hohe Tatra, die ihm vorbehalten blieb, auf den schmalen Pässen (u. a. bei Huty) überschritten hatte, erfolgte am 2. September der Einmarsch seiner Gebirgssoldaten in Polen. Dabei überschritt das II. Bataillon des Gebirgs-Jäger-Regiments 139 unter seinem Kommandeur Major Haussels südlich von Chysne die Grenze. Dann tauchte in der Ferne die polnische Ortschaft Jablonca auf. Im großen und ganzen verlief der Vormarsch durch Südpolen – von kleineren unbedeutenden und daher nicht weiter nennenswerten Plänkeleien abgesehen – noch immer ohne besondere Vorkommnisse. Für den 4. September befahl Generalmajor Dietl Kasina-Welka zum Angriffsziel. Hier erlebte und bestand seine Division, insbesondere aber das Gebirgs-Jäger-Regiment 138, seine Feuertaufe. Damit war der Weg für den weiteren Vormarsch frei. Für die ruhmvollen Leistungen auf dem Schlachtfeld sprach Dietl die ersten Belobigungen aus. Bei allem Lob für die Gebirgsjäger vergaß er jedoch nicht hervorzuheben, daß der Erfolg in diesem Ausmaß letztlich nur möglich war, weil seine Jäger von den Gebirgsartilleristen, den Gebirgspionieren und den Panzerjägern überaus wirkungsvoll unterstützt worden waren. In diesen Tagen des stürmischen Vormarsches war Dietl allgegenwärtig. So sah er, daß graue Staubwolken, die von den Schritten der Gebirgsjäger, von den Hufen der Tragtiere und von den Rädern der Wagenkolonnen aufgewirbelt wurden, schon bald die Marschkolonnen der Jäger, deren Kehlen immer mehr austrockneten, verhüllten. Hart drückten Rucksack und Waffen auf die oft noch schmalen Schultern der jungen Marschierer, die, kaum daß sie ihre Stubenkameraden richtig kennengelernt hatten, schon ins Feld ziehen mußten.

Die Sonne brannte unbarmherzig vom galizischen Firmament, als Dietls Gebirgsjäger durch die ausgedehnten Ölfelder von Gorlice marschierten, wo sich ein Bohrturm an den anderen reihte. Wer einen brennenden Durst verspürte und sich niederbeugte, um Wasser zu trinken, der wurde von den Führern und Unterführern nicht selten mit vorgehaltener Pistole daran gehindert, denn das begehrte Naß stank überall nach Petroleum. So zogen die Jäger letztlich durstig weiter über die staubigen Straßen Galiziens in Richtung Osten. Nach dem Überschreiten der Wistok bei Zmigrod gab Generalmajor Dietl für seine Division die allgemeine Richtung auf den San-Übergang bei Sanok bekannt. Am 12. September 1939 wurde eine Pontonbrücke über den San geschlagen, und die »Dritte« marschierte in Richtung Olszanika.

Nach der Eroberung des wertvollen Erdölgebietes von Drohowycz hatte Generalmajor Dietl sich mit seinen Generalstabsoffizieren ostwärts von Sanok gerade über die Lagekarte gebeugt, um das weitere Vorgehen seiner Regimenter in ihren jeweiligen Gefechtsstreifen festzulegen, da traf ihn noch am 13. September 1939 eine Nachricht wie ein Keulenschlag. Was war geschehen?

Da der Polenfeldzug allzu »blitzig« ablief, ließ Hitler schon sehr bald einen Teil seiner siegreichen Divisionen nach dem Westen verlegen. Aus diesem Grund wurde Dietl von »oben« befohlen, den weiteren Vormarsch in Richtung Lemberg im Verband des XVIII. Gebirgs-Armeekorps nicht nur einzustellen, sondern gar über den Dukla-Paß in den slowakischen Raum von Presow zurückzumarschieren. Von dort aus sollte die 3. Gebirgs-Division in Richtung Westwall verladen werden. Noch einmal blickte Dietl in einem Anflug von Stolz und Trauer auf die markantesten Marksteine während des Polenfeldzuges zurück: Vormarsch aus dem Raum Rosenberg über Lipta zum Huty-Paß, Angriffskämpfe bei Habowka – Rabka – Nowy Targ – Mszana Dolna und im Raum Slomka – Kasina – Welka, Verfolgung über den Dunajec, Wisloca, Wistok zum San.

Nachdem Dietl die Hiobsbotschaft des Rückzugsbefehls verdaut hatte, wies er seine Mitarbeiter an, die entsprechenden Befehle unverzüglich an die Truppe herauszugeben. Damit war, das wußte nun jeder, der Polenfeldzug für die 3. Gebirgs-Division vorzeitig beendet. In Anbetracht des greifbaren Sieges vor Lemberg war es allzu verständlich, daß Dietl und seine Gebirgsjäger nur ungern aus dem XVIII. Gebirgs-Armeekorps ausschieden, das jetzt nur mehr mit der 1. und 2. Gebirgs-Division in Richtung der alten galizischen Hauptstadt vorstieß, wo sie später in einer zielbewußt verfolgten Umfassungsschlacht auf den historischen Schlachtfeldern des Ersten Weltkrieges unter erbitterten Kämpfen 64 000 Polen gefangennahmen und 110 Geschütze und zahlreiches Kriegsgerät erbeuteten. Am 15. September überschritt Generalmajor Dietl mit seiner 3. Gebirgs-Division die Grenze zur Slowakei. Auf Lastkraftwagen ging es dann weiter bis Prešov (Preschau), einer kleinen Provinzstadt mit durchwegs freundlichen Menschen, die die Gebirgsjäger herzlich empfingen. Zwischen dem 16. und 19. September 1939 waren den Jägern einige schöne Tage vergönnt, bis die Züge für den Weitertransport zusammengestellt waren.

> »Es wird alles gründlich überholt, Putz- und Flickstunden abgehalten und die Geräte auf Zustand und Vollzähligkeit überprüft«, notierte Dietls Narvik-Kämpfer Hans Rohr in seinem Tagebuch. »Vor allem aber wird auf Körperpflege großer Wert gelegt und Gesundheitsappelle abgehalten.«[9]

Praktisch war der Polenfeldzug schon nach 18 Tagen beendet, aber erst am 1./2. Oktober 1939 legten die polnischen Truppen auf der

Halbinsel Hela ihre Waffen nieder, erlosch der letzte polnische Widerstand. Damit hatten die unmittelbaren Kampfhandlungen auf dem polnischen Kriegsschauplatz – und nicht im Berliner Grunewald, wie der polnische Marschall Rydz-Smigly lautstark verkündet hatte! – ihr Ende gefunden.

2. Zwischenspiel im Westen 1939/40

Als die Transportzüge zusammengestellt waren, wurden Dietls Gebirgssoldaten am 20. September 1939 am Bahnhof von Prešov verladen. Als sie von ihrem Divisions-Kommandeur erfuhren, daß es in die Rheinpfalz ging, wo gerade Weinernte war, waren alle ausnahmslos bester Stimmung. Schon schnaufte der Truppentransporter durch die Slowakei und erreichte bei Marchegg deutschen Boden. Bei jedem Halt wurden die Jäger, da sie die ersten waren, die aus Polen zurückkehrten, von der deutschen Bevölkerung auf das herzlichste willkommen geheißen. Wien, Linz und Passau, Regensburg, Nürnberg, Würzburg und Frankfurt am Main waren die wichtigsten Stationen dieser Fahrt an den Rhein. Am 23. September 1939 wurde der symbolhafteste aller deutschen Ströme bei Worms überquert. Nach einem kurzen Aufenthalt in Sichtweite des großen romanischen Kaiserdomes erreichte Dietl mit einem Teil seiner Division nach drei Tagen und zwei Nächten sein Ziel, den Ausladebahnhof Neustadt an der Weinstraße.

Es war um Mitternacht des 23. September 1939, als man nach einem kurzen Fußmarsch und der allgemeinen Entlausung in Haardt, einem wunderschönen Winzerort, in den Quartieren untergebracht wurde. Dietl war ein hervorragender Menschenkenner. Er sah die leuchtenden »Augen vieler junger Soldaten, die ja noch nie aus ihren Alpentälern herausgekommen waren«.[10] Er sah, wie die Truppe von der Bevölkerung, die sie als Sieger nach dem beendeten Polenfeldzug willkommen hieß, mit dem köstlichen Wein verwöhnt wurde.

> »Bis auf einige wenige Fälle ist die Disziplin sehr gut«, erfuhr der Divisions-Kommandeur von seinen Führern und Unterführern. »Leider haben wir einige Außenseiter, die so manchen Rausch liefern ... Feldwebel Carstensen treibt es da ganz arg und muß einige Male ... bestraft werden.«[11]

Am 4. November 1939 wurde Carstensen als vermißt gemeldet und nach langer Suche zwei Tage später in Nörtershausen tot im Schnee aufgefunden. Er, ein äußerst labiler Charakter, hatte sich das Leben genommen.[12] Gott sei Dank wurde Generalmajor Dietl von derartigen unerfreulichen Vorkommnissen im großen und ganzen verschont. Daß sie aber hier und da auch in der besten Truppe vorkamen, darauf wies auch der Erlaß des Oberbefehlshabers des Heeres hin. Aus gegebenem Anlaß fand er Dietls besonderes Interesse:

>Der Oberbefehlshaber des Heeres Berlin, den 18. Dezember 1939
Nr. 6650/39 PA (2) Gr. I/Ia

Geheim!

Betr.: Erziehung des Offizierkorps.
Ich habe bereits in einem früheren Erlaß mit stärkstem Befremden feststellen müssen, daß vielfach im Offizierkorps – auch im aktiven – nicht die Auffassungen herrschen oder bis aufs letzte mit eiserner Willenskraft innegehalten werden, die allein geeignet sind, die Zucht und Ordnung im Feldheer und im Besatzungsheer unter den erschwerenden Einflüssen des Krieges aufrechtzuerhalten.
Wenn das Übel der nachlassenden Disziplin, des Hinwegsetzens über Gesetz und Befehl an der Wurzel gepackt werden soll, so kann es nur über dem Wege der *ständigen* Erziehung und Belehrung des Offizierkorps, und hieraus entspringend, *seiner* Haltung erfolgen.
Ich mache es allen Kommandeuren in Front und Heimat zur Pflicht, in häufigen Offizierversammlungen den Offizieren in aller Eindringlichkeit die entscheidende Bedeutung *ihrer* dienstlichen und persönlichen Haltung immer wieder vor Augen zu halten ...«[13]

Nachdem Dietl seine Kommandeure auf der Grundlage des Erlasses des Oberbefehlshabers des Heeres über ihre Aufgaben, über die Erziehung und Haltung des Offizierskorps, über die Fürsorge, die Dienstpflicht und die Geselligkeit im Offizierskorps belehrt hatte, wurden die Erfahrungen des Polenfeldzuges besprochen und von seinen Führern für das innere Gefüge der Truppe ausgewertet.

>Es waren doch manche Erscheinungen aufgetreten, die noch abzustreifen waren«, gab Paul Klatt, der Kommandeur des Gebirgs-Pionier-Bataillons 83, zu Protokoll und fuhr fort: »Die Fürsorge erstreckte sich auf den Mann, die Pferde und das Gerät. Gedrückte Pferde bedurften der Behandlung. Die bei der schnellen Mobilmachung noch zivilmäßig aussehenden Kraftfahrzeuge wurden ge-

spritzt, Typengleichheit mit Hilfe der Kfz.-Parks nach Möglichkeit hergestellt und Kleidung, Gerät und Waffen instandgesetzt. Stellungserkundungen bei einer im Pfälzer Wald eingesetzten Division wurden eingeleitet, worauf die Ablösung einer Division durch G. J. R. 138 und 139 mit vorübergehendem Einsatz in der Zeit vom 1.–10.10. im Pfälzer Wald mit H. K. L. an der Lauter erfolgte.«[14]

Während des Polenfeldzuges befanden sich unter dem Oberbefehl der Heeresgruppe West (Generaloberst Ritter von Leeb) nur acht aktive und knapp 27 Reserve- und Landwehr-Divisionen an der Westfront. Diesen wenigen deutschen Verbänden standen mehr als 110 französische Divisionen unter dem Oberbefehl des Generals Gamelin gegenüber. Obwohl der deutsche Westwall, die Siegfried-Linie, bei weitem nicht so stark ausgebaut war wie die französische Maginot-Linie, konnten die Franzosen sich zu keiner entschlossen vorgetragenen Offensive entscheiden. Vielmehr sank die französische Kampfmoral angesichts der überwältigenden deutschen Erfolge auf dem polnischen Kriegsschauplatz zusehends. Kommunisten, Pazifisten und Agenten taten ein übriges, um die französische Wehrkraft zu zersetzen. Andererseits wuchsen während des halbjährigen Schwebezustandes bis zum Beginn des Westfeldzuges die britischen Kriegsvorbereitungen. So wurde Dietl davon in Kenntnis gesetzt, daß gewaltige Mengen an Kriegsmaterial den Kanal in Richtung Frankreich überquerten.

Vor diesem Hintergrund marschierte Generalmajor Dietl mit seinen Gebirgssoldaten in den frühen Morgenstunden des 27. September 1939 in den Pfälzer Wald:

»... in die hochgejubelte Siegfried-Stellung, in den Raum Pirmasens – Zweibrücken ... Von der sagenhaften Stellung ist mit Ausnahme von Betonbunkern und einigen Waldschneisen nichts zu sehen. Wir liegen in einem herrlichen Buchenhochwald, in dem die Sonne kaum durchkommt. Mit aller Kraft müssen wir nun die Feldstellungen zwischen den Bunkern sowie die verschiedensten Hindernisse bauen. Die Franzosen liegen an der Grenze, 500–1000 Meter von uns entfernt. Es ist eine sonderbare Situation. Von keiner Seite wird geschossen, und über die Grenze hinweg wird Musik übertragen. Es heißt, Deutschland will mit den Franzosen keine Händel haben. Für uns gilt deshalb ein strikter Befehl, das Feuer auf Franzosen erst dann zu eröffnen, vorerst durch Warnschüsse, wenn der Franzmann die Grenze mit mehr als einer Kompanie überschreitet. Auch die Artillerie darf nur auf Befehl des Korps das Feuer erwidern. Leutnant Trautner bringt einige Franzosen als Gefangene ein, die auf deutschem Boden um ein Feuer saßen und ein Reh brieten. Dafür hat er von der Division einen anständigen Rüffel bekommen, aber auch das EK II, das erste im Gebirgs-Jäger-Regiment 139.«[15]

Sehr schnell machte Dietl sich in Anlehnung an Remarques berühmten Romantitel die Parole »Im Westen nichts Neues« zu eigen, während die Franzosen zwischen dem 3. September 1939 und dem 9. April 1940 vom »Drôle de Guerre«, von dem seltsamen, komischen, ja drolligen Krieg sprachen.

Am 10. Oktober 1939 wurden Dietl und sein Mitstreiter Rohr wieder aus der Siegfried-Stellung herausgelöst. In Nachtmärschen wurde jetzt nordwärts marschiert – aus Tarnungsgründen. Über Kaiserslautern ging es bei einer Marschleistung von 40 Kilometern pro Nacht bei ununterbrochenem Regenwetter nach Idar-Oberstein, also in die Stadt der Diamantenschleifer und des guten Naheweines. Am 17. Oktober war das Marschziel dann endlich erreicht: Herschwiesen im Hunsrück, wo Dietls Gebirgsjäger längere Zeit verweilen sollten. Als Anfang November der erste Schnee im Hunsrück fiel, wurde das Klima zwischen dem Rhein und der Mosel noch rauher und ungemütlicher.[16]

Dietl achtete peinlich genau darauf, daß die Waffen, das Gerät und die Bekleidung wieder in Ordnung gebracht wurden. Aber auch die Ausbildung wurde keineswegs vernachlässigt. Immer und immer wieder wurde die Truppe von ihren Kommandeuren in Angriff und Bunkerkampf geschult, wurde Waffen- und Schießausbildung bei Wind und Wetter, bei Schneefall und klirrender Kälte betrieben, insbesondere mit scharfem Schuß.

»Die Pioniere hatten reichlich Gelegenheit, auf der infolge der Regengüsse hochgehenden und teilweise über die Ufer getretenen Mosel zu pontonieren und Lehrgänge in der Nahkampfausbildung der Stoßtrupps mit Flammenwerfern und auf dem Wasser abzuhalten, bis die Mosel zufror«, erfahren wir von Dietls Gebirgspionier-Kommandeur Klatt. »Dann gab es viel an den für die Querverbindung hergestellten Behelfsbrücken zu tun, die wegen des im Frühjahr zu erwartenden Eisganges eisfrei gehalten werden mußten.«[17]

»Krieg mit Frankreich und England?« hörte Dietl seine Jäger, denen all diese Aktivitäten von Tag zu Tag unheimlicher wurden, immer öfter hinter vorgehaltener Hand fragen.

Doch zunächst wurde Nachersatz zugeführt, teilweise auch neue Waffen und Geräte; die Fahrzeuge wurden auf Berggängigkeit überprüft, denn die motorisierten Divisionsteile mußten für den Fall des Falles – was soviel wie Angriff im Westen, der auch im Winter erfolgen konnte, bedeutete – gerüstet sein. Sicherstellung der höchsten Marschbereitschaft und Befreiung von allem unnötigen Ballast, lautete daher Dietls Devise.

Aber kaum hatte er sich im Hunsrück eingelebt, da mußte er am 8. November 1939 mit seinen Gebirgssoldaten in das Moseltal weiterziehen.

> »Um 02.00 Uhr erreichen wir den Weinort Aldegund. Am Ortseingang haben die Winzer zu unserem Empfang einige Weinfässer am Straßenrand aufgestellt und jedem der vorbeiziehenden Soldaten wird das Kochgeschirr gefüllt. Daneben stehen Angehörige der Hitlerjugend, die sich Soldaten schnappen und mit nach Hause nehmen. An eine geordnete Unterbringung war so nicht mehr zu denken. Die ganze Nacht wird gefeiert, Gebirgsjäger und dazu noch aus der Ostmark, haben hier Seltenheitswert.«[18]

Von Aldegund zogen die Jäger nach wenigen Tagen die Mosel abwärts nach Pommern, wenige Kilometer vor Koblenz gelegen, und von dort nach Brieden, einem kleinen Ort in der Eifel, wo sie sich für den Angriff gegen Frankreich wappnen sollten. Hier bereiteten sie auch die Festlichkeiten für die erste Kriegsweihnacht vor. Zu Weihnachten 1939 hielt Papst Pius XII. eine Ansprache, die, so der »revisionistische Konservative«[19] Ernst von Weizsäcker, Staatssekretär in Ribbentrops Außenministerium, »alle Elemente der Versöhnung aufwies«.[20]

Zum Jahreswechsel 1939/40, den Dietls Gebirgssoldaten trotz aller landschaftlicher Reize des rheinischen Berglandes und trotz der aufgeschlossenen Bevölkerung viel lieber in ihren heimatlichen Standorten verbracht hätten, vernahmen die »Edelweißsoldaten« Hitlers Aufruf »An die Wehrmacht«:

> »Soldaten!
> Das Jahr 1939 war für die großdeutsche Wehrmacht ein Jahr stolzer

Bewährung. Ihr habt die Euch vom deutschen Volk anvertrauten Waffen in dem uns aufgezwungenen Kampf siegreich geführt. In knappen 18 Tagen gelang es durch das Zusammenwirken aller, die Sicherheit des Reiches im Osten wiederherzustellen, das Versailler Unrecht zu beseitigen.

Voll Dankbarkeit erinnern wir uns am Ende dieses geschichtlichen Jahres der Kameraden, die ihre Treue zu Volk und Reich mit ihrem Blut besiegelten! Für das kommende Jahr wollen wir den Allmächtigen, der uns im vergangenen so sichtlich unter seinen Schutz genommen hat, bitten, uns wieder seinen Segen zu schenken und uns zu stärken in der Erfüllung unserer Pflicht! Denn vor uns liegt der schwerste Kampf um das Sein oder Nichtsein des deutschen Volkes! Mit stolzer Zuversicht blicke ich und die ganze Nation auf Euch! Denn: Mit solchen Soldaten muß Deutschland siegen.
Berlin, 31. Dezember 1939.   Adolf Hitler.«[21]

Generalmajor Dietl hatte richtig gehört: »Mit solchen Soldaten muß Deutschland siegen.« Das konnte also nur bedeuten, sagte er sich, daß der Krieg noch nicht zu Ende war, daß dem Polenfeldzug weitere Feldzüge folgen würden. Recht sollten jene Skeptiker behalten, die davon sprachen, daß dem deutschen Soldaten noch die schwierigsten Aufgaben bevorstünden.

In der Tat: Es kam Bewegung in Dietls 3. Gebirgs-Division. Zunächst wurden Truppenteile in die Gegend von Kochem verlegt; später, im Januar 1940, in die Gegend von Karden – Treis – Moselkern – Hatzenport und die beiderseitigen Höhendorfer. Damit lagen alle drei Gebirgs-Divisionen der Deutschen Wehrmacht, also Küblers »Erste«, Feursteins »Zweite« und Dietls »Dritte«, im Raume Koblenz – Bonn – Ahrtal versammelt. Und das hatte seinen Grund, denn bei einer Westoffensive lag ihr Einsatzgebiet in den Ardennen. »Gut gedacht«, sagte Dietl zu seinem Adjutanten, aber es kam für seine Division wieder einmal ganz anders. Am 19. März 1940 wurde zunächst nach Koblenz marschiert. Dort wurden seine Jäger ohne Angabe eines neuen Standortes verladen. Ja, sogar der Feldpostverkehr wurde bis auf weiteres eingestellt. Nimmt es da wunder, daß schon bald die abenteuerlichsten Latrinenparolen durch die Transportzüge, die sich ostwärts bewegten, geisterten?

3. Unternehmen »Weserübung« 1940

In den ersten Märztagen des Kriegsjahres 1940 wurde Generalmajor
Dietl mit seinem neuen Ia, Major i. G. Bader, nach Berlin, in die
Bendlerstraße, befohlen. Neben einer Anzahl höherer Offiziere
hielt sich dort auch der aristokratische General der Infanterie Nikolaus von Falkenhorst auf. Als ältester General ergriff er das Wort:

> »Meine Herren!
> Das, was ich Ihnen sage, unterliegt der strengsten Geheimhaltung.
> Niemand, gar niemand außer Ihnen darf auch nur andeutungsweise
> davon erfahren ... Von der Geheimhaltung hängt der Ausgang des
> Unternehmens in erster Linie ab, zu dem Sie hier als Führer auserko-
> ren wurden. Sie dürfen keine schriftlichen Aufzeichnungen, keine
> Befehle, Skizzen, Kopien, Notizen irgendwelcher Art aus den Räu-
> men mitnehmen, die Sie nach dieser Besprechung zugewiesen be-
> kommen. Ich betone noch einmal und warne Sie eindringlichst:
> Sollte Ihnen diesbezüglich ein Fehler unterlaufen, dann kann es
> Ihren Kopf kosten! Sie sind Führer einer der kühnsten Aktionen der
> Kriegsgeschichte, die Sie und meine Herren des Stabes mit mir vor-
> zubereiten, durchzuführen und erfolgreich abzuschließen haben.
> Und nun zur Lage!«

Jetzt folgte die mit Spannung erwartete Kernaussage des Generals
der Infanterie von Falkenhorst, die da lautete:

> »Bei unserem Führer liegt ein ganzer Stoß von eindeutigen Belegen,
> daß England eine Aktion zur Besetzung der wichtigsten Häfen Nor-
> wegens plane. Damit wird nicht nur unser Handelsweg, vor allem
> aber die Erzeinfuhr, blockiert, auch Deutschlands Nordflanke ist in
> Gefahr. Der Führer hat daher die Weisung gegeben, Norwegen zu
> besetzen. Mit der Planung und Durchführung wurde ich betraut.
> Die gesamte Aktion geht über See. Es ist uns klar, daß dies angesichts
> der starken englischen Flotte vor sich gehen muß, also mit einem
> großen Risiko.
> Weiters kennen wir die Haltung der norwegischen Regierung nicht:
> Läßt sie auf uns schießen, oder akzeptiert sie unsere Absicht, das
> Land nur zu dessen Schutz zu besetzen? Weiters ist unbekannt, ob
> die Alliierten noch ihre Landungstruppen gegen Norwegen einset-
> zen, auch wenn wir ihnen zuvorkommen. Das sind neben vielen an-
> deren nur drei Unbekannte. Das heißt mit anderen Worten: Schnel-
> ligkeit, Präzision zur x-Zeit, Improvisationskunst und energisches
> Handeln bilden den Grundstock unseres Unternehmens. Das gilt
> für Marine, Heer und Luftwaffe. Aber nun zum Plan!

Es handelt sich hier nur um Norwegen. Mit dem gleichzeitig gegen Dänemark laufenden Unternehmen will ich Sie nicht belasten ... Wir setzen am ›Wesertag‹ zur ›Weserzeit‹ gleichzeitig mit Kriegsschiffen an folgenden Punkten Truppen an Land: Südküste mit Oslo, Arendal, Kristiansand und Egersund; Stavanger, Bergen, Trondheim, Narvik. Diese wichtigen Punkte müssen in kürzester Zeit in unserer Hand sein: Sie sind die Brückenköpfe. In sie führen weitere Staffeln über See und durch die Luft Verstärkung herein. Sie sind möglichst schnell zu erweitern, aber auch abwehrbereit zu machen ...«[22]

Generalmajor Eduard Dietl nickte zustimmend. Er hatte blitzschnell erkannt, daß er soeben einen Auftrag von militärhistorischer Dimension erhalten hatte. Mehr noch: Adolf Hitler, sein Führer und Oberster Befehlshaber, hatte gerade ihn, den bewährten, verschwiegenen Kämpfer aus den Anfangsjahren der nationalsozialistischen Bewegung, dazu ausersehen, dieses tollkühne Unternehmen zu wagen – und zum Erfolg zu führen, nicht zu einem x-beliebigen, sondern zu einem einzigartigen!

Da sich einerseits sowohl die strategischen als auch die operativen Ziele der Alliierten und der Deutschen in Skandinavien messerscharf deckten und andererseits die norwegische Neutralität – wie der »Altmark«-Zwischenfall[23] zeigte – alles andere als streng unparteiisch war, blieb den Deutschen gar nichts anderes übrig, als nun ihrerseits den militärischen Wettlauf, der seinesgleichen sucht, mit aller Energie zu forcieren. Nein, es war kein Aprilscherz. Schon am 1.4.1940 wurde Generalmajor Dietl mit seinen Kommandeuren abermals in die Berliner Reichskanzlei befohlen, um Hitler seine Zielvorstellungen und Maßnahmen für das Unternehmen »Weserübung Nord« vorzutragen. Er wußte, das bedeutete den Abschluß der ganzen Vorbereitungszeit. Alle sechs Kommandeure der Landungstruppen versammelten sich mit ihren Kameraden von der Marine und der Luftwaffe in einem der bekannten Räume im Parterre, wo bald darauf Generaloberst Keitel erschien. Nachdem er Generalmajor Dietl auffallend höflich begrüßt hatte, ging es in das erste Stockwerk, wo Hitler, flankiert von höheren Offizieren des Oberkommandos der Wehrmacht, die mit der Operation gegen Norwegen vertraut waren, am großen Kartentisch stand. Zunächst hielt Dietl seinen Vortrag über die Landegruppe Narvik. Dann wurde Oberst Weiß, der Kommandeur des Gebirgs-Jäger-

Regiments 138, zum Vortrag gebeten. Er begann mit dem Auftrag der Landegruppe Trondheim, erwähnte die Stärke und Verteilung auf die fünf Schiffseinheiten und kam dann auf die Lage beim Feind zu sprechen. Weiß erörterte dies an Hand der Karten und Fliegeraufnahmen, wobei er erwähnte, daß nach dem letzten Luftbild am Eingang des Trondheim-Fjordes eine neue Anlage militärischen Charakters, die eine Seebeobachtungsstation darstellen könnte, vermutet wurde.

Hitler horchte auf. Er trat neben den Oberst, um sich diesbezüglich zu orientieren. Nachdem Dietl und die Kommandeure der Landungstruppen ihren Vortrag gehalten hatten, wurden sie von Hitler in den Kartensaal gebeten, wo der Führer eine Rede hielt, in der er in sehr eindringlichen Worten die Bedeutung Norwegens und der schwedischen Erzgruben hervorhob. Er hätte alle Gründe, den Engländern zuvorzukommen. Der 9. April 1940 sei der letztmögliche Termin. Dann kam er darauf zu sprechen, »daß man uns tollkühnen Wagemuts zeihen werde; auf Kriegsschiffen erstmals Landetruppen zu verlasten. Er rechne auch damit, daß es nicht bei allen 6 Gruppen ohne Rückschläge abgehen werde, die dann aber die anderen Landegruppen zu parieren hätten. Man höre immer wieder, daß auch der Soldat Glück haben müsse. Er stehe aber auf dem Standpunkt, es käme darauf an, daß der Soldat verstünde, selbst das Glück beim rechten Zipfel zu erwischen.«[24]

Mit einem »Ich danke schön« und einem festen Blick aus seinen suggestiven Augen verabschiedete sich der Führer von Dietl.

Am 9. April 1940, als das Unternehmen »Weserübung«, das der britische Generalmajor J. F. C. Fuller eines »der kühnsten und phantasiereichsten Kriegsunternehmen der Geschichte«[25] nannte, schon in vollem Gange war, schrieb die »Neue Zürcher Zeitung« in einem Kommentar, daß die Westmächte mit der Auslegung von Minensperren in norwegischen Territorialgewässern eine klare Verletzung der Neutralität Norwegens begangen hätten. Allerdings, so das renommierte Blatt, befände sich Norwegen wegen der Unmöglichkeit, eine entsprechende Flotten- und Militärmacht für seine Bedürfnisse zu unterhalten, in einer außerordentlich ungünstigen Situation. Tags darauf stand in der »Neuen Zürcher Zeitung« zu lesen:

314

»Der Krieg gegen die Neutralen besteht darin, daß man die Neutralen, die sich mit ihren beschränkten Mitteln den Zumutungen der Kriegsparteien nicht immer erwehren können, irgendwie ›schuldig‹ werden läßt.«

Zwei Tage später erklärte Churchill, damals noch der Erste Lord der Admiralität, vor dem Unterhaus:

»Nach meiner Überzeugung, die von meinen erfahrenen Ratgebern geteilt wird, hat Herr Hitler einen schweren strategischen Fehler begangen ... Wir haben durch das, was in Skandinavien geschehen ist, viel gewonnen ... Er hat sich an vielen Stellen der norwegischen Küste gebunden, um die er nun wird kämpfen müssen, notfalls den ganzen Sommer, und zwar gegen Länder, die weit überlegene Seestreitkräfte besitzen und diese leichter als er zum Schauplatz transportieren können. Ich sehe keinerlei Vorteil, den er errungen hätte ... Ich glaube, daß der strategische Schnitzer, zu dem unser Todfeind provoziert worden ist, ... große Vorteile für uns bringt.«[26]

So als schlüge ihm doch noch so etwas wie das schlechte Gewissen während seiner Rede vor dem Unterhaus, vergaß Churchill in seinem Schlußwort nicht hinzuzufügen, daß die Deutschen mit ihrem Sprung nach Skandinavien einen Schritt getan hätten, zu dem Hitler »provoziert« worden sei. Denn wäre am Morgen des 9. April 1940 nicht Generalmajor Dietl mit seinen Gebirgsjägern in Narvik gelandet, dann wären, wie Churchill offen zugeben mußte, nur wenige Stunden später britische Truppen im nordnorwegischen Erzhafen an Land gegangen. So aber waren die Deutschen unter Dietl mit ihrem Raid nach Narvik den Alliierten zuvorgekommen – und hielten fortan den Schwarzen Peter der Neutralitätsverletzung, den Churchill ihnen geschickt zugespielt hatte, in ihrer Hand.

Als nach den wochenlangen, wechselvollen und harten Kämpfen um Narvik der Sieg dann doch noch an die Fahne der ihm ergebenen 3. Gebirgs-Division geheftet werden konnte, war ein neuer Held geboren: General Eduard Dietl – eine einzigartige, charismatische Führerpersönlichkeit, die die deutsche Gebirgstruppe bis auf den heutigen Tag als ihren populärsten Feldherrn verehrt.

4. NS-Troika: Dietl – Hitler – Goebbels

Wie nach dem Polen-, so machte Hitler auch nach dem siegreichen Norwegen- und Westfeldzug ein »großzügiges Friedensangebot«; dieses Mal dem einzigen noch übriggebliebenen Gegner in Westeuropa: Großbritannien. Doch der winkte ab. Churchill zeigte statt dessen grimmige Kampfentschlossenheit. Seine Antwort klang absolut eindeutig: »Wir werden nicht aufhören zu kämpfen, bis die Freiheit gerettet ist.«[27]

Der Krieg ging nun – fast zwangsläufig, möchte man sagen – weiter. So verließ General Eduard Dietl zwar als »Held von Narvik« nach der denkwürdigen Reichstagssitzung vom 19. Juli 1940 Berlin, aber eine noch größere Bewährungsprobe stand ihm und seinem eilig zusammengestellten Gebirgskorps Norwegen bevor: die Liza, die am Eismeer zu seinem Schicksalsfluß werden sollte.

Aber noch war es nicht ganz soweit, daß der zum »Vollgeneral« beförderte Dietl sein operatives Geschick unter Beweis zu stellen hatte. Noch war sein Heldentum ohne den Makel des Verlierers. Am 20. Juli 1940 wurde er von seinem Führer in der Berliner Reichskanzlei empfangen. Hitler wollte es sich unter gar keinen Umständen nehmen lassen, seinem alten Kampfgefährten und neuen Helden das erste Eichenlaub zum Ritterkreuz des Eisernen Kreuzes eigenhändig um den Hals zu hängen und sich dann mit Dietl fotografieren zu lassen.[28] Auch Tags darauf, am 21. Juli 1940, es war ausgerechnet ein Sonntag, wurde Dietl von Hitler in einem kleinen Kreis ausgewählter Persönlichkeiten des Dritten Reiches empfangen. An diesem Tag feierte das Sonntagskind Eduard Wolrath Christian Dietl seinen 50. Geburtstag!

Nicht zu Hause, in Graz, bei seinen vier Kindern Gertrude, Gunta, Else und Volker, letzterer erst viereinhalb Jahre jung, die den Vater fast nur mehr auf den großformatigen Heldenfotos der PK-Berichterstatter bewundern konnten, sondern in Berlin, bei seinem Führer und Obersten Befehlshaber, verbrachte Dietl jenen runden Geburtstag, der die Wegstrecke eines halben Jahrhunderts seines Lebensweges markierte. Die Bilanz, die er an seinem 50. Geburtstag zog, konnte sich sehen lassen. Sein Führer hatte dem »Helden von Narvik« an diesem Tag in Berlin die Ehre gegeben –

wie selten vor und noch seltener nach ihm einem anderen General zu dessen »rundem« Geburtstag. Dietl wußte das sehr genau. Und er wußte auch, wie er Hitlers Aufmerksamkeit in jenen Wochen und Monaten des Kriegsjahres 1940 immer und immer wieder ganz auf sich ziehen konnte – und zwar mit einer äußerst lebendigen Schilderung von seinen Kämpfen und dem Leiden seiner Männer um den norwegischen Erzhafen.

> »Ein wahres Heldenlied, das auf das Tiefste erschüttert«, vertraute der anwesende Joseph Goebbels an Dietls 50. Geburtstag seinem Tagebuch an. »Dietel* ist eine der heroischsten und sympathischsten Figuren unter unseren Heerführern. Man muß ihn wirklich bewundern. Ich tue alles, um seine Truppen kulturell und unterhaltungsmäßig zu betreuen.«[29]

So war es in der Tat: Sowohl Dietls Gebirgskorps Norwegen als auch seine spätere Lappland-Armee wurden von Goebbels' Propagandisten in jeder Beziehung im nationalsozialistischen Sinne betreut – und berieselt.[30] Schon am 25. Juli 1940 besprach der Propagandaminister mit Lützkendorf den Narvik-Film, den er als »eine Kollektivarbeit« betrachtete und der deshalb in engster Abstimmung mit Dietl zu drehen sei.[31] »In diesem Film«, so Goebbels, »will ich das ganze deutsche Soldatentum heroisieren.«[32] Entzückt schrieb er am 26. November 1940 in sein Tagebuch:

> »50. Wunschkonzert festgelegt. Das letzte war nicht besonders gut. Aber beim nächsten wollen wir den Vogel abschießen. Ich selbst werde dazu sprechen. Und General Dietl als Vertreter der Front.«[33]

Am Mittwoch, dem 4. Dezember 1940, berichtete Hitlers Propagandaminister »dem Führer vom Wunschkonzert und von der Rede Dietls, was ihm sichtlich Freude bereitet.«[34]

Aber damit nicht genug der »Vermarktung« Dietls im Sinne der Machthaber des Dritten Reiches, denen er sich gerne zur Verfügung stellte. Er wurde jetzt sogar von Hitler höchstpersönlich zum »Typ«, ja zum »Idealtyp des nationalsozialistischen Offiziers«[35] hochstilisiert, an dem auch General Erwin Rommel, »der verwegenste Panzerwaffen-General, den wir in der deutschen Armee be-

---

* Richtig: Dietl

sitzen«, so Hitler in einem Brief vom 5. Februar 1941 an den Duce, gemessen wurde. Und weiter schwärmte Hitler dann, als es um Rommels Einsatz auf dem nordafrikanischen Kriegsschauplatz ging:

> »Er würde – dessen bin ich überzeugt – an diese Aufgabe mit seinen Männern mit dem gleichen Heroismus und Fanatismus herantreten wie General Dietl in Narvik – denn er ist diesem ebenbürtig.«[36]

Hitler wußte sehr genau, daß dem Offizierstyp Dietlscher Prägung nur eine kleine Minderheit entsprach.

> »Dennoch: das Leitbild war geschaffen, das Ideal des politischen Offiziers wurde vom OKW proklamiert und mit den Offizierergänzungsbestimmungen vom 10. Oktober 1942 der Weg zu seiner Verwirklichung beschritten.«[37]

Am Ende dieser Entwicklung stand dann die Einführung des Nationalsozialistischen Führungsoffiziers (NSFO). Sie »bezeichnete die letzte und wichtigste Phase der ideologischen Aushöhlung der Traditionen der Armee«[38], wie der deutsche Historiker Manfred Messerschmidt es formulierte. Dietl hatte als überzeugter Nationalsozialist gegen diese Entwicklung nichts einzuwenden. Im Gegenteil: Er versprach sich davon – nicht ganz unbegründet – einen weiteren Karrieresprung, wenn Hitler ihn als »Idealtyp des nationalsozialistischen Offiziers« hinstellte.

Das war die eine Seite der Medaille. Die andere betrachten wir uns jetzt. Obwohl Eduard Dietl von der raffinierten NS-Propaganda auf ausdrückliche Weisung Hitlers zu »unserem Volkshelden und Volksgeneral«[39] hochgejubelt wurde, »so daß das soldatische Führertum des Zweiten Weltkrieges in diesem Mann den ersten hervorragenden Exponenten moderner Prägung erhielt«[40], so blieb er auch jetzt mit beiden Beinen auf dem Boden. Dietl, diese »volkstümliche Gestalt voller Originalität«[41], erzählte jedem, der es hören wollte, wem er diesen überwältigenden Erfolg bei Narvik und die daraus resultierende ungeheure Popularität, die weit über die deutsche Gebirgstruppe und die Deutsche Wehrmacht hinausreichte und sich daher tief in das Volksbewußtsein einprägte, mit zu verdanken hatte: seinen Gebirgsjägern und seiner »Gebirgsmarine«.

Zur Erinnerung an die im Kampf um Narvik erprobte Waffenkameradschaft zwischen dem Heer und der Kriegsmarine trugen die
an den dortigen Gefechten beteiligten Angehörigen der Marine
auch das Edelweiß-Abzeichen der deutschen Gebirgstruppe;
Dietls Gebirgsjäger schmückten ihre Bergmütze nicht weniger
stolz mit dem goldenen Anker der Marine.

Nach all den Ehrungen und Empfängen in der Reichshauptstadt
Berlin, nach all dem Trubel, wie Dietl es nannte, der seiner Meinung nach anstrengender gewesen war als der ganze Kampf um den
norwegischen Erzhafen, erhielt er von Hitler die größte Beloh-
nung, nämlich einen kurzen Erholungsurlaub, der ihn nach Graz,
zu seiner Familie, brachte. Dort zog er wieder für ein paar glückse-
lige Tage den steirischen Janker über und erholte sich auf der Jagd
und beim Fischfang. Daneben fand er aber auch noch die Zeit, um
eine alte offene Rechnung zu begleichen: Während des Polenfeldzuges hatte Dietl mit seinem ehemaligen Kommandeur eine Wette
abgeschlossen, wer von beiden wohl als erster mit dem Ritterkreuz
zum Eisernen Kreuz ausgezeichnet werden würde. Generalmajor
Ludwig Kübler wurde nach dem 18-Tage-Feldzug in Anerkennung
seiner Leistungen beim Aufbau der deutschen Gebirgstruppe in
Friedenszeiten und der militärischen Erfolge der 1. Gebirgs-Division während der sogenannten »Sturmfahrt auf Lemberg« am
27. Oktober 1939 als erster Divisions-Kommandeur des Heeres mit
dem begehrten Ritterkreuz ausgezeichnet. Da traf bei Dietl ein
Brief ein. Darauf war das Ritterkreuz gezeichnet und darunter
stand: »Hurra – Dein Freund!«

Das saß – und schmerzte! Nun konnte Dietl auf ein Briefpapier das
Eichenlaub zum Ritterkreuz des Eisernen Kreuzes zeichnen und
schrieb mit unverhohlener Schadenfreude darunter: »Ätsch – Dein
Dietl!«[42]

Überhaupt: Für die Narvik-Kämpfer fielen die Ritterkreuze wie
die Sterntaler vom Polarhimmel. Neben General Eduard Dietl, der
bekanntlich als erster Soldat der Deutschen Wehrmacht mit dem
neu gestifteten Eichenlaub ausgezeichnet wurde, erhielten nicht
weniger als sieben Offiziere des Gebirgs-Jäger-Regiments 139 das
Ritterkreuz des Eisernen Kreuzes.[43]

Aber damit immer noch nicht genug der Ehrungen, die Hitler sich für Dietl und seine Männer ausgedacht hatte. Für ihren stolzen Sieg bei Narvik, den die NS-Propaganda immer mehr ins Rampenlicht zu setzen verstand, wurde allen Narvik-Kämpfern[44] eine ganz besondere Ehre zuteil: Sie wurden mit dem sogenannten »Narvik-Schild« ausgezeichnet, der am 19. August 1940 vom Führer und Obersten Befehlshaber der Wehrmacht gestiftet und im Auftrag Hitlers durch Dietl, als den Befehlshaber der Gruppe Narvik, verliehen wurde, und zwar silberfarben für Heer und Luftwaffe, goldfarben für die Marine. Es war der erste »Schild«,[45] der im Verlauf des Zweiten Weltkrieges für bestimmte Kampfhandlungen auf bestimmten Kriegsschauplätzen an die dort eingesetzten Frontsoldaten als Kampfabzeichen verliehen wurde, »zur Erinnerung an den heldenmütigen Kampf, den die in echter Waffenbrüderschaft bei Narvik fechtenden Verbände des Heeres, der Kriegsmarine und der Luftwaffe siegreich bestanden haben«,[46] wie es im Artikel 1 der Verordnung über die Stiftung des »Narvik-Schildes« heißt. Dieser neu gestiftete »Schild« wurde General Dietl am 19. März 1941 von Hitler im Führerhauptquartier persönlich überreicht.[47]

Bei all dem Personenkult um Dietl wollten selbstverständlich auch seine alten Garnisonsstädte nicht abseits stehen. Nachdem er zum »Helden von Narvik« hochstilisiert worden war, wurden ihm nicht nur die Ehrenbürgerrechte der Stadt Füssen verliehen, sondern der damalige Bürgermeister Frank ließ darüber hinaus auch noch die innere Kemptener Straße in Eduard-Dietl-Straße umbenennen.

Von der Füssener Bevölkerung wurde diese Ehrung für den ersten Kommandeur ihres Gebirgs-Jäger-Regiments 99 freudig begrüßt. Die Kemptener zeichneten Deutschlands populärsten und beliebtesten Soldaten, zu dem sich erst später Rommel gesellte, mit der Ehrenmitgliedschaft im Deutschen Alpenbund aus. Hierzu schrieb das »Allgäuer Tagblatt« am 8. Februar 1941:

> »Jeder Kemptener, ja jeder Allgäuer ist mit dem Herzen so mit dem General der Gebirgstruppen verbunden, daß es für ihn eine Freude bedeutet, ›unseren General‹ auf diese Weise geehrt zu wissen.«

Ziehen wir mit Eduard Dietl Bilanz: Für sein Ausharren auf verlorenem Posten und die Erzwingung des Abzugs der Alliierten aus

Narvik wurde er von seinem Führer und Obersten Befehlshaber so be- und entlohnt wie kein anderer General des Zweiten Weltkrieges vor oder nach ihm – er wurde von Hitler vor dem Großdeutschen Reichstag zum »Helden von Narvik« ausgerufen und von Goebbels in einer bis dato nicht gekannten Art und Weise für die nationalsozialistische Bewegung vermarktet. Innerhalb von ein paar Wochen wurde er zum Generalleutnant (1.4.1940) und zum General der Infanterie/Gebirgstruppe (19.7.1940) befördert.[48] Dietl, den Hitler zunächst mit der Spange zum Eisernen Kreuz I. Klasse ausgezeichnet hatte, erhielt innerhalb kürzester Zeit das Ritterkreuz des Eisernen Kreuzes (9.5.1940), das neu gestiftete erste Eichenlaub zum Ritterkreuz (19.7.1940) sowie den »Narvik-Schild« (19.8.1940) als Kampf- und Leistungsabzeichen verliehen. Damit es auch in seiner militärischen Verwendung weiter aufwärts ging, wurde er mit Wirkung vom 14.6.1940 gar zum Kommandierenden General des neu aufzustellenden Gebirgskorps Norwegen ernannt!

Es war, als wollte Hitler seine Dankesschuld an seinem Wegbereiter, der »gerade in den Jahren von 1933 bis 1936 unerschütterlich und selbstverständlich« hinter ihm gestanden hat,[49] mit einem Mal voll zurückerstatten. Dankbar, wie es seine Art war, hatte der »Held von Narvik« die Denargeschenke seines Führers entgegengenommen. Hitler sah an Dietls leuchtenden Augen, daß er sich sehr geschmeichelt fühlte. Nun war er sich ganz und gar sicher, daß es für Dietl keine wie auch immer geartete Abkehr vom einmal beschrittenen Weg der nationalsozialistischen Welterneuerung geben würde, daß »dieser teure und treue Freund« sich vielmehr auf Gedeih und Verderb an ihn gebunden habe und ihm auch weiterhin »eine Stütze vor allem im deutschen Offizierskorps« sein werde.[50]

II. Kommandierender General des Gebirgskorps Norwegen

Dietls Name stand genauso strahlend über dem Eismeer wie der nördliche Polarstern. Sein Aufstieg vollzog sich kometenhaft, seine militärische Karriere war atemberaubend, ja geradezu schwindelerregend. Hitler hatte den charismatischen Gebirgsjäger-General nun vollends in sein berechnendes Herz geschlossen. Er hatte ihn, den geborenen Taktiker und Troupier, der nie eine Generalstabsausbildung durchlaufen hat, nicht nur vorzugsweise (und dann auch noch zum ersten) General der Gebirgstruppe befördert, sondern auch noch zum Kommandierenden General des Gebirgskorps Norwegen ernannt.

Zunächst übergab Dietl seine 3. Gebirgs-Division am 14. Juni 1940 schweren Herzens an seinen ehemaligen 1. Generalstabsoffizier Oberst i. G. Julius Ringel, bei dem er seine Jäger in guten Händen wußte. »Papa« Ringel, der am 1. November 1940 als Generalmajor mit der Aufstellung der 5. Gebirgs-Division betraut wurde, übergab die »Dritte« nun an General Hans Kreysing, einen bewährten Gebirgssoldaten des Ersten Weltkrieges, der die Division dann bis in den Spätsommer 1943 hinein führen sollte. Im Zuge der Neugliederung auf dem skandinavischen Kriegsschauplatz wurde die Zusammenfassung aller in Nordnorwegen stehenden Truppen unter ein einheitliches Generalkommando angeordnet. Das hatte einen plausiblen Grund, denn die Führung der Divisionen und Verbände, die nördlich von Trondheim standen, war von Oslo aus, dem Sitz der Gruppe XXI, in jeder Hinsicht – geographisch wie auch logistisch – sehr schwierig. Das Generalkommando des neu aufzustellenden Gebirgskorps Norwegen wurde General Dietl übertragen. Damit reichte der Befehlsbereich seines Korps in einer Luftlinie von 1600 Kilometern von Trondheim bis zur finnischen Grenze bei Kirkenes.[51]

Als sich General Dietl nach seiner Rückkehr aus dem Urlaub noch einmal in Narvik persönlich von seinen alten Kameraden in bewegender Weise verabschiedete, gelobte er, an jedem 8. oder 9. April beim Gebirgs-Jäger-Regiment 139 der Landung in Narvik zu gedenken. Dann flog Dietl südwärts, nach Trondheim, wo er sich mit dem Stab des Generalkommandos des Gebirgskorps Norwegen (Chef des Stabes war sein alter Kampfgefährte Oberstleutnant i. G. Karl von Le Suire) im Hotel »Britannia« einquartierte. Die ungewisse Frage, die alle bewegte, lautete: »Wie lange bleiben wir hier?«

Schon bald wußten sie es: Länger, viel länger, als alle erwartet hatten. Nach dem Abzug der alliierten Truppen waren zwar der Kampf um Narvik und der Norwegenfeldzug beendet, aber noch im Juni 1940 wurde das ganze Land von der Deutschen Wehrmacht besetzt. Die norwegische Regierung und der König waren nach London ins Exil gegangen. In Norwegen regierte von nun an ein Reichskommissar namens Terboven, dem der Führer der kleinen norwegischen »Nasjonal Samling«, Major Vidkun Quisling, zur Seite stand. Für Dietl und seine Gebirgsjäger begann jetzt eine Zeit der Besatzung, die vom 10. Juni 1940 bis zum 22. Juni 1941 dauerte; ein Jahr der relativen Ruhe und des friedensmäßigen Dienstes in der herben Landschaft unter der Mitternachtssonne, bis auch diese Front wieder in Bewegung geriet und abermals in den Brennpunkt des Kriegsgeschehens rückte, als weiter droben, am Eismeer und in den Tundren Lapplands, Dietls Gebirgskorps Norwegen zum Feldzug gegen die Sowjetunion aufbrach.

1. Der Aufmarsch am Eismeer 1941

Es war bereits kurz vor Weihnachten 1940, als General der Gebirgstruppe Dietl erstmals über die Absicht des Führers, die Sowjetunion im Sommer 1941 anzugreifen, in einem vertraulichen Gespräch unterrichtet wurde und Einblick in die »Weisung Nr. 21 Fall Barbarossa« erhielt. Auf der Grundlage dieser Führer-Weisung hatte das Armee-Oberkommando Norwegen am 27. Januar 1941 eine Operationsstudie über eine gemeinsame deutsch-finnische Offensive von Nordfinnland aus in Richtung auf die Murman-Bahn und Murmansk fertiggestellt.[52] Als General Dietl wieder bei seinem Gebirgskorps eintraf, zog er vier Generalstabsoffiziere seines Generalkommandos, den Intendanten des Gebirgskorps und seinen Adjutanten ins Vertrauen.

»Monatelang ... hatte dieser Kreis allen anderen gegenüber zu schweigen, selbst aber alles Mögliche für die Zukunft vorzubereiten. Das war«, schrieb Wilhelm Heß, Dietls Quartier- bzw. Oberquartiermeister an der Eismeerfront, »weder materiell noch psychologisch eine leichte Aufgabe.«[53]

Mitte April 1941 wurde General Dietl wieder nach Berlin befohlen. Von dort brachte er zum einen eine Verfügung des Oberkommandos der Wehrmacht mit, wonach der Schwerpunkt der Verteidigung Norwegens in Nordnorwegen liege, zum anderen hatte er auch Einblick in die »Weisung an den Wehrmachtbefehlshaber Norwegen über seine Aufgaben im Fall ›Barbarossa‹« erhalten. Nun mußten sich er und die von ihm eingeweihten Generalstabsoffiziere noch mehr mit dem Gedanken einer baldigen Auseinandersetzung zwischen dem Großdeutschen Reich und der Sowjetunion vertraut machen. Das war eine Situation, mit der er sich nur schwer anfreunden konnte, denn stets hatte er in Berlin zu hören bekommen, daß es das Ziel jeder deutschen Politik sein müsse, einen Zweifrontenkrieg wie im Ersten Weltkrieg unter allen Umständen zu vermeiden. Jetzt war es also doch anders gekommen, dachte er sich. Täglich war General der Gebirgstruppe Eduard Dietl jetzt mit seinem Quartiermeister, Major i. G. Wilhelm Heß, und dem Chef des Generalstabes, Oberstleutnant i. G. Karl von Le Suire, seinem alten Kampfgefährten während des Hitler-Putsches von 1923, den er in all den Jahren nicht aus den Augen verloren hatte, bei seinen Divisions- und Regiments-Kommandeuren, um noch offene Fragen zu klären. Über den ersten Abschnitt des Raids gen Osten, die Besetzung des Gebietes um Petsamo, gab es keinen Zweifel. Aber dann stand da ein großes Fragezeichen – und zwar über dem Unternehmen »Platinfuchs«, womit die Offensive auf Murmansk und Poljarnyj mit Schwerpunkt in Richtung Titowka und Zapadnaja Liza, aber auch gegen die Fischer-Halbinsel gemeint war.[54] Diese Operation bestimmte für den Tag X:

> »Das Gebirgskorps Norwegen ist zunächst zur Sicherung des Petsamogebietes und seiner Erzgruben sowie der Eismeerstraße einzusetzen, um dann gemeinsam mit finnischen Kräften gegen die Murmanbahn vorzustoßen und die Versorgung des Murmangebietes auf dem Landwege zu unterbinden.«[55]

Während der letzten Phase der Angriffsvorbereitungen bezog General Dietl mit den vorgezogenen Teilen seines Generalkommandos seine Unterkunft in einem kleinen Holzhaus in Parkkina. Für den Fall russischer Präventivmaßnahmen sorgte er durch gesonderte Befehle vor. Danach würde die Sicherung des Petsamo-Fjordes durch eine Vorausabteilung erfolgen, »während«, so Dietl, »sich die Besetzung des Nickelwerkes und des noch im Aufbau begriffenen Kraftwerkes Jäniskoski sehr bald erübrigt, da hier ausreichende finnische Bewachung eingesetzt ist«.[56]

Aber vorerst zögerten die Finnen noch, insbesondere Mannerheim, den die nationalsozialistische Expansion beunruhigte, an der Seite Deutschlands in den Krieg gegen die UdSSR einzutreten, was den Beginn der deutsch-finnischen Offensive im Norden Europas hinausschob, so daß diese nicht mit dem allgemeinen Angriffsbeginn an der Ostfront zusammenfiel und somit das Überraschungsmoment entfiel. Außerdem lehnte Finnland, das 16 Divisionen (eine unglaublich große Anzahl im Verhältnis zur Gesamtbevölkerung!) zum Einsatz brachte[57], es ab, ein formelles Bündnis mit dem Großdeutschen Reich im Kampf gegen Rußland einzugehen. So überschritt Dietls Gebirgskorps Norwegen erst am 22. Juni 1941, um 2.30 Uhr, unter einem wolkenlosen Himmel im fahlen Schein der Mitternachtssonne die norwegisch-finnische Grenze. Die 2. Gebirgs-Division verschob sich dabei in den Raum um und ostwärts von Parkkina, die 3. Gebirgs-Division in die Gegend um und ostwärts von Luostari, um sich hier zum Angriff über die finnisch-russische Grenze bereitzustellen.

General der Gebirgstruppe Eduard Dietl hatte mehr als alle Hände voll zu tun. Denn jetzt war nicht mehr der Troupier von Narvik, sondern der Kommandierende General der Eismeerfront gefordert. Noch während der letzten Vormarschbewegungen seines Gebirgs-Armeekorps auf finnischem Staatsgebiet in Richtung Osten konzentrierte er seine ganze Arbeitskraft auf die Führung des Angriffs gegen die russischen Bunkerstellungen, die östlich von Petsamo entdeckt worden waren. Generaloberst von Falkenhorst hatte den Angriffstag für Dietls Gebirgs-Armeekorps auf den 29. Juni 1941 festgesetzt, während das etwa 400 Kilometer weiter südlich stehende XXXVI. (Gebirgs-)Armeekorps und das III. finnische Armeekorps erst am 1. Juli 1941 anzutreten hatten. Wie Dietl erfuhr, war diese verhängnisvolle Verzögerung durch die schwachen Kräfte der deutschen Luftwaffe im hohen Norden nicht zu vermeiden gewesen. Görings Luftwaffe sollte zuerst sein Gebirgs-Armeekorps beim Durchbruch durch die russische Bunkerlinie unterstützen und erst dann vor dem XXXVI. (Gebirgs-)Armeekorps zum Einsatz kommen.

> »Das Gebirgskorps greift am 29. Juni/3 Uhr, nach Bereitstellung beiderseits des Kuosmoaivi, über die russische Grenze an und stößt in Richtung Murmansk und Polarnoje vor. 3. Gebirgsdivision geht über die Titowka vor und nimmt Höhen nordostwärts des Tschaprsees, um von dort nach Osten in Richtung Straße Motowski – Zapadnaya – Liza vorzustoßen. Erstes Angriffsziel Höhen nordostwärts Tschaprsees. 2. Gebirgsdivision stößt über die Titowka nach Osten vor und gewinnt Straße Motowski – Titowka. Mit einer Nebengruppe Vorstoß ostwärts Pikkumattivuono. Der Hals der Fischer-Halbinsel ist dabei zu sperren.«[58]

Unterstützt von der Luftflotte 5 des Generalobersten Hans-Jürgen Stumpff, die den Nachschub der Alliierten über das Nordmeer nach Murmansk nachhaltig unterbinden sollte, trat Dietl zusammen mit dem selbständigen finnischen Grenzschutz-Bataillon »Ivalo« entlang der »Eismeerstraße«[59] über den Titowka-Abschnitt gegen die Liza an.

Endziel dieser Operation war es, den eisfreien, durch die Ausläufer des Golfstromes begünstigten russischen Hafen Murmansk zu erobern, der unentwegt von den immer größer werdenden Geleitzügen der Amerikaner und Briten mit Kriegsmaterial für die Rote Armee angesteuert wurde.

Schon pfiffen die ersten Geschosse und MG-Garben über die Felsund Steinwüsten am nördlichen Eismeer.

> »Die 2. Gebirgsdivision am linken Flügel des Gebirgskorps Norwegen hatte am 29. und 30. Juni die feindliche Bunkerlinie durchstoßen, während die 3. Gebirgsdivision in ihrem Angriffsstreifen weder einen Feind noch irgendwelche Wege vorfand«, notierte Dietls Adjutant Herrmann. »Anscheinend hatte der russische Armeeführer die Geländeschwierigkeiten noch höher bewertet, als wir angenommen hatten. Der deutsche Angriff stieß zwar bei den Bunkerbesatzungen auf äußerst tapferen Widerstand, aber irgendeine Tiefengliederung

von kampfentscheidender Bedeutung war in den ersten Tagen zweifellos nicht vorhanden. So mußten sich die Reste der russischen Einheiten beschleunigt mit Schiffen über den kleinen Hafen Titowka
nach rückwärts in Sicherheit bringen, während versprengte Teile, die
sich durch das wegelose Gelände nach Südosten zurückziehen wollten, von Sturzkampfflugzeugen gefaßt und durch das I. Bataillon des
Gebirgsjägerregiments 138 abgeschnitten wurden. Dieses Bataillon
war als einziger Verband der 3. Gebirgsdivision in dem ursprüngli-
chen Angriffsstreifen geblieben und dann in die Tiefe der vermeintlichen russischen Stellungen zwischen Titowka und Liza einge-
schwenkt. Die Hauptkräfte der 3. Gebirgsdivision waren, um einen
Stoß ins Leere zu vermeiden und um die 2. Gebirgsdivision zu unterstützen, schon am zweiten Angriffstag hinter den linken Flügel gezogen worden.«[60]

Unter dem 30. Juni 1941 finden wir im »Kriegstagebuch des Oberkommandos der Wehrmacht« folgende Eintragung:

»Das Gebirgskorps Norwegen befindet sich seit dem 29.6. früh im
erfolgreichen Angriff ostw. Petsamo gegen hartnäckig Widerstand
leistenden Gegner ...«[61]

Und am 2. Juli 1941 lesen wir:

»In Finnland erreicht das Gebirgskorps Norwegen den Liza-Ab-
schnitt und kämpft bei Kutowaja gegen überlegenen Feind, der auf
der Fischerhalbinsel zusammengezogen wurde ...«[62]

2. Die Angriffe an der Liza

Exakt ein Jahr nach seinem glücklichen Sieg im Kampf um den norwegischen Erzhafen lag der »Held von Narvik« mit seinem Gebirgs-Armeekorps sprungbereit am nördlichen Eismeer. Er hätte
Grund zur Freude gehabt, denn, so sahen es die nicht näher eingeweihten Beobachter des nördlichsten Kriegsschauplatzes, der
Kriegsgott schien für den General der Gebirgtruppe Eduard Dietl
einen weiteren Lorbeerkranz bereitzuhalten, wenn es nur gelang,
jene lächerlichen 100 Kilometer zu überwinden, die ihn noch von
Murmansk und der Murmanbahn trennten.
Generaloberst Erich von Falkenhorst, der Dietls Sieg um Narvik
und all die damit zusammenhängenden Beförderungen und Ehrungen bereits voller persönlicher Bitterkeit zur Kenntnis genom-

men hatte, starrte während der Angriffsvorbereitungen im hohen Norden in seinem Armee-Hauptquartier nicht selten gedankenverloren auf die große Lagekarte, die seine Generalstabsoffiziere vor ihm ausgebreitet hatten. Der Oberbefehlshaber der Lappland-Armee wußte zu genau: Wenn dem Kommandierenden General des Gebirgskorps Norwegen auch noch der Sprung über die Liza nach Murmansk gelänge, dann würde dieser vom Führer auch noch zum »Helden im Schnee« hochstilisiert werden. Dieser Gedanke quälte ihn tage- und nächtelang so sehr, daß nicht wenige zu der Überzeugung gelangten, von Falkenhorst sähe es gar nicht so ungern, wenn Dietl an der Liza sein Waterloo erlebe. Und das war in der Tat alles andere als eine böswillige Unterstellung, denn die ständigen Meinungsverschiedenheiten zwischen Dietl und von Falkenhorst, die durch Zeugenaussagen belegt sind, gingen sogar so weit, daß sie nicht einmal vor der Militärgerichtsbarkeit haltmachten. Wenn z. B. der Kommandierende General ein Todesurteil für berechtigt hielt, dann hob der Oberbefehlshaber es wieder auf.[63] So legte Generalfeldmarschall Ferdinand Schörner nach dem Krieg, während des gegen ihn erhobenen Strafverfahrens, zur Untermauerung dieser schwerwiegenden Behauptung einen Brief des damaligen Kriegsrichters Dr. Kreilig vor, in dem darauf hingewiesen wird, »daß Dietl stets für strengste Bestrafung der unter Umständen folgenschwersten Wachverfehlungen an der lockeren, völlig unzusammenhängenden Murmanskfront eintrat und selbst für fahrlässige Taten 10–20 Jahre Zuchthaus als berechtigt ansah«. Wenn Dietl einmal einem milden Urteil zustimmte, dann nur wegen »seiner persönlichen permanenten Gegensätzlichkeit zu v. Falkenhorst ...«.[64]

Dietl brauchte nun, so meinten seine engsten Mitarbeiter und Berater, nur den winzigen Schritt in Richtung Murmansk zu wagen, und schon wäre er für alle Ewigkeit über Raum und Zeit hinweg auch der ruhmreiche »Held der Arktis«.

Allein Dietl sah es anders, ganz anders. Hier, am nördlichen Eismeer, am Ende der Welt, war aus dem strahlenden »Helden von Narvik« der Skeptiker und Zauderer geworden. Er hatte, nach den tagelangen persönlichen Erkundungen, die er teils auf seinen abgeschabten Skiern in der wegearmen »Mondlandschaft« durchgeführt hatte, auch allen Grund dazu. Dietl hatte Hitler zwar – auch auf Grund einiger besorgter Divisions- und Regiments-Kommandeure – seine Bedenken ob eines Angriffs ohne Schwerpunkt mit seinen nur zweigliedrigen »handwerksburschenmäßig« ausgerüsteten Gebirgs-Divisionen und des Risikos eines permanent gefährdeten, über 2500 Seemeilen wochenlang durchzuführenden Nachschubes über See mitgeteilt, doch der Auftrag blieb dennoch bestehen, weil der Kommandierende gegenüber seinem Führer letztlich doch wieder ein weiches Rückgrat bekommen hatte. So fand er zuweilen noch im Schlaf keine Ruhe und sah in fieberhaften Träumen die Geländeschwierigkeiten wie eine nordische Fata Morgana vor sich aufsteigen.

Dietl sah die Berg- und Seenketten zwischen Petsamo und Murmansk, die einzig und allein dem Verteidiger große Vorteile, dem Angreifer jedoch erhebliche Schwierigkeiten bereiteten. Er sah die Felslabyrinthe, durch die kein vernünftiger Weg in östlicher Richtung führte. Er blickte auf eine teilweise eiserstarrte Landschaft, die sogar noch im Juli, und damit über den vorgesehenen Angriffsbeginn hinaus, von der Schneelast erdrückt wurde, so daß ihm selbst entsprechende Luftaufnahmen keinen rechten Einblick in die Oberflächenbeschaffenheit des Geländes hätten geben können. So blieb Dietl nur die vage Hoffnung, daß die Geländeverhältnisse jenseits der finnisch-russischen Grenze ähnlich sein mochten wie diesseits. Daher rechnete er auf sowjetischem Gebiet mit einer moosbedeckten Tundra, mit einer felsigen Landschaft ohne Baum und Strauch, die überdies – abgesehen von einigen kleineren Fischersiedlungen im Küstengebiet – menschenleer, weil menschenfeindlich war.

Erst mit dem Angriffsbeginn löste sich die ungeheure Nervenanspannung in Dietl. Nun fühlte er sich mit einemmal wie von einer zentnerschweren Last, die seine Psyche zu erdrücken drohte, befreit. So setzte er alle seine Hoffnungen und Erwartungen auf den ersten Angriff an der Liza-Front, der vom 5. bis 9. Juli 1941 gegen den rund 20 bis 25 Kilometer weiter ostwärts verlaufenden Fluß vorgetragen wurde, um eine für den gesamten weiteren Angriffsverlauf und den Nachschub wichtige Brücke zu erobern. Gleichzeitig mußte er die deutsche Nordflanke am Hals der Fischer-

Halbinsel gegen russische Angriffe abschirmen. Für diese Aufgaben hatte er die 2. Gebirgs-Division unter Generalmajor Ernst Schlemmer vorgesehen. Die 3. Gebirgs-Division hatte nach Dietls Konzept unter Generalmajor Hans Kreysing rechts davon gegen Motowski vorzustoßen.

Totz starker russischer Gegenwehr und der mangelhaften, ja meist überhaupt nicht vorhandenen Wege konnte die 2. Gebirgs-Division am Abend des ersten Angriffstages Dietl melden, daß sie die Bunkerkette mit 27 Anlagen in der Grenznähe genommen, den Fluß Titowka erreicht und dort einen Brückenkopf gebildet hatte. An der Fischer-Halbinsel wurde eine Sperrfront aufgebaut. Dietl hätte es in dieser Phase des Angriffs nie und nimmer für möglich gehalten, daß an diesem Tag ein Stellungskrieg, der bis zu den Rückzugsbewegungen der Lappland-Armee nach dem Umschwung in Finnland anhielt, beginnen sollte. An der Titowka konnte er seine Augen noch so sehr reiben, aber die von der Luftaufklärung gemeldete Straße zur Liza war nicht vorhanden. Ein weiterer Vorstoß in der wegelosen Tundra mußte unter diesen ungünstigen Verhältnissen in Frage gestellt werden. Der Angriff wurde erst einmal angehalten. Nur schwache Teile konnten bis zur Liza vordringen. War es schon schwierig, in dem unübersichtlichen Felslabyrinth Verbindung und Anschluß an die benachbarte Einheit zu halten, so tat der starke Nebel sein übriges, um die Kampfhandlungen noch mehr zu behindern.

Beim Versuch, in der Fels- und Sumpflandschaft weiter ostwärts vorzustoßen, stieß Dietl auf eine weitere Überraschung, denn die in seiner Karte eingezeichnete Straße nach Sep. Liza entpuppte sich in Wirklichkeit als eine Telegrafenmastlinie. Auch im Süden machte er die betrübliche Feststellung, daß nach Motowski keine Straße führte, sondern nur ein Pfad der lappländischen Ureinwohner, der für größere Truppenbewegungen völlig ungeeignet war. Der Ansatz der 3. Gebirgs-Division, die bisher auf keinen Feind gestoßen war, verlor damit seinen eigentlichen Sinn. Das vorderste Gebirgs-Jäger-Regiment, das 138., drehte aus diesem Grunde ab, um Anschluß an die 2. Gebirgs-Division zu gewinnen. Das Gebirgs-Jäger-Regiment, das die Sicherung des Nachschubes übernommen hatte, wurde nach der Abgabe sämtlicher Tragtiere an die anderen Verbände am 3. Juli 1941 nach vorne geholt und hinter der 2. Gebirgs-Division nachgeführt.

Wohlüberlegte Planungen und sorgfältige Vorbereitungen, die Dietl mit seinen Generalstäblern auf dieses menschenfeindliche Gelände abgestimmt hatte, waren dem nun folgenden eigentlichen Angriff über die Liza vorausgegangen. Die 2. Gebirgs-Division stellte sich mit der Masse ihrer Einheiten westlich des Flusses bereit, um die Brücke über die Liza zu gewinnen und von hier aus über den Fluß zu kommen. Zur Entlastung dieses Frontalangriffes wurde ein Gebirgs-Jäger-Bataillon von der Liza-Bucht aus auf dem ostwärtigen Liza-Ufer vorgezogen, um das Höhengelände gegenüber der Brücke in die Hand zu bekommen. Rechts setzte Dietl die 3. Gebirgs-Division an, um den Übergang südlich der Brücke zu erzwingen. Der Angriff der 2. Gebirgs-Division ging zunächst einmal diesseits der Liza vorwärts – und zwar so lange, bis das Höhengelände nördlich der Brücke erreicht war. Als der Angriff dann dort liegenblieb, verzichtete der Kommandierende auf weitere Versuche, die Brücke frontal nehmen zu lassen. Nun hoffte er darauf, den Brückenübergang durch den Angriff des rechten Nachbarn und mit Hilfe des auf dem Ostufer angesetzten Gebirgs-Jäger-Bataillons erzwingen zu können. Aber weit gefehlt, denn das Bataillon, auf dessen Angriff Dietl so viele Hoffnungen gesetzt hatte, war unversehens in das feindliche Hauptkampffeld hineingestoßen und mußte, um nicht ganz vernichtet zu werden, schnellstens zurückgenommen werden.[65]

Etwas mehr als die »Zweite« war Dietls ehemalige »Dritte« vom Kriegsglück begünstigt. Der Russe hatte auf dem rechten Flügel keinen Angriff der Deutschen erwartet und daher nur schwache Flankensicherungen aufgebaut. Um so größer war für ihn die Verwirrung, als Dietls Gebirgsjäger dort ungestüm über den Fluß und die steilen Felshänge hinauf vorwärts drängten. Schon war der befohlene Brückenkopf gebildet worden, aber zu einem Vorstoß nach Norden, um das erstrebte Ziel, die Brücke über die Liza, in die Hand zu bekommen, reichten die Kräfte auch hier nicht mehr aus. Sie waren bald sogar zu schwach, um die mit großer Wucht einsetzenden russischen Gegenangriffe abzuwehren.

Sorgenvoll starrte General Dietl auf die Lagekarte, in die sein

1. Generalstabsoffizier die eigenen Bewegungen mit einem Blaustift eingezeichnet hatte. Was er sah, war alles andere als ermutigend, denn nicht nur an der Liza, sondern auch an der Liza-Bucht war die Lage für seine Gebirgsjäger mehr als ernst, nachdem der Roten Armee Truppenlandungen in unbekannter Stärke geglückt waren. Unter dem Aufgebot sämtlicher Zugmaschinen und ohne Rücksicht auf Ausfälle durch Motorschäden wurden zwei schwere Artillerie-Abteilungen nach vorne gebracht. Die Finnen schickten dem deutschen Waffenbruder zur Verstärkung zwei Infanterie-Bataillone. Nur so konnte die Krise, die entstanden war, von Dietl gemeistert werden. Inzwischen hatte die Gesamtlage sich gar so weit stabilisiert, daß er einen nochmaligen Angriff über die Liza in Erwägung ziehen konnte. Schon liefen die Vorbereitungen auf Hochtouren, als sich ein Mißgeschick ereignete: Ein Kradmelder des Stabes des Gebirgs-Jäger-Regiments 136 mit dem schriftlichen Befehl des Gebirgskorps Norwegen für den Angriff – »einschließlich des Hinweises auf Operationen der 6. Zerstörerflotille«[66] – fiel am Fischerhals den Sowjets in die Hände. Der Angriffsschwerpunkt wurde vom Kommandierenden General, nachdem fast alle Verbände der beiden Gebirgs-Divisionen unter teilweise erbitterten Kämpfen an die Liza herangeführt worden waren, daraufhin in den Raum südlich der Liza-Bucht verlegt, in dem die 2. Gebirgs-Division stand. Die 3. Gebirgs-Division sollte sich mit ihren Gebirgs-Jäger-Bataillonen dem Angriff erst später anschließen.

Am 12. Juli 1941 kam es auf dem Gefechtsstand des Generalkommandos Gebirgkorps Norwegen zu einer Begegnung zweier Generale, die sich im Grunde genommen nicht mehr viel zu sagen hatten. Um so erstaunlicher war, daß Generaloberst von Falkenhorst Dietls Angriffsplan einer starken Linksumfassung nicht nur absegnete, sondern ausdrücklich guthieß. Der Kommandierende fühlte sich durch den Oberbefehlshaber der Lappland-Armee derart geschmeichelt, daß es ihm alles andere als schwerfiel, am 13. Juli 1941 den zweiten Angriff gegen die Liza, der bis zum 19. Juli 1941 anhielt, auszuführen – und zwar mit Hauptstoßrichtung von Norden her. Von hier aus sollte Murmansk erreicht und genommen werden. Voraussetzung dafür war allerdings zuerst einmal die Vernichtung der ostwärts der Liza stehenden russischen Truppenansammlungen.

Gebannt und fasziniert zugleich blickte Dietl in jenen Tagen immer wieder auf Murmansk, den einzigen eisfreien sowjetischen Kriegshafen im nördlichen Eismeer, und auf die Murmanbahn, die »Burmastraße des Nordens«, die auf russischer Seite die ganze Front entlangführt und Murmansk mit Leningrad, also das Eismeer mit der Ostsee, verbindet. »Eine Front«, so Dietl, »lebt und stirbt, wie es in jedem militärischen ABC steht, mit dem Nachschub.«

Nicht umsonst hatte sein Gebirgs-Armeekorps ganz gezielt den Befehl erhalten, den Angriff gegen den strategisch überaus wichtigen sowjetischen Eismeerhafen Murmansk – unter Sicherung des Hafengebietes von Petsamo – durchzuführen. Eine schwere Aufgabe, für Dietl gar eine unlösbare, wie sich schon bald herausstellte.

Am 13. Juli 1941 begann der Angriff an Dietls Schicksalsfluß von neuem. Drei Kampfgruppen standen dafür bereit: die linke Umfassungsgruppe mit dem I./Gebirgs-Jäger-Regiment 136, dem III./ Gebirgs-Jäger-Regiment 138, dem bereits mit Teilen ostwärts der Liza liegenden III./Gebirgs-Jäger-Regiment 136 sowie mit der Gruppe von Hengl (u. a. II. und III./Gebirgs-Jäger-Regiment 137 und I./Gebirgs-Artillerie-Regiment 111), die den Hauptangriff zu tragen hatte. Die mittlere Gruppe unter Oberst Windisch (I. und III./Gebirgs-Jäger-Regiment 139) hatte mit der Gruppe von Hengl den Angriff gegen die Höhe 183.6 vorzutragen. Die äußerste rechte Gruppe unter Oberst Weiß bestand aus dem Stab und dem I. und II./Gebirgs-Jäger-Regiment 138.

Nur unter größten Mühen erreichten Dietls Gebirgsjäger die Gegend »Runder See« und »Langer See«, wo es auf dem Höhengelände zu schweren Kämpfen kam. Feindliche Gegenangriffe zwangen die ausgebluteten Gebirgs-Jäger-Bataillone schließlich zum Ausweichen auf das nordwestliche Ufer des »Langen Sees«. Aber auch diese Stellungen mußten aufgegeben und die Verbände wieder zurückgenommen werden. Die neue Hauptkampflinie zog sich nun von der Liza, die von hohen Felsen eingerahmt ist, über die Höhen westlich »Runder See« und »Mondsee« bis zum Liza-Fjord, der eine beachtliche Breite aufweist. Der Ausbau der einzelnen Widerstandsnester, zu deren Vollendung die Sowjets den Deutschen keine Zeit ließen, war eine mühselige Arbeit in dem felsigen Gelände.

Fortan löste ein Gegenangriff den anderen ab, aber die Stellungen – und das war für Dietl trotz aller Rückschläge doch irgendwie ein Trost – konnten von seinen Gebirgs-Jägern, den Gebirgs-Pionieren und den Gebirgs-Artilleristen gehalten werden.

Anders sah es dagegen am Südflügel seines Gebirgskorps, nämlich bei der 3. Gebirgs-Division, aus. Dort war es so ruhig, daß Dietl den Angriffsgedanken immer noch nicht aufgeben und dieses Mal mit einem rechten Schwerpunkt angreifen wollte. Die »Dritte« hatte bereits die Befehle zur Durchführung in den Händen, als auch in diesem Abschnitt starke russische Angriffe begannen. Erschreckend hoch waren für Dietl dabei insbesondere die Verluste seines altvertrauten Gebirgs-Jäger-Regiments 139 im Liza-Grund. Nicht weniger als 70 Tote und 200 Verletzte hatten die beiden eingesetzten Kampf-Bataillone dort an einem einzigen Tag zu beklagen! Das traf den Kommandierenden um so härter, da man schon sehr bald hinter vorgehaltener Hand von Dietls Toten an der Liza sprach und damit, was ihn aus der Fassung brachte, eine erste Schuldzuweisung vornahm. Noch erbarmungsloser griffen die Russen jetzt am Fischerhals an und erzielten hier besorgniserregende Einbrüche, die nur mit viel Mühe und Not durch ein finnisches Bataillon, das gerade ablöste, bereinigt werden konnten. Der Raum südlich der Liza-Bucht blieb weiterhin ein Gefahrenherd, der erst beseitigt werden mußte, wenn Dietl abermals angreifen wollte. Für diese Säuberungsaktion wurden eigens Kräfte frei gemacht. Nach dem Abschluß dieses Unternehmens drängte das Oberkommando der Lappland-Armee zu einem dritten Angriff gegen Murmansk, obwohl die Gefechtsstärke der 2. und 3. Gebirgs-Division – trotz des eingetroffenen Ersatzes aus der alpenländischen Heimat – in erschreckendem Maße abgesunken war und ausreichende Reserven fehlten. Zur Verstärkung wurden dem Gebirgskorps lediglich das Infanterie-Regiment 388 und das SS-Infanterie-Regiment 9 zugeführt. Niemand wußte besser als Dietl, daß das nur der berühmte Tropfen auf dem heißen Stein war. Aber er war schon froh, daß von Falkenhorst ihn wenigstens mit diesen Verbänden bedachte.

Während Dietl in den kommenden Tagen dafür sorgte, daß in erster Linie die geschwächten Verbände neu geordnet und die entstandenen Lücken geschlossen wurden, stellte sein Adjutant voller Bitterkeit fest:

> »Auf jedem anderen Kriegsschauplatz wären zu diesem Zeitpunkt des Krieges schnell Regimenter oder Divisionen herangeführt worden. Ja, wenn nicht 3000 km zwischen uns und der Heimat und fast 400 zwischen unserm rechten Flügel und dem benachbarten XXXVI. A. K. bei Salla gelegen hätten, das auch in schwersten Angriffskämpfen unter Kräftemangel litt!«[67]

Angesichts dieser wenig optimistischen Lagebeurteilung mag sich Dietl wiederholt die Frage gestellt haben: »Ist Murmansk überhaupt von Land her anzugreifen?« Er, der zeit seines Lebens nie ein Generalstäbler, dafür aber ein gewiefter Troupier war, beantwortete diese Frage schon sehr bald als einer der ersten mit einem klaren: »Nein!« Auf Grund seiner außergewöhnlich guten Verbindungen zu seinem Obersten Befehlshaber konnte er sich wie kein zweiter Heerführer des skandinavischen Kriegsschauplatzes erlauben, Hitler seine Bedenken sowohl mündlich als auch schriftlich vorzutragen. Allerdings in diesem Falle vergeblich, so daß es bei den weiteren Angriffsplänen blieb. Über diese Haltung, die auch Keitel eingenommen hatte, war Dietl nicht sehr glücklich.

> »... das Endziel des Kampfes im hohen Norden bestand doch darin, nicht nur den Heimatboden des finnischen Waffenbruders mitzuverteidigen und die offene Flanke der deutschen Ostfront am Eismeer zu schützen, sondern vor allem auch die Lebensader Rußlands zum Atlantischen Ozean abzuschneiden. Mußte das aber unbedingt am Endpunkt der Bahn geschehen? Ein Angriff in günstigerem Gelände, etwa bei Kandalakscha, wo gut ausgebaute Straßen in günstigerem Gelände und die Eisenbahn von Rovaniemi über Salla zur Verfügung standen, wo sich auch die deutsche Front der Murmanbahn bereits auf Sichtweite genähert hatte, hätte die große Aufgabe wohl gelöst.«[68]

Trotz all dieser Schwierigkeiten und nicht ausgeräumten Bedenken und Vorbehalte trat Dietl mit seinem Gebirgskorps Norwegen im September 1941 nochmals zum Angriff an der Liza an. Ein schwerwiegender Entschluß, wie er jedem, der es hören wollte, bekannte, denn er wußte zu genau, wie schmal der Grat zwischen dem »Hosianna« und dem »Kreuziget ihn« war, auf dem er sich unter den argwöhnischen Blicken seines neidischen Oberbefehlshabers von Falkenhorst bewegte.

Er konnte es drehen und wenden, wie er wollte: Es war eine absolute Negativbilanz, die Dietl nach dem zweiten Angriff an der Liza von seinem 1. Generalstabsoffizier vorgelegt wurde.

> »... die Verluste während der Monate Juli und August waren ungeheuer gewesen. Allein bis zum 12. August, also ohne die Ausfälle beim russischen Großangriff am 14. August, hatte die 2. Gebirgs-Division 3079 Mann, darunter 89 Offiziere, an Gesamtausfällen verloren. Davon waren 671 Gefallene, 151 Vermißte und 2257 Verwundete. Das bedeutete einen Ausfall von 26,79 Prozent der Iststärke und 35,86 Prozent der Gefechtsstärke. Ein Drittel der Truppe stand auf den Gefallenen- und Verwundetenlisten.«[69]

Auch das waren, und das traf ihn besonders schwer, seine Toten an der Liza! Nicht weniger schwer bedrückten ihn die Lebenden, denn »die Truppe war abgekämpft, übermüdet und stumpf. Das unruhige Leben der vergangenen Wochen mit seinen seelischen und körperlichen Nöten hatte eine tiefe Wirkung hinterlassen ... Apathisch und teilnahmslos hockten die Leute herum.«[70]

Obwohl der erste Kriegsmonat gegen die Sowjetunion an keinem der drei nordfinnischen Korpsabschnitte einen durchschlagenden Erfolg gebracht hatte, hielten sowohl das Oberkommando der Wehrmacht als auch die Lappland-Armee und das Gebirgskorps Norwegen vorerst an ihrem »Willen zur Offensive gegen Murmansk fest«.[71]

Mit seinem untrüglichen Instinkt durchschaute Dietl die List des Oberbefehlshabers der Lappland-Armee, der alle Hebel in Bewegung setzte, damit aus dem »Helden von Narvik« nicht auch noch ein »Held der Arktis« werden würde. Er, der Kommandierende, spürte, daß »seine Verantwortung noch beträchtlich erhöht wurde«, denn bei einem Scheitern würde Generaloberst von Falkenhorst einzig und allein ihm vorwerfen können, »sich dem Vorschlag der Armee nicht angeschlossen zu haben«.[72] Am 15. August 1941 kam es zu einer persönlichen Begegnung der beiden Erzrivalen auf dem skandinavischen Kriegsschauplatz. Dabei »trug Dietl all seine Gründe für den erfolgten Kräfteansatz ... beim Oberbefehlshaber vor. Nach der Aussprache teilte der Chef der Armee dem Korps mit, daß in der Besprechung mit dem Kommandierenden General festgelegt wurde, daß zumindest etwa zwei Bataillone entlang der Seenenge Knyrkjärwi – Lubolsee angreifen sollten. Also war Dietl doch noch weich geworden.«[73] Jetzt, nachdem er sich die Ansichten des Generalobersten von Falkenhorst mangels eigener Courage zu eigen gemacht hatte, nahm das Schicksal für ihn und seine Gebirgsjäger einen dramatischen Verlauf. Es kam zum verlustreichen Septemberangriff an der Liza, bei dem der Verlierer von vornherein feststand: Dietl, der »Krebs von Murmansk«, wie man ihn schon bald spöttisch bezeichnete.

Angesichts des sehr früh hereinbrechenden arktischen Winters begann der dritte Angriff an der Liza bereits am 8. September 1941. Am 7. September war in das »Kriegstagebuch des Oberkommandos der Wehrmacht« das Ergebnis der bisherigen Offensiven mit den ernüchternden Worten »Angriff des Geb.Korps Dietl an der Eismeerfront schlägt nicht durch, die Verbände bleiben an der Liza stehen«[74] eingetragen worden. Eine Verlustmeldung jagte nun die andere. Hunderte von Gebirgsjägern fielen oder wurden verwundet. Die Blüte der ostmärkischen Gebirgsverbände wurde an der Liza sinnlos geopfert.

Dietl war zutiefst erschüttert. Aus dem strahlenden Helden war innerhalb weniger Tage eine tragische Symbolfigur geworden. Und noch immer war der Kelch an ihm und seinen gemarterten Gebirgsjägern nicht vollends vorübergegangen, denn die Kämpfe nahmen an Härte noch zu. Zwar wurde bei der 2. Gebirgs-Division Gelände nach Osten gewonnen, aber der geplante Stoß nach Süden gelang nicht mehr, so daß mit der 3. Gebirgs-Division keine Verbindung zustande kam. Schließlich lag auch die 3. Gebirgs-Division nach dem Überschreiten des Schicksalsflusses fest und konnte der 2. Gebirgs-Division nicht zu Hilfe eilen. Nun hatte Dietl die niederschmetternde Gewißheit, daß auch der dritte Angriff über die Liza gescheitert war. Der Kommandierende sah ein: Es hatte beim besten Willen keinen Zweck mehr, sich im Jahre 1941 mit einem weiteren Angriff über seinen Schicksalsfluß zu befassen, zumal die Nachschubschwierigkeiten so groß geworden waren, daß sie zu äußerst ernsten Sorgen Anlaß gaben. Wie sich außerdem herausstellte, war Dietl mit seinen Gebirgsjägern einem Großangriff der Russen, zu dem diese starke Verbände bereitgestellt hatten, zuvorgekommen. Mit diesen Kräften wäre es für die Russen ein leichtes gewesen, in der wild zerklüfteten, wege- und baumlosen Tundra, die keine Deckungsmöglichkeiten für Großverbände bot, einen erneuten Angriff des Gebirgskorps Norwegen zum Erliegen zu bringen.

3. Dietls Waterloo an der Liza

»Vae victis!«

Die Nemesis war gnadenlos über Dietl hereingebrochen. Es war nicht zu übersehen und soll auch, wie sonst so manches um seine historische Person, weder glorifiziert noch verschwiegen werden: Dietl, diese tatenfrohe Natur, die schon immer – nicht nur als Bergsteiger – hoch hinaus wollte, war an der Liza in das »Tal des Todes«[75] geraten. Aus dem von der NS-Propaganda hochgejubelten »Helden von Narvik« war über Nacht die tragische Figur von der Liza geworden, denn »selbst gegen seine Lieblinge zeigt sich das Schicksal nie allzu großmütig«, weil »die Götter dem Sterblichen mehr als eine einzige unsterbliche Tat« selten gewähren.[76] Hier, an der Liza, war er als Kommandierender und nicht als Durchhalte-General mit einer Mir-nach-Taktik gefordert (und überfordert). Dietl, im Grunde seines Herzens stets ein ehrlicher und aufrichtiger Mensch, dem die Unwahrheiten, die vielerorts später um seine Person und Vergangenheit verbreitet wurden, höchst zuwider gewesen wären, sah es nicht anders. Er war der charismatische Gebirgsjäger-General, der sich für seine Untergebenen einsetzte und die Sorgen und Nöte des einfachen Landsers kannte, und keiner jener Generalstäbler, die, fern vom Schützengraben, vor ihren Kartentischen saßen und alle möglichen operativen Überlegungen und Finessen anstellten, ohne dabei die Belange des einfachen Frontsoldaten im Auge zu haben. Er hatte nie – so hoch er auf der militärischen Karriereleiter auch gestiegen war – den Kontakt zur Truppe, der er sich stets besonders verbunden fühlte, verloren oder gar abreißen lassen. Im Gegenteil: Seine »braven Ostmärker«, wie er sie nannte, waren ihm zeit seines Lebens ans Herz gewachsen.

Um so mehr traf ihn das hundert-, ja tausendfache Sterben seiner tapferen Gebirgsjäger an der Liza, denn schließlich war er es, der »Tausende junger Menschen in den Tod geschickt und vielen Tausenden den Tod gebracht«[77] hat. Und da er an seinem Schicksalsfluß mit dem sinnlosen Leiden und Sterben seiner Männer auf Schritt und Tritt konfrontiert wurde, gab es nicht wenige Nächte, die Dietl schlaflos verbrachte. Schwer lasteten der unheimliche Druck der drei überaus verlustreichen Angriffe und das Wissen um die Unhaltbarkeit der deutschen Stellungen an der Liza auf seinem Gemüt.

Es war am 23. September 1941, als General der Gebirgstruppe Eduard Dietl an seinem Schreibtisch saß. Er konnte nicht anders, als sich allen Frust und alle Qualen der schlaflosen Nächte von der gemarterten Seele zu schreiben. In dieser Weltuntergangsstimmung wandte sich Dietl an seinen alten Bergkameraden, den ehemaligen Gebirgsartilleristen Alfred Jodl, jetzt Chef des Wehrmachtführungsstabes im Oberkommando der Wehrmacht. Persönlich wie auch dienstlich zutiefst verbittert und betroffen, nahm Dietl kein Blatt vor den Mund:

> »Die Tragik meines Einsatzes hier ist, daß für die so verzehrenden Tundrenkämpfe immer zu wenig Kräfte zur Verfügung standen. Die Armee hat es versäumt, an einer Stelle einen wirklichen Schwerpunkt zu bilden und dort ›überlegen‹ anzugreifen. So bleibt uns trotz beispielloser Opfer und hingebenden Einsatzes doch der Enderfolg versagt.«[78]

Da stand es also auch für den Obersten Befehlshaber der Wehrmacht schwarz auf weiß: Dietl fühlte sich von Falkenhorst um den greifbaren Sieg an der Liza betrogen. Ja, er ging in seiner Formulierung sogar noch einen Schritt weiter, indem er vom »Einfach-hängen-gen-Lassen«[79] schrieb. Massiver konnte ein Untergebener seinen Vorgesetzten nicht beschuldigen – und das auch noch hinter dessen Rücken unter Umgehung des Dienstweges! Dietl war jedes Mittel recht, um sich reinzuwaschen, um das Scheitern der Offensive vor Murmansk wie den Schwarzen Peter weiterzureichen. So war der Bruch zwischen dem Kommandierenden General des Gebirgskorps Norwegen und dem Oberbefehlshaber der Lappland-Armee viel tiefer, als weithin angenommen wird. Dietl, das geht zweifelsfrei aus seinem Brief an den Chef des Wehrmachtführungsstabes hervor, sah den Grund seines Scheiterns an der Liza in der mangelnden Unterstützung durch Generaloberst von Falkenhorst. In kritischer Distanz äußerte sich hierzu jedoch sein eigener Quartiermeister, der spätere General Wilhelm Heß:

>»Der Armee allein hierfür die Schuld zu geben, erscheint aber nicht gerecht. Die Oberste Führung hätte hier Wünsche und Möglichkeiten anders abwägen und die Armee mit den ausreichenden und geeigneten Kräften ausstatten müssen.«[80]

General der Gebirgstruppe Eduard Dietl mußte jedenfalls zur Kenntnis nehmen, daß auch für ihn nicht alle Bäume in den Himmel wuchsen – erst recht nicht die spärliche Vegetation am nördlichen Eismeer. So wurde das Unternehmen »Platinfuchs« aufgegeben. Die Truppe war total erschöpft, ja ausgeblutet – verblutet. Alles, was bei diesem dritten Angriff im September 1941 erreicht wurde, bestand in einer Erweiterung des Liza-Brückenkopfes.[81] Der eisfreie Hafen von Murmansk und die Murmanbahn, das Ziel aller Strapazen und Entbehrungen, blieben nach wie vor fest in russischer Hand.

Wie an der gesamten Ostfront, so war auch hier, im hohen Norden, Hitlers »Blitzkriegs-Strategie« gescheitert, der »Griff nach der Weltmacht« in weite Ferne gerückt. Während der Feldzug gegen Polen nur vier und der gegen Norwegen nur acht Wochen gedauert hatte, während Holland in fünf und Belgien in sieben Tagen überrannt worden war, während der Frankreichfeldzug in sechs, der Griechenlandfeldzug in drei und der Jugoslawienfeldzug in noch nicht einmal zwei Wochen hatte beendet werden können, widerstand der russische Koloß dem Ansturm der Deutschen Wehrmacht – und damit auch dem des Gebirgskorps Norwegen. Aus Dietls »Gepäckmarsch« über die Eismeerstraße nach Murmansk und von dort aus mit der Murmanbahn nach Süden war also nichts geworden.[82] Nachdem Hitler die betrübliche Feststellung gemacht hatte, daß trotz seines »Helden von Narvik« und trotz des »Heldenvolkes« der Finnen[83] der Hafen von Murmansk in diesem Jahr wohl nicht mehr zu erreichen war, hatte er am 22. September 1941 seine »Wei-

340

sung Nr. 36« erlassen, die sich mit dem Scheitern der Offensive im hohen Norden befaßte. Als das Armee-Oberkommando in Rovaniemi die erste Ausfertigung durch einen Kurier erhielt, schäumte Generaloberst von Falkenhorst vor Wut. Dann reichte er den Schwarzen Peter umgehend dem Gebirgskorps Norwegen weiter.

> »Plötzlich wehte vom Armee-Oberkommando über die im Morast liegende Truppe ein harter Wind in Form eines am 29. September erlassenen Befehls. Darin wurde von Schwarzseherei, Apathie, Gleichgültigkeit, Schwunglosigkeit und von Ablösungswünschen gesprochen, von einer schlechten Stimmung verantwortlicher Führer, die sich auf Untergebene übertrage; von mangelnder Aufklärung der Soldaten anstatt Vermitteln der Idee, Heben des Vertrauens und Stärken des Mutes durch harte und schwungvolle Vorgesetzte. Mit Schärfe müsse jede pessimistische Stimmung bekämpft werden.«[84]

Und wörtlich hieß es dann:

> »Ich erwarte, daß die Truppe in kürzester Frist ihren Ermüdungszustand überwindet.«[85]

Dietl kam sich wie ein geschlagener Hund vor, als er auch noch den in Luostari auf die Regimenter, Abteilungen und Bataillone seiner 6. Gebirgs-Division ungeduldig wartenden anderen Rivalen, Ferdinand Schörner, spotten hörte. In einem Schreiben an den Chef des Generalstabes der Lappland-Armee nahm Generalmajor Schörner eine schonungslose Lagebeurteilung vor. Und mit einem Seitenhieb auf den »Helden von Narvik« fügte der »Sieger von Athen« hinzu: »Dietl ist auch seelisch etwas fertig.«

So war es in der Tat, wenn der Verlierer von der Liza die Lagekarte betrachtete. Kurz vor seinem ganz großen Ziel, nicht viel mehr als die lächerliche Entfernung zwischen München und Rosenheim, war sein unüberlegter Angriffsschwung zum Erliegen gekommen. Zwischen 45 und 60 Kilometer vor dem von der Natur gut befestigten Raum von Murmansk war seine Front, die von hier aus über weit zerstreute Stützpunkte und Feldwachen quer durch die unwirtliche und menschenfeindliche Landschaft bis zum Hals der Fischer-Halbinsel am Polarmeer verlief, erstarrt.

4. Frontsicherung und Stellungskrieg am Eismeer

Nun, bevor der Kampf im hohen Norden, wie General der Gebirgstruppe Eduard Dietl es in seinem Tagesbefehl vom 1. Oktober 1941 zum Ausdruck brachte, weitergehen konnte, traf zunächst einmal Jodls Antwortschreiben[86] beim Generalkommando des Gebirgskorps Norwegen ein. Die kameradschaftlich noble Art, in der dieser seinen Brief an den ehemaligen Seilgefährten Eduard Dietl abgefaßt hatte, war Balsam für die arg strapazierte Psyche des tragischen Helden von der Liza. Insbesondere richtete Dietl sich an dem Satz »Die Aufgabe war undankbar und opfervoll« auf. Mit einemmal hatte er das Gefühl, daß auch sein Führer das so und nicht anders sah, denn wie hätte der Chef des Wehrmachtführungsstabes sonst eine derartige Lagebeurteilung abgeben können? In diesem Bewußtsein kam es am 15. Oktober 1941 in Inari zu einem Gedankenaustausch zwischen dem Chef des Generalstabes der Lappland-Armee einerseits und dem Kommandierenden General und dem Chef des Generalstabes des Gebirgskorps Norwegen andererseits. Mit von der Partie war Major Engel, der Adjutant des Heeres beim Führer und Obersten Befehlshaber der Wehrmacht, sowie die Quartier- bzw. Oberquartiermeister des Gebirgskorps und der Armee. Major Engel brachte eine von General Jodl in Aussicht gestellte Führerweisung mit und übergab sie Dietl mit allen guten Wünschen.

Nachdem Dietl der »Weisung Nr. 37« entnommen hatte, daß jetzt alle Angriffe in Nordfinnland und die Offensive des Gebirgskorps Norwegen in Richtung Murmansk[87] einzustellen seien, lenkte er seinen Blick nochmals auf die nächsten Aufgaben des A. O. K. Norwegen und seines Gebirgs-Armeekorps, dem die 5. Gebirgs-Division des Generals Julius Ringel nach dessen Kampf um Kreta zugeführt werden sollte. Eine sehr gute Entscheidung, sagte er sich, denn Ringel war ihm ja kein Unbekannter, sondern als sein ehemaliger 1. Generalstabsoffizier der 3. Gebirgs-Division noch in bester Erinnerung. Kaum hatte Dietl sich mit allen Einzelheiten der »Weisung Nr. 37« vertraut gemacht und mit seinen bewährten Generalstabsoffizieren die entsprechenden Schlußfolgerungen gezogen, da ereilten ihn bereits die Durchführungsbestimmungen

342

zur »Weisung Nr. 37«, mit welchen die weiteren operativen Zielsetzungen im Nordraum festgelegt wurden. Nun konnte Dietl die in der Weisung angesprochenen Ablösungen seiner Verbände durchführen lassen. Die 3. Gebirgs-Division des Generals Kreysing, die seit Kriegsbeginn pausenlos im Einsatz gewesen war, wurde aus ihren Stellungen am Eismeer herausgelöst und durch die frische 6. Gebirgs-Division des Generals Schörner ersetzt, »eine der wenigen, vielleicht die einzige Division der Rußlandfront, die in kompletter Winterausrüstung an die Front ging und so den harten Winter relativ gut überstand«.[88] Während die »Sechste« alle Vorbereitungen traf, um in ihren Stellungen dem Feind und der arktischen Witterung gewachsen zu sein, erreichte die 2. Gebirgs-Division, die ebenfalls seit dem Beginn des Rußlandfeldzuges pausenlos und fast ohne Nachersatz, Unterkunft und Urlaub in vorderster Linie gelegen hatte, ihre alten Quartiere um Kirkenes. Dietls altvertraute 3. Gebirgs-Division sollte anfangs ebenfalls als Armee-Reserve in Finnland bleiben. Doch jetzt zogen die geschwächten Regimenter, Bataillone und Abteilungen der »Dritten« in langen Märschen über Petsamo und Parkkina auf der Eismeerstraße in Richtung Süden, um sich im Raum Kemi – Rovaniemi bereitzustellen.

Doch es kam ganz anders: Nach einer kurzen Pause ging der Marsch der 3. Gebirgs-Division weiter – und zwar an den Bottnischen Meerbusen, um von hier aus mit Schiffen zwecks Auffrischung und Neubewaffnung auf den deutschen Truppenübungsplatz Grafenwöhr transportiert zu werden. Infolge der Fortdauer der Transportschwierigkeiten über die Ostsee konnte die »Dritte« im Kriegsjahr 1941 jedoch nur noch teilweise abberufen werden. Unter anderem verblieb das Gebirgs-Jäger-Regiment 139 unter Oberst Windisch auf Betreiben Dietls im hohen Norden. Sein verstärktes »Narvik«-Regiment, das sich neben dem Gebirgs-Jäger-Regiment 139 aus der I./Gebirgs-Artillerie-Abteilung 112, aus der Gebirgs-Panzerjäger-Abteilung 48 und der 2./Gebirgs-Pionier-Bataillon 83 zusammensetzte, wurde zunächst als Reserve der Lappland-Armee im Bereich des Gebirgskorps Norwegen eingesetzt und später dem XXXVI. Gebirgs-Armeekorps bei Salla, der Zwingburg des finnischen Nordraumes, sowie in Alakurtti (hier insbesondere im Werman-Abschnitt) unterstellt.[89]

»Glücklicherweise verhielten sich die Russen völlig passiv, so daß die Ablösung ohne nennenswerte Verluste vor sich gehen konnte. Nur die Muli und die kleinen bosnischen Tragtiere, die nach dem heißen Sommer in Griechenland noch nicht einmal Winterhaare bekommen hatten, lagen und standen als schaurige Opfer des unerbittlichen Klimas steif gefroren und tot fast von Parkkina bis zur Liza am Rande der einzigen Vormarschstraße. Im Frühsommer des Jahres 1942 tauten sie, noch völlig erhalten, aus den vom Schnee meterhoch verschütteten Mulden wieder auf.«[90]

Jäh war der Polarwinter mit Schneestürmen und einer arktischen Kälte von minus 30 bis 40 Grad in voller Wucht hereingebrochen. Vor der Front der 6. Gebirgs-Division führten die Russen eine erste Angriffswelle gegen K 3 und K 4, wie die Kampfstützpunkte von den Gebirgsjägern genannt wurden, durch. Im Gegensatz dazu erhielten die vielen tausend Granithöhen in der menschenleeren Tundra zur Standortbestimmung Namen aus der alpenländischen Heimat.[91] Schon stand die erste Kriegsweihnacht am Eismeer vor der Tür. Gedankenverloren starrten Dietls Gebirgsjäger aus ihren Bunkern in die tiefverschneite Arktis. Längst hatte der Neuschnee die Gefechtsspuren der Novemberkämpfe um die Kampfstützpunkte K 1, K 3, K 4 und K 9 verdeckt, als die Weihnachtskämpfe an der Murmanfront zwischen K 2, K 3 und K 4 mit besonderer Härte entbrannten.[92]

Am letzten Tag des Kriegsjahres 1941 erfolgte ein russischer Angriff auf K 5, »der erst durch die Heranziehung der letzten Reserven sowie mit Hilfe von Nachschubleuten abgewehrt wurde. Die Verluste«, so Wiesbauer, »waren in jenen Tagen bei uns ziemlich hoch, da zu den vielen Verwundeten noch beträchtliche Ausfälle an Erfrierungen kamen.«[93]

Dietl war ehrlich genug, um zuzugeben, daß diese Kämpfe in einem für mitteleuropäische Verhältnisse vollkommen ungewohnten Klima bedeutend mehr Opfer von seiner Truppe gefordert hätten, wenn sein neuer Rivale auf dem nordfinnischen Kriegsschauplatz, General Schörner, »der wilde Ferdinand«, wie er im Landserjargon respektvoll genannt wurde, für seine 6. Gebirgs-Division nicht die Parole »Arktis ist nicht!« ausgegeben hätte. Derart angestachelt, trotzten die Jäger der »Sechsten« den arktischen Temperaturen in ihren neuen Stellungen.[94]

III. Oberbefehlshaber der 20. Gebirgs-Armee

Generaloberst Eduard Dietl war weder ein operativer und strategischer Kopf wie der Generalfeldmarschall Erich von Manstein noch ein Meister der Defensive wie der Generalfeldmarschall Walter Model, dessen Strategie gar im Konzept der NATO fortlebt; er war weder ein so exzellenter Taktiker wie der Generalfeldmarschall Erwin Rommel noch ein Grandseigneur wie der alte Generalfeldmarschall Gerd von Rundstedt, der »einen untrüglichen Instinkt für große Lagen besaß«.[95] Dietl war weder ein Adliger wie der Generalfeldmarschall Ewald von Kleist oder sein Widersacher Generaloberst Nikolaus von Falkenhorst; er besaß weder die Härte eines Generalfeldmarschalls Ferdinand Schörner, noch war er ein Zauderer wie der Generalfeldmarschall Friedrich Paulus; er besaß weder die Abgeklärtheit und Kälte im militärischen Denken und Handeln wie der Generaloberst Alfred Jodl noch die Prunk- und Genußsucht des Reichsmarschalls Hermann Göring.

Nein, mit all diesen Generalfeldmarschällen und Generalobersten war Eduard Dietl nicht im entferntesten zu vergleichen. Wenn man schon mit aller Macht einen Vergleich mit einem dieser Heerführer Hitlers erzwingen will, dann am ehesten mit Rommel, dem populären Heros auf dem nordafrikanischen Kriegsschauplatz. Aber auch hier überwog trotz einiger weniger Berührungspunkte das Trennende: Rommel hatte sich bereits während des Ersten Weltkrieges als Gebirgssoldat der Württembergischen Gebirgsschützen im Verband des Deutschen Alpenkorps sowohl während des rumänischen Feldzuges in den Karpaten als auch während der zwölften Isonzo-Schlacht im Kriegsjahr 1917 einen legendären Namen erworben und war für überragende Tapferkeit und Führungsleistung unter anderem bei der Eroberung des Monte Matajur mit dem preußischen Orden Pour le Mérite ausgezeichnet worden. Er, der sich auch als Taktiker mit seinem Standardwerk »Infanterie greift an« einen bekannten Namen erschrieben hatte, wurde später ausschließlich als Infanterist, »Wüstenfuchs« und Oberbefehlshaber von Panzerverbänden eingesetzt. Ganz anders verlief Dietls militärischer Werdegang: Der Nur-Infanterist des Ersten Weltkrieges wurde später ausschließlich als Gebirgsjäger – ob als Kompanie-Chef, Bataillons-, Regiments- oder Divisions-Kommandeur – eingesetzt. Er drückte der deutschen Gebirgstruppe in nicht zu übersehender Weise seinen Stempel auf, so wie auch er von ihr in entscheidendem Maße geprägt wurde. Nur aus dieser einmaligen, glückhaften Verbindung heraus ist das Phänomen Dietl überhaupt zu erklären.

Adolf Hitler wußte um diese Zusammenhänge und auch, daß Dietl kein Generalstabsoffizier der alten Schule und kein überragender Kommandierender General, geschweige denn Oberbefehlshaber war. Sein Scheitern an der Liza hat das mehr als verdeutlicht. Bei Dietls Waterloo wurde aber auch noch etwas anderes überdeutlich sichtbar: Hitler, der mit Versagern oder Kommandierenden Generalen, die Schwächen zeigten, nie pfleglich umgegangen ist, sondern diese ohne Skrupel über die Klinge springen ließ, sobald sie von Fortuna verlassen wurden, hat, obwohl er nach den drei mißlungenen Angriffen am Eismeer allen Grund dazu gehabt hätte, Dietl dennoch nicht fallenlassen. Warum? Der »Held von Narvik« war nicht nur ein bedingungsloser Anhänger des Nationalsozialismus, sondern er besaß auch eine außergewöhnliche Ausstrahlungskraft – und zwar nicht nur auf die ihm blind ergebenen Gebirgsjäger, sondern auch auf die ihm unterstellten Truppenteile der Marine, der Luftwaffe, der Organisation Todt[96] und auf die Brandenburger, »meine deutschen Partisanen«, wie er diese Geisterkompanie nannte, die im Rücken der Russen Störaktionen durchzuführen hatte.[97] Ja sogar in den Reihen der Waffen-SS wurde Dietl voll anerkannt. Und Dietl besaß das volle Vertrauen seines Führers und Obersten Befehlshabers, der ihn während seiner abendlichen Monologe im Führerhauptquartier nicht selten an seinen Gedankengängen in vertraulicher Runde teilhaben ließ.[98] Mehr noch: Trotz des Scheiterns vor Murmansk ernannte Hitler seinen ergebenen Gefolgsmann Anfang 1942 sogar zum Oberbefehlshaber der 20. Gebirgs-Armee. Und da der hohe Norden der einzige Kriegsschauplatz war, auf dem nie eine Heeresgruppe eingesetzt gewesen war, wurde Dietl direkt – ohne jede militärische Zwischeninstanz

– dem Oberkommando der Wehrmacht unterstellt und hatte damit
– ähnlich wie Rommel auf dem nordafrikanischen Kriegsschauplatz – eine Aufgabe selbständig zu erfüllen. Im Dezember 1941
soll Hitler sogar erwogen haben, Dietl an die Spitze des deutschen
Heeres zu stellen.[99] Das war ein einmaliger Vorgang. Der 52jährige
General der Gebirgstruppe wußte selbst, daß diese Ernennung
nicht nur eine besondere Ehre, sondern vielmehr eine ganz große
Herausforderung war, denn außer ihm waren nur noch Rommel
und Paulus mit 51 bzw. 52 Jahren Armee-Oberbefehlshaber geworden. Alle übrigen Inhaber derartiger Kommandobehörden während des Zweiten Weltkrieges in der Deutschen Wehrmacht waren
55 Jahre und älter gewesen.
Die Lappland-Armee (AOK Lappland) wurde am 14. Januar 1942
aus der seit dem 4. Juni 1941 bestehenden Befehlsstelle Finnland
des Armee-Oberkommandos Norwegen gebildet und unterstand
ebensowenig wie Rommels Afrikakorps dem OKH, sondern unmittelbar dem OKW, »weil alle Operationen, Versorgung, Urlaub,
Mannschaftsersatz und Verbindungswege so völlig anderen Bedingungen unterlagen, daß die Einschaltung des OKH, das mit der
Führung auf den anderen Kriegsschauplätzen genügend Sorgen
hatte, nur Zeitverlust und wahrscheinlich noch andere Pannen gebracht hätte«.[100] Am 22. Juni 1942 wurde die Lappland-Armee in
Gebirgs-Armee-Oberkommando 20 umbenannt, was weniger eine
sachliche Notwendigkeit als vielmehr eine Ehrung Dietls war.[101]
Nachdem die Fronten auf dem finnischen Kriegsschauplatz vom
nördlichen Eismeer bis zur Karelischen Landenge im Stellungskrieg erstarrt waren, wurde Generaloberst von Falkenhorst von
der Doppelaufgabe in Finnland und Norwegen entbunden und
kehrte von Rovaniemi, von wo aus er die Operationen der Lappland-Armee geleitet hatte, nach Oslo zurück. Jetzt quartierte sich
General Dietl mit seinem Armee-Stab in der nordfinnischen Stadt
ein.
Dietls Chef des Generalstabes der 20. Gebirgs-Armee wurde kein
Geringerer als Generalmajor Ferdinand Jodl, der jüngere Bruder
des Chefs des Wehrmachtführungsstabes, der deshalb allgemein
der »kleinere« oder »jüngere Jodl« genannt wurde, ein tüchtiger
Generalstabsoffizier, der sein bisheriges XXXXIX. Gebirgs-Ar-

meekorps in Südrußland nicht schnell genug verlassen konnte, nachdem General Konrad, »der nicht gerade für gute Manieren bekannt war«[102], dort das Kommando von General Kübler übernommen hatte. Das Gespann Dietl – Jodl ergänzte sich dienstlich vorzüglich und verstand sich menschlich außerordentlich gut.

Ansonsten blieb bei Dietl (fast) alles beim alten, da er in seiner Personalpolitik äußerst konservativ war und »sich gern auf erprobte Mitarbeiter (verließ), die seine besondere Art kannten und seine Absichten ohne lange Erörterungen verstanden und in die Tat umsetzen konnten«.[103] So wurde OTL i. G., später Oberst i. G., Wilhelm Heß, der bereits in Norwegen als Ib der 2. Gebirgs-Division und dann als Quartiermeister des Gebirgskorps Norwegen hervorragende Arbeit geleistet hatte, Dietls Oberquartiermeister der 20. Gebirgs-Armee. Auch Dietls langjähriger 1. Adjutant, der seit dem Aufbau der 3. Gebirgs-Division bei ihm Dienst tat, ging wie manche Offiziere des alten Stabes mit nach Rovaniemi.[104]

1. Kriegsschauplatz Finnland

Wie es seine Art war, lebte sich Dietl auch in Rovaniemi, der Hauptstadt Lapplands, rasch ein. Das führende städtische Zentrum von Finnisch-Lappland liegt unter dem nördlichen Polarkreis rund 100 Kilometer nördlich von Tornio und Kemi, den nördlichsten Häfen am Bottnischen Meerbusen. Die Stadt verdankt ihre Entwicklung dem Bau der Eismeerstraße und der Sallabahn. Dietl bezog mit den älteren Offizieren seines Armee-Stabes das Hotel »Pohjanhovi«, zu deutsch: »Hof des Nordens«, an den Ufern des reißenden Kemijoki. Dort spannte sich eine moderne Eisenbrücke, die gleichzeitig die Eisenbahnlinie nach Salla und eine große Straße aufnahm, über den ungebändigten Fluß Lapplands. Von hier, dem Regierungssitz des finnischen Landeshauptmanns von Lappland, befehligte Dietl ab Mitte Januar 1942 nicht nur alle in Nordfinnland eingesetzten deutschen Truppen des Heeres und der Waffen-SS, sondern auch die Organisationen des Reichs-Arbeits-Dienstes, anderer Dienststellen und die Organisation Todt.

Dietl war nicht nur aus dem bisherigen Rahmen eines Truppenführers herausgetreten, sondern er betrat als Oberbefehlshaber der 20. Gebirgs-Armee auch die »Arena der hohen Politik«. Die deutsch-finnische Waffenbrüderschaft ist bis zu ihrem bedauerlichen Ende nach Dietls Tod im Sommer 1944 mit dem Namen des »Helden von Narvik«, der in Finnland fast genauso beliebt wie in Deutschland war, aufs engste verbunden.

Bereits am 2. Februar 1942, also unmittelbar nachdem er den Oberbefehl über die Lappland-Armee übernommen hatte, stattete General der Gebirgstruppe Eduard Dietl dem finnischen Oberbefehlshaber Marschall Carl Gustav Freiherr von Mannerheim im finnischen Hauptquartier Mikkeli seinen Antrittsbesuch ab. Arrangiert hatte diese erste wichtige Begegnung der erfahrene General der Infanterie Waldemar Erfurth, der das OKW seit Beginn der Operationen auf dem finnischen Kriegsschauplatz unmittelbar im finnischen Hauptquartier vertrat. Es spricht sowohl für den Soldaten als auch für den Menschen Dietl, daß es ihm in seiner natürlichen und ehrlichen Wesensart gelang, diesen mit einer großen Intelligenz und einem starken Selbstbewußtsein ausgestatteten, aber auch von einer gewissen Arroganz nicht ganz freien Edelmann für sich und sein Verständnis von den soldatischen Tugenden zwischen Waffenbrüdern zu gewinnen, so daß sich ein ehrliches Vertrauensverhältnis herauskristallisieren konnte. Nicht umsonst schrieb der legendäre »weiße Marschall von Finnland« in seinen Erinnerungen:

> »General Dietl ... war eine gewinnende Persönlichkeit, die auf unsere Anschauungen und Wünsche Rücksicht nahm. Durch sein natürliches, ritterliches Wesen erwarb er sich in Finnland viele Freunde und unter der lappländischen Bevölkerung große Volkstümlichkeit.«[105]

Kaum nach Rovaniemi zurückgekehrt, hielt Dietl es im Hotel »Pohjanhovi« nicht mehr aus, denn er wollte »sobald wie möglich wieder hinaus in eine Unterkunft, die dem Krieg und der Lebensweise seiner Soldaten besser angepaßt war«.[106] Daher nahmen seine Generalstabsoffiziere Kontakt mit dem Kommandeur der finnischen Grenztruppen in Lappland und späteren Verbindungsoffizier zum 20. Gebirgs-Armee-Oberkommando, Oberst O. J. Willamo, auf, der schon im Ersten Weltkrieg in das deutsche Jäger-Bataillon 27 eingetreten war. Dieser ungekrönte »Kaiser von Lappland«, der die deutsche Sprache beherrschte, wurde bald ständiger Begleiter Dietls und griff, wo er konnte, stets helfend ein, wenn Not am Mann war. Er ließ auf dem Gelände der finnischen Kasernen neben seinem Holzhaus ein schlichtes, doch geräumiges und winterfestes Blockhaus bauen, in das Dietl schon nach wenigen Monaten einzog. »Hier lebte er, ohne Wache und Posten, fast wie im Urwald, von hier aus lenkte er die Geschicke der Lappland-Armee.«[107]

Viel schneller, als Dietl es erwartet hatte, wurde die deutsch-finnische Waffenbrüderschaft auf eine harte Bewährungsprobe gestellt. In Rußland waren die Deutschen nach all den bisher erfolgreich zu Ende geführten »Blitzkriegen« auf einen übermächtigen Gegner gestoßen, dessen militärisches und kriegswirtschaftliches Potential die deutsche Führung falsch eingeschätzt, das heißt unterschätzt hatte. Auch die Sowjetunion sollte in einem Blitzfeldzug niedergeworfen und auf der Linie Wolga – Archangelsk ein Sperrgürtel gegen die asiatischen Gebiete gezogen werden.[108] Doch war der verlustreiche Angriff der Heeresgruppe Mitte im Winter 1941/42 vor Moskau zum Erliegen gekommen. Ebenso kritisch war die Lage für die sieggewohnten deutschen Armeen vor Leningrad, auf das die Finnen so voller Hoffnung geblickt hatten, nachdem die Verbindung der deutschen Verbände mit der finnischen Armee auf der Karelischen Landenge und ostwärts des Ladogasees am Swir vorübergehend bereits in greifbarer Nähe gewesen war. »Durch sie (die Verbindung) wäre für Finnland eine so entscheidende Entlastung eingetreten, daß das mit fast 16 % seiner Bevölkerungszahl im Wehrdienst stehende finnische Volk die Freigabe der älteren Jahrgänge für die Zivilwirtschaft hätte durchführen können.«[109]

Nachdem es der Deutschen Wehrmacht aber nicht gelungen war, die Sowjetunion vor Einbruch des Winters 1941 in die Knie zu zwingen, haben die Finnen ihre ursprünglich zugesagte Beteiligung an dem für März 1942 geplanten gemeinsamen Vorstoß auf die Murmanbahn zurückgezogen.

Unter diesen militärpolitischen Gegebenheiten hatte General der Gebirgstruppe Eduard Dietl seine Lappland-Armee, die einzige Gebirgs-Armee der Wehrmacht, übernommen. Nach entsprechender Umorganisation und Umgliederung umfaßte sie schließlich folgende Frontabschnitte:

Abschnitt Louhi/Kiestinki: Das Generalkommando des XVIII. Gebirgs-Armeekorps des Generals Franz Böhme mit der 7. Gebirgs-Division und der SS-Division »Nord«, der späteren 6. SS-Gebirgs-Division »Nord«, im Raum zwischen Toposero und Pjawosero mit dem Korps-Hauptquartier in Kananinen.

Abschnitt Kandalakscha/Salla: Das Generalkommando des XXXVI. Gebirgs-Armeekorps des Generals Hans Feige, dann Karl Weisenberger mit der 163. und 169. Infanterie-Division, die für ihren ungewohnten Einsatz eine Gebirgsausrüstung – insbesondere Skier – erhielten, mit dem Korps-Hauptquartier in Alakurtti.

Abschnitt Murmansk: Das Generalkommando des XIX. Gebirgs-Armeekorps des Generals Ferdinand Schörner mit der 2. und 6. Gebirgs-Division mit dem Korps-Hauptquartier in Parkkina.

Später, vom Herbst 1942 bis zum Frühjahr 1943, wurden der 20. Gebirgs-Armee im Küstenabschnitt noch fünf Festungs-Infanterie-Bataillone der 210. Infanterie-Division, das Luftwaffen-Feld-Regiment 503, der Stab der Divisionsgruppe Petsamo, acht Marine-Küsten-Batterien unter dem See-Kommandanten Kirkenes sowie zeitweise das Gebirgs-Jäger-Regiment 139 unterstellt. Ein Blick auf die Karte genügte Dietl, um zu erahnen, daß der ausgedehnte Raum seiner Armee versorgungsmäßig wohl einer der schwierigsten der gesamten Ostfront war. Besonders hohe Anforderungen mußte er dabei an die Versorgungseinheiten seines nördlichsten Korps, des ehemaligen Gebirgskorps Norwegen, stellen. Das Bestreben Mannerheims, eine klare Trennung zwischen der finnischen und der deutschen Verantwortung an der langgestreckten Front vom Swir bis zur Eismeerküste herbeizuführen, führte erst nach langen Bemühungen am 3. Juli 1942 zum Erfolg. Von da an gab es einerseits eine klare, ausschließlich deutsche Verantwortung für den hohen Norden, an der Fischer-Halbinsel, an der Liza-Front und in den Abschnitten westlich von Kandalakscha bis nördlich von Uhtua unter Generaloberst Dietl und andererseits eine rein finnische Front an der Karelischen Landenge, am Swir und in Ostkarelien unter der Befehlsführung von Marschall Mannerheim.[110]

2. Die Abwehrschlacht in der Arktis

Doch bevor diese klare Trennung in einen deutschen und einen finnischen Frontabschnitt abgeschlossen war, zeichnete sich im Frühjahr 1942 eine große Abwehrschlacht in der Arktis ab. Von seiner Luftaufklärung erfuhr Dietl, daß die Russen einen Angriff gegen die deutschen Stellungen vorbereiteten. Ab Anfang April 1942 wurde ihm gar eine wesentliche Verstärkung des Feindes, vor allem westlich der Liza gegenüber dem Gebirgs-Jäger-Regiment 141 und vor dem offenen rechten Flügel der 6. Gebirgs-Division, gemeldet. Damit verdichteten sich die Angriffsvorbereitungen der Russen immer mehr.

Ab dem 10. April 1942 gingen russische Einheiten gegen das Gebirgs-Jäger-Regiment 141 vor; jedoch ohne Erfolg. Aus einem gleichzeitigen Verschieben feindlicher Truppen nach Westen schloß Dietl, daß der Gegner eine Umfassung beabsichtige. In der Tat: In den Abendstunden des 27. April 1942 wurde dem Oberbefehlshaber der Lappland-Armee gemeldet, daß der Feind an mehreren Stellen der Südküste der Motowskij-Bucht, am Westufer der Liza und an der Küste zwischen Liza- und Titowka-Mündung starke Kräfte an Land setze. Gleichzeitig begannen nahezu pausenlose Angriffe ostwärts der Liza gegen die Front des Gebirgs-Jäger-Regiments 143 bei K 7a – K 8 – K 9. Damit war der Kampf am Eismeer auf der gesamten Front, in den beiden Flanken und im sogenannten Nordraum, entbrannt.

Nun gab es für Dietl keinen Zweifel mehr, daß der Russe eine Einkesselung und Vernichtung der 6. Gebirgs-Division plante, das XIX. Gebirgs-Armeekorps auseinanderreißen wollte und den Durchbruch nach Petsamo anstrebte, um somit einen entscheidenden Schlachterfolg an der Eismeerfront für sich zu verbuchen. Rasch erkannte er, daß die Kräfte der 6. Gebirgs-Division nicht mehr ausreichten, um gegen die Russen, die schließlich 37 Bataillone in den Kampf warfen, bestehen zu können, und zog deshalb die verfügbaren Truppenteile der 2. Gebirgs-Division heran. Damit waren aber auch schon alle Möglichkeiten einer wesentlichen Verstärkung ausgeschöpft, denn andere Verbände und Einheiten konnten infolge der weiträumigen Entfernungen, der Transport- und Versorgungsschwierigkeiten nicht mehr rechtzeitig herangeführt werden.

Nun eilte die Abwehrschlacht in der Arktis unausweichlich ihrem Höhepunkt mit den Maikämpfen des Kriegsjahres 1942 entgegen. Zum Turm dieser Schlacht wurde aber nicht Dietl, der Oberbefehlshaber der Lappland-Armee, sondern sein um zwei Jahre jüngerer, überaus ehrgeiziger Kommandierender General des Gebirgskorps Norwegen, Ferdinand Schörner; ein loyaler Gebirgsjäger-General seines Führers, im Gegensatz zum Gemütsmenschen Dietl jedoch intellektuell-analytisch veranlagt. Schörner, den Dietl wegen seiner unerhörten Dynamik und eisernen Härte (auch gegen sich selbst) in Finnland einmal als »Feld- und Bauerngendarm« tituliert hat[111], prägte in seinem ersten Sonderbefehl das durchschlagende Wort: »Arktis ist nicht!«, um damit vor aller Welt zu dokumentieren, daß es für den deutschen Soldaten auch in den eiserstarrten Regionen der nördlichen Eismeerküste keine unüberwindbaren Schwierigkeiten gebe. Diesem Schörner eilte der Ruf der unerbittlichen Härte und Strenge gegenüber jedermann voraus, so daß selbst seine Regiments- und Bataillons-Kommandeure vor ihm zitterten, wenn er in ihrem Frontabschnitt überraschend auftauchte. Wenn es galt, die H. K. L. zu stärken, dann war auch der letzte »Schreiberling« und »Küchenbulle« weit hinten, in Kirkenes, nicht vor ihm sicher. Bei derartigen Aktionen wurde auch manch Unschuldiger ein Opfer der strengen Maßregeln. Doch hinter jeder dieser Maßnahmen Schörners steckte ein tieferer Sinn. Beim »Ferdinand«, wie er von seinen ostmärkischen Gebirgsjägern genannt wurde, hieß es nicht: »Wo ich bin, ist vorne!«, sondern: »Wo vorne ist, bin ich!« Dieses Energiebündel bewies in den schweren Maikämpfen mehr als einmal, und gab damit der Truppe den entscheidenden Halt, daß trotz des arktischen Klimas ein physisches und psychisches Überleben möglich ist. Schörners »starke positive Seite ... bestand aus unerhörter Vitalität und Unerschrokkenheit, aus ständiger persönlicher Kontrolle der vordersten

Frontlinien, aus Sattelbefehlen an Ort und Stelle, aus Lob, wo Lob notwendig war, und Tadel ohne Rücksicht auf die Personen«, wenn auch seine Forderungen oft die Leistungsfähigkeit überstiegen.[112] Wenn an diesem entfernten Kampfabschnitt jemand den Siegeslorbeer verdient hat, dann nicht der »Held von Narvik«, sondern einzig und allein der »Sieger von Athen«.[113]

Schörners Allgegenwart, sein bulliges Erscheinungsbild eines grobschlächtigen »Feldgendarmen« stellte die hagere Gestalt Dietls in jeder Beziehung in den Schatten. Nicht der Oberbefehlshaber der Lappland-Armee, sondern der Kommandierende General des Gebirgskorps Norwegen wurde zum Motor und Sieger des arktischen Kampfes.

Um die Monatswende April/Mai 1942 erreichte die Krise ihren Höhepunkt. Dietl und Schörner, nicht immer einer Meinung, sahen die augenblickliche Gefahr in dem Stoß der im Nordraum gelandeten Feindkräfte der 12. Marine-Brigade, der gegen die rückwärtigen Verbindungen der 6. Gebirgs-Division gerichtet war. Rasch wurden alle verfügbaren Kräfte zum umfassenden Gegenangriff eingesetzt, die ersten gegnerischen Angriffe abgeschlagen. Stoßtrupps vernichteten im erbarmungslosen Kampf Mann gegen Mann den eingedrungenen Feind. Stukas und Artillerie unterstützten wirkungsvoll die Gebirgsjäger im Kampf um die Stützpunkte. Jeder Mann, der im rückwärtigen Gebiet entbehrlich war, wurde eingesetzt: Artilleristen, Tragtierführer, Sanitäter und die Schreiberlinge, auf die Schörner seit eh und je sein strenges Auge geworfen hatte. Sowie sie bei den Kampfbataillonen und -einheiten ankamen, wurden sie mit Handgranaten und Seitengewehren in die Schlacht am Eismeer geworfen.[114] Nach tagelangem schwerem Ringen gelang der russischen 12. Marine-Brigade bis auf wenige hundert Meter die völlige Einkesselung der deutschen Gebirgsverbände. Da riß die Natur die Initiative unerbittlich an sich. Ein arktischer Schneesturm von ungeheuren Ausmaßen, der drei Tage und Nächte ohne Unterbrechung tobte, setzte ein. Er raubte Freund und Feind jede Sicht und lähmte alle entscheidenden Gefechts- und Versorgungsbewegungen, so daß den Russen trotz aller Vorteile – wie guter Nachschubwege, Anlegemöglichkeiten für die Kriegsschiffe, ausreichender Flugplätze, überlegener Artillerie sowie materieller und personeller Überlegenheit – die Schließung des Kessels nicht mehr gelang. Nach 72 Stunden des ununterbrochenen Anstürmens versiegte endlich die Kampfkraft des zermürbten Gegners. Vor den deutschen Stellungen häuften sich die Toten. Jetzt sahen die Gebirgsjäger ihre Chance für den entlastenden Gegenangriff. Aus ihren Stellungen heraus griffen sie die russischen Ski- und Rentier-Brigaden an – und vernichteten sie, während der Schneesturm mit einer Geschwindigkeit von 100 Kilometern in der Stunde über die eiserstarrte Tundra fegte und die Schneekristalle wie Geschosse in ihre schmerzverzerrten Gesichter peitschte. Obwohl alle Pfade unter einer weißen Schneedecke begraben waren, schloß sich der Ring um die letzte russische Marine-Brigade, nachdem die Existenz des Gebirgskorps Norwegens zwischenzeitlich an einem seidenen Faden gehangen und »General Schörner ... seine letzten kampfkräftigen Reserven unter fast völliger Entblößung der norwegischen Küste zwischen Vardö und Kirkenes-Ost« eingesetzt hatte.[115] Das »Kriegstagebuch des Oberkommandos der Wehrmacht« berichtet am 6. Mai 1942 über die finnische Front:

> »An der Murmansk-Front wurden Angriffe auf den südl. Teil und die Mitte der Liza-Stellung abgewehrt. Im Angriff gegen die Landungsgruppe gelang es durch Vereinigung der beiden Angriffsflügel, einen großen Teil dieser Gruppe einzuschließen. Einige das Westufer der Liza beherrschende Höhen konnten genommen werden.«[116]

Nach dem Abflauen des arktischen Schneesturmes konnten die Russen sich nur noch durch die Flucht über die Liza-Bucht vor den nachdrängenden Gebirgsverbänden retten. Am 12. Mai 1942 war der rechte russische Zangenarm endgültig ausgeschaltet. Inzwischen erhielt General Dietl die Meldung, daß auch die Feindangriffe vor dem Gebirgs-Jäger-Regiment 143 ostwärts der Liza verlustreich zusammengebrochen waren. Dagegen dauerten die Gefechte am Südwestflügel mit unverminderter Heftigkeit weiter an. Unter wesentlicher Beteiligung der 2. Gebirgs-Division wurden aber auch hier die russischen Ski-Bataillone aufgerieben, so daß die Lage sich nun erheblich entspannte. Als die feindlichen Angriffe an der Front eingestellt und rückläufige Bewegungen der Sowjets am Südwestflügel festgestellt wurden, kamen Dietl und Schörner am 14. Mai 1942 zu dem Entschluß, auch an diesem Frontabschnitt zum Gegenangriff überzugehen, der dann überaus erfolgreich verlief.

Das Ergebnis der Maikämpfe in der Arktis faßte der Wehrmachtsbericht vom 22. Mai 1942 folgendermaßen zusammen:

>In der Zeit vom 26. April bis 14. Mai 1942 griff der Feind an der Murmanfront mit 37 Bataillonen und zahlreichen schweren Waffen an. Es wurden 125 Angriffe geführt und von alpenländischen Gebirgstruppen abgewiesen. Der Schwerpunkt der Angriffe lag zunächst in der Südflanke, wo 76 Feindangriffe zurückgeschlagen wurden. Während dort die Kämpfe im vollen Gange waren, landete der Feind mit einer Marinebrigade mit sechs Bataillonen. Anfangs mußten unsere Truppen vor der Übermacht zurückweichen, aber am 13. Mai wurde der Gegner vollends zurückgeschlagen. Alle vorübergehend aufgegebenen Positionen kamen wieder fest in deutsche Hand. Wie bereits gemeldet, verlor der Feind in diesen Kämpfen etwa 8000 Tote.<

Rund 200 Gefangene und Überläufer sowie erhebliches Beutematerial rundeten den Erfolg von Dietls und Schörners Gebirgsjägern in der Arktis ab. Aber um welchen Preis! Als Dietl die eigene Verlustliste von seinem Chef des Generalstabes vorgelegt bekam, zählte er nicht weniger als 680 Gefallene (davon 16 Offiziere), 2630 Verwundete (davon 60 Offiziere) und 160 Vermißte (davon drei Offiziere).

>Nüchterne Zahlen! Doch wieviel menschliches Leid verbirgt sich dahinter! Wie oft liest man bei den Kriegsdenkmälern ... auf den Namenstafeln den kurzen Vermerk: ›Gefallen Mai 1942, Eismeerfront.‹ Wer weiß von denen, die diese Worte lesen, oder gar von denen, die achtlos daran vorübergehen, was diese Worte in Wahrheit besagen?<[117]

Bevor die Toten der schweren Maikämpfe des Kriegsjahres 1942 geehrt wurden, fand zunächst am 13. Juni 1942 in Kirkenes für die Lebenden in Anwesenheit von Generaloberst Eduard Dietl eine große Parade statt. Außer dem Oberbefehlshaber der Lappland-Armee und den Vertretern der drei Wehrmachtsteile Heer, Luftwaffe und Marine nahmen auch Gliederungen des Reichs-Arbeits-Dienstes (RAD), der Organisation Todt (OT) sowie Abordnungen der Partei des norwegischen Nationalsozialisten Quisling teil.[118]

Rund 14 Tage später fand dann die Trauerfeier für die Toten der Eismeerfront auf dem deutschen Heldenfriedhof von Parkkina am großen Mahnmal zum Gedenken an den 29. Juni 1941, den Beginn der Kampfhandlungen im hohen Norden, statt.

Mehr als zwei Jahre lang – bis zum Oktober 1944, also bis nach dem Frontwechsel Finnlands – unternahmen die Russen keinen entscheidenden Angriff mehr an der Eismeerfront. Dietls Lappland-Armee war während der Frühjahrsschlacht in der Arktis zum ersten Mal auf dem Prüfstand gestanden. Aber mehr noch sein ehemaliges Gebirgskorps Norwegen war hier einer Zerreißprobe ausgesetzt gewesen, die ihm das Letzte an physischer und psychischer Kraft abverlangt hat. Beide, Armee und Korps, haben diese Nagelprobe bestanden, weil sie sich in allen Lagen Schörners Ausspruch »Arktis ist nicht!« zu eigen gemacht hatten. So war es nicht Dietl, sondern sein harter Widerpart Schörner, dem es die Gebirgsjäger letztlich zu verdanken hatten, daß sie am Eismeer nicht nur einem übermächtigen Gegner, sondern auch der erbarmungslosen Arktis standgehalten haben. Dietl war ehrlich genug, um Schörner diesen Triumph durch keine unkameradschaftlichen Winkelzüge streitig zu machen. Aber nicht nur der Oberbefehlshaber der Lappland-Armee und seine Generalstabsoffiziere wußten, daß die russische Frühjahrsoffensive am Eismeer einzig und allein durch die Härte und Allgegenwart des Kommandierenden Generals des Gebirgskorps Norwegen abgewehrt hatte werden können, sondern mehr und besser noch wußten es die Frontsoldaten aller Dienstgrade. Damit war Schörner auch für Hitler endgültig aus dem Schatten des müde gewordenen »Helden von Narvik« herausgetreten. Von nun an war der militärische Weg des »Siegers von Athen« bis zum ersten und einzigen Generalfeldmarschall der deutschen Gebirgstruppe vorgezeichnet. Allerdings sollte Dietl diesen totalen Triumph Schörners nicht mehr erleben.

3. Die Kämpfe in Nordfinnland und Karelien

Vor und auch während der Frühjahrsoffensive in der Arktis, die nicht zum erhofften Durchbruch verhalf, setzten die Russen auf die Taktik der örtlichen Nadelstiche an verschiedenen Stellen der ausgedehnten, teilweise löchrigen Front – und zwar zunächst in Karelien, bei Kiestinki.

Im Kiestinki-Abschnitt, der jenseits der finnischen Reichsgrenze auf russischem Boden lag, war südlich von der Bahnlinie nach Louhi – ein Bahnknotenpunkt an der Murman-Bahn, von wo aus eine Straße und eine Stichbahn nach Kiestinki am Top-See führen – die finnische Infanterie-Division »J« unter Oberst Puroma eingesetzt; nördlich davon lag die SS-Gebirgs-Division »Nord«. An die Front führte die selbstgebaute »Straße der Gebirgsjäger« und die »Urwaldstraße«. Von hier aus, wo die Welt zu Ende zu sein schien, gab es nur noch die sogenannten Knüppeldämme, über die sich sowohl die Soldaten in ihre Stellungen bewegten als auch die Versorgung zwischen den Depots und den jeweiligen Kampfabschnitten sichergestellt und, so gut es eben ging, aufrechterhalten wurde.

Dann kam der 20. April 1942: Hitlers Geburtstag. An diesem Tag brach der Sturm der Roten Armee an der karelischen Front gegen den linken Flügel der SS-Gebirgs-Division »Nord« los. Der sowjetische Oberbefehlshaber hatte sich ganz bewußt den Führergeburtstag für seinen Angriff ausgesucht, da er hoffte, daß Dietls Lappland-Armee vom vielen Feiern betrunken sein würde. Seine Offensive zielte im Kiestinki-Abschnitt darauf ab, den linken deutschen Flügel zu umfassen, um dann auf der einzigen Straße, die nach Süden führte, bis zum Nordufer des Top-Sees vorzustoßen. Und seine Rechnung schien zunächst wirklich aufzugehen – wenn, ja wenn nicht Dietls altes »Narvik«-Regiment rechtzeitig in das Kampfgeschehen eingegriffen hätte. Durch ihr rasches und beherztes Eingreifen verhinderten seine alten Kämpfer ein weiteres Vorwärtsdrängen der russischen Angriffsspitze.

In äußerst harten und verlustreichen Waldkämpfen gelang es Dietls Elite-Regiment, bis zum 8. Mai 1942 die »Straße der Gebirgsjäger« bis zum Sernitselampi freizukämpfen. Ein Erfolg, der um so höher bewertet werden muß, wenn man berücksichtigt, daß die Gebirgsjäger eigentlich für den Kampf im Gebirge ausgebildet waren. Dafür bot sich zwar zweifellos das felsige Gelände bei Narvik und die steinige Tundra vor Murmansk an. Für einen Kampf im un-

358

durchsichtigen karelischen Urwald waren sie jedoch alles andere als optimal vorbereitet.

Nach entsprechender Bereitstellung begann am 15. Mai 1942 nach rund einstündigem finnischem Artilleriebeschuß auf die russischen Stellungen der Angriff der Gebirgsjäger, der von Stukas unterstützt wurde. Dietls Ziel war es, die »Straße der Gebirgsjäger« sowie die russische Nachschubstraße bis zur Linie Nordostufer des Werchnojetschernoje-Sees – Njatowara freizukämpfen. Seine Gebirgsjäger durchbrachen mit Unterstützung von Panzern die Bunkerstellung und rollten die Stellungen nordwestlich von Scheenitze – Lambi auf. In erbittertem Waldgefecht wurde der Feind unter Zurücklassung einer großen Anzahl von Gefallenen und Verwundeten nach Osten zurückgedrängt. Bis zum 23. Mai 1942 erreichten Dietls Jäger nach äußerst schweren, wechselvollen und verlustreichen Kämpfen, bei denen die Russen wiederholt versuchten, die Deutschen zu umgehen, das anvisierte Ziel. Damit war die große April- und Mai-Offensive der Sowjets im Kriegsjahr 1942 sowohl bei Kiestinki als auch im hohen Norden, am Eismeer und an der Liza, endgültig am erbitterten Widerstand der Lappland-Armee gescheitert. Im Anschluß daran gelang es den Finnen sogar, die im Finnischen Meerbusen liegenden Inseln Suursaari und Tytärsaari zu erobern.

Dennoch: Trotz all dieser Erfolge an der Lappland-Front gab es für Dietl und seinen Chef des Generalstabes, den jüngeren Jodl, aber erst recht für seinen Oberquartiermeister Heß, zahlreiche Probleme logistischer Art. Nicht nur, daß die Finnen ab 1942 in immer größerem Ausmaß auf die wirtschaftliche Hilfe des Großdeutschen Reiches wie Nahrungsmittel, Waffen, Munition und Rohstoffe für ihre Industrie angewiesen waren, um den immer länger werdenden Krieg überhaupt durchstehen zu können; es waren »ja auch noch die gesamte deutsche Front in Lappland und die Besatzungsarmee in Norwegen ... laufend zu versorgen (und) für einen neuen Polarwinter zu bevorraten«.[119]

Der 4. Juni 1942 war sowohl für General Eduard Dietl als auch für Marschall Carl Gustav von Mannerheim endlich wieder einmal einer jener selten gewordenen Freudentage, an dem man die Sorgen und Nöte der Kriegführung im hohen Norden wenigstens für ein paar Stunden getrost beiseite schieben konnte. Denn an diesem Tag wurde der Oberbefehlshaber der finnischen Wehrmacht 75 Jahre alt. Zur allgemeinen Überraschung reiste zu diesem Ereignis Adolf Hitler extra aus seinem Führerhauptquartier an, um dem finnischen Freiheitshelden persönlich die Glückwünsche des deutschen Volkes zu übermitteln. Nachdem er eine Rede gehalten hatte, zeichnete er den finnischen Marschall mit dem Goldenen Großkreuz des deutschen Adler-Ordens aus. Mehr noch: Vor den staunenden Augen der angetretenen finnischen und deutschen Generale – unter ihnen neben von Mannerheim auch der Chef des finnischen Generalstabes, General Heinrichs, und der Oberbefehlshaber der deutschen Luftflotte Nord, Generaloberst Stumpff – beförderte er Dietl per Handschlag zum Generaloberst, während die daneben stehenden deutschen Generale ihre Hand zum »Hitler-Gruß« erhoben. Eine derartige Geste der Wertschätzung war bisher keinem zum Generaloberst beförderten Heerführer der Deutschen Wehrmacht widerfahren. Darüber hinaus war Dietl jetzt mit 52 Jahren neben Rommel, Model und Paulus einer der vier jüngsten Armeeführer.

Am 9. Juli 1942 besuchte der deutsche General beim Oberkommando der finnischen Armee im Hauptquartier des Marschalls von Mannerheim den Oberbefehlshaber der Lappland-Armee in Rovaniemi, um mit ihm die Lage an der finnischen Front wie auch die Planungen für die kommenden Monate zu besprechen. Diese Erörterungen zwischen Dietl und Erfurth, insbesondere aber Dietls Bedenken, die stark befestigte Fischer-Halbinsel noch in diesem Jahr anzugreifen, fanden dann in der »Weisung Nr. 44« ihren Niederschlag. Dietl, der Verlierer von der Liza, hielt einen Angriff zur Gewinnung der Murman-Bahn nicht bei Murmansk, sondern bei Salla und Kandalakscha für aussichtsreich, sofern die Finnen gleichzeitig für den Entlastungsangriff auf Belomorsk grünes Licht gaben. Das schien zunächst auch der Fall zu sein, denn im Sommer 1942 befaßten sich sowohl die deutschen als auch die finnischen Stellen intensiv mit dem Plan eines Angriffs auf die Murman-Bahn. Beim Unternehmen »Lachsfang«, Beginn am 15. Oktober 1942, sollte Generaloberst Dietl mit seiner 20. Gebirgs-Armee auf Kandalakscha vorstoßen, während die Finnen gleichzeitig Soroka anzugreifen hätten. Feldmarschall von Mannerheim wollte eine solche Offensive aber nur dann wagen, wenn an seiner Südfront die Lage durch die Einnahme von Leningrad bereinigt wäre.[120]

Aber auf Grund des starken russischen Widerstandes im Raume Leningrad und südlich des Ladogasees unterblieb der kombinierte deutsch-finnische Großangriff.[121]

Am 7. Oktober 1942 erhielt Generaloberst Dietl vom Oberkommando der Wehrmacht gar den Befehl, daß er alle Angriffsvorbereitungen einzustellen und sich bis auf weiteres auf die Abwehr einzurichten habe.

> »Damit«, schrieb sein Adjutant Herrmann, »waren die großen Pläne des Sommers 1942, von denen Finnland sich so viel erhofft hatte, mit leichter Bitterkeit begraben.«[122]

Nun wurde Dietls Front auf dem finnischen Kriegsschauplatz zu einer »schweigenden Front«.

> »Keine besonderen Kampfhandlungen«, vermerkte das »Kriegstagebuch des Oberkommandos der Wehrmacht« am 31. Oktober 1942. »Die von den anderen Teilen der finnischen Ostfront gemeldeten Evakuierungen der finnischen Zivilbevölkerung wurden auch im Abschnitt Uhtua festgestellt. Sie sollten bis 30.10. durchgeführt sein.« Und am 1. November: »Außer Späh- und Stoßtrupptätigkeit auf der ganzen Front keine besonderen Kampfhandlungen.«[123]

In dieser militärischen Lage erreichte Generaloberst Eduard Dietl im Dezember 1942 aus dem Oberkommando der Wehrmacht die Mitteilung, »daß mit einer russischen Offensive in Lappland und gleichzeitig mit einer neuen Landung feindlicher Kräfte in Narvik gerechnet werden müsse«.[124] Obwohl er einer derartigen alliierten Land-, Luft- und Seeoperation – und nur um eine solche konnte es sich hierbei handeln, wenn sie erfolgreich verlaufen sollte – an der fast 3000 Kilometer langen Küste vom Eismeer bis nach Oslo keine allzu großen Chancen einräumte, ordnete er die Verstärkung der Abwehrkräfte im Nordraum und die Aufstellung einer Luftwaffen-Division an, denn nach einer weiteren Mitteilung des OKW über die angeblichen Landeplätze der Alliierten schien sich deren Schwerpunkt wieder an die Küste des nördlichen Eismeeres zu verlagern. Nicht umsonst war Generaloberst Dietl nun häufiger Gast beim XIX. Gebirgs-Armeekorps, also beim Generalkommando seines ehemaligen Gebirgskorps Norwegen, das noch bis zum Mai 1943 von General Schörner kommandiert wurde.

> »Wenn auch beide eine feindliche Offensive in diesem Abschnitt für unwahrscheinlich hielten, mußte doch eine bescheidende Tiefengliederung durchgeführt und die Abwehr vorbereitet werden ...«[125]

Als im Frühjahr 1943 wiederholt Alarmnachrichten über russische und alliierte Angriffspläne im Nordraum auftauchten, ließ Generaloberst Dietl sich nicht mehr aus der Ruhe bringen. Für ihn war nun klar, daß die Angriffspläne Teil der feindlichen Propaganda waren, die Verwirrung stiften und Kräfte im hohen Norden binden sollte.[126]

So war es in der Tat, denn Ende März 1943 verstärkte der Russe seine Gefechtstätigkeit nicht am Eismeer, sondern in Karelien. Mit zwei kurz hintereinander durchgeführten Nachtangriffen versuchte er, den Kangaswara[127] einzunehmen. Am 27. März 1943, um 4.00 Uhr früh, begann nach einer starken Feuervorbereitung der erste Angriff. Dabei erzielten die Sowjets einen – allerdings nur unwesentlichen – Einbruch, der durch das Eingreifen der örtlichen Reserven rasch bereinigt werden konnte. Der nächste Angriff erfolgte am 30. März um 1.00 Uhr nachts. Zur unauffälligeren Annäherung hatte der Gegner Schneetunnels benutzt. Die sich entwickelnden Gefechte brachten manche Verwirrung mit sich, da Freund und Feind weiße Tarnhemden trugen. Schließlich wurde der gegnerische Angriff, der teilweise im Nahkampf ausgefochten wurde, vereitelt.

Nachdem die Russen am Kangaswara den kürzeren gezogen hatten, blieb es hier, abgesehen von gelegentlichen sowjetischen Feuerüberfällen, im großen und ganzen ruhig. Es häuften sich zwar die Fliegerangriffe, die meist bei Nacht durchgeführt wurden, Verluste waren hierbei aber kaum zu beklagen. Immer wieder näherten sich russische Spähtrupps den Stellungen der Gebirgsjäger, die daraufhin das Abwehrfeuer eröffneten. Und schon zogen sich die Angreifer wieder zurück.

Das herausragendste militärische Ereignis des Kriegsjahres 1943 war an der karelischen Front der Kampf um den sogenannten Bunkerrücken; die einzige offensive Kampfhandlung größeren Ausmaßes, die vom 9. bis zum 18. August im wesentlichen von der 7. Gebirgs-Division und den Gebirgsjägern der Waffen-SS durchgeführt wurde. Dieser Bergrücken, der im Abschnitt der 85. sowjetischen Marine-Schützen-Brigade südlich des Kangaswara lag und von den Russen in rund eineinhalbjähriger Schanzarbeit zu einem festungsartigen Stützpunkt ausgebaut worden war, war auch nach der finnischen Offensive im Jahre 1941 in russischer Hand geblieben. Es war eine Höhe, die mit dichtem Wald bedeckt war. Von ihr aus konnte derjenige, der sie besetzt hielt, das gesamte Hinterland des Gegners beobachten und – was noch wichtiger war – beherrschen. Bei einem Frontbesuch im Frühjahr 1943 befahl Generaloberst Dietl daher die Eroberung dieses Rückens. Gleichzeitig sollte mit dieser Aktion auch der seitwärts vom Bunkerrücken vorgelagerte Stützpunkt Sukkula in deutschen Besitz gelangen.

Zunächst wurde der Angriffsbeginn von Anfang August auf den 9. August 1943 verschoben. Der Führung war klar, daß die Durchführung und der Erfolg dieses Unternehmens weitgehend von den jahreszeitlichen Bedingungen des Landes abhängig waren. Dabei ging man zunächst von folgenden Überlegungen aus: Im August begannen bereits die längeren Nächte, während es bis zu diesem Zeitpunkt etwa bis 22.00 Uhr hell blieb und der Tag bereits wieder um 2.00 Uhr begann. Der Angriffsbeginn sollte um die Mittagszeit erfolgen, so daß einerseits die Helligkeit ausreichte, um das Angriffsziel noch zu erreichen, andererseits zum Ausbau der neuen Stellungen die längeren Nächte ausgenutzt werden konnten. Mit den ersten Vorbereitungen des Unternehmens war bereits auf Dietls ausdrücklichen Wunsch hin im Juni 1943 begonnen worden. Fast täglich übten seine Gebirgsjäger an einer Höhe, die in der Nähe des nach ihm benannten »Dietlheimes« lag und geländemäßig etwa dem Bunkerrücken entsprach. Die Zusammenarbeit zwischen der Gebirgsartillerie und den schweren Waffen wurde ebenso geprobt, wie man die Gebirgspioniere immer wieder Stege, Sumpfteppiche und Sumpfschlitten bauen ließ. Für die Pak-Geschütze wurden Stellungen, von denen aus sie die russischen Bunker wirkungsvoller bekämpfen konnten, erkundet, ausgebaut und sorgfältig getarnt. Die Flak der 6. SS-Gebirgs-Division »Nord«

und der Jäger-Bataillone 3 und 6 übernahmen die Fliegerabwehr aus Stellungen bei »Pol« und »Jägerkreuz«. Sie hatten besonders die Nachschubwege »Urwaldstraße«, »Jägerkreuz« und »Dunkeltälchen« zu überwachen. Als Reserve wurden der 7. Gebirgs-Division für dieses Unternehmen die Jäger-Bataillone 3 und 6 zugeführt.

Der Angriffsbeginn war bekanntlich für den 9. August 1943, und zwar um 12.35 Uhr, angesetzt. Die Kompanien erreichten ihre Sturmausgangsstellungen vom Gegner unbemerkt. Dann marschierten sie von dort aus gegen das angegebene Ziel vor. Dabei mußte Bunker um Bunker (insgesamt 50; ihre Gesamtzahl war bedeutend höher, als man Dietl gemeldet hatte) geknackt und erobert werden. Sie waren von den Russen in dem schlecht einzusehenden Waldgelände so geschickt angelegt worden, daß sie von den Sturmtruppen erst aus nächster Nähe erkannt werden konnten. Dennoch war bereits am ersten Angriffstag um 23.00 Uhr Sukkula, das handstreichartig genommen wurde, fest in der Hand von Dietls Gebirgstruppen. Wiederholte Gegenangriffe der Russen, so wurde dem Oberbefehlshaber der 20. Gebirgs-Armee gemeldet, wurden von seinen Gebirgsjägern abgewiesen. Am 11. August 1943 meldete der Wehrmachtsbericht über die Kampfhandlungen:

> »Im hohen Norden nahmen deutsche Gebirgsjäger im unwegsamen Gelände eine vom Feind zäh verteidigte Höhenstellung und hielten sie gegen zahlreiche, mit Artillerie- und Luftwaffenunterstützung geführte feindliche Gegenangriffe. Die Sowjets erlitten dabei schwere Verluste.« Einen Tag später: »Im hohen Norden wiederholten die Sowjets gegen die im Louhi-Abschnitt neugewonnene Stellung ihre Gegenangriffe, die bereits vor der Hauptkampflinie zerschlagen wurden.« Und am 14. August: »An der nordfinnischen Front blieben erneute sowjetische Gegenangriffe im Louhi-Abschnitt ohne Erfolg.«[128]

So blieb es dann bis zuletzt am Bunkerrücken. Dietls Gebirgsjäger behielten die Oberhand – und damit den heißumkämpften Berg.

Zum Jahresende 1943 erhielt die 20. Gebirgs-Armee wieder einmal einen ganz und gar unerwarteten hochkarätigen Besuch. Albert Speer, Hitlers Rüstungsminister, »entwich« nach seinen eigenen Worten »der schweren Last des Jahres ... in die entfernteste und einsamste Ecke unseres Machtbereichs, nach Nordlappland«.[129]

4. Die operativen Maßnahmen 1943/44

Generaloberst Eduard Dietl war auf dem finnischen Kriegsschauplatz nicht nur Oberbefehlshaber der Lappland- bzw. 20. Gebirgs-Armee, sondern auch Hitlers verlängerter Arm, wenn es darum ging, militärpolitische Fragen zwischen den beiden ungleichen Waffenbrüdern zu erörtern. Unter anderem sollte er bei einem Besuch bei Marschall von Mannerheim am 21. Januar 1944 diesen auf die Gesamtsituation des Großdeutschen Reiches hinweisen: »... die Ostfront müsse sich ›durch bewegliche Kampfführung‹ behelfen, bis nach dem Zurückschlagen der für das Frühjahr erwarteten Invasion im Westen neue Kräfte für den Osten frei würden.«[130] Tags darauf fand eine Besprechung Dietls mit dem finnischen Staatspräsidenten Ryti statt. Über beide Begegnungen fertigte er aufschlußreiche Aktenvermerke an.

Auf Grund seines guten, ja überaus herzlichen Vertrauensverhältnisses zu den Finnen, insbesondere aber zu Marschall von Mannerheim, registrierte Dietl gar manche Entwicklung bereits im Ansatz, noch bevor sie in Berlin wahrgenommen wurde. So hatte er den finnischen Oberbefehlshaber bereits im September 1943 als anglophil und kriegsmüde bezeichnet.[131] Aus diesem Gespür heraus entwickelte Dietl mit der Zeit sogar jene vorausschauenden operativen, zuweilen sogar strategischen Fähigkeiten, die ihm als Kommandierendem General während der schweren Kämpfe an der Liza und am nördlichen Eismeer noch weitgehend gefehlt hatten, so daß seinerzeit bekanntlich einige verlustreiche Fehlentscheidungen getroffen worden waren. Nicht so als Oberbefehlshaber der einzigen Gebirgs-Armee der Deutschen Wehrmacht. Aus dem Taktiker war in gewisser Hinsicht auch ein Stratege mit dem notwendigen militärpolitischen Hintergrundwissen geworden, dessen Armee starke russische Kräfte an der finnischen Front band, die daher nicht an der Ostfront eingreifen konnten.

>»Während Hitler auch ... die Finnen mit allen möglichen Mitteln, darunter dem Entzug deutscher Waffen- und Getreidelieferungen, unter Druck zu setzen versuchte, trat der Chef WFStab gemeinsam mit Generaloberst Dietl dafür ein, daß die ›Waffenbrüderschaft‹, komme es wie es wolle, von deutscher Seite allein schon aus militärischen Notwendigkeiten nicht unnötig belastet werden dürfe«, so

General Warlimont, der Stellvertretende Chef des Wehrmachtführungsstabes.[132]

Die schlechte militärpolitische Lage der Deutschen war natürlich auch dem finnischen Waffenbruder nicht verborgen geblieben. Äußerlich betrachtet schien die Stimmung unter ihnen noch zuversichtlich zu sein, aber im finnischen Hauptquartier machte sich doch eine zunehmende Skepsis breit. Tatsächlich standen die Zeichen an der deutsch-finnischen Front plötzlich auf Sturm, denn nach den Feststellungen Erfurths schätzte das finnische Hauptquartier die russische Gesamtstärke von Murmansk über die Front am Swir bis zur Karelischen Landenge auf 270 000 Mann, wovon etwa 180 000 Mann vor dem finnischen Frontabschnitt stehen sollten. Da diesen nur 90 000 Mann der gesamten deutschen HKL in Lappland gegenüberstanden, vermuteten die Finnen eine russische Offensive in ihrem Frontabschnitt. Das waren die Sorgen und Nöte des finnischen Waffenbruders. Für ihn war es nur ein schwacher Trost, daß deutsche und finnische Truppen zusammen etwa 550 000 Mann stark waren und damit numerisch den Russen um das Doppelte überlegen. General Erfurth kam zu der Feststellung, »daß es auf deutscher Seite während des ganzen Krieges mit Rußland niemals ein ähnlich günstiges Verhältnis gegeben hat. Die Frage, warum denn das OKW und die finnische Führung diese große Überlegenheit nicht zu einer erfolgreichen Offensive ausgenutzt haben, wurde nicht nur von deutschen, sondern auch von finnischen Soldaten bis herauf zu den Frontgeneralen gestellt.«[133] Dietl kannte diese quälenden und daher lähmenden Fragen auch von seinen Gebirgsjägern, die eine Entlastungsoffensive für die Hauptfront im Osten forderten. Ihm paßte es genausowenig, daß er mit seiner ganz und gar intakten 20. Gebirgs-Armee auf einem Nebenkriegsschauplatz zur Untätigkeit verdammt war. Auch er wollte angreifen – aber nur bei einer Paralleloffensive der Finnen an deren Südfront. Warum diese aber dort nicht mehr angreifen wollten, darüber gab der deutsche General im Oberkommando der finnischen Armee, Erfurth, wie folgt Auskunft:

»Die Finnen fürchteten damals schon, daß eine Erneuerung ihres Angriffs die Kriegserklärung der USA an Finnland auslösen würde.

Einen Krieg mit Amerika wollten sie aber unter allen Umständen vermeiden. Darum konnte auch das Hauptquartier nichts unternehmen, was dem Marschall Mannerheim die Verantwortung für den Eintritt Amerikas in den Krieg hätte aufbürden können.«[134]

Statt aktiv in das gewaltige Kriegstheater zwischen dem Eismeer und Südrußland eingreifen zu können, mußte Dietl, der »Held von Narvik«, mehr denn je mit einer militärischen Nebenrolle vorliebnehmen. Dafür wurde er teilweise als Statist auf diplomatischer Bühne herangezogen.

Da sein Verhältnis zu den Finnen bis zuletzt vollkommen intakt und ohne den Hauch eines bitteren Nachgeschmacks blieb, drängte Generaloberst Eduard Dietl alle Überlegungen hinsichtlich eines Ausscheidens des Waffenbruders lange Zeit beiseite. Nun begann er allerdings, sich mit diesem Gedanken immer mehr vertraut zu machen und zu überlegen, wie für einen solchen Fall die entsprechenden Maßnahmen zur Sicherung des Rückzuges der 20. Gebirgs-Armee aus Lappland (Operation »Birke«) und zur Sicherung der Seewege (Operation »Tanne«) vorbereitet werden konnten. Schon bald nahm der Wehrmachtführungsstab diesbezüglich einen direkten Kontakt zum Gebirgs-Armee-Oberkommando 20 auf, um in enger Abstimmung zwischen Dietl und seinen bewährten Generalstabsoffizieren die Planung und Durchführung des Rückzugs aus dem mittel- und nordfinnischen Raum zu bearbeiten.

»(Bereits) im September 1943«, erfahren wir von Generalleutnant Hermann Hölter, ab März 1944 der neue Chef des Generalstabes der 20. Gebirgs-Armee, »erkundeten Generaloberst Dietl und sein Chef, Generalleutnant Ferdinand Jodl, zum ersten Male die Möglichkeit für eine solche Bewegungsoperation, bei der Zigtausende von Menschen ›mit Roß und Wagen‹ über Hunderte von Kilometern nach Norden ziehen sollten ...
Dem Ablauf der Operation ›Birke‹ lag folgender Plan zugrunde: XVIII. (Geb.) A. K. sollte sich vom Feinde lösen, absetzen und über Rovaniemi nach Norden geführt werden, Masse in den Dreiländerzipfel. Das Korps unter Gen. d. Inf. Hochbaum stand mit 7. Geb. Div. in der Front bei Uhtua, mit 6. SS-Geb. Div. und Divisionsgruppe K (Kräutler) in der Kiestinki-Front. XXXVI. (Geb.) A. K. unter Gen. d. Geb. Tr. Vogel mit 163. Div. und 169. Div., das in der Werman-Front stand, sollte mit seiner Masse den Weg über Rovaniemi Richtung Ivalo nehmen.

Dabei hatte das XVIII. (Geb.) A. K. bis in den Raum Rovaniemi einen wesentlich weiteren Weg zurückzulegen als das XXXVI. (Geb.) A. K.
Innerhalb des XVIII. (Geb.) A. K. mußte zunächst die nach Osten vorspringende und in ihrer Nordflanke gefährlich umfaßte Kiestinkifront eingeholt werden. Die 7. Geb. Div. durfte sich den Bewegungen der Verbände des XVIII. (Geb.) A. K. aus der Kiestinkifront erst anschließen, wenn diese die ›Bollwerk-Stellung‹ an der Sohjana-Enge zwischen Top-See und Pjä-See bezogen hatten.
Die Bewegungen der ›Kampfgruppen West‹ und ›Ost‹ waren wiederum an die Bewegungen der 7. Geb. Div. gebunden.«[135]

Trotz des zur Schau gestellten Optimismus, was die deutsch-finnische Waffenbrüderschaft anbetraf: Die Situation, in der sich Dietls 20. Gebirgs-Armee befand, war alles andere als rosig. Sorgenvoll sah man daher am Beginn des Kriegsjahres 1944 bei der deutschen Wehrmachtführung der Zukunft entgegen. Der finnische Kriegsschauplatz und die dort operierende Lappland-Armee – »die stärkste und beste Armee …, über die das Reich im Herbst 1943 noch verfügte«[136] – mit ihren Generalkommandos und Gebirgs-Divisionen bildete hierbei keine Ausnahme. Der deutschen Führung war nicht verborgen geblieben, daß die Finnen wegen des unbefriedigenden, ja geradezu besorgniserregenden Kampfverlaufes der Heeresgruppe Nord an der Front um Leningrad, das nicht mehr erobert werden konnte, und zum Teil unter amerikanischem Druck »politische Verhandlungen mit den Sowjets aufgenommen« hatten[137], »mit dem Bestreben, einen Sonderfrieden zu erhalten«.[138]
Erfurth wurde daraufhin angewiesen, dem OKW ständig über die Stimmung im finnischen Hauptquartier zu berichten.
Daraus sprach natürlich ein unverhohlenes Mißtrauen gegenüber dem Noch-Waffenbruder. Verständlich, daß dieses Mißtrauen, das immer mehr auf Gegenseitigkeit beruhte, das deutsch-finnische Verhältnis von Tag zu Tag mehr trübte. Und es wäre gewiß viel früher zerbrochen, wenn Generaloberst Dietl und Marschall Freiherr von Mannerheim nicht soviel Sympathie und menschliche Wärme füreinander empfunden hätten. Dietl war auf dem finnischen Kriegsschauplatz für Hitler in jeder Beziehung ein Pfund, mit dem er wuchern konnte – und es auch tat.
Im schicksalsschweren Sommer 1944 hielt die finnische Armee eine

insgesamt gesehen »löchrige« Front. Sie verlief von der Karelischen Landenge, und zwar an deren schmalster Stelle, in der Nähe
jener Grenze, die bis 1940 gültig gewesen war, jenseits des Ladoga-
Sees am Swir entlang, unterbrach den Weißmeerkanal und zog sich
schließlich vom Onega-See nach Norden. Von Mittelfinnland bis
zur Liza-Linie am Eismeer stand Dietls 20. Gebirgs-Armee, um
die für die deutsche Rüstungsindustrie so wichtige Nickelgewin-
nung zu sichern. Die übrige Front hielten die Finnen trotz eines
immer stärker werdenden Nervenkrieges von seiten der Sowjets,
aber auch der westlichen Alliierten, aus eigener Kraft.
Da brach am 8. Juni 1944 die seit langem von Generaloberst Dietl
befürchtete, aber dennoch überraschend in Angriff genommene
große Sommeroffensive der Roten Armee gegen die Finnen los.

> »An diesem Tage wurden über 1000 Feindflugzeuge gezählt, mit
> denen die Russen die finnischen Stellungen, das nahe rückwärtige
> Gebiet und wichtige Ziele weiter rückwärts bombardierten. Gleich-
> zeitig setzten die Russen gewaltige Artilleriemassen ein ... Den gan-
> zen Tag tobten heftige Kämpfe an der gesamten finnischen Front auf
> der Karelischen Landenge, vor allem aber in deren Westteil ... Am
> 10. Juni um 5 Uhr morgens steigerte sich das russische Feuer wieder
> zu einem gewaltigen Trommelfeuer ...«[139]

Zwischen dem 8. und 11. Juni 1944 hatten starke Einheiten der karelischen Front unter Merezkow die finnischen Verteidigungsli-
nien beiderseits des Ladoga-Sees von Süden her angegriffen.
Angesichts dieser massierten Schläge der Roten Armee kam es am
13. Juni zu einer Zusammenkunft des Oberbefehlshabers der
20. Gebirgs-Armee und des deutschen Generals im finnischen
Hauptquartier beim Gesandten von Blücher in Helsinki. Einziger
Tagungspunkt dieser Besprechung: die militärpolitische Lage auf
dem finnischen Kriegsschauplatz. Noch am selben Abend nahm
Generaloberst Dietl General Erfurth in seinem Flugzeug mit nach
Mikkeli. Auf Grund eines Ausrutschers seiner Maschine auf dem
schwierigen Flugplatz übernachtete der OB der Lappland-Armee
im finnischen Hauptquartier. So kam es noch spätabends zu einer
Unterredung mit dem finnischen Generalstabschef General Heinrichs und anderntags zu einem Kurzbesuch in Mannerheims Land-
quartier Sairila. Nachdem Dietl am 14. Juni von Mikkeli nach Ro-

vaniemi zurückgeflogen war, berichtete er noch am selben Tage dem Oberkommando der Wehrmacht über die Gespräche und Eindrücke seiner Reise:

>»Präsident Ryti ... habe eine ruhige und zuversichtliche Haltung gezeigt. Dagegen wäre der Marschall über die Entwicklung auf der Karelischen Landenge sehr besorgt gewesen; von der Auffassung des Präsidenten abweichend rechnete er mit einem die Entscheidung suchenden russischen Angriff. General Heinrichs habe eine Andeutung gemacht, daß möglicherweise die Swir- und die Maaselkä-Front aufgegeben werden müßten.«[140]

Nun ging es wirklich Schlag auf Schlag: Am 15. Juni 1944 setzten die Russen ihre massiven Angriffe gegen die finnische Front fort. Am 17. Juni wurde auf der Karelischen Landenge der finnische Rückzug unter heftiger Gegenwehr fortgesetzt. Am 18. Juni fanden die Kampfhandlungen auf folgender allgemeiner Linie statt: Rokkalanjoki – Summa – Muolanjärvi – Yskjärvi – Kirkkojärvi – Punnusjärvi – Valkjärvi – Nurmijärvi – Taipale. Am 19. Juni hielt der starke Feinddruck in Richtung Viipuri unvermindert an. Am 20. Juni ging Viipuri (Wiborg) verloren. Am 29. Juni besetzte die Rote Armee das ostkarelische Petrosadowsk. Zwischen diesen beiden wichtigen Daten in der finnischen Militärgeschichte stürzte Generaloberst Eduard Dietl am 23. Juni 1944 in seiner alpenländischen Heimat tödlich ab. Am 3. September 1944 gab das Oberkommando der Wehrmacht die Durchführung der Operation »Birke« frei. Die »Vorsehung«, von der sowohl Hitler als auch Dietl wiederholt gesprochen haben, hat es dem Oberbefehlshaber der 20. Gebirgs-Armee erspart, diesen Rückzug seiner vollkommen intakten Lappland-Armee miterleben zu müssen.

5. Der »Paladin des Führers«

Seitdem die Beziehungen zwischen dem deutschen und dem finnischen Waffenbruder immer schwieriger geworden waren, hatte Generaloberst Eduard Dietl eine Unruhe erfaßt, die er zwar nach außen hin verbergen konnte, die jedoch in seinem Innern an der Substanz seiner körperlichen und seelischen Kräfte zehrte. Das hatte rein psychologische Ursachen, denn Dietl wußte ganz genau, daß er sich in einer Zwickmühle befand: Auf der einen Seite sah er mit hellem Verstand die sich tagtäglich verschlechternde militärpolitische Lage des Großdeutschen Reiches und die daraus resultierende Unzufriedenheit, ja Ängstlichkeit der Finnen um den Ausgang des Krieges, den Deutschland ihrer Meinung nach nicht mehr gewinnen konnte. Schlimmer noch: Bei einer Fortdauer des Krieges an der Seite des bedrängten Waffenbruders fürchtete Marschall von Mannerheim gar um den Fortbestand seines kleinen Volkes. Andererseits war Dietl in seinem Herzen immer noch der »Paladin des Führers«, für dessen Ideologie und Zielsetzungen er bei seinen zahlreichen Durchhaltereden in der von der Kriegsfurie bereits schwer gezeichneten Heimat nach wie vor in die Bresche sprang, wenn Not am Mann war. Dietl war einer jener wenigen loyalen Wegbereiter und Wegbegleiter Hitlers, der nicht erkannte – oder erkennen wollte –, daß sein Führer das Reich nicht mehr zum versprochenen Endsieg, sondern in den sicheren Untergang führte. So erließ er zum 9. November 1943 einen Tagesbefehl, der im Rahmen der befohlenen geistigen Betreuung bekanntzugeben war und die Bedeutung der 20jährigen Wiederkehr des 9. November 1923 in einem würdigen Appell herausstellen sollte (siehe auf den folgenden Seiten).[141]

Aber damit nicht genug der Treueschwüre. Ebenfalls im November 1943 bekannte der Oberbefehlshaber der 20. Gebirgs-Armee vor rund 10 000 Soldaten und Angehörigen des Reichsarbeitsdienstes in einer feurigen Rede:

> »Ich als Soldat sage herzlichen Dank der Partei für das, was sie in der Heimat leistet ... Der innere Glaube an den Führer ... gibt Kraft zur Überwindung aller Widerwärtigkeiten ... Ich glaube an den Führer! Je schwieriger die Lage, desto mehr vertraue ich ihm ...«

Dietls große fanatische Rosenheimer Durchhalterede vom November 1943 brachte seinen nach wie vor unerschütterlichen Glauben an den Führer zum Ausdruck – zu einem Zeitpunkt, wo die 6. Armee bereits elendig im Kessel von Stalingrad zugrunde gegangen war, wo in den rückwärtigen Gebieten die Juden ihren Holocaust erlitten und wo die deutschen Städte mit ihrer Zivilbevölkerung unter dem alliierten Flächenbombardement in Schutt und

Oberkommando der 20.(Geb.) Armee   30.10.43
    Der Oberbefehlshaber
_____

Geh Td.Rgt. 218

Tagesbefehl zum 9.Nov.1943. Abt.: ____1 q____

                I.   Eing.: ____511 ?____

                                Az: _____ Anl.: ____

        Das deutsche Volk gedenkt am 9.Nov.des Tages, an dem der
Führer das grosse Wagnis unternahm, mit einer Handvoll entschlossener Männer die Führung des Reiches an sich zu reissen und damit das
deutsche Schicksal entscheidend zum Guten zu wenden. Verrat und
Missbrauch von Waffengewalt haben ihn damals überwältigt. Aber
durch die entschlossene Tat wurde die Idee des Nationalsozialismus
blitzartig in die Öffentlichkeit des gesamten Volkes getragen und auf
diese Weise ein grosser Erfolg für die nationale Wiedergeburt
Deutschlands erkämpft. Die 16 Männer, die damals auf dem politischen Kampffeld gefallen sind, wurden so zu Vorkämpfern und
symbolischen Trägern der nationalsozialistischen Idee. An demselben
Tag, an dem damals 5 Jahre vorher in Berlin der Generalstreik aus-
brach, die Soldatenräte gebildet wurden und das deutsche Volk seine
tiefste Schmach und Erniedrigung erfuhr, sollte jetzt die Erhebung
ihren Anfang nehmen. Der Weg von 1923 bis 1933 führte zur Wiedergeburt und nationalen Selbstbesinnung des deutschen Volkes. Auf
dieser Grundlage erkämpfte der Führer dann nach Einigung des
deutschen Volkes und Aufbau der Wehrmacht die Freiheit des Reiches;
denn an demselben Ort, an dem am 11.Nov.1918 ein Erzberger das
schmachvollste Waffenstillstandsdiktat unterzeichnete, wurde 22 Jahre
später in feierlichem Akt die Schmach dieses Tages durch den Sieg
über Frankreich getilgt. Unter Führung des so neu erstandenen Reiches
steht heute Europa in dem gewaltigen Ringen um den Bestand unseres
Erdteils gegen die drohende Macht des Bolschewismus und der anglo-
amerikanischen Plutokratie.

                                II.

        Wir feiern die 20.Wiederkehr des 9.Nov.1923 als den Tag der
unbedingten Treue zum Führer, zur Idee des Reiches, zur Ehre der
Nation und zur nationalen Gemeinschaft des deutschen Volkes. Die
16 Blutzeugen der Bewegung sind für jeden deutschen Mann seitdem
Vorbild geworden. Der Typ des politischen Soldaten ist in innen
vorgebildet. Dieser Typ ist neuartig in der Geschichte des
deutschen Soldatentums. Infolge der politischen Aufspaltung des
deutschen Volkes im 19.Jahrhundert, die im Parteienstaat der System-
zeit ihren Höhepunkt fand, war es dem Soldaten zur Pflicht gemacht,
zwar mit unbedingter Vaterlandstreue die Reichsgrenzen nach aussen
zu schützen, aber völlig unabhängig und abgesondert ausserhalb der
politischen Fragen des Staates und Reiches zu bleiben. Heute er-

372

möglicht die gemeinsame weltanschauliche Grundlage und die einheitliche politische Ausrichtung des deutschen Volkes auch dem Soldaten
die Teilnahme am politischen Leben der Nation; ja diese politische
Einstellung aller Soldaten ist in dem augenblicklichen Kampf eine
zwingende Notwendigkeit geworden. Ist es im germanisch-deutschen
Staat von jeher Tradition gewesen, an der Gestaltung des Volkes
und Staates mitzuarbeiten und für dieses politische Ziel in den
Kampf zu ziehen, so erfordert gerade dieser Krieg die politischen
und weltanschaulichen Kräfte der Soldaten. Die Männer, die aus dem
Erlebnis und der Erfahrung des Weltkrieges Politiker geworden waren,
setzten aus einer klaren Erkenntnis der Lage und des daraus notwendigen Ziels in den Kampfjahren immer wieder ihr Leben ein. Dieser
Einsatz ist der Beginn des grossen Ringens um den Bestand des
deutschen Volkes und Europas geworden, der inzwischen die ganze
Welt erfasst hat. Weil dieser Krieg um mehr geht als um den Wieder-
gewinn eines Landstrichs oder um das Prestige des einen oder andern
Staates, weil ihm im letzten die weltanschaulichen Gegensätze des
Bolschewismus und des Nationalsozialismus zu Grunde liegen, deshalb
wurde und wird von den Soldaten des Führers nicht nur der rein militärische, sondern auch der politisch-weltanschauliche Einsatz gefordert. Dieser Krieg ist total, weil er um den Bestand des Volkes
mit Leib und Seele schlechthin geht. Noch nie in der europäischen
Geschichte war der Vernichtungswille Deutschland gegenüber so brutal
und gehässig wie in diesem Krieg. In vielen Broschüren und Büchern
sind wilde Pläne entworfen worden, in welcher Weise das deutsche
Volk ausgemerzt werden soll. Die unmenschliche Fantasie ergeht sich
von Aufteilung, Verschickung, Hungertod bis zur völligen biologischen
Ausrottung durch Mord oder Entmannung. In sogenannten politischen
Konferenzen offizieller Politiker werden diplomatische Redensarten
veröffentlicht, die im Grunde diesen jüdisch-bolschewistischen Hass-
gesängen entsprechen; und nichts anderes haben wir von der augen-
blicklich in Moskau tagenden sogenannten 3-Mächte-Konferenz Russ-
lands, Englands und Amerikas zu erwarten.

Das deutsche Volk hat in diesem Kriege entweder alles zu verlieren oder aber alles zu gewinnen, nämlich das Leben und die Frei-
heit. Gegen den tierischen Vernichtungswillen der asiatischen
Horden kämpft der deutsche Soldat und das deutsche Volk für den
Aufbau und die Ordnung Europas. In grossartiger Weise findet in
diesem Krieg der nordische Mythos des Kampfes zwischen Licht und
Finsternis seinen Ausdruck. Dieser Kampf, der mit dem Sieg des
Lichtes enden wird, macht alle Kräfte des Guten, des Aufbaus, der
inneren Gemeinschaft, des Zusammenschlusses der Völker frei zum
Wohle jedes einzelnen Staates und Volkes in Europa. Im Bewusstsein
der eigenen Aufgabe erkennen wir unsere Gegner als die Gewalten des
bedingungslosen Vernichtungswillens, der Zersetzung und der Auflösung. Immer haben sich die Vorfahren des deutschen Volkes gegen

diese Mächte wehren müssen und sich siegreich durchgesetzt. Ihnen gegenüber tragen wir die Verantwortung für die Bewältigung der Aufgabe, die uns vom Schicksal gestellt ist. Eingebettet in den grossen Lebensablauf unseres Volkes von Vergangenheit, Gegenwart und Zukunft haben wir die Pflicht zu siegen, damit die Nachkommen leben können.

Dieser gewaltige Krieg spielt sich auf der militärischen, politischen und weltanschaulichen Ebene ab. Er fordert daher alle Kräfte des Soldaten, die Kräfte des Körpers, des Geistes und der Seele. In diesem Sinne ehren wir die 16 Blutzeugen des 9.Nov.als die Vorkämpfer des nationalsozialistischen Soldatentums.

Der Kampf dieser kleinen Gruppe gegen eine überwältigende Mehrheit erschien völlig aussichtslos. Der Führer wurde ins Gefängnis geworfen, die Partei zerschlagen. Niemand konnte mehr annehmen, dass die Idee des Nationalsozialismus wieder neu erstehen würde. Hier aber setzte Adolf Hitler sein entschlossenes Dennoch entgegen. In fanatischer Siegeszuversicht und mit seiner ganzen Willenskraft riss er seine Gefolgschaft zu neuem Glauben empor. Mit bedingungsloser Treue setzten sich seine Mitkämpfer unter seiner Führung von neuem für das erkannte Ziel ein. Zäh und verbissen wurde jede Kleinarbeit angepackt und Erfolg um Erfolg errungen, bis am 30.Januar 1933 die Idee des Nationalsozialismus siegte und das Schicksal des deutschen Volkes in die Hände des Fürers gelegt wurde.

III.

Wir haben heute mehr denn je Veranlassung, uns des 9.Nov.1923 zu entsinnen. Wir wissen, dass wir in das Stadium der Entscheidung dieses Krieges eingetreten sind. Die Sowjetarmeen bemühen sich seit Monaten, mit Einsatz ihrer gesamten Kräfte unsere Abwehrfront zu durchbrechen und damit die Entscheidung gegen uns zu erzwingen. In Italien stösst die Landungsmacht der Anglo-Amerikaner gegen die festen Bastionen unserer kontinentalen Verteidigung. Die Luftoffensive des Gegners lässt deutlich die Absicht erkennen, durch kombinierte Operationen und durch Nervenkampf den Krieg in das entscheidende Stadium zu treiben. Der Masseneinsatz von Truppen und Kriegsmaterial aller Art soll die Front des deutschen Soldaten erdrücken und den Widerstandswillen des gesamten Volkes zermürben.

Wir wissen, dass es nur noch eine Frage für uns gibt: Sieg oder Untergang. Dieses Entweder-Oder ist hart, so hart wie niemals früher in der deutschen Geschichte. Diese Parole ist keine höchstgestellte Forderung, die in begeisterten Feierstunden ausgesprochen wird, sondern eine nüchterne Erkenntnis und eine alltägliche Erfahrung jedes kämpfenden Soldaten.

374

Aber was haben unsere Gegner mit ihren vereinten Bemühungen
bisher erreicht? Trotz Masseneinsatz von Truppen und Material im
Osten hält die deutsche Front und hat dem Feind ungeahnte Verluste
zugefügt. Trotz Luftterror gegen die Wirtschaftszentren und die
Zivilbevölkerung hält die Heimat stand. Initiative und Energie
der Führung wie der Bevölkerung selbst bewirken, dass die entstandenen Schäden in kürzester Zeit beseitigt werden. Der industrielle
Ausfall ist nach Erfahrung gering und dauert immer nur begrenzte
Zeit. Trotz sogenannter Rohstoffknappheit läuft die Industrie auf
Höchsttouren und liefert das für den Kampf der Front notwendige Material. So beklagenswert die Verluste unter der Zivilbevölkerung
sind, so bleiben sie doch verhältnismässig gering und können nie zu
einer Kriegsentscheidung führen. Die innere Haltung der in dem
luftgefährdeten Gebiet wohnenden Bevölkerung ist vorbildlich. Die
Ernährungslage ist auch im 5.Kriegsjahr gesichert und mit den Verhältnissen im Jahre 1918 in keiner Weise vergleichbar.

IV.

Was haben wir gegen den brutalen Vernichtungswillen und den
Masseneinsatz unserer Gegner zu setzen? Einen unbedingten Siegeswillen, ein bedingungsloses Vertrauen auf die Kraft des deutschen
Volkes, auf die Stärke unserer Waffen, auf die Richtigkeit unserer
Führung, auf die Entschlossenheit und Zähigkeit des deutschen Soldaten. Die bisherigen Leistungen unserer Wehrmacht berechtigen in
jeder Weise zu diesem Vertrauen. In 6 Jahren hat der Führer das
Reich zusammengeschmiedet und eine Wehrmacht geschaffen, die bereit
und in der Lage ist, den Bestand des Reiches und die Ordnung Europas
zu schützen. In 18 Tagen sind die polnischen Armeen vernichtet worden.
In einmaliger Kühnheit kam der deutsche Soldat einer Umfassung des
Engländers von Norden zuvor und erzwang gegen die seebeherrschende
englische Flotte und gegen starke Kräfte des englischen Heeres die
Besetzung und Verteidigung Norwegens zum Schutze Europas. Die als
unbezwingbar bezeichnete Maginotlinie wurde durchbrochen und der
französische Gegner in 6 Wochen zu Boden gezwungen. Der schnelle
Zugriff nach dem Balkan verhinderte einen bolschewistischen Aufruhr
und ein Eindringen des Feindes nach Deutschland von Südosten her.
Die gewaltigen Siege gegen die hochtechnisierten Sowjetmassen sind
einmalig in der gesamten Kriegsgeschichte der Welt. Gegen mehrfache
Übermacht hält jetzt der deutsche Soldat die Front gegen den Bolschewismus und fügt in einer gewaltigen Abwehrschlacht dem Feind zermür-
bende Verluste zu. Diese Erfolge konnten nur mit einer von der Partei
geführten und betreuten Heimat, konnten nur durch die Leistungen der
deutschen Wirtschaft und Rüstungsproduktion errungen werden. Der
deutsche Erfinder und der deutsche Arbeiter tragen einen stolzen
Anteil an dem bisher Erreichten. Die Rüstungsbetriebe schmieden die

für den Krieg notwendigen Waffen. Die deutsche Wissenschaft arbeitet an der Erfindung und Schaffung neuer Kriegsmittel, die denen des Gegners weiterhin überlegen bleiben werden. Das deutsche Bauerntum, besonders die deutsche Bauersfrau arbeiten in unermüdlichem Fleiss und sichern die Ernährungsgrundlage von Heimat und Front.

Jetzt beginnt im Eigentlichen die Zeit der Entscheidung für das deutsche Volk. Die kampferprobte Wehrmacht und die bewährte Führung geben alle Voraussetzungen für den Endsieg. Er ist errungen, wenn wir die europäische Festung, die wir durch unsere Siege um ein weites Vorfeld vergrössert haben, halten wie bisher. Vor einer Festung, die unbezwingbar ist, muss der Feind nach hohen Verlusten den Kampf aufgeben, weil ihm die Kräfte fehlen, um die Abwehrfront zu durchbrechen. Was das deutsche Volk bei innerer Geschlossenheit und selbstlosem Einsatz leisten kann, ist bisher in der deutschen Geschichte nur ganz selten hervorgetreten. Ein 90-Millionen-Volk aber, das eine unerschütterliche Einheit ist, das weiss, worum es geht, und von einem unbedingten Siegeswillen besessen ist, kann nicht untergehen. Denn für alle Erfolge ist nicht allein die materielle Leistungskraft, sondern die seelische und geistige Haltung ausschlaggebend. Die entscheidende Frage dieses Krieges lautet für uns nicht: Haben wir genügend Soldaten, ist die Rüstungsproduktion stark genug, ist die Ernährung sichergestellt?, sondern: Sind unser Siegeswille und unsere Zähigkeit gross genug, um die bisherigen Leistungen aufrechtzuerhalten und noch weiter zu steigern?

V.

In der Stunde der letzten Bewährung gedenken wir der ersten Blutzeugen dieses gewaltigen Ringens am 9.Nov.1923 und schliessen in diese Ehrung alle Soldaten ein, die für den Bestand des Reiches gefallen sind. Ihr Heldentod macht uns bereit zu jeder Entsagung und allen Opfern, die dieser Krieg von uns fordert und noch fordern wird. Wir sind entschlossen, alles Persönliche aufzugeben, weil es um den Bestand des deutschen Volkes geht. Wir kennen den Verlauf der nächsten Entwicklung nicht. Wir vertrauen aber auf den Führer und stellen ihm eine durch keine Feindpropaganda oder Gerüchte zu erschütternde Siegeszuversicht und ein Soldatentum zur Verfügung, das unbesiegbar ist. Unser Glaube reicht nicht nur von heute auf morgen. Wir wissen, dass der Krieg noch lange dauern kann und dass es vielleicht erst nach sehr harten, opfervollen, langen Kämpfen und Nervenbelastungen möglich ist, mit der letzten Division oder gar dem letzten Regiment dem Feind den entscheidenden Todesstoss zu versetzen. Alle Einwürfe und flachen Berechnungen von der sogenannten zahlenmässigen und materiellen Überlegenheit unserer Feinde beantworten wir mit einem entschlossenen und trotzigen "Dennoch".

376

"Dem Volk, das diese Prüfung vor der Vorsehung besteht, wird am
Ende der Allmächtige als Lohn den Lorbeerkranz des Sieges und damit
den Preis des Lebens reichen. Dies muss und wird aber unter allen Umständen ein Deutschland sein!". (Führerrede am 10.Sept.1943)

F.d.R.   gez. D i e t l

Jodl

Asche versanken. Nein, man wird der historischen Wahrheit in
keinster Weise gerecht, wenn man, wie gewisse Pseudo-Kamerad-
schaften, angesichts dieser und anderer diverser Durchhaltereden,
die Dietl Ende 1943 auch in München und Graz hielt, fast entschuldigend von einer »Pflichterfüllung« Dietls gegenüber seinem Führer spricht, um ihn, diesen angeblich ganz und gar unpolitischen
Soldaten und Heerführer, reinzuwaschen. Vielmehr war es so, daß
Dietls unerschütterlicher Glaube an Hitler – aber auch an die von
Goebbels immer wieder propagierten Wunderwaffen – ihn zu derartigen Reden stimulierte. Generaloberst Eduard Dietl war – wie
seine Frau Gerda-Luise – ein derart begeisterter Nationalsozialist,
daß er, obwohl Angehöriger der Deutschen Wehrmacht und als
solcher nicht befugt, Parteimitglied zu sein, am 23. August 1943
einen eigenhändig geschriebenen »Antrag auf Aufnahme in die Nationalsozialistische Deutsche Arbeiterpartei« stellte – und zwar
mit der vielsagenden Begründung, daß er 1920 nur deshalb aus der
Partei ausgetreten sei, »da ich«, so Dietl wortwörtlich, »als akt.
Offiz. nicht Parteimitglied sein durfte«.[142] Am 30. Januar 1943 –
also auf den Tag genau zehn Jahre nach der Machtübernahme Hitlers! – war ihm zusammen mit General Schörner das »Goldene Ehrenzeichen der NSDAP« durch seinen Führer verliehen worden.
Dietls 20. Gebirgs-Armee war so etwas wie ein nördlicher Vorpo-
sten der Nationalsozialisten. Wie formulierte es General der Infanterie Waldemar Erfurth doch so treffend?

377

»General Dietl ... war ein großer Idealist und überzeugter National-
sozialist, der in seiner temperamentvollen Art auch stark für seine
Überzeugung eintrat ... Von den Größen der Partei ist Dietl oft in
Rovaniemi besucht worden; so ergab es sich in ganz natürlicher
Weise, daß der von dem Oberbefehlshaber vorbehaltlos vertretene
Nationalsozialismus auch den Grundton der geistigen Haltung des
Armeehauptquartiers bildete und von Rovaniemi aus in die deut-
schen Frontabschnitte ausgestrahlt wurde. Dort war bei den aus
Bayern und der Ostmark stammenden Gebirgsjägern und den Män-
nern der Waffen-SS viel Aufnahmebereitschaft für die Ideen der Par-
tei vorhanden.«[143]

Bereits als Kommandierender General des Gebirgskorps Norwegen hatte Dietl seinen alten Kampfgefährten aus den Zeiten des
Hitler-Ludendorff-Putsches, Karl von Le Suire, und andere gleich-
gesinnte Nationalsozialisten in seinem Korpsstab um sich geschart.

»Um so mehr haben wir es begrüßt, daß Vertreter der NSDAP in die
Bunker der vordersten Stellungen kamen, um mit den Soldaten Fragen der großen Politik, Landverteilung im Osten, eigene wirtschaftliche und berufliche Fragen zu besprechen.«[144]

Als leidenschaftlicher Nationalsozialist und als Soldat, der das
Schlachtgetümmel und den Kampf liebte, mußte er nun ansehen,
wie seine 20. Gebirgs-Armee zur Untätigkeit auf einem Nebenkriegsschauplatz verdammt war, während die deutschen Armeen
an der Ostfront mit den Russen im Todeskampf lagen und verbluteten. So stand er nun schon seit Monaten im hohen Norden mit
seinen vorzüglich ausgebildeten Gebirgsjägern der Wehrmacht
und der Waffen-SS mit zusammengebissenen Zähnen Gewehr bei
Fuß – und hoffte auf das große Wunder. Da er noch immer vom
Endsieg überzeugt war, faßte er, von einer inneren Unruhe getrieben, im Frühjahr 1944 den Entschluß, seinem Führer in einem persönlichen Gespräch die Entwicklung auf dem finnischen Kriegsschauplatz zu erläutern und ihn, den Obersten Befehlshaber der
Wehrmacht, zu bitten, daß er mit seiner Armee noch aktiv an der
Ostfront eingreifen dürfe. Dietl waren diese Überlegungen derart
ernst, daß er erst zufriedengestellt war, als sein Adjutant Herrmann
nach wiederholten Telefongesprächen mit Generalleutnant Rudolf
Schmundt, dem Chefadjutanten der Wehrmacht beim Führer, am

15. Juni 1944 seine Teilnahme an einem Lehrgang in Sonthofen durchgeboxt hatte. Anschließend, so war vereinbart worden, sollte Dietl zum Vortrag auf den Obersalzberg fahren.

Am 18. Juni 1944 bestieg Generaloberst Eduard Dietl seine Ju 52. Gewiß, es schmerzte ihn sehr, daß er gerade jetzt nicht in seinem Hauptquartier in Rovaniemi anwesend sein konnte; jedoch, die in Aussicht gestellte Besprechung mit Hitler war ihm letztlich wichtiger. Schon heulten die neuen Motoren, die die Maschine nach einer vollständigen Generalüberholung erhalten hatte, auf. Rasch hatte das Flugzeug nach dem reibungslosen Start Höhe gewonnen und flog zuerst über die südfinnische Seenplatte und dann über die Ostsee nach Königsberg. Von hier wurde Kurs Richtung Sonthofen genommen.

Auf der Sonthofer Ordensburg fanden während des Sommers 1944 sogenannte »Generalsschulungen«[145] statt. Vor den dort geladenen Generalen und Generalstabsoffizieren – nicht selten rund 100 – hielten führende Männer der NSDAP Vorträge über die allgemeine und aktuelle militärpolitische Lage. So referierte unter anderem der Reichsführer SS, Heinrich Himmler, der sowohl Dietl als auch Schörner, die beiden Exponenten der Gebirgstruppe der Deutschen Wehrmacht, vor den Gauleitern als »unsere Volkshelden und Volksgenerale«[146] bezeichnete, über die Feindpropaganda und die Behandlung politischer Häftlinge in Rüstungsbetrieben des Ostens. Ein anderer Referent war General der Gebirgstruppe Georg Ritter von Hengl, ebenfalls ein strammer Nationalsozialist, der nach Schörner Dietls ehemaliges Gebirgskorps Norwegen, das spätere XIX. Gebirgs-Armeekorps, übernommen und Schörner auch durch den Führerbefehl vom 28. Mai 1944 mit Wirkung vom 15. Mai 1944 als NSFO beerbt hatte. Ritter von Hengl hielt auf einer Sonthofer Tagung vor Generalen und Generalstabsoffizieren einen derart glühenden Vortrag, daß der neue Befehlshaber des Ersatzheeres am 21. Juli 1944 vorschrieb: »Die Gedanken der Richtlinien und des Vortrages des Chefs des NS-Führungsstabes des Heeres sind für die weitere Arbeit der NS-Führung des Ersatzheeres Befehle.«[147]

Am Ende der »Schulung«, erinnerte sich Wilhelm Hink, seinerzeit Chef der Marschkompanie des Gebirgs-Jäger-Ersatz-Bataillons

99, die die Wachen zu stellen und damit den Zugang zur »Burg« zu sichern hatte, sagte sich der Oberbefehlshaber der 20. Gebirgs-Armee fernmündlich für den letzten Abend im Allgäu zu einem Treffen mit den Offizieren des Sonthofener Gebirgs-Jäger-Ersatz-Bataillons im Kasino an. Alles wartete nun natürlich voller innerer Anspannung auf den seltenen Gast; das um so mehr, da die Offiziere ja zum Ersatztruppenteil seines alten Gebirgs-Jäger-Regiments 99 zählten. Dietl hatte seinen Besuch erst für nach Sonnenuntergang angesagt, da er, wie er entschuldigend hinzufügte, auf dem abendlichen Ansitz am Grünten noch einen Bock erledigen und Verbindung mit Jagdfreunden aus früherer Zeit, als er noch Kompaniechef und Bataillons-Kommandeur in Kempten war, aufnehmen wolle. Als »ihr Dietl« dann endlich erschien, gab es für viele eine herbe Enttäuschung, denn trotz der gelockerten, aber doch relativ kurzen Unterhaltung bei Bier und einer Brotzeit gelang es nicht, die bedrückende Stimmung, die die Landung der Alliierten in der Normandie ausgelöst hatte, und eine dunkle Vorahnung auf kommende, unheilvolle Ereignisse loszuwerden. Aus Dietls Mund erfuhren die Offiziere des Gebirgs-Jäger-Ersatz-Bataillons 99, daß sogar die Lage seiner Armee in Finnland auf Grund der gegenwärtigen militärpolitischen Situation schwieriger geworden sei und daß er daher schon am nächsten Morgen zu einer Besprechung mit dem Führer nach Berchtesgaden fliegen werde.[148]

Nach seinem dreitägigen Aufenthalt in Sonthofen traf Generaloberst Dietl am Morgen des 22. Juni 1944 auf dem Flugplatz Ainring bei Salzburg ein. Dort verließ er die Maschine mit der altbewährten Besatzung und fuhr mit dem Wagen auf den Obersalzberg, um seinen Führer, der dort oben oft monatelang verweilte, unter vier Augen zu sprechen. Da sich zur gleichen Zeit noch weitere Generale und Generalstabsoffiziere, die nach dem Abschluß der Sonthofener Tagung in einer nächlichen Sonderzugfahrt nach Berchtesgaden gekommen waren, in Hitlers Adlerhorst aufhielten, mußte der Oberbefehlshaber der 20. Gebirgs-Armee noch etwas warten, bis auch er an der Reihe war. Gedankenverloren betrachtete er die weltpolitische Bühne Berchtesgaden, die unter anderem Schuschnigg und König Edward von Großbritannien, einer der zahlreichen Verehrer Hitlers, betreten hatten und wo sie allesamt –

auch der greise Lloyd George, Chamberlain und Edouard Daladier, die Generalität und der Klerus – Hitlers Charisma erlegen waren.

Dann endlich, nach einer gewissen Wartezeit, legte sich die schmale Hand von Hitlers Chefadjutanten auf Dietls gebeugten Rücken.

»Herr Generaloberst«, sagte Schmundt, »der Führer läßt Sie bitten.«

Im Nu drehte Dietl sich um und ging an der Seite Schmundts mit eiligen Schritten in das Besprechungszimmer des Führers. Die Begrüßung war zwischen diesen beiden charakterlich so diametral entgegengesetzten Persönlichkeiten wie immer sehr herzlich. Im Gegensatz zu vielen seiner Generalskameraden, die nach einer Serie von Niederlagen klammheimlich auf äußere oder innere Distanz zu ihrem einst um- und bejubelten »größten Feldherrn aller Zeiten« gegangen waren und sich teilweise auch den Widerständlern angeschlossen hatten, hatte der »Held von Narvik« nach wie vor bei seinem Führer einen Stein im Brett, wie er es in seiner originären Sprache auszudrücken pflegte. Die Aussprache zwischen dem Obersten Befehlshaber der Wehrmacht und dem Oberbefehlshaber der 20. Gebirgs-Armee verlief sehr offen. Dabei habe Hitler immer wieder betont, »daß es von entscheidender Bedeutung sei, nach dem Abfall von Italien, durch den die Südflanke der deutschen Front aufgerissen war, den bisher so treuen Waffenbruder Finnland im Kampf zu halten. Aus politischen Gründen sei daher eine Schwächung der Nordfront gerade in diesem Zeitpunkt abzulehnen.«[149] Andererseits wurde Dietl im Verlauf der Unterredung »von Hitler angewiesen, ... bei einem finnischen Zusammenbruch möglichst viele finnische Verbände zu sich herüberzuziehen und mit diesen an seinem Südflügel eine Abwehrfront (aufzubauen) ...«.[150]

Nachdem Dietls Bitte um Rückführung seiner 14 000 Urlauber aus Deutschland von Hitler kategorisch abgelehnt worden war[151], vertrat der OB der Lappland-Armee mit Vehemenz die Ansicht, »die Masse der kampfkräftigen Divisionen aus Finnland, Norwegen und Dänemark herauszuziehen und im Osten einzusetzen. Die Nordfront solle zwar nicht aufgegeben werden, aber nur mit den für eine Verteidigung erforderlichen Kräften besetzt bleiben.«[152] Seinem langjährigen Adjutanten Oberst Herrmann vertraute Dietl noch am Abend des 22. Juni 1944 an, daß er dem Führer dann die entscheidenden Sätze sagte, die Hitler die Zornesröte ins Gesicht trieben:

> »In Dänemark, Norwegen und Finnland stehen etwa 600 000 Mann. Wir lassen junge Soldaten auf Kreta in der Sonne liegen und in der Ägäis Fische fangen, und derweil marschiert der Russ' nach Berlin.«[153]

Mit dieser schonungslosen Lagebeurteilung schien Dietl zu weit gegangen zu sein. Denn nun sprang Hitler erregt auf, schlug mit der Faust auf den Tisch und schrie mit heiserer Stimme:

> »Dietl, Sie sind ein tapferer Soldat, aber von der Politik verstehen Sie gar nichts. Wir werden noch genügend Divisionen auf die Beine bringen, um den Endsieg sicherzustellen, aber die Front im Norden darf nicht geschwächt werden, denn nur dann bleibt Finnland an unserer Seite. Ich werde noch heute den Reichsaußenminister nach Helsinki schicken, und Sie werden gleichfalls dorthin fliegen, um an den entscheidenden Besprechungen teilzunehmen.«[154]

Aber so aufbrausend und unbeherrscht Hitler auch sein konnte, um seinen Vorstellungen einen besonderen Nachdruck zu verleihen, so herzlich und gewinnend war er beim nächsten Atemzug:

> »Mein lieber Dietl«, sagte er dann mit jenem vertrauten Unterton, der dem »Helden von Narvik« nicht nur schmeichelte, sondern in gewisser Hinsicht auch dermaßen willenlos machte, daß er sich schon nach kurzer Zeit wieder die Ansichten seines Führers zu eigen machte. »Sie erhalten jetzt eine Aufgabe, die weit über das Soldatische hinausgeht, die aber nur durch einen echten Soldaten gelöst werden kann ... Der finnische Soldat ist der einzige, der dem deutschen unter all unseren Verbündeten die Waage hält. Unsere Waffenbrüderschaft ist seit dem Jahre 1918 tiefer als jede andere. Ich bin überzeugt, daß Marschall Mannerheim die Unverbrüchlichkeit dieser Waffenbrüderschaft bekräftigen wird, wenn sie ihm von einem Soldaten, wie Ihnen, lieber Dietl, in entscheidender Stunde geschildert wird. Ich weiß, die Lage der Finnen ist schwer. Aber ihnen bleibt ebensowenig wie uns eine andere Wahl, als angesichts der tödlichen Drohung aus dem Osten zu siegen oder zu sterben. Dies dem Marschall noch einmal klarzumachen, muß eine Ihrer wichtigsten Aufgaben sein. Sie übernehmen damit einen Auftrag, von dessen glückli-

cher Erfüllung das Schicksal nicht nur des ganzen Nordens und Ihrer Armee, sondern auch weiter Teile unserer baltischen Front abhängt ... Ich bin mir jedoch klar darüber, daß das überragende Vertrauen, das Sie in Finnland genießen, von ausschlaggebender Bedeutung sein wird und daß von Ihrem Einfluß auf den Marschall Unendliches abhängt ... Sagen Sie mit Ihren Worten dem Marschall, was ich Ihnen heute gesagt habe. Schildern Sie ihm, daß die Krise nur noch von kurzer Dauer sein wird und daß wir dann mit Armeen und Kampfmitteln, vor deren revolutionärer Neuheit die Welt den Atem anhalten wird, alle unsere Feinde, die auch die Feinde Finnlands sind, endgültig vernichten werden!«[155]

Hitler ließ es sich nicht nehmen, seinen alten Kampfgefährten, neben Reichsmarschall Hermann Göring der einzige, der aus der Generalität vom Anfang bis zum bitteren Ende ohne Wenn und Aber zu ihm gehalten hat, selbst zur Tür zu begleiten.

Da stand er nun, der »Held von Narvik«, auf den steinernen Stufen des Berghofes, über die er – wie so viele bedeutende Persönlichkeiten der Welt- und Kriegsgeschichte – während der letzten Jahre mehrfach hinauf- und wieder hinuntergeschritten war. Da stand er nun und wollte sich nicht fortbewegen, als erahnte er bereits, daß es ein letztes Mal sein sollte.

Als Generaloberst Eduard Dietl sich dabei ertappte, daß er noch immer, wie von einer magischen Kraft festgehalten, auf den Stufen des Berghofes verweilte, da verwischten sich in einer Art Tagtraum diese Stufen mit denen der Feldherrnhalle, von denen aus er am 14. November 1943 anläßlich einer Kundgebung der NSDAP zu Ehren der »16 Blutzeugen« des Hitler-Ludendorff-Putsches von 1923 vor Zehntausenden von Münchnern, die seinetwegen auf dem Odeonsplatz aufmarschiert waren, um ihn, den »Helden von Narvik«, zu hören, nicht nur sein grenzenloses Vertrauen zu seinem Führer und Obersten Befehlshaber bekundet, sondern auch zum bedingungslosen Durchhalten aufgefordert hatte. Dabei stellte er das Beispiel des deutschen Frontsoldaten, der in allen Lagen durchgehalten hat und durchhalten wird, der Masse vor Augen. Seine Ansprache klang aus in einem Treue- und Glaubensbekenntnis zum Führer:

»Ich erkläre feierlich als verantwortlicher Oberbefehlshaber, dem kostbarstes deutsches Blut in diesem Schicksalskampf anvertraut ist:

ich glaube an den Führer. Je härter der Kampf, desto mehr vertraue ich ihm. Ich glaube an das deutsche Volk und an seine Bestimmung und innere Stärke. Ich glaube an meine Soldaten. In der Schicksalsstunde unseres Volkes hat die Heimat die gleiche Parole wie die Front: Härte und Glaube. Diese innere Stärke wird unserem Volk den Sieg bringen ... Unsere Kameraden sind nicht umsonst gefallen. Ihr Geist gibt uns Kraft ...« Dann forderte er »seine« Soldaten auf, »alle ungünstigen Gerüchte, Meckereien zu melden und jeden gewissenlosen Schwätzer in der Heimat sofort zu stellen und den zuständigen Behörden zu übergeben ...«.[156]

Damit war die berühmt-berüchtigte Gestapo gemeint – und die Bekanntschaft mit ihr bedeutete in aller Regel den Tod.

Als Dietl die Stufen des Berghofes hinunterging, um seinen Wagen, der ihn zum Flugplatz bringen sollte, zu besteigen, sah Hitler seinem davonfahrendem Paladin aus dem Fenster seines Hauses voller Hoffnung und Zuversicht nach ...

»Sie werden sehen«, sagte er zum wartenden Generalobersten Alfred Jodl, »Dietl wird wieder einmal das erreichen, was die Leute von der Wilhelmstraße nie erreichen können – Situationen zu meistern, in denen es nicht auf Routine ankommt, sondern auf Härte und Glauben ...«[157]

Das »Triumvirat« von der Eismeerfront: Generaloberst Eduard Dietl zwischen
General der Gebirgstruppe Ferdinand Schörner (rechts) sowie Generalleutnant
Georg Ritter von Hengl (23)

Dietls Stab des Gebirgs-Armee-Oberkommandos 20. Links von ihm sein Generals-stabschef Generalmajor Ferdinand Jodl, dritter von links Oberst Wilhelm Heß, Oberquartiermeister der Lappland-Armee (24)

Zu Gast bei Finnlands Staatspräsident. Von links nach rechts: Generalmajor Ferdi-nand Jodl, der finnische Staatspräsident Feldmarschall Freiherr von Mannerheim, Generaloberst Dietl und der finnische Ministerpräsident Kekkonen (25)

Generaloberst Dietl mit seinen Gebirgsjägern in der Edelweißstellung. Von links nach rechts: Oberst Esch, General der Gebirgstruppe Böhme, Generalleutnant Krakau, Generaloberst Dietl, Feldwebel Lieb und ein unbekannter Gebirgssoldat (26)

Dietl vor seiner JU 52, mit der er in den Tod flog (27)

Waldbach in der Oststeiermark. Die erste Aufbahrung des »Helden von Narvik« und seiner toten Kameraden (28)

Dietls Grab auf dem Münchner Nordfriedhof, Gräberfeld 114, Reihe 1, Nr. 34 (29)

Anmerkungen

1 Vgl. Dahlerus: Der letzte Versuch. München 1948. Die schwedische Ausgabe erschien bereits vor dem Nürnberger Prozeß.

2 Entgegen der allgemein üblichen Sperrfrist halten die Briten weiterhin wichtige Archivalien aus dem Zweiten Weltkrieg unter Verschluß. So ist die Vermutung nicht von der Hand zu weisen, daß diese geheimen Akten politisch hochbrisanten Zündstoff enthalten.

3 Kreppel: Gebirgsartillerie im Kampf. S. 13

4 Klatt: Die 3. Gebirgs-Division. S. 15

5 Kreppel: Gebirgsartillerie im Kampf. S. 13

6 Manstein: Verlorene Siege. S. 34

7 Liddell Hart: Geschichte des Zweiten Weltkrieges. S. 46

8 Kreppel: Gebirgsartillerie im Kampf. S. 14

9 Rohr: Tagebuch eines Gebirgsjägers im Zweiten Weltkrieg. S. 18

10 Klatt: Die 3. Gebirgs-Division. S. 19

11 Rohr: Tagebuch eines Gebirgsjägers im Zweiten Weltkrieg. S. 20 f.

12 Ebenda, S. 21

13 MGFA. H 7/30, Sammelheft zu Oberkommando des Heeres Nr. 300/40g PA (2) Ia vom 25.10.40 – Geheim –

14 Klatt: Die 3. Gebirgs-Division. S. 19 f.

15 Rohr: Tagebuch eines Gebirgsjägers im Zweiten Weltkrieg. S. 19 f.

16 Ebenda, S. 20

17 Klatt: Die 3. Gebirgs-Division. S. 20

18 Rohr: Tagebuch eines Gebirgsjägers im Zweiten Weltkrieg. S. 21

19 Fest: Hitler. S. 846

20 Weizsäcker: Erinnerungen. S. 272

21 Der großdeutsche Freiheitskampf. Bd. 1.

22 Weiss: Persönliche Aufzeichnungen. In: Ruef: Odyssee einer Gebirgsdivision. S. 8 ff.

23 Das deutsche Versorgungsschiff »Altmark«, das dem Panzerschiff »Admiral Graf Spee« als Troßschiff gedient hatte, hatte vor seinen britischen Verfolgern im norwegischen Joessing-Fjord Zuflucht gesucht. Obwohl sie unter dem Schutz von drei norwegischen Kriegsschiffen stand, wurde die »Altmark« von dem britischen Zerstörer »Cossack« geentert. Bei diesem völkerrechtswidrigen Piratenakt wurden rund 300 gefangene Engländer befreit, die von der »Admiral Graf Spee« im Südatlantik übernommen worden waren.

24 Weiss: Erinnerungen an Norwegen 1940. In: Klatt: Die 3. Gebirgs-Division 1939–1945. S. 25 f.

25 Fuller: Der Zweite Weltkrieg 1939–1945. S. 63

26 Liddell Hart: Geschichte des Zweiten Weltkrieges. S. 75

27 Kaltenegger: Die Stammdivision der deutschen Gebirgstruppe. S. 155

28 Völkischer Beobachter. Nr. 204 vom 23.7.1940

29 Goebbels: Die Tagebücher. Teil 1, Bd. 4, S. 248

30 Vgl. Lappland-Kurier. 1943–1944

31 Vgl. hierzu die Filmaufnahmen für die deutschen Wochenschauen 1940 ff.

32 Goebbels: Die Tagebücher. Teil 1, Bd. 4, S. 252

33 Ebenda, S. 411
34 Ebenda, S. 418
35 Lappland-Kurier. Sonderausgabe 1.7.1944
36 Akten zur deutschen auswärtigen Politik 1918–1945. Bd. 12.1, S. 25
37 Messerschmidt: Die Wehrmacht im NS-Staat. S. 334
38 Ebenda, S. 441
39 Stumpf: Die Wehrmacht-Elite. S. 308
40 Hermann: Deutsche Militärgeschichte. S. 480
41 Ebenda, S. 480
42 General Dietl. S. 208
43 Leutnant Hans Rohr, Major Hans von Schlebrügge, Hauptmann Viktor
    Schönebeck, Major Ludwig Stautner und Oberst Alois Windisch am
    20.6.1940, Oberstleutnant Wolf Hagemann und Major Arthur Haussels am
    4.9.1940. Für ihren Kampf um Narvik wurden auch vier Angehörige der
    Kriegsmarine mit dem Ritterkreuz des Eisernen Kreuzes ausgezeichnet: Ka-
    pitän zur See Friedrich Bonte, Kapitän zur See Erich Bey, Fregattenkapitän
    Fritz Berger und Korvettenkapitän Max Eckard Wolff.
44 »›Narvik-Kämpfer‹ ist nur derjenige, der in der Zeit vom 9.4. bis zum 9.6.1940
    – 24 Uhr – zu Lande oder zu Wasser unter dem Befehl des damaligen Befehls-
    habers der Gruppe Narvik in dem Gefechtsgebiet zwischen Riksgränsen –
    Oalga-Paß – Gratangsbotn einschließlich Ofoten – Ostrand Skjomen – Nord-
    dalen oder in der Luft über diesem Raum zu Kampf-, Aufklärungs- oder Ver-
    sorgungszwecken eingesetzt war.« (Verfügung des General-Kommandos des
    Gebirgs-Korps Norwegen vom 9.9.1940)
45 Trageweise bei allen »Schilden« am linken Oberarm der Uniform
46 Klietmann: Auszeichnungen des Deutschen Reiches. S. 86 f.
47 Kriegstagebuch des Oberkommandos der Wehrmacht. Bd. 1/I, S. 218 E.
48 Man beachte: Im Gegensatz zu dieser Beförderungswelle erfolgte die Beför-
    derung zum Oberleutnant seinerzeit noch alle drei Jahre nach dem Rang-
    dienstalter.
49 Lappland-Kurier. Sonderausgabe 1.7.1944: Rede des Führers an der Bahre des
    großen Soldaten
50 Ebenda, a.a.O.
51 Kaltenegger: Die deutsche Gebirgstruppe 1935–1945. S. 55 f.
52 Hillgruber: Hitlers Strategie. S. 491
53 Heß: Eismeerfront 1941. S. 25
54 Vgl.: Das Deutsche Reich und der Zweite Weltkrieg. Bd. 4, S. 810 f.
55 Carell: Unternehmen Barbarossa. S. 365
56 General Dietl. S. 221
57 Mannerheim: Erinnerungen. S. 443 f.
58 Vgl. Heß: Eismeerfront 1941. A. a. O.
59 Die Eismeerstraße, der einzige Lebensnerv der Lappland-Armee, verband
    den wichtigen Hafen Liinahamari über Parkkina, Salmijärvi am Inarisee ent-
    lang mit dem rund 600 Kilometer entfernten Rovaniemi, der Hauptstadt
    Lapplands.
60 General Dietl. S. 224 f.
61 Kriegstagebuch des Oberkommandos der Wehrmacht. Bd. 1, S. 424

62 Ebenda, S. 426
63 Kern: Generalfeldmarschall Ferdinand Schörner. S. 266
64 Ebenda, S. 266
65 Vgl. Rüf: Gebirgsjäger vor Murmansk
66 Heß: Eismeerfront 1941. S. 72
67 General Dietl. S. 227
68 Ebenda, S. 229
69 Rüf: Gebirgsjäger vor Murmansk. S. 118
70 Ebenda, S. 118
71 Heß: Eismeerfront 1941. S. 97
72 Rüf: Gebirgsjäger vor Murmansk. S. 127
73 Ebenda, S. 127 f.
74 Kriegstagebuch des Oberkommandos der Wehrmacht. Bd. I/2, S. 1226
75 So nannte bis zum Oktober 1944 die Bevölkerung von Murmansk das rund
   50 Kilometer von ihrer Hafenstadt entfernt gelegene Kampfgebiet beiderseits
   der Liza.
76 Zweig, Stefan: Sternstunden der Menschheit. S. 27
77 Brief des Bundestagsabgeordneten Gerald Häfner vom 3.3.1988 an Dr. Höß,
   den ehem. Oberbürgermeister von Kempten.
78 General Dietl. S. 231
79 Ebenda, S. 231
80 Heß: Eismeerfront 1941. S. 114
81 Dies galt auch für das finnische Grenzschutz-Bataillon »Ivalo«, das im Juli
   1941 im Luottojokital mit den Deutschen gegen die Russen angetreten war.
82 Kordt: Wahn und Wirklichkeit. S. 360
83 Eine Bezeichnung, die Hitler des öfteren gebrauchte, um den Finnen besonders zu schmeicheln, wie z. B. in seinen Reden vom 3.10. und 8.11.1941.
84 Ruef: Winterschlacht im Mai. S. 46
85 Bundesarchiv/Militärarchiv Freiburg i. Br.: Archivalie AOK Norwegen,
   Akte 19070/4
86 »Der Chef des Wehrmachtführungsstabes im Oberkommando der Wehrmacht. Führerhauptquartier, den 10. Oktober 1941«
87 Hillgruber/Hümmelchen: Chronik des Zweiten Weltkrieges. S. 51
88 Knaack, in: »Der Kamerad«, 1970, Nr. 9, wo es dann weiter heißt: »General
   Schörner fuhr selbst nach Berlin und setzte es dort durch, daß die Winterbe-
   kleidung noch im September 1941, vor dem Abgehen nach Nordfinnland, bei
   der Division einlangte.«
89 Vgl. hierzu Kaltenegger: Die deutsche Gebirgstruppe 1935–1945; Kaltenegger: Schicksalsweg und Kampf der »Bergschuh«-Division
90 General Dietl. S. 233 f.
91 Z. B. Kreuzeck, Rax, Sonnwendstein, Watzmann, Reiteralpe, Hochrieß u. a.
92 Kaltenegger: Die deutsche Gebirgstruppe 1935–1945. S. 378 ff.
93 Wiesbauer: In Eis und Tundra. S. 117
94 General Dietl. S. 234
95 Westphal: Heer in Fesseln. S. 57
96 Vgl. Seidler: Fritz Todt. S. 234
97 Brockdorff: Geheimkommandos im Zweiten Weltkrieg. S. 294

98 Hitler: Monologe im Führerhauptquartier. S. 144 ff.
99 Warlimont: Im Hauptquartier der deutschen Wehrmacht 39–45. S. 227
100 General Dietl. S. 236
101 Erfurth: Der Finnische Krieg. S. 112
102 Burdick: Hubert Lanz. S. 84
103 General Dietl. S. 235
104 Ebenda, S. 235
105 Mannerheim: Erinnerungen. S. 473
106 General Dietl. S. 240
107 Ebenda, S. 241
108 Vgl. Kaltenegger: Gebirgssoldaten unter dem Zeichen des »Enzian«. S. 45 f.
109 General Dietl. S. 238
110 Kriegstagebuch des Oberkommandos der Wehrmacht. Bd. II/1, S. 36 f.
111 Vgl. General Dietl. S. 245 f.
112 Ruef: Winterschlacht im Mai. S. 267
113 Vgl. Ruef: Winterschlacht im Mai
114 Vgl. Kaltenegger: Die deutsche Gebirgstruppe 1935–1945. S. 381 ff.
115 Ruef: Winterschlacht im Mai. S. 325
116 Kriegstagebuch des Oberkommandos der Wehrmacht. Bd. II/1, S. 346
117 Kräutler/Springenschmid: Es war ein Edelweiß. S. 332
118 Wiesbauer: In Eis und Tundra. S. 127
119 General Dietl. S. 244
120 Ebenda, S. 252
121 Aspelmeier: Deutschland und Finnland während der beiden Weltkriege. S. 120
122 General Dietl. S. 254
123 Kriegstagebuch des Oberkommandos der Wehrmacht. Bd. II/2, S. 883 und 886
124 General Dietl. S. 254
125 Ebenda, S. 255
126 Ebenda, S. 256
127 Auch Wanneg-waara genannt; wie z. B. beim Unternehmen »Wanneg-waara« vom 17.2.–1.3.1943.
128 Vgl. Kaltenegger: Schicksalsweg und Kampf der »Bergschuh«-Division. S. 229 ff.
129 Speer: Erinnerungen. S. 330
130 Operationsgebiet östliche Ostsee und der finnisch-baltische Raum 1944. S. 20
131 Kriegstagebuch des Oberkommandos der Wehrmacht. Bd. III/2, S. 1524; Goebbels: Die Tagebücher. Eintragung vom 10.9.1943, S. 402
132 Warlimont: Im Hauptquartier der deutschen Wehrmacht 39–45. S. 448
133 General Dietl. S. 260
134 Vgl. Erfurth: Der Finnische Krieg. A. a. O.
135 Hölter: Armee in der Arktis. S. 22 ff.
136 Erfurth: Der Finnische Krieg. S. 153
137 Die einschlägigen Geheimverhandlungen hat Erfurth in seinem Buch »Der Finnische Krieg« geschildert.

138 Der Krieg in Finnland, Norwegen und Dänemark vom 1. Januar bis 31. März 1944. S. 14
139 Erfurth: Der Finnische Krieg. S. 227
140 Ebenda, S. 231 f.
141 »Gebirgstruppen-Archiv Kaltenegger«
142 Dietl: Personal-Fragebogen der NSDAP, Nr. 9624401 (»Gebirgstruppen-Archiv Kaltenegger«)
143 Erfurth: Der Finnische Krieg. S. 193 f.
144 Front am Polarkreis. S. 16 f.
145 Diese Tagungen waren für die »Ausrichtung der Generalität« bestimmt und wurden vom Chef des NS-Führungsstabes des Oberkommandos der Wehrmacht, General Reinecke, veranstaltet. Sie schlossen gewöhnlich mit einer »Führerrede« ab.
146 Zorn: Bayerns Geschichte im 20. Jahrhundert. S. 479
147 Messerschmidt: Die Wehrmacht im NS-Staat. S. 460
148 Hink: Vor vierzig Jahren. In: 13er-Post, 1985, Heft 2, S. 31
149 General Dietl. S. 267
150 Erfurth: Der Finnische Krieg. S. 285
151 Ebenda, S. 238
152 General Dietl. S. 267
153 Ebenda, S. 267
154 Ebenda, S. 267
155 Thorwald: Die ungeklärten Fälle. S. 69 ff.
156 Lappland-Kurier. Sonderausgabe 1.7.1944. Aus der Rede von Generaloberst Dietl vom 14.11.1943 vor der Feldherrnhalle
157 Thorwald: Die ungeklärten Fälle. S. 72

Epilog

Flug in den Mythos

»Heute ermöglicht die gemeinsame weltanschauliche Grundlage und die einheitliche politische Ausrichtung des deutschen Volkes auch dem Soldaten die Teilnahme am politischen Leben der Nation; ja diese politische Einstellung aller Soldaten ist in dem augenblicklichen Kampf eine zwingende Notwendigkeit geworden.«

Generaloberst Eduard Dietl 1943

»Generaloberst Dietl war kein politischer oder gar ein Nazigeneral. Den Soldaten der Reichswehr und der Wehrmacht war politische Betätigung und Zugehörigkeit zu einer Partei untersagt, das Heer war apolitisch erzogen. Daß Hitler General Dietl das Goldene Parteiabzeichen verlieh, war nichts anderes als eine symbolische Geste gegenüber dem im Volk beliebten Heerführer.«

Kameradenkreis der Gebirgstruppe 1988

1. Dietl stürzt am Hochwechsel ab

Am Morgen des 23. Juni 1944 war es der Sonne über dem Semmering und dem Wechselgebiet lange nicht gelungen, mit aller Macht durchzubrechen. Immer wieder huschten milchige Nebelschwaden durch die engen Täler, während droben, auf den Höhen, teilweise Wolken die Gipfel und Kämme verhüllten, um später die Bergrücken hinab talwärts zu rollen. Es war alles andere als eine heitere sommerliche Stimmung, die sich hier, in der Oststeiermark, ausgebreitet hatte. So waren nur einige Bergbauern aus der Gegend von Waldbach und Umgebung an diesem melancholischen Tag ziemlich lustlos die Hänge des Hochwechsels hinaufgegangen, um ihrer schweren Arbeit nachzugehen. Da vernahmen sie plötzlich ein Brummen, das mal laut anschwoll und dann wieder leiser wurde.

»Was ist denn das?« wollte einer der Bergbauern wissen.

»Das stammt von einem kreisenden Flugzeug«, kam die Antwort, als sich das tiefe Brummen abermals ihrem Standort gefährlich näherte. Und als sie sich instinktiv duckten, sahen sie, wie eine Ju 52 mit einem Büffelkopf am Bug wie ein Greifvogel durch die Wolkendecke stieß – jedoch gleich darauf wieder im Dunst verschwand. Das Dröhnen der Motoren war über dem engen Tal nach wie vor deutlich vernehmbar, schwoll abermals derart laut an, daß die Bergbauern ihre Arbeitsgeräte beiseite warfen und sich die Ohren zuhielten. Im nächsten Augenblick durchstieß die schwere Ju 52 abermals die Wolkendecke, raste auf einen gegenüberliegenden Berghang zu, wurde blitzschnell hochgerissen, aber dann wieder von einer jener gefährlichen Fallböen, die das Wechselgebiet für Flugzeugführer so unberechenbar machen, erfaßt und fortgerissen. Plötzlich zerriß ein ohrenbetäubender Knall die Bergeinsamkeit. Aus dem Bergwald des langgezogenen Hanges zuckte ein feuerroter Blitz in den trüben Himmel. In panischer Angst liefen die Bergbauern umher.

»Einer rannte zum Dorf, um die Gendarmerie oder die nächste Wehrmachtsstelle zu mobilisieren. Die anderen liefen zum Hang hinüber, an dem sie den kurzen Feuerschein gesehen hatten. Sie stie-

393

ßen bald auf einen Luftwaffensoldaten, der zusammengekrümmt, mit schweren Brandwunden, am Hang lag ... Gleich darauf fanden sie einen zweiten mit versengter Uniform. Auch er war schwer verwundet und ohnmächtig, sein Gesicht zeigte alle Zeichen des Schrekkens.«[1]

Bei den beiden bewußtlos am Boden liegenden Soldaten handelte es sich um den Bordmechaniker Oberfeldwebel Meier und den Bordfunker Feldwebel Huber, der fast alle Flüge des Oberbefehlshabers der 20. Gebirgs-Armee mitgemacht hatte.

> »Dieser tapfere junge Soldat hat noch in höchster Todesnot«, so Dietls Adjutant Herrmann, »seinen Befehlen getreu, Kennzeichen, Nummer und Ziel der Maschine auf einen Zettel geschrieben, den er fast verkohlt in seiner verbrannten Hand hielt«.[2]

Und obwohl das Insassenverzeichnis mit den Namen »Generaloberst Dietl, General Egl...« nur unvollständig war, wußten die Bergbauern vom Hochwechsel im Nu, wer mit der Ju 52 verunglückt war, denn der »Held von Narvik« war sogar diesen einfachen Menschen der Oststeiermark ein Begriff.

»Lauft's zua! Da is' der Dietl drin; da is' der Dietl drin!« rief einer und hastete zum Rumpf des brennenden Flugzeuges, wo er nach Überlebenden der Katastrophe suchte. Aber statt dessen fand man dort nur mehr verkohlte Leichen. Generaloberst Eduard Dietl war lediglich an seinem Eichenlaub zum Ritterkreuz des Eisernen Kreuzes zu erkennen, das ihm durch den Feuerball förmlich in den dürren Hals hineingebrannt worden war. Die anderen Insassen, die mit dem Oberbefehlshaber der 20. Gebirgs-Armee tödlich verunglückt waren, konnten an Hand der aufgefundenen Uhren, Ringe und Uniformfetzen identifiziert werden.

»Der Dietl ist tot«, flüsterten noch am selben Tag die Menschen im steirischen Waldbach und am Wechsel hinter vorgehaltener Hand. Und alle, die davon erfuhren, wollten nun wissen, was sich im Vorfeld dieses Todesfluges ereignet hatte und wie es zu diesem tragischen Unfall gekommen war. Daher soll an dieser Stelle der »amtliche Untersuchungsbericht«, den Dietls langjähriger Adjutant Oberst Kurt Herrmann im Auftrag Hitlers abgefaßt haben soll, eine Antwort darauf geben. Ob sie die allein richtige ist, werden wir später herauszufinden haben.

»Nach dem Ende der Besprechungen auf dem Obersalzberg flog Dietl infolge der späten Stunde, die an diesem Tage einen Rückflug nach Finnland mit Zwischenlandung in Königsberg nicht mehr gestattete, wie von Hitler angeregt, zusammen mit seiner Begleitung und den Generalen, welche die Fluggelegenheit nach Norden benutzen wollten, nach Graz. Er traf dort am Spätnachmittag sicher ein und begab sich mit seinen Begleitern in seine Wohnung in der Prinz-Heinrich-Straße 111, wo alle noch länger zusammensaßen. Es handelte sich um den Generalmajor Rossi*, einen Divisionskommandeur von der Eismeerfront**, den General der Gebirgstruppen Eglseer, Kommandierender General des 18. (Gebirgs-)Armeekorps in Finnland, General (der Infanterie) v. Wickede, Kommandierender General des 16. Armeekorps der Kurlandarmee***, sowie um einen Ordonnanzoffizier Dietls, einen jungen Leutnant. Sämtliche Genannten schieden für irgendeinen Attentatsversuch, der angesichts der Wichtigkeit Dietls für die Meisterung der finnischen Krise überhaupt nur von ausländischer Seite denkbar war, aus. Das gleiche galt für die vierköpfige Besatzung der dreimotorigen Junkersmaschine, die Dietl als eigene Maschine seit Jahren flog. Die Besatzung war mit Dietl von zahlreichen Flügen her eng verbunden. Das Flugzeug befand sich sowohl auf dem Flugplatz in Berchtesgaden**** als auch während des Aufenthalts in Graz unter der persönlichen Überwachung dieser Besatzung. Kein Fremder ist in die Nähe des Flugzeugs gekommen und kein Fremder hat es zum Mitflug betreten. Dietl und seine Begleitung trafen am 25. Juni***** etwa gegen 6 Uhr wieder auf dem Flugplatz in Graz ein, um den Flug nach Finnland anzutreten. In Dietls Begleitung befand sich seine Gattin mit den Kindern. Es war schlechtes Wetter. Die Wolken hingen tief. Der Start war wegen dieser Wetterlage nicht sofort möglich. Dietl drängte auf den Abflug, um nicht zu spät in Finnland einzutreffen. Aber nicht nur die Flughafenleitung, sondern vor allen Dingen Dietls Flugzeugführer Kowalik******, auf dessen Rat Dietl unbedingt hörte, hielt es zunächst für unmöglich, zu starten. Man wartete daher bis gegen 9.30 Uhr. Die Wetterlage wurde etwas besser, war aber trotzdem noch bedenklich.

Auf das weitere Drängen Dietls hin entschloß sich Kowalik zu starten. Er unternahm zuerst einen Probeflug über den Platz, an dem

---

* Richtig: Generalleutnant, seit 1.9.1943.
** Richtig: Kommandant von Petsamo, seit 10.6.1943.
*** Richtig: K. G. des X. Armeekorps (4.11.1943−23.6.1944).
**** Richtig: Flugplatz Salzburg.
***** Richtig: 23. Juni 1944.
****** Richtig: Kowollik.

Dietls Kinder teilnahmen. Die Kinder des Toten sind also die einzigen, die das Flugzeug betreten haben. Sie scheiden aber von vornherein für irgendeine Verdächtigung aus. Anschließend startete die Maschine. Der Flugzeugführer beging nun einen entscheidenden Fehler, indem er nicht über den Wolken flog, sondern den Versuch unternahm, durch das Murtal zu fliegen und sich an der dort verlaufenden Bahnlinie entlang ins Flachland hinaus zu orientieren. Kowalik war im Alpenflug ungeübt. Er hatte sich während der Jahre in Nordfinnland an den Tiefflug gewöhnt und im Überfliegen der dort vorhandenen niederen Berge eine Technik des Gipfelrutschens entwickelt, die bei den wesentlich schwierigeren Verhältnissen in den Alpen unangebracht war.

Er verlor über dem Murtal nach etwa halbstündigem Flug zeitweise die Orientierung. Dabei geriet er an den Südhängen in der Nähe des sogenannten Wechsels bei Hartberg in starke Fallböen. Es gelang ihm, die Maschine über einen Hang, der vor ihm auftauchte, hinwegzuziehen. Bei dem Gegenhang gelang dieses Manöver jedoch nicht mehr. Das starke Anziehen des Höhenruders war vergeblich. Die Maschine kippte nach der Seite über und prallte auf den Hang auf. Dabei wurde der Bordschütze, der sich in dem offenen Maschinengewehrstand des Flugzeuges befand, herausgeschleudert, während es dem Bordmonteur gelang, ein Fenster einzuschlagen und über eine bereits brennende Fläche zu entkommen. Beide überlebten das Unglück und standen als Zeugen zur Verfügung. Bis auf Dietls Ordonnanzoffizier waren die anderen Insassen der Maschine beim Aufprall nach vorn geschleudert worden und hatten dabei das Bewußtsein verloren. Dietls Kopf war auf die Rücklehne des Sitzes aufgeschlagen, der sich vor ihm befand. Der Ordonnanzoffizier unternahm den Versuch, Dietl hochzuzerren und durch das eingeschlagene Fenster zu retten. Dadurch konnte er selbst nicht mehr rechtzeitig dem Bordmonteur folgen und wurde von den Stichflammen erfaßt, die von der Explosion der Benzinbehälter ausgingen und das ganze Flugzeug in Sekundenschnelle in Brand setzten. Dietl, die drei Generale und die Flugzeugführer Kowalik und Jakob konnten nur als Tote geborgen werden. Sie waren schwer verbrannt bzw. verkohlt, jedoch war der Grad der Verbrennungen verschieden, je nachdem, wie sie von den Stichflammen erfaßt worden waren. So war z. B. Dietls Ritterkreuz stark zusammengeschmolzen, während sein Ehering unversehrt geblieben war.

Der Berichterstatter hat unmittelbar nach dem Unfall die Unfallstelle, die Überreste des Flugzeuges und die Toten persönlich untersucht. Die genauen Untersuchungen und Vernehmungen ergaben nicht den geringsten Anlaß zu der Annahme, daß der Tod des Generalobersten Dietl durch ein Attentat oder durch Sabotage hervorgerufen worden wäre. Es bestand kein Zweifel, daß die Schuld allein den Flugzeugführer und seine Unerfahrenheit im Alpenflug betraf.«[3]

Soweit dieser, wie wir noch erfahren werden, in jeder Hinsicht aufsehenerregende Bericht. Es gäbe in der Tat »keinen Grund, eine seiner Feststellungen und Argumente zu bezweifeln«[4], wie Jürgen Thorwald abschließend schrieb, wenn, ja wenn darin nicht zahlreiche gravierende Unstimmigkeiten mit Herrmanns späteren Ausführungen zum Tod des Generalobersten Dietl in der mit dessen Witwe herausgegebenen Biographie enthalten wären. Thorwalds Rückgriff auf Herrmanns Führer-Bericht über das Drama am Hochwechsel wurde von dem Autorenteam Dietl/Herrmann schlichtweg ignoriert.[5] So heißt es dort gleich zu Beginn des Kapitels über den Todesflug in Abweichung zum offiziellen Untersuchungsbericht und zu den historischen Fakten:

> »Inzwischen war Frau Dietl in Salzburg eingetroffen, um ihren Mann noch einmal zu sprechen. Zu ihrer Freude gestattete Ribbentrop, wahrscheinlich ohne Wissen Adolf Hitlers, dem General, die Nacht in Graz zu verbringen, damit er auch die Kinder noch einmal sehen könne.«[6]

Hier widerspricht Oberst Herrmann seinem für Hitler angefertigten offiziellen Bericht, nach dem der Führer, und nicht Ribbentrop, Dietl zu dem unverhofften Besuch in seinem Grazer Heim verholfen hatte. Ribbentrop war zu diesem Zeitpunkt nämlich schon in Finnland:

> »Am Abend erhielt Ribbentrop aus dem Führerhauptquartier in die Gesandtschaft in Helsinki die vertrauliche Nachricht, daß General Dietl am 23. Juni durch Flugzeugunfall ... tödlich verunglückt wäre. Auf Verlangen Ribbentrops mußte die Nachricht in Finnland vorläufig geheimgehalten werden, um die schwebenden deutsch-finnischen Verhandlungen nicht durch ungünstige Nachrichten zu komplizieren.«[7]

Warum widerspricht Herrmann sich hier – wie anderswo – in so offensichtlicher und nachprüfbarer Weise?
Und weiter heißt es dann im Herrmann-Beitrag zur Dietl-Biographie:

»Bei herrlichem Sommerwetter trat die Ju 52 von Ainring aus mit dem Ehepaar Dietl und dem Ordonnanzoffizier den Flug über die Berge an.«[8]

Mit von der Partie waren aber auch die Generale Eglseer, Rossi und von Wickede. Warum – und hiermit sind wir schon beim zweiten Fragezeichen – hat Herrmann sie totgeschwiegen? Was waren die Gründe, die Motive dieser Unterschlagung?

> »Jubelnd empfingen die Kinder ihre Eltern, und dann vereinte ein fröhlicher Kaffee die Familie Dietl mit dem Adjutantenehepaar und der Flugzeugbesatzung ... Zum Abendessen waren die beiden Piloten – Oberleutnant Kowollik und Oberleutnant d. R. Jakob – Gäste des Adjutanten in der Körblergasse. Außerdem war der seit langer Zeit zum Stab gehörende Ordonnanzoffizier des Adjutanten, Oberleutnant d. R. Altfeld, anwesend ... Er hatte bei dieser Reise des Generals den Adjutanten zu vertreten, der wegen Ersatzfragen zum Oberkommando des Heeres nach Berlin kommandiert war und deshalb an dem Rückflug nicht teilnehmen konnte.«[9]

Seit den unvergeßlichen Tagen von Narvik war Dietls Adjutant Herrmann keinen Millimeter breit von der Seite seines Kommandeurs, dann seines Kommandierenden und zuletzt seines Oberbefehlshabers gewichen. Aber ausgerechnet am Tag des Todesfluges konnte, durfte, sollte – oder wollte, wie nicht wenige vermuten[10] – er Dietl nicht begleiten. Nicht jeder ist bereit, hier an einen Zufall des launischen Soldatenschicksals zu glauben.

> Die Ju 52 machte »am Morgen des 23. Juni, um 6.30 Uhr, ... auf dem Flugplatz Thalerhof den vorgeschriebenen Probeflug, an dem die Kinder des Generals und des Adjutanten teilnahmen. Beim Aufsetzen auf den Platz arbeiteten die Bremsen an den Laufrädern nicht einwandfrei, so daß die Maschine fast über den ganzen Platz ausrollte. Der Flugzeugführer stellte fest, daß die Bremsluft trotz des am Vorabend gegebenen Befehls nicht aufgefüllt worden war, und beschwerte sich deshalb sehr vernehmlich bei der Platzkommandantur. Der Schaden wurde einwandfrei behoben ...«[11]

Hier sind gleich drei Fragezeichen angebracht. Erstens: Im amtlichen Untersuchungsbericht für Hitler schrieb Herrmann: »Man wartete daher bis gegen 9.30 Uhr.« Zweitens: »Die Kinder des Toten sind also die einzigen, die das Flugzeug betreten haben«, während er in der Dietl-Biographie verkündete, daß an dem vorgeschriebenen Probeflug »die Kinder des Generals und des Adjutanten teilnahmen«. Und drittens: Die angeblichen Schwierigkeiten mit den Bremsen wurden im amtlichen Bericht mit keiner Silbe erwähnt.

Warum, so muß man sich fragen, hat Herrmann in allen drei Punkten so diametral entgegengesetzte Angaben gemacht? Warum weichen seine Aussagen in der Dietl/Herrmann-Biographie von denen im Hitler-Bericht in so aufsehenerregender Weise ab? Warum hat Herrmann diesen Dissens zum Thorwald-Buch totgeschwiegen? Nimmt es da wunder, daß Oberst Kurt Herrmann auf Grund dieser gegensätzlichen Äußerungen plötzlich in einem Zwielicht erschien, erscheinen mußte, und diejenigen Oberwasser bekamen, die in ihm schon sehr bald nach dem Tod Dietls einen »Verräter« witterten?

> »Kurz nach 7 Uhr erschienen die österreichischen Generale Eglseer und Rossi, die zu unserer Armee gehörten und nach der Teilnahme am Lehrgang in Sonthofen von General Dietl zum Rückflug eingeladen waren. Ganz unplanmäßig fand sich auch noch der General der Infanterie von Wickede ein, der ein Korps bei der Heeresgruppe Nord befehligte. Er war von früher her mit Dietl befreundet, hatte seinen Platz im Kurierzug von Salzburg nach Königsberg aufgegeben und war noch in der Nacht im Kraftwagen in Graz eingetroffen, um unsern General wenigstens bis Königsberg begleiten zu können ... Um 7.10 traf auch General Dietl mit seiner Frau ein, und nach fröhlicher Begrüßung und einer letzten photographischen Aufnahme erhob sich das Flugzeug mit donnernden Motoren in die Luft.«[12]

Einer fehlte allerdings: Oberst Kurt Herrmann, der auf Grund seiner widersprüchlichen Aussagen als ein unbestechlicher Zeitzeuge nur mehr teilweise herangezogen werden kann. Ja, gar mancher höhere Offizier wirft Dietls Adjutanten offen Verrat vor.[13]

> »Bei früheren Flügen hatte die Maschine immer den kleinen Umweg über die ungarische Grenze gemacht, wobei nur Höhen von etwa 600 m zu überfliegen waren«, heißt es dann in der Dietl/Herrmann-Biographie. »Wegen der Eile, die diesmal geboten war, wurde am 23. Juni der Kurs direkt auf den Flugplatz Aspern bei Wien genommen, der auf Befehl von jeder diese Strecke nehmenden Maschine angesteuert werden mußte. Dieser Kurs führte südostwärts des Semmering über den ›Hochwechsel‹, eine Höhe von etwa 1800 m. Ein kurz vorher erlassener Befehl, daß alle Maschinen im Gebirge grund-

sätzlich die höchste auf der Strecke befindliche Bergkette um 500 m
überfliegen sollten, ist dem Oberleutnant Kowollik vielleicht nicht
mehr bekanntgeworden. Er hatte aber erst am Tag vorher den Flug
über die Alpen von Salzburg nach Graz ohne Zwischenfall zurückgelegt und war ein in vielen Sturm- und Nachtflügen, auch über See
und über die Öden der Arktis bestens erprobter Pilot.«[14]

Zu den Wetterbedingungen äußerte sich Herrmann in der Dietl-
Biographie mit dem Satz: »Nur leichte Wolken standen am Himmel, die sich allerdings dem Gebirge zu verdichteten, auf jeden Fall
aber war ausreichende Sicht.«[15]

Nun wollen wir erfahren, wie der Bordmechaniker, Oberfeldwebel Meier, den Flug Dietls in den unsterblichen Mythos erlebt und
geschildert hat:

»Die Maschine flog bei ruhigem und sichtigem Wetter in etwa
1500 m Höhe auf dem befohlenen Kurs in einem Tal dahin, das auf
beiden Seiten von Höhenzügen eingerahmt war. Motore und Instru-
mente waren vollkommen in Ordnung. Etwa gegen 7.30 Uhr tauchte
vor uns ein Bergriegel auf, der eine beachtliche Höhe hatte. Oberleutnant Kowollik zog daher das Höhenruder, und ich selber ging in
diesem Augenblick in die Kabine, um mir wegen der zunehmenden
Kälte meine Pelzjacke aus dem achtern befindlichen Schrank zu
holen. Die Generale saßen in ihren Sesseln und unterhielten sich miteinander. Wie ich wieder nach vorn gehen wollte, bekam die Maschine plötzlich einen gewaltigen Schlag und fiel fast 150 m durch.
Wir hatten uns nämlich inzwischen weiter dem Hochwechsel genä-
hert und waren in starke Fallwinde geraten. Der Flugzeugführer begriff wohl sofort die Gefahr, denn er gab Vollgas und Frühzündung
auf alle 3 Motore, die auch willig aufheulten, und bemühte sich, die
Maschine mit allen Mitteln fliegerischer Kunst wieder hochzubrin-
gen. Infolge der schlechten Steigfähigkeit unserer alten Ju, die an diesem Tage voll besetzt war, gewannen wir jedoch nur langsam Höhe.
Oberleutnant Kowollik und Oberleutnant Jacobs* sahen sich nach
beiden Seiten um und stellten anscheinend fest, daß die begleitenden
Höhenzüge nicht nur höher waren als das Flugzeug, sondern auch
so nahe herangerückt, daß ein Abdrehen nach der Seite oder eine
Umkehr unmöglich war. Wir saßen buchstäblich in einer Mausefalle!
Trotzdem gelang es dem Flugzeugführer, die Maschine auf den wenigen Kilometern, die uns noch vom Hochwechsel trennten, so weit zu
ziehen, daß ich Hoffnung hatte, wir würden den Sprung über den

---

* Richtig: Jakob.

Riegel, der uns den Weg versperrte, doch noch schaffen. Am Rande der Hochfläche faßte uns jedoch eine neue gewaltige Frontalbö, und da versuchte Oberleutnant Kowollik als letzte Rettung, doch noch abzudrehen und in das Tal zurückzufliegen. Die Geschwindigkeit der Maschine, die stark überzogen war, hatte sich aber so weit verringert, daß sie in der Wendung über die Tragfläche abstürzte und am Hang aufschlug. Die beiden Seitenmotoren waren herausgeschleudert, aber der Mittelmotor saß noch am Rumpf. Die in den Tragflächen befindlichen und in Graz voll aufgefüllten Tanks platzten, 2000 Liter Benzin ergossen sich über die glühenden Zylinder und Auspuffrohre des Mittelmotors. In Sekundenschnelle loderte eine gewaltige Feuersäule gen Himmel, und die Trümmer der Maschine waren von schwarzen Qualmwolken eingehüllt. Nach der ersten kurzen Betäubung stürzte ich an die Tür, aber sie hatte sich hinter einem Baumstumpf verklemmt und blieb verschlossen. Ich trat blitzschnell sämtliche Fensterscheiben ein und brüllte: ›Raus durch die Fenster!‹ Dann stürzte ich zu General Dietl, um ihn zuerst zu retten. Der General hatte sich aber, anscheinend in schneller Erkenntnis der Gefahr, noch angeschnallt und hing bewußtlos in den Gurten. Auch die übrigen Generale bewegten sich nicht. In den wenigen Sekunden, bevor Feuer und Rauch die ganze Kabine ausfüllten, war es vollkommen unmöglich, noch einen der fast leblosen Körper durch die engen Fenster zu zerren. Wie ich selber hinausgekommen bin, kann ich nicht mehr angeben.«[16]

Wechseln wir den Schauplatz. Nachdem Generaloberst Eduard Dietl mit seiner Ju 52 den Grazer Flugplatz Thalerhof in nördlicher Richtung verlassen hatte und kurz darauf den wehmutsvollen Blicken seiner Frau und der Kinder entflogen war, begaben sich alle, die Dietl und seine Begleitung verabschiedet hatten, auf den Heimweg. Es war gegen 15.00 Uhr, als Dietls Adjutant kurz vor seiner Abreise nach Berlin in seiner Grazer Wohnung angerufen wurde. Am anderen Ende der geheimen Leitung meldete sich Hitlers Chefadjutant aus dem Führerhauptquartier. »Herrmann, es ist etwas Entsetzliches passiert«, sagte General Schmundt mit zittriger Stimme. »Die Maschine von General Dietl ist heute früh gegen ¾ 8 Uhr* in der Nähe des Semmering abgestürzt und alle Insassen

---

* Nach dem Untersuchungsbericht Herrmanns an Hitler befand sich das Flugzeug »bis gegen 9.30 Uhr« noch in Graz-Thalerhof. Nach Herrmanns Beitrag in der Dietl-Biographie war aber »die ausgeglühte Borduhr ... um 7.38 Uhr stehengeblieben«! (General Dietl. S. 273.)

sollen verbrannt sein. Mit Rücksicht auf die Verhandlungen in Finnland bürgen Sie mir persönlich dafür, daß einstweilen niemand etwas von dieser Katastrophe erfährt. Für die Bergung der Leichen steht die Garnison Leoben zur Verfügung, das Luftgaukommando Wien entsendet eine Untersuchungskommission. Sie selber haben mit Ihrer Frau sofort Frau Dietl und die Kinder in geeigneter Weise zu unterrichten. Sie bleiben zur Verfügung des Führerhauptquartiers in Graz, warten weitere Befehle ab und melden jedes mit dieser Sache zusammenhängende Vorkommnis auf Geheimleitung direkt an mich.«[17]

Als Herrmann befehlsgemäß mit seiner Frau schweren Herzens in der Prinz-Heinrichstraße 111 klingelte, rief Dietls Frau noch ahnungslos:

»Das ist ja glänzend, daß ihr kommt, jetzt wollen wir erst einmal Kaffee trinken.«

Aber dann sah sie in die aschfahlen Gesichter des nunmehr seit rund zehn Jahren mit ihnen befreundeten Adjutanten-Ehepaares und fragte daher mit banger Stimme:

»Was ist geschehen? Ich will alles wissen!«

Als sie das schicksalsschwere Wort »gefallen« von Kurt Herrmann zur Antwort bekam, wirkte sie, die überzeugte Nationalsozialistin mit einem Hang zum Atheismus, äußerst gefaßt.

»Jetzt kommt der Vati nicht mehr wieder«, gab sie dann den ängstlich fragenden Blicken der Dietl-Kinder zur Antwort. Und so, daß es niemand hören konnte, fügte sie in einer Art Trotzhaltung hinzu:

»Aber vielleicht hat es so sein sollen!«[18]

Dann ist sie, Gerda-Luise Dietl, eine ganze lange Nacht hindurch gedankenverloren durch das ärmer gewordene Haus und den einsamen Garten gewandert. Am Morgen des 24. Juni 1944 bestieg sie den Kraftwagen von Oberst Herrmann und fuhr mit ihm in die Oststeiermark, wo das Wechselgebiet weiträumig abgesperrt worden war, um die von Hitler der Luftwaffenkommission befohlene Untersuchung an der Absturzstelle durchzuführen.[19] Nachdem Herrmann den verkohlten Leichnam seines Oberbefehlshabers identifiziert hatte, wurde das, was von Generaloberst Eduard Dietl noch übriggeblieben war, in einer Zeltbahn zu Tal getragen. Als der

Trauerzug mit den Überresten aller tödlich verunglückten Insassen von Dietls Ju 52 den Berghang herunterkam, stand unten, in Waldbach, eine schwarzgekleidete Frau, die jetzt, als der Trauerzug an ihr vorüberzog, noch zerbrechlicher wirkte. Nachdem man ihren toten Gatten inmitten seiner mit ihm verunglückten Generalskameraden und Begleiter im Saal des Feuerwehrhauses von Waldbach aufgebahrt hatte, hielt sie in der in ein Meer von Hakenkreuzfahnen verwandelten Leichenhalle ein erstes stummes Zwiegespräch mit dem »Helden von Narvik«.

Einige Tage später wurden Oberleutnant Altfeld, die beiden Piloten Oberleutnant Kowollik und Oberleutnant d. R. Jakob sowie der Bordschütze bei hochsommerlichen Temperaturen unter großer Anteilnahme der Bevölkerung im Beisein von Gerda-Luise Dietl auf dem Friedhof von Waldbach beigesetzt. Die sterblichen Überreste der Generale Karl Eglseer, Franz Rossi und Thomas-Emil von Wickede wurden in aller Stille nach Klagenfurt überführt und dann beigesetzt. Nur ein Sarg blieb noch fast eine Woche lang in dem mit stets frischen Tannenzweigen und den Symbolen des Dritten Reiches geschmückten Saal von Waldbach zurück. In ihm lagen die sterblichen Überreste des Oberbefehlshabers der legendären Lappland-Armee, der von seinen Gebirgsjägern und den Bewohnern des oststeirischen Dorfes wie eine Reliquie aus einer in Schutt und Asche versinkenden Epoche bewacht wurde.

2. Hitler nimmt Abschied von Dietl

Als General Schmundt[20] Hitler die Nachricht vom tödlichen Absturz Dietls überbrachte, veränderten sich dessen Gesichtszüge von einer auf die andere Sekunde. Leichenblaß hielt er den soeben von seinem Chefadjutanten überreichten Zettel mit der Hiobsbotschaft in der zittrigen Hand. Diese Meldung schockte den Führer, der nach wie vor der Vorsehung vertraute und an einen siegreichen Ausgang des Weltkrieges glaubte, dermaßen, daß er Generaloberst Alfred Jodl bat, die Leitung der täglichen Lagebesprechung zu übernehmen. Dann zog er sich in seinen ganz persönlichen Bereich zurück, um dort eine Zeitlang mit seinen Gedanken allein zu sein, um sie zu ordnen. Er »empfand das Unglück Dietls in diesem Augenblick zahlreicher Krisen als einen dunklen lähmenden Schlag des gleichen Schicksals, an dessen Gunst er um so stärker glaubte, je weniger die exakten Überprüfungen der militärischen Lage ihm noch Chancen zu gewähren schienen. Angesichts des plötzlichen Endes dessen, dem er am Tag zuvor noch die Hand gedrückt hatte, bestürmte ihn zugleich wieder das erschütternde Gefühl eines möglichen plötzlichen Endes des Daseins. Die stete Angst vor einem zu frühen Ende seines eigenen Lebens, die ihn mit zu der verhängnisvollen Hast seiner politischen und militärischen Handlungen getrieben hatte und unentwegt in ihm lebendig war, fand am Tode Dietls neue Nahrung.«[21] Vergessen war mit einemmal die erst vor ein paar Stunden auf dem Obersalzberg teilweise kontrovers geführte Aussprache zwischen ihm und dem Oberbefehlshaber der 20. Gebirgs-Armee, über deren weitere Verwendung es zwischen den beiden alten »Freunden aus der Frühzeit der NSDAP«, wie Hitler nicht selten betonte, um den »Helden von Narvik« besonders herauszuheben, um ein Haar zu einem ernsten Streit gekommen wäre, allerdings zu einem, der weder bei Dietl noch bei Hitler allzu tiefe Spuren oder gar Narben hinterlassen hätte. Nein, das Verhältnis zwischen diesen beiden so entgegengesetzten Charakteren war trotz verschiedener militärpolitischer Auffassungen bis zum plötzlichen Tod des Generalobersten vollkommen intakt geblieben. In diesem Bewußtsein war Dietl gestorben, und in diesem Bewußtsein hatte Hitler die Todesnachricht erhalten. Das Schicksal hatte ihm einen seiner letzten »Lieblingsgenerale«[22] entrissen, nachdem bereits sein anderer Heros, der Generalfeldmarschall Erwin Rommel, spätestens nach der Landung der Alliierten in der Normandie so sehr auf innere und äußere Distanz zu seinem Führer gegangen war, daß der Volksheld der Wüste in seinen Überlegungen keine allzu große Rolle mehr spielte.[23] Generaloberst Eduard Dietl war Hitler bis zu seinem plötzlichen Lebensende, wie seine zahlreichen Durchhaltereden beweisen, blind ergeben. Er war nicht so kalt und undurchsichtig wie Generaloberst Franz Halder, der Hitler zu Beginn des Unternehmens »Barbarossa« einredete, daß Rußland in 14 Tagen zu gewinnen sei[24], und der später als »Widerständler«, wie so viele Opportunisten, hervortrat. Dietl war auch nicht so hin und her gerissen wie General der Gebirgstruppe Hubert Lanz, der zu Beginn des Zweiten Weltkrieges, also während der Phase der »Blitzkriege« und »Blitzsiege«, bei jeder sich bietenden Gelegenheit Dank- und Ergebenheits-Telegramme an Hitler absetzen und seinen Führer entsprechend hochleben ließ[25], der Hitler dann später bei Charkow so bitter enttäuschte und im Kriegsjahr 1943 mit General Dr. Hans Speidel in Walki (Rußland) sogar ein Attentat auf Hitler plante (»Plan Lanz«).[26] Dietl war für Hitler trotz seiner verheerenden Niederlage an der Liza auch kein Versager wie General der Gebirgstruppe Ludwig Kübler, der in seinen Augen als Oberbefehlshaber der 4. Armee vor Moskau wie später als Kommandierender General des LXXXXVII. Armeekorps und Befehlshaber der Operationszone Adriatisches Küstenland vor Triest die Nerven und damit eine Schlacht verlor.[27] Dietl war aber auch nicht so korrupt und selbstsüchtig wie der zwielichtige Generalfeldmarschall Wilhelm Ritter von Leeb, der nach seiner erbetenen Verabschiedung als Oberbefehlshaber der Heeresgruppe Nord am 16. Januar 1942 in die sichere alpenländische Heimat zurückkehrte und dort nichts anderes zu tun hatte, als Hitler in einer schweren Zeit, in der dieser wohl andere Sorgen hatte, mit der Höhe seiner Dotation so lange zu nerven, bis der Führer der Erhöhung von 250.000 auf schließlich sage und schreibe 888.000 Reichsmark aus dem Staatssäckel zustimmte[28], während die Frontsoldaten weiterhin als Sumpfjäger vor Leningrad und am Wolchow, am Ilmensee und in den Kesseln von Cholm und Demjansk verbluteten!

Nein, mit all diesen Generalskameraden, die, wie er, aus der Gebirgstruppe hervorgegangen waren, hatte Dietl nichts gemein. »Verrat« war ihm ein Fremdwort. Er war sich und seiner Lebensmaxime stets treu geblieben: bescheiden und ehrlich, offen und geradeheraus in seiner urbayerischen Art, ein Kamerad im besten Sinne des Wortes, in dieser Beziehung Vorbild und Symbolfigur seiner Gebirgsjäger. So konnte und brauchte er sich auch nicht zu verstellen, konnte reden, wie ihm zumute war. Das wußte Hitler, und so nahm er Dietl auch die eine oder andere direkte Auseinandersetzung nicht übel. Denn letzten Endes hielt sein Heros dann doch wieder zu ihm und focht für die nationalsozialistische Bewegung.

Es dauerte eine Zeitlang, bis Hitler sich nach der Nachricht vom Absturz Dietls einigermaßen fing. Dennoch wirkte er auf seine nächsten Mitarbeiter mit einemmal um Jahre gealtert, als er müde und mit vorgezogenen Schultern den Arbeitsraum wieder betrat. Trotz aller Bitterkeit, die er beim Verlust seines Paladins empfand, trotz eines Anflugs von Melancholie, die ihn zuweilen während der immer häufiger eintretenden militärischen und persönlichen Niederlagen plagte, nahm er jetzt Haltung an, um seinem Helden mit einer Geste ganz besonderer Wertschätzung ein bleibendes Denkmal zu setzen. In soldatisch einwandfreier Haltung diktierte er, der Oberste Befehlshaber der Wehrmacht, den »Tagesbefehl zum Tod des Generaloberst Dietl«, der aber erst am 1. Juli 1944, also am Tag des Staatsaktes auf Schloß Kleßheim bei Salzburg, veröffentlicht werden sollte, in die sogenannte »Führer-Schreibmaschine« mit den dreimal vergrößerten Typen:

»Am 23. Juni 1944 ist Generaloberst Dietl bei einem Flugzeugunfall tödlich verunglückt. Als hervorragender Soldat im Ringen um unser nationalsozialistisches Großdeutschland hat sich Generaloberst Dietl besonders im Kampf um Norwegen und Finnland ausgezeichnet und seine Männer von Sieg zu Sieg geführt. Unvergeßlich wird sein Kampf um Narvik bleiben, gegen stärkste Übermacht des Feindes und unter härtesten Bedingungen. Generaloberst Dietl wird für alle Soldaten und für das ganze deutsche Volk der Inbegriff des Glaubens an unser nationalsozialistisches Deutschland und seinen Sieg

406

sein, ein Vorbild unnachgiebiger Härte und nie erloschener Treue bis zum Tode.

Als Tapferstem der Tapferen wurde ihm am 19. Juli 1940 als erstem Soldaten unserer stolzen Wehrmacht das Eichenlaub zum Ritterkreuz des Eisernen Kreuzes verliehen. Als fanatischer Nationalsozialist hat sich Generaloberst Dietl in unwandelbarer Treue und leidenschaftlichem Glauben seit Beginn des Kampfes unserer Bewegung für das Großdeutsche Reich persönlich eingesetzt. Ich verliere deshalb in ihm einen meiner treuesten Kameraden aus langer, schwerer gemeinsamer Kampfzeit. Sein Name wird in seiner stolzen Gebirgsarmee weiterleben und darüber hinaus verbunden sein mit dem unserer tapferen finnischen Verbündeten. Er wird als Symbol dieser Waffenbrüderschaft gelten.

Seine Armee aber trägt seinen Stempel der opfermutigen Treue und des bedingungslosen Glaubens an den endgültigen Sieg. In Würdigung seines immerwährenden heldenhaften Einsatzes verleihe ich dem Generaloberst Dietl das Eichenlaub mit Schwertern zum Ritterkreuz des Eisernen Kreuzes. In stolzer Trauer senkt das Heer vor seinem ›Helden von Narvik‹ die Reichskriegsflagge.«[29]

Dann befahl Hitler, »von der Furcht besessen, daß der Verlust ... den letzten Anstoß zu Finnlands Ausscheiden aus dem Krieg geben könne, ... strengstes Stillschweigen über den Tod Dietls«[30], und zwar so lange, bis der Finnlandbesuch seines Außenministers von Ribbentrop erfolgreich abgeschlossen sei. Und in der Tat erhielt dieser vom finnischen Staatspräsidenten Ryti das persönliche Ehrenwort, daß Finnland jeden Sonderfrieden mit Rußland ablehnen werde.[31]

Ende Juni 1944 wurde Generaloberst Eduard Dietl in feierlicher Weise aus dem Wechselgebiet nach Graz überführt, »Stadt der Volksbewegung« und Garnison seiner 3. Gebirgs-Division, mit der er bei Narvik die Aufmerksamkeit der gesamten Weltöffentlichkeit erregt hatte. Aber damit fanden die sterblichen Überreste des »Helden von Narvik« noch immer keine Ruhe. Vielmehr war das der Auftakt zu einem Staatsakt, wie ihn das Dritte Reich zum letzten Mal sehen sollte. Gewiß, auch Generalfeldmarschall Erwin Rommel erhielt nach seinem aufgezwungenen Selbstmord (Prozeß vor dem Volksgerichtshof als Alternative, nachdem er von seinem Generalstabschef Speidel belastet worden war) ein Staatsbegräbnis. Aber das war eine Farce, um die deutsche Öffentlichkeit und die Alliierten über den wahren Hergang und die Hintergründe zu diesem Meuchelmord zu täuschen. Es war nicht zu übersehen, daß Hitler dem »Wüstenfuchs« demonstrativ die letzte Ehre versagte, indem er dem Staatsakt fernblieb.[32] Nicht so bei Dietl, dessen verkohlter Leichnam von der Stadt an der Mur zum Staatsakt nach Schloß Kleßheim bei Salzburg überführt wurde. Hier trat Hitler zum allerletzten Mal in der Öffentlichkeit auf. Ja, es war der ausdrückliche Wunsch des Führers, den Freund aus den Anfangs- und Aufbaujahren der nationalsozialistischen Bewegung durch seine Anwesenheit für jedermann sichtbar die letzte Ehre zu erweisen.

Zum letzten Mal inszenierte das Dritte Reich vor den Augen der Weltöffentlichkeit mit dem Leichnam Dietls am Spätnachmittag des 1. Juli 1944 einen pompös aufgezogenen Totenkult. Vor dem Hakenkreuz auf rotsamtenem Tuch und zwischen hohen schlanken Pylonen ruhte der verstorbene Held in seinem Sarg. Darüber breitete sich die Reichskriegsflagge aus, auf der der Stahlhelm und der Degen des Oberbefehlshabers der 20. Gebirgs-Armee lagen. Zu beiden Seiten der Totenbahre standen zwei Ritterkreuzträger aus den Reihen der deutschen Gebirgstruppe. Auf schwarzen Kissen hielten sie die Orden und Ehrenzeichen, die Dietl in Kriegs- und Friedenszeiten errungen hatte, und zwar das Eichenlaub zum Ritterkreuz des Eisernen Kreuzes, das Hitler ihm in jener denkwürdigen Reichstagssitzung am 19. Juli 1940 als erstem Soldaten der Deutschen Wehrmacht verliehen hatte, dann der Narvik-Schild, das Goldene Parteiabzeichen der NSDAP und und und.[33] In nächster Nähe des Sarges waren die Fahnen der Regimenter, die Dietl befehligt hatte, aufgestellt worden.

Dann, um 17.00 Uhr, begann der Trauerakt. Vier Generale bezogen mit blanken Degen neben dem Sarg die Ehrenwache. Wenig später wurden die Hinterbliebenen in den Saal geleitet, wo der Reichsaußenminister von Ribbentrop, der Großadmiral Dönitz, der Reichsführer SS Himmler und der Generalfeldmarschall Milch, die Reichsminister, Reichsleiter, Gauleiter und Generale des Heeres, der Luftwaffe und der Waffen-SS, die Admirale der Kriegsmarine und weitere Repräsentanten der Deutschen Wehrmacht, der Nationalsozialistischen Deutschen Arbeiterpartei und des Staates Platz genommen hatten. Pünktlich betrat Adolf Hitler den Trauersaal, gefolgt vom Chef des Oberkommandos der Wehrmacht. Nachdem Hitler den Angehörigen kondoliert hatte, begab er sich auf seinen Platz. Sobald die Klänge des Trauermarsches aus der »Götterdämmerung« von Richard Wagner verhallt waren, trat Generalfeldmarschall Keitel vor und hielt die Trauerrede auf den toten Kameraden:

»Mein Führer!
Auf Ihr Geheiß sind mit den nächsten Angehörigen wir hier versammelt, um unserem Kameraden Generaloberst Dietl die letzte Ehre zu erweisen.
In tiefer Erschütterung steht Ihre Wehrmacht, mein Führer, und mit dieser das ganze deutsche Volk wiederum an der Bahre eines der größten Soldaten dieses Krieges. Unser Volk ist in dieser Kriegszeit hart geworden und nimmt Verlustmeldungen in soldatischer Haltung entgegen. Der Tod des Generaloberst Dietl aber bedeutet uns allen mehr als den Verlust eines hervorragenden Generals und Armeeführers. Seit den unvergeßlichen Tagen von Narvik ist er für Deutschland und seine Verbündeten die Verkörperung von Glauben und Willen, von kühnstem Wagen und zähestem Ausharren, von Tapferkeit und Draufgängertum geworden. Der Geist unerschütterlicher Zuversicht und souveräner Sicherheit, mit der er damals seine Soldaten zu erfüllen wußte, hat seit den Kampftagen um Narvik dem ganzen deutschen Volk diesen einzigartigen Mann und sein Werk im schönsten und wahrsten Sinne des Wortes volkstümlich gemacht.
Ein unerbittliches Schicksal hat Generaloberst Dietl seinem Führer und seinem Vaterland in einem Augenblick entrissen, wo an allen Fronten unser Kampf für die Rettung und Sicherung Europas seinem Höhepunkt zueilt. Es ist eine ganz besondere Tragik, daß diese Kämpfernatur nicht den Tod auf dem Schlachtfelde inmitten seiner Soldaten finden durfte, sondern einem grausamen Unglücksfall zum Opfer fallen mußte. Das alles erfüllt uns mit bitterer Trauer. Aber gerade weil wir uns der ganzen Schwere des Verlustes bewußt werden, der uns getroffen hat, tritt die Gestalt des hingeschiedenen Generals mit der ganzen Leuchtkraft seiner Persönlichkeit vor unsere Seele. Wir, die wir sein Werden kannten, sind uns bewußt, daß bei dieser Gedenkfeier nie und nimmer Worte der Klage seinem Sinn gerecht werden.
In der Stunde, in der wir von seiner sterblichen Hülle Abschied nehmen, kann in seinem Geist unser Gedenken nur den Inhalt haben: ›Den Ruf zu den Waffen, den Aufruf zur Tat, das Bekenntnis unzerstörbaren Glaubens an den Sieg unserer Sache und die aus tiefstem Herzen kommende Bekundung unerschütterlicher Treue zum Führer.‹

Mit elementarer Gewalt spüren wir das Vermächtnis, das Generaloberst Dietl uns hinterläßt, und die Verpflichtung, die das leuchtende Vorbild seines Lebens uns auferlegt: einem der Treuesten unseres Führers hat die Vorsehung das Schwert aus der Hand gewunden, das er zu führen verstand wie wenige. Aber wie sein Glaube von früher Jugend an erfüllt und bestimmt war vom Dienst am Vaterland, wie das jugendliche Feuer seines Temperaments und sein zielklar vorwärts drängender Wille jede Truppe durchglühte, deren Führung ihm anvertraut war, so kann in der Stunde, in der wir uns anschicken, seinen Leib der Heimaterde zu übergeben, die Parole nur lauten: Über Gräber vorwärts!«[34]

Nun ließ Generalfeldmarschall Keitel die persönlichen und militärischen Lebensstationen des »Helden von Narvik« in geraffter Form Revue passieren. Er erinnerte dabei insbesondere an Dietls Kampf im Freikorps Epp gegen den Bolschewismus, an dessen Beteiligung beim »historischen Marsch zur Feldherrnhalle« im Jahre 1923, als Dietl mit seiner Kompanie marschbereit zur Verfügung stand und »erst auf ausdrücklichen Befehl des heutigen Reichsmarschalls«, so Keitel in seiner Grabrede, mit seinen Getreuen wieder in die Kaserne abrückte. Dann folgte ein Rückblick auf den Kampf um Narvik.

> »Seit diesen Tagen«, so der Chef des Oberkommandos der Wehrmacht in seinem Nachruf, »ist Dietl einer der bekanntesten Generale der deutschen Wehrmacht und einer der volkstümlichsten Männer Deutschlands geworden.«

Nach einem weiteren Rückblick auf Dietls Kampf an der Liza und auf dessen grenzenloses Vertrauen in den Führer und »die soldatische Kraft seiner im Nationalsozialismus fest verwurzelten Persönlichkeit« schloß Keitel seine Trauerrede mit den Worten:

> »An Deinem Sarg, Generaloberst Dietl, und in Deinem Geist geloben wir in dieser Stunde mit Deinen Worten, den Blick fest auf den Führer gerichtet: ›Je schwieriger die Lage, desto mehr vertrauen wir ihm!‹

Als der Generalfeldmarschall geendet hatte, begab sich der Oberste Befehlshaber der Wehrmacht an das Rednerpult. Hitler widmete dem »toten Freund und Kameraden einen warmempfundenen Nachruf«, dessen Worte, so der »Lappland-Kurier« in seiner Sondernummer, aus tiefstem Herzen kamen:

»Es ist für mich sehr schwer, aus einem Anlaß zu sprechen, der mir nicht nur einen der besten Soldaten, sondern auch einen der treuesten Freunde genommen hat. Die militärischen Leistungen des Generalobersten Dietl werden in die Geschichte eingehen. Seine Persönlichkeit kann aber nur der ganz ermessen, der das Glück hatte, sie im Laufe vieler Jahre selbst zu erleben.

Als ich zum erstenmal diesem Manne gegenübertrat, da ermöglichte er mir in seiner Kompanie die erste Einflußnahme auf ein deutsches Regiment. Als erster Offizier der deutschen Wehrmacht hat er mir seinen Verband zur Verfügung gestellt, um politisch auf ihn einzuwirken. Eine Stunde, nachdem ich damals zur 3. Kompanie seines Regiments gesprochen hatte, gab mir dieser Mann seine Hand und erklärte, er würde von jetzt an mein Gefolgsmann und Anhänger sein. Und dabei ist es dann geblieben, Jahr für Jahr. Zuerst in den bitteren Jahren unseres Ringens, in denen ich selbst als völlig Unbekannter vor einem Gebirge von Schwierigkeiten stand, das kaum überwunden werden konnte. Dieses Verhältnis ist das gleiche geblieben, als er später in der neuen Wehrmacht war und ganz besonders in der Zeit, in der er berufen war, eine so führende Rolle zu spielen, wie ich sie ihm damals aus meiner persönlichen Kenntnis des Menschen und damit auch des Soldaten zugedacht hatte. Denn man kann auch im Soldatentum den Menschen nicht trennen von seinem rein soldatischen Können. Es ist letzten Endes der Mensch in seiner seelischen Haltung, der die soldatischen Fähigkeiten zum Erfolge führt. Wenn ich es einst persönlich entschied, daß General Dietl die Expedition nach Narvik durchführen sollte, dann geschah es, weil ich glaubte, in ihm den Mann zu kennen, der selbst das scheinbar Aussichtslose am Ende durch sein gläubiges Vertrauen doch würde ermöglichen können. Wenn wir auch heute im fünften Kriegsjahr oft vor schweren Situationen stehen, so ist doch keine dieser Situationen auch nur annähernd zu vergleichen mit dem Auftrag, den ich damals diesem bis dahin unbekannten deutschen General erteilte, ein Auftrag, mit einer Handvoll Soldaten mitten durch die feindliche Seeübermacht hindurch in einen Hafen vorzustoßen, einen Hafen, der dem deutschen Volk in unendlicher Ferne zu liegen schien, und dort ganz auf sich allein gestellt, vielleicht für viele Wochen und Monate zu versuchen, nicht nur diesen Hafen zu halten, sondern eine Position aufzubauen, in die später andere Verbände nachrücken konnten. Abgeschnitten von allen Verbindungen, ohne Proviant, ohne Munition, ohne schwere Waffen stand dieser Mann mit zweieinhalbtausend Soldaten, seinen Gebirgsjägern, und später noch zweitausend Mann Schiffbrüchiger, sich selbst mühsam rettender Matrosen und Seeoffiziere, ganz allein einer weitaus überlegenen feindlichen Macht gegenüber.

Wie er das damals gemeistert hat, und wie er endlich diese Lage zugunsten Deutschlands endgültig wendete, ist ein Wunder an Einsatz nicht nur großer soldatischer Fähigkeit, sondern auch der menschlichen Persönlichkeit. Diese Qualität des Menschen war bei ihm die seltene Fähigkeit, die Liebe zum Soldaten, das Bemühtsein um den einzelnen, zu verbinden mit einer rücksichtslosen Härte – wenn notwendig – auch im Fordern. Generaloberst Dietl hat vielleicht am klarsten in seiner Person die Synthese gefunden, auf der einen Seite unerbittlich hart zu sein im Verlangen und auf der anderen Seite doch aufzugehen in der Besorgtheit für seine Männer. Und deshalb haben auch am Ende alle diese Männer, von denen er schier Unmögliches fordern mußte und gefordert hat, in einer grenzenlosen Verehrung und Liebe an ihm gehangen.

Er hat dadurch eigentlich den Typ des nationalsozialistischen Offiziers geschaffen, eines Offiziers, der nicht weichlich ist im Verlangen und Fordern, nicht schwächlich im Einsatz der Menschen, sondern der genau weiß, daß für diesen Kampf kein Opfer zu groß oder zu teuer ist, um nicht gebracht zu werden, jenes Offiziers, der auf der einen Seite diese harten und härtesten Forderungen stellt, auf der anderen aber das Schicksal seiner Untergebenen als ihr wahrer Freund und Vater zu seinem eigenen gestaltet, ein Nationalsozialist also nicht der Phrase, sondern dem Willen, der Überlegung und doch auch dem Herzen nach.

So hatte ich ihn früher persönlich einschätzen gelernt. Das glaubte ich von ihm erwarten zu dürfen, und das hat er dann auch gehalten.

Daß ich schon aus diesem Grunde persönlich ein besonderes, enges Verhältnis zu diesem Offizier besaß, war selbstverständlich. Er ist für mich der erste Offizier der deutschen Wehrmacht, der in meine Gedankenwelt eingedrungen war und sich blind (!) und ohne Kompromiß zu ihr bekannte. Ich habe ihn später in der Zeit, in der ich selbst gezwungen war, sehr schwere und harte Entschlüsse zu treffen, aber noch ganz besonders schätzen gelernt.

Gerade in den Jahren von 1933 bis 1936, als ich mit dem Blick auf die deutsche Zukunft unendliche Wagnisse eingehen mußte, da stand dieser Mann unerschütterlich und selbstverständlich hinter mir. Und das hat sich so fortgesetzt bis in die letzten Tage.

Als er zuletzt bei mir war – auf Grund der neuen militärischen Lage in Finnland –, da sprach aus ihm das gleiche bedingungslose Vertrauen, auch in Zukunft mit jeder Situation unter allen Umständen fertig zu werden und, wenn notwendig, auch die schwersten Aufgaben zu meistern. Er war durchdrungen von der Überzeugung, daß am Ende selbstverständlich unser gemeinsamer Sieg stehen wird, ja, er war durchdrungen von dem Bewußtsein, daß es überhaupt keinen großen Erfolg auf dieser Welt gibt, der nicht unter schweren Opfern

und Schmerzen errungen wird, daß die Meinung derjenigen zu ver-
werfen ist, die sich einbilden, daß die großen Männer der Weltgeschichte und der Erfolg ihrer Taten von vornherein als selbstverständlich vorauszusehen wären. Generaloberst Dietl gehörte zu
jenen, die es in sich fühlten, daß die Größe einer Leistung ununterbrochen wächst mit ihren Schwierigkeiten! So hat er selbst sein
Leben gestaltet, und so hat er für das deutsche Volk und seine Zukunft gekämpft.
Für mich ist dieser teure und treue Freund eine Stütze gewesen, eine
Stütze vor allem im deutschen Offizierskorps. Er gehörte zu jenen,
die in schweren Zeiten mitgeholfen haben, Vertrauen auszustrahlen
und andere fest und hart zu machen. Das kann ich ihm nie genug
danken. Möge sein Vorbild viele deutsche Offiziere und Generale erfüllen und begeistern.
Mögen sie alle lernen, ebenso hart wie im einzelnen gütig zu sein,
ebenso rücksichtslos zu fordern wie Verständnis zu besitzen für den
Mann und seine Sorgen. Mögen sie vor allem lernen, besonders in
Krisenzeiten unter allen Umständen Vertrauen auszustrahlen, um
den einzelnen Mann mit sich emporzuheben, und jeden Gedanken
von sich weisen, als könnte jemals ein Kampf, hinter dem der ganze
Fanatismus einer Nation steht, anders als mit dem Sieg enden, ganz
gleichgültig, wie im Augenblick auch die Situation sein mag.
Das war das Wunderbare an ihm, daß er in seinem eigenen Lebens-
kampf und in seinem späteren Ringen als Soldat so viele Situationen,
in denen man fast hätte verzweifeln können und viele auch verzwei-
felt waren, erfolgreich gemeistert hat. Das hat er nicht nur als Theoretiker gelehrt, sondern als einer der größten Praktiker unserer neue-
ren deutschen Geschichte uns vorgelebt.
Meine persönliche Freundschaft zu ihm macht es mir deshalb besonders schmerzlich, seiner zu gedenken. Wenn ich von diesem Freunde
heute Abschied nehme, geschieht es deshalb mit den bittersten (!)
Empfindungen eines tief getroffenen Mannes, auf der anderen Seite
aber mit dem unbeugsamen Fanatismus, daß auch dieses Opfer auf
dem Altar des Vaterlandes für uns alle nur eine neue Verpflichtung
ist.«[35]

Als Adolf Hitler seine Trauerrede an der Bahre seines »treuesten
Freundes« beendet hatte, trugen vier Oberfeldwebel der Gebirgstruppe unter den Klängen des Soldatenliedes vom guten Kameraden den Kranz des Führers, ein riesiges Gebinde aus Alpenro-
sen und Edelweiß, zu Dietls Sarg. Und während die Fahnenspitzen
sich senkten, die Trauergemeinde die Hände stumm zum Gruß
erhob und ein dumpfer Trauersalut von 17 Schüssen ertönte,

schmückte Hitler eigenhändig den Sarg seines toten Helden als letzten Gruß an den treuen Gefolgsmann, aber auch als tiefen Dank des ganzen deutschen Volkes. Lange Zeit verweilte er dann vor der sterblichen Hülle des Generalobersten Eduard Dietl und hielt eine stumme Zwiesprache mit seinem alten Kameraden und Weggefährten. Er wußte zu genau – und er hat es dem »Helden von Narvik« auch nie vergessen und ihn, wo es nur ging, aus diesem Grunde stets gefördert –, daß Dietl es gewesen war, der sein rhetorisches Talent als erster erkannt und ihn entsprechend weiterempfohlen hatte, so daß er, Hitler, schließlich zum Führer der nationalsozialistischen Bewegung, ja des Dritten Reiches aufsteigen konnte.

Beim Staatsakt für Generaloberst Eduard Dietl hatte Hitler, der Meister der Demagogie und der Massenbeeinflussung, nicht geschauspielert – weder in Worten noch in Taten: Und so, als wollte er die augenfällige Treue zwischen sich und dem heimgegangenen »Helden von Narvik« auch über dessen Tod hinaus für die Nachwelt dokumentieren, entschloß er sich wenig später zu Maßnahmen, die der Heldenverehrung um Dietl weitere Nahrung lieferten: Ausgerechnet am 20. April 1945, zu Hitlers letztem Geburtstag und nur ein paar Tage vor seinem Selbstmord, wurde Dietls ehemaliges Gebirgs-Jäger-Regiment 139, das erst am 5. Juni 1944 zur Gebirgs-Jäger-Brigade 139 aufgestockt worden war, in Gebirgs-Jäger-Brigade 139 »Generaloberst Dietl« umbenannt.[36] Im Auftrag des Führers wurde dem ehemaligen Narvik-Regiment als Kernverband der Divisionsgruppe »Kräutler« am 6. Mai 1945 auch noch das Ärmelband »Generaloberst Dietl« verliehen.[37] Aber auch der Lappland-Schild[38], der kurz vor der bedingungslosen Kapitulation des Deutschen Reiches für die Angehörigen der 20. Gebirgs-Armee gestiftet wurde, war weit mehr als eine symbolische Geste Hitlers für die vor dem Feinde unbesiegte Lappland-Armee und ihren charismatischen Oberbefehlshaber, die den Russen mit ihren rund 200 000 Mann mit Roß, Reiter und Wagen aus den verschneiten Tundren im Rahmen der Operationen »Birke« und »Nordlicht« über die Lyngen-Fjord-Stellung bis in die Gegend von Narvik entkommen waren. Noch einmal erklang zu Ehren des verstorbenen Generalobersten Eduard Dietl die deutsche Nationalhymne. Ein letztes Mal wandte Hitler sich an die Angehörigen seines »treuesten Freundes«, kondolierte nochmals aufrichtig und herzlich und versprach Dietls Witwe, sie und ihre Kinder finanziell zu unterstützen.[39] Dann verließ er sichtlich bewegt, ja erschüttert die Stätte der Totenehrung im Schloß Kleßheim bei Salzburg.

Im Anschluß an diesen Staatsakt wurde der Sarg auf eine bereitstehende Lafette gehoben und zum Bahnhof geleitet. Ihr folgten in Viererreihen die stummen Trauergäste, denen sich auch Ehrenformationen der NSDAP und ihrer Gliederungen angeschlossen hatten. Erst jetzt wurde Dietls Tod offiziell bekanntgegeben. Der finnische Marschall von Mannerheim war sehr bestürzt.

> »Er sandte ein warmherziges Beileidstelegramm an Adolf Hitler und die Witwe Dietls und verlieh dem toten deutschen General in Anerkennung seiner Verdienste um Finnland die höchste finnische Kriegsauszeichnung: das Großkreuz zum finnischen Freiheitskreuz.«[40]

Die finnische Presse widmete dem Ableben des Generalobersten Eduard Dietl großen Raum.[41] Ebenso tief betroffen waren selbstverständlich alle Soldaten der 20. Gebirgs-Armee, die sich der Tränen um ihren Dietl nicht schämten[42], als sie die Todesnachricht zur Kenntnis nehmen mußten.

Am 2. Juli 1944 berichteten die Münchner Zeitungen ausführlich über die Trauerfeierlichkeiten.

Dunstig war der Sonntagmorgen des 2. Juli 1944, an dem der Leichnam Dietls in einem Sonderzug, der mit einem schwarzen Trauerflor umhangen war, still im Münchner Hauptbahnhof einrollte. Nun war er heimgekehrt in die »Hauptstadt der Bewegung«, wo seine atemberaubende Karriere und sein engagiertes Eintreten für die nationalsozialistische Bewegung ihren Anfang genommen hatten. Obwohl offiziell nirgendwo bekanntgegeben worden war, »daß die sterblichen Reste Dietls an diesem Morgen in München eintreffen würden, ... hatten sich Menschen an den Straßenrändern angesammelt und warteten zahlreiche andere auf dem Friedhof ...«.[43]

Dort, auf dem Nordfriedhof an der Ungererstraße, erwies ein Ehrenzug dem allseits beliebten Gebirgsjäger-General die letzte militärische Ehre. Generale, Parteiführer und Fahnenabordnungen verharrten ein letztes Mal in Ehrfurcht vor dem Sarg, als General der Gebirgstruppe Georg Ritter von Hengl die Abschiedsworte sprach. Jener Hengl, der Dietl nicht nur wegen des Unternehmens »Büffel«, wegen Dietls Stellung als Divisions-Kommandeur, Kommandierender General und Oberbefehlshaber auf dem skandinavischen Kriegsschauplatz, sondern mehr noch wegen seiner nationalsozialistischen Gesinnung und seiner früheren Zugehörigkeit zur SS in besonderer Weise verbunden war. Als ehemaliger Obersturmbannführer des SS-Regiments »Deutschland« und NSFO setzte er »Akzente, die noch über das hinausgingen, was Schörner in seinen Richtlinien gefordert hatte.«[44] Denn die »ungeheure« Aufgabe des deutschen Offiziers sollte nach Hengl darin bestehen, die Soldaten zum »unbändigen Vernichtungswillen und zum Haß« zu erziehen, da ihm »der brave Soldat nicht mehr genüge«. Mehr noch: »Hengl wollte die ›seelischen Kräfte des Willens‹ mobilisieren und ›auf breitester Grundlage zum Einsatz bringen‹. Wer nicht glaube«, so seine Devise, »werde nicht siegen. Das wichtigste sei der Glaube, dann komme das Bekenntnis.«[45] Die Gesinnungsverwandtschaft zu Dietl war bei Ritter von Hengl nicht wegzuleugnen. So wurde auch der allerletzte Akt des Begräbnisses zu einer Kundgebung für die nationalsozialistische Bewegung. Aber trotz der glühenden Grabrede des Generals der Gebirgstruppe von Hengl blieb manche Frage über dem offenen Grab, in dem der »Held von Narvik« seine letzte Ruhe fand, unbeantwortet. Nimmt es da wunder, daß Ritter von Hengl noch auf dem Friedhof von einem Freund gefragt worden sein soll, ob Dietl nicht etwa umgebracht worden sei?[46]

Und obwohl Hitlers Nationalsozialistischer Führungsoffizier schwieg, fragte er sich doch mehrmals, worin dieses plötzliche Mißtrauen begründet war? Dann wußte er die Antwort:

Während Dietls Tod hinter vorgehaltener Hand von Tag zu Tag weitererzählt wurde, hatten der staatlich gelenkte Rundfunk und die zentralisierte Presse zu schweigen.

> »Hier war zweifellos der Keim des Mißtrauens und des Verdachts zu suchen, aber diese Erklärung reichte nicht aus. Der Keim brauchte auch einen Boden, auf dem er sich entwickeln konnte. Und diesen Boden bildete wahrscheinlich das langsam wachsende Empfinden,

daß Hitler nicht der sei, für den man ihn so lange gehalten hatte. Das Gefühl, daß nicht nur seine Umgebung, sondern vor allem und in erster Linie Hitler selbst ein politisches und militärisches Vabanquespiel ohne Gewissen getrieben habe, regte sich. Ihm gegenüber stand ein fest eingewurzeltes Empfinden, aus dem heraus man andere Führerpersönlichkeiten der Zeit – sei es mit Recht oder Unrecht – für anständig und sauber und aufrecht hielt. Zu ihnen hatte Dietl immer gehört, und aus dem einmal geweckten Mißtrauen entstand schnell die Legende, daß er sich irgend welchen Befehlen Hitlers entgegengesetzt und darum beseitigt worden sei.«[47]

Derartige Gerüchte, daß Dietl, wie später Rommel, ganz gezielt von Hitler und seinen Helfern und Helfershelfern umgebracht worden sein soll, tauchten immer wieder auf.

»Dieser Verdacht fand einen neuen Nährboden in der Woge der Enthüllungen, die nach dem Kriege alles, was je an Bosheit erfunden worden war, Hitler zuschob ...«[48]

Doch damit nicht genug der Spekulationen um den tödlichen Flugzeugabsturz des »Helden von Narvik«. An der Beerdigung auf dem Münchner Nordfriedhof soll auch ein Mann teilgenommen haben, der Generaloberst Eduard Dietl angeblich für die Widerstandsbewegung gewinnen wollte. Beim Kondolieren soll dieser Unbekannte zu einer der drei Dietl-Töchter gesagt haben, »daß ihr Vater noch leben könne, wenn er sich seinerzeit nicht so ablehnend verhalten hätte«.[49] In seinem Buch »Das Auge Dietls« überraschte Konrad Knabe seine Leser mit folgender Version:

»Wenige Wochen vor dem Absturz weilte Generaloberst Dietl im Reich, wo er unter anderem auch in München einen alten Freund aufsuchte. Dieser gab sich als Angehöriger der Widerstandsbewegung zu erkennen und versuchte Dietl für deren Pläne – also für die Beseitigung Hitlers – zu gewinnen.
Der Generaloberst lehnte empört ab. Er stehe unter Eid, und er denke nicht daran, diesen zu brechen. Ganz abgesehen davon sei ihm als Soldat dieser heimtückische Kampf gegen das Staatsoberhaupt im Innersten zuwider.
Dietl fuhr jedoch fort ..., daß er jederzeit bereit sei, an der Spitze aller Oberbefehlshaber vor Hitler zu treten, diesem offen alle Führungsfehler aufzuzeigen und um deren sofortige Abstellung zu ersuchen.
Dazu waren jene Kräfte wohl nicht bereit!
Die Männer des Widerstandes wußten nunmehr, daß es einen Ar-

meeführer gab, noch dazu einen so prominenten wie Dietl, der ihre Ziele kannte und nicht teilte. Das konnte gefährlich werden.«[50]

Damit hatte der Ritterkreuzträger Knabe weiteren »Spekulationen« über Dietls Tod, die für viele ein Ärgernis sind[51], Tür und Tor geöffnet, zumal er sich beharrlich weigert, Roß und Reiter zu nennen, und sich damit den Anspruch auf die Seriosität seiner Informationen selbst verwirkt. Darauf direkt angeschrieben, schweigen sowohl Knabe als auch Dietls Sohn beharrlich.[52]

Knabe macht es seinen Kritikern in der Tat sehr leicht, denn er bleibt – Vertraulichkeit hin, Vertraulichkeit her – den wissenschaftlich begründeten Beweis für seine These schuldig.[53] Dennoch trägt er sein Argument im Ton einer Beweisführung vor. Daß er mit seiner umstrittenen These dennoch nicht alleine dasteht, das beweisen die schriftlich fixierten Aussagen von Oberst Brandl, einem altgedienten Offizier aus Dietls traditionsreichem Gebirgs-Jäger-Regiment 139, der sich in einem umfangreichen Briefwechsel zu den Spekulationen über den tödlichen Absturz des Oberbefehlshabers der 20. Gebirgs-Armee unter anderem wie folgt äußerte:

> »Mir persönlich sagt alles – wie man so landläufig sich ausdrückt – die Tatsache, daß der Herr ›Adjutant‹ Herrmann genau vor dem Abflug ans Telefon gerufen worden ist und so den Abflug ›verpassen‹ mußte!?! ... Da brauche ich die Darstellung ... über den Hergang am Semmering nicht mehr, nämlich daß der Rumpf intakt geblieben ist und nur die ›Kanzel‹ vorne mit Dietl, dem Piloten und den mitfliegenden Generalen ›leider‹ geopfert werden mußte – natürlich um das Vaterland zu retten!!!!« Der Gebirgsjäger-Oberst ging noch einen Schritt weiter, indem er schrieb: »Genauso wie später Rommel ›geopfert‹ worden ist, damit die ›Invasion‹ glücken konnte!!!«[54]

Für Zeitzeugen wie den Obristen Brandl und seine gleichgesinnten Stabsoffiziere liegen die Karten auf dem Tisch: So wie Rommel seinen Brutus Speidel hatte, so war Herrmann der Brutus des »Helden von Narvik«. Verständlich, daß Dietls Adjutant sich energisch dagegen zur Wehr setzte. Für ihn gehört »weder das Leben und Handeln noch der Tod des Generalobersten Eduard Dietl ... in das dunkle Kapitel der ›ungeklärten Fälle‹«[55], denn für ihn gibt es nur eine klare Antwort:

»General Dietl ist das Opfer eines Unfalles geworden, bei dem keines Menschen Hand im Spiel war. Die Naturgewalten, die er selber so oft bezwungen hatte, haben die Maschine zum Absturz gebracht ... Ein gütiges Geschick hat ihn unbesiegt und ungeschmäht von uns genommen.«[56]

»Ein gütiges Geschick«?

Wenn man, wie wir es getan haben, Herrmanns Untersuchungsbericht für Hitler und das Oberkommando der Wehrmacht mit seiner Schilderung in der Dietl-Herrmann-Biographie vergleicht, dann kommt man nicht umhin festzustellen, daß Dietls plötzlicher Soldatentod auf Grund schwerwiegender, diametral entgegengesetzter, widerspruchslos hingenommener Aussagen von ein und demselben Chronisten alles andere als zu den »geklärten Fällen« hinzugerechnet werden kann. Wenn Dietl wirklich »abgestürzt worden« sein sollte, wie nicht wenige vermuten, dann nicht durch eine Bombe aus dem Lager der Nationalsozialisten, sondern – wenn schon, denn schon – aus dem Kreise der Widerstandsbewegung, die darum fürchten mußte, irgendwann und irgendwo enttarnt zu werden.

Aber solange es Menschen mit einem freien Geist gibt, wird immer ein Rest – und sei es nur ein minimaler – von Skepsis bleiben, wenn sich ein Hergang nicht mit absoluter, das heißt hundertprozentiger Sicherheit exakt nachvollziehen oder rekonstruieren läßt. War es auch beim tödlichen Absturz des Generalobersten Eduard Dietl so, daß einige Spuren viel zu schnell verwischt oder andere nicht weit genug verfolgt wurden, weil sie entweder nicht in das gängige Klischee paßten oder weil der Brutus nicht enttarnt werden wollte? Soll am Ende auch dieser urbayerische General, der wie sonst kein anderer zur Symbolfigur der deutschen Gebirgstruppe geworden ist, auf so mysteriöse Weise ums Leben gekommen sein wie das Symbol aller bayerischen Herrlichkeit und Tragik, der romantische Märchenkönig Ludwig II. von Bayern? Wenn dem wirklich so gewesen ist, dann hätte Eduard Dietl zu Lebzeiten wohl nicht anders darauf geantwortet, als mit seinem bekanntesten Ausspruch:

»Nur kein Schema!«

Bayern will Frieden!

In den Schlachten des 2. Weltkrieges standen die Gebirgsjäger meistens in vorderster Front. Schwerste Blutopfer wurden auf allen Kriegsschauplätzen, vom äußersten Norden bis hinunter nach Afrika gebracht. Unsere bayerischen Städte und Dörfer haben ihre blühende Jugend in unseren Reihen für größenwahnsinnige Welteroberungspläne opfern müssen. Am Ende stand die Niederlage.

Sind unsere Kameraden umsonst gefallen?

Ja sie sind es, wenn Deutschland von fremden Truppen besetzt und in zwei Teile zerrissen bleibt.

Sie sind es, wenn die Bundesrepublik von 200 Millionären von Bonn aus diktiert wird. Sie sind umsonst gefallen, wenn eine handvoll bankrotter preussischer Großgrundbesitzer in Bonn den Ton angeben, während die Interessen von Millionen Bauern mißachtet werden.

Sie sind umsonst gefallen und ihr Andenken wird entehrt, wenn wir uns heute dazu zwingen lassen, mit dem amerikanischen Stahlhelm auf dem Kopf, unter dem Kommando fremder Generäle, für fremde Interessen unsere Heimat zum Kriegsschauplatz des dritten Weltkrieges zu machen.

Wir sind bereit unsere Heimat zu verteidigen!

Wir sind aber nicht bereit Gut und Blut für die Dollarhochfinanz zu opfern. **Ein unabhängiges deutsches Vaterland** wird in uns seine treuesten und besten Soldaten haben.

Aber die Kanonenkönige von Rhein und Ruhr und ihre Bonner Handlanger können uns mit ihren Uralkriegsplänen auf gut Bayerisch am Arsch lecken. Die Bauern, Handwerker und Arbeiter sind bei „Generalverträgen" immer die Ausgeschmierten gewesen. Sie können nur im Frieden menschenwürdig leben und wollen deshalb einen Friedensvertrag. Wir haben in zwei Weltkriegen in fremden Ländern erfahren, daß die kleinen Leute, gleichgültig welcher Nation, keinen Grund haben, sich feind zu sein. Sollen die Großkopferten ihre Rivalitäten um Märkte und Rohstoffe doch selber mit der Waffe in der Hand ausfechten.

Die bayerischen Gebirgsjäger machen nicht mehr mit

denn Bonn treibt zum Kriege!

Aus einem finnischen Moorgrab
Euer von der Gestapo ruchlos ermordeter
General Dietl

Anmerkungen

1 Thorwald: Die ungeklärten Fälle. S. 73
2 General Dietl. S. 273
3 Vgl. Thorwald: Die ungeklärten Fälle. S. 80 ff.
4 Ebenda, S. 83
5 Thorwalds Buch »Die ungeklärten Fälle« erschien bereits 1950. Die Dietl-Herrmann-Biographie »General Dietl« ein Jahr später, so daß man Thorwalds Darstellung hätte erwidern können. Auch eine Neuauflage des Dietl-Herrmann-Buches enthält keinerlei Einwände gegen Thorwalds Darstellung!
6 General Dietl. S. 268
7 Erfurth: Der Finnische Krieg. S. 242
8 General Dietl. S. 268
9 Ebenda, S. 268
10 Brandl-Brief vom 30.4.1984 an den Verfasser
11 General Dietl. S. 268 f.
12 Ebenda, S. 269
13 Vgl. hierzu Brandl-Brief vom 30.4.1984 an den Verfasser
14 General Dietl. S. 269
15 Ebenda, S. 269 f.
16 Ebenda, S. 271 f.
17 Ebenda, S. 270
18 Ebenda, S. 270
19 In der Dietl-Herrmann-Biographie verschweigt Kurt Herrmann seine bedeutende Funktion in dieser von Hitler befohlenen Luftwaffenkommission beharrlich!
20 Ab 2.10.1942 auch Chef des Heeres-Personalamtes. Er erlag am 1.10.1944 seinen schweren Verletzungen, die er im Führerhauptquartier beim Attentat am 20.7.1944 auf Hitler erlitten hatte.
21 Thorwald: Die ungeklärten Fälle. S. 75
22 Zu Hitlers »Lieblingsgeneralen« zählten die typischen Troupiers Dietl, Rommel und später auch Schörner.
23 Vgl. hierzu u. a. das 1949 erschienene zeithistorische Standardwerk »Invasion 1944 – Ein Beitrag zu Rommel und des Reiches Schicksal« von General Hans Speidel, ehemaliger Generalstabschef des Generalfeldmarschalls Rommel.
24 Halder: Kriegstagebuch. A. a. O.
25 Insbesondere vor dem Unternehmen »Felix« (Kaltenegger: Die deutsche Gebirgstruppe 1935–1945. S. 173 ff.) und zur Kriegsweihnacht 1941 (»Gebirgstruppen-Archiv Kaltenegger«). 1942 wollte Lanz gar durch den Führer den Elbrus in Adolf-Hitler-Spitzen umbenennen lassen.
26 Hierüber sprach General Lanz allerdings genauso ungern wie über die Eroberung der ionischen Insel Kefalonia im Jahre 1943, bei der Tausende von italienischen Soldaten ums Leben kamen. (Kaltenegger: Die deutsche Gebirgstruppe 1935–1945. S. 423 ff.)
27 Vgl. Reinhardt: Die Wende vor Moskau, und Kaltenegger: Die deutsche Gebirgstruppe 1935–1945. S. 449 ff.
28 »Eine makabre Angelegenheit, die«, so Dietls ehemaliger Untergebener Gene-

ral Grashey in seinem Antwortschreiben vom 5.12.1984 an den Verfasser nach Akteneinsicht, »ich nicht für möglich gehalten hätte, wenn sie nicht durch hieb- und stichfeste Quellen belegt wäre.«

29 Bundesarchiv/Militärarchiv Freiburg i. Br.; »Gebirgstruppen-Archiv Kaltenegger«; DNB-Text vom 1.7.1944
30 Irving: Hitler und seine Feldherren. S. 596
31 Erfurth: Der Finnische Krieg. S. 245
32 So auch bei der Beerdigung von Generaloberst Dollmann, der am 2.7.1944 auf dem Pariser Heldenfriedhof in Anwesenheit von Rommel, Rundstedt und Sperrle beigesetzt wurde. Hitler ließ durch den Generalfeldmarschall Rundstedt einen Kranz niederlegen.
33 Dietls Ordensschnalle bestand aus: Eisernem Kreuz II. Klasse, Bayerischem Militärverdienstorden 4 mit Schwertern, Hessischer Tapferkeitsmedaille, Ehrenkreuz für Frontkämpfer, Dienstauszeichnung I. Klasse, Dienstauszeichnung III. Klasse, Bayerischer Jubiläumsmedaille, Erinnerungsmedaille 13. März 1938, Erinnerungsmedaille 1. Oktober 1938. Ferner war er Inhaber folgender Orden: des Chilenischen Verdienstordens Kommandeurkreuz (blaues Band), des Fliegerabzeichens mit Brillanten, des Olympiaordens, des Großkreuzes der Weißen Rose von Finnland mit Schwertern und Stern, des Finnischen Freiheitskreuzes I. Klasse mit Eichenlaub und Schwertern samt Bruststern u. a. m.
34 Lappland-Kurier. Sonderausgabe 1.7.1944
35 DNB-Text vom 1.7.1944. Vgl. auch Lappland-Kurier. Sonderausgabe 1.7.1944
36 Kaltenegger: Die deutsche Gebirgstruppe 1935–1945. S. 80 f. und S. 92
37 »Nach den Durchführungsbestimmungen«, so Dietls ehemaliger Narvik-Kämpfer und Ritterkreuzträger Hans Rohr, »können wir für unseren Verband im ganzen Reichsgebiet Nachwuchs werben. Insbesondre kann die Brigade bzw. das Regiment alle ehemaligen Angehörigen unseres Truppenkörpers anfordern, ganz gleich wo sie sich gerade befinden.« (Rohr: Tagebuch eines Gebirgsjägers im Zweiten Weltkrieg. S. 382.)
38 Vgl. Kaltenegger: Die deutsche Gebirgstruppe 1935–1945. S. 413
39 Bundesarchiv/Militärarchiv: Generaloberst Eduard Dietl, Pers 6/22. A. a. O.
40 Erfurth: Der Finnische Krieg. S. 245
41 Neben den an erster Stelle veröffentlichten deutschen Meldungen über den Trauerakt in Deutschland und den Tagesbefehl des Führers würdigten die finnischen Zeitungen den verstorbenen Oberbefehlshaber der Lappland-Armee als Heerführer und ritterlichen Freund Finnlands, der als Symbol der deutsch-finnischen Waffenbrüderschaft für immer in Erinnerung bleiben werde.
42 Wiesbauer: In Eis und Tundra. S. 156, sowie andere Angehörige der 20. Gebirgs-Armee
43 Thorwald: Die ungeklärten Fälle. S. 78
44 Messerschmidt: Die Wehrmacht im NS-Staat. S. 460
45 Ebenda, S. 460
46 Thorwald: Die ungeklärten Fälle. S. 79, siehe auch »Bayern will Frieden!« Flugblatt auf S. 420
47 Ebenda, S. 79
48 Ebenda, S. 80

49 Knabe: Das Auge Dietls. S. 236
50 Ebenda, S. 235
51 Vgl. Rezension des Knabe-Buches »Das Auge Dietls« von Gerd R. Ueberschär, in: Militärgeschichtliche Mitteilungen. 1981, Nr. 29, S. 272 f.
52 So blieb unter anderem auch der Brief des Verfassers vom 25.7.1988 an Oberst a. D. Knabe unbeantwortet.
53 »Nachdem die Witwe des Generalobersten Dietl auch nicht mehr am Leben ist, wäre es meiner Meinung nach angebracht, wenn Sie Ihre Informanten wenigstens in einer Fußnote nennen, um Ihre Fakten wissenschaftlich zu untermauern und damit den Kritikern den Wind aus den Segeln zu nehmen«, so die Aufforderung des Verfassers am 25.7.1988 an Konrad Knabe, die dieser nicht beantwortete.
54 Brandl-Brief vom 30.4.1984 an den Verfasser. In einem weiteren Schreiben vom 21.5.1984 wurde Brandl noch deutlicher, als er unter anderem schrieb: »Sei mir nicht bös, wenn ich ›Klartext‹ angewendet habe. Ich kann nicht anders als – nach meinem Empfinden – Mord als Mord und Mittäter als Mittäter zu bezeichnen!«
55 General Dietl. S. 274
56 Ebenda, S. 273 f.

Bibliographie

1. Nachschlagewerke, Handbücher, Bibliographien

Bibliographie zur Geschichte der Felddivisionen der Deutschen Wehrmacht und Waffen-SS 1939–1945. Bearb. von Othmar Tuider (u. a.). Bd. 1–2. Wien 1976–1984.

Bibliographie zur Zeitgeschichte. Beilage der Vierteljahreshefte für Zeitgeschichte. Zusammengestellt von Thilo Vogelsang. Jg. 1 ff. Stuttgart 1953 ff.

Biographisches Wörterbuch zur deutschen Geschichte. Begründet von Hellmuth Rössler und Günther Franz. 2., völlig neubearb. und stark erweiterte Aufl. Bearb. von Karl Bosl (u. a.). Bd. 1–3. München 1973.

Bücherschau der Weltkriegsbücherei. Jg. 19–24 (1939–1944), Jg. 25–31 (1953–1959). Stuttgart 1939–1959.

Dupuy, R. E. und Dupuy, T. N.: The Encyclopedia of Military History. From 3500 B. C. to the present. 2. Aufl. London o. J.

Gebhardt, Bruno: Handbuch der deutschen Geschichte. 9., neubearb. Aufl. Hrsg. von Herbert Grundmann. Bd. 1–4. Stuttgart 1973.

Geschichte der deutschen Länder. »Territorien-Ploetz«. Hrsg. von Georg Wilhelm Sante. Bd. 1–2. Würzburg 1964–1971.

Der Große Atlas zum II. Weltkrieg. Mit 247 Karten und 262 Dokumentarfotos. Deutsche Bearbeitung Christian Zentner. Hrsg. von Peter Young. 2. Aufl. München 1974.

Gunzenhäuser, Max: Die Bibliographien zur Geschichte des Ersten Weltkrieges. Literaturübersicht und Bibliographie. Frankfurt a. M. 1964.

Handbuch der bayerischen Geschichte. Hrsg. von Max Spindler. Bd. 1–4. München 1971–1975.

Handbuch der Deutschen Geschichte. Begründet von Otto Brandt, fortgeführt von Arnold Oskar Mayer, neu hrsg. von Leo Just. Bd. 1–4. Frankfurt a. M. 1973.

Handbuch der europäischen Geschichte. Hrsg. von Theodor Schieder. Bd. 1–7. Stuttgart 1976–1979.

Handbuch zur deutschen Militärgeschichte 1648–1939. Begründet von Hans Meier-Welcker. Hrsg. vom Militärgeschichtlichen Forschungsamt durch Friedrich Forstmeier, Wolfgang von Groote (u. a.). Bd. 1–6. München 1979–1981.

Held, Walter: Verbände und Truppen der deutschen Wehrmacht und Waffen-SS im Zweiten Weltkrieg. Eine Bibliographie der deutschsprachigen Nachkriegsliteratur. Bd. 1–2. Osnabrück 1978–1982.

Hellwig, Gerhard und Linne, Gerhard: Daten der Weltgeschichte. Namen und Ereignisse von der Vorgeschichte bis zur Gegenwart. Gütersloh 1975.

Herre, Franz und Auerbach, H.: Bibliographie zur Zeitgeschichte und zum Zweiten Weltkrieg für die Jahre 1945–1950. München 1955.

Historisches Lexikon. Von der Vorzeit bis zur Gegenwart. 4. Aufl. Murnau, München, Innsbruck 1957.

International Bibliography of historical sciences. Internationale Bibliographie der Geschichtswissenschaften. Jg. 1 ff. Washington, Paris (u. a.) 1930 ff.

Jahresbibliographie (der) Bibliothek für Zeitgeschichte, Weltkriegsbücherei. Jg. 32 ff. Frankfurt a. M., München 1961 ff.

Konferenzen und Verträge. Vertrags-Ploetz. Ein Handbuch geschichtlich bedeutsamer Zusammenkünfte und Vereinbarungen. Teil II, Bd. 4 A: Neueste Zeit 1914—1959. 2., erw. und veränderte Aufl. Bearb. von Helmuth K. G. Rönnefarth und Heinrich Euler. Würzburg 1959.

Lexikon der deutschen Geschichte. Personen, Ereignisse, Institutionen. Von der Zeitwende bis zum Ausgang des 2. Weltkrieges. Unter Mitarbeit von Historikern und Archivaren hrsg. von Gerhard Taddey. Stuttgart 1977.

Lexikon zur Geschichte und Politik im 20. Jahrhundert. Hrsg. von Carola Stern, Thilo Vogelsang (u. a.). Bd. 1—2. Köln 1971.

Militärisches Taschenlexikon. 4800 Sachwörter. Hrsg. von Karl Heinz Fuchs und Friedrich Wilhelm Kölper. 2., neubearb. und wesentlich erweiterte Aufl. Frankfurt a. M. 1961.

Neue Forschungen zum Ersten Weltkrieg. Literaturberichte und Bibliographien (…). Hrsg. von Jürgen Rohwer. Koblenz 1985. (= Schriften der Bibliothek für Zeitgeschichte. Bd. 25.)

Ploetz, Karl: Auszug aus der Geschichte. 25. Aufl. Bd. 1—2. Würzburg 1956.

Stein, Werner: Der große Kulturfahrplan. Die wichtigsten Daten der Weltgeschichte bis heute in thematischer Übersicht. München 1979.

Stockhorst, Erich: Fünftausend Köpfe. Wer war was im Dritten Reich. Bruchsal/Baden 1967.

Territorien-Ploetz (siehe: Geschichte der deutschen Länder)

Vertrags-Ploetz (siehe: Konferenzen und Verträge)

Wörterbuch zur deutschen Militärgeschichte. Bd. 1—2. Berlin 1985. (= Schriften des Militärgeschichtlichen Instituts der Deutschen Demokratischen Republik.)

2. Monographien und Sammelwerke

Absolon, Rudolf: Die Wehrmacht im Dritten Reich. Bd. 1—4. Boppard a. Rhein 1969—1979. (= Schriften des Bundesarchivs. Bd. 16/I—IV)

Akten der Reichskanzlei. Weimarer Republik. Hrsg. für die Historische Kommission bei der Bayerischen Akademie der Wissenschaften von Karl Dietrich Erdmann für das Bundesarchiv von Wolfgang Mommsen unter Mitwirkung von Walter Vogel. Bd. 1—4. Boppard a. Rhein 1968—1973.

Akten zur deutschen auswärtigen Politik. 1918—1945. Aus dem Archiv des deutschen Auswärtigen Amtes. Bd. 1—12. Baden-Baden 1950—1969.

Allard, Sven: Stalin und Hitler. Die sowjetrussische Außenpolitik 1930—1941. Bern, München 1974.

Alpenkorps in Polen. Geb. A. K. XVIII. Hrsg. von Major Manz. 2. Aufl. Innsbruck 1940.

Alter, Julius: Nationalisten. Deutschlands nationales Führertum der Nachkriegszeit. Leipzig o. J.

Alvensleben, Udo von: Lauter Abschiede. Tagebuch im Kriege. Hrsg. von Koenigswald. Frankfurt/a. M., Berlin 1971.

Amery, Carl: Leb wohl, geliebtes Volk der Bayern. München 1980

Andenaes, J. O. Riste und Skodvin, M.: Norway and the Second World War. Oslo 1974.

Das andere Gesicht des Krieges. Deutsche Feldpostbriefe 1939–1945. Hrsg. von Ortwin Buchbender und Reinhold Sterz. 2., durchgesehene Aufl. München 1983.

Antoni, Ernst: »Landser«-Hefte. Wegbereiter für den Rechtsradikalismus. Eine Dokumentation. Hrsg. von Wolf Brühan. München 1979.

Appelle einer Revolution. Das Ende der Monarchie. Das revolutionäre Interregnum. Die Rätezeit. Zusammenstellung und historische Einführung von Karl-Ludwig Ay. Dokumente aus Bayern zum Jahr 1918/1919. München 1968. (= Buch und Bürger. Sonderbd.)

Aschenauer, Rudolf: Der Fall Schörner. Eine Dokumentation. München o. J.

Aspelmeier, Dieter: Deutschland und Finnland während der beiden Weltkriege. Hamburg-Volksdorf 1967.

Assam, Norbert: Des Kärtner-Infanterie-Regimentes Graf von Khevenhüller Nr. 7 letztes Ringen und Ende. Graz 1935.

Assmann, Kurt: Deutsche Schicksalsjahre. Historische Bilder aus dem Zweiten Weltkrieg und seiner Vorgeschichte. 2. Aufl. Wiesbaden 1951.

Aufstand des Gewissens. Der militärische Widerstand gegen Hitler und das NS-Regime 1933–45. Im Auftrag des Bundesministeriums der Verteidigung zur Wanderausstellung hrsg. vom Militärgeschichtlichen Forschungsamt. Herford, Bonn (ca.) 1984.

Der Aufstieg der NSDAP. In Augenzeugenberichten. Hrsg. und eingeleitet von Ernst Deuerlein. 2. Aufl. Düsseldorf 1968.

Bachmann, Peter und Zeisler, Kurt: Der deutsche Militarismus. 1917–1945. Illustrierte Geschichte. Köln (um) 1986.

Balck, Hermann: Ordnung im Chaos. Erinnerungen 1893–1948. 2. durchgesehene und vermehrte Aufl. Osnabrück 1981. (= Soldatenschicksale des 20. Jahrhunderts als Geschichtsquelle. Bd. 1.)

Bald, Detlef: Der deutsche Generalstab. 1859–1939. Reform und Restauration in Ausbildung und Bildung. München 1977. (= Sozialwissenschaftliches Institut der Bundeswehr. Berichte. H. 7.)

Balfour, Michael: Der Kaiser. Wilhelm II. und seine Zcit. 3. Aufl. Berlin 1967.

Baschet, Eric: 1918. Vom Krieg zum Frieden. Eine historische Foto-Reportage. Kehl am Rhein 1978.

Bathe, Rolf: Der Feldzug der 18 Tage. Chronik des polnischen Dramas. 131.–160. Tsd. Oldenburg i. O., Berlin 1940.

Bathe, Rolf: Der Kampf um die Nordsee. Chronik des Luft- und Seekrieges im Winter 1939/40 und des norwegischen Feldzuges. Oldenburg i. O., Berlin 1941.

Bavendamm, Dirk: Roosevelts Weg zum Krieg. Amerikanische Politik 1914–1939. München, Berlin 1983.

Die Bayern im Großen Kriege 1914–1918. Auf Grund der Kriegsakten dargestellt. Hrsg. vom Bayerischen Kriegsarchiv. München 1923.

Bayern im Umbruch. Die Revolution von 1918, ihre Voraussetzungen, ihr Verlauf und ihre Folgen. Hrsg. von Karl Bosl in Verbindung mit Karl Möckl (u. a.) München, Wien 1969.

Bayern in der NS-Zeit. Bd. 1: Soziale Lage und politisches Verhalten der Bevölkerung im Spiegel vertraulicher Berichte. Hrsg. von Martin Broszat, Elke Fröhlich (u. a.) München, Wien 1977.

Bayern und seine Armee. Eine Ausstellung des Bayerischen Hauptstaatsarchivs aus den Beständen des Kriegsarchivs. Ausstellung und Katalog Rainer Braun. München 1987. (= Ausstellungskataloge der Staatlichen Archive Bayerns. Nr. 21.)

Das Bayernbuch vom Weltkriege. 1914−1918. Ein Volksbuch. Bearb. von Konrad Krafft von Dellmensingen und Friedrich Franz Feeser unter amtlicher Mitwirkung des Bayerischen Kriegsarchivs. Bd. 1−2. Stuttgart 1930.

Beer, Albert: Der Fall Barbarossa. Untersuchungen zur Geschichte der Vorbereitungen des deutschen Feldzuges gegen die Union der Sozialistischen Sowjetrepubliken im Jahre 1941. Inaugural-Dissertation der Westfälischen Wilhelms-Universität zu Münster (Westf.) 1978.

Bekker, C.: Verdammte See. Kriegstagebuch der deutschen Marine. Oldenburg 1971.

Bennecke, Heinrich: Hitler und die SA. München, Wien 1962.

−: Wirtschaftliche Depression und politischer Radikalismus. 1918−1938. München, Wien 1970.

Benoist-Méchin, Jacques: Am Rande des Krieges. 1938. Die Sudetenkrise. Oldenburg, Hamburg 1967. (= Geschichte der deutschen Militärmacht. Bd. 6.)

−: Geschichte der deutschen Militärmacht. 1918−1946. Bd. 1−10. Oldenburg, Hamburg 1965−1967.

−: Griff über die Grenzen. 1938. Der Anschluß Österreichs und seine Vorgeschichte. Oldenburg, Hamburg 1966. (= Geschichte der deutschen Militärmacht. Bd. 5.)

−: Jahre der Zwietracht. 1919−1925. Oldenburg, Hamburg 1965. (= Geschichte der deutschen Militärmacht. Bd. 2.)

−: Das Kaiserreich zerbricht. 1918−1919. Oldenburg, Hamburg 1965. (= Geschichte der deutschen Militärmacht. Bd. 1.)

−: Wollte Adolf Hitler den Krieg? 1939. Generalprobe der Gewalt. Pr. Oldendorf 1971. (= Geschichte der deutschen Militärmacht. Bd. 7.)

Benz, Wigbert: Der Rußlandfeldzug des Dritten Reiches. Ursachen, Ziele, Wirkungen. Zur Bewältigung eines Völkermords unter Berücksichtigung des Geschichtsunterrichtes. Frankfurt a. M. 1986.

Berghahn, Volker R.: Der Stahlhelm. Bund der Frontsoldaten. 1918−1935. Hrsg. von der Kommission für Geschichte des Parlamentarismus und der politischen Parteien. Düsseldorf 1966. (= Beiträge zur Geschichte des Parlamentarismus und der politischen Parteien. Bd. 33.)

Die Berichte des Oberkommandos der Wehrmacht. 1939−1945. Bd. 1−5. München 1982 ff.

Bernhardi, Friedrich von: Deutschlands Heldenkampf. Der Weltkrieg 1914/18. München o. J.

Bernhardt, Walter: Die deutsche Aufrüstung 1934−1939. Militärische und politi-

428

sche Konzeptionen und ihre Einschätzung durch die Alliierten. Frankfurt a. M. 1969.

Bessel-Lorck: Kampf an der Liza. Bericht aus dem Einsatz einer Gebirgsdivision. 22.06.−20.10.1941. Reval 1942.

Besymenski, Lew: Sonderakte »Barbarossa«. Dokumente, Darstellung, Deutung. Stuttgart 1968.

Beumelburg, Werner: Flandern 1917. Oldenburg i. O., Berlin 1928. (= Schlachten des Weltkrieges. Bd. 27.)

Beumelburg, Werner: Loretto. Dargestellt auf Grund einer historischen Studie von Wolfgang Fürstner. Oldenburg i. O., Berlin 1927. (= Schlachten des Weltkrieges. Bd. 17.)

Bilder aus Lappland. Zu Weihnachten 1942. Hrsg. vom Oberkommando 20. (Geb.) Armee. Lappland 1942.

Bilder und Dokumente zur Zeitgeschichte 1933−1945. Hrsg. von der Bayerischen Landeszentrale für politische Bildungsarbeit. 3. Aufl. Starnberg 1964.

Binder, Gerhart: Epoche der Entscheidungen. Deutsche Geschichte des 20. Jahrhunderts mit Dokumenten in Text und Bild. 15. Aufl. Stuttgart-Degerloch 1972.

Bismarck, Otto von: Gedanken und Erinnerungen. Vollständige Ausgabe. Bd. 1−3. München o. J.

Blattl, Josef G.: Fronten und Menschen. Vier Jahre Tundra und in den großen Wäldern. Erzählungen eines Kriegsberichters. Innsbruck, München 1973.

Böhm, Hermann: Norwegen zwischen England und Deutschland. Die Zeit vor und während des Zweiten Weltkrieges. Lippoldsberg 1956.

Böttger, Gerd: Narvik im Bild. Deutschlands Kampf unter der Mitternachtssonne. Oldenburg i. O., Berlin 1941.

Borgman, Friedrich Wilhelm: Der Überfall der Sowjetunion auf Finnland 1939/40. Oldenburg, Berlin 1943.

Bose, Thilo von: Die Katastrophe des 8. August 1918. Oldenburg i. O., Berlin 1930. (= Schlachten des Weltkrieges. Bd. 36.)

Bracher, Karl Dietrich: Die Auflösung der Weimarer Republik. Eine Studie zum Problem des Machtverfalls in der Demokratie. 5. Aufl. Villingen 1971. (= Schriften des Instituts für politische Wissenschaft. Bd. 4.)

−: Die deutsche Diktatur. Entstehung, Struktur, Folgen des Nationalsozialismus. 2. Aufl. Köln, Berlin 1969.

−: Die Krise Europas. 1917−1975. Frankfurt a. M., Berlin, Wien 1976. (= Propyläen Geschichte Europas. Bd. 6.)

Brandenburg, Erich: Von Bismarck zum Weltkrieg. Darmstadt 1973.

Brandt, Willy: Krieg in Norwegen. 9. April − 9. Juni 1940. Zürich, New York 1942.

Braun, Otto: Von Weimar zu Hitler. Zürich, New York o. J.

Breit, Gotthard: Das Staats- und Gesellschaftsbild deutscher Generale beider Weltkriege im Spiegel ihrer Memoiren. Boppard/Rhein 1973. (= Wehrwissenschaftliche Forschungen. Abteilung: Militärgeschichtliche Studien. Bd. 17.)

Breuer, Robert (Hrsg.): Der Hitler-Ludendorff-Prozeß vor dem Münchener Volksgericht. Berlin 1924. (= Politische Prozesse. H. 4.)

Brockdorff, Werner: Geheimkommandos des Zweiten Weltkrieges. Geschichte und Einsätze der Brandenburger (...). Entville am Rhein 1983.

Broszat, Martin: Die Machtergreifung. Der Aufstieg der NSDAP und die Zerstörung der Weimarer Republik. München 1984. (= Deutsche Geschichte der neuesten Zeit vom 19. Jahrhundert bis zur Gegenwart.)

Brüning, Heinrich: Briefe und Gespräche. 1934–1945. Hrsg. von Claire Nix unter Mitarbeit von Reginald Phelps (u. a.) Stuttgart 1974.

–: Memoiren. 1918–1934. Stuttgart 1970.

Das Buch vom deutschen Freikorpskämpfer. Hrsg. im Auftrage der Freikorpszeitschrift »Der Reiter gen Osten« von Ernst von Salomon. Berlin 1938.

Buchbender, Ortwin: Das tönende Erz. Deutsche Propaganda gegen die Rote Armee im Zweiten Weltkrieg. Stuttgart 1978.

Buchbender, Ortwin und Schuh, Horst: Die Waffe, die auf die Seele zielt. Psychologische Kriegsführung 1939–1945. Stuttgart 1983.

Buchbender, Ortwin und Sterz, Reinhold: Das andere Gesicht des Krieges. Deutsche Feldpostbriefe 1939–1945. München 1982.

Buchner, Alex: Narvik. Dokumentation. München 1977.

Bülow, Bernhard von: Denkwürdigkeiten. Bd. 1–3. Berlin 1931.

Bullock, Alan: Hitler. Eine Studie über Tyrannei. Vollständig überarbeitete Neuausgabe. 76.–87. Tsd. Düsseldorf 1969.

Burckhardt, Carl Jacob: Meine Danziger Mission. 1937–1939. München 1960.

Burdick, Charles B.: Hubert Lanz. General der Gebirgstruppe. 1896–1982. Osnabrück 1988. (= Soldatenschicksale des 20. Jahrhunderts als Geschichtsquelle. Bd. 9.)

Busch, Fritz Otto: Kampf um Norwegens Fjorde. Preetz 1964.

–: Die Kriegsmarine in der Aktion Dänemark – Norwegen. Berlin 1941.

–: Narvik. Vom Heldenkampf deutscher Zerstörer. 281.–350. Tsd. Gütersloh 1940.

–: 10 Zerstörer. Die Besetzung Narviks. Hannover 1959.

Carell, Paul: Statist auf diplomatischer Bühne 1923–45. Erlebnisse des Chefdolmetschers im Auswärtigen Amt mit den Staatsmännern Europas. 2. Aufl. Bonn 1950.

–: Unternehmen Barbarossa. Der Marsch nach Rußland. Frankfurt a. M., Berlin 1963.

Carsten, Francis L.: Faschismus in Österreich. Von Schönerer zu Hitler. München 1977.

–: Reichswehr und Politik. 1918–1933. 2. Aufl. Köln, Berlin 1965.

Cartier, Jean-Pierre: Der Erste Weltkrieg. 1914–1918. München, Zürich 1984.

Cartier, Raymond: Vom Ersten zum Zweiten Weltkrieg. 1918–1939. München, Zürich 1982.

–: Der Zweite Weltkrieg. In zwei Bänden. München, Zürich 1977.

Cemzell, C. A.: Raeder, Hitler und Skandinavien. Der Kampf für einen maritimen Operationsplan. Lund 1965.

Chamberlain, Houston Stewart: Kriegsaufsätze. 2. Aufl. München 1914.

Churchill, Winston S.: Reden. 1938/40. New York o. J.

–: Weltkrisis (1911–1915). Deutsche Ausgabe. Bd. 1–2. Berlin, Leipzig 1924–1926.

430

–: Der Zweite Weltkrieg. Mit einem Epilog über die Nachkriegsjahre. Bern, Stuttgart 1954.

Ciano, Galeazzo Graf: Tagebücher. 1939–1943. Bd. 1–3. Bern 1947.

Clausewitz, Carl von: Vom Kriege. Hinterlassenes Werk. 18. Aufl. Vollständige Ausgabe im Urtext mit völlig überarbeiteter und erweiterter historisch-kritischer Würdigung von Werner Hahlweg. Drei Teile in einem Band. Bonn 1973.

Condon, Richard W.: Winterkrieg Rußland – Finnland. München 1980.

Conze, Werner: Die Zeit Wilhelms II. und die Weimarer Republik. Deutsche Geschichte. 1890–1933. Tübingen 1964.

Cooper, Duff: Das läßt sich nicht vergessen. Autobiographie. München 1954.

Craig, Gordon A.: Deutsche Geschichte. 1866–1945. Vom Norddeutschen Bund bis zum Ende des Dritten Reiches. München 1980.

–: Geschichte Europas im 19. und 20. Jahrhundert. Bd. 1–2. München 1979–1981.

–: Die preußisch-deutsche Armee 1640–1945. Staat im Staate. Düsseldorf 1980.

Dahlerus, Birger: Der letzte Versuch. London – Berlin Sommer 1939. München 1948.

Dahms, Hellmuth Günther: Die Geschichte des Zweiten Weltkriegs. München, Berlin 1983.

–: Der Zweite Weltkrieg. Hrsg. vom Bundesminister der Verteidigung. Bonn 1966. (= Schriftenreihe Innere Führung. Reihe: Beiträge zur Zeitgeschichte und Geschichte. H.2.)

Davidson, Eugene: Wie war Hitler möglich? Der Nährboden einer Diktatur. Düsseldorf, Wien 1980.

Davis, Brian L.: Uniformen und Abzeichen des deutschen Heeres. 1933–1945. Stuttgart 1973.

Dederke, Karlheinz: Reich und Republik. Deutschland 1917–1933. Stuttgart 1969.

Delbrück, Hans: Geschichte der Kriegskunst. Im Rahmen der politischen Geschichte. Versch. Aufl. Bd. 1–4. Berlin 1962–1966.

–: Krieg und Politik 1914–1916. Berlin 1918.

–: Krieg und Politik 1917. Berlin 1918.

Demeter, Karl: Das deutsche Offizierskorps in Gesellschaft und Staat 1650–1945. 4. überarbeitete und erweiterte Aufl. Frankfurt a. M. 1965.

Derry, T. K.: The Campaign in Norway. London 1952. (= History of the Second World War.)

Deuerlein, Ernst: Der Aufstieg der NSDAP 1919–1933 in Augenzeugenberichten. München 1968.

–: Deutsche Kanzler. Von Bismarck bis Hitler. München 1968.

Deutsch, Harold C.: Das Komplott oder Die Entmachtung der Generale. Blomberg- und Fritsch-Krise. Hitlers Weg zum Krieg. Neue Diana Press 1974.

Das deutsch-tschechische Verhältnis seit 1918. Hrsg. von Eugen Lemberg und Gotthold Rhode. Stuttgart, Berlin, Köln, Mainz 1969. (= Geschichte der Gegenwart.)

Deutsche Geschichte. Von Josef Fleckenstein (u. a.). Bd. 1–3. Göttingen 1985.

Deutsche Geschichte der neuesten Zeit von Bismarcks Entlassung bis zur Gegenwart. 1. Teil: Von 1890 bis 1933. Von Werner Frauendienst u. a. Frankfurt a. M. 1973 (= Handbuch der Deutschen Geschichte. Bd. 4.)

Deutsche Geschichte seit dem Ersten Weltkrieg. Bd. 1–3. Stuttgart 1971–1973. (= Veröffentlichung des Instituts für Zeitgeschichte.)

Das deutsche Heer. Nach dem Gesetz vom 3. Juli 1913. o. O., (um) 1913.

Das deutsche Heer. 1939. Gliederung, Standorte, Stellenbesetzung und Verzeichnis sämtlicher Offiziere am 3.1.1939. Hrsg. von Hans-Henning Podzun. Bad Nauheim 1953.

Der deutsche Imperialismus und der Zweite Weltkrieg. Bd. 1 ff. Berlin 1960 ff.

Das deutsche Kaiserreich. 1870/71 bis 1918. Bilanz einer Epoche. Hrsg. von Dieter Langewiesche. Einführung von Theodor Schieder. Freiburg i. Br., Würzburg 1984.

Deutsche Militärgeschichte. 1648–1939. Begründet von Hans Meier-Welcker. Hrsg. vom Militärgeschichtlichen Forschungsamt. Bd. 1–6. Herrsching 1983. (= Reprint des Handbuchs zur deutschen Militärgeschichte 1648–1939.)

Das deutsche Offizierskorps. 1860–1960. Büdinger Vorträge 1977. In Verbindung mit dem Militärgeschichtlichen Forschungsamt hrsg. von Hanns Hubert Hofmann. Boppart am Rhein 1980. (= Deutsche Führungsschichten in der Neuzeit. Bd. 11.)

Das Deutsche Reich und der Zweite Weltkrieg. Hrsg. vom Militärgeschichtlichen Forschungsamt. Bd. 1 ff. Stuttgart 1979 ff.

Die deutsche Revolution. 1918–1919. Dokumente. Hrsg. von Gerhard A. Ritter, Susanne Miller. 2., erheblich erweiterte und überarbeitete Aufl. Hamburg 1975.

Die deutsche Wehrmacht. 1914–1939. Rückblick und Ausblick. Unter Mitwirkung zahlreicher Offiziere hrsg. von Wetzell. Berlin 1939.

Deutsches Rotes Kreuz. Suchdienst. Bd. 1–5. München 1958–1962.

Deutschland im Ersten Weltkrieg. Bd. 1–3. Berlin 1968–1970.

Deutschland im Zweiten Weltkrieg. Hrsg. von G. Hass, W. Schumann (u. a.). Bd. 1–6. Köln 1984–1985.

Deutschlands Rüstung im Zweiten Weltkrieg. Hitlers Konferenzen mit Albert Speer 1942–1945. Hrsg. und eingeleitet von Willi A. Boelcke. Frankfurt a. M. 1969.

Dickens, Peter: Brennpunkt Erzhafen Narvik. Kämpfe um schwedisches Erz in Norwegens Fjorden 1940. Stuttgart 1975.

Dierich, Wolfgang: Kampfgeschwader 51 »Edelweiß«. Eine Chronik aus Dokumenten und Berichten 1937 bis 1945. Stuttgart 1973.

Dönitz, Karl: Zehn Jahre und zwanzig Tage. Bonn 1958

Dokumente zum Westfeldzug 1940. Hrsg. von Hans-Adolf Jacobsen. Göttingen, Berlin, Frankfurt a. M. 1960. (= Studien und Dokumente zur Geschichte des Zweiten Weltkrieges. Bd. 2 b.)

Domarus, Max: Bayern 1805–1933. Stationen der Staatspolitik. Nach Dokumenten im Bayerischen Hauptstaatsarchiv. Würzburg 1979.

–: Hitler. Reden und Proklamationen. 1932–1945. Kommentiert von einem deutschen Zeitgenossen. Bd. 1–2. Wiesbaden 1973.

Dornberg, John: Hitlers Marsch zur Feldherrnhalle. München, 8. und 9. November 1923. München, Wien 1983.

Drabkin, J. S.: Die Novemberrevolution 1918 in Deutschland. Berlin 1968.

Das (dritte) III. (Geb. Jäg.) Btl. 19. (bayer.) Inf. Rgt. im 100000-Mann-Heer (Reichswehr). Standort Kempten – Lindau. München 1962.

Das Dritte Reich. Hrsg. von Eberhard Aleff. Mit Beiträgen von Walter Tormin (u. a.). 9. Aufl. Hannover 1979. (= Edition Zeitgeschehen.)

Das Dritte Reich. Dokumente zur Innen- und Außenpolitik. Bd. 1−2. München 1985. (= dtv-Dokumente. Bd. 2925−2926.)

Das (dritte) III. Reich. Ein Volk, ein Reich, ein Führer. Eine historische Collage über den erregendsten Abschnitt deutscher Geschichte – in Wort, Bild und Ton. 1933−1939. Bd. 1−2. Hamburg 1975.

Das Dritte Reich. Herrschaftsstruktur und Geschichte. Vorträge aus dem Institut für Zeitgeschichte. Hrsg. von Martin Broszat und Horst Möller. München 1983.

Das Dritte Reich. Seine Geschichte in Texten, Bildern und Dokumenten. Hrsg. von Heinz Huber und Artur Müller unter Mitwirkung von Waldemar Besson. Bd. 1−3. München, Wien, Basel 1969.

Das Dritte Reich. Von Hitlers »Mein Kampf« zur Atombombe. 1918−1945. Hrsg. von Christian Geißler. München o. J. (= Lesewerk zur Geschichte. Bd. 9.)

Eichstädt, Ulrich: Von Dollfuß zu Hitler. Geschichte des Anschlusses Österreichs. 1933−1938. Wiesbaden 1955. (= Veröffentlichungen des Instituts für Europäische Geschichte Mainz. Bd. 10.)

Einhart: Deutsche Geschichte. 15., neubearbeitete Aufl. Leipzig 1934.

Eitner, Hans-Jürgen: »Der Führer«. Hitlers Persönlichkeit und Charakter. München 1981.

Englands Griff nach Norwegen. Hrsg. im Auftrag des Auswärtigen Amtes. Berlin 1940.

Epp, Franz von: Ein Leben für Deutschland. Hrsg. von H. Krumbach unter Mitarbeit von Adolf Dresler (u. a.). München 1939.

Erfurth, Waldemar: Der Finnische Krieg. 1941−1944. 2. Aufl. Wiesbaden, München 1977.

Erinnerungen des Kronprinzen Wilhelm. Aus den Aufzeichnungen, Dokumenten, Tagebüchern und Gesprächen hrsg. von Karl Rosner. Stuttgart, Berlin 1922.

Erinnerungsblätter deutscher Regimenter. Auszüge aus den amtlichen Kriegstagebüchern. Hrsg. unter Mitwirkung des Reichsarchivs. Hrsg. für den Anteil der bayerischen Armee vom bayerischen Kriegsarchiv. Bd. 1−573. Oldenburg, Dresden, Leipzig, München 1920−1942.

Der Erste Weltkrieg. 1914−1918. Zusammengestellt von Peter Koerner. Bd. 1−3. München 1969.

Der Erste Weltkrieg in Bildern und Dokumenten. Hrsg. von Hans Dollinger. Wissenschaftliche Beratung Hans-Adolf Jacobsen. Bd. 1−3. München, Wien, Basel 1969.

Erster Weltkrieg. Ursachen, Entstehung und Kriegsziele. Hrsg. von Wolfgang Schieder. Köln, Berlin 1969. (= Neue Wissenschaftliche Bibliothek. Bd. 32.)

Erzberger, Matthias: Erlebnisse im Weltkrieg. Stuttgart, Berlin 1920.

Ettighoffer, Paul C.: Verdun. Das Große Gericht. 3., neubearbeitete Aufl. Wiesbaden, München 1976.

Eyck, Erich: Geschichte der Weimarer Republik. 4. und 5. Aufl. Bd. 1−2. Erlenbach-Zürich, Stuttgart 1972−1973.

Fabry, Philipp W.: Der Hitler-Stalin-Pakt. 1939−1941. Ein Beitrag zur Methode sowjetischer Außenpolitik. Darmstadt 1962.

−: Die Sowjetunion und das Dritte Reich. Eine dokumentierte Geschichte der deutsch-sowjetischen Beziehungen von 1933 bis 1941. Prolegomena von Ernst Deuerlein. Stuttgart 1971.

Falkenhayn, Erich von: Die Oberste Heeresleitung 1914−1916 in ihren wichtigsten Entschließungen. Berlin 1920.

Fantur, Werner: Narvik. Sieg des Glaubens. Berlin 1941.

Fest, Joachim C.: Das Gesicht des Dritten Reiches. Profile einer totalitären Herrschaft. 4. Aufl. München, Zürich 1975.

−: Hitler. Eine Biographie. Frankfurt a. M., Berlin, Wien 1973.

Festschrift 50 Jahre Standort Füssen. 6. Aufl. Koblenz, Bonn 1986.

Feurstein, Valentin: Irrwege der Pflicht. 1938−1945. München, Wels 1963.

Die finnischen Lottas. Zusammengestellt unter Benutzung des Werkes »Lotta Svärd 1939−40« von Luukkonen − Kiwitie − Mäkinen durch das SS Hauptamt. Berlin 1943.

Fischer, Fritz: Griff nach der Weltmacht. Die Kriegszielpolitik des kaiserlichen Deutschland 1914/18. 3., verbesserte Aufl. Düsseldorf 1964.

Fischer, Hans: Jahre die wir nie vergessen. Das Buch der Gebirgsjäger. München, Wels 1958.

Foch, Ferdinand: Meine Kriegserinnerungen. 1914−18. Leipzig 1931.

Folttmann, Josef und Möller-Witten, Hanns: Opfergang der Generale. Die Verluste der Generale und Admirale und der im gleichen Dienstrang stehenden sonstigen Offiziere und Beamten im Zweiten Weltkrieg. Berlin 1952.

Frank, Hans: Im Angesicht des Galgens. Deutung Hitlers und seiner Zeit auf Grund eigener Erlebnisse und Erkenntnisse. Geschrieben im Nürnberger Justizgefängnis. München-Gräfelfing 1953.

Frank, Walter: Franz Ritter von Epp. Der Weg eines deutschen Soldaten. Hamburg 1934.

Franz, Hermann: Gebirgsjäger der Polizei. Polizei-Gebirgs-Jäger-Regiment 18 und Polizei-Gebirgs-Artillerie-Abteilung. 1942−1945. Bad Nauheim 1963.

Franz-Willing, Georg: Ursprung der Hitlerbewegung. 1919−1922. 2. Aufl. Pr. Oldendorf 1974.

Franzel, Emil: Geschichte des deutschen Volkes. München 1974.

Frauenholz, Eugen von: Entwicklungsgeschichte des deutschen Heerwesens. Bd. 1−3. München 1935−1938.

Friedensburg, Ferdinand: Die Weimarer Republik. Berlin 1946.

Fritz, Friedrich: Der deutsche Einmarsch in Österreich 1938. 3. Aufl. Wien 1982. (= Militärhistorische Schriftenreihe. H. 8.)

Front am Polarkreis. Das Buch eines Lappland-Korps. Deutsche Soldaten im finnischen Urwald. Berlin 1943.

434

Führer befiehl. Selbstzeugnisse aus der »Kampfzeit« der NSDAP. Dokumentation und Analyse. Hrsg. von Albrecht Tyrell. Düsseldorf 1969.

Das Führerhauptquartier 1939–1945. Zusammengestellt und hrsg. von Gerhard Buck. Starnberg o. J.

Fuller, James-Frederik Charles: Die entartete Kunst Krieg zu führen. 1789–1961. Köln 1964.

–: Der Zweite Weltkrieg 1939–1945. Eine Darstellung seiner Strategie und Taktik. Wien, Stuttgart 1950.

Gärtner, Franz von: Die Reichswehr in der Weimarer Republik. Erlebte Geschichte. Darmstadt 1969.

Gebsattel, Ludwig von: Von Nancy bis zum Camp des Romains 1914. Nach amtlichen Unterlagen des Reichsarchivs, des Münchener Kriegsarchivs und Berichten von Mitkämpfern. Oldenburg i. O., Berlin 1922. (= Schlachten des Weltkrieges. Bd. 6.)

Die geheimen Tagesberichte der Deutschen Wehrmachtführung im Zweiten Weltkrieg 1939–1945. Hrsg. von Kurt Mehner. Bd. 1–3. Osnabrück 1982.

Geiss, Imanuel: Das Deutsche Reich und der Erste Weltkrieg. München, Wien 1978.

General Dietl. Hrsg. von Gerda-Luise Dietl und Kurt Herrmann. Bearb. von Max Dingler. München 1951.

Der Generalquartiermeister. Briefe und Tagebuchaufzeichnungen des Generalquartiermeisters des Heeres General der Artillerie Eduard Wagner. Hrsg. von Elisabeth Wagner. München, Wien 1963.

Geschichte der Freikorps. 1918–1924. Nach amtlichen Quellen, Zeitberichten, Tagebüchern und persönlichen Mitteilungen hervorragender Freikorpsführer dargestellt von Edgar von Schmidt-Pauli. 2. Aufl. Stuttgart 1936.

Geschichte der Kriegskunst. Berlin 1973.

Geschichte des bayerischen Heeres. Hrsg. vom Bayerischen Kriegsarchiv, bearb. von K. Staudinger (u. a.). Bd. 1–8. München 1901–1931.

Geschichte des Zweiten Weltkrieges. 2., erweiterte Aufl. Würzburg 1960.

Gespräche zur Weltgeschichte. Hrsg. von Artur Müller. Bd. 1–2. München. o. J

Getz, O. B.: Fra krigen i Nord-Trøndelag 1940. Fektningsrapport. Tredje Oplag. Oslo 1940.

Geyer, Michael: Aufrüstung oder Sicherheit. Die Reichswehr in der Krise der Machtpolitik. 1924–1936. (= Veröffentlichungen des Instituts für europäische Geschichte Mainz. Abteilung Universalgeschichte. Bd. 91.)

Girbig, Werner: Jagdgeschwader 5. »Eismeerjäger«. Stuttgart 1975.

Glaser, Kurt: Der Zweite Weltkrieg und die Kriegsschuldfrage. (Die Hoggan-Kontroverse.) Würzburg 1965.

Glum, Friedrich: Der Nationalsozialismus. München 1962.

Goebbels, Joseph: Die Tagebücher. Sämtliche Fragmente. Hrsg. von Elke Fröhlich im Auftrag des Instituts für Zeitgeschichte und in Verbindung mit dem Bundesarchiv. Teil 1. Aufzeichnungen 1924–1941. München, New York, London, Paris 1987.

435

Görlitz, Walter: Griff in die Geschichte. Menschen und Ereignisse aus 250 Jahren. Düsseldorf 1979.

–: Kleine Geschichte des deutschen Generalstabes. 2. Aufl. Berlin 1977.

–: November 1918. Bericht über die deutsche Revolution. Oldenburg, Hamburg 1968.

–: Der Zweite Weltkrieg 1939–1945. Frankfurt a. M. 1957.

Gordon, Harold J.: Hitlerputsch 1923. Machtkampf in Bayern 1923–1924. Frankfurt a. M. 1971.

–: Die Reichswehr und die Weimarer Republik. 1919–1926. Frankfurt a. M. 1959.

Gossweiler, Kurt: Kapital, Reichswehr und NSDAP 1919–1924. Köln 1982. (= Kleine Bibliothek. Bd. 236.)

Gosztony, Peter: Deutschlands Waffengefährten an der Ostfront 1941 bis 1945. Stuttgart 1981

Gottlieb, Franz: Das Kärtner Hausregiment. K.u.K. Infanterieregiment Graf von Khevenhüller Nr. 7. Gebirgsjägerregiment 139. Hrsg. von der Kameradschaft ehem. Angehöriger des Gebirgsjäger-Regimentes 139. Wolfsberg 1960.

Grebing, Helga: Der Nationalsozialismus. Ursprung und Wesen. 9.–11. Aufl. München 1961.

Greiner, Helmuth: Die Oberste Wehrmachtführung 1939–1945. Wiesbaden 1951.

Grimm, Hans: Warum – Woher – aber Wohin? 3. Aufl. Lippoldsberg 1954.

Gritzbach, Erich: Hermann Göring. Werk und Mensch. München 1937.

Grönhagen, Yrjö von: Karelien. Finnlands Bollwerk gegen den Osten. Dresden 1942.

Der großdeutsche Freiheitskampf. Reden Adolf Hitlers vom 1. September 1939 bis 10. März 1940. 5. Aufl. München 1941. (= Reden des Führers. Bd. 1.)

Der großdeutsche Freiheitskampf. Reden Adolf Hitlers. Hrsg. von Philipp Bouhler. 2. Aufl. München 1942. (= Reden des Führers. Bd. 2.)

Der große deutsche Feldzug gegen Polen. Eine Chronik des Krieges in Wort und Bild. Hrsg. im Einvernehmen mit dem Reichsbildberichterstatter der NSDAP Heinrich Hoffmann. Geleitwort von Generaloberst von Reichenau. Bearb. von Ernst Wisshaupt. Wien 1939.

Der große Krieg in Einzeldarstellungen. Hrsg. im Auftrage des Generalstabes des Feldheeres. H. 1–38. Oldenburg i. Gr. 1918 ff.

Guderian, Heinz: Erinnerungen eines Soldaten. 9. Aufl. Neckargemünd 1976.

Gundelach, Ulrich: Der nationale Wehrgedanke in der Weimarer Republik. Ein Beitrag zum Militarismusproblem in Deutschland zwischen 1918 und 1933. Inaugural-Dissertation. Bonn 1977.

Härtle, Heinrich: Amerikas Krieg gegen Deutschland. Wilson gegen Wilhelm II. – Roosevelt gegen Hitler. Göttingen 1968.

Haffner, Sebastian: Anmerkungen zu Hitler. München 1979.

–: Die deutsche Revolution 1918/19. Wie war es wirklich? Neuausgabe. München 1979.

–: Der Teufelspakt. Die Deutsch-Russischen Beziehungen vom Ersten zum Zweiten Weltkrieg. Zürich (= Manesse-Bücherei. Bd. 11.)

–: Winston Churchill. In Selbstzeugnissen und Bilddokumenten. Reinbek b. Hamburg 1967. (= Rowohlts Monographien. Bd. 129.)

Hafner, Ernst: »Kampf um Narvik«. Erlebnisberichte über Seegefechte am 10. April und 13. April 1940 des Zerstörers »Georg Thiele«. Schilderung der Landkämpfe der 3. Gebirgsdivision General Dietl. Heidelberg 1987.

Halder, Franz: Hitler als Feldherr. München 1949.

–: Kriegstagebuch. Tägliche Aufzeichnungen des Chefs des Generalstabes des Heeres 1939–1942. Hrsg. vom Arbeitskreis für Wehrforschung. Bearb. von Hans-Adolf Jacobsen in Verbindung mit Alfred Philippi. Bd. 1–2. Stuttgart 1962–1963.

Hanfstängl, Ernst: 15 Jahre mit Hitler. 2. Aufl. München 1980.

–: Hitler in der Karikatur der Welt. Berlin 1934.

Hart, Basil Henry Liddell (siehe: Liddell Hart, Basil Henry)

Hartmann, Johannes: Das Geschichtsbuch. Von den Anfängen bis zur Gegenwart. Versch. Aufl. Frankfurt a. M. 1961 ff.

Hase, Georg von: Die Kriegsmarine erobert Norwegens Fjorde. Erlebnisberichte von Mitkämpfern. Hrsg. im Auftrag des Oberkommandos der Kriegsmarine. Leipzig 1940.

Hauser, Oswald: England und das Dritte Reich. Eine dokumentierte Geschichte der englisch-deutschen Beziehungen von 1933 bis 1939 auf Grund unveröffentlichter Akten aus dem britischen Staatsarchiv. Bd. 1–2. Stuttgart 1972.

Heeresadjutant bei Hitler. 1938–1943. Aufzeichnungen des Majors Engel. Hrsg. und kommentiert von Hildegard von Kotze. Stuttgart 1974. (= Schriftenreihe der Vierteljahreshefte für Zeitgeschichte. Nr. 29.)

Heeresbergführer der ehem. Gebirgstruppe. Hrsg. von Fritz Hengstler und Sepp Tinter. 2. Aufl. Murnau 1980.

Heereseinteilung 1939. Hrsg. von Friedrich Stahl. Bad Nauheim 1954.

Heiber, Helmut: Die Republik von Weimar. Lausanne 1969. (= Illustrierte Weltgeschichte des 20. Jahrhunderts. Bd. 3.)

Heinrichs, E.: Mannerheimgestalten II. Helsingfors 1959.

Helfferich, Karl: Der Weltkrieg. Berlin 1919.

Henkels, Walter: Eismeerpatrouille. Als Kriegsflieger in der Arktis. Düsseldorf, Wien 1978.

Hermann, Carl Hans: Deutsche Militärgeschichte. Eine Einführung. Hrsg. im Auftrag des Arbeitskreises für Wehrforschung. 2., durchgesehene Aufl. Frankfurt a. M. 1968.

Herz, Rudolf und Dirk Halfbrondt: Revolution und Fotografie. München 1918/19. Berlin 1988.

Herzfeld, Hans: Die moderne Welt. 1789–1945. II. Teil: Weltmächte und Weltkriege. Die Geschichte unserer Epoche 1890–1945. 5. ergänzte Aufl. Braunschweig 1976. (= Geschichte der Neuzeit.)

–: Die Weimarer Republik. Bonn 1967. (= Schriftenreihe Innere Führung. Reihe: Beiträge zur Zeitgeschichte und Geschichte. H. 4.)

Heß, Wilhelm: Eismeerfront 1941. Aufmarsch und Kämpfe des Gebirgskorps Norwegen in den Tundren vor Murmansk. Heidelberg 1956.

Hesse, Kurt: Kleine Heeresgeschichte. Im Banne des Soldatentums. 2., erweiterte Aufl. Frankfurt a. M. 1938.

437

Heusinger, Adolf: Befehl im Widerstreit. Schicksalsstunden der deutschen Armee. 1923—1945. Tübingen, Stuttgart 1950.

Heuss, Theodor: Erinnerungen 1905—1933. Frankfurt a. M., Hamburg 1965.

–: Hitlers Weg. Eine historisch-politische Studie über den Nationalsozialismus. 6. Aufl. Stuttgart, Berlin, Leipzig 1932.

Heydebreck, Peter von: Wir Wehr-Wölfe. Erinnerungen eines Freikorps-Führers. 2. Aufl. Leipzig 1931.

Heydecker, Joe J.: Der Große Krieg 1914—1918. Von Sarajewo bis Versailles. Frankfurt a. M., Berlin 1988.

Heye, August Wilhelm: Z 13 von Kiel bis Narvik. Berlin 1941/42.

Hierl-Deronco, Norbert: Mit Glanz und sonderbarem Ruhm und Eyfer. Lebensläufe bayerischer Soldaten. 1700—1918. Krailling vor München 1984.

Hildebrand, Klaus: Das Dritte Reich. 3. überarbeitete und erweiterte Aufl. München 1987. (= Oldenbourg Grundriß der Geschichte. Bd. 17.)

–: Vom Reich zum Weltreich. Hitler, NSDAP und koloniale Frage 1919—1945. München 1969. (= Veröffentlichungen des Historischen Instituts der Universität Mannheim. Bd. 1.)

Hillgruber, Andreas: Hitlers Strategie. Politik und Kriegführung 1940—1941. 2., erweiterte Aufl. Frankfurt a. M. 1982.

–: Zur Entstehung des Zweiten Weltkrieges. Forschungsstand und Literatur. Mit einer Chronik der Ereignisse September – Dezember 1939. Düsseldorf 1980.

–: Der Zweite Weltkrieg 1939—1945. Kriegsziele und Strategien der großen Mächte. 3. Aufl. Stuttgart 1983.

Hillgruber, Andreas und Hümmelchen, Gerhard: Chronik des Zweiten Weltkrieges. Hrsg. vom Arbeitskreis für Wehrforschung. Frankfurt a. M. 1966.

Hindenburg, Paul von: Aus meinem Leben. Leipzig 1920.

Hitler, Adolf: Mein Kampf. Bd. 1—2. München 1925 ff.

–: Mein Kampf. Zwei Bände in einem Band. Ungekürzte Ausgabe. 317./321. Aufl. München 1938.

–: Monologe im Führerhauptquartier 1941—1944. Die Aufzeichnungen Heinrich Heims, hrsg. von Werner Jochmann. Hamburg 1980.

Hitler. Sämtliche Aufzeichnungen 1905—1924. Hrsg. von Eberhard Jäckel zusammen mit Axel Kuhn. Stuttgart 1980. (= Quellen und Darstellungen zur Zeitgeschichte. Bd. 21.)

Der Hitler-Putsch. Bayerische Dokumente zum 8./9. November 1923. Eingeleitet und hrsg. von Ernst Deuerlein. Stuttgart 1962. (= Quellen und Darstellungen zur Zeitgeschichte. Bd. 9.)

Hitler-Putsch im Spiegel der Presse. Berichte bayerischer, norddeutscher und ausländischer Zeitungen über die Vorgänge im November 1923 in Originalreproduktionen. Hrsg. von Hellmut Schöner. München 1974.

Hitlers Weisungen für die Kriegsführung 1939—1945. Dokumente des Oberkommandos der Wehrmacht. Hrsg. von Walther Hubatsch. Frankfurt a. M. 1962.

Hoegner, Wilhelm: Die verratene Republik. Deutsche Geschichte 1919—1933. München 1979.

Hölter, Hermann: Armee in der Arktis. Die Operationen der deutschen Lappland-Armee. Bad Nauheim 1953.

Hofer, Walther: Die Diktatur Hitlers bis zum Beginn des Zweiten Weltkrieges.

1933—1939. 2., verbesserte Aufl. Sonderdruck aus: Brandt/Meyer/Just »Handbuch der deutschen Geschichte«. Bd. IV, Abschnitt 4. Konstanz 1964.

–: Die Entfesselung des Zweiten Weltkrieges. Darstellung und Dokumente. Düsseldorf 1984.

Hoffmann, Heinrich: Der große deutsche Feldzug gegen Polen. Eine Chronik des Krieges in Wort und Bild. Wien 1939.

Hofmann, Hans H.: Der Hitlerputsch. München 1961.

Hoggan, David L.: Das blinde Jahrhundert. 1. Teil: Amerika – das messianische Unheil. 2. Teil: Europa – die verlorene Weltmitte. Tübingen 1979—1984. (= Veröffentlichungen des Instituts für deutsche Nachkriegsgeschichte. Bd. 10.)

–: Der erzwungene Krieg. Die Ursachen und Urheber des Zweiten Weltkriegs. 11. Aufl. Tübingen o. J. (= Veröffentlichungen des Instituts für deutsche Nachkriegsgeschichte. Bd. 1.)

–: Der unnötige Krieg 1939—1945. 2., erweiterte Aufl. Tübingen 1974. (= Veröffentlichungen des Instituts für deutsche Nachkriegsgeschichte. Bd. 7.)

Hohenester, Albert: »Nur kein Schema!« Lachende Gebirgsjäger am Polarkreis. (...) Innsbruck 1941.

Holborn, Hajo: Deutsche Geschichte in der Neuzeit. Bd. 1—3. München, Wien 1971.

–: Der Zusammenbruch des europäischen Staatensystems. 2. Aufl. Stuttgart 1955.

Horn, M. und Vogel, K.: Kameradschaft für Narvik. Marsch nach Norden. Innsbruck 1942.

Horne, Alistair: Der Frankreich-Feldzug 1940. Wien, München 1976.

Hubatsch, Walther: Die deutsche Besetzung von Dänemark und Norwegen 1940. Göttingen 1952. (= Göttinger Beiträge für Gegenwartsfragen. Bd. 5.)

–: Deutschland im Ersten Weltkrieg 1914—1918. Frankfurt a. M. 1966.

–: Deutschland im Weltkrieg 1914—1918. Bonn 1984. (= Schriftenreihe Innere Führung. H. 7/1984.)

–: Der Erste Weltkrieg. Die Mittelmächte 1914—1918. Bonn 1966. (= Schriftenreihe Innere Führung. Reihe: Beiträge zur Zeitgeschichte und Geschichte. H. 5.)

–: Hindenburg und der Staat. Göttingen 1966.

–: »Weserübung«. Die deutsche Besetzung von Dänemark und Norwegen 1940. Göttingen 1960. (= Studien und Dokumente zur Geschichte des Zweiten Weltkrieges. Bd. 7.)

Huber, Ernst Rudolf: Der Kampf um die Führung im Weltkrieg. 2. Aufl. Hamburg 1943.

Hümmelchen, G. und Rohwer, Jürgen: Chronik des Seekrieges 1939—1945. Oldenburg 1968.

Hümmert, Ludwig: Bayern vom Königreich zur Diktatur. 1900—1933. Pfaffenhofen 1979.

Hundert Jahre Deutschland. 1870—1970. Bilder, Texte, Dokumente. Hrsg. von Hans-Adolf Jacobsen und Hans Dollinger. München 1969.

Irving, David: Hitler und seine Feldherren. Frankfurt a. M., Berlin 1975.

–: Hitlers Krieg. Bd. 1—2. München, Berlin 1986 f.

–: Hitlers Weg zum Krieg. München, Berlin 1979.

–: Schlacht im Eismeer. Die Vernichtung des Geleitzugs PQ 17. München 1984.

Jacobsen, Hans-Adolf: Nationalsozialistische Außenpolitik 1933–1938. Frankfurt a. M., Berlin 1968.

–: Der Weg zur Teilung der Welt. Politik und Strategie von 1939 bis 1945. Darmstadt o. J.

–: Der Zweite Weltkrieg. Grundzüge der Politik und Strategie in Dokumenten. Frankfurt a. M. 1965.

–: Der Zweite Weltkrieg in Chroniken und Dokumenten 1939/1945. Darmstadt 1961.

Jacobsen, Hans-Adolf und Jochmann, Werner: Ausgewählte Dokumente zur Geschichte des Nationalsozialismus 1933–1945. Kommentar. Bielefeld 1966.

Jacobsen, Hans-Adolf und Rohwer, Jürgen: Entscheidungsschlachten des Zweiten Weltkrieges. Frankfurt a. M. 1960.

Jägerskiöld, Stig: Mannerheim 1867–1951. Herford 1985.

Jahrgang 24. Arbeitsmänner im Kriegsjahr 1942. Bearbeiter Hans Looks und Hans Fischer. Berlin 1943.

Jakobson, Max: Finnlands Neutralitätspolitik zwischen Ost und West. Wien, Düsseldorf 1969.

Jochim, Berthold K.: Narvik – Gebirgsjäger in Eis und Schnee. Karlsruhe o. J.

Jodl, Luise: Jenseits des Endes. Der Weg des Generaloberst Alfred Jodl. Erweiterte und überarbeitete Neuaufl. München, Wien 1987.

Jünger, Ernst: Feuer und Blut. Ein kleiner Ausschnitt aus einer großen Schlacht. 4. Aufl. Berlin 1929.

–: In Stahlgewittern. Aus dem Tagebuch eines Stoßtruppführers. 13. und 26. Aufl. Berlin, Stuttgart 1931 und 1961.

–: Der Kampf als inneres Erlebnis. 5. Aufl. Berlin 1933.

–: Der Krieg als inneres Erlebnis. Auszüge aus seinen Schriften. Hrsg. von Richard Winter. Bielefeld, Leipzig 1941. (= Deutsche Lesebogen. Nr. 162.)

Kabisch, Ernst: Streitfragen des Weltkrieges. 1914–1918. Stuttgart 1924.

Kaltenegger, Roland: Das Buch der Gebirgsjäger. Die 1. Gebirgsdivision der Bundeswehr. Stuttgart 1980.

–: Deutsche Gebirgsjäger im Zweiten Weltkrieg. Stuttgart 1977.

–: Die deutsche Gebirgstruppe 1935–1945. Überarbeitete und erweiterte Neuausgabe. München 1989.

–: Gebirgssoldaten unter dem Zeichen des »Enzian«. Schicksalsweg und Kampf der 4. Gebirgs-Division 1940–1945. Graz, Stuttgart 1983.

–: Die Geschichte der deutschen Gebirgstruppe 1915 bis heute. Vom Deutschen Alpenkorps des Ersten Weltkrieges zur 1. Gebirgsdivision der Bundeswehr. Stuttgart 1980.

–: Kampf der Gebirgsjäger um die Westalpen und den Semmering. Die Kriegschroniken der 8. und 9. Gebirgs-Division (»Kampfgruppe Semmering«). Graz, Stuttgart 1987.

–: Schicksalsweg und Kampf der »Bergschuh«-Division. Die Kriegschronik der

7. Gebirgs-Division, vormals 99. leichte Infanterie-Division. Graz, Stuttgart 1985.

–: Die Stammdivision der deutschen Gebirgstruppe. Weg und Kampf der 1. Gebirgs-Division 1935–1945. Graz, Stuttgart 1981.

Kamerad Dietl. Ernstes und Heiteres um den Jäger-General. Aufgezeichnet von Andreas Weinberger. München 1942.

Kampf um Norwegen. Hrsg. vom Oberkommando der Wehrmacht. Berlin 1940.

Kampferlebnisse aus dem Polenfeldzug 1939. Hrsg. vom Generalstab des Heeres. Berlin 1940.

Keilig, Wolf: Das deutsche Heer 1939–1945. Gliederung, Einsatz, Stellenbesetzung. Bd. 1–3. Bad Nauheim 1956.

–: Die Generale des Heeres. Truppenoffiziere, Sanitätsoffiziere im Generalsrang. Waffenoffiziere im Generalsrang (…). Friedberg (Dornheim) 1983.

Kern, Erich: Generalfeldmarschall Ferdinand Schörner. Ein deutsches Soldatenschicksal. Pr. Oldendorf 1976.

Kesselring, Albert: Gedanken zum Zweiten Weltkrieg. Bonn 1955.

–: Soldat bis zum letzten Tag. Bonn 1953.

Kjellenberg, Sven H.: Rußland im Krieg 1920–45. Zürich 1945.

Klatt, Paul: Die 3. Gebirgs-Division. 1939–1945. Bad Nauheim 1958.

Kleist, Peter: Aufbruch und Sturz des 3. Reiches. Auch Du warst dabei. Göttingen 1968.

Klemperer, Klemens von: Konservative Bewegungen zwischen Kaiserreich und Nationalsozialismus. München, Wien o. J.

Klietmann, Kurt-G.: Auszeichnungen des Deutschen Reiches. 1936–1945. Eine Dokumentation ziviler und militärischer Verdienst- und Ehrenzeichen. Stuttgart 1981.

Kluge, Ulrich: Die deutsche Revolution 1918/1919. Staat, Politik und Gesellschaft zwischen Weltkrieg und Kapp-Putsch. Frankfurt a. M. 1985.

Kluge, Ulrich: Soldatenräte und Revolution. Studien zur Militärpolitik in Deutschland 1918/19. Göttingen 1975. (= Kritische Studien zur Geschichtswissenschaft. Bd. 14.)

Knabe, Konrad: Das Auge Dietls. Fernaufklärung am Polarkreis. Leoni am Starnberger See 1978.

–: Die schweigende Front. Dietls Kampf im hohen Norden 1940–1944. Leoni am Starnberger See 1979.

Knyphausen, Anton: Finnlands Freiheitskampf. Die Verteidigung Europas in den finnischen Wäldern. Hamburg 1942.

Koch, Hansjoachim W.: Der deutsche Bürgerkrieg. Eine Geschichte der deutschen und österreichischen Freikorps. 1918–1923. Berlin, Frankfurt a. M., Wien 1978.

Kolb, Eberhard: Die Weimarer Republik. München, Wien 1984. (= Grundriß der Geschichte. Bd. 16.)

Konservative Wehrverbände in Bayern, Preußen und Österreich. 1918–1933. Mit einer Biographie von Georg Escherich 1870–1941 von Horst G. W. Nußer. München 1973. (= Reihe Moderne Geschichte. Bd. 1.)

Kordt, Erich: Wahn und Wirklichkeit. Die Außenpolitik des Dritten Reiches. Versuch einer Darstellung. Hrsg. unter Mitwirkung von Karl Heinz Abshagen. 26.−50. Tsd. Stuttgart 1948.

Krämer, Philipp: Kirkenes. Worte von Flieger Ph. Krämer. Hrsg. vom Luftgaukommando Norwegen. 1941.

Kräutler, Mathias und Springenschmid, Karl: Es war ein Edelweiß. Schicksal und Weg der 2. Gebirgs-Division. Ein Gedenkbuch. 4. Aufl. Graz, Stuttgart 1962.

Kramer, Rudolf von: Virtuti pro patria. Der königlich bayerische Militär-Max-Joseph-Orden. Kriegstaten und Ehrenbuch. 1914−1918. Hrsg. vom k. b. Militär-Max-Joseph-Orden. Verfasser Rudolf von Kramer und Otto von Waldenfels unter Mitwirkung von Günther von Pechmann. München 1966.

Kranz, Kurt: Winteralltag im Urwald Lapplands. Eine Bildreihe von der finnischen Urwaldfront. Berlin 1944.

Kraus, Andreas: Geschichte Bayerns. Von den Anfängen bis zur Gegenwart. München 1983.

Krause, Gerhard: Die Schuld am deutschen Schicksal. Wahrheit als Waffe gegen Lüge und Verleumdung. Pr. Oldendorf 1973.

Krauß, Alfred: Die Ursachen unserer Niederlage. Erinnerungen und Urteile aus dem Weltkrieg. 2., durchgesehene Aufl. München 1921.

Krebs, Albert: Tendenzen und Gestalten der NSDAP. Erinnerungen an die Frühzeit der Partei. 2. Aufl. Stuttgart 1960. (= Quellen und Darstellungen zur Zeitgeschichte. Bd. 6.)

Kreppel, Hans: Gebirgsartillerie im Kampf. Geschichte des Gebirgs-Artillerie-Regiments 112. 1938−1945. Neugermering bei München 1960.

Der Krieg in Finnland, Norwegen und Dänemark vom 1. Januar bis 31. März 1944. Zusammengestellt und erläutert von Andreas Hillgruber. Nachtrag zum Kriegstagebuch des Oberkommandos der Wehrmacht (Wehrmachtführungsstab). Frankfurt a. M. 1969.

Kriegsbeginn 1939. Entfesselung oder Ausbruch des Zweiten Weltkriegs? Hrsg. von Gottfried Niedhart. Darmstadt 1976. (= Wege der Forschung. Bd. 374.)

Kriegstagebuch des Oberkommandos der Wehrmacht (Wehrmachtführungsstab) 1940−1945. Geführt von Helmuth Greiner und Percy Ernst Schramm. Im Auftrag des Arbeitskreises für Wehrforschung hrsg. von Percy Ernst Schramm. Bd. 1−4. Frankfurt a. M. 1963−1969.

Kritzer, Peter: Die bayerische Sozialdemokratie und die bayerische Politik in den Jahren 1918 und 1923. München 1969 (= Neue Schriftenreihe des Stadtarchivs München. H. 20)

Kronprinz Wilhelm: Meine Erinnerungen aus Deutschlands Heldenkampf. Berlin 1923.

Laugs, Hermann: Kampf um die Erzbahn. Als Seeoffizier in Narvik. Leipzig 1940.

Leeb, Wilhelm von: Tagebuchaufzeichnungen und Lagebeurteilungen aus zwei Weltkriegen. Aus dem Nachlaß hrsg. und mit einem Lebensabriß versehen von Georg Meyer. Stuttgart 1976. (= Beiträge zur Militär- und Kriegsgeschichte. Bd. 16.)

Liddell Hart, Basil Henry: Deutsche Generale des Zweiten Weltkrieges. Aussagen, Aufzeichnungen und Gespräche. München 1965.

442

–: Geschichte des Zweiten Weltkrieges. Wiesbaden 1970.
–: A History of the World War 1914–1918. London 1935.
–: Jetzt dürfen sie reden. Hitlers Generale berichten. Stuttgart, Hamburg 1950.
Linna, Väinö: Kreuze in Karelien. Gütersloh o. J.
List, F.: Kurs Norwegen. Berlin 1940.
Lochner, R. K.: Als das Eis brach. Der Krieg zur See um Norwegen 1940. München 1983.
Loewy, Ernst: Literatur unterm Hakenkreuz. Das Dritte Reich und seine Dichtung. Eine Dokumentation. Frankfurt a. M., Hamburg 1969.
Longerich, Peter: Die braunen Bataillone. Geschichte der SA. München 1989.
Loßberg, Bernhard von: Im Wehrmachtführungsstab. Bericht eines Generalstabsoffiziers. 2. Aufl. Hamburg 1950.
Ludendorff, Erich: Auf dem Weg zur Feldherrnhalle. München 1937.
–: Kriegsführung und Politik. Berlin 1922.
–: Meine Kriegserinnerungen. 1914–1918. 5., durchgesehene Aufl. Berlin 1920.
–: Der totale Krieg. 41.-60. Tsd. München 1936.
Ludwig, Emil: Hindenburg. Legende und Wirklichkeit. München 1965.
Lundin, G. Leonard: Finland in the Second World War. Bloomington 1957.

MacIntyre, D.: Narvik. London 1959.
Mann, Golo: Deutsche Geschichte des 19. und 20. Jahrhunderts. Frankfurt a. M. 1958.
–: Geschichte und Geschichten. Frankfurt a. M. 1961.
Mannerheim, Carl Gustav von: Erinnerungen. Zürich, Freiburg i. Br. 1952.
Manstein, Erich von: Aus einem Soldatenleben. 1887–1939. Bonn 1958.
–: Verlorene Siege. Bonn 1955.
Marek, Kurt Wilhelm: Wir hielten Narvik. Oldenburg i. O., Berlin 1941.
Marschbefehl: Mähren. Mit dem VIII A. K. ins Protektorat. Hrsg. vom Generalkommando VIII. Armeekorps Breslau. Berlin 1939.
Maser, Werner: Adolf Hitler. Biographie. 7., vom Autor mit Bilddokumentation ergänzte Aufl. München, Berlin 1978.
–: Adolf Hitler. Das Ende der Führer-Legende. Düsseldorf, Wien 1980.
–: Adolf Hitler. Legende, Mythos, Wirklichkeit. 6., durch Eva Brauns Tagebuch ergänzte Aufl. München, Eßlingen 1974.
–: Adolf Hitler: Mein Kampf. Der Fahrplan eines Welteroberers. Geschichte, Auszüge, Kommentare. Eßlingen 1974.
–: Die Frühgeschichte der NSDAP. Hitlers Weg bis 1924. Frankfurt a. M., Bonn 1965.
–: Der Sturm auf die Republik. Frühgeschichte der NSDAP. Stuttgart 1973.
Mauch, Hans-Joachim: Nationalistische Wehrorganisationen in der Weimarer Republik. Zur Entwicklung und Ideologie des »Paramilitarismus«. Frankfurt a. M., Bern 1982. (= Europäische Hochschulschriften. Reihe XXXI: Politikwissenschaft. Bd. 32.)
Max von Baden: Erinnerungen und Dokumente. Neu hrsg. von Golo Mann und Andreas Burckhardt. Stuttgart 1968.
Meier-Welcker, Hans: Aufzeichnungen eines Generalstabsoffiziers. 1939–1942.

Freiburg i. Br. 1982. (= Einzelschriften zur militärischen Geschichte des Zweiten Weltkrieges. Bd. 26.)

–: Seeckt. Frankfurt a. M. 1967.

Meldungen aus dem Reich. Die geheimen Lageberichte des Sicherheitsdienstes der SS 1938−1945. Bd. 1−17. München 1982.

Mend, Hans: Adolf Hitler im Felde. 1914−1918. Dießen vor München 1931.

Menger, Manfred: Deutschland und Finnland im Zweiten Weltkrieg. Genesis und Scheitern einer antisowjetischen Militärallianz. (= Militärhistorische Studien.)

Messerschmidt, Manfred: Militärgeschichtliche Aspekte der Entwicklung des deutschen Nationalstaates. Hrsg. vom Militärgeschichtlichen Forschungsamt. Düsseldorf 1988.

–: Die Wehrmacht im NS-Staat. Zeit der Indoktrination. Hamburg 1969. (= Truppe und Verwaltung. Bd. 16.)

Mielke, Otto: Der Heldenkampf um Narvik. Der Vorstoß der Kriegsmarine. Die Operationen des Heeres. Der Einsatz der Luftwaffe. Berlin 1940.

Mikola, K. J.: Finland's Wars during World War II. (1939−1945). Mikkeli 1973.

Mohler, Armin: Die konservative Revolution in Deutschland 1918−1932. 2., völlig neu bearbeitete und erweiterte Fassung. Darmstadt 1972.

Mordal, J.: La Campagne de Norvège. Paris 1949.

–: Narvik. Paris 1960

Mueller, A.: Ich begleite einen General. Dresden 1942.

Müller, Ernst: Aus Bayerns schwersten Tagen. Erinnerungen und Betrachtungen aus der Revolutionszeit. Neue Ausgabe. Berlin, Leipzig 1924.

Müller, Klaus-Jürgen: Armee, Politik und Gesellschaft in Deutschland 1933−1945. Studien zum Verhältnis von Armee und NS-System. 3., unveränderte Aufl. Paderborn 1981. (= Sammlung Schöningh zur Geschichte und Gegenwart.)

–: Armee und Drittes Reich. 1933−1939. Darstellung und Dokumentation unter Mitarbeit von Ernst Willi Hansen. Paderborn 1987. (= Sammlung Schöningh zur Geschichte und Gegenwart.)

–: Das Heer und Hitler. Armee und nationalsozialistisches Regime 1933−1940. Stuttgart 1969. (= Beiträge zur Militär- und Kriegsgeschichte. Bd. 10.)

Müller-Hillebrand, Burkhart: Das Heer 1933−1945. Entwicklung des organisatorischen Aufbaues. Bd. 1−3. Frankfurt a. M. 1954−1969.

Müller-Meiningen, Ernst: Aus Bayerns schwersten Tagen. Berlin, Leipzig 1923.

Die Münchner Räterepublik. Zeugnisse und Kommentar. Hrsg. von Tankred Dorst. Mit einem Kommentar versehen von Helmut Neubauer. Frankfurt a. M. 1966. (= Edition Suhrkamp. Bd. 178.)

Murawski, Erich: Der deutsche Wehrmachtsbericht 1939−1945. Boppard/Rhein 1962.

Der Nationalsozialismus. Dokumente 1935−1945. Hrsg. von Walther Hofer. 549.−568. Tsd. Frankfurt a. M., Hamburg 1971.

Nationalsozialistische Diktatur. 1933−1945. Eine Bilanz. Hrsg. von Karl Dietrich Bracher, Manfred Funke (u. a.). Düsseldorf 1983. (= Bonner Schriften zur Politik und Zeitgeschichte. Bd. 21.)

Neulen, Hans Werner: An deutscher Seite. Internationale Freiwillige von Wehrmacht und Waffen-SS. München 1985.

–: Europa und das 3. Reich. Einigungsbestrebungen im deutschen Machtbereich 1939–45. München 1987.

Die Niederwerfung der Räteherrschaft in Bayern 1919. Im Auftrage des Oberkommandos der Wehrmacht bearbeitet und hrsg. von der kriegsgeschichtlichen Forschungsanstalt des Heeres. Berlin 1939. (= Darstellungen aus den Nachkriegskämpfen deutscher Truppen und Freikorps. Bd. 4.)

Nolte, Ernst: Der Faschismus. Von Mussolini bis zu Hitler. Texte, Bilder und Dokumente. München 1968.

Nordlichter. Weihnachtsgabe des Reichskommissars für die Soldaten im Norden. Weihnachten 1941. Oslo 1941.

Noske, Gustav: Von Kiel bis Kapp. Zur Geschichte der deutschen Revolution. Berlin 1920.

Nuß, Karl: Militär und Wiederaufrüstung in der Weimarer Republik. Zur politischen Rolle und Entwicklung der Reichswehr. Berlin 1977. (= Schriften des militärgeschichtlichen Instituts der Deutschen Demokratischen Republik.)

Nyman, Kristina (Comp.): Finlands War Years 1939–1945. Mikkeli 1973.

Das Oberkommando der Wehrmacht gibt bekannt (...). Der deutsche Wehrmachtbericht. Vollständige Ausgabe der 1939–1945 durch Presse und Rundfunk veröffentlichten Texte (...). Bd. 1–3. Osnabrück 1982.

Oberland in Oberschlesien. Auf Grund eigener Berichterstattung bearbeitet vom Verlag »Die Deutschen Baumeister«. München o. J.

Obersalzberg. Bilddokumentation bis 1933, 1933–1945, 1945 – heute. Berchtesgaden 1978.

Oeckel, Heinz: Die revolutionäre Volkswehr 1918/19. Die deutsche Arbeiterklasse im Kampf um die revolutionäre Volkswehr (November 1918 bis Mai 1919). Berlin 1968. (= Deutsche Akademie der Wissenschaften zu Berlin. Institut für Geschichte. Abteilung Militärgeschichte. Militärhistorische Studien. Neue Folge. Bd. 11.)

Oertzen, Friedrich Wilhelm von: Die deutschen Freikorps. 1918–1923. Mit einem Anhang: Das Sudetendeutsche Freikorps 1938 von Willi Körbel. 6. Aufl. München 1939.

Oesch, Karl Lennart: Finnlands Entscheidungskampf 1944 und seine politischen, wirtschaftlichen und militärischen Folgen. Frauenfeld 1964.

Der Österreich-Anschluß 1938. Zeitgeschichte im Bild. Hrsg. von Heinz Grell. Starnberg 1977.

Offiziere im Bild von Dokumenten aus drei Jahrhunderten. Hrsg. von Hans Meier-Welcker. Mitarbeiter Manfred Messerschmidt (u. a.). Stuttgart 1964. (= Beiträge zur Militär- und Kriegsgeschichte. Bd. 6.)

Operationsgebiet östliche Ostsee und der finnisch-baltische Raum 1944. Stuttgart 1961. (= Beiträge zur Militär- und Kriegsgeschichte. Bd. 2.)

Orthbandt, Eberhard: Illustrierte deutsche Geschichte. 2. Aufl. München 1963.

–: Illustrierte Geschichte Europas. München 1965.

Die Osterschlacht bei Arras 1917. Bearb. von Franz Behrmann und Walther

Brandt. I. und II. Teil. Oldenburg i. O., Berlin 1929. (= Schlachten des Weltkrieges. Bd. 28 und 29.)

Palolampi, Erkki: Der Winterfeldzug. Krieg in Finnlands Wäldern 1939/40. Ber-
lin 1942.
Papen, Franz von: Der Wahrheit eine Gasse. München 1952.
Pfeuffer, Hans: Kameraden vom Edelweiß. Drei Jahre Kampf für Großdeutsch-
land 1938−1939−1940. 2. Aufl. Gütersloh 1942.
Philippi, Alfred und Heim, Ferdinand: Der Feldzug gegen Sowjetrußland. 1941
bis 1943. Ein operativer Überblick. Hrsg. vom Arbeitskreis für Wehrforschung.
Stuttgart 1962.
Pichlsberger, Franz: Deutsche Gebirgsjäger an der Eismeerfront. Berlin, Leipzig
1943.
Picht, Werner: Der Feldzug in Norwegen. Berlin 1940.
Picker, Henry: Hitlers Tischgespräche im Führerhauptquartier. Vollständig über-
arbeitete und erweiterte Neuausgabe (…). 3. Aufl. Stuttgart 1976.
Piekalkiewicz, Janusz: Polenfeldzug. Hitler und Stalin zerschlagen die polnische
Republik. Bergisch Gladbach o. J.
−: Der Zweite Weltkrieg. Unter Mitarbeit von Heinz Höhne. Düsseldorf 1985.
Poliakov, Léon und Wulf, Josef: Das Dritte Reich und seine Diener. Dokumente.
Berlin-Grunewald 1956.
Preradovich, Nikolaus von: Großdeutschland 1938. Traum, Wirklichkeit, Tragö-
die. Starnberg 1987.
−: Die militärische und soziale Herkunft der Generalität des deutschen Heeres.
1. Mai 1944. Osnabrück 1978. (= Studien zur Militärgeschichte, Militärwissen-
schaft und Konfliktforschung. Bd. 14.)
Proklamationen und Manifeste. Hrsg. von Karl Heinrich Peter. Stuttgart 1964.
Propyläen Geschichte Europas. Bd. 1−6. Berlin 1975−1978.

Quellen zur Geschichte der Rätebewegung in Deutschland. 1918/19. Hrsg. vom
Internationaal Instituut voor sociale Geschiedenis, Amsterdam, und Kommis-
sion für Geschichte des Parlamentarismus und der politischen Parteien, Bonn.
Bd. 1 ff. Leiden 1968 ff.

Rabenau, Friedrich von: Seeckt. Aus seinem Leben. 1918−1936. Unter Verwen-
dung des schriftlichen Nachlasses im Auftrage von Dorothee von Seeckt. Leip-
zig 1940.
Raeder, Erich: Mein Leben. Bd. 1−2. Tübingen 1956−1957.
Rauschning, Hermann: Die Revolution des Nihilismus. Kulisse und Wirklichkeit
im Dritten Reich. Zürich, New York o. J.
Reinfried, Hubert: Jubiläumszuwendung. Report über zwielichtige Jahre. Bay-
reuth 1979.
Reinhardt, Klaus: Die Wende vor Moskau. Das Scheitern der Strategie Hitlers im
Winter 1941/42. Stuttgart 1972. (= Beiträge zur Militär- und Kriegsgeschichte.
Bd. 13.)
Remarque, Erich Maria: Im Westen nichts Neues. Roman. Gütersloh 1960.
Remold, Josef: Handbuch für die Hitler-Jugend. I. Teil. Dießen vor München 1933.

446

Rendulic, Lothar: Aus dem Abgrund in die Gegenwart. Wolfburg/Kärnten o. J.
–: Gekämpft, gesiegt, geschlagen. Wels 1952.
–: Soldat in stürzenden Reichen. München 1965.
Reportagen zur Weltgeschichte. Hrsg. von Joachim G. Leithäuser. Stuttgart 1964.
Revolution und Räteherrschaft in München. Aus der Stadtchronik 1918/1919. Zusammengestellt und bearbeitet von Ludwig Morenz unter Mitwirkung von Erwin Münz. München, Wien 1968. (= Neue Schriftenreihe des Stadtarchivs München. Bd. Nr. 29.)
Ritter, Gerhard: Staatskunst und Kriegshandwerk. Das Problem des »Militarismus« in Deutschland. Versch. Aufl. Bd. 1–4. München 1954–1973.
Roosevelt, Franklin D.: Amerika und Deutschland. 1936–1945. Auszüge aus Reden und Dokumenten. Hrsg. im Auftrage der Regierung der Vereinigten Staaten. O. O. und J.
Rosenberg, Arthur: Entstehung der Weimarer Republik. Hrsg. und eingeleitet von Kurt Kersten. 16. unveränderte Aufl. Frankfurt a. M. 1974.
Rosinski, Herbert: Die deutsche Armee. Eine Analyse. Düsseldorf 1970.
Rüf, Hans: Gebirgsjäger vor Murmansk. Der Kampf des Gebirgskorps Norwegen an der Eismeerfront 1941/42. Innsbruck 1957.
Ruef, Karl: Gebirgsjäger zwischen Kreta und Murmansk. Die Schicksale der 6. Gebirgs-Division. 3. Aufl. Graz, Stuttgart o. J.
–: Odyssee einer Gebirgsdivision. Die 3. Gebirgs-Division im Einsatz. Graz, Stuttgart 1976.
–: Winterschlacht im Mai. Die Zerreißprobe des Gebirgskorps Norwegen (XIX. Geb. A. K.) vor Murmansk. Graz, Stuttgart 1984.
Ruge, Friedrich: Der Seekrieg 1939–1945. Stuttgart 1956.
Rumschöttel, Hermann: Das bayerische Offizierkorps 1866–1914. Berlin 1973. (= Beiträge zu einer historischen Strukturanalyse Bayerns im Industriezeitalter. Bd. 9.)
Ruppert, A.: Front am Polarkreis. Das Buch eines Lappland-Korps. Berlin 1943.
–: Wir vom linken Flügel. Ein Bildwerk der deutschen Front am Eismeer und in den Urwäldern Lapplands. Hrsg. von der 20. Geb. Armee. O. O. 1943.
Rupprecht von Bayern: Mein Kriegstagebuch. Hrsg. von Eugen von Frauenholz. Bd. 1–3. München 1929.

Salewski, Michael: Entwaffnung und Militärkontrolle in Deutschland. 1919–1927. München 1966. (= Schriften des Forschungsinstituts der Deutschen Gesellschaft für Auswärtige Politik. Bd. 24.)
Salis, Jean Rudolf von: Weltgeschichte der neuesten Zeit. Neuausgabe in 6 Bd. Zürich 1980.
Salomon, Ernst von: Das Buch vom deutschen Freikorpskämpfer. Berlin 1938.
Schäfer, E. Philipp: 13 Tage Weltgeschichte. Wie es zum Zweiten Weltkrieg kam. München 1966.
Schall-Riaucour, Heidemarie: Aufstand und Gehorsam. Offizierstum und Generalstab im Umbruch. Leben und Wirken von Generaloberst Franz Halder. Generalstabschef 1938–1942. Wiesbaden 1972.

Schausberger, Norbert: Der Griff nach Österreich. Das Jahr 1938. Wien, München 1978.

Schickel, Alfred: 1938. Sudetendeutsches Schicksalsjahr. Vorgeschichte. Bestandsaufnahme, Folgen. Asendorf 1988.

Schieder, Theodor: Staatensystem als Vormacht der Welt. 1948−1918. Frankfurt a. M., Berlin, Wien 1977. (= Propyläen Geschichte Europas. Bd. 5.)

Schlachten des Weltkrieges. In Einzeldarstellungen bearbeitet und hrsg. im Auftrage und unter Mitwirkung des Reichsarchivs. Bd. 1−36. Oldenburg i. O., Berlin 1923−1930.

Die Schlachten und Gefechte des Großen Krieges 1914−1918. Quellenwerk nach den amtlichen Bezeichnungen. Zusammengestellt vom Großen Generalstab. Berlin 1919.

Schlappschuh 1942/43. Nürnberg (um) 1943.

Schlauch, Wolfgang: Rüstungshilfe der USA 1939−1945. Von der »wohlwollenden Neutralität« zum Leih- und Pachtgesetz und zur entscheidenden Hilfe für Großbritannien und die Sowjetunion. 2. Aufl. Koblenz 1985.

Schmidl, Erwin A.: März 38. Der deutsche Einmarsch in Österreich. Wien 1987.

Schmidt, Ernst-Heinrich: Heimatheer und Revolution. 1918. Die militärischen Gewalten im Heimatgebiet zwischen Oktoberreform und Novemberrevolution. Stuttgart 1981. (= Beiträge zur Militär- und Kriegsgeschichte. Bd. 23.)

Schmidt-Pauli, Edgar von: Geschichte des Freikorps 1918−1924. Nach amtlichen Quellen, Zeitberichten, Tagebüchern und persönlichen Mitteilungen hervorragender Freikorpsführer dargestellt (...). 2. Aufl. Stuttgart 1936.

Schmundt, Rudolf: Tätigkeitsbericht des Chefs des Heerespersonalamtes General der Infanterie Rudolf Schmundt, fortgeführt von General der Infanterie Wilhelm Burgdorf. 1.10.1942−29.10.1944. Hrsg. von Dermot Bradley und Richard Schulze-Kossens. Osnabrück 1984.

Schneider, Wolf: Das Buch vom Soldaten. Geschichte und Porträt einer umstrittenen Gestalt. Düsseldorf, Wien 1964.

Schott, Franz Josef: Der Wehrmachtführungsstab im Führerhauptquartier. 1939−1945. Inaugural-Dissertation. Bonn 1980.

Schreiber, Franz: Kampf unter dem Nordlicht. Deutsch-finnische Waffenbruderschaft am Polarkreis. Die Geschichte der 6. SS-Gebirgs-Division Nord. Osnabrück 1969.

Schüddekopf, Otto-Ernst: Der Erste Weltkrieg. Gütersloh 1977.

Schuler, Emil: Mit dem Bergschuh in Rußland und Finnland. Erinnerungsbuch der 7. Gebirgsdivision. Aschau/Obb. o. J.

Schulz, Gerhard: Aufstieg des Nationalsozialismus. Krise und Revolution in Deutschland. Frankfurt a. M., Berlin, Wien 1975.

−: Faschismus − Nationalsozialismus. Versionen und theoretische Kontroversen 1922−1972. Frankfurt a. M. 1974.

Schulze, Hagen: Freikorps und Republik. 1918−1920. Boppard/Rhein 1969. (= Militärgeschichtliche Studien. Bd. 8.)

Schuschnigg, Kurt von: Dreimal Österreich. Wien 1937.

−: Ein Requiem in Rot-Weiß-Rot. Wien 1978.

−: Im Kampf gegen Hitler. Die Überwindung der Anschlußidee. Wien, München, Zürich 1969.

448

Schwarte, Max: Der große Krieg 1914–1918. Bd. 1–5. Leipzig, Berlin 1921–1923.

Schwend, Karl: Bayern zwischen Monarchie und Diktatur. München 1954.

Seaton, Albert: Der russisch-deutsche Krieg 1941–1945. Hrsg. von Andreas Hillgruber. Frankfurt a. M. 1973.

Seeckt, Hans von: Aus meinem Leben. 1866–1917. Unter Verwendung des schriftlichen Nachlasses im Auftrag von Dorothee von Seeckt hrsg. von Friedrich von Rabenau. Leipzig, Berlin o. J.

Seemen, Gerhard von: Die Ritterkreuzträger. 1939–1945. Die Ritterkreuzträger sämtlicher Wehrmachtteile. Brillanten-, Schwerter- und Eichenlaubträger in der Reihenfolge der Verleihung. (…) Friedberg 1976.

Seeßelberg, Friedrich: Der Stellungskrieg. 1914–1918. Auf Grund amtlicher Quellen und unter Mitwirkung namhafter Fachmänner technisch, taktisch und staatswissenschaftlich dargestellt. Berlin 1926.

Seidl, Ulf: Wehrraum Alpenland. Das Gelände des deutschen Alpenraumes und die Geschichte seiner Kriege und Fehden. Im Auftrage des Generalkommandos XVIII. A. K. bearbeitet und zusammengestellt von Manz. Innsbruck 1943.

Seidler, Franz W.: Fritz Todt. Baumeister des Dritten Reiches. Erweiterte und aktualisierte Aufl. Frankfurt a. M., Berlin 1988.

–: Die Organisation Todt. Bauen für Staat und Wehrmacht 1938–1945. Hrsg. mit Unterstützung des Arbeitskreises für Wehrforschung. Koblenz 1987.

Sethe, Paul: Das machte Geschichte. Panoramen aus einem Jahrhundert. Frankfurt a. M. 1969.

Shirer, William Lawrence: Aufstieg und Fall des Dritten Reiches. Herrsching 1978.

–: Der Zusammenbruch Frankreichs. Aufstieg und Fall der Dritten Republik. München, Zürich 1970.

Sieburg, Friedrich: Es werde Deutschland. Frankfurt/M. 1933.

Siewert, Curt: Schuldig? Die Generale unter Hitler. Stellung und Einfluß der hohen militärischen Führer im nationalsozialistischen Staat. Das Maß ihrer Verantwortung und Schuld. Bad Nauheim 1968.

Siilasvou, Hjalmar: Suomussalmi. Kampf und Sieg in nordfinnisch Wildmark. Potsdam 1942.

Smith, Arthur: Churchills deutsche Armee. Die Anfänge des Kalten Krieges. 1943–1947. Bergisch Gladbach 1978.

Snyder, Louis L.: So sahen sie den Krieg. Augenzeugen aus sieben Nationen berichten über den Zweiten Weltkrieg. München 1969.

Somme-Nord. Die Brennpunkte der Schlacht im Juli 1916. Bearbeiter Albrecht von Stosch. I. und II. Teil. Oldenburg i. O., Berlin 1927. (= Schlachten des Weltkrieges. Bd. 20 und 21.)

Sommer 1939. Die Großmächte und der Europäische Krieg. Hrsg. von Wolfgang Benz und Hermann Graml. Stuttgart 1979. (= Schriftenreihe der Vierteljahrshefte für Zeitgeschichte. Sondernummer.)

Sontheimer, Kurt: Antidemokratisches Denken in der Weimarer Republik. Die politischen Ideen des deutschen Nationalismus zwischen 1918 und 1933. München 1962.

Speer, Albert: Erinnerungen. 6. Aufl. Frankfurt a. M., Berlin 1970.

449

–: Spandauer Tagebücher. 3. Aufl. Frankfurt a. M., Berlin 1975.

Spengler, Oswald: Briefe. 1913–1936. In Zusammenarbeit mit Manfred Schröter hrsg. von Anton M. Koktanek. München 1963.

–: Preußentum und Sozialismus. 56.–57. Tsd. München 1922.

–: Der Untergang des Abendlandes. Umrisse einer Morphologie der Weltgeschichte. Sonderausgabe in einem Bd. München 1963.

Spielmann, Karlheinz: Ehrenbürger und Ehrungen in Geschichte und Gegenwart. Eine Dokumentation zur deutschen und mitteleuropäischen Geschichte. 3. wesentlich erweiterte Aufl. Bd. 1–2. Dortmund 1967.

Springenschmid, Karl: Die Männer von Narvik. Das große Abenteuer in der Arktis. 3. Aufl. Graz, Stuttgart o. J.

Stegemann, Hermann: Geschichte des Krieges. Bd. 1–4. Stuttgart, Berlin 1917–1921.

Stellrecht, Helmut: Adolf Hitler. Heil und Unheil. Die verlorene Revolution. Tübingen 1974.

Strasser, Gregor: Kampf um Deutschland. München 1932.

Strauß, Franz Josef: Die Erinnerungen. Berlin 1989.

–: 1914–1945. Größe und Niedergang Europas. Krieg – Verfolgung – Vertreibung. Die Zukunft gehört der Freiheit, dem Recht und dem Frieden. Rede des Bayerischen Ministerpräsidenten am 28.4.1985. Hrsg. von der Bayerischen Staatskanzlei. München 1985.

Strohmeyer, Curt: Mein finnisches Tagebuch. Unter Suomis Bauern, Jägern und Soldaten. Berlin 1942.

Stumpf, Reinhard: Die Wehrmacht-Elite. Rang- und Herkunftsstruktur der deutschen Generale und Admirale 1933–1945. Boppard/Rhein 1982. (= Militärgeschichtliche Studien. Bd. 29.)

Telpuchowski, Boris Semjonowitsch: Die sowjetische Geschichte des Großen Vaterländischen Krieges. 1941–1945. Im Auftrag des Arbeitskreises für Wehrforschung hrsg. und kritisch erläutert von Andreas Hillgruber und Hans-Adolf Jacobsen. Frankfurt/M. 1961.

Tessin, Georg: Deutsche Verbände und Truppen 1918–1939. Osnabrück 1974.

–: Formationsgeschichte der Wehrmacht. 1933–1939. Stäbe und Truppenteile des Heeres und der Luftwaffe. Boppard/Rhein 1959. (= Schriften des Bundesarchivs. Bd. 7.)

–: Verbände und Truppen der deutschen Wehrmacht und Waffen-SS im Zweiten Weltkrieg 1939–1945. Bd. 1–13. Frankfurt a. M., Osnabrück 1966–1977.

Thorwald, Jürgen: Die ungeklärten Fälle. Stuttgart 1950.

Tippelskirch, Kurt von: Geschichte des Zweiten Weltkriegs. Bonn 1969.

Toland, John: Adolf Hitler. Bergisch Gladbach 1977.

Tuchman, Barbara: August 1914. Ausbruch des Ersten Weltkriegs – der eigentliche Beginn unseres Jahrhunderts. Bern, München 1979.

Überschär, Gerd: Hitler und Finnland 1939–1941. Die Deutsch-Finnischen Beziehungen während des Hitler-Stalin-Paktes. Wiesbaden 1978. (= Frankfurter Historische Abhandlungen. Bd. 16.)

Ullmann, Hermann: Geschichte des deutschen Volkes. 1919−33. Durchbruch zur Nation. 11. Tsd. Jena o. J.

Unger, Hellmuth: Die Männer von Narvik. Ein Buch der Kameradschaft. Oldenburg i. O., Berlin 1941.

Unser Kampf in Norwegen. Von H. H. Ambrosius, Fritz Dettmann, Karl Erck, Georg Engelbert Graf (u. a.). München 1940.

Unser Kampf in Polen. Die Vorgeschichte – Strategische Einführung – Politische und kriegerische Dokumente. 5. Aufl. München 1940.

»Unternehmen Barbarossa«. Der deutsche Überfall auf die Sowjetunion 1941. Berichte, Analysen, Dokumente. Hrsg. von Gerd R. Überschär und Wolfram Wette. Paderborn 1984. (= Sammlung Schöningh zur Geschichte und Gegenwart.)

Untersuchungen zur Geschichte des Offizierskorps. Anciennität und Beförderung nach Leistung. Stuttgart 1962. (= Beiträge zur Militär- und Kriegsgeschichte. Bd. 4.)

Ursachen und Folgen. Vom deutschen Zusammenbruch 1918 und 1945 bis zur staatlichen Neuordnung Deutschlands in der Gegenwart. Eine Urkunden- und Dokumentensammlung zur Zeitgeschichte. Hrsg. und bearb. von Herbert Michaelis und Ernst Schraepler. Bd. 1−15. Berlin 1958−1970.

Venner, Dominique: Söldner ohne Sold. Die deutschen Freikorps. 1918−1923. Wien, Berlin 1974.

Vogelsang, Thilo: Der Nationalsozialismus. Deutschland in den Jahren 1933 bis 1939. Hrsg. vom Bundesminister der Verteidigung. Bonn 1968. (= Schriftenreihe Innere Führung. Reihe: Beiträge zur Zeitgeschichte und Geschichte. H. 3.)

−: Reichswehr, Staat und NSDAP. Beiträge zur deutschen Geschichte 1930−1932. Stuttgart 1962. (= Quellen und Darstellungen zur Zeitgeschichte. Bd. 11.)

Waage, J.: The Narvik Campaign. London 1965.

Waffenbruder Finnland. Helsinki 1942.

Warlimont, Walter: Im Hauptquartier der deutschen Wehrmacht 39−45. Grundlagen, Formen, Gestalten. 3. Aufl. München 1978.

Warner, Oliver: Marshal Mannerheim and the Finns. London 1967.

Die Wehrmacht im Kampf. Einzeldarstellungen zum Zweiten Weltkrieg. Hrsg. von Hermann Teske. Bd. 1 ff. Heidelberg 1954 ff.

Die Wehrmachtsberichte 1939−1945. Bd. 1−3. Munchen 1985.

Die Weimarer Republik. Ihre Geschichte in Texten, Bildern und Dokumenten. 1918−1933. Hrsg. von F. A. Krummacher und Albert Wucher unter Mitwirkung von Otmar von Aretin (u. a.). München 1965.

Weinberger, Andreas: Das gelbe Edelweiß. Wege und Werden einer Gebirgsdivision. Beraten und bebildert von Georg Gartmayer (u. a.). München 1943.

−: Kamerad Dietl. München 1942.

−: Der Schlampani Sepp. Vergnügliche Gebirgsjägergeschichten. 6. Aufl. München 1943.

Weindel, Heinrich: Geschichte der 14. Kompanie/Gebirgsjäger-Regiment 138. 1938–1945. Mannheim 1980.

Weizsäcker, Ernst von: Erinnerungen. Hrsg. von Richard von Weizsäcker. 11.–15. Tsd. München, Leipzig, Freiburg i. Br. 1950.

Wells, Herbert George: Die Geschichte unserer Welt. Erweiterte Neuausgabe. Frankfurt a. M., Hamburg 1959.

Der Weltkrieg. 1914 bis 1918. Im Auftrage des Oberkommandos des Heeres bearbeitet und hrsg. von der kriegsgeschichtlichen Forschungsanstalt des Heeres. Bd. 13: Die Kriegsführung im Sommer und Herbst 1917. Berlin 1942.

Der Weltkrieg 1914 bis 1918. Die militärischen Operationen zu Lande. Bearbeitet im Reichsarchiv (ab Bd. 10 im Auftrage des Kriegsministeriums bearbeitet und hrsg. von der Forschungsanstalt für Kriegs- und Heeresgeschichte). Bd. 1–14. Berlin 1925–1944.

Weltkrieg 1939–1945. Ehrenbuch der Deutschen Wehrmacht. Stuttgart 1954.

Der Weltkrieg im Bild. Frontaufnahmen aus den Archiven der Entente. München 1926.

Der Weltkrieg im Bild. Originalaufnahmen des Kriegs-, Bild- und Filmamtes aus der modernen Materialschlacht. München o. J.

Wenn alle Brüder schweigen. Großer Bildband über die Waffen-SS. Hrsg. vom Bundesverband der Soldaten der ehem. Waffen-SS e. V. Osnabrück 1973.

Westphal, Siegfried: Erinnerungen. Mainz 1975.

–: Heer in Fesseln. Aus den Papieren des Stabschefs von Rommel, Kesselring und Rundstedt. Bonn 1950.

Wette, Wolfram: Gustav Noske. Eine politische Biographie. Hrsg. vom Militärgeschichtlichen Forschungsamt. Düsseldorf 1987.

Wheeler-Bennett, John W.: Die Nemesis der Macht. Die deutsche Armee in der Politik 1918–1945. Bd. 1–2. Königstein/Ts. 1981.

Wiesbauer, Toni: In Eis und Tundra. Drei Jahre an der Lapplandfront. 4. Aufl. Berg am See 1983.

Wilmot, Chester: Der Kampf um Europa. Frankfurt a. M., Berlin 1954.

Wir zogen gegen Polen. Kriegserinnerungswerk des VII. Armeekorps. Hrsg. vom Generalkommando VII. A. K. 2. Aufl. München 1940.

Wirth, Günter: November 1918 – November 1968. Eine geschichtliche Studie und zeitgemäße Betrachtung. Berlin 1968.

Wohlfeil, Rainer und Dollinger, Hans: Die deutsche Reichswehr. Bilder, Dokumente, Texte. Zur Geschichte des Hunderttausend-Mann-Heeres. 1919–1933. Frankfurt a. M. 1972.

Wollenberg, Erich: Als Rotarmist vor München. Reportage aus der Münchener Räterepublik. Reprint. Hamburg 1972.

Wuorinen, J. H.: Finland and World War II, 1939–1944. New York 1948.

Ypern 1914. Bearbeiter: Werner Beumelburg. Oldenburg i. O., Berlin 1925. (= Schlachten des Weltkrieges. Bd. 10.)

Zayas, Alfred M. de: Die Wehrmacht-Untersuchungsstelle. Deutsche Ermittlungen über alliierte Völkerrechtsverletzungen im Zweiten Weltkrieg. Unter Mitarbeit von Walter Rabus. 3. ergänzte und durch Bilder erweiterte Aufl. München 1980.

Das Zeitalter des Imperialismus. Kaiserreich und Erster Weltkrieg. 1871–1918. Hrsg. von Rolf Eckart. München o. J. (= Lesewerk zur Geschichte. Bd. 8.)

Zentner, Kurt: Illustrierte Geschichte des Widerstandes in Deutschland und Europa. 1933–1945. München 1966.

–: Illustrierte Geschichte des Zweiten Weltkrieges. 8. Aufl. München 1973.

Der Zentralrat der Deutschen Sozialistischen Republik. 19.12.1918–8.4.1919. Vom ersten zum zweiten Rätekongreß. Bearb. von Eberhard Kolb unter Mitwirkung von Reinhard Rürup. Leiden 1968. (= Quellen zur Geschichte der Rätebewegung in Deutschland 1918/19. Bd. 1.)

Ziemke, E. F.: The German Northern Theater of Operations 1940–1945. Washington 1959.

Zimmermann, Werner: Bayern und das Reich. München 1953.

Zorn, Wolfgang: Bayerns Geschichte im 20. Jahrhundert. Von der Monarchie zum Bundesland. München 1986.

Zuckmayer, Carl: Als wär's ein Stück von mir. Horen der Freundschaft. 234.–253. Tsd. Frankfurt a. M. 1968.

Das Zwanzigste Jahrhundert. 1918–1945. 58.–62. Tsd. Frankfurt a. M. 1975. (= Fischer Weltgeschichte. Bd. 34.)

Zweig, Stefan: Die Welt von Gestern. Erinnerungen eines Europäers. Frankfurt a. M., Hamburg 1970.

Der Zweite Weltkrieg. Bilder, Daten, Dokumente. Gütersloh 1968.

Der Zweite Weltkrieg in Bildern und Dokumenten. Hrsg. von Hans-Adolf Jacobsen und Hans Dollinger. Bd. 1–3. Wiesbaden 1963.

Der Zweite Weltkrieg in Wort und Bild. Bd. 1–10. München 1977.

3. Periodika

Allgäuer Zeitung. Kempten 1986 ff.

Allgemeine Schweizerische Militärzeitschrift. Organ der Schweizerischen Offiziersgesellschaft. Jg. 125 ff. Frauenfeld 1959 ff.

Berliner Illustrirte. 1941–1943. Berlin 1941 ff.

Deutsche Allgemeine Zeitung. 1944.

Die Deutsche Wehrmacht. Hrsg. vom Oberkommando der Wehrmacht. Bd. 1 ff. 1939 ff.

Deutscher Soldatenkalender. Hrsg. von Helmut Damerau. Jg. 1–10. München-Lochhausen 1953–1962.

Deutsches Soldatenjahrbuch. Hrsg. von Helmut Damerau. Jg. 11 ff. München-Lochhausen 1963 ff.

Deutschland im Kampf. Hrsg. vom Oberkommando der Wehrmacht. Berlin 1939–1944.

Europäische Wehrkunde. Jg. 25 ff. München 1976 ff.

Frankfurter Allgemeine Zeitung. Frankfurt a. M. 1988 ff.
Front und Heimat. Soldatenzeitung des Gaues Schwaben. 1940–1945.

Die Gebirgstruppe. Mitteilungsblatt des Kameradenkreises der ehem. Gebirgstruppe. Jg. 1 ff. München 1952 ff.

Heeres-Verordnungsblatt. Hrsg. vom Oberkommando des Heeres. Jg. 1 ff. Berlin 1933–1945.
Historische Zeitschrift. Hrsg. von Theodor Schieder (u. a.). Bd. 208 ff. München 1969 ff.

Information für die Truppe. Hrsg. vom Führungsstab der Bundeswehr. Jg. 1 ff. Bonn 1957 ff.
Illustrierter Beobachter. Jg. 1944.

Die Kameradschaft. Unpolitisches Mitteilungsblatt für Soldaten. Jg. 1 ff. Salzburg, Innsbruck 1953 ff.
Kampf der Bergschuh-Division von Uhtua in die Dreiländerecke. (= Sonderdruck des Polarkuriers.)
Kampftruppe. Kampfunterstützungstruppen. Hrsg. vom Arbeitskreis der Kampftruppen/Kampfunterstützungstruppen. Jg. 20 ff. Herford, Bonn 1978 ff.

Lappland-Kurier. Zeitung für die deutschen Soldaten in Nordfinnland. Hrsg. von Feldpost-Nr. 41491. Rovaniemi 1942–1944.

Militärgeschichte. Jg. 13 ff. Berlin 1974 ff.
Militärgeschichtliche Mitteilungen. Hrsg. vom Militärgeschichtlichen Forschungsamt. Nr. 1 ff. Freiburg i. Br. 1967 ff.
Militärwissenschaftliche und technische Mitteilungen. Hrsg. vom österreichischen Bundesministerium für Heerwesen. Wien 1927 ff.
Münchener Post. München 1923 ff.
Münchener Zeitung. München 1923 ff.
Münchner Neueste Nachrichten. München 1923 ff.

Nationalsozialistische Monatshefte. Hrsg. von Alfred Rosenberg. München 1938 ff.
Neue Zürcher Zeitung. Zürich 1923 ff.
Nordwacht. Frontzeitung im Narvikfjord. Narvik 1940.

Österreichische Militärische Zeitschrift. Jg. 1 ff. Wien 1962 ff.

Das Schöne Allgäu. Kempten 1987 ff.
Soldatenblätter für Feier und Freizeit. Hrsg. vom Oberkommando der Wehrmacht. Jg. 1 ff. Berlin 1940 ff. (= Tornisterschriften.)
Der Spiegel. Hamburg 1988 ff.
Süddeutsche Zeitung. München 1988 ff.

Vierteljahreshefte für Zeitgeschichte. Im Auftrag des Instituts für Zeitgeschichte hrsg. von Hans Rothfels (u. a.). Jg. 17 ff. Stuttgart 1969 ff.
Völkischer Beobachter. 1933 ff.

Wacht im Norden. Wehrmacht-Frontzeitung für die deutschen Soldaten in Norwegen. Jg. 1–6. Oslo 1940–1945.
Wehrkunde. Mitteilungen der Gesellschaft für Wehrkunde. Jg. 2 ff. München 1953 ff. (Ab Jg. 25, H. 7 ff. unter dem Titel »Europäische Wehrkunde«. 1976 ff.)
Die Wehrmacht. Hrsg. vom Oberkommando der Wehrmacht. Berlin 1939–1944.

Die Zeit. Hamburg 1988 ff.

4. Archivalien

Bayerisches Hauptstaatsarchiv: Protokolle zum Hitlerputsch (MA 103472–103476). Akten und Protokolle zum Hitlerputsch (MA 104221–104224). Akten des Bayerischen Innenministeriums zum Hitlerputsch (MInn 66260, 73694–73699, 73771–73772).
Bayerisches Kriegsarchiv: Akte General Dietl (OP 61453).
Berlin Document Center: Unterlagen über Generaloberst Eduard Dietl aus der NS-Zeit sowie dessen Eintritt in die NSDAP.
Bundesarchiv Koblenz: Akten betr. Reichswehr (R 43 I/686). Akten betr. Volkswehr und Wehrpflicht (R 43 I/682–683). Akten betr. General Ludendorff (R 43 I/703). Bildmaterial General Eduard Dietl. Nachlaß Franz Ritter von Epp (Zg I 128/58). Nachlaß Wilhelm Groener (H 08–46/131).
Bundesarchiv/Militärarchiv: Generaloberst Eduard Dietl (Pers 6/22). Kriegstagebücher Armeeoberkommando 20 (RH 20–20/1–327). Kriegstagebücher Generalkommando XVIII. Gebirgs-Armeekorps (RH 24–18/1–285). Kriegstagebücher Generalkommando XIX. Gebirgs-Armeekorps/Gebirgskorps Norwegen (RH 24–19/1–299). Kriegstagebücher Generalkommando XXXVI. Gebirgs-Armeekorps (Box 1–48).

Kriegstagebücher der 1. Gebirgs-Division (RH 28–1/1–2). Kriegstagebücher der 2. Gebirgs-Division (RH 28–2/1–112). Kriegstagebücher der 3. Gebirgs-Division (RH 28–3/1–18). Kriegstagebücher der 6. Gebirgs-Division (RH 28–6/20–80). Kriegstagebücher der 7. Gebirgs-Division (RH 28–7/1–67). Kriegstagebücher der 9. Gebirgs-Division »Nord« (RH 28–9/2–3). Kriegstagebücher des Gebirgs-Jäger-Regiments 139 (RH 37/2783, RH 37/6503).

Staatsarchiv Oberbayern: Berichte und Vernehmungen zum 8. und 9. November 1923 sowie zum Hitler-Prozeß (Pol-Dir 6709–6719).
Stadtarchiv München: Mündliche und schriftliche Auskunft über General Dietl.

Institut für Zeitgeschichte: Mündliche und schriftliche Auskunft über Generaloberst Dietl. (Fa-91/4, Fb-39, Ma-107, Ma-441/9)

5. »Gebirgstruppen-Archiv Kaltenegger«

Befragungen und Briefwechsel: Ministerialrat a. D. Dr. jur. Wolfgang Bernklau, Fachinspektor i. R. Alfred Birnstingl, Johann-Georg Böck, Oberst a. D. Josef Brandl, Generalmajor a. D. Hans Buchner, Major i. G. a. D. Klaus Düwell, Diplomfinanzwirt Walter Gödde, Generalmajor a. D. Hellmuth Grashey, Med.-Rat. Dr. Otmar Hecher, Generalmajor a. D. Wilhelm Heß, Generalleutnant a. D. Hermann Hölter, Oberst a. D. Ludwig Hörl, Frau Luise Jodl, Hans Kometer, General der Infanterie i. R. Dipl.-Volksw. Dr. Zdenko von Paumgartten, Generalleutnant a. D. Max-Joseph Pemsel, Wachtmeister a. D. Karl Pölzl, Oberst a. D., Präsident i. R. Josef Remold, Major a. D. Agrar-Dipl.-Ing. Ahti Riskut, Oberst i. R. Hans Rohr, Oberst i. G. a. D. Hans Roschmann, Generalmajor Jürgen Schlüter, Oberst a. D. Emil Schuler, Brigadegeneral a. D. Alois Steffel, Oberst a. D. Werner Stein, General der Gebirgstruppe a. D. Friedrich-Jobst Volckamer von Kirchensittenbach, Staatssekretär a. D., VdK-Präsident Karl Weishäupl, Franz J. Wurzner.

Befreiung der Kampfgruppe Lapp aus dem Kessel bei Ssenosero durch das III. Btl. der Gebirgs-Jäger-Brigade 139. (Manuskript)
Bernklau, Wolfgang: Der Bayerische Max-Joseph-Orden und sein Gedenktag. (Manuskript)
–: Generaloberst Eduard Dietl. (Manuskript)
–: Verschiedene Aufzeichnungen über die deutsche Gebirgstruppe und die Generale Kübler und Lanz. (Manuskript)
Binder, Fritz: Eidesstattliche Erklärung btr. Bataillons-Kommandeur Eduard Dietl.
Böck, Johann-Georg: Umfangreiche vertrauliche Kopien über diverse Briefwechsel und Vorgänge um Generaloberst Dietl.
Briefwechsel mit Institutionen: Berlin Document Center; Bundesarchiv Koblenz; Bundesarchiv/Militärarchiv Freiburg i. Br.; Kameradschaft ehem. Angehöriger des III. (Geb. Jäg.) Btl. 19. (bayer.) Inf. Rgt.; Kameradschaft vom Edelweiß, Landesverband Steiermark; Militärgeschichtliches Forschungsamt; Österreichischer Kameradschaftsbund – Kameradschaft ehem. Angehöriger des Gebirgs-Jäger-Regiments 139.

Dokumente aus Bayern zum Jahre 1918/1919.
Dokumente zum Hitler-Ludendorff-Putsch 1923.

Hütten-Buch der Alpe Höllritzen. 10. Geb. Jäg. Komp. I. R. 19 (Kopie)

Kaltenegger, Roland: Biographie Generalfeldmarschall Wilhelm Ritter von Leeb (Manuskript); Biographie Generalfeldmarschall Ferdinand Schörner (Manuskript); Biographie Generaloberst Franz Halder (Manuskript); Biographie General der Gebirgstruppe Georg Ritter von Hengl (Manuskript); Biographie General der Gebirgstruppe Ludwig Kübler (Manuskript); Biographie General der Gebirgstruppe Hubert Lanz (Manuskript); Biographie General der Gebirgstruppe Julius Ringel (Manuskript); Biographie General der Gebirgstruppe Friedrich-Jobst Volckamer von Kirchensittenbach (Manuskript); Die Kriegschronik der 10. Gebirgs-Division, vormals 9. Gebirgs-Division »Nord«, Divisionsgruppe »Kräutler«, Gebirgs-Jäger-Regiment/Brigade 139 (Manuskript).

Knabe, Konrad: Die Diffamierung »Unseres Dietl«. Eine bundesdeutsche Tragödie. (Manuskript)

Langenfaß, Walter: Der Kampf im Nordraum. Vom 27. April bis 14. Mai 1942. Gefechtsbericht Gebirgs-Jäger-Regiment 137. (Manuskript)

Personal-Nachweis Eduard Dietl. (Fotokopien)

Rohr, Hans: Tagebuch eines Gebirgsjägers im Zweiten Weltkrieg vom 28. August 1939 – 2. Oktober 1945. (Manuskript)

Schlegl, Franz: 10 Jahre Standortverwaltung Mittenwald. (Manuskript)
Schörner, Ferdinand: Briefe und Aufzeichnungen.
Schuler, Emil: Aufzeichnungen vom skandinavischen Kriegsschauplatz. (Manuskript)
Schulze, Carl: Nachlaß aus dem Zweiten Weltkrieg.

Tagesbefehl zum 9. Nov. 1943. Hrsg. vom Oberkommando der 20. (Geb.) Armee. Der Oberbefehlshaber.
Tagesbefehl zum Tod des Generaloberst Dietl. Von Adolf Hitler.

Vororientierung über »Einsatz Österreich«. Orientierung über die allgemeine politische Lage sowie weitere Befehle über den Einmarsch in Österreich 1938.

Weishäupl, Karl: Aufzeichnungen. (Manuskript)
Wittmann, August: Nachlaß des Generals mit Militärbibliothek, Fotoalben und Niederschriften über die deutsche Gebirgstruppe. (Manuskript)

Roland Kaltenegger

Die deutsche Gebirgstruppe 1935-1945

572 Seiten, DM 48,–